Gewerbeordnung

Gewerbeordnung
mit
Makler- und Bauträgerverordnung,
Gaststättengesetz,
Handwerksordnung,
Gesetz über die Berufsausübung im Einzelhandel,
Gesetz über den Ladenschluß,
Preisangabenverordnung,
Bundes-Immissionsschutzgesetz mit Verordnungen,
Abfallbeseitigungsgesetz mit Verordnungen,
Arbeitsstättenverordnung,
Arbeitsstoffverordnung

Textausgabe mit Sachverzeichnis
und einer Einführung
von Dr. Erich Eyermann,
Präsident des Bayer. Verwaltungsgerichtshofs a. D.

16., neubearbeitete Auflage
Stand 1. März 1982

Deutscher
Taschenbuch
Verlag

Sonderausgabe unter redaktioneller Verantwortung
des Verlages C. H. Beck, München
Umschlaggestaltung: Celestino Piatti
Gesamtherstellung: C. H. Beck'sche Buchdruckerei, Nördlingen
ISBN 3 423 05004 7

Inhaltsverzeichnis

	Seite
Abkürzungsverzeichnis	11
Einführung von Dr. Erich Eyermann, Präsident des Bayer. Verwaltungsgerichtshofs a. D.	13
1. Gewerbeordnung in der Fassung der Bekanntmachung vom 1. Januar 1978	19
Titel I. Allgemeine Bestimmungen	22
Titel II. Stehendes Gewerbe	26
I. Allgemeine Erfordernisse	26
II. Erfordernis besonderer Überwachung oder Genehmigung	28
A. Anlagen, die einer besonderen Überwachung bedürfen	28
B. Gewerbetreibende, die einer besonderen Genehmigung bedürfen	32
III. Umfang, Ausübung und Verlust der Gewerbebefugnisse	48
Titel III. Reisegewerbe	51
Titel IV. Messen, Ausstellungen, Märkte	60
Titel V. Taxen (weggefallen)	
Titel VI. Innungen, Innungsausschüsse, Handwerkskammern, Innungsverbände (weggefallen)	
Titel VI a. Handwerksrolle (weggefallen)	
Titel VII. Gewerbliche Arbeitnehmer (Gesellen, Gehilfen, Lehrlinge, Betriebsbeamte, Werkmeister, Techniker, Fabrikarbeiter)	64
I. Allgemeine Verhältnisse	64
II. Verhältnisse der Gesellen und Gehilfen	75
III. Lehrlingsverhältnisse	
A. Allgemeine Bestimmungen (weggefallen)	
B. Besondere Bestimmungen für Handwerker (weggefallen)	
III a. Meistertitel	76
III b. Verhältnisse der Betriebsbeamten, Werkmeister, Techniker	76
IV. Besondere Bestimmungen für Betriebe, in denen in der Regel mindestens zehn Arbeitnehmer beschäftigt werden	77
A. Bestimmungen für Betriebe, in denenin der Regel mindestens zwanzig Arbeitnehmer beschäftigt werden	78
B. Bestimmungen für alle Betriebe, in denen in der Regel mindestens zehn Arbeitnehmer beschäftigt werden	78

Inhalt

	Seite
V. Aufsicht	78
VI. Gehilfen und Lehrlinge in Betrieben des Handelsgewerbes	81
Titel VIII. Gewerbliche Hilfskassen	82
Titel IX. Statutarische Bestimmungen	82
Titel X. Straf- und Bußgeldvorschriften	82
Titel XI. Gewerbezentralregister	88
Schlußbestimmungen	92

1a. Makler- und Bauträgerverordnung (MaBV) vom 11. Juni 1975 95

2. Gaststättengesetz vom 5. Mai 1970 111

3. Gesetz zur Ordnung des Handwerks (Handwerksordnung) in der Fassung vom 28. Dezember 1965 – Inhaltsübersicht 125

I. Teil: Ausübung eines Handwerks 125
   1. Abschnitt: Berechtigung zum selbständigen Betrieb eines Handwerks 125
   2. Abschnitt: Handwerksrolle 128
   3. Abschnitt: Handwerksähnliche Gewerbe 132

II. Teil: Berufsbildung im Handwerk 132
   1. Abschnitt: Berechtigung zum Einstellen und Ausbilden 132
   2. Abschnitt: Ausbildungsordnung, Änderung der Ausbildungszeit 134
   3. Abschnitt: Verzeichnis der Berufsausbildungsverhältnisse 136
   4. Abschnitt: Prüfungswesen 137
   5. Abschnitt: Regelung und Überwachung der Berufsausbildung 140
   6. Abschnitt: Berufliche Fortbildung, berufliche Umschulung 140
   7. Abschnitt: Berufliche Bildung Behinderter 141
   8. Abschnitt: Berufsbildungsausschuß 142

III. Teil: Meisterprüfung, Meistertitel 143
   1. Abschnitt: Meisterprüfung 143
   2. Abschnitt: Meistertitel 145

IV. Teil: Organisation des Handwerks 145
   1. Abschnitt: Handwerksinnungen 145
   2. Abschnitt: Innungsverbände 155
   3. Abschnitt: Kreishandwerkerschaften 157
   4. Abschnitt: Handwerkskammern 158

V. Teil: Bußgeld-, Übergangs- und Schlußvorschriften 167
   1. Abschnitt: Bußgeldvorschriften 167
   2. Abschnitt: Übergangsvorschriften 168

Inhalt

Seite

   3. Abschnitt: Schlußvorschriften 170
   4. Abschnitt: Berlin-Klausel und Inkrafttreten 173

Anlage A: Verzeichnis der Gewerbe, die als Handwerk betrieben werden können (§ 1 Abs. 2) 174

   1. Gruppe der Bau- und Ausbaugewerbe 174
   2. Gruppe der Metallgewerbe 174
   3. Gruppe der Holzgewerbe 175
   4. Gruppe der Bekleidungs-, Textil- und Ledergewerbe 175
   5. Gruppe der Nahrungsmittelgewerbe 176
   6. Gruppe der Gewerbe für Gesundheits- und Körperpflege sowie der chemischen und Reinigungsgewerbe 176
   7. Gruppe der Glas-, Papier-, keramischen und sonstigen Gewerbe . . 176

Anlage B: Verzeichnis der Gewerbe, die handwerksähnlich betrieben werden können (§ 18 Abs. 2) 177

   1. Gruppe der Bau- und Ausbaugewerbe 177
   2. Gruppe der Metallgewerbe 177
   3. Gruppe der Holzgewerbe 177
   4. Gruppe der Bekleidungs-, Textil- und Ledergewerbe 177
   5. Gruppe der Nahrungsmittelgewerbe 178
   6. Gruppe der Gewerbe für Gesundheits- und Körperpflege sowie der chemischen und Reinigungsgewerbe 178
   7. Gruppe der sonstigen Gewerbe 178

Anlage C: Wahlordnung für die Wahlen der Mitglieder der Handwerkskammern 179

   1. Abschnitt: Zeitpunkt der Wahl, Wahlleiter und Wahlausschuß . . 179
   2. Abschnitt: Wahlbezirk 180
   3. Abschnitt: Stimmbezirke 180
   4. Abschnitt: Abstimmungsvorstand 180
   5. Abschnitt: Wahlvorschläge 181
   6. Abschnitt: Wahl 183
   7. Abschnitt: Engere Wahl 187
   8. Abschnitt: Wegfall der Wahlhandlung 187
   9. Abschnitt: Beschwerdeverfahren, Kosten 187

4. Gesetz über die Berufsausübung im Einzelhandel vom 5. August 1957 *(ab 1.1.1978 nur noch für ärztl. Hilfsmittel)* . . . 189

4a. Verordnung über den Nachweis der Sachkunde für den Einzelhandel vom 4. März 1960 *(ab 1. 1. 1978 nur noch für ärztl. Hilfsmittel)* 193

Inhalt

Seite

5. Gesetz über den Ladenschluß vom 28. November 1956 195

5a. Verordnung über den Verkauf bestimmter Waren an Sonn- und Feiertagen vom 21. Dezember 1957 207

6. Verordnung über Preisangaben
(Verordnung PR Nr. 3/73) vom 10. Mai 1973 209

7. Bundes-Immissionsschutzgesetz
vom 15. März 1974 215

7a. 1. BImSchV - Verordnung über Feuerungsanlagen
in der Fassung der Bekanntmachung vom 5. Februar 1979 . . . 249

7b. 2. BImSchV - Verordnung über Chemischreinigungsanlagen vom 28. August 1974 255

7c. 3. BImSchV - Verordnung über Schwefelgehalt von leichtem Heizöl und Dieselkraftstoff vom 15. Januar 1975 . 257

7d. 4. BImSchV - Verordnung über genehmigungsbedürftige Anlagen vom 14. Februar 1975 261

7e. 5. BImSchV - Verordnung über Immissionsschutzbeauftragte vom 14. Februar 1975 271

7f. 6. BImSchV - Verordnung über die Fachkunde und Zuverlässigkeit der Immissionsschutzbeauftragten vom 12. April 1975 275

7g. 7. BImSchV - Verordnung zur Auswurfbegrenzung von Holzstaub vom 18. Dezember 1975 279

7h. 8. BImSchV - Verordnung über Rasenmäherlärm vom 28. Juli 1976 283

7i. 9. BImSchV - Grundsätze des Genehmigungsverfahrens vom 18. Februar 1977 285

7k. 10. BImSchV - Beschränkungen von PCB, PCT und VC vom 26. Juli 1978 295

7l. 11. BImSchV - Emissionserklärungsverordnung vom 20. Dezember 1978 297

7m. 12. BImSchV - Störfallverordnung vom 27. Juni 1980 . . 301

Inhalt

Seite

8. Abfallbeseitigungsgesetz (AbfG) in der Fassung der Bekanntmachung vom 5. Januar 1977 307

8a. Abfallnachweis-Verordnung vom 2. Juni 1978 325

8b. Abfallbeförderungs-Verordnung vom 29. Juli 1974 331

8c. Abfalleinfuhr-Verordnung vom 29. Juli 1974 333

8d. Verordnung zur Bestimmung von Abfällen nach § 2 Abs. 2 des Abfallbeseitigungsgesetzes vom 24. Mai 1977 . . 337

8e. Verordnung über Betriebsbeauftragte für Abfall vom 26. Oktober 1977 339

10. Verordnung über Arbeitsstätten (Arbeitsstättenverordnung – ArbStättV) vom 20. März 1975 343

11. Verordnung über gefährliche Arbeitsstoffe (Arbeitsstoffverordnung – ArbStoffV) in der Fassung der Bekanntmachung vom 11. Februar 1982 367

Sachverzeichnis 387

Abkürzungsverzeichnis

AbfG	Gesetz über die Beseitigung von Abfällen
AbfBefV	Abfallbeförderungs-Verordnung
AbfEinfV	Abfalleinfuhr-Verordnung
AbfNachwV	Abfallnachweis-Verordnung
ÄndVO	Änderungsverordnung
AO	Anordnung
ArbStättV	Arbeitsstättenverordnung
ArbStoffV	Arbeitsstoffverordnung
AusfBest	Ausführungsbestimmungen
AVO, AusfVO	Ausführungsverordnung
BAnz.	Bundesanzeiger
Bek.	Bekanntmachung
Ber., ber.	Berichtigung, berichtigt
Beschl	Beschluß
BGB	Bürgerliches Gesetzbuch
BGBl.	Bundesgesetzblatt
BImSchG	Bundes-Immissionsschutzgesetz
BImSchV	Verordnung zur Durchführung des BImSchG
BMdF	Bundesminister der Finanzen
BMdI	Bundesminister des Innern
BVerfG	Bundesverfassungsgericht
DV, DVO	Durchführungsverordnung
EG	Einführungsgesetz
Erl.	Erlaß
G, Ges.	Gesetz
GBl.	Gesetzblatt
GewO	Gewerbeordnung
GG	Grundgesetz
GMBl.	Gemeinsames Ministerialblatt
GVBl.	Gesetz- und Verordnungsblatt
HandwO	Handwerksordnung
HGB	Handelsgesetzbuch
i. d. F.	in der Fassung
MaBV	Makler- und Bauträgerverordnung
RGBl.	Reichsgesetzblatt
RVO	Reichsversicherungsordnung
StGB	Strafgesetzbuch
V, VO	Verordnung
VwGO	Verwaltungsgerichtsordnung

Einführung

„Denn sie sind selber auferstanden ...
Aus Handwerks- und Gewerbesbanden."

Als Goethe diese Zeilen niederschrieb, mag ihm auch vorgeschwebt haben, daß das aus dem Mittelalter überkommene strenge Zunftwesen sich auflöste und daß die Zeit der realen – an ein Haus oder Grundstück gebundenen – wie der persönlichen Gewerbeberechtigungen ihrem Ende entgegenging. Aus Frankreich war, vorbereitet schon um die Mitte des 18. Jahrhunderts durch die Physiokraten, nach der Großen Revolution die Idee der Gewerbefreiheit zu einem Siegeszug quer durch den Kontinent angetreten. Sie wurde zum Grundstein des wirtschaftlichen Aufschwungs und damit zu einem der Träger der Entfaltung auch von Wissenschaft und Kunst.

Und sie wurde zum verbindenden Ferment unter den Staaten, insbesondere den deutschen Einzelstaaten. Seit den Zeiten, da die Arbeitsteilung aufkam, scheint es, als ob gerade die wirtschaftliche Betätigung, die Daseinsvorsorge im weitesten Sinn, auf die Dauer die Menschen eng zusammenführen kann. Die supranationalen Gebilde unserer Tage legen beredtes Zeugnis hierfür ab.

Völlige Freiheit jedoch wäre nur erträglich, wenn die Menschen Engel wären. Die früh-liberale Gedankenwelt sah zwar die Aufgabe des Staates darauf beschränkt, die Freiheit, die Sicherheit und das Eigentum des einzelnen zu schützen, verbürgte aber für diesen Schutz die volle Staatshoheit. Das alte Hohnwort vom „Nachtwächterstaat" war daher durchaus fehl am Platz. Nachtwächterstaat – im Gegensatz zum „wachenden Staat" – ist vielmehr nur jener, der von seiner auctoritas höchstens wie ein Nachtwächter Gebrauch zu machen wagt, mithin ein Staat im Schrumpfzustand.

Darüber hatte man sich, glücklicherweise, vor einem Jahrhundert keine Gedanken zu machen, als man daran ging, das Zusammenleben, das Mit- und Gegeneinanderwirken der Wirtschaftenden und ihre Einbettung in das Volksganze vom Staat zu regeln. Die magna charta dieser Regelung im Raum des öffentlichen Rechts ist in Deutschland die Gewerbeordnung. Sie ist ein Gesetz ehrwürdigen Alters, 1869 noch vom Norddeutschen Bund erlassen, neben dem Gesetz über die Freizügigkeit und dem Gesetz, betr. die Organisation der Bundeskonsulate sowie Amtsrechte und Pflichten der Bundeskonsuln, die beide aus dem Jahre 1867 stammen, wohl das älteste heute noch geltende öffentlich-rechtliche Gesetz.

Daß es während des Jahrhunderts seiner Geltungsdauer zahlreiche und einschneidende Änderungen erfahren hat, liegt auf der Hand. Denn

Einführung

dem unaufhörlichen Wandel der Wirtschaft und dem sich überstürzenden Fortschreiten der Technik mußte die gesetzliche Regelung ebenso folgen wie dem wachsenden Bestreben, die zwischenmenschlichen Beziehungen zu erleichtern. Im Zuge dieser Entwicklung hat es sich auch als notwendig erwiesen, ganze Rechtsgebiete aus der Gewerbeordnung herauszunehmen. So haben z. B. das Recht zum Betrieb von Gaststätten und das Handwerksrecht ihre eigenständige gesetzliche Regelung gefunden. In ihren Grundfesten aber hat die Gewerbeordnung den Übergang zum Kaiserreich, zur Weimarer Republik, zum autoritären „Dritten Reich" und zur Bundesrepublik überdauert, ein augenfälliger Beweis für die Richtigkeit des Satzes, daß Verfassung vergeht, Verwaltung aber besteht.

Heute ist die tragende Idee der Gewerbeordnung in der Bundesverfassung verankert, und zwar mit Grundrechtscharakter. In seinem Art. 12 bestimmt unser Grundgesetz:

„(1) Alle Deutschen haben das Recht, Beruf, Arbeitsplatz und Ausbildungsstätte frei zu wählen. Die Berufsausübung kann durch Gesetz oder auf Grund eines Gesetzes geregelt werden.

(2) Niemand darf zu einer bestimmten Arbeit gezwungen werden, außer im Rahmen einer herkömmlichen allgemeinen, für alle gleichen öffentlichen Dienstleistungspflicht.

(3) Zwangsarbeit ist nur bei einer gerichtlich angeordneten Freiheitsentziehung zulässig."

Wie sich dieses Grundrecht auf Berufsfreiheit zu dem allgemeinen Persönlichkeitsrecht des Art. 2 Abs. 1 GG verhält

– „Jeder hat das Recht auf die freie Entfaltung seiner Persönlichkeit, soweit er nicht die Rechte anderer verletzt und nicht gegen die verfassungsmäßige Ordnung oder das Sittengesetz verstößt" –,

soll hier unerörtert bleiben. Soviel aber sei gesagt, daß die Schranken, die dem allgemeinen Persönlichkeitsrecht gezogen sind, ihrem Wesen nach auch für das Recht auf Berufsfreiheit gelten müssen.

Das Recht auf freie Berufswahl bedeutet sohin noch nicht, daß jeder Deutsche ohne weiteres jeden Beruf ergreifen und ausüben kann. Auch gewerbliche Berufe erfordern meist eine besondere Sachkunde, um Dritte und oft genug den Gewerbetreibenden selbst und seine Hilfskräfte vor Schaden zu bewahren. Diese Sachkunde muß durch eine festgelegte Ausbildung gewonnen und in Prüfungen bewiesen werden. Für die Berufsausübung müssen und dürfen dann gesetzliche Normen ergehen, wenn der Schutz der Allgemeinheit oder der Beschäftigten dies erfordert. Freiheit darf nicht zur Willkür werden, darf nicht zum homo homini lupus führen.

Einführung

Die gesetzlichen Vorschriften über Voraussetzungen und Grenzen der Berufsausübung müssen jedoch sachlich gerechtfertigt sein, zudem für alle gleich gelten. Jeder soll die gleiche Chance haben. Deshalb darf die Ausübung eines Berufs z. B. nicht von der Bedürfnisfrage abhängig gemacht werden, wie dies früher in einigen Berufen der Fall war. Es muß jedem ermöglicht werden, das Leben aus eigener Kraft zu gestalten; jeder trägt allerdings auch das Risiko für den Erfolg der von ihm gewählten beruflichen Tätigkeit.

Die Hektik der technischen und gesellschaftlichen Wandlungen unseres Lebensraumes brachte aber Mißstände hervor, denen der Gesetzgeber schließlich dadurch begegnen mußte, daß er der gewerblichen Betätigung gewisse Grenzen zog. Die einschneidendste Regelung brachte das Bundes-Immissionsschutzgesetz vom 15. März 1974; sie will die Allgemeinheit vor Lärm und Luftverschmutzung schützen, befaßt sich aber auch mit der Herstellung und der Beschaffenheit bestimmter Erzeugnisse (z. B. von Kraftfahrzeugen) und sogar mit dem Straßenbau. Besonders bedeutsam ist, daß den Betreibern genehmigungspflichtiger wie nicht genehmigungspflichtiger Anlagen der Umweltschutz von Gesetzes wegen zur Auflage gemacht wird. Mensch und Natur – so der Zweck des Gesetzes (s. dessen § 1) – sollen vor schädlichen Einwirkungen geschützt sein.

Auch des Schutzes Dritter vor unzuverlässigen Gewerbetreibenden hat sich der moderne Gesetzgeber wieder verstärkt angenommen. Dies geschah etwa durch das Änderungsgesetz vom 13. Juni 1974 in mehreren neuen Einzelregelungen, aber auch durch Einfügung des Titels XI „Gewerbezentralregister", welch letzteres im Interesse der Allgemeinheit dazu beitragen wird, unzuverlässige und ungeeignete Elemente dem Kreise der Gewerbetreibenden fernzuhalten.

Das Gewerberecht ist nach Art. 72, Art. 74 Nr. 11 GG Gegenstand der sogenannten konkurrierenden Gesetzgebung, d. h. die Länder haben die Befugnis, einschlägige Vorschriften zu erlassen, solange und soweit der Bund von seinem Gesetzgebungsrecht nicht Gebrauch macht. So gut wie alle wichtigen Gesetze, die sich mit dem „Gewerbe" – einem weiten, in der Gewerbeordnung nicht definierten Begriff – befassen, sind heute bundesrechtlicher Natur. Die für die tägliche Praxis am häufigsten benötigten Vorschriften werden in der vorliegenden Textausgabe gebracht. Es sind dies: die Gewerbeordnung i. d. F. der Bekanntmachung vom 1. Januar 1978, das Bundes-Immissionsschutzgesetz von 1974 mit den zu ihm ergangenen Verordnungen, das Gaststättengesetz i. d. F. von 1970, die Handwerksordnung i. d. F. der Bekanntmachung von 1965, das Gesetz über die Berufsausübung im Einzelhandel von 1957 und das Gesetz über den Ladenschluß von 1956. Zur Abrundung erschien es angebracht, die Arbeitsstättenverordnung und die Arbeitsstoffverord-

Einführung

nung, die Verordnung über den Nachweis der Sachkunde für den Einzelhandel, die Verordnung über den Verkauf bestimmter Waren an Sonn- und Feiertagen, die Verordnung über Preisangaben sowie das Abfallbeseitigungsgesetz aufzunehmen. Schon diese bunte Palette, mehr aber noch die sich zeitlich überstürzenden Änderungen zeigen, wie dringend nötig eine Neufassung der Gewerbeordnung von Grund auf ist. Dabei wird der Gesetzgeber vor der schwierigen Aufgabe stehen, die Grenze zwischen angemessenem Freiheitsraum für Wirtschaftende, Beweglichkeit der Behörden und Rechtssicherheit zu finden. Nur mit Legaldefinitionen (wie für Messe, Ausstellung usw. im Gesetz zur Änderung des Titels IV vom 5. Juli 1976) und perfektionistischer Bestimmung von Tatbestandsmerkmalen wird dieses Ziel nicht zu erreichen sein.

Die Neufassung der Gewerbeordnung von 1978 hat sich der grundlegenden Neuregelung, einer wahren Sisyphus-Arbeit, noch entzogen. Sie hält auch, um die weitere Verwendung von Rechtsprechung und Schrifttum zu erleichtern und die Änderung zahlreicher Verweisungen auf die Gewerbeordnung in anderen Vorschriften zu vermeiden, an der bisherigen Paragraphenfolge fest, bringt aber immerhin – unter Voranstellung einer Inhaltsübersicht und mit Überschriften für alle Normen des Gesetzes – den geltenden Wortlaut, wie er sich nach Einarbeitung der zahlreichen Novellen ergibt. Dabei wurden nicht mehr zutreffende Bezeichnungen durch die nunmehr verwendeten ersetzt (z. B. Arbeiter durch Arbeitnehmer) – bei Zweifeln muß übrigens auf die alte Fassung zurückgegriffen werden – und, was für den Vollzug noch bedeutsamer ist, anstatt der im ursprünglichen Wortlaut erwähnten die nach gegenwärtigem Recht zuständigen Stellen benannt.

Für die letztere Berichtigung ist Rechtsgrundlage Art. 129 Abs. 1 Satz 1 GG:

„Soweit in Rechtsvorschriften, die als Bundesrecht fortgelten, eine Ermächtigung zum Erlasse von Rechtsverordnungen oder allgemeinen Verwaltungsvorschriften sowie zur Vornahme von Verwaltungsakten enthalten ist, geht sie auf die nunmehr sachlich zuständigen Stellen über."

Wer die nunmehr sachlich zuständige Stelle ist, bemißt sich nach den allgemeinen Vorschriften, insbesondere aus Art. 30 und Art. 80 ff. des Grundgesetzes. Zuständig zum Erlaß von Rechtsverordnungen können die Bundesregierung, die Bundesminister oder die Landesregierungen sein. Soweit jetzt die Bundesregierung oder ein Bundesminister zuständig ist, muß für den Erlaß von Rechtsverordnungen die Zustimmung des Bundesrats eingeholt werden, da die Gewerbeordnung ein Gesetz ist, dessen Ausführung zur eigenen Angelegenheit der Länder gehört. Zum Erlaß einer Verwaltungsverordnung wie auch zum Erlaß der Verwaltungsakte selbst sind die Länder zuständig. Lediglich in den Fällen, in

Einführung

denen ein Verwaltungsakt eine Angelegenheit des Bundes regelt, kann auch die Bundesregierung oder ein Bundesminister zuständig sein.

Glaubt sich ein Gewerbetreibender durch einen Verwaltungsakt beschwert, wird ein von ihm beantragter Verwaltungsakt nicht erlassen oder der Antrag abgelehnt, so kann der Verwaltungsrechtsweg beschritten werden. Im einzelnen muß wegen der Rechtsbehelfe (Widerspruch, Klage, Antrag auf Wiederherstellung der aufschiebenden Wirkung des Rechtsbehelfs) auf die Verwaltungsgerichtsordnung vom 21. Januar 1960 (BGBl. I S. 17) verwiesen werden.

Dr. Erich Eyermann
Präsident
des Bayer. Verwaltungsgerichtshofs a. D.

1. Gewerbeordnung

in der Fassung der Bekanntmachung vom 1. Januar 1978[1]

(BGBl. I S. 97, zuletzt geänd. durch § 174 BBergG v. 13. 8. 1980, BGBl. I S. 1310, und Art. 8 BillRG v. 15. 12. 1981, BGBl. I S. 1390)

(BGBl. III 7100–1)

Inhaltsübersicht[2]

§§

Titel I. Allgemeine Bestimmungen

	§§
Grundsatz der Gewerbefreiheit	1
(weggefallen)	2
Betrieb verschiedener Gewerbe	3
(weggefallen)	4
Zulassungsbeschränkungen	5
Anwendungsbereich	6
Aufhebung von Rechten und Abgaben	7
Ablösung von Rechten	8
Streitigkeiten über Aufhebung oder Ablösung von Rechten	9
Kein Neuerwerb von Rechten	10
(weggefallen)	11
Ehefrau als Gewerbetreibende bei ausländischem Güterrecht	11a
Ausländische juristische Personen	12
Ausländische juristische Personen aus Mitgliedstaaten der EWG	12a
(weggefallen)	13

Titel II. Stehendes Gewerbe

I. Allgemeine Erfordernisse

	§§
Anzeigepflicht	14
Empfangsbescheinigung, Betriebsbeginn ohne Genehmigung	15
Anbringung von Namen und Firma	15a
Namensangabe im Schriftverkehr	15b

II. Erfordernis besonderer Überwachung oder Genehmigung

A. Anlagen, die einer besonderen Überwachung bedürfen

	§§
(weggefallen)	16–23
Überwachungsbedürftige Anlagen	24
Maßnahmen im Einzelfall	24a
Duldungspflichten bei der Prüfung	24b
Prüfung durch Sachverständige	24c
Aufsichtsbehörden	24d
Stillegung von Anlagen und Untersagung von Betrieben	25
(weggefallen)	26–28

B. Gewerbetreibende, die einer besonderen Genehmigung bedürfen

	§§
(weggefallen)	29
Privatkrankenanstalten	30
(weggefallen)	30a
Orthopädische Maßschuhe	30b
(weggefallen)	30c–33
Singspiele und ähnliche Veranstaltungen	33a
(weggefallen)	33b
Tanzlustbarkeiten	33c
Spielgeräte und andere Spiele mit Gewinnmöglichkeit	33d
Bauartzulassung und Unbedenklichkeitsbescheinigung	33e
Ermächtigung zum Erlaß von Durchführungsvorschriften	33f

---

[1] Neubekanntmachung der GewO v. 21. 6. 1869 – zuletzt i. d. F. der Bek. v. 26. 7. 1900 (RGBl. S. 871) – in der ab 1. Januar 1978 geltenden Fassung. Bei vorkonstitutionellen Bezeichnungen, die nicht bereinigt werden konnten, ist der Kursivdruck, wie im BGBl. Teil III, beibehalten worden (vgl. Satz 2 der Bek. v. 1. 1. 1978, BGBl. I S. 97).

[2] **Amtl. Anm.:** Die Inhaltsübersicht und die Überschriften der §§ 1 bis 53a, 105 bis 142 und 154 bis 155 sind bei der Neufassung hinzugefügt worden; *die Überschriften erhielten Gesetzeskraft durch Art. 1 Nr. 18 Ges. v. 12. 2. 1979 (BGBl. I S. 149).*

1 GewO

Gewerbeordnung

	§§
Einschränkung und Ausdehnung der Erlaubnispflicht	33g
Spielbanken, Lotterien, Glücksspiele	33h
Spielhallen und ähnliche Unternehmen	33i
Pfandleiher und andere Gewerbetreibende	34
Bewachungsgewerbe	34a
Versteigerergewerbe	34b
Makler, Bauträger, Baubetreuer	34c
Gewerbeuntersagung wegen Unzuverlässigkeit	35
Vorbildung im Baugewerbe	35a
(weggefallen)	35b
Öffentliche Bestellung von Sachverständigen	36
(weggefallen)	37
Landesrechtliche Überwachungsvorschriften	38
(weggefallen)	39
Schornsteinfegerrealrechte	39a
(weggefallen)	40

III. Umfang, Ausübung und Verlust der Gewerbebefugnisse

	§§
Beschäftigung von Arbeitnehmern	41
(weggefallen)	41a
Einschränkung der Sonntagsarbeit im Versorgungsgewerbe	41b
Gewerbliche Niederlassung	42
(weggefallen)	42a–44a
Stellvertreter	45
Fortführung des Gewerbes	46
Stellvertretung in besonderen Fällen	47
Übertragung von Realgewerbeberechtigungen	48
Erlöschen von Genehmigungen in besonderen Fällen	49
(weggefallen)	50
Untersagung wegen überwiegender Nachteile und Gefahren	51
Übergangsregelung	52
Unbefristete Erteilung und Rücknahme von Erlaubnissen	53
Untersagung der Bauausführung oder Bauleitung	53a
(weggefallen)	54

Titel III. Reisegewerbe

	§§
Reisegewerbekarte	55
Reisegewerbekartenfreie Tätigkeiten	55a
Weitere reisegewerbekartenfreie Tätigkeiten, Gewerbelegitimationskarte	55b
Anzeigepflicht	55c
Ausübung des Reisegewerbes durch Ausländer	55d
Sonn- und Feiertagsruhe	55e
Im Reisegewerbe verbotene Tätigkeiten	56
Ankündigung des Gewerbebetriebs, Wanderlager	56a
Versagungsgründe	57
Weitere Versagungsgründe	57a
Entziehung der Reisegewerbekarte	58
Untersagung der Ausübung des Reisegewerbes	59
Geltungsdauer und Geltungsbereich der Reisegewerbekarte	60
Veranstaltung von Lustbarkeiten	60a
Volksfest	60b
Mitführen und Vorzeigen der Reisegewerbekarte	60c
Keine Übertragbarkeit, gemeinsame Reisegewerbekarte	60d
Zuständigkeit	61
Eintragung der Begleiter	62
Versagung und Entziehung	63

Titel IV. Messen, Ausstellungen Märkte

	§§
Messe	64
Ausstellung	65
Großmarkt	66
Wochenmarkt	67
Spezialmarkt und Jahrmarkt	68
Verabreichen von Getränken und Speisen	68a
Festsetzung	69
Ablehnung der Festsetzung, Auflagen	69a
Änderung und Aufhebung der Festsetzung	69b
Recht zur Teilnahme an einer Veranstaltung	70
Untersagung der Teilnahme an einer Veranstaltung	70a
Anbringung von Namen und Firma	70b
Vergütung	71
Öffentliche Sicherheit und Ordnung	71a

Gewerbeordnung GewO 1

Titel V. Taxen
(weggefallen) 72–80

Titel VI. Innungen, Innungsausschüsse, Handwerkskammern, Innungsverbände
(weggefallen) 81–104n

Titel VIa. Handwerksrolle
(weggefallen) . . . . 104o bis 104u

Titel VII. Gewerbliche Arbeitnehmer (Gesellen, Gehilfen, Lehrlinge, Betriebsbeamte, Werkmeister, Techniker, Fabrikarbeiter)

I. Allgemeine Verhältnisse
Freie Gestaltung des Arbeitsvertrages 105
Arbeiten an Sonn- und Feiertagen 105a
Ruhezeit an Sonn- und Feiertagen 105b
Ausnahmen von § 105b . . . 105c
Weitere Ausnahmen von § 105b 105d
Weitere Ausnahmen von § 105b 105e
Ausnahmen für bestimmte Zeit 105f
Ausdehnung auf andere Gewerbe 105g
Landesrecht 105h
Ausnahmen für das Gaststättengewerbe und andere Gewerbe 105i
Anordnung der erforderlichen Maßnahmen 105j
(weggefallen) 106–112
Zeugnis 113
(weggefallen) 114
Lohnbücher, Arbeitszettel . . 114a
Behandlung der Lohnbücher . 114b
Landesrechtliche Vorschriften über die Lohnbücher 114c
Landesrechtliche Vorschriften für einzelne Bezirke 114d
(weggefallen) 114e
Berechnung und Auszahlung der Löhne, Kreditierungsverbot . 115
Lohnzahlung in Gaststätten . 115a
Rechtsfolgen bei Verstößen gegen § 115 116
Nichtigkeit von Lohnzahlungsverträgen 117
Nichteinklagbare Forderungen . 118
Den Gewerbetreibenden gleichzuachtende Personen 119
Lohneinbehaltungen, Lohnzahlungsfristen 119a
Heimarbeiter 119b
(weggefallen) 120
Betriebssicherheit 120a
Sitte und Anstand im Betrieb; Umkleide-, Wasch- und Toilettenräume 120b
Gemeinschaftsunterkünfte . . . 120c
Verfügungen zur Durchführung der §§ 120a bis 120c 120d
Bundes- und landesrechtliche Vorschriften 120e
Verfügungen zur Durchführung der Rechtsverordnungen nach § 120e 120f
(weggefallen) 120g

II. Verhältnisse der Gesellen und Gehilfen
Pflichten der Gesellen und Gehilfen 121
(weggefallen) . . . . 122 bis 124a
Entschädigung bei Vertragsbruch 124b
Mithaftung des neuen Arbeitgebers 125

III. Lehrlingsverhältnisse
A. Allgemeine Bestimmungen
(weggefallen) . . . . 126 bis 128a
B. Besondere Bestimmungen für Handwerker
(weggefallen) 129–132a

IIIa. Meistertitel
Befugnis zur Führung des Meistertitels 133

IIIb. Verhältnisse der Betriebsbeamten, Werkmeister, Techniker
(weggefallen) 133a–133b
Anspruch auf die vertragsmäßigen Leistungen 133c
(weggefallen) 133d
Ausnahmen bei technischen Angestellten 133e
Wettbewerbsverbot 133f

IV. Besondere Bestimmungen für Betriebe, in denen in der Regel mindestens zehn Arbeitnehmer beschäftigt werden
Anwendungsbereich 133g

1 GewO § 1 — Gewerbeordnung

§§	§§

A. Bestimmungen für Betriebe, in denen in der Regel mindestens zwanzig Arbeitnehmer beschäftigt werden

Grundsatz 133h
Verbot der Lohnverwirkung, schriftliche Lohnbelege . . . 134
(weggefallen) 134a–134h

B. Bestimmungen für alle Betriebe, in denen in der Regel mindestens zehn Arbeitnehmer beschäftigt werden

Sondervorschriften für größere Betriebe 134i
(weggefallen) 135–139a
Anwendung der §§ 121, 124b und 125 . . . . 139aa

V. Aufsicht

Gewerbeaufsichtsbehörde . . . 139b

VI. Gehilfen und Lehrlinge in Betrieben des Handelsgewerbes

(weggefallen) 139c–139f
Befugnisse der Gewerbeaufsichtsbehörden 139g
Vorschriften über Räume, Maschinen und Gerätschaften . . 139h
Verfügungen zur Durchführung der Rechtsverordnungen nach § 139h 139i
(weggefallen) 139k, 139l
Konsum- und andere Vereine . 139m

Titel VIII. Gewerbliche Hilfskassen

Kranken-, Hilfs- und Sterbekassen 140
(weggefallen) 141–141f

Titel IX. Statutarische Bestimmungen

Erlaß und Außerkraftsetzung . . 142

Titel X. Straf- und Bußgeldvorschriften

Verletzung von Vorschriften über die Errichtung und den Betrieb von Anlagen 143
Verletzung von Vorschriften über erlaubnisbedürftige stehende Gewerbe 144
Verletzung von Vorschriften über das Reisegewerbe . . . 145
Verletzung sonstiger Vorschriften über die Ausübung eines Gewerbes 146
Verletzung von Arbeitsschutzvorschriften 147
Strafbare Verletzung gewerberechtlicher Vorschriften . . . 148
Strafbare Verletzung von Prüferpflichten 148a

Titel XI. Gewerbezentralregister

Einrichtung eines Gewerbezentralregisters 149
Auskunft auf Antrag des Betroffenen 150
Auskunft an Behörden 150a
Eintragungen in besonderen Fällen 151
Entfernung von Eintragungen . 152
Tilgung von Eintragungen . . . 153
Mitteilungen zum Gewerbezentralregister 153a
Verwaltungsvorschriften 153b

Schlußbestimmungen

Ausnahmen von Titel VII . . . 154
Anwendung des Titels VII auf Bergwerke, Salinen u. ä. . . . 154a
Landesrecht, Zuständigkeiten . 155
Berlin-Klausel 156

Titel I. Allgemeine Bestimmungen

§ 1 Grundsatz der Gewerbefreiheit. (1) Der Betrieb eines Gewerbes ist jedermann gestattet, soweit nicht durch dieses Gesetz Ausnahmen oder Beschränkungen vorgeschrieben oder zugelassen sind.

(2) Wer gegenwärtig zum Betrieb eines Gewerbes berechtigt ist, kann von demselben nicht deshalb ausgeschlossen werden, weil er den Erfordernissen dieses Gesetzes nicht genügt.

Gewerbeordnung §§ 2–7 **GewO 1**

§ 2 (weggefallen)

§ 3 Betrieb verschiedener Gewerbe. Der gleichzeitige Betrieb verschiedener Gewerbe sowie desselben Gewerbes in mehreren Betriebs- oder Verkaufsstätten ist gestattet. Eine Beschränkung der Handwerker auf den Verkauf der selbstverfertigten Waren findet nicht statt.

§ 4 (weggefallen)

§ 5 Zulassungsbeschränkungen. In den Beschränkungen des Betriebs einzelner Gewerbe, welche auf den Zoll-, Steuer- und Postgesetzen beruhen, wird durch das gegenwärtige Gesetz nichts geändert.

§ 6 Anwendungsbereich. (1) Dieses Gesetz findet, abgesehen von den §§ 24 bis 24d und 120c Abs. 5, keine Anwendung auf die Fischerei, die Errichtung und Verlegung von Apotheken,[1] die Erziehung von Kindern gegen Entgelt, das Unterrichtswesen, auf die Tätigkeit der Rechtsanwälte und Notare, der Rechtsbeistände, der Wirtschaftsprüfer und Wirtschaftsprüfungsgesellschaften, der vereidigten Buchprüfer und Buchprüfungsgesellschaften, der Steuerberater und Steuerberatungsgesellschaften sowie der Steuerbevollmächtigten, auf den Gewerbebetrieb der Auswandererberater und der Eisenbahnunternehmungen, die Befugnis zum Halten öffentlicher Fähren, das Seelotswesen und die Rechtsverhältnisse der Kapitäne und der Besatzungsmitglieder auf den Seeschiffen. Auf das Bergwesen findet dieses Gesetz nur insoweit Anwendung, als es ausdrückliche Bestimmungen enthält; das gleiche gilt, abgesehen von den §§ 24 bis 24d und 120c Abs. 5 für den Gewerbebetrieb der Versicherungsunternehmen, die Ausübung der ärztlichen und anderen Heilberufe, den Verkauf von Arzneimitteln, den Vertrieb von Lotterielosen und die Viehzucht.

(2) (weggefallen)

§ 7 Aufhebung von Rechten und Abgaben. (1) Vom 1. Januar 1873 ab sind, soweit die Landesgesetze solches nicht früher verfügen, aufgehoben:

1. die noch bestehenden ausschließlichen Gewerbeberechtigungen, das heißt die mit dem Gewerbebetrieb verbundenen Berechtigungen, anderen den Betrieb eines Gewerbes, sei es im allgemeinen oder hinsichtlich der Benutzung eines gewissen Betriebsmaterials, zu untersagen oder sie darin zu beschränken;

2. die mit den ausschließlichen Gewerbeberechtigungen verbundenen Zwangs- und Bannrechte;

3. alle Zwangs- und Bannrechte, deren Aufhebung nach dem Inhalt der Verleihungsurkunde ohne Entschädigung zulässig ist;

---
[1] Siehe hierzu das G über das Apothekenwesen.

1 GewO §§ 8, 9   Gewerbeordnung

4. sofern die Aufhebung nicht schon infolge dieser Bestimmungen eintritt oder sofern sie nicht auf einem Vertrag zwischen Berechtigten und Verpflichteten beruhen:
   a) das mit dem Besitz einer Mühle, einer Brennerei oder Brenngerechtigkeit, einer Brauerei oder Braugerechtigkeit, oder einer Schankstätte verbundene Recht, die Konsumenten zu zwingen, daß sie bei den Berechtigten ihren Bedarf mahlen oder schroten lassen, oder das Getränk ausschließlich von denselben beziehen (der Mahlzwang, der Branntweinzwang oder der Brauzwang);
   b) das städtischen Bäckern oder Fleischern zustehende Recht, die Einwohner der Stadt, der Vorstädte oder der sogenannten Bannmeile zu zwingen, daß sie ihren Bedarf an Gebäck oder Fleisch ganz oder teilweise von jenen ausschließlich entnehmen;
5. die Berechtigungen, Konzessionen zu gewerblichen Anlagen oder zum Betrieb von Gewerben zu erteilen, die dem Fiskus, Korporationen, Instituten oder einzelnen Berechtigten zustehen;
6. vorbehaltlich der an den Staat und die Gemeinde zu entrichtenden Gewerbesteuern, alle Abgaben, welche für den Betrieb eines Gewerbes entrichtet werden, sowie die Berechtigung, dergleichen Abgaben aufzuerlegen.

(2) Ob und in welcher Weise den Berechtigten für die vorstehend aufgehobenen ausschließlichen Gewerbeberechtigungen, Zwangs- und Bannrechte usw. Entschädigung zu leisten ist, bestimmen die Landesgesetze.

§ 8 Ablösung von Rechten. (1) Von dem gleichen Zeitpunkt (§ 7) ab unterliegen, soweit solches nicht von der Landesgesetzgebung schon früher verfügt ist, der Ablösung:
1. diejenigen Zwangs- und Bannrechte, welche durch die Bestimmungen des § 7 nicht aufgehoben sind, sofern die Verpflichtung auf Grundbesitz haftet, die Mitglieder einer Korporation als solche betrifft, oder Bewohnern eines Ortes oder Distrikts vermöge ihres Wohnsitzes obliegt;
2. das Recht, den Inhaber einer Schankstätte zu zwingen, daß er für seinen Wirtschaftsbedarf das Getränk aus einer bestimmten Fabrikationsstätte entnehme.

(2) Das Nähere über die Ablösung dieser Rechte bestimmen die Landesgesetze.

§ 9 Streitigkeiten über Aufhebung oder Ablösung von Rechten.
(1) Streitigkeiten darüber, ob eine Berechtigung zu den durch die §§ 7 und 8 aufgehobenen oder für ablösbar erklärten gehört, sind im Rechtswege zu entscheiden.

(2) Jedoch bleibt den Landesgesetzen vorbehalten, zu bestimmen, von welchen Behörden und in welchem Verfahren die Frage zu entscheiden ist, ob oder wie weit eine auf einem Grundstück haftende Abgabe eine

Gewerbeordnung §§ 10–12 **GewO 1**

Grundabgabe ist oder für den Betrieb eines Gewerbes entrichtet werden muß.

§ 10 Kein Neuerwerb von Rechten. (1) Ausschließliche Gewerbeberechtigungen oder Zwangs- und Bannrechte, welche durch Gesetz aufgehoben oder für ablösbar erklärt worden sind, können fortan nicht mehr erworben werden.

(2) Realgewerbeberechtigungen dürfen fortan nicht mehr begründet werden.

§ 11 (weggefallen)

§ 11a Ehefrau als Gewerbetreibende bei ausländischem Güterrecht. (1) Betreibt eine Ehefrau, für deren güterrechtliche Verhältnisse ausländische Gesetze maßgebend sind, im Inland selbständig ein Gewerbe, so ist es auf ihre Geschäftsfähigkeit in Angelegenheiten des Gewerbes ohne Einfluß, daß sie Ehefrau ist.

(2) und (3) (weggefallen)

§ 12 Ausländische juristische Personen. (1) Eine ausländische juristische Person bedarf für den Betrieb eines Gewerbes im Inland der Genehmigung; dies gilt auch für die in § 6 genannten Gewerbe. Bestimmungen in zwischenstaatlichen Vereinbarungen bleiben unberührt. Die Genehmigung wird für eine bestimmte gewerbliche Tätigkeit erteilt. Sie kann befristet, unter Bedingungen oder auf Widerruf erteilt oder mit Auflagen verbunden werden, soweit dies im öffentlichen Interesse erforderlich ist; die nachträgliche Änderung, Ergänzung oder Beifügung von Auflagen ist zulässig.

(2) Die Genehmigung darf nur versagt werden, wenn zu besorgen ist, daß die Tätigkeit der ausländischen juristischen Person dem öffentlichen Interesse widerspricht, insbesondere wenn

1. die Gegenseitigkeit nicht gewährleistet ist oder
2. die ausländische juristische Person hinsichtlich der Höhe des Kapitals nicht entsprechenden Anforderungen genügt, wie sie das deutsche Recht an vergleichbare inländische juristische Personen stellt.

(3) Zuständig für die Erteilung der Genehmigung ist die für die Wirtschaft zuständige oberste Landesbehörde des Landes, in dem die ausländische juristische Person die gewerbliche Tätigkeit erstmalig beginnen will.

(4) Der Genehmigung nach Absatz 1 bedarf eine ausländische juristische Person nicht, wenn sie

1. nach dem Gesetz über die Beaufsichtigung der privaten Versicherungsunternehmungen in der im Bundesgesetzblatt Teil III, Gliederungsnummer 7631-1, veröffentlichten bereinigten Fassung, zuletzt geändert durch Artikel 1 des Ersten Durchführungsgesetzes/EWG zum Versicherungsaufsichtsgesetz vom 18. Dezember 1975 (BGBl. I S. 3139),

1 GewO §§ 12a–14 Gewerbeordnung

2. nach dem Gesetz über das Kreditwesen in der Fassung der Bekanntmachung vom 3. Mai 1976 (BGBl. I S. 1121), zuletzt geändert durch Artikel 72 des Einführungsgesetzes zur Abgabenordnung vom 14. Dezember 1976 (BGBl. I S. 3341, 3374),

der Aufsicht unterliegt.

(5) Der Genehmigung nach Absatz 1 bedarf eine ausländische juristische Person ferner nicht, wenn sie dem Gesetz über den Vertrieb ausländischer Investmentanteile und über die Besteuerung der Erträge aus ausländischen Investmentanteilen vom 28. Juli 1969 (BGBl. I S. 986), zuletzt geändert durch Artikel 73 des Einführungsgesetzes zur Abgabenordnung vom 14. Dezember 1976 (BGBl. I S. 3341, 3374), unterliegt.

(6) Der Bundesminister für Wirtschaft wird ermächtigt, im Einvernehmen mit dem Bundesminister der Justiz und, soweit Kreditinstitute und Versicherungsunternehmen betroffen sind, im Einvernehmen mit dem Bundesminister der Finanzen sowie mit Zustimmung des Bundesrates allgemeine Verwaltungsvorschriften zur Durchführung der Absätze 1 und 2 zu erlassen.

§ 12a Ausländische juristische Personen aus Mitgliedstaaten der EWG. § 12 findet keine Anwendung auf ausländische juristische Personen, die nach den Rechtsvorschriften eines Mitgliedstaates der Europäischen Wirtschaftsgemeinschaft gegründet sind und ihren satzungsmäßigen Sitz, ihre Hauptverwaltung oder ihre Hauptniederlassung innerhalb der Gemeinschaft haben. Für juristische Personen, die nach den Rechtsvorschriften eines Mitgliedstaates der Europäischen Wirtschaftsgemeinschaft gegründet worden sind und ihren satzungsmäßigen Sitz, jedoch weder ihre Hauptverwaltung noch ihre Hauptniederlassung innerhalb der Gemeinschaft haben, gilt dies nur, wenn ihre Tätigkeit in tatsächlicher und dauerhafter Verbindung mit der Wirtschaft eines Mitgliedstaates steht.

§ 13 (weggefallen)

Titel II. Stehendes Gewerbe

I. Allgemeine Erfordernisse

§ 14 Anzeigepflicht. (1) Wer den selbständigen Betrieb eines stehenden Gewerbes oder den Betrieb einer Zweigniederlassung oder einer unselbständigen Zweigstelle anfängt, muß dies der für den betreffenden Ort zuständigen Behörde gleichzeitig anzeigen. Das gleiche gilt, wenn

1. der Betrieb verlegt wird,
2. der Gegenstand des Gewerbes gewechselt oder auf Waren oder Leistungen ausgedehnt wird, die bei Gewerbebetrieben der angemeldeten Art nicht geschäftsüblich sind, oder

Gewerbeordnung §§ 15, 15a **GewO 1**

3. der Betrieb aufgegeben wird.

(2) Absatz 1 gilt auch für den Handel mit Arzneimitteln, mit Losen von Lotterien und Ausspielungen sowie mit Bezugs- und Anteilscheinen auf solche Lose und für den Betrieb von Wettannahmestellen aller Art.

(3) Wer die Aufstellung von Automaten (Waren-, Leistungs- und Unterhaltungsautomaten jeder Art) als selbständiges Gewerbe betreibt, muß die Anzeige nach Absatz 1 allen Behörden erstatten, in deren Zuständigkeitsbereich Automaten aufgestellt werden. Die zuständige Behörde kann Angaben über den Aufstellungsort der einzelnen Automaten verlangen.

(4) Der Bundesminister für Wirtschaft wird ermächtigt, durch Rechtsverordnung mit Zustimmung des Bundesrates Form und Inhalt der Anzeige nach Absatz 1 zu bestimmen.

§ 15 Empfangsbescheinigung, Betriebsbeginn ohne Genehmigung. (1) Die Behörde bescheinigt innerhalb dreier Tage den Empfang der Anzeige.

(2) Die Fortsetzung des Betriebs kann durch die zuständige Behörde verhindert werden, wenn ein Gewerbe, zu dessen Beginn eine besondere Genehmigung erforderlich ist, ohne diese Genehmigung begonnen wird. Das gleiche gilt, wenn ein Gewerbe von einer ausländischen juristischen Person begonnen wird, deren Rechtsfähigkeit im Inland nicht anerkannt wird.

§ 15a Anbringung von Namen und Firma. (1) Gewerbetreibende, die eine offene Verkaufsstelle haben, eine Gaststätte betreiben oder eine sonstige offene Betriebsstätte haben, sind verpflichtet, ihren Familiennamen mit mindestens einem ausgeschriebenen Vornamen an der Außenseite oder am Eingang der offenen Verkaufsstelle, der Gaststätte oder der sonstigen offenen Betriebsstätte in deutlich lesbarer Schrift anzubringen.

(2) Kaufleute, die eine Firma führen, haben außerdem ihre Firma in der in Absatz 1 bezeichneten Weise anzubringen; ist aus der Firma der Familienname des Geschäftsinhabers mit einem ausgeschriebenen Vornamen zu ersehen, so genügt die Anbringung der Firma.

(3) Auf offene Handelsgesellschaften, Kommanditgesellschaften und Kommanditgesellschaften auf Aktien finden diese Vorschriften mit der Maßgabe Anwendung, daß für die Namen der persönlich haftenden Gesellschafter gilt, was in betreff der Namen der Gewerbetreibenden bestimmt ist. Juristische Personen, die eine offene Verkaufsstelle haben, eine Gaststätte betreiben oder eine sonstige offene Betriebsstätte haben, haben ihre Firma oder ihren Namen in der in Absatz 1 bezeichneten Weise anzubringen.

(4) Sind mehr als zwei Beteiligte vorhanden, deren Namen hiernach in der Aufschrift anzugeben wären, so genügt es, wenn die Namen von zweien mit einem das Vorhandensein weiterer Beteiligter andeutenden

Zusatz aufgenommen werden. Die zuständige Behörde kann im einzelnen Fall die Angabe der Namen aller Beteiligten anordnen.

(5) Die Absätze 1 bis 4 gelten entsprechend für den Betrieb einer Spielhalle oder eines ähnlichen Unternehmens sowie für die Aufstellung von Automaten außerhalb der Betriebsräume des Aufstellers. An den Automaten ist auch die Anschrift des Aufstellers anzubringen.

§ 15b Namensangabe im Schriftverkehr. Gewerbetreibende, für die keine Firma im Handelsregister eingetragen ist, müssen sich im schriftlichen rechtsgeschäftlichen Verkehr ihres Familiennamens mit mindestens einem ausgeschriebenen Vornamen bedienen.

II. Erfordernis besonderer Überwachung oder Genehmigung

A. Anlagen, die einer besonderen Überwachung bedürfen

§§ 16 bis 23 (weggefallen)

§ 24[1,2] **Überwachungsbedürftige Anlagen.** (1) Zum Schutze der Beschäftigten und Dritter vor Gefahren durch Anlagen, die mit Rücksicht auf ihre Gefährlichkeit einer besonderen Überwachung bedürfen (überwachungsbedürftige Anlagen), wird die Bundesregierung ermächtigt, nach Anhörung der beteiligten Kreise durch Rechtsverordnung zu bestimmen,

1. daß die Errichtung solcher Anlagen, ihre Inbetriebnahme, die Vornahme von Änderungen an bestehenden Anlagen und sonstige die

---

[1] Auf Grund Art. IV G v. 29. 9. 1953 (BGBl. I S. 1459) kann der Bundesminister für Arbeit mit Zustimmung des Bundesrates die in der Zeit vom 1. 5. 1933 bis 30. 4. 1945 erlassenen Rechtsverordnungen über die Organisation und Durchführung der technischen Überwachung überwachungspflichtiger Betriebe außer Kraft setzen.

[2] Auf Grund der früheren Fassung des § 24 sind die allg. polizeilichen Bestimmungen über die Anlegung von Landdampfkesseln (Bek. v. 17. 12. 1908, RGBl. 1909 S. 3) und die allg. polizeilichen Bestimmungen über die Anlegung von Schiffsdampfkesseln (Bek. v. 17. 12. 1908, RGBl. 1909 S. 51) ergangen, beide Bestimmungen i. d. F. der AO v. 17. 12. 1942 (RWMBl. S. 709).

Auf Grund des § 24 ist ferner für die periodische Untersuchung der Dampfkessel die wichtige VO v. 31. 10. 1941 (RWMBl. S. 383) ergangen, ferner die VO v. 17. 12. 1942 (RGBl. I S. 727) über die Herstellung und die Anwendung von Kesselsteingegenmitteln, Kesselsteinlösemitteln und Kesselinnenanstrichmitteln, geänd. durch VO v. 19. 4. 1944 (RGBl. I S. 114).

Auf Grund der §§ 24 und 24 d Satz 3 sind folgende Verordnungen ergangen:
VO über brennbare Flüssigkeiten (VbF) v. 27. 2. 1980 (BGBl. I S. 173).
VO über Aufzugsanlagen (Aufzugsverordnung - AufzV) v. 27. 2. 1980 (BGBl. I S. 173).
VO über Getränkeschankanlagen v. 14. 8. 1962 (BGBl. I S. 561, ber. S. 660, geänd. durch VO v. 27. 11. 1973, BGBl. I S. 1762).
VO üb. elektrische Anlagen in explosionsgefährdeten Räumen (ElexV) v. 27. 2. 1980 (BGBl. I S. 173).
VO über Dampfkesselanlagen (Dampfkesselverordnung - DampfkV) v. 27. 2. 1980 (BGBl. I S. 173).

Gewerbeordnung § 24 **GewO 1**

Anlagen betreffenden Umstände angezeigt und der Anzeige bestimmte Unterlagen beigefügt werden müssen;
2. daß die Errichtung solcher Anlagen, ihr Betrieb sowie die Vornahme von Änderungen an bestehenden Anlagen der Erlaubnis einer in der Rechtsverordnung bezeichneten oder nach Bundesrecht zuständigen oder gemäß § 155 Abs. 2 bestimmten Behörde bedürfen;
3. daß solche Anlagen, insbesondere die Errichtung, die Herstellung, die Bauart, die Werkstoffe, die Ausrüstung und die Unterhaltung sowie ihr Betrieb bestimmten Anforderungen genügen müssen. Anforderungen technischer Art können in besonderen Vorschriften (technische Vorschriften) zusammengefaßt werden; hierbei sind die Vorschläge des Ausschusses (Absatz 4) zu berücksichtigen;
4. daß solche Anlagen einer Prüfung vor Inbetriebnahme, regelmäßig wiederkehrenden Prüfungen und Prüfungen auf Grund behördlicher Anordnung unterliegen;
5. welche Gebühren und Auslagen für die vorgeschriebenen oder behördlich angeordneten Prüfungen solcher Anlagen von den Eigentümern und Personen, die solche Anlagen herstellen oder betreiben, zu entrichten sind. Die Gebühren werden nur zur Deckung des mit den Prüfungen verbundenen Personal- und Sachaufwandes erhoben, zu dem insbesondere der Aufwand für die Sachverständigen, die Prüfeinrichtungen und -stoffe sowie für die Entwicklung geeigneter Prüfverfahren und für den Erfahrungsaustausch gehört. Es kann bestimmt werden, daß eine Gebühr auch für eine Prüfung erhoben werden kann, die nicht begonnen oder nicht zu Ende geführt worden ist, wenn die Gründe hierfür von demjenigen zu vertreten sind, der die Prüfung veranlaßt hat. Die Höhe der Gebührensätze richtet sich nach der Zahl der Stunden, die ein Sachverständiger durchschnittlich für die verschiedenen Prüfungen der bestimmten Anlagenart benötigt. In der Rechtsverordnung können die Kostenbefreiung, die Kostengläubigerschaft, die Kostenschuldnerschaft, der Umfang der zu erstattenden Auslagen und die Kostenerhebung abweichend von den Vorschriften des Verwaltungskostengesetzes vom 23. Juni 1970 (BGBl. I S. 821), zuletzt geändert durch Artikel 41 des Einführungsgesetzes zur Abgabenordnung vom 14. Dezember 1976 (BGBl. I S. 3341, 3365), geregelt werden.

(2) Absatz 1 gilt auch für die Tagesanlagen des Bergwesens und für Anlagen, die nicht gewerblichen Zwecken dienen, sofern sie im Rahmen

---

VO über technische Anforderungen an Getränkeschankanlagen v. 15. 3. 1966 (BAnz. Nr. 56, ber. Nr. 68, zuletzt geänd. durch VO v. 20. 12. 1974, BAnz. 1975 Nr. 2).
VO über Druckbehälter, Druckgasbehälter und Füllanlagen (Druckbehälterverordnung – DruckbehV) v. 27. 2. 1980 (BGBl. I S. 173).
VO über Acetylenanlagen und Calciumcarbidlager (Acetylenverordnung – AcetV) v. 27. 2. 1980 (BGBl. I S. 173).
KostenO für die Prüfung überwachungsbedürftiger Anlagen v. 31. 7. 1970 (BGBl. I S. 1162, zuletzt geänd. durch VO v. 6. 4. 1977, BGBl. I S. 539).
VO über Gebühren für Prüfungen nach § 8 der GetränkeschankanlagenVO v. 15. 7. 1970 (BGBl. I S. 1285, geänd. durch VO v. 8. 1. 1975, BGBl. I S. 225).
VO über Gashochdruckleitungen v. 17. 12. 1974 (BGBl. I S. 3591).

1 GewO § 24 Gewerbeordnung

wirtschaftlicher Unternehmungen Verwendung finden oder soweit es der Arbeitsschutz erfordert; er gilt nicht für den Betrieb der Deutschen Bundesbahn und die Nebenbetriebe, die den Bedürfnissen des Eisenbahn- und Schiffahrtsbetriebes und -verkehrs der Deutschen Bundesbahn zu dienen bestimmt sind, sowie für das rollende Material anderer Eisenbahnunternehmungen, ausgenommen Ladegutbehälter, soweit dieses Material den Bestimmungen der Bau- und Betriebsordnungen des Bundes und der Länder unterliegt.

(3) Überwachungsbedürftige Anlagen im Sinne des Absatzes 1 sind

1. Dampfkesselanlagen,
2. Druckbehälter außer Dampfkesseln,
3. Anlagen zur Abfüllung von verdichteten, verflüssigten oder unter Druck gelösten Gasen,
4. Leitungen unter innerem Überdruck für brennbare, ätzende oder giftige Gase, Dämpfe oder Flüssigkeiten,
5. Aufzugsanlagen,
6. elektrische Anlagen in besonders gefährdeten Räumen,
7. Getränkeschankanlagen und Anlagen zur Herstellung kohlensaurer Getränke,
8. Azetylenanlagen und Kalziumkarbidlager,
9. Anlagen zur Lagerung, Abfüllung und Beförderung von brennbaren Flüssigkeiten,
10. medizinisch-technische Geräte.

Zu den in den Nummern 2, 3 und 4 bezeichneten überwachungsbedürftigen Anlagen gehören nicht die Energieanlagen im Sinne des § 2 Abs. 1 des Energiewirtschaftsgesetzes in der im Bundesgesetzblatt Teil III, Gliederungsnummer 752-1, veröffentlichten bereinigten Fassung, zuletzt geändert durch Artikel 3 des Gesetzes zur Änderung energierechtlicher Vorschriften vom 19. Dezember 1977 (BGBl. I S. 2750).

(4) In den Rechtsverordnungen nach Absatz 1 können Vorschriften über die Einsetzung von technischen Ausschüssen getroffen werden. Die Ausschüsse sollen die Bundesregierung oder den zuständigen Bundesminister insbesondere in technischen Fragen beraten und ihnen dem Stand von Wissenschaft und Technik entsprechende Vorschriften vorschlagen (Absatz 1 Nr. 3). Soweit Anforderungen technischer Art in besonderen Vorschriften (technische Vorschriften) zusammengefaßt werden, müssen technische Ausschüsse gebildet werden. In die Ausschüsse sind neben Vertretern der beteiligten Bundesbehörden und von obersten Landesbehörden, der Wissenschaft und der technischen Überwachung insbesondere Vertreter der Hersteller und der Betreiber der Anlagen zu berufen.

(5) Die Bundesregierung kann durch Rechtsverordnung die Ermächtigung nach Absatz 1 ganz oder teilweise auf den zuständigen Bundesminister übertragen.

Gewerbeordnung §§ 24a–24c **GewO 1**

(6) Die nach dieser Vorschrift zu erlassenden Rechtsverordnungen bedürfen der Zustimmung des Bundesrates; ausgenommen sind die in Absatz 1 Nr. 3 bezeichneten technischen Vorschriften, die in Absatz 5 genannten Rechtsverordnungen sowie Rechtsverordnungen, die sich ausschließlich auf Anlagen beziehen, welche der Überwachung durch die Bundesverwaltung unterstehen.

§ 24a Maßnahmen im Einzelfall. Die zuständige Behörde kann im Einzelfall die erforderlichen Maßnahmen zur Durchführung der durch Rechtsverordnung nach § 24 auferlegten Pflichten anordnen.

§ 24b Duldungspflichten bei der Prüfung. Eigentümer von überwachungsbedürftigen Anlagen und Personen, die solche Anlagen herstellen oder betreiben, sind verpflichtet, den Sachverständigen, denen die Prüfung der Anlagen obliegt, die Anlagen zugänglich zu machen, die vorgeschriebene oder behördlich angeordnete Prüfung zu gestatten, die hierfür benötigten Arbeitskräfte und Hilfsmittel bereitzustellen und ihnen die Angaben zu machen und die Unterlagen vorzulegen, die zur Erfüllung ihrer Aufgaben erforderlich sind. Das Grundrecht des Artikels 13 des Grundgesetzes wird insoweit eingeschränkt.

§ 24c Prüfung durch Sachverständige. (1) Die Prüfungen der überwachungsbedürftigen Anlagen werden, soweit in den nach § 24 Abs. 1 erlassenen Rechtsverordnungen nichts anderes bestimmt ist, von amtlichen oder amtlich für diesen Zweck anerkannten Sachverständigen vorgenommen. Diese sind in technischen Überwachungsorganisationen zusammenzufassen.

(2) Die Prüfungen und die Überwachung der in § 24 Abs. 3 genannten Anlagen der Deutschen Bundespost werden von den vom Bundesminister für das Post- und Fernmeldewesen bestimmten Stellen vorgenommen.

(3) Der Bundesminister für Arbeit und Sozialordnung kann durch Verwaltungsvorschriften die Anforderungen bestimmen, denen die Sachverständigen nach Absatz 1 hinsichtlich ihrer beruflichen Ausbildung und Erfahrung in der technischen Überwachung genügen müssen.

(4) Die Landesregierungen regeln die Organisation der technischen Überwachung, die Aufsicht über sie sowie die Durchführung der Überwachung.

(5) Der Bundesminister für Arbeit und Sozialordnung wird ermächtigt, im Benehmen mit den obersten Arbeitsbehörden der Länder durch Rechtsverordnung mit Zustimmung des Bundesrates Vorschriften über die Sammlung und Auswertung der Erfahrungen der Sachverständigen sowie über deren Weiterbildung zu erlassen.

(6) Der Bundesminister für Arbeit und Sozialordnung kann mit Zustimmung des Bundesrates der Bundesanstalt für Arbeitsschutz und Unfallforschung die Aufgabe übertragen, die im Zusammenhang mit der

1 GewO §§ 24d–30   Gewerbeordnung

Prüfung, Wartung und Überwachung von medizinisch-technischen Geräten gewonnenen Erkenntnisse zu sammeln und auszuwerten und die mit der Prüfung der medizinisch-technischen Geräte befaßten Personen hierüber zu unterrichten.

§ 24d Aufsichtsbehörden. Die Aufsicht über die Ausführung der nach § 24 Abs. 1 erlassenen Rechtsverordnungen obliegt den Gewerbeaufsichtsbehörden. Hierbei findet § 139b entsprechende Anwendung. Für Anlagen, welche der Überwachung durch die Bundesverwaltung unterstehen, sowie für Anlagen an Bord von Seeschiffen bestimmt die Bundesregierung die Aufsichtsbehörde durch Rechtsverordnung;[1] § 24 Abs. 5 gilt entsprechend. Rechtsverordnungen nach Satz 3 bedürfen nur der Zustimmung des Bundesrates, soweit sie Anlagen an Bord von Seeschiffen betreffen.

§ 25 Stillegung von Anlagen und Untersagung von Betrieben.
(1) Die zuständige Behörde kann die Stillegung oder Beseitigung einer Anlage anordnen, wenn ohne die auf Grund einer Rechtsverordnung nach § 24 Abs. 1 Nr. 2 oder 4 erforderliche Erlaubnis oder Sachverständigenprüfung die Anlage errichtet, betrieben oder geändert wird.

(2) Wird eine Anordnung nach § 120d oder § 139g nicht beachtet, so kann die zuständige Behörde den von der Anordnung betroffenen Betrieb bis zur Herstellung des den Anordnungen entsprechenden Zustandes ganz oder teilweise untersagen. Das gleiche gilt, wenn eine Anordnung, die nach den §§ 24a, 105j, 120f oder 139i erlassen worden ist, nicht beachtet wird und hierdurch Gefahren für die zu schützenden Personen entstehen.

§§ 26 bis 28 (weggefallen)

B. Gewerbetreibende, die einer besonderen Genehmigung bedürfen

§ 29 (weggefallen)

§ 30 Privatkrankenanstalten. (1) Unternehmer von Privatkranken-, Privatentbindungs- und Privatnervenkliniken bedürfen einer Konzession der zuständigen Behörde. Die Konzession ist nur dann zu versagen, wenn

1. Tatsachen vorliegen, welche die Unzuverlässigkeit des Unternehmers in Beziehung auf die Leitung oder Verwaltung der Anstalt dartun,
2. nach den von dem Unternehmer einzureichenden Beschreibungen und Plänen die baulichen und die sonstigen technischen Einrichtungen der Anstalt den gesundheitspolizeilichen Anforderungen nicht entsprechen,
3. die Anstalt nur in einem Teil eines auch von anderen Personen bewohnten Gebäudes untergebracht werden soll und durch ihren Betrieb für die Mitbewohner dieses Gebäudes erhebliche Nachteile oder Gefahren hervorrufen kann oder

---

[1] Siehe hierzu das als Anm. zu § 24 abgedruckte Fundstellenverzeichnis.

Gewerbeordnung §§ 30a–33b **GewO 1**

4. die Anstalt zur Aufnahme von Personen mit ansteckenden Krankheiten oder von Geisteskranken bestimmt ist und durch ihre örtliche Lage für die Besitzer oder Bewohner der benachbarten Grundstücke erhebliche Nachteile oder Gefahren hervorrufen kann.

(2) Vor Erteilung der Konzession sind über die Fragen zu Absatz 1 Nr. 3 und 4 die Ortspolizei- und die Gemeindebehörden zu hören.

(3) (weggefallen)

§ 30a (weggefallen)

§ 30b Orthopädische Maßschuhe. Orthopädische Maßschuhe dürfen nur in einem Handwerksbetrieb oder einem handwerklichen Nebenbetrieb angefertigt werden, dessen Leiter die Voraussetzungen für den selbständigen Betrieb des Orthopädieschuhmacherhandwerks nach der Handwerksordnung erfüllt.

§§ 30c bis 33 (weggefallen)

§ 33a Singspiele und ähnliche Veranstaltungen. (1) Wer gewerbsmäßig Singspiele, Gesangs- oder deklamatorische Vorträge, Schaustellungen von Personen oder theatralische Vorstellungen, ohne daß ein höheres Interesse der Kunst oder Wissenschaft dabei obwaltet, in seinen Wirtschafts- oder sonstigen Räumen öffentlich veranstalten oder zu deren öffentlicher Veranstaltung seine Räume benutzen lassen will, bedarf zum Betrieb dieses Gewerbes der Erlaubnis der zuständigen Behörde. Die Erlaubnis kann unter Auflagen erteilt werden, soweit dies zum Schutze der Allgemeinheit, der Gäste oder der Bewohner des Betriebsgrundstücks oder der Nachbargrundstücke vor Gefahren, erheblichen Nachteilen oder erheblichen Belästigungen erforderlich ist; die nachträgliche Änderung, Ergänzung oder Beifügung von Auflagen ist zulässig.

(2) Die Erlaubnis ist nur dann zu versagen, wenn

1. gegen den Nachsuchenden Tatsachen vorliegen, welche die Annahme rechtfertigen, daß die beabsichtigten Veranstaltungen den Gesetzen oder guten Sitten zuwiderlaufen werden,

2. das zum Betriebe des Gewerbes bestimmte Lokal wegen seiner Beschaffenheit oder Lage den polizeilichen Anforderungen nicht genügt oder

3. der beabsichtigte Betrieb des Gewerbes schädliche Umwelteinwirkungen im Sinne des Bundes-Immissionsschutzgesetzes oder sonst eine erhebliche Belästigung der Allgemeinheit befürchten läßt.

(3) (weggefallen)

§ 33b Tanzlustbarkeiten. Die Abhaltung von Tanzlustbarkeiten richtet sich nach den landesrechtlichen Bestimmungen.

§ 33c Spielgeräte[1] mit Gewinnmöglichkeit. (1) Wer gewerbsmäßig Spielgeräte, die mit einer den Spielausgang beeinflussenden technischen Vorrichtung ausgestattet sind, und die die Möglichkeit eines Gewinnes bieten, aufstellen will, bedarf der Erlaubnis der zuständigen Behörde. Die Erlaubnis berechtigt nur zur Aufstellung von Spielgeräten, deren Bauart von der Physikalisch-Technischen Bundesanstalt zugelassen ist. Sie kann unter Auflagen, auch im Hinblick auf den Aufstellungsort, erteilt werden, soweit dies zum Schutze der Allgemeinheit, der Gäste oder der Bewohner des jeweiligen Betriebsgrundstücks oder der Nachbargrundstücke oder im Interesse des Jugendschutzes erforderlich ist; die nachträgliche Änderung, Ergänzung oder Beifügung von Auflagen ist zulässig.

(2) Die Erlaubnis ist zu versagen, wenn Tatsachen die Annahme rechtfertigen, daß der Antragsteller die für die Aufstellung von Spielgeräten erforderliche Zuverlässigkeit nicht besitzt. Die erforderliche Zuverlässigkeit besitzt in der Regel nicht, wer in den letzten drei Jahren vor Stellung des Antrages wegen eines Verbrechens, wegen Diebstahls, Unterschlagung, Erpressung, Hehlerei, Betruges, Untreue, unerlaubter Veranstaltung eines Glücksspiels, Beteiligung am unerlaubten Glücksspiel oder wegen Vergehens nach § 13 des Gesetzes zum Schutze der Jugend in der Öffentlichkeit rechtskräftig verurteilt worden ist.

(3) Der Gewerbetreibende darf Spielgeräte im Sinne des Absatzes 1 nur aufstellen, wenn ihm die zuständige Behörde schriftlich bestätigt hat, daß der Aufstellungsort den auf der Grundlage des § 33f Abs. 1 Nr. 1 erlassenen Durchführungsvorschriften entspricht. Sollen Spielgeräte in einer Gaststätte aufgestellt werden, so ist in der Bestätigung anzugeben, ob dies in einer Schank- oder Speisewirtschaft oder in einem Beherbergungsbetrieb erfolgen soll. Gegenüber dem Gewerbetreibenden und demjenigen, in dessen Betrieb ein Spielgerät aufgestellt worden ist, können von der zuständigen Behörde, in deren Bezirk das Spielgerät aufgestellt worden ist, Anordnungen nach Maßgabe des Absatzes 1 Satz 3 erlassen werden.

§ 33d Andere Spiele mit Gewinnmöglichkeit. (1) Wer gewerbsmäßig ein anderes Spiel mit Gewinnmöglichkeit veranstalten will, bedarf der Erlaubnis der zuständigen Behörde. Die Erlaubnis kann befristet und unter Auflagen erteilt werden, soweit dies zum Schutze der Allgemeinheit, der Gäste oder der Bewohner des Betriebsgrundstücks oder der Nachbargrundstücke oder im Interesse des Jugendschutzes erforderlich ist; die nachträgliche Änderung, Ergänzung oder Beifügung von Auflagen ist zulässig.

---

[1] Siehe Art. 2 Abs. 1 Ges. v. 12. 2. 1979 (in Kraft ab 1. 2. 1980): Eine vor Inkrafttreten dieses Gesetzes erteilte Erlaubnis zur Aufstellung eines mit einer den Spielausgang beeinflussenden mechanischen Vorrichtung ausgestatteten Spielgerätes, das die Möglichkeit eines Gewinns bietet, gilt im bisherigen Umfang fort.

(2) Die Erlaubnis darf nur erteilt werden, wenn der Antragsteller im Besitz einer von dem Bundeskriminalamt erteilten Unbedenklichkeitsbescheinigung ist.

(3) Die Erlaubnis ist zu versagen, wenn Tatsachen die Annahme rechtfertigen, daß der Antragsteller oder der Gewerbetreibende, in dessen Betrieb das Spiel veranstaltet werden soll, die für die Veranstaltung von anderen Spielen erforderliche Zuverlässigkeit nicht besitzt. § 33c Abs. 2 Satz 2 gilt entsprechend.

(4) Die Erlaubnis ist zurückzunehmen, wenn bei ihrer Erteilung nicht bekannt war, daß Tatsachen der in Absatz 3 bezeichneten Art vorlagen. Die Erlaubnis ist zu widerrufen, wenn

1. nach ihrer Erteilung Tatsachen der in Absatz 3 bezeichneten Art eingetreten sind,

2. das Spiel abweichend von den genehmigten Bedingungen veranstaltet wird oder

3. die Unbedenklichkeitsbescheinigung zurückgenommen oder widerrufen worden ist.

(5) Die Erlaubnis kann widerrufen werden, wenn bei der Veranstaltung des Spieles eine der in der Erlaubnis enthaltenen Auflagen nicht beachtet oder gegen § 7 des Gesetzes zum Schutze der Jugend in der Öffentlichkeit verstoßen worden ist.

§ 33e Bauartzulassung und Unbedenklichkeitsbescheinigung.

Die Zulassung der Bauart eines Spielgerätes oder ihrer Nachbaugeräte und die Unbedenklichkeitsbescheinigung für andere Spiele (§§ 33c und 33d) sind zu versagen, wenn die Gefahr besteht, daß der Spieler unangemessen hohe Verluste in kurzer Zeit erleidet. Sie sind zurückzunehmen oder zu widerrufen, wenn Tatsachen bekannt werden, die die Versagung der Zulassung oder der Unbedenklichkeitsbescheinigung rechtfertigen würden, oder wenn der Antragsteller zugelassene Spielgeräte an den in dem Zulassungsschein bezeichneten Merkmalen verändert oder ein für unbedenklich erklärtes Spiel unter nicht genehmigten Bedingungen veranstaltet. Die Zulassung und die Unbedenklichkeitsbescheinigung können auf Zeit und unter Auflagen erteilt werden.

§ 33f Ermächtigung zum Erlaß von Durchführungsvorschriften.

(1) Der Bundesminister für Wirtschaft kann zur Durchführung der §§ 33c, 33d und 33e im Einvernehmen mit den Bundesministern des Innern und für Jugend, Familie und Gesundheit und mit Zustimmung des Bundesrates durch Rechtsverordnung[1] zur Eindämmung der Betäti-

---

[1] Siehe VO über Spielgeräte und andere Spiele mit Gewinnmöglichkeit (SpielV) i. d. F. der Bek. v. 28. 11. 1979 (BGBl. I S. 1992).

1 GewO § 33f   Gewerbeordnung

gung des Spieltriebs, zum Schutze der Allgemeinheit und der Spieler sowie im Interesse des Jugendschutzes

1. die Aufstellung von Spielgeräten oder die Veranstaltung von Spielen auf bestimmte Gewerbezweige, Betriebe oder Veranstaltungen beschränken und die Zahl der jeweils in einem Betrieb aufgestellten Spielgeräte oder veranstalteten Spiele begrenzen,
2. Vorschriften über den Umfang der Befugnisse und Verpflichtungen bei der Ausübung des Gewerbes erlassen,
3. für die Zulassung oder die Erteilung der Unbedenklichkeitsbescheinigung bestimmte Anforderungen an
    a) die Art und Weise des Spielvorganges,
    b) die Art des Gewinnes,
    c) den Höchsteinsatz und den Höchstgewinn,
    d) das Verhältnis der Anzahl der gewonnenen Spiele zur Anzahl der verlorenen Spiele,
    e) das Verhältnis des Einsatzes zum Gewinn bei einer bestimmten Anzahl von Spielen,
    f) die Mindestdauer eines Spieles,
    g) die technische Konstruktion und die Kennzeichnung der Spielgeräte,
    h) die Bekanntgabe der Spielregeln und des Gewinnplans sowie die Bereithaltung des Zulassungsscheines und der Unbedenklichkeitsbescheinigung

    stellen,
4. Vorschriften über den Umfang der Verpflichtungen des Gewerbetreibenden erlassen, in dessen Betrieb das Spielgerät aufgestellt oder das Spiel veranstaltet werden soll.

(2) Durch Rechtsverordnung[1] können ferner

1. der Bundesminister für Wirtschaft im Einvernehmen mit dem Bundesminister des Innern und mit Zustimmung des Bundesrates
    a) das Verfahren der Physikalisch-Technischen Bundesanstalt bei der Prüfung und Zulassung der Bauart von Spielgeräten sowie bei der Verlängerung der Aufstelldauer von Warenspielgeräten, die auf Volksfesten, Schützenfesten oder ähnlichen Veranstaltungen aufgestellt werden sollen, und die ihrer Konstruktion nach keine statistischen Prüfmethoden erforderlich machen, regeln und
    b) Vorschriften über die Gebühren und Auslagen für Amtshandlungen der Physikalisch-Technischen Bundesanstalt erlassen. Die Gebühren

---

[1] Siehe VO über das Verfahren bei der Erteilung von Unbedenklichkeitsbescheinigungen für die Veranstaltung anderer Spiele im Sinne des § 33d Abs. 1 GewO v. 6. 2. 1962 (BGBl. I S. 152) und VO über das Verfahren bei der Zulassung der Bauart von Spielgeräten i. d. F. der Bek. v. 28. 11. 1979 (BGBl. I S. 1992).

Gewerbeordnung **§ 33g GewO 1**

sind nach dem Personal- und Sachaufwand zu bestimmen. Die Gebühr für die Prüfung und Zulassung einer Bauart darf jedoch 5000 Deutsche Mark und für die Verlängerung der Aufstelldauer eines Warenspielgerätes im Sinne des Buchstaben a 500 Deutsche Mark je Gerät nicht übersteigen. Erfordert die Prüfung im Einzelfall einen außergewöhnlichen Aufwand, so kann die Gebühr bis auf das Doppelte erhöht werden. Die Gebühr für die Erteilung eines Zulassungsscheines, des Abdruckes eines Zulassungsscheines oder eines Nachtrages anläßlich der Verlängerung der Aufstelldauer eines Warenspielgerätes und eines Zulassungszeichens ist nach festen Sätzen zu bestimmen; sie darf 50 Deutsche Mark nicht übersteigen;

2. der Bundesminister des Innern im Einvernehmen mit dem Bundesminister für Wirtschaft und mit Zustimmung des Bundesrates

   a) das Verfahren des Bundeskriminalamtes bei der Erteilung von Unbedenklichkeitsbescheinigungen regeln und

   b) Vorschriften über die Gebühren und Auslagen, die für die Prüfung eines Antrages auf Erteilung einer Unbedenklichkeitsbescheinigung und deren Erteilung zu entrichten sind, erlassen. Die Gebühren sind nach dem Personal- und Sachaufwand des Bundeskriminalamtes zu bestimmen. Die Gebühr für die Prüfung darf jedoch 5000 Deutsche Mark, die Gebühr für die Erteilung 200 Deutsche Mark nicht übersteigen. Erfordert die Prüfung im Einzelfall einen außergewöhnlichen Aufwand, kann die Gebühr bis auf das Doppelte erhöht werden. Die Gebühr für die Umschreibung einer Unbedenklichkeitsbescheinigung (Änderung des Veranstaltungsorts) ist nach festem Satz zu bestimmen; sie darf 50 Deutsche Mark nicht übersteigen.

§ 33g Einschränkung und Ausdehnung der Erlaubnispflicht.
Der Bundesminister für Wirtschaft kann im Einvernehmen mit dem Bundesminister des Innern und mit Zustimmung des Bundesrates durch Rechtsverordnung[1] bestimmen, daß

1. für die Veranstaltung bestimmter anderer Spiele im Sinne des § 33d Abs. 1 Satz 1 eine Erlaubnis nicht erforderlich ist, wenn diese Spiele überwiegend der Unterhaltung dienen und kein öffentliches Interesse an einer Erlaubnispflicht besteht,

2. die Vorschriften der §§ 33c und 33d auch für die nicht gewerbsmäßige Aufstellung von Spielgeräten und für die nicht gewerbsmäßige Veranstaltung anderer Spiele in Vereinen und geschlossenen Gesellschaften gelten, in denen gewohnheitsmäßig gespielt wird, wenn für eine solche Regelung ein öffentliches Interesse besteht.

---

[1] Siehe VO über die gewerbsmäßige Veranstaltung unbedenklicher Spiele i. d. F. der Bek. v. 27. 8. 1971 (BGBl. I S. 1445, 1972 I S. 163).

§ 33h Spielbanken, Lotterien, Glücksspiele. Die §§ 33c bis 33g finden keine Anwendung auf

1. die Zulassung und den Betrieb von Spielbanken,

2. die Veranstaltung von Lotterien und Ausspielungen, mit Ausnahme der gewerbsmäßig betriebenen Ausspielungen auf Volksfesten, Schützenfesten oder ähnlichen Veranstaltungen, bei denen der Gewinn in geringwertigen Gegenständen besteht,

3. die Veranstaltung anderer Spiele im Sinne des § 33d Abs. 1 Satz 1, die Glücksspiele im Sinne des § 284 des Strafgesetzbuches sind.

§ 33i Spielhallen und ähnliche Unternehmen. (1) Wer gewerbsmäßig eine Spielhalle oder ein ähnliches Unternehmen betreiben will, das ausschließlich oder überwiegend der Aufstellung von Spielgeräten oder der Veranstaltung anderer Spiele im Sinne des § 33c Abs. 1 Satz 1 oder des § 33d Abs. 1 Satz 1 oder der gewerbsmäßigen Aufstellung von Unterhaltungsspielen ohne Gewinnmöglichkeit dient, bedarf der Erlaubnis der zuständigen Behörde. Die Erlaubnis kann befristet und unter Auflagen erteilt werden, soweit dies zum Schutze der Allgemeinheit, der Gäste oder der Bewohner des Betriebsgrundstücks oder der Nachbargrundstücke vor Gefahren, erheblichen Nachteilen oder erheblichen Belästigungen erforderlich ist; die nachträgliche Änderung, Ergänzung oder Beifügung von Auflagen ist zulässig.

(2) Die Erlaubnis ist zu versagen, wenn

1. die in § 33c Abs. 2 oder § 33d Abs. 3 genannten Versagungsgründe vorliegen,

2. die zum Betrieb des Gewerbes bestimmten Räume wegen ihrer Beschaffenheit oder Lage den polizeilichen Anforderungen nicht genügen oder

3. der Betrieb des Gewerbes eine Gefährdung der Jugend, eine übermäßige Ausnutzung des Spieltriebs, schädliche Umwelteinwirkungen im Sinne des Bundes-Immissionsschutzgesetzes oder sonst eine nicht zumutbare Belästigung der Allgemeinheit, der Nachbarn oder einer im öffentlichen Interesse bestehenden Einrichtung befürchten läßt.

§ 34 Pfandleiher und andere Gewerbetreibende. (1) Wer das Geschäft eines Pfandleihers oder Pfandvermittlers betreiben will, bedarf der Erlaubnis der zuständigen Behörde. Die Erlaubnis kann unter Auflagen zum Schutze der Allgemeinheit und der Verpfänder erteilt werden; die nachträgliche Änderung, Ergänzung oder Beifügung von Auflagen ist zulässig. Die Erlaubnis ist zu versagen, wenn

1. Tatsachen die Annahme rechtfertigen, daß der Antragsteller die für den Gewerbebetrieb erforderliche Zuverlässigkeit nicht besitzt oder

Gewerbeordnung § 34a **GewO 1**

2. er die für den Gewerbebetrieb erforderlichen Mittel oder entsprechende Sicherheiten nicht nachweist.

(2) Der Bundesminister für Wirtschaft kann durch Rechtsverordnung[1] mit Zustimmung des Bundesrates zum Schutze der Allgemeinheit und der Verpfänder Vorschriften erlassen über den Umfang der Befugnisse und Verpflichtungen bei der Ausübung der in Absatz 1 genannten Gewerbe, insbesondere über

1. den Geltungsbereich der Erlaubnis,
2. die Annahme, Aufbewahrung und Verwertung des Pfandgegenstandes, die Art und Höhe der Vergütung für die Hingabe des Darlehens und über die Ablieferung des sich bei der Verwertung des Pfandes ergebenden Pfandüberschusses,
3. die Verpflichtung zum Abschluß einer Versicherung gegen Feuerschäden, Wasserschäden, Einbruchsdiebstahl und Beraubung oder über die Verpflichtung, andere Maßnahmen zu treffen, die der Sicherung der Ansprüche der Darlehensnehmer wegen Beschädigung oder Verlustes des Pfandgegenstandes dienen,
4. die Verpflichtung zur Buchführung, zur Erteilung von Auskünften und zur Duldung der behördlichen Nachschau; das Grundrecht des Artikels 13 des Grundgesetzes kann für die Nachschau eingeschränkt werden.

Er kann ferner bestimmen, daß diese Vorschriften ganz oder teilweise auch auf nichtgewerblich betriebene Pfandleihanstalten Anwendung finden.

(3) (weggefallen)

(4) Der gewerbsmäßige Ankauf beweglicher Sachen mit Gewährung des Rückkaufsrechts ist verboten.

(5) Die Landesgesetze können vorschreiben, daß zum Handel mit Giften und zum Betriebe des Lotsengewerbes eine besondere Genehmigung erforderlich ist.

§ 34a Bewachungsgewerbe. (1) Wer gewerbsmäßig Leben oder Eigentum fremder Personen bewachen will (Bewachungsgewerbe), bedarf der Erlaubnis der zuständigen Behörde. Die Erlaubnis kann unter Auflagen zum Schutze der Allgemeinheit und der Auftraggeber erteilt werden; die nachträgliche Änderung, Ergänzung oder Beifügung von Auflagen ist zulässig. Die Erlaubnis ist zu versagen, wenn

1. Tatsachen die Annahme rechtfertigen, daß der Antragsteller die für den Gewerbebetrieb erforderliche Zuverlässigkeit nicht besitzt, oder
2. er die für den Gewerbebetrieb erforderlichen Mittel oder entsprechende Sicherheiten nicht nachweist.

---

[1] Siehe VO über den Geschäftsbetrieb der gewerblichen Pfandleiher i. d. F. der Bek. v. 1. 6. 1976 (BGBl. I S. 1334).

1 GewO § 34b — Gewerbeordnung

(2) Der Bundesminister für Wirtschaft kann mit Zustimmung des Bundesrates durch Rechtsverordnung[1] zum Schutze der Allgemeinheit und der Auftraggeber Vorschriften erlassen über den Umfang der Befugnisse und Verpflichtungen bei der Ausübung des Bewachungsgewerbes, insbesondere über

1. den Geltungsbereich der Erlaubnis,
2. die Pflichten des Gewerbetreibenden bei der Einstellung und Entlassung der im Bewachungsgewerbe beschäftigten Personen, über die Anforderungen, denen diese Personen genügen müssen, sowie über die Durchführung des Wachdienstes,
3. die Verpflichtung zum Abschluß einer Haftpflichtversicherung, zur Buchführung, zur Erteilung von Auskünften,
4. die Verpflichtung zur Duldung der behördlichen Nachschau; das Grundrecht des Artikels 13 des Grundgesetzes kann insoweit eingeschränkt werden.

(3) (weggefallen)

§ 34b Versteigerergewerbe. (1) Wer gewerbsmäßig fremde bewegliche Sachen oder fremde Rechte mit Ausnahme grundstücksgleicher Rechte versteigern will, bedarf der Erlaubnis der zuständigen Behörde. Zu den beweglichen Sachen im Sinne dieser Vorschrift gehören auch Früchte auf dem Halm und Holz auf dem Stamm.

(2) Wer gewerbsmäßig fremde Grundstücke oder fremde grundstücksgleiche Rechte versteigern will, bedarf einer besonderen Erlaubnis der zuständigen Behörde. Diese Erlaubnis schließt die Erlaubnis nach Absatz 1 ein.

(3) Die Erlaubnis nach Absatz 1 und 2 darf nur natürlichen Personen erteilt werden. Sie gilt für den Geltungsbereich dieses Gesetzes. Die Erlaubnis kann unter Auflagen zum Schutze der Allgemeinheit, der Auftraggeber und der Bieter erteilt werden; die nachträgliche Änderung, Ergänzung oder Beifügung von Auflagen ist zulässig.

(4) Die Erlaubnis nach Absatz 1 und 2 ist zu versagen, wenn

1. Tatsachen die Annahme rechtfertigen, daß der Antragsteller die für den Gewerbebetrieb erforderliche Zuverlässigkeit nicht besitzt; die erforderliche Zuverlässigkeit besitzt in der Regel nicht, wer in den letzten fünf Jahren vor Stellung des Antrages wegen eines Verbrechens oder wegen Diebstahls, Unterschlagung, Erpressung, Betruges, Untreue, Urkundenfälschung, Hehlerei, Wuchers oder wegen Vergehens gegen das Gesetz gegen den unlauteren Wettbewerb zu einer Freiheitsstrafe rechtskräftig verurteilt worden ist, oder
2. der Antragsteller in ungeordneten Vermögensverhältnissen lebt; dies ist in der Regel der Fall, wenn über das Vermögen des Antragstellers der Konkurs eröffnet worden oder er in das vom Konkursgericht oder vom Vollstreckungsgericht zu führende Verzeichnis

---

[1] Siehe VO über das Bewachungsgewerbe i. d. F. der Bek. v. 1. 6. 1976 (BGBl. I S. 1341).

Gewerbeordnung **§ 34b GewO 1**

(§ 107 Abs. 2 Konkursordnung, § 915 Zivilprozeßordnung) eingetragen ist.

Die Erlaubnis nach Absatz 2 ist außerdem zu versagen, wenn der Antragsteller die erforderliche Kenntnis der Vorschriften über den Verkehr mit Grundstücken nicht nachweist.

(5) Besonders sachkundige Versteigerer können nach dem Ermessen der zuständigen Behörde allgemein oder für bestimmte Arten von Versteigerungen öffentlich bestellt werden; sie sind darauf zu vereidigen, daß sie ihre Aufgaben als öffentlich bestellte Versteigerer gewissenhaft und unparteilich erfüllen werden.

(6) Dem Versteigerer ist verboten,

1. selbst oder durch einen anderen auf seinen Versteigerungen für sich zu bieten oder ihm anvertrautes Versteigerungsgut zu kaufen,
2. Angehörigen im Sinne des § 52 Abs. 1 der Strafprozeßordnung oder seinen Angestellten zu gestatten, auf seinen Versteigerungen zu bieten oder ihm anvertrautes Versteigerungsgut zu kaufen,
3. für einen anderen auf seinen Versteigerungen zu bieten oder ihm anvertrautes Versteigerungsgut zu kaufen, es sei denn, daß ein schriftliches Gebot des anderen vorliegt,
4. bewegliche Sachen aus dem Kreis der Waren zu versteigern, die er in seinem Handelsgeschäft führt, soweit dies nicht üblich ist,
5. Sachen zu versteigern,
    a) an denen er ein Pfandrecht besitzt oder
    b) soweit sie zu den Waren gehören, die in offenen Verkaufsstellen feilgeboten werden und die ungebraucht sind oder deren bestimmungsmäßiger Gebrauch in ihrem Verbrauch besteht.

(7) Einzelhändler und Hersteller von Waren dürfen im Einzelverkauf an den Letztverbraucher Waren, die sie in ihrem Geschäftsbetrieb führen, im Wege der Versteigerung nur als Inhaber einer Versteigererlaubnis nach Maßgabe der für Versteigerer geltenden Vorschriften oder durch einen von ihnen beauftragten Versteigerer absetzen.

(8) Der Bundesminister für Wirtschaft kann durch Rechtsverordnung[1] mit Zustimmung des Bundesrates unter Berücksichtigung des Schutzes der Allgemeinheit sowie der Auftraggeber und der Bieter Vorschriften erlassen über

1. den Umfang der Befugnisse und Verpflichtungen bei der Ausübung des Versteigerergewerbes, insbesondere über
    a) Ort und Zeit der Versteigerung,
    b) den Geschäftsbetrieb, insbesondere über die Übernahme, Ablehnung und Durchführung der Versteigerung,
    c) die Genehmigung von Versteigerungen, die Verpflichtung zur Erstattung von Anzeigen, zur Buchführung, zur Erteilung von Auskünften und zur Duldung der behördlichen Nachschau; das Grund-

---

[1] Siehe die Versteigererverordnung i. d. F. der Bek. v. 1. 6. 1976 (BGBl. I S. 1345).

recht des Artikels 13 des Grundgesetzes kann für die Nachschau eingeschränkt werden,

d) die Untersagung, Aufhebung und Unterbrechung der Versteigerung bei Verstößen gegen die für das Versteigerergewerbe erlassenen Vorschriften,

e) Ausnahmen für die Tätigkeit des Erlaubnisinhabers von den Vorschriften des Titels III;

2. Ausnahmen von den Verboten des Absatzes 6.

(9) (weggefallen)

(10) Die Absätze 1 bis 8 finden keine Anwendung auf

1. Verkäufe, die nach gesetzlicher Vorschrift durch Kursmakler oder durch die hierzu öffentlich ermächtigten Handelsmakler vorgenommen werden,

2. Versteigerungen, die von Behörden oder von Beamten vorgenommen werden,

3. Versteigerungen, zu denen als Bieter nur Personen zugelassen werden, die Waren der angebotenen Art für ihren Geschäftsbetrieb ersteigern wollen.

§ 34c[1] Makler, Bauträger, Baubetreuer. (1) Wer gewerbsmäßig

1. den Abschluß von Verträgen über

a) Grundstücke, grundstücksgleiche Rechte, gewerbliche Räume, Wohnräume oder Darlehen,

b) den Erwerb von Anteilscheinen einer Kapitalanlagegesellschaft, von ausländischen Investmentanteilen, von sonstigen öffentlich angebotenen Vermögensanlagen, die für gemeinsame Rechnung der Anleger verwaltet werden, oder von öffentlich angebotenen Anteilen an einer und von verbrieften Forderungen gegen eine Kapitalgesellschaft oder Kommanditgesellschaft

vermitteln oder die Gelegenheit zum Abschluß solcher Verträge nachweisen,

2. Bauvorhaben

a) als Bauherr im eigenen Namen für eigene oder fremde Rechnung vorbereiten oder durchführen und dazu Vermögenswerte von Erwerbern, Mietern, Pächtern oder sonstigen Nutzungsberechtigten oder von Bewerbern um Erwerbs- oder Nutzungsrechte verwenden,

b) als Baubetreuer im fremden Namen für fremde Rechnung wirtschaftlich vorbereiten oder durchführen

will, bedarf der Erlaubnis der zuständigen Behörde. Die Erlaubnis gilt für den Geltungsbereich des Gesetzes. Sie kann inhaltlich beschränkt und zum Schutze der Allgemeinheit und der Auftraggeber unter Auflagen

---

[1] Siehe hierzu Makler- und BauträgerVO i. d. F. der Bek. v. 11. 6. 1975 (BGBl. I S. 1351) sowie das G zur Regelung der Wohnungsvermittlung v. 4. 11. 1971 (BGBl. I S. 1745).

Gewerbeordnung § 34c GewO 1

erteilt werden; die nachträgliche Beifügung, Änderung oder Ergänzung von Auflagen ist zulässig.

(2) Die Erlaubnis ist zu versagen, wenn

1. Tatsachen die Annahme rechtfertigen, daß der Antragsteller oder eine der mit der Leitung des Betriebes oder einer Zweigniederlassung beauftragten Personen die für den Gewerbebetrieb erforderliche Zuverlässigkeit nicht besitzt; die erforderliche Zuverlässigkeit besitzt in der Regel nicht, wer in den letzten fünf Jahren vor Stellung des Antrages wegen eines Verbrechens oder wegen Diebstahls, Unterschlagung, Erpressung, Betruges, Untreue, Urkundenfälschung, Hehlerei, Wuchers oder einer Konkursstraftat rechtskräftig verurteilt worden ist, oder

2. der Antragsteller in ungeordneten Vermögensverhältnissen lebt; dies ist in der Regel der Fall, wenn über das Vermögen des Antragstellers der Konkurs oder das Vergleichsverfahren eröffnet worden oder er in das vom Konkursgericht oder vom Vollstreckungsgericht zu führende Verzeichnis (§ 107 Abs. 2 Konkursordnung, § 915 Zivilprozeßordnung) eingetragen ist.

(3) Der Bundesminister für Wirtschaft wird ermächtigt, durch Rechtsverordnung mit Zustimmung des Bundesrates zum Schutze der Allgemeinheit und der Auftraggeber Vorschriften zu erlassen über den Umfang der Verpflichtungen des Gewerbetreibenden bei der Ausübung des Gewerbes, insbesondere über die Verpflichtungen

1. ausreichende Sicherheiten zu leisten oder eine zu diesem Zweck geeignete Versicherung abzuschließen, sofern der Gewerbetreibende Vermögenswerte des Auftraggebers erhält oder verwendet,

2. die erhaltenen Vermögenswerte des Auftraggebers getrennt zu verwalten,

3. nach der Ausführung des Auftrages dem Auftraggeber Rechnung zu legen,

4. der zuständigen Behörde Anzeige beim Wechsel der mit der Leitung des Betriebes oder einer Zweigniederlassung beauftragten Personen zu erstatten,

5. dem Auftraggeber die für die Beurteilung des Auftrages und des zu vermittelnden oder nachzuweisenden Vertrages jeweils notwendigen Informationen schriftlich oder mündlich zu geben,

6. Bücher zu führen,

7. der zuständigen Behörde Auskünfte zu erteilen,

8. die behördliche Nachschau zu dulden; das Grundrecht des Artikels 13 des Grundgesetzes kann für die Nachschau eingeschränkt werden.

In der Rechtsverordnung nach Satz 1 kann ferner die Befugnis des Gewerbetreibenden zur Entgegennahme und zur Verwendung von Vermögenswerten des Auftraggebers beschränkt werden, soweit dies zum Schutze des Auftraggebers erforderlich ist. Außerdem kann in der Rechtsverordnung der Gewerbetreibende verpflichtet werden, die Einhaltung der nach Satz 1 Nr. 1 bis 6 und Satz 2 erlassenen Vorschriften auf seine Kosten regelmäßig sowie aus besonderem Anlaß prüfen zu lassen und den Prüfungsbericht der zuständigen Behörde vorzulegen, soweit es zur wirksamen Überwachung erforderlich ist; hierbei können die Einzelheiten der Prüfung, insbesondere deren Anlaß, Zeitpunkt und Häufigkeit, die Auswahl, Bestellung und Abberufung der Prüfer, deren Rechte, Pflichten und Verantwortlichkeit, der Inhalt des Prüfungsberichts, die Verpflichtungen des Gewerbetreibenden gegenüber dem Prüfer sowie das Verfahren bei Meinungsverschiedenheiten zwischen dem Prüfer und dem Gewerbetreibenden, geregelt werden.

(4) (weggefallen)

(5) Die Absätze 1 bis 3 gelten nicht für

1. Organe der staatlichen Wohnungspolitik und gemeinnützige Wohnungsunternehmen, soweit sie nach den für sie maßgebenden Vorschriften Geschäfte im Sinne des Absatzes 1 tätigen dürfen,
2. gemeinnützige ländliche Siedlungsunternehmen und andere Unternehmen, insbesondere freie Wohnungsunternehmen, die nach § 37 Abs. 2 Buchstabe b des Zweiten Wohnungsbaugesetzes in der Fassung der Bekanntmachung vom 1. September 1976 (BGBl. I S. 2673) als Betreuungsunternehmen zugelassen sind oder gelten, soweit sie nach ihrer Satzung Geschäfte im Sinne des Absatzes 1 Nr. 2 tätigen dürfen,
3. Kreditinstitute, für die eine Erlaubnis nach § 32 Abs. 1 des Gesetzes über das Kreditwesen[1] erteilt wurde,
4. Kursmakler und freie Makler, die an einer deutschen Wertpapierbörse mit dem Recht zur Teilnahme am Handel zugelassen sind,
5. Gewerbetreibende, die lediglich zur Finanzierung der von ihnen abgeschlossenen Warenverkäufe den Abschluß von Verträgen über Darlehen vermitteln oder die Gelegenheit zum Abschluß solcher Verträge nachweisen.

§ 35 Gewerbeuntersagung wegen Unzuverlässigkeit. (1) Die Ausübung eines Gewerbes ist von der zuständigen Behörde ganz oder teilweise zu untersagen, wenn Tatsachen vorliegen, welche die Unzuverlässigkeit des Gewerbetreibenden oder einer mit der Leitung des Gewerbebetriebes beauftragten Person in bezug auf dieses Gewerbe dartun, sofern die Untersagung zum Schutze der Allgemeinheit oder der im Betrieb Beschäftigten erforderlich ist. Die Untersagung kann auch für einzelne andere oder für alle Gewerbe ausgesprochen werden, wenn die festgestellten Tatsachen die Annahme rechtfertigen, daß der Gewerbetreibende auch für diese Gewerbe unzuverlässig ist. Das Untersagungsverfahren kann fortgesetzt werden, auch wenn der Betrieb des Gewerbes während des Verfahrens aufgegeben wird. Die Untersagung gilt für den Geltungsbereich dieses Gesetzes.

(2) Dem Gewerbetreibenden kann auf seinen Antrag von der zuständigen Behörde gestattet werden, den Gewerbebetrieb durch einen Stell-

---

[1] Siehe die Sammlung Sartorius I (Nr. 856).

Gewerbeordnung § 35 **GewO 1**

vertreter (§ 45) fortzuführen, der die Gewähr für eine ordnungsgemäße Führung des Gewerbebetriebes bietet. Die Erlaubnis kann unter Auflagen erteilt werden.

(3) Will die Verwaltungsbehörde in dem Untersagungsverfahren einen Sachverhalt berücksichtigen, der Gegenstand der Urteilsfindung in einem Strafverfahren gegen einen Gewerbetreibenden gewesen ist, so kann sie zu dessen Nachteil von dem Inhalt des Urteils insoweit nicht abweichen, als es sich bezieht auf

1. die Feststellung des Sachverhalts,
2. die Beurteilung der Schuldfrage oder
3. die Beurteilung der Frage, ob er bei weiterer Ausübung des Gewerbes erhebliche rechtswidrige Taten im Sinne des § 70 des Strafgesetzbuches begehen wird und ob zur Abwehr dieser Gefahren die Untersagung des Gewerbes angebracht ist.

Absatz 1 Satz 2 bleibt unberührt. Die Entscheidung über ein vorläufiges Berufsverbot (§ 132a der Strafprozeßordnung), der Strafbefehl und die gerichtliche Entscheidung, durch welche die Eröffnung des Hauptverfahrens abgelehnt wird, stehen einem Urteil gleich; dies gilt auch für Bußgeldentscheidungen, soweit sie sich auf die Feststellung des Sachverhalts und die Beurteilung der Schuldfrage beziehen.

(3a) Im Untersagungsverfahren hat der Gewerbetreibende der zuständigen Behörde oder deren Beauftragten auf Verlangen jede für die Durchführung des Verfahrens erforderliche mündliche oder schriftliche Auskunft über seinen Gewerbebetrieb innerhalb der gesetzten Frist und unentgeltlich zu erteilen. Er kann die Auskunft auf solche Fragen verweigern, deren Beantwortung ihn selbst oder einen der in § 383 Abs. 1 Nr. 1 bis 3 der Zivilprozeßordnung bezeichneten Angehörigen der Gefahr strafgerichtlicher Verfolgung oder eines Verfahrens nach dem Gesetz über Ordnungswidrigkeiten aussetzen würde.

(4) Vor der Untersagung sollen, soweit besondere staatliche Aufsichtsbehörden bestehen, die Aufsichtsbehörden, ferner die zuständige Industrie- und Handelskammer oder Handwerkskammer und, soweit es sich um eine Genossenschaft handelt, auch der Prüfungsverband gehört werden, dem die Genossenschaft angehört. Die Anhörung der vorgenannten Stellen kann unterbleiben, wenn Gefahr im Verzuge ist; in diesem Falle sind diese Stellen zu unterrichten.

(5) Die Ausübung des untersagten Gewerbes durch den Gewerbetreibenden kann von der zuständigen Behörde durch Schließung der Betriebs- oder Geschäftsräume oder durch andere geeignete Maßnahmen verhindert werden.

(6) Dem Gewerbetreibenden ist von der zuständigen Behörde auf Grund eines an die Behörde zu richtenden schriftlichen Antrages die persönliche Ausübung des Gewerbes wieder zu gestatten, wenn Tatsachen die Annahme rechtfertigen, daß eine Unzuverlässigkeit im Sinne des Absatzes 1 nicht mehr vorliegt. Vor Ablauf eines Jahres nach Durch-

führung der Untersagungsverfügung kann die Wiederaufnahme nur gestattet werden, wenn hierfür besondere Gründe vorliegen.

(7) Zuständig ist die Behörde, in deren Bezirk der Gewerbetreibende eine gewerbliche Niederlassung unterhält oder in den Fällen des Absatzes 2 oder 6 unterhalten will. Bei Fehlen einer gewerblichen Niederlassung im Geltungsbereich dieses Gesetzes sind die Behörden nach Satz 1 zuständig, in deren Bezirk das Gewerbe ausgeübt wird oder ausgeübt werden soll. Für die Anordnung von Maßnahmen nach Absatz 5 sind auch die Behörden nach Satz 1 zuständig, in deren Bezirk das Gewerbe ausgeübt wird oder werden soll.

(8) Soweit für einzelne Gewerbe besondere Untersagungs- oder Betriebsschließungsvorschriften oder Vorschriften über die Rücknahme oder den Widerruf der Erlaubnis bestehen, die auf die Unzulässigkeit des Gewerbetreibenden abstellen, sind die Absätze 1 bis 7 nicht anzuwenden. Dies gilt nicht für Vorschriften, die Gewerbeuntersagungen oder Betriebsschließungen durch strafgerichtliches Urteil vorsehen.

(9) Die Absätze 1 bis 8 sind auf Genossenschaften entsprechend anzuwenden, auch wenn sich ihr Geschäftsbetrieb auf den Kreis der Mitglieder beschränkt; sie finden ferner Anwendung auf den Handel mit Arzneimitteln, mit Losen von Lotterien und Ausspielungen sowie mit Bezugs- und Anteilscheinen auf solche Lose und auf den Betrieb von Wettannahmestellen aller Art.

§ 35a Vorbildung im Baugewerbe. (1) Mangel an theoretischer Vorbildung kann als eine Tatsache im Sinne des § 35 Abs. 1 gegenüber Bauunternehmern, Bauleitern oder Personen, die einzelne Zweige des Baugewerbes betreiben, nicht geltend gemacht werden, wenn sie das Zeugnis über die Ablegung einer Prüfung für den höheren oder mittleren bautechnischen Staatsdienst oder das Prüfungs- oder Reifezeugnis einer staatlichen oder von der zuständigen Landesbehörde gleichgestellten baugewerklichen Fachschule besitzen oder wenn sie Diplomingenieure sind.

(2) Mangel an theoretischer oder praktischer Vorbildung kann als eine Tatsache im Sinne des § 35 Abs. 1 nicht geltend gemacht werden gegenüber Bauunternehmern und Bauleitern, wenn sie die Meisterprüfung im Maurer-, Zimmerer- oder Steinmetzgewerbe bestanden haben, sowie gegenüber Personen, die einzelne Zweige des Baugewerbes betreiben, wenn sie die Meisterprüfung in dem von ihnen ausgeübten Gewerbe bestanden haben.

(3) Die *Landeszentralbehörden* sind befugt, zu bestimmen, welche Prüfungen und Zeugnisse den in Absatz 1 bezeichneten gleichzustellen sind.

§ 35b (weggefallen)

§ 36 Öffentliche Bestellung von Sachverständigen. (1) Personen, die als Sachverständige gewerbsmäßig tätig sind oder tätig werden wollen, können durch die von den Landesregierungen bestimmten

Gewerbeordnung §§ 37, 38 GewO 1

Stellen nach deren Ermessen für bestimmte Sachgebiete öffentlich bestellt werden, wenn sie besondere Sachkunde nachweisen und keine Bedenken gegen ihre Eignung bestehen; sie sind darauf zu vereidigen, daß sie ihre Aufgaben gewissenhaft erfüllen und die von ihnen angeforderten Gutachten gewissenhaft und unparteiisch erstatten werden. Das gleiche gilt für Personen, die auf den Gebieten der Wirtschaft einschließlich des Bergwesens, der Hochsee- und Küstenfischerei sowie der Land- und Forstwirtschaft einschließlich des Garten- und Weinbaues als Sachverständige tätig sind oder tätig werden wollen, ohne Gewerbetreibende zu sein.

(2) Absatz 1 gilt entsprechend für die öffentliche Bestellung und Vereidigung von besonders geeigneten Personen, die auf den Gebieten der Wirtschaft

1. bestimmte Tatsachen in bezug auf Sachen, insbesondere die Beschaffenheit, Menge, Gewicht oder richtige Verpackung von Waren feststellen oder
2. die ordnungsmäßige Vornahme bestimmter Tätigkeiten überprüfen.

(3) Die Landesregierungen können durch Rechtsverordnung die zur Durchführung der Absätze 1 und 2 erforderlichen Vorschriften über die Voraussetzungen für die Bestellung sowie über die Befugnisse und Verpflichtungen der öffentlich bestellten und vereidigten Personen erlassen.

(4) Die Landesregierungen können die Ermächtigung nach den Absätzen 1 bis 3 auf die obersten Landesbehörden übertragen.

(5) Die Absätze 1 bis 4 finden auf Sachverständige nach § 24c keine Anwendung. Sie finden ferner keine Anwendung, soweit sonstige Vorschriften des Bundes über die öffentliche Bestellung oder Vereidigung von Personen bestehen oder soweit Vorschriften der Länder über die öffentliche Bestellung oder Vereidigung von Personen auf den Gebieten der Hochsee- und Küstenfischerei, der Land- und Forstwirtschaft einschließlich des Garten- und Weinbaues sowie der Landesvermessung bestehen oder erlassen werden.

§ 37 (weggefallen)

§ 38 **Landesrechtliche Überwachungsvorschriften.** Die Landesregierungen können durch Rechtsverordnung für folgende Gewerbezweige

1. An- oder Verkauf von Gebrauchtwaren und Kleinhandel mit altem Metallgerät und Metallbruch,[1]
2. Kleinhandel mit Eisen- und Stahlschrott sowie Gußbruch aller Art,
3. An- oder Verkauf von Waren und Bruch aus Edelmetall und von echten Perlen,[2]

---

[1] Siehe auch G über den Verkehr mit unedlen Metallen v. 23. 7. 1926 (RGBl. I S. 415).
[2] Siehe auch G über den Verkehr mit Edelmetallen, Edelsteinen und Perlen i. d. F. v. 29. 6. 1926 (RGBl. I S. 321).

1 GewO §§ 39–41   Gewerbeordnung

4. Auskunftserteilung über Vermögensverhältnisse und persönliche Angelegenheiten (Auskunfteien, Detekteien),
5. (weggefallen),
6. Vermittlung von Eheschließungen,
7. Betrieb von Reisebüros und die Vermittlung von Unterkünften,
8. die Vermittlung der Beförderung von Personen mit Kraftfahrzeugen oder Luftfahrzeugen in einem Verkehr, der nach dem Personenbeförderungsgesetz[1] und dem Luftverkehrsgesetz[2] nicht genehmigungspflichtig ist,
9. An- und Verkauf von Werken der bildenden Künste und der Bibliophilie,
10.[3] (weggefallen),

bestimmen,
a) in welcher Weise die Gewerbetreibenden ihre Bücher zu führen haben,
b) welche Auskünfte sie den für die Überwachung zuständigen Behörden zu erteilen haben,
c) welcher behördlichen Nachschau sie sich zu unterwerfen haben; das Grundrecht des Artikels 13 des Grundgesetzes kann insoweit eingeschränkt werden.

Die Landesregierungen können diese Ermächtigungen an die obersten Landesbehörden weiter übertragen.

§ 39 (weggefallen)

§ 39a Schornsteinfegerrealrechte. Die bestehenden Schornsteinfegerrealrechte werden gegen Entschädigung aufgehoben. Das Nähere bestimmt der *Reichswirtschaftsminister* im Einvernehmen mit dem *Reichsminister des Innern*.[4]

§ 40 (weggefallen)

III. Umfang, Ausübung und Verlust der Gewerbebefugnisse

§ 41 Beschäftigung von Arbeitnehmern.[5] (1) Die Befugnis zum selbständigen Betrieb eines stehenden Gewerbes begreift das Recht in sich, in beliebiger Zahl Gesellen, Gehilfen, Arbeiter jeder Art und, soweit die Vorschriften des gegenwärtigen Gesetzes nicht entgegenstehen, Lehrlinge anzunehmen. In der Wahl des Arbeits- und Hilfspersonals finden keine anderen Beschränkungen statt, als die durch das gegenwärtige Gesetz festgestellten.[6]

---

[1] Siehe die Sammlung Sartorius I (Nr. 950).
[2] Siehe die Sammlung Schönfelder (Nr. 34).
[3] § 38 Satz 1 Nr. 10 betraf den Betrieb von Altenheimen, Altenwohnheimen und Pflegeheimen. Siehe nunmehr das HeimG v. 7. 8. 1974 (BGBl. I S. 1873).
[4] Zuständig nunmehr BMWi im Einvernehmen mit dem BMI, ferner ist Zustimmung des Bundesrates erforderlich (vgl. Art. 80, 129 GG).
[5] Siehe auch Art. 12 GG.
[6] Weitere Beschränkungen ergeben sich insbesondere aus dem Jugendarbeitsschutzgesetz v. 12. 4. 1976 (BGBl. I S. 965) und aus den auf Grund des Gaststättengesetzes in allen Ländern ergangenen VOen. Siehe ferner das SchwerbehindertenG i. d. F. v. 18. 10. 1979 (BGBl. I S. 1650).

Gewerbeordnung §§ 41a–46 GewO 1

(2) In betreff der Berechtigung der Apotheker, Gehilfen und Lehrlinge anzunehmen, bewendet es bei den Bestimmungen der Landesgesetze.

§ 41a (weggefallen)

§ 41b Einschränkung der Sonntagsarbeit im Versorgungsgewerbe. (1) Auf Antrag von mindestens zwei Dritteln der beteiligten Gewerbetreibenden kann für eine Gemeinde oder mehrere örtlich zusammenhängende Gemeinden durch die zuständige Behörde vorgeschrieben werden, daß an Sonn- und Feiertagen in bestimmten Gewerben, deren vollständige oder teilweise Ausübung zur Befriedigung täglicher oder an diesen Tagen besonders hervortretender Bedürfnisse der Bevölkerung erforderlich ist, ein Betrieb nur insoweit stattfinden darf, als Ausnahmen von den in § 105b Abs. 1 getroffenen Bestimmungen zugelassen sind.

(2) Die Bundesregierung[1] ist befugt, durch Rechtsverordnung mit Zustimmung des Bundesrates Bestimmungen darüber zu erlassen, welche Gewerbetreibende als beteiligt anzusehen sind und in welchem Verfahren die erforderliche Zahl von Gewerbetreibenden festzustellen ist.

§ 42 Gewerbliche Niederlassung. (1) Wer zum selbständigen Betrieb eines stehenden Gewerbes befugt ist, darf dieses unbeschadet der Vorschriften des Titels III auch außerhalb der Räume seiner gewerblichen Niederlassung ausüben.

(2) Eine gewerbliche Niederlassung im Sinne des Absatzes 1 ist nur vorhanden, wenn der Gewerbetreibende im Geltungsbereich dieses Gesetzes einen zum dauernden Gebrauch eingerichteten, ständig oder in regelmäßiger Wiederkehr von ihm benutzten Raum für den Betrieb seines Gewerbes besitzt.

§§ 42a bis 44a (weggefallen)

§ 45 Stellvertreter. Die Befugnisse zum stehenden Gewerbebetrieb können durch Stellvertreter ausgeübt werden; diese müssen jedoch den für das in Rede stehende Gewerbe insbesondere vorgeschriebenen Erfordernissen genügen.

§ 46 Fortführung des Gewerbes. (1) Nach dem Tode eines Gewerbetreibenden darf das Gewerbe für Rechnung des überlebenden Ehegatten durch einen nach § 45 befähigten Stellvertreter betrieben werden, wenn die für den Betrieb einzelner Gewerbe bestehenden besonderen Vorschriften nicht etwas anderes bestimmen.

(2) Das gleiche gilt für minderjährige Erben während der Minderjährigkeit sowie bis zur Dauer von zehn Jahren nach dem Erbfall für den Nachlaßverwalter, Nachlaßpfleger oder Testamentsvollstrecker.

---

[1] Amtl. Anm.: Zuständige Stelle gemäß Artikel 129 Abs. 1 Satz 1 des Grundgesetzes.

1 GewO §§ 47–51 Gewerbeordnung

(3) Die zuständige Behörde kann in den Fällen der Absätze 1 und 2 gestatten, daß das Gewerbe bis zur Dauer eines Jahres nach dem Tode des Gewerbetreibenden auch ohne den nach § 45 befähigten Stellvertreter betrieben wird.

§ 47 Stellvertretung in besonderen Fällen. Inwiefern für die nach den §§ 33i, 34, 34a, 34b, 34c und 36 konzessionierten oder angestellten Personen eine Stellvertretung zulässig ist, hat in jedem einzelnen Falle die Behörde zu bestimmen, welcher die Konzessionierung oder Anstellung zusteht.

§ 48 Übertragung von Realgewerbeberechtigungen. Realgewerbeberechtigungen können auf jede nach den Vorschriften dieses Gesetzes zum Betriebe des Gewerbes befähigte Person in der Art übertragen werden, daß der Erwerber die Gewerbeberechtigung für eigene Rechnung ausüben darf.

§ 49 Erlöschen von Genehmigungen in besonderen Fällen. (1) Bei Erteilung der Genehmigung zu einer Anlage der in § 24 bezeichneten Art, imgleichen zur Anlegung von Privatkranken-, Privatentbindungs- und Privatirrenanstalten, zu Schauspielunternehmungen sowie zum Betriebe des in § 34a geregelten Gewerbes kann von der genehmigenden Behörde den Umständen nach eine Frist festgesetzt werden, binnen welcher die Anlage oder das Unternehmen bei Vermeidung des Erlöschens der Genehmigung begonnen und ausgeführt und der Gewerbebetrieb angefangen werden muß. Ist eine solche Frist nicht bestimmt, so erlischt die erteilte Genehmigung, wenn der Inhaber nach Empfang derselben ein ganzes Jahr verstreichen läßt, ohne davon Gebrauch zu machen.

(2) Eine Verlängerung der Frist kann von der Behörde bewilligt werden, sobald erhebliche Gründe nicht entgegenstehen.

(3) Hat der Inhaber einer solchen Genehmigung seinen Gewerbebetrieb während eines Zeitraums von drei Jahren eingestellt, ohne eine Fristverlängerung nachgesucht und erhalten zu haben, so erlischt dieselbe.

(4) Das Verfahren für die Fristverlängerung ist dasselbe wie für die Genehmigung neuer Anlagen.

§ 50 (weggefallen)

§ 51 Untersagung wegen überwiegender Nachteile und Gefahren. (1) Wegen überwiegender Nachteile und Gefahren für das Gemeinwohl kann die fernere Benutzung einer jeden gewerblichen Anlage durch die zuständige Behörde zu jeder Zeit untersagt werden. Doch muß dem Besitzer alsdann für den erweislichen Schaden Ersatz geleistet werden. Die Sätze 1 und 2 gelten nicht für Anlagen, soweit sie den Vorschriften des Bundes-Immissionsschutzgesetzes unterliegen.

(2) Gegen die untersagende Verfügung ist der Widerspruch zulässig; wegen der Entschädigung steht der Rechtsweg offen.

Gewerbeordnung §§ 52–55 **GewO 1**

§ 52 Übergangsregelung. Die Bestimmung des § 51 findet auch auf die zur Zeit der Verkündung des gegenwärtigen Gesetzes bereits vorhandenen gewerblichen Anlagen Anwendung; doch entspringt aus der Untersagung der ferneren Benutzung kein Anspruch auf Entschädigung, wenn bei der früher erteilten Genehmigung ausdrücklich vorbehalten worden ist, dieselbe ohne Entschädigung zu widerrufen.

§ 53 Unbefristete Erteilung und Rücknahme von Erlaubnissen.

(1) Die in den §§ 30, 33a, 33c Abs. 1, §§ 34, 34a, 34b und 34c bezeichneten Konzessionen, Befähigungszeugnisse, Erlaubnisse oder Genehmigungen dürfen nicht auf Zeit erteilt werden.

(2) Die in den §§ 30, 33a, 33c Abs. 1, §§ 33i, 34, 34a, 34b, 34c und 36 bezeichneten Konzessionen, Erlaubnisse, Genehmigungen oder Bestellungen dürfen durch die zuständige Behörde nur zurückgenommen werden, wenn

1. der für die Rücknahme zuständigen Behörde bekannt wird, daß die Nachweise, von denen die Erteilung der Konzession, Erlaubnis, Genehmigung oder Bestellung abhängig war, unrichtig sind,
2. sich nachträglich ergibt, daß der Gewerbetreibende nicht die für die Erteilung der Konzession, Erlaubnis, Genehmigung oder Bestellung erforderlichen Eigenschaften besitzt oder daß die räumliche oder technische Einrichtung des Gewerbebetriebes nicht mehr den Anforderungen genügt, von denen die Erteilung der Erlaubnis abhängig war oder
3. der Gewerbetreibende, sein Stellvertreter oder eine der mit der Leitung des Betriebes oder einer Zweigniederlassung beauftragten Personen Auflagen oder Anordnungen nicht oder nicht rechtzeitig erfüllt oder inhaltliche Beschränkungen der Erlaubnis nicht beachtet.

§ 53a Untersagung der Bauausführung oder Bauleitung. (1) Die zuständige Behörde kann bei solchen Bauten, zu deren sachgemäßer Ausführung nach dem Ermessen der Behörde ein höherer Grad praktischer Erfahrung oder technischer Vorbildung erforderlich ist, im Einzelfalle die Ausführung oder Leitung des Baues durch bestimmte Personen untersagen, wenn Tatsachen vorliegen, aus denen sich ergibt, daß diese Personen wegen Unzuverlässigkeit zur Ausführung oder Leitung des beabsichtigten Baues ungeeignet sind.

(2) Landesrechtliche Vorschriften, welche den Baupolizeibehörden weitergehende Befugnisse einräumen, bleiben unberührt.

§ 54 (weggefallen)

Titel III. Reisegewerbe[1]

§ 55 Reisegewerbekarte. (1) Wer in eigener Person außerhalb der Räume seiner gewerblichen Niederlassung oder ohne eine solche zu haben ohne vorhergehende Bestellung

---

[1] Siehe auch BlindenwarenvertriebsG v. 9. 4. 1965 (BGBl. I S. 311).

1 GewO §§ 55a, 55b   Gewerbeordnung

1. Waren feilbieten, ankaufen oder Warenbestellungen aufsuchen,
2. gewerbliche Leistungen anbieten oder Bestellungen auf gewerbliche Leistungen aufsuchen,
3. Schaustellungen, Musikaufführungen, unterhaltende Vorstellungen oder sonstige Lustbarkeiten, ohne daß ein höheres Interesse der Kunst oder Wissenschaft dabei erkennbar ist, darbieten

will (Reisegewerbe), bedarf einer Reisegewerbekarte.

(2) In den Fällen des Absatzes 1 Nr. 2 und 3 ist auch für die Teilnahme an Veranstaltungen im Sinne der §§ 64 bis 68 eine Reisegewerbekarte erforderlich.

§ 55a Reisegewerbekartenfreie Tätigkeiten. (1) Einer Reisegewerbekarte bedarf nicht, wer

1. gelegentlich der Veranstaltung von Messen, Ausstellungen, öffentlichen Festen oder aus besonderem Anlaß mit Erlaubnis der zuständigen Behörde Waren feilbietet;
2. selbstgewonnene Erzeugnisse der Land- und Forstwirtschaft, des Gemüse-, Obst- und Gartenbaues, der Geflügelzucht und Imkerei sowie der Jagd und Fischerei feilbietet oder Bestellungen auf solche selbstgewonnenen Erzeugnisse aufsucht;
3. Tätigkeiten der in § 55 Abs. 1 Nr. 1 und 2 genannten Art in der Gemeinde seines Wohnsitzes oder seiner gewerblichen Niederlassung ausübt, sofern die Gemeinde nicht mehr als 10000 Einwohner zählt;
4. Blindenwaren und Zusatzwaren im Sinne des Blindenwarenvertriebsgesetzes vom 9. April 1965 (BGBl. I S. 311), zuletzt geändert durch Artikel 287 Nr. 47 des Einführungsgesetzes zum Strafgesetzbuch vom 2. März 1974 (BGBl. I S. 469, 631), vertreibt und im Besitz eines Blindenwaren-Vertriebsausweises ist;
5. auf Grund einer Erlaubnis nach § 14 des Milchgesetzes Milch oder bei dieser Tätigkeit auch Milcherzeugnisse abgibt; das gleiche gilt für die in dem Gewerbebetrieb beschäftigten Personen;
6. Versicherungsverträge oder Bausparverträge vermittelt oder abschließt;
7. ein Gewerbe auf Grund einer Erlaubnis nach § 34a oder § 34b ausübt; das gleiche gilt für die in dem Gewerbebetrieb beschäftigten Personen;
8. in einem nicht ortsfesten Geschäftsraum eines Kreditinstituts tätig ist, wenn in diesem Geschäftsraum ausschließlich Bankgeschäfte im Sinne des § 1 Abs. 1 des Gesetzes über das Kreditwesen, für die das Kreditinstitut die nach § 32 des Gesetzes über das Kreditwesen erforderliche Erlaubnis besitzt, oder sonstige bankübliche Geschäfte betrieben werden.

(2) Die zuständige Behörde kann für besondere Verkaufsveranstaltungen Ausnahmen von dem Erfordernis der Reisegewerbekarte zulassen.

§ 55b Weitere reisegewerbekartenfreie Tätigkeiten, Gewerbelegitimationskarte. (1) Eine Reisegewerbekarte ist ferner für die in

Gewerbeordnung §§ 55c–55e GewO 1

§ 55 Abs. 1 Nr. 1 und 2 genannten Tätigkeiten nicht erforderlich, soweit der Gewerbetreibende andere Personen im Rahmen ihres Geschäftsbetriebes aufsucht. Dies gilt auch für Handlungsreisende und andere Personen, die im Auftrag und im Namen eines Gewerbetreibenden tätig werden.

(2) Personen, die im Geltungsbereich dieses Gesetzes einen Wohnsitz haben, ist auf Antrag von der zuständigen Behörde eine Gewerbelegitimationskarte nach dem in den zwischenstaatlichen Verträgen vorgesehenen Muster für Zwecke des Gewerbebetriebes im Ausland auszustellen. Auf die Erteilung, Versagung und Entziehung der Gewerbelegitimationskarte finden die §§ 57 und 58 sowie die §§ 60 und 61 entsprechende Anwendung, soweit nicht in zwischenstaatlichen Verträgen oder durch Rechtsetzung dazu befugter überstaatlicher Gemeinschaften etwas anderes bestimmt ist.

§ 55c Anzeigepflicht. (1) Wer als selbständiger Gewerbetreibender auf Grund des § 55a Abs. 1 Nr. 3 oder 6 oder des § 55b Abs. 1 Satz 1 einer Reisegewerbekarte nicht bedarf, hat den Beginn des Gewerbes der für seinen Wohnsitz oder in Ermangelung eines Wohnsitzes der für seinen Aufenthaltsort zuständigen Behörde anzuzeigen, soweit er sein Gewerbe nicht bereits nach § 14 Abs. 1 bis 3 anzumelden hat; § 14 Abs. 1 und § 15 Abs. 1 gelten entsprechend.

(2) Der Bundesminister für Wirtschaft wird ermächtigt, durch Rechtsverordnung mit Zustimmung des Bundesrates Form und Inhalt der Anzeige nach Absatz 1 zu bestimmen.

§ 55d Ausübung des Reisegewerbes durch Ausländer. (1) Ausländern ist das Reisegewerbe nur nach Maßgabe der nach Absatz 2 erlassenen Vorschriften gestattet, soweit nicht in zwischenstaatlichen Verträgen oder durch Rechtsetzung dazu befugter überstaatlicher Gemeinschaften etwas anderes bestimmt ist.

(2) Der Bundesminister für Wirtschaft wird ermächtigt, durch Rechtsverordnung[1] mit Zustimmung des Bundesrates unter Berücksichtigung des öffentlichen Interesses und der gewerbepolizeilichen Erfordernisse Vorschriften zu erlassen über den Umfang der Befugnisse bei der Ausübung des Reisegewerbes, über die Art und Weise der Gewerbeausübung, über die Voraussetzungen für die Erteilung, Versagung und Entziehung sowie über den Geltungsbereich und die Geltungsdauer der Reisegewerbekarte für Ausländer.

§ 55e Sonn- und Feiertagsruhe. (1) An Sonn- und Feiertagen sind das Ankaufen von Waren, das Aufsuchen von Warenbestellungen und die in § 55 Abs. 1 Nr. 2 genannten Tätigkeiten im Reisegewerbe verboten. Dies gilt nicht für die unter § 55b Abs. 1 fallende Tätigkeit, soweit sie von selbständigen Gewerbetreibenden ausgeübt wird.

(2) Ausnahmen können von der zuständigen Behörde zugelassen werden. Der Bundesminister für Wirtschaft kann durch Rechtsverord-

---
[1] Siehe VO über die Ausübung des Reisegewerbes durch Ausländer i. d. F. der Bek. v. 1. 6. 1976 (BGBl. I S. 1351).

nung im Einvernehmen mit dem Bundesminister für Arbeit und Sozialordnung und mit Zustimmung des Bundesrates die Voraussetzungen bestimmen, unter denen Ausnahmen zugelassen werden dürfen.

§ 56 Im Reisegewerbe verbotene Tätigkeiten. (1) Im Reisegewerbe sind verboten

1. der Vertrieb (Feilbieten und Aufsuchen von Bestellungen) von
   a) Waren, soweit ihr Vertrieb im stehenden Gewerbebetrieb ausgeschlossen ist,
   b) Giften und gifthaltigen Waren; zugelassen ist das Aufsuchen von Bestellungen auf Pflanzenschutzmittel, Schädlingsbekämpfungsmittel sowie auf Holzschutzmittel, für die nach baurechtlichen Vorschriften ein Prüfbescheid mit Prüfzeichen erteilt worden ist,
   c) (weggefallen),
   d) Bruchbändern, medizinischen Leibbinden, medizinischen Stützapparaten und Bandagen, orthopädischen Fußstützen, Brillen und Augengläsern; zugelassen sind Schutzbrillen,
   e) radioaktiven Stoffen in jeder Verwendungsform,
   f) elektromedizinischen Geräten; zugelassen sind Geräte mit unmittelbarer Wärmeeinwirkung,
   g) Geräten und Gegenständen, die vor anderen als Licht- oder Wärmestrahlen schützen sollen,
   h) Wertpapieren, Lotterielosen, Bezugs- und Anteilscheinen auf Wertpapiere und Lotterielose; zugelassen ist der Verkauf von Lotterielosen im Rahmen genehmigter Lotterien zu gemeinnützigen Zwecken auf öffentlichen Wegen, Straßen oder Plätzen oder anderen öffentlichen Orten,
   i) Schriften, Bildwerken und Abbildungen, die geeignet sind, in sittlicher oder religiöser Hinsicht Ärgernis zu geben, oder die unter Zusicherung von Prämien oder Gewinnen vertrieben werden oder in Lieferungen erscheinen, bei denen der Gesamtpreis nicht auf jeder einzelnen Lieferung an einer in die Augen fallenden Stelle verzeichnet ist;

2. das Feilbieten und der Ankauf von
   a) Edelmetallen[1] (Gold, Silber, Platin und Platinbeimetallen) und edelmetallhaltigen Legierungen in jeder Form sowie Waren mit Edelmetallbezügen; zugelassen sind Waren mit Silberüberzügen,
   b) Edelsteinen, Schmucksteinen und synthetischen Steinen sowie von Perlen einschließlich der Zuchtperlen und Japanperlen sowie von Gegenständen, die aus den genannten Stoffen bestehen oder mit ihnen verbunden sind,
   c) Bäumen, Sträuchern, Saat- und Pflanzgut sowie Futtermitteln;

3. das Feilbieten von

---

[1] Siehe auch G über den Verkehr mit Edelmetallen, Edelsteinen und Perlen i. d. F. v. 29. 6. 1926 (RGBl. I S. 321).

Gewerbeordnung § 56 **GewO 1**

a) Kleinuhren (Taschen- und Armbanduhren und sonst am Körper zu tragenden Uhren),

b) geistigen Getränken; zugelassen sind Bier und Wein in fest verschlossenen Behältnissen innerhalb der Gemeinde der gewerblichen Niederlassung des Gewerbetreibenden; weitere Ausnahmen können aus besonderem Anlaß von der zuständigen Behörde für ihren Bereich zugelassen werden,

c) Kleidern, Wäsche, Betten, Bettstücken und Bettfedern, wenn es sich um gebrauchte Waren handelt,

d) (weggefallen),

e) leicht entzündliche Flüssigkeiten, insbesondere Benzin, Petroleum und Spiritus,

f) Waren in der Art, daß sie versteigert oder im Wege des Glücksspiels oder der Ausspielung (Lotterie) abgesetzt werden; Ausnahmen können von der zuständigen Behörde für ihren Bereich zugelassen werden, hinsichtlich der Wanderversteigerung jedoch nur bei Waren, die leicht verderblich sind;

4. die Ausübung der Zahn- und Tierheilkunde durch Personen, die hierzu nicht bestallt sind;

5. die Ausübung des Friseurhandwerks durch Personen, die die Voraussetzungen für die Eintragung in die Handwerksrolle nicht erfüllen;

6. der Abschluß sowie die Vermittlung von Rückkaufgeschäften (§ 34 Abs. 4) und von Darlehensgeschäften; dies gilt nicht für Darlehensgeschäfte, die in Zusammenhang mit einem Warenverkauf oder mit dem Abschluß eines Bausparvertrages stehen;

7. das Umherziehen mit männlichen Zuchttieren zum Decken und der Vertrieb von Tiersamen.

(2) Der Bundesminister für Wirtschaft kann durch Rechtsverordnung[1] mit Zustimmung des Bundesrates Ausnahmen von den in Absatz 1 aufgeführten Beschränkungen zulassen, soweit hierdurch eine Gefährdung der Allgemeinheit oder der öffentlichen Sicherheit und Ordnung nicht zu besorgen ist. Die gleiche Befugnis steht den Landesregierungen oder den von ihnen bestimmten Stellen hinsichtlich der in Absatz 1 Nr. 1 Buchstabe h, Nr. 2 Buchstabe c, Nr. 5 und 7 aufgeführten Beschränkungen sowie des Vertriebs von Bruchbändern, medizinischen Leibbinden und medizinischen Bandagen zu, solange und soweit der Bundesminister für Wirtschaft von seiner Ermächtigung keinen Gebrauch gemacht hat; die oberste Landesbehörde oder die von ihr bestimmte Stelle kann im Einzelfall solche Ausnahmen mit Wirkung für den Geltungsbereich dieses Gesetzes zulassen, im Fall des Absatzes 1 Nr. 7 jedoch nur für den Bereich ihres Landes.

(3) Die Vorschriften des Absatzes 1 finden auf die in § 55b Abs. 1 bezeichneten gewerblichen Tätigkeiten keine Anwendung; die Vorschriften des Absatzes 1 Nr. 1 Buchstabe h, Nr. 2 Buchstabe a und Nr. 6

---

[1] Siehe VO über Ausnahmen von den Verboten des Vertriebs bestimmter Waren im Reisegewerbe v. 30. 11. 1962 (BGBl. I S. 695).

gelten nicht für die in § 55a Abs. 1 Nr. 8 bezeichnete gewerbliche Tätigkeit. Verboten sind jedoch das Feilbieten von Bäumen, Sträuchern, Saat- und Pflanzgut und Futtermitteln bei land- und forstwirtschaftlichen Betrieben sowie bei Betrieben des Gemüse-, Obst-, Garten- und Weinbaues, der Imkerei und der Fischerei sowie die Ausübung der in Absatz 1 Nr. 7 bezeichneten Tätigkeiten.

§ 56a Ankündigung des Gewerbebetriebs, Wanderlager. (1) Öffentliche Ankündigungen, die für Zwecke des Gewerbebetriebs erlassen werden, müssen die Angabe des Namens und der Wohnung des Gewerbetreibenden enthalten. Wird für den Gewerbebetrieb eine Verkaufsstelle oder eine andere Einrichtung benutzt, so muß an dieser in einer für jedermann erkennbaren Weise der Name mit mindestens einem ausgeschriebenen Vornamen und die Angabe der Wohnung des Gewerbetreibenden angebracht werden; hat der Gewerbetreibende keinen Wohnsitz im Inland, so ist außer der Anschrift im Inland der Geburtsort anzugeben.

(2) Die Veranstaltung eines Wanderlagers zum Vertrieb (Feilhalten oder Aufsuchen von Bestellungen) von Waren ist zehn Tage vor Beginn der für den Ort der Veranstaltung zuständigen Behörde anzuzeigen, wenn auf die Veranstaltung durch öffentliche Ankündigung hingewiesen werden soll; in der öffentlichen Ankündigung ist die Art der Ware, die vertrieben wird, anzugeben. Im Zusammenhang mit Veranstaltungen nach Satz 1 dürfen unentgeltliche Zuwendungen (Waren oder Leistungen) einschließlich Preisausschreiben, Verlosungen und Ausspielungen nicht angekündigt werden. Die Anzeige ist in zwei Stücken einzureichen; sie hat zu enthalten

1. den Ort und die Zeit der Veranstaltung,
2. den Namen des Veranstalters und desjenigen, für dessen Rechnung die Waren vertrieben werden, sowie die Wohnung oder die gewerbliche Niederlassung dieser Personen,
3. den Wortlaut und die Art der beabsichtigten öffentlichen Ankündigungen.

Das Wanderlager darf an Ort und Stelle nur durch den in der Anzeige genannten Veranstalter oder einen von ihm schriftlich bevollmächtigten Vertreter geleitet werden; der Name des Vertreters ist der Behörde in der Anzeige mitzuteilen.

(3) Die nach Absatz 2 zuständige Behörde kann die Veranstaltung eines Wanderlagers untersagen, wenn die Anzeige nach Absatz 2 nicht rechtzeitig oder nicht wahrheitsgemäß oder nicht vollständig erstattet ist oder wenn die öffentliche Ankündigung nicht den Vorschriften des Absatzes 2 Satz 1 zweiter Halbsatz und Satz 2 entspricht.

§ 57 Versagungsgründe. (1) Die Reisegewerbekarte ist dem Antragsteller zu versagen, wenn

1. Tatsachen die Annahme rechtfertigen, daß er die für die Ausübung des Reisegewerbes erforderliche Zuverlässigkeit nicht besitzt,

Gewerbeordnung §§ 57a–59 **GewO 1**

2. er entmündigt ist oder
3. er wegen eines Verbrechens, wegen Widerstandes gegen die Staatsgewalt, wegen Landfriedensbruchs, wegen Zuwiderhandlung gegen Verbote und Sicherungsmaßregeln, die die Einführung oder Verbreitung ansteckender Krankheiten oder Viehseuchen verhindern sollen, wegen einer Straftat gegen die sexuelle Selbstbestimmung, wegen vorsätzlicher Angriffe auf die Gesundheit anderer, wegen Hausfriedensbruchs, Erpressung, Urkundenfälschung, Untreue, Bankrotts nach § 283 Abs. 1 bis 3, § 283a des Strafgesetzbuches, Diebstahls, Unterschlagung, Betrugs oder Hehlerei zu einer Freiheitsstrafe von mindestens drei Monaten rechtskräftig verurteilt worden ist und seit Verbüßung der Strafe drei Jahre noch nicht verflossen sind.
4. (weggefallen)

(2) In den Fällen des Absatzes 1 Nr. 3 steht der Verbüßung der Freiheitsstrafe ihre Verjährung, ihr Erlaß oder ihre Umwandlung in eine Geldstrafe gleich; in diesen Fällen beginnt die dreijährige Frist mit dem Tage, an dem die Freiheitsstrafe verjährt oder erlassen oder in eine Geldstrafe umgewandelt worden ist.

(3) Ist die Strafe mit einer Bewährungszeit ganz oder teilweise erlassen worden, so wird die Bewährungszeit auf die Frist angerechnet.

(4) Die Reisegewerbekarte kann in den Fällen des Absatzes 1 Nr. 3 vorzeitig erteilt werden, wenn die Versagung nach den besonderen Umständen des Falles eine unbillige Härte bedeuten würde.

§ 57a Weitere Versagungsgründe. (1) Die Reisegewerbekarte kann dem Antragsteller versagt werden, wenn er

1. mit einer abschreckenden oder ansteckenden Krankheit behaftet oder in abschreckender Weise entstellt ist,
2. blind, taub oder stumm ist oder an Geistesschwäche leidet,
3. noch nicht volljährig ist,
4. im Geltungsbereich des Vertrages zur Gründung der Europäischen Wirtschaftsgemeinschaft vom 25. März 1957 (BGBl. II S. 766) keinen festen Wohnsitz hat oder
5. ein oder mehrere Kinder besitzt, für deren Unterhalt und, sofern sie im schulpflichtigen Alter stehen, für deren Unterricht nicht genügend gesorgt ist.

(2) Die zuständige Behörde kann die Vorlage eines ärztlichen Zeugnisses und sonstige Nachweise verlangen.

§ 58 Entziehung der Reisegewerbekarte. Die Reisegewerbekarte kann entzogen werden, wenn eine der in § 57 Abs. 1 oder § 57a bezeichneten Voraussetzungen bei Erteilung der Reisegewerbekarte der Behörde nicht bekannt gewesen oder nach Erteilung der Karte eingetreten ist.

§ 59 Untersagung der Ausübung des Reisegewerbes. Soweit nach § 55a oder § 55b eine Reisegewerbekarte nicht erforderlich ist, kann

1 GewO §§ 60, 60a Gewerbeordnung

von der zuständigen Behörde die Ausübung des Reisegewerbes untersagt werden, wenn die Voraussetzungen des § 57 Abs. 1 oder des § 57a Abs. 1 Nr. 1 vorliegen.

§ 60 Geltungsdauer und Geltungsbereich der Reisegewerbekarte. (1) Die Reisegewerbekarte wird für die Dauer von drei Jahren erteilt. Sie berechtigt den Inhaber, im Geltungsbereich dieses Gesetzes das in ihr bezeichnete Gewerbe zu betreiben. Ist dem Gewerbetreibenden bereits eine Reisegewerbekarte für die vorhergehenden drei Jahre erteilt worden, so kann, wenn dies der Zustand der Karte zuläßt, an Stelle der Ausstellung einer neuen Karte ein Verlängerungsvermerk treten, der mit Dienstsiegel und Unterschrift zu versehen ist. Die Vorschriften der §§ 57 und 57a bleiben unberührt. Wird ein Reisegewerbe ohne Unterbrechung länger als fünf Jahre betrieben, so kann, falls sich aus der Person des Gewerbetreibenden oder aus sonstigen Umständen keine Bedenken ergeben, die Reisegewerbekarte abweichend von Satz 1 für einen Zeitraum bis zu fünf Jahren erteilt werden. Soweit nach § 56 Abs. 1 Nr. 3 Buchstabe b das Feilbieten von geistigen Getränken gestattet wird, ist die räumliche und zeitliche Beschränkung dieser Erlaubnis in der Reisegewerbekarte anzugeben.

(2) Eine Reisegewerbekarte für den Betrieb der in § 55 Abs. 1 Nr. 3 bezeichneten Gewerbe kann für eine kürzere Dauer als drei Jahre oder für bestimmte Tage erteilt werden.

§ 60a Veranstaltung von Lustbarkeiten. (1) Wer die in § 55 Abs. 1 Nr. 3 bezeichneten Gewerbe ausüben will, bedarf der Erlaubnis der für den jeweiligen Ort der Gewerbeausübung zuständigen Behörde. Die Erlaubnis kann unter Auflagen erteilt werden, soweit dies erforderlich ist, um die Erfüllung der in Satz 3 Halbsatz 2 und Satz 4 genannten Anforderungen sicherzustellen; die nachträgliche Änderung, Ergänzung oder Beifügung von Auflagen ist zulässig. Die Erlaubnis kann versagt werden, wenn eine Störung der öffentlichen Sicherheit oder Ordnung, insbesondere eine nicht zumutbare Belästigung der Allgemeinheit, zu befürchten ist. Ist die Ausübung des Gewerbes mit besonderen Gefahren verbunden, so kann die Erlaubnis ferner versagt werden, wenn der Antragsteller nicht den Abschluß einer Haftpflichtversicherung nachweist.

(2) Eine Erlaubnis nach Absatz 1 darf für die Aufstellung von Spielgeräten oder die Veranstaltung von anderen Spielen im Sinne des § 33c Abs. 1 Satz 1 oder des § 33d Abs. 1 im Reisegewerbe nur erteilt werden, wenn die Voraussetzungen für die Erteilung der Erlaubnis nach § 33c Abs. 2 oder § 33d Abs. 3 erfüllt sind. Die Erlaubnis nach Absatz 1 darf für die Aufstellung von Spielgeräten im Sinne des § 33c Abs. 1 Satz 1 ferner nur erteilt werden, wenn deren Bauart von der Physikalisch-Technischen Bundesanstalt zugelassen ist und der Antragsteller im Besitz eines Abdruckes des Zulassungsscheins sowie im Besitz des Zulassungszeichens ist; die Erlaubnis nach Absatz 1 darf für die Veranstaltung von anderen Spielen im Sinne des § 33d Abs. 1 Satz 1 darüber hinaus nur erteilt werden, wenn der Veranstalter eine von dem für seinen Wohnsitz

Gewerbeordnung **§§ 60b–62 GewO 1**

oder in Ermangelung eines solchen von dem für seinen gewöhnlichen Aufenthaltsort zuständigen Landeskriminalamt erteilte Unbedenklichkeitsbescheinigung besitzt. Die von den Landeskriminalämtern erteilten Unbedenklichkeitsbescheinigungen gelten für den Geltungsbereich dieses Gesetzes. Im übrigen finden die Vorschriften des § 33c Abs. 1 Satz 3, des § 33d Abs. 1 Satz 2, Abs. 4 und 5, der §§ 33e, 33f Abs. 1, Abs. 2 Nr. 1, der §§ 33g, 33h und 53 Abs. 2 entsprechende Anwendung.

(3) Eine Erlaubnis nach Absatz 1 für den Betrieb einer Spielhalle oder eines ähnlichen Unternehmens darf nur erteilt werden, wenn die Voraussetzungen für die Erteilung einer Erlaubnis nach § 33i erfüllt sind.

(4) Die Landesregierungen oder die von ihnen bestimmten Stellen können durch Rechtsverordnung das Verfahren bei den Landeskriminalämtern (Absatz 2 Satz 2) regeln.

§ 60b Volksfest. (1) Ein Volksfest ist eine im allgemeinen regelmäßig wiederkehrende, zeitlich begrenzte Veranstaltung, auf der eine Vielzahl von Anbietern Schaustellungen, Musikaufführungen, unterhaltende Vorstellungen oder sonstige Lustbarkeiten im Sinne des § 55 Abs. 1 Nr. 3 darbietet und Waren feilbietet, die üblicherweise auf Veranstaltungen dieser Art angeboten werden.

(2) § 68a Satz 1 erster Halbsatz und Satz 2, § 69 Abs. 1 und 2 sowie die §§ 69a bis 71a finden entsprechende Anwendung; jedoch bleiben die §§ 55 bis 60a und 60c bis 63 unberührt.

§ 60c Mitführen und Vorzeigen der Reisegewerbekarte. (1) Der Inhaber einer Reisegewerbekarte ist verpflichtet, sie während der Ausübung des Gewerbebetriebes bei sich zu führen, den Verlangen den zuständigen Behörden oder Beamten vorzuzeigen und seine Tätigkeit auf Verlangen bis zur Herbeischaffung der Reisegewerbekarte einzustellen. Auf Verlangen hat er die von ihm geführten Waren vorzulegen.

(2) Bei den in § 55 Abs. 1 Nr. 3 bezeichneten Tätigkeiten genügt in Ausnahmefällen zur Weiterführung des Betriebs die Erlaubnis gemäß § 60a Abs. 1.

§ 60d Keine Übertragbarkeit, gemeinsame Reisegewerbekarte.
(1) Der Inhaber darf seine Reisegewerbekarte keinem anderen zur Benutzung überlassen.

(2) Wenn mehrere Personen die in § 55 Abs. 1 Nr. 3 bezeichneten Tätigkeiten gemeinsam auszuüben beabsichtigen, so kann auf ihren Antrag eine gemeinsame Reisegewerbekarte ausgestellt werden, in welcher jeder einzelne Gewerbetreibende aufzuführen ist.

§ 61 Zuständigkeit. Die Reisegewerbekarte wird durch die für den Wohnsitz oder in Ermangelung eines Wohnsitzes durch die für den Aufenthaltsort des Antragstellers zuständige Behörde erteilt, versagt oder entzogen.

§ 62 Eintragung der Begleiter. (1) Wer als Inhaber einer Reisegewerbekarte bei den in § 55 Abs. 1 Nr. 1 und 2 bezeichneten Tätigkeiten

1 GewO §§ 63–65

sich von anderen Personen von Ort zu Ort begleiten lassen will, bedarf der Erlaubnis derjenigen Behörde, welche die Reisegewerbekarte erteilt hat oder in deren Bezirk sich der Antragsteller befindet. Die Erlaubnis wird in der Reisegewerbekarte unter näherer Bezeichnung dieser Personen vermerkt.

(2) Die Erlaubnis ist zu versagen, soweit bei den Begleitpersonen eine der in § 57 bezeichneten Voraussetzungen zutrifft oder wenn für sie die Beiträge zur gesetzlichen Krankenversicherung, zu den gesetzlichen Rentenversicherungen und zur Arbeitslosenversicherung nicht entrichtet oder gestundet sind; außerdem darf sie nur dann versagt werden, soweit eine der in § 57a Abs. 1 Nr. 1, 2 und 4 bezeichneten Voraussetzungen vorliegt. Die Erlaubnis kann nach Maßgabe des § 58 entzogen werden. Kann über den Antrag nicht spätestens am nächsten Werktag nach der Antragstellung entschieden werden, so ist eine befristete Erlaubnis zu erteilen. Die Frist ist so zu bemessen, daß dem Antragsteller die Entscheidung über den Antrag rechtzeitig zugestellt werden kann.

(3) Die Erlaubnis zum Mitführen von Kindern kann versagt und die bereits erteilte Erlaubnis entzogen werden, wenn bei Kindern unter 14 Jahren eine sittliche oder gesundheitliche Gefährdung zu befürchten ist oder wenn bei schulpflichtigen Kindern für einen ausreichenden Unterricht nicht gesorgt ist.

(4) Das Mitführen von Begleitpersonen bei der Ausübung der in § 55 Abs. 1 Nr. 3 bezeichneten gewerblichen Tätigkeiten kann von der zuständigen Behörde untersagt werden, wenn die in den Absätzen 2 und 3 genannten Voraussetzungen vorliegen.

§ 63 Versagung und Entziehung. Wird die Reisegewerbekarte versagt oder entzogen, so ist dies dem Beteiligten durch schriftlichen Bescheid unter Angabe der Gründe zu eröffnen. Dasselbe gilt für die Untersagung des Gewerbebetriebs nach § 59 und die Versagung oder Entziehung der Erlaubnis in den Fällen des § 62 Abs. 2.

Titel IV. Messen, Ausstellungen, Märkte

§ 64 Messe. (1) Eine Messe ist eine zeitlich begrenzte, im allgemeinen regelmäßig wiederkehrende Veranstaltung, auf der eine Vielzahl von Ausstellern das wesentliche Angebot eines oder mehrerer Wirtschaftszweige ausstellt und überwiegend nach Muster an gewerbliche Wiederverkäufer, gewerbliche Verbraucher oder Großabnehmer vertreibt.

(2) Der Veranstalter kann in beschränktem Umfang an einzelnen Tagen während bestimmter Öffnungszeiten Letztverbraucher zum Kauf zulassen.

§ 65 Ausstellung. Eine Ausstellung ist eine zeitlich begrenzte Veranstaltung, auf der eine Vielzahl von Ausstellern ein repräsentatives Angebot eines oder mehrerer Wirtschaftszweige oder Wirtschaftsgebiete ausstellt und vertreibt oder über dieses Angebot zum Zweck der Absatzförderung informiert.

Gewerbeordnung §§ 66–69 GewO 1

§ 66 Großmarkt. Ein Großmarkt ist eine Veranstaltung, auf der eine Vielzahl von Anbietern bestimmte Waren oder Waren aller Art im wesentlichen an gewerbliche Wiederverkäufer, gewerbliche Verbraucher oder Großabnehmer vertreibt.

§ 67 Wochenmarkt. (1) Ein Wochenmarkt ist eine regelmäßig wiederkehrende, zeitlich begrenzte Veranstaltung, auf der eine Vielzahl von Anbietern eine oder mehrere der folgenden Warenarten feilbietet:

1. Lebensmittel im Sinne des § 1 des Lebensmittel- und Bedarfsgegenständegesetzes vom 15. August 1974 (BGBl. I S. 1945, 1946), zuletzt geändert durch Artikel 6 des Gesetzes zur Neuordnung des Arzneimittelrechts vom 24. August 1976 (BGBl. I S. 2445, 2481), mit Ausnahme alkoholischer Getränke;

2. Produkte des Obst- und Gartenbaues, der Land- und Forstwirtschaft und der Fischerei;

3. rohe Naturerzeugnisse mit Ausnahme des größeren Viehs.

(2) Die Landesregierungen können zur Anpassung des Wochenmarktes an die wirtschaftliche Entwicklung und die örtlichen Bedürfnisse der Verbraucher durch Rechtsverordnung bestimmen, daß über Absatz 1 hinaus bestimmte Waren des täglichen Bedarfs auf allen oder bestimmten Wochenmärkten feilgeboten werden dürfen. Sie können diese Ermächtigung durch Rechtsverordnung auf oberste Landesbehörden mit der Befugnis zur Weiterübertragung auf andere Behörden übertragen.

§ 68 Spezialmarkt und Jahrmarkt. (1) Ein Spezialmarkt ist eine im allgemeinen regelmäßig in größeren Zeitabständen wiederkehrende, zeitlich begrenzte Veranstaltung, auf der eine Vielzahl von Anbietern bestimmte Waren feilbietet.

(2) Ein Jahrmarkt ist eine im allgemeinen regelmäßig in größeren Zeitabständen wiederkehrende, zeitlich begrenzte Veranstaltung, auf der eine Vielzahl von Anbietern Waren aller Art feilbietet.

(3) Auf einem Spezialmarkt oder Jahrmarkt können auch Tätigkeiten im Sinne des § 60b Abs. 1 ausgeübt werden; die §§ 55 bis 60a und 60c bis 63 bleiben unberührt.

§ 68a Verabreichen von Getränken und Speisen. Auf Märkten dürfen alkoholfreie Getränke und zubereitete Speisen, auf anderen Veranstaltungen im Sinne der §§ 64 bis 68 Kostproben zum Verzehr an Ort und Stelle verabreicht werden. Im übrigen gelten für das Verabreichen von Getränken und zubereiteten Speisen zum Verzehr an Ort und Stelle die allgemeinen Vorschriften.

§ 69 Festsetzung. (1) Die zuständige Behörde hat auf Antrag des Veranstalters eine Veranstaltung, die die Voraussetzungen der §§ 64, 65, 66, 67 oder 68 erfüllt, nach Gegenstand, Zeit, Öffnungszeiten und Platz

1 GewO §§ 69a, 69b   Gewerbeordnung

für jeden Fall der Durchführung schriftlich festzusetzen. Auf Antrag können, sofern Gründe des öffentlichen Interesses nicht entgegenstehen, Volksfeste, Großmärkte, Wochenmärkte, Spezialmärkte und Jahrmärkte für einen längeren Zeitraum oder auf Dauer, Messen und Ausstellungen für die innerhalb von zwei Jahren vorgesehenen Veranstaltungen festgesetzt werden.

(2) Die Festsetzung eines Wochenmarktes, eines Jahrmarktes oder eines Spezialmarktes verpflichtet den Veranstalter zur Durchführung der Veranstaltung.

(3) Wird eine festgesetzte Messe oder Ausstellung oder ein festgesetzter Großmarkt nicht oder nicht mehr durchgeführt, so hat der Veranstalter dies der zuständigen Behörde unverzüglich schriftlich anzuzeigen.

§ 69a Ablehnung der Festsetzung, Auflagen. (1) Der Antrag auf Festsetzung ist abzulehnen, wenn

1. die Veranstaltung nicht die in den §§ 64, 65, 66, 67 oder 68 aufgestellten Voraussetzungen erfüllt,
2. Tatsachen die Annahme rechtfertigen, daß der Antragsteller oder eine der mit der Leitung der Veranstaltung beauftragten Personen die für die Durchführung der Veranstaltung erforderliche Zuverlässigkeit nicht besitzt,
3. die Durchführung der Veranstaltung dem öffentlichen Interesse widerspricht, insbesondere der Schutz der Veranstaltungsteilnehmer vor Gefahren für Leben oder Gesundheit nicht gewährleistet ist oder sonstige erhebliche Störungen der öffentlichen Sicherheit oder Ordnung zu befürchten sind oder
4. die Veranstaltung, soweit es sich um einen Spezialmarkt oder einen Jahrmarkt handelt, vollständig oder teilweise in Ladengeschäften abgehalten werden soll.

(2) Die zuständige Behörde kann im öffentlichen Interesse, insbesondere wenn dies zum Schutz der Veranstaltungsteilnehmer vor Gefahren für Leben oder Gesundheit oder sonst zur Abwehr von erheblichen Gefahren für die öffentliche Sicherheit oder Ordnung erforderlich ist, die Festsetzung mit Auflagen verbinden; nachträgliche Auflagen sind zulässig.

§ 69b Änderung und Aufhebung der Festsetzung. (1) Die zuständige Behörde kann in dringenden Fällen vorübergehend die Zeit, die Öffnungszeiten und den Platz der Veranstaltung abweichend von der Festsetzung regeln.

(2) Die zuständige Behörde hat die Festsetzung zurückzunehmen, wenn bei ihrer Erteilung ein Ablehnungsgrund nach § 69a Abs. 1 Nr. 2 vorgelegen hat; im übrigen kann sie die Festsetzung zurücknehmen, wenn nachträglich Tatsachen bekannt werden, die eine Ablehnung der Festsetzung gerechtfertigt hätten. Sie hat die Festsetzung zu widerrufen, wenn nachträglich ein Ablehnungsgrund nach § 69a Abs. 1 Nr. 3 ein-

Gewerbeordnung §§ 70–71a GewO 1

tritt; im übrigen kann sie die Festsetzung widerrufen, wenn nachträglich Tatsachen eintreten, die eine Ablehnung der Festsetzung rechtfertigen würden.

(3) Auf Antrag des Veranstalters hat die zuständige Behörde die Festsetzung zu ändern; § 69a gilt entsprechend. Auf Antrag des Veranstalters hat die zuständige Behörde die Festsetzung aufzuheben, die Festsetzung eines Wochenmarktes, Jahrmarktes oder Volksfestes jedoch nur, wenn die Durchführung der Veranstaltung dem Veranstalter nicht zugemutet werden kann.

§ 70 Recht zur Teilnahme an einer Veranstaltung. (1) Jedermann, der dem Teilnehmerkreis der festgesetzten Veranstaltung angehört, ist nach Maßgabe der für alle Veranstaltungsteilnehmer geltenden Bestimmungen zur Teilnahme an der Veranstaltung berechtigt.

(2) Der Veranstalter kann, wenn es für die Erreichung des Veranstaltungszwecks erforderlich ist, die Veranstaltung auf bestimmte Ausstellergruppen, Anbietergruppen und Besuchergruppen beschränken, soweit dadurch gleichartige Unternehmen nicht ohne sachlich gerechtfertigten Grund unmittelbar oder mittelbar unterschiedlich behandelt werden.

(3) Der Veranstalter kann aus sachlich gerechtfertigten Gründen, insbesondere wenn der zur Verfügung stehende Platz nicht ausreicht, einzelne Aussteller, Anbieter oder Besucher von der Teilnahme ausschließen.

§ 70a Untersagung der Teilnahme an einer Veranstaltung. Die zuständige Behörde kann einem Aussteller oder Anbieter die Teilnahme an einer bestimmten Veranstaltung oder einer oder mehreren Arten von Veranstaltungen im Sinne der §§ 64 bis 68 untersagen, wenn Tatsachen die Annahme rechtfertigen, daß er die hierfür erforderliche Zuverlässigkeit nicht besitzt.

§ 70b Anbringung von Namen und Firma. Auf Veranstaltungen im Sinne der §§ 65 bis 68 finden die Vorschriften des § 15a über die Anbringung des Namens und der Firma entsprechende Anwendung; außerdem ist die Anschrift anzubringen.

§ 71 Vergütung. Der Veranstalter darf bei Volksfesten, Wochenmärkten und Jahrmärkten eine Vergütung nur für die Überlassung von Raum und Ständen und für die Inanspruchnahme von Versorgungseinrichtungen und Versorgungsleistungen einschließlich der Abfallbeseitigung fordern. Daneben kann der Veranstalter bei Volksfesten und Jahrmärkten eine Beteiligung an den Kosten für die Werbung verlangen. Landesrechtliche Bestimmungen über die Erhebung von Benutzungsgebühren durch Gemeinden und Gemeindeverbände bleiben unberührt.

§ 71a Öffentliche Sicherheit und Ordnung. Den Ländern bleibt es vorbehalten, Vorschriften zur Aufrechterhaltung der öffentlichen Sicherheit und Ordnung auf Veranstaltungen im Sinne der §§ 64 bis 68 zu erlassen.

Titel V. Taxen

§§ 72 bis 80 (weggefallen)

Titel VI. Innungen, Innungsausschüsse, Handwerkskammern, Innungsverbände

§§ 81 bis 104n (weggefallen)

Titel VIa. Handwerksrolle

§§ 104o bis 104u (weggefallen)

Titel VII. Gewerbliche Arbeitnehmer (Gesellen, Gehilfen, Lehrlinge, Betriebsbeamte, Werkmeister, Techniker, Fabrikarbeiter)

I. Allgemeine Verhältnisse

§ 105 Freie Gestaltung des Arbeitsvertrages. Die Festsetzung der Verhältnisse zwischen den selbständigen Gewerbetreibenden und den gewerblichen Arbeitnehmern ist, vorbehaltlich der durch Bundesgesetz begründeten Beschränkungen, Gegenstand freier Übereinkunft.

§ 105a Arbeiten an Sonn- und Feiertagen. (1) Zum Arbeiten an Sonn- und Feiertagen[1] können die Gewerbetreibenden die Arbeitnehmer nicht verpflichten. Arbeiten, welche nach den Bestimmungen dieses Gesetzes auch an Sonn- und Feiertagen vorgenommen werden dürfen, fallen unter die vorstehende Bestimmung nicht.

(2) (weggefallen)

§ 105b Ruhezeit an Sonn- und Feiertagen.[1] (1) Im Betriebe von Bergwerken, Salinen, Aufbereitungsanstalten, Brüchen und Gruben, von Hüttenwerken, Fabriken und Werkstätten, von Zimmerplätzen und anderen Bauhöfen, von Werften und Ziegeleien sowie bei Bauten aller Art dürfen Arbeitnehmer an Sonn- und Feiertagen nicht beschäftigt werden. Die den Arbeitnehmern zu gewährende Ruhe hat mindestens für jeden Sonn- und Feiertag vierundzwanzig, für zwei aufeinanderfolgende Sonn- und Feiertage sechsunddreißig, für das Weihnachts-, Oster- und Pfingstfest achtundvierzig Stunden zu dauern. Die Ruhezeit

---

[1] Siehe hierzu G über den Ladenschluß (Nr. 5).

Gewerbeordnung § 105c **GewO 1**

ist von zwölf Uhr nachts zu rechnen und muß bei zwei aufeinanderfolgenden Sonn- und Feiertagen bis sechs Uhr abends des zweiten Tages dauern. In Betrieben mit regelmäßiger Tag- und Nachtschicht kann die Ruhezeit frühestens um sechs Uhr abends des vorhergehenden Werktags, spätestens um sechs Uhr morgens des Sonn- und Feiertags beginnen, wenn für die auf den Beginn der Ruhezeit folgenden vierundzwanzig Stunden der Betrieb ruht.

(2) Im Handelsgewerbe dürfen Gehilfen, Lehrlinge und Arbeiter an Sonn- und Feiertagen nicht beschäftigt werden. Die zuständige Behörde kann für bis zu zehn Sonn- und Feiertage im Jahr, an denen besondere Verhältnisse einen erweiterten Geschäftsverkehr erforderlich machen, für alle oder für einzelne Geschäftszweige oder für einzelne Betriebe dieser Geschäftszweige eine Beschäftigung bis zu acht Stunden, jedoch nicht über sechs Uhr abends hinaus, zulassen und die Beschäftigungsstunden unter Berücksichtigung der für den öffentlichen Gottesdienst bestimmten Zeit festsetzen.

(3) Für das Speditions- und das Schiffsmaklergewerbe sowie für andere Gewerbebetriebe, soweit es sich um Abfertigung und Expedition von Gütern handelt, kann die zuständige Behörde eine Beschäftigung bis zu zwei Stunden zulassen.

(4) Die Bestimmungen des Absatzes 2 finden auf die Beschäftigung von Gehilfen, Lehrlingen und Arbeitern im Geschäftsbetriebe von Konsum- und anderen Vereinen entsprechende Anwendung.

(5) Die Vorschriften der Absätze 2 und 3 finden auf alle Angestellten im Sinne der Arbeitszeitordnung[1] Anwendung. Die Ausnahme- und Sonderbestimmungen über die Sonntagsruhe der Angestellten im Handelsgewerbe gelten auch für die sonstigen Angestellten im Sinne der Arbeitszeitordnung. Die hiernach für Sonn- und Feiertage zugelassenen Arbeitsstunden sind auf die nach der Arbeitszeitordnung zulässige Höchstarbeitszeit nicht anzurechnen.

§ 105c Ausnahmen von § 105b. (1) Die Bestimmungen des § 105b finden keine Anwendung:

1. auf Arbeiten, welche in Notfällen oder im öffentlichen Interesse unverzüglich vorgenommen werden müssen;
2. für einen Sonntag auf Arbeiten zur Durchführung einer gesetzlich vorgeschriebenen Inventur;
3. auf die Bewachung der Betriebsanlagen, auf Arbeiten zur Reinigung und Instandhaltung, durch welche der regelmäßige Fortgang des eigenen oder eines fremden Betriebs bedingt ist, sowie auf Arbeiten, von welchen die Wiederaufnahme des vollen werktägigen Betriebs abhängig ist, sofern nicht diese Arbeiten an Werktagen vorgenommen werden können;
4. auf Arbeiten, welche zur Verhütung des Verderbens von Rohstoffen oder des Mißlingens von Arbeitserzeugnissen erforderlich sind,

---

[1] Arbeitszeitordnung v. 30. 4. 1938 (RGBl. I S. 447).

1 GewO §§ 105d, 105e

sofern nicht diese Arbeiten an Werktagen vorgenommen werden können;

5. auf die Beaufsichtigung des Betriebs, soweit er nach Nummer 1 bis 4 an Sonn- und Feiertagen stattfindet.

(2) Gewerbetreibende, welche Arbeitnehmer an Sonn- und Feiertagen mit Arbeiten der unter Nummer 1 bis 5 erwähnten Art beschäftigen, sind verpflichtet, ein Verzeichnis anzulegen, in welches für jeden einzelnen Sonn- und Feiertag die Zahl der beschäftigten Arbeitnehmer, die Dauer ihrer Beschäftigung sowie die Art der vorgenommenen Arbeiten einzutragen sind. Das Verzeichnis ist auf Verlangen der nach § 139b zuständigen Behörde jederzeit zur Einsicht vorzulegen.

(3) Bei den unter Nummer 3 und 4 bezeichneten Arbeiten, sofern dieselben länger als drei Stunden dauern oder die Arbeitnehmer am Besuche des Gottesdienstes hindern, sind die Gewerbetreibenden verpflichtet, jeden Arbeitnehmer entweder an jedem dritten Sonntage volle sechsunddreißig Stunden oder an jedem zweiten Sonntage mindestens in der Zeit von sechs Uhr morgens bis sechs Uhr abends von der Arbeit frei zu lassen.

(4) Ausnahmen von den Vorschriften des vorstehenden Absatzes darf die zuständige Behörde gestatten, wenn die Arbeitnehmer am Besuche des sonntäglichen Gottesdienstes nicht gehindert werden und ihnen an Stelle des Sonntags eine vierundzwanzigstündige Ruhezeit an einem Wochentage gewährt wird.

§ 105d Weitere Ausnahmen von § 105b. (1) Für bestimmte Gewerbe, insbesondere für Betriebe, in denen Arbeiten vorkommen, welche ihrer Natur nach eine Unterbrechung oder einen Aufschub nicht gestatten, sowie für Betriebe, welche ihrer Natur nach auf bestimmte Jahreszeiten beschränkt sind oder welche in gewissen Zeiten des Jahres zu einer außergewöhnlich verstärkten Tätigkeit genötigt sind, können durch Rechtsverordnung des Bundesministers für Arbeit und Sozialordnung[1] mit Zustimmung des Bundesrates Ausnahmen von den Vorschriften des § 105b zugelassen werden.[2]

(2) Die Regelung der an Sonn- und Feiertagen in diesen Betrieben gestatteten Arbeiten und der Bedingungen, unter welchen sie gestattet sind, erfolgt für alle Betriebe derselben Art gleichmäßig und unter Berücksichtigung der Bestimmung des § 105c Abs. 3.

(3) Rechtsverordnungen nach Absatz 1 sind dem Bundestag zur Kenntnisnahme vorzulegen und im Bundesgesetzblatt zu veröffentlichen.

§ 105e Weitere Ausnahmen von § 105b. (1) Für Gewerbe, deren vollständige oder teilweise Ausübung an Sonn- und Feiertagen zur Be-

---

[1] Amtl. Anm.: Zuständige Stelle gemäß Artikel 129 Abs. 1 Satz 1 des Grundgesetzes.
[2] Über Ausnahmen siehe Bek. v. 5. 2. 1895 (RGBl. 1895 S. 12, 448; 1896 S. 104, 191, 744; 1897 S. 773; 1898 S. 1185; 1899 S. 271; 1906 S. 475; 1914 S. 234). Gemäß VO i. d. F. v. 31. 7. 1968 (BGBl. I S. 886) findet die Bekanntmachung auf die Eisen- und Stahlindustrie keine Anwendung. Die Bekanntmachung findet ferner keine Anwendung auf die Papierindustrie gemäß VO v. 20. 7. 1963 (BGBl. I S. 491).

Gewerbeordnung §§ 105f–105h **GewO 1**

friedigung täglicher oder an diesen Tagen besonders hervortretender Bedürfnisse der Bevölkerung erforderlich ist, sowie für Betriebe, welche ausschließlich oder vorwiegend mit durch Wind oder unregelmäßige Wasserkraft bewegten Triebwerken arbeiten, können durch Verfügung der zuständigen Behörde Ausnahmen von den in § 105b getroffenen Bestimmungen zugelassen werden. Die Regelung dieser Ausnahmen hat unter Berücksichtigung der Bestimmungen des § 105c Abs. 3 zu erfolgen.

(2) Der Bundesminister für Arbeit und Sozialordnung[1] trifft durch Rechtsverordnung mit Zustimmung des Bundesrates nähere Bestimmungen über die Voraussetzungen und Bedingungen der Zulassung von Ausnahmen; dieselben sind dem Bundestag zur Kenntnisnahme mitzuteilen.

(3) Das Verfahren auf Anträge wegen Zulassung von Ausnahmen für Betriebe, welche ausschließlich oder vorwiegend mit durch Wind oder unregelmäßige Wasserkraft bewegten Triebwerken arbeiten, unterliegt den Vorschriften der Verwaltungsgerichtsordnung.

§ 105f Ausnahmen für bestimmte Zeit. (1) Wenn zur Verhütung eines unverhältnismäßigen Schadens ein nicht vorherzusehendes Bedürfnis der Beschäftigung von Arbeitnehmern an Sonn- und Feiertagen eintritt, so können durch die zuständige Behörde Ausnahmen von den Vorschriften des § 105b für bestimmte Zeit zugelassen werden.

(2) Die Verfügung ist schriftlich zu erlassen und muß von dem Unternehmer auf Verlangen dem für die Revision zuständigen Beamten an der Betriebsstelle zur Einsicht vorgelegt werden. Eine Abschrift der Verfügung ist innerhalb der Betriebsstätte an einer den Arbeitnehmern leicht zugänglichen Stelle auszuhängen.

(3) Die zuständige Behörde hat über die von ihr gestatteten Ausnahmen ein Verzeichnis zu führen, in welchem die Betriebsstätte, die gestatteten Arbeiten, die Zahl der in dem Betriebe beschäftigten und der an den betreffenden Sonn- und Feiertagen tätig gewesenen Arbeitnehmer, die Dauer ihrer Beschäftigung sowie die Dauer und die Gründe der Erlaubnis einzutragen sind.

§ 105g Ausdehnung auf andere Gewerbe. Das Verbot der Beschäftigung von Arbeitnehmern an Sonn- und Feiertagen kann durch Rechtsverordnung des Bundesministers für Arbeit und Sozialordnung[1] mit Zustimmung des Bundesrates auf andere Gewerbe ausgedehnt werden. Diese Rechtsverordnungen sind dem Bundestag zur Kenntnisnahme vorzulegen. Auf die von dem Verbote zuzulassenden Ausnahmen finden die Bestimmungen der §§ 105c bis 105f entsprechende Anwendung.

§ 105h Landesrecht. (1) Die Bestimmungen der §§ 105a bis 105g stehen weitergehenden landesgesetzlichen Beschränkungen der Arbeit an Sonn- und Feiertagen nicht entgegen.

---

[1] Amtl. Anm.: Zuständige Stelle gemäß Artikel 129 Abs. 1 Satz 1 des Grundgesetzes.

(2) Den *Landeszentralbehörden* bleibt vorbehalten, für einzelne Feiertage, welche nicht auf einen Sonntag fallen, Abweichungen von den Vorschriften des § 105b zu gestatten. Auf das Weihnachts-, Neujahrs-, Oster-, Himmelfahrts- und Pfingstfest findet diese Bestimmung keine Anwendung.

§ 105i Ausnahmen für das Gaststättengewerbe und andere Gewerbe.
(1) Der § 105a Abs. 1 und die §§ 105b bis 105g finden auf das Gaststättengewerbe, auf Musikaufführungen, Schaustellungen, theatralische Vorstellungen oder sonstige Lustbarkeiten sowie auf das Verkehrsgewerbe keine Anwendung.[1]

(2) Die Gewerbetreibenden können die Arbeitnehmer in diesen Gewerben nur zu solchen Arbeiten an Sonn- und Feiertagen verpflichten, welche nach der Natur des Gewerbebetriebs einen Aufschub oder eine Unterbrechung nicht gestatten.

§ 105j Anordnung der erforderlichen Maßnahmen.
Die zuständige Behörde kann im Einzelfall die erforderlichen Maßnahmen zur Durchführung der §§ 105b und 105c und der durch Rechtsverordnung nach den §§ 105d, 105e und 105g auferlegten Pflichten anordnen.

§§ 106 bis 112 (weggefallen)

§ 113 Zeugnis.
(1) Beim Abgang können die Arbeitnehmer ein Zeugnis über die Art und Dauer ihrer Beschäftigung fordern.

(2) Dieses Zeugnis ist auf Verlangen der Arbeitnehmer auch auf ihre Führung und ihre Leistungen auszudehnen.

(3) Den Arbeitgebern ist untersagt, die Zeugnisse mit Merkmalen zu versehen, welche den Zweck haben, den Arbeitnehmer in einer aus dem Wortlaut des Zeugnisses nicht ersichtlichen Weise zu kennzeichnen.

(4) Ist der Arbeitnehmer minderjährig, so kann das Zeugnis von dem gesetzlichen Vertreter gefordert werden. Dieser kann verlangen, daß das Zeugnis an ihn, nicht an den Minderjährigen ausgehändigt werde. Mit Genehmigung der Gemeindebehörde des in § 108[2] bezeichneten Ortes kann auch gegen den Willen des gesetzlichen Vertreters die Aushändigung unmittelbar an den Arbeitnehmer erfolgen.

§ 114 (weggefallen)

§ 114a Lohnbücher, Arbeitszettel.
(1) Für bestimmte Gewerbe kann der Bundesminister für Arbeit und Sozialordnung[3] durch Rechts-

---

[1] Siehe ferner G über die Arbeitszeit in Bäckereien und Konditoreien (§ 13) v. 29. 6. 1936 (RGBl. I S. 521).
[2] Amtl. Anm.: Der hierfür maßgebende Text des § 108 hatte folgenden Wortlaut: „Das Arbeitsbuch wird dem Arbeiter durch die Polizeibehörde desjenigen Ortes, an welchem er zuletzt seinen dauernden Aufenthalt gehabt hat, wenn aber ein solcher im Gebiete des Deutschen Reichs nicht stattgefunden hat, von der Polizeibehörde des von ihm zuerst erwählten deutschen Arbeitsorts kosten- und stempelfrei ausgestellt...."
[3] Amtl. Anm.: Zuständige Stelle gemäß Artikel 129 Abs. 1 Satz 1 des Grundgesetzes.

Gewerbeordnung § 114b **GewO 1**

verordnung mit Zustimmung des Bundesrates Lohnbücher oder Arbeitszettel vorschreiben und die zur Ausführung erforderlichen Bestimmungen erlassen.[1] In die Lohnbücher oder Arbeitszettel sind von dem Arbeitgeber oder einem dazu bevollmächtigten Betriebsbeamten einzutragen

1. der Zeitpunkt der Übertragung von Arbeit, Art und Umfang der Arbeit, bei Akkordarbeit die Stückzahl,
2. die Lohnsätze,
3. die Bedingungen für die Lieferung von Werkzeugen und Stoffen zu den Arbeiten,
4. der Zeitpunkt der Ablieferung sowie Art und Umfang der abgelieferten Arbeit,
5. der Lohnbetrag unter Angabe der etwa vorgenommenen Abzüge,
6. der Tag der Lohnzahlung.

(2) Der Bundesminister für Arbeit und Sozialordnung[2] kann durch Rechtsverordnung mit Zustimmung des Bundesrates bestimmen, daß in die Lohnbücher oder Arbeitszettel auch die Bedingungen für die Gewährung von Kost und Wohnung eingetragen werden, sofern Kost oder Wohnung als Lohn oder Teil des Lohnes gewährt werden soll.

(3) Im übrigen sind noch solche Eintragungen zulässig, welche sich auf Namen, Firma und Niederlassungsort des Arbeitgebers, Namen und Wohnort des Arbeitnehmers, die übertragenen Arbeiten und die dafür vereinbarten oder gezahlten Löhne beziehen.

(4) Die Eintragungen in die Lohnbücher oder Arbeitszettel dürfen nicht mit einem Merkmal versehen sein, das den Inhaber günstig oder nachteilig zu kennzeichnen bezweckt. Die Eintragung eines Urteils über die Führung oder die Leistungen des Arbeitnehmers und sonstige durch dieses Gesetz nicht vorgesehene Eintragungen oder Vermerke sind unzulässig.

§ 114b Behandlung der Lohnbücher. (1) Das Lohnbuch oder der Arbeitszettel ist von dem Arbeitgeber auf seine Kosten zu beschaffen und dem Arbeitnehmer sofort nach Vollziehung der vorgeschriebenen Eintragungen kostenfrei auszuhändigen. Die Eintragungen sind von dem Arbeitgeber oder einem dazu bevollmächtigten Betriebsbeamten zu unterzeichnen. Der Bundesminister für Arbeit und Sozialordnung[2] kann durch Rechtsverordnung mit Zustimmung des Bundesrates bestimmen, daß die Lohnbücher in der Betriebsstätte verbleiben, wenn die Arbeitgeber glaubhaft machen, daß die Wahrung von Fabrikationsgeheimnissen diese Maßnahme erheischt. Den beteiligten Arbeitnehmern ist Gelegenheit zu geben, sich vor Erlaß dieser Bestimmung zu äußern.

(2) Sofern nicht der Bundesminister für Arbeit und Sozialordnung[2] durch Rechtsverordnung mit Zustimmung des Bundesrates etwas anderes bestimmt, sind die Eintragungen gemäß § 114a Abs. 1 Nr. 1 bis 3

---

[1] Siehe die Entgeltbelege für Heimarbeiter nach § 9 des Heimarbeitsgesetzes v. 14. 3. 1951 (BGBl. I S. 191).
[2] Amtl. Anm.: Zuständige Stelle gemäß Artikel 129 Abs. 1 Satz 1 des Grundgesetzes.

1 GewO §§ 114c–116   Gewerbeordnung

vor oder bei der Übergabe der Arbeit, die gemäß § 114a Abs. 1 Nr. 4 bei der Abnahme der Arbeit, die gemäß § 114a Abs. 1 Nr. 5 und 6 bei der Lohnzahlung mit Tinte zu bewirken und zu unterzeichnen.

(3) In den Lohnbüchern sind die §§ 115 bis 119a Abs. 1, § 119b abzudrucken.

§ 114c Landesrechtliche Vorschriften über die Lohnbücher. Soweit der Bundesminister für Arbeit und Sozialordnung[1] Bestimmungen auf Grund des § 114a Abs. 1 und 2 nicht erläßt, kann die *Landeszentralbehörde* oder nach Anhören beteiligter Gewerbetreibender und Arbeitnehmer die zuständige Polizeibehörde durch Polizeiverordnung sie erlassen. Für diesen Fall kann die *Landeszentralbehörde* oder die zuständige Polizeibehörde auch Bestimmungen auf Grund des § 114b Abs. 2 erlassen.

§ 114d Landesrechtliche Vorschriften für einzelne Bezirke. Der Bundesminister für Arbeit und Sozialordnung[1] und die *Landeszentralbehörde* können die Bestimmungen auf Grund der §§ 114a bis 114c auch für einzelne Bezirke erlassen.

§ 114e (weggefallen)

§ 115 Berechnung und Auszahlung der Löhne, Kreditierungsverbot. (1) Die Gewerbetreibenden sind verpflichtet, die Löhne ihrer Arbeitnehmer in Deutsche Mark zu berechnen und bar auszuzahlen.

(2) Sie dürfen den Arbeitnehmern keine Waren kreditieren. Doch ist es gestattet, den Arbeitnehmern Lebensmittel für den Betrag der Anschaffungskosten, Wohnung und Landnutzung gegen die ortsüblichen Miet- und Pachtpreise, Feuerung, Beleuchtung, regelmäßige Beköstigung, Arzneien und ärztliche Hilfe sowie Werkzeuge und Stoffe zu den ihnen übertragenen Arbeiten für den Betrag der durchschnittlichen Selbstkosten unter Anrechnung bei der Lohnzahlung zu verabfolgen. Zu einem höheren Preis ist die Verabfolgung von Werkzeugen und Stoffen für Akkordarbeiten zulässig, wenn derselbe den ortsüblichen nicht übersteigt und im voraus vereinbart ist.

§ 115a Lohnzahlung in Gaststätten. Lohn- und Abschlagszahlungen dürfen in Gaststätten oder Verkaufsstellen nicht ohne Genehmigung der zuständigen Behörde erfolgen.

§ 116 Rechtsfolgen bei Verstößen gegen § 115. Arbeitnehmer, deren Forderungen in einer dem § 115 zuwiderlaufenden Weise berichtigt worden sind, können zu jeder Zeit Zahlung nach Maßgabe des § 115 verlangen, ohne daß ihnen eine Einrede aus dem an Zahlungs Statt Gegebenen entgegengesetzt werden kann. Letzteres fällt, soweit es noch bei dem Empfänger vorhanden oder dieser daraus bereichert ist derjenigen Krankenkasse zu, welcher der Arbeitnehmer angehört, in Ermangelung einer solchen einer anderen zum Besten der Arbeitnehmer

---

[1] Amtl. Anm.: Zuständige Stelle gemäß Artikel 129 Abs. 1 Satz 1 des Grundgesetzes.

Gewerbeordnung §§ 117–119b GewO 1

an dem Ort bestehenden, von der Gemeindebehörde zu bestimmenden Kasse und in deren Ermangelung dem Träger der Sozialhilfe.

§ 117 Nichtigkeit von Lohnzahlungsverträgen. (1) Verträge, welche dem § 115 zuwiderlaufen, sind nichtig.

(2) Dasselbe gilt von Verabredungen zwischen den Gewerbetreibenden und den von ihnen beschäftigten Arbeitnehmern über die Entnahme der Bedürfnisse der letzteren aus gewissen Verkaufsstellen sowie überhaupt über die Verwendung des Verdienstes derselben zu einem anderen Zweck als zur Beteiligung an Einrichtungen zur Verbesserung der Lage der Arbeitnehmer oder ihrer Familien.

§ 118 Nichteinklagbare Forderungen. Forderungen für Waren, welche dem § 115 zuwider kreditiert worden sind, können von dem Gläubiger weder eingeklagt noch durch Anrechnung oder sonst geltend gemacht werden, ohne Unterschied, ob sie zwischen den Beteiligten unmittelbar entstanden oder mittelbar erworben sind. Dagegen fallen dergleichen Forderungen der in § 116 bezeichneten Kasse zu.

§ 119 Den Gewerbetreibenden gleichzuachtende Personen. Den Gewerbetreibenden im Sinne der §§ 115 bis 118 sind gleichzuachten deren Familienmitglieder, Gehilfen, Beauftragte, Geschäftsführer, Aufseher und Faktoren sowie andere Gewerbetreibende, bei deren Geschäft eine der hier erwähnten Personen unmittelbar oder mittelbar beteiligt ist.

§ 119a Lohneinbehaltungen, Lohnzahlungsfristen. (1) Lohneinbehaltungen, welche von Gewerbeunternehmern zur Sicherung des Ersatzes eines ihnen aus der widerrechtlichen Auflösung des Arbeitsverhältnisses erwachsenden Schadens oder einer für diesen Fall verabredeten Strafe ausbedungen werden, dürfen bei den einzelnen Lohnzahlungen ein Viertel des fälligen Lohnes, im Gesamtbetrage den Betrag eines durchschnittlichen Wochenlohns nicht übersteigen.

(2) Durch statutarische Bestimmung einer Gemeinde oder eines weiteren Kommunalverbandes (§ 142) kann für alle Gewerbebetriebe oder gewisse Arten derselben festgesetzt werden, daß

1. Lohn- und Abschlagszahlungen in festen Fristen erfolgen müssen, welche nicht länger als einen Monat und nicht kürzer als eine Woche sein dürfen,
2. der von minderjährigen Arbeitnehmern verdiente Lohn an die Eltern oder Vormünder und nur mit deren schriftlicher Zustimmung oder nach deren Bescheinigung über den Empfang der letzten Lohnzahlung unmittelbar an die Minderjährigen gezahlt wird,
3. die Gewerbetreibenden den Eltern oder Vormündern innerhalb gewisser Fristen Mitteilung von den an minderjährige Arbeitnehmer gezahlten Lohnbeträgen zu machen haben.

§ 119b Heimarbeiter. Unter den in den §§ 114a bis 119a bezeichneten Arbeitnehmern werden auch diejenigen Personen verstanden, welche für bestimmte Gewerbetreibende außerhalb der Arbeitsstätten der letzteren mit der Anfertigung gewerblicher Erzeugnisse beschäftigt sind, und zwar auch dann, wenn sie die Roh- und Hilfsstoffe selbst beschaffen.[1]

§ 120 (weggefallen)

§ 120a Betriebssicherheit.[2] (1) Die Gewerbeunternehmer sind verpflichtet, die Arbeitsräume, Betriebsvorrichtungen, Maschinen und Gerätschaften so einzurichten und zu unterhalten und den Betrieb so zu regeln, daß die Arbeitnehmer gegen Gefahren für Leben und Gesundheit so weit geschützt sind, wie es die Natur des Betriebs gestattet.

(2) Insbesondere ist für genügendes Licht, ausreichenden Luftraum und Luftwechsel, Beseitigung des bei dem Betrieb entstehenden Staubes, der dabei entwickelten Dünste und Gase sowie der dabei entstehenden Abfälle Sorge zu tragen.

(3) Ebenso sind diejenigen Vorrichtungen herzustellen, welche zum Schutze der Arbeitnehmer gegen gefährliche Berührungen mit Maschinen oder Maschinenteilen oder gegen andere in der Natur der Betriebsstätte oder des Betriebs liegende Gefahren, namentlich auch gegen die Gefahren, welche aus Fabrikbränden erwachsen können, erforderlich sind.

(4) Endlich sind diejenigen Vorschriften über die Ordnung des Betriebs und das Verhalten der Arbeitnehmer zu erlassen, welche zur Sicherung eines gefahrlosen Betriebs erforderlich sind.

§ 120b Sitte und Anstand im Betrieb; Umkleide-, Wasch- und Toilettenräume. (1) Die Gewerbeunternehmer sind verpflichtet, diejenigen Einrichtungen zu treffen und zu unterhalten und diejenigen Vorschriften über das Verhalten der Arbeitnehmer im Betriebe zu erlassen, welche erforderlich sind, um die Aufrechterhaltung der guten Sitten und des Anstandes zu sichern.

(2) Insbesondere muß, soweit es die Natur des Betriebs zuläßt, bei der Arbeit die Trennung der Geschlechter durchgeführt werden, sofern nicht die Aufrechterhaltung der guten Sitten und des Anstandes durch die Einrichtung des Betriebs ohnehin gesichert ist.

(3) In Anlagen, deren Betrieb es mit sich bringt, daß die Arbeitnehmer sich umkleiden und nach der Arbeit sich reinigen, müssen ausreichende, nach Geschlechtern getrennte Ankleide- und Waschräume vorhanden sein.

(4) Die Bedürfnisanstalten müssen so eingerichtet sein, daß sie für die Zahl der Arbeitnehmer ausreichen, daß den Anforderungen der Gesundheitspflege entsprochen wird und daß ihre Benutzung ohne Verletzung von Sitte und Anstand erfolgen kann.

---

[1] Betr. HeimarbeitsG s. Anm. zu § 114a.
[2] Zu § 120a siehe G über gesundheitsschädliche oder feuergefährliche Arbeitsstoffe v. 25. 3. 1939 (RGBl. I S. 581).

Gewerbeordnung §§ 120c, 120d **GewO 1**

§ 120c Gemeinschaftsunterkünfte. (1) Soweit die Gewerbeunternehmer den von ihnen beschäftigten Arbeitnehmern Gemeinschaftsunterkünfte selbst oder auf Grund eines Rechtsverhältnisses mit einem Dritten durch diesen zum Gebrauch überlassen, haben sie dafür zu sorgen, daß die Gemeinschaftsunterkünfte so beschaffen, ausgestattet und belegt sind und so benutzt werden, daß die Gesundheit und das sittliche Empfinden der Arbeitnehmer nicht beeinträchtigt werden. Dieser Sorgepflicht ist insbesondere nicht entsprochen bei

1. unzureichender Grundfläche und lichter Höhe und ungeeigneter Lage der Räume,
2. unzureichender natürlicher und künstlicher Beleuchtung und unzureichendem Luftwechsel, Feuchtigkeits-, Wärme- und Lärmschutz,
3. unzureichenden Wasser- und Energieversorgungsanschlüssen, Kochgelegenheiten, Beheizungs- und sanitären Einrichtungen.

(2) Gemeinschaftsunterkünfte sind bauliche Anlagen oder Teile baulicher Anlagen, bei denen die Unterkunfts- oder deren Nebenräume entweder von mehreren Arbeitnehmern gemeinschaftlich benutzt werden oder dazu bestimmt sind, von mehreren Arbeitnehmern gemeinschaftlich benutzt zu werden.

(3) Die Verpflichtung nach Absatz 1 bezieht sich auf

1. Unterkunftsräume zum Aufenthalt und Schlafen,
2. Küchen- und Vorratsräume,
3. sanitäre Einrichtungen, insbesondere Aborte und Wascheinrichtungen einschließlich der Einrichtungen zum Waschen, Trocknen und Bügeln der Wäsche, sowie Einrichtungen zur Abfallbeseitigung,
4. Einrichtungen für Erste Hilfe und Krankenbehandlung,
5. Tagesunterkünfte.

(4) Werden von einem Gewerbeunternehmer auf einer Baustelle Arbeitnehmer beschäftigt, so hat er diesen

1. Unterkünfte für die Freizeit auf der Baustelle oder in deren Nähe bereitzustellen, soweit sie ihre Wohnung nicht leicht erreichen können,
2. Tagesunterkünfte zu ihrem Schutz auf der Baustelle bereitzustellen, soweit durch eine auf § 120e beruhende Rechtsverordnung nichts anderes bestimmt ist.

(5) Die Absätze 1 bis 4 gelten auch für Arbeitgeber im Bereich des Bergwesens und für jeden sonstigen Arbeitgeber. Die Absätze 1 bis 4 gelten nicht für die Unterbringung von Besatzungsmitgliedern auf Wasserfahrzeugen.

§ 120d Verfügungen zur Durchführung der §§ 120a bis 120c.
(1) Die zuständigen Behörden sind befugt, im Wege der Verfügung für einzelne Anlagen die Ausführung derjenigen Maßnahmen anzuordnen, welche zur Durchführung der in den §§ 120a und 120b enthaltenen Grundsätze erforderlich und nach der Beschaffenheit der Anlage aus-

1 GewO § 120e   Gewerbeordnung

führbar erscheinen. Sie können anordnen, daß den Arbeitnehmern zur Einnahme von Mahlzeiten außerhalb der Arbeitsräume angemessene, in der kalten Jahreszeit geheizte Räume unentgeltlich zur Verfügung gestellt werden.

(2) Soweit die angeordneten Maßregeln nicht die Beseitigung einer dringenden, das Leben oder die Gesundheit bedrohenden Gefahr bezwecken, muß für die Ausführung eine angemessene Frist gelassen werden.

(3) Den bei Erlaß dieses Gesetzes bereits bestehenden Anlagen gegenüber können, solange nicht eine Erweiterung oder ein Umbau eintritt, nur Anforderungen gestellt werden, welche zur Beseitigung erheblicher, das Leben, die Gesundheit oder die Sittlichkeit der Arbeitnehmer gefährdender Mißstände erforderlich oder ohne unverhältnismäßige Aufwendungen ausführbar erscheinen.

(4) Die zuständige Behörde kann im Einzelfall anordnen, welche Maßnahmen zu treffen sind, damit die Unterkünfte für Arbeitnehmer den Mindestanforderungen des § 120c oder einer auf § 120e Abs. 3 gestützten Rechtsverordnung entsprechen.

§ 120e Bundes- und landesrechtliche Vorschriften. (1) Durch Rechtsverordnung des Bundesministers für Arbeit und Sozialordnung[1] können mit Zustimmung des Bundesrates Vorschriften[2] darüber erlassen werden, welchen Anforderungen in bestimmten Arten von Anlagen zur Durchführung der in den §§ 120a und 120b enthaltenen Grundsätze zu genügen ist. In diese Bestimmungen können auch Anordnungen über das Verhalten der Arbeitnehmer im Betriebe zum Schutze von Leben und Gesundheit aufgenommen werden. Eine Abschrift oder ein Abdruck der Anordnungen ist an geeigneter, allen beteiligten Arbeitnehmern zugänglicher Stelle auszuhängen und in lesbarem Zustand zu erhalten.

(2) Soweit solche Vorschriften vom Bundesminister für Arbeit und Sozialordnung[1] nicht erlassen sind, können dieselben durch Rechtsverordnung der *Landeszentralbehörden* oder durch Polizeiverordnungen der zuständigen Polizeibehörden erlassen werden. Vor dem Erlaß solcher Rechtsverordnungen und Polizeiverordnungen ist den Vorständen der beteiligten Berufsgenossenschaften oder Berufsgenossenschafts-Sektionen Gelegenheit zu einer gutachtlichen Äußerung zu geben.

(3) Der Bundesminister für Arbeit und Sozialordnung kann im Einvernehmen mit dem Bundesminister für Raumordnung, Bauwesen und

---

[1] Amtl. Anm.: Zuständige Stelle gemäß Artikel 129 Abs. 1 Satz 1 des Grundgesetzes.
[2] Siehe hierzu u. a. folgende Durchführungsbestimmungen:
AVO zum G über die Unterkunft bei Bauten v. 21. 2. 1959 (BGBl. I S. 44).
VO über besondere Arbeitsschutzanforderungen bei Arbeiten im Freien v. 1. 8. 1968 (BGBl. I S. 901).
VO über Arbeiten in Druckluft (DruckluftVO) v. 4. 10. 1972 (BGBl. I S. 1909).
VO über Arbeitsstätten v. 20. 3. 1975 (BGBl. I S. 729).
VO über gefährliche Arbeitsstoffe (ArbeitsstoffVO) i. d. F. der Bek. v. 8. 9. 1975 (BGBl. I S. 2493).

Städtebau mit Zustimmung des Bundesrates durch Rechtsverordnung bestimmen, welche Maßnahmen der Arbeitgeber zur Erfüllung der sich aus § 120c ergebenden Pflichten zu treffen hat.

(4) Der Bundesminister für Arbeit und Sozialordnung wird ermächtigt, durch Rechtsverordnung mit Zustimmung des Bundesrates den Geltungsbereich der Verordnung über Arbeitsstätten vom 20. März 1975 (BGBl. I S. 729) und der Verordnung über gefährliche Arbeitsstoffe in der Fassung der Bekanntmachung vom 8. September 1975 (BGBl. I S. 2493) sowie deren Änderungen auf Tagesanlagen und Tagebaue des Bergwesens auszudehnen, soweit dies zum Schutz der in den §§ 120a und 120b genannten Rechtsgüter erforderlich ist.

§ 120f Verfügungen zur Durchführung der Rechtsverordnungen nach § 120e. Die zuständige Behörde kann im Einzelfall die erforderlichen Maßnahmen zur Durchführung der durch Rechtsverordnung nach § 120e auferlegten Pflichten anordnen.

§ 120g (weggefallen)

II. Verhältnisse der Gesellen und Gehilfen

§ 121 Pflichten der Gesellen und Gehilfen. Gesellen und Gehilfen sind verpflichtet, den Anordnungen der Arbeitgeber in Beziehung auf die ihnen übertragenen Arbeiten und auf die häuslichen Einrichtungen Folge zu leisten; zu häuslichen Arbeiten sind sie nicht verbunden.

§§ 122 bis 124a (weggefallen)

§ 124b Entschädigung bei Vertragsbruch. Hat ein Geselle oder Gehilfe rechtswidrig die Arbeit verlassen, so kann der Arbeitgeber als Entschädigung für den Tag des Vertragsbruchs und jeden folgenden Tag der vertragsmäßigen oder gesetzlichen Arbeitszeit, höchstens aber für eine Woche, den Betrag des ortsüblichen Tagelohns [§§ 149 bis 152 der Reichsversicherungsordnung[1]] fordern. Diese Forderung ist an den Nachweis eines Schadens nicht gebunden. Durch ihre Geltendmachung wird der Anspruch auf Erfüllung des Vertrags und auf weiteren Schadensersatz ausgeschlossen. Dasselbe Recht steht dem Gesellen oder Gehilfen gegen den Arbeitgeber zu, wenn er von diesem vor rechtmäßiger Beendigung des Arbeitsverhältnisses entlassen worden ist.

§ 125 Mithaftung des neuen Arbeitgebers. (1) Ein Arbeitgeber, welcher einen Gesellen oder Gehilfen verleitet, vor rechtmäßiger Beendigung des Arbeitsverhältnisses die Arbeit zu verlassen, ist dem früheren Arbeitgeber für den entstandenen Schaden oder den nach § 124b an

---

[1] Amtl. Anm.: Im eigenen Anwendungsbereich nicht mehr geltendes Recht.

die Stelle des Schadensersatzes tretenden Betrag als Selbstschuldner mitverhaftet. In gleicher Weise haftet ein Arbeitgeber, welcher einen Gesellen oder Gehilfen annimmt, von dem er weiß, daß derselbe einem anderen Arbeitgeber zur Arbeit noch verpflichtet ist.

(2) In dem im vorstehenden Absatz bezeichneten Umfang ist auch derjenige Arbeitgeber mitverhaftet, welcher einen Gesellen oder Gehilfen, von dem er weiß, daß derselbe einem anderen Arbeitgeber zur Arbeit noch verpflichtet ist, während der Dauer dieser Verpflichtung in der Beschäftigung behält, sofern nicht seit der unrechtmäßigen Lösung des Arbeitsverhältnisses bereits vierzehn Tage verflossen sind.

(3) Den Gesellen und Gehilfen stehen im Sinne der vorstehenden Bestimmungen die in § 119b bezeichneten Personen gleich.

III. Lehrlingsverhältnisse

A. Allgemeine Bestimmungen

§§ 126 bis 128a (weggefallen)

B. Besondere Bestimmungen für Handwerker

§§ 129 bis 132a (weggefallen)

IIIa. Meistertitel

§ 133 Befugnis zur Führung des Meistertitels. (1) (weggefallen)

(2) Die Befugnis zur Führung des Meistertitels in Verbindung mit einer anderen Bezeichnung, die auf eine Tätigkeit im Baugewerbe hinweist, insbesondere die Titel Baumeister und Baugewerksmeister, wird durch Rechtsverordnung[1] der Bundesregierung[2] mit Zustimmung des Bundesrates geregelt. Die Bundesregierung[2] kann ferner durch Rechtsverordnung mit Zustimmung des Bundesrates Vorschriften über die Führung des Meistertitels in Verbindung mit sonstigen Bezeichnungen erlassen, die auf eine Tätigkeit im Handwerk hinweisen.

(3) bis (10) (weggefallen)

IIIb. Verhältnisse der Betriebsbeamten, Werkmeister, Techniker

§§ 133a bis 133b (weggefallen)

---

[1] Siehe VO über die Berechtigung zur Führung der Berufsbezeichnung Baumeister (Baumeisterverordnung) v. 1. 4. 1931 (RGBl. I S. 131).
[2] Amtl. Anm.: Zuständige Stelle gemäß Artikel 129 Abs. 1 Satz 1 des Grundgesetzes.

Gewerbeordnung §§ 133c–133g **GewO 1**

§ 133c Anspruch auf die vertragsmäßigen Leistungen. Von Gewerbeunternehmern beschäftigte technische Angestellte behalten, wenn sie durch unverschuldetes Unglück an der Verrichtung der Dienste verhindert sind, den Anspruch auf die vertragsmäßigen Leistungen des Arbeitgebers bis zur Dauer von sechs Wochen auch dann, wenn das Dienstverhältnis aus Anlaß dieser Verhinderung von dem Arbeitgeber gekündigt worden ist. Das gleiche gilt, wenn der Angestellte das Arbeitsverhältnis aus einem vom Arbeitgeber zu vertretenden Grunde kündigt, der den Angestellten zur Kündigung aus wichtigem Grund ohne Einhaltung einer Kündigungsfrist berechtigt. Jedoch mindern sich die Ansprüche in diesem Falle um denjenigen Betrag, welcher dem Berechtigten aus einer auf Grund gesetzlicher Verpflichtung bestehenden Krankenversicherung oder Unfallversicherung zukommt. Eine nicht rechtswidrige Sterilisation und ein nicht rechtswidriger Abbruch der Schwangerschaft durch einen Arzt gelten als unverschuldete Verhinderung an der Dienstleistung. Der Anspruch kann nicht durch Vertrag ausgeschlossen oder beschränkt werden.

§ 133d (weggefallen)

§ 133e Ausnahmen bei technischen Angestellten. Auf die in § 133c bezeichneten Personen finden die Bestimmungen der §§ 124b und 125 Anwendung, dagegen nicht die Bestimmungen des § 119a.

§ 133f Wettbewerbsverbot. (1) Eine Vereinbarung zwischen dem Gewerbeunternehmer und einem der in § 133c bezeichneten Angestellten, durch die der Angestellte für die Zeit nach der Beendigung des Dienstverhältnisses in seiner gewerblichen Tätigkeit beschränkt wird, ist für den Angestellten nur insoweit verbindlich, als die Beschränkung nach Zeit, Ort und Gegenstand nicht die Grenzen überschreitet, durch welche eine unbillige Erschwerung seines Fortkommens ausgeschlossen wird.

(2) Die Vereinbarung ist nichtig, wenn der Angestellte zur Zeit des Abschlusses minderjährig ist.

IV. Besondere Bestimmungen für Betriebe, in denen in der Regel mindestens zehn Arbeitnehmer beschäftigt werden

§ 133g Anwendungsbereich. Die Bestimmungen der §§ 133h, 134, 134i und 139aa finden Anwendung auf Gesellen, Gehilfen, Lehrlinge und sonstige gewerbliche Arbeitnehmer mit Ausnahme der Betriebsbeamten, Werkmeister, Techniker (§§ 133c, 133e und 133f).

A. Bestimmungen für Betriebe, in denen in der Regel mindestens zwanzig Arbeitnehmer beschäftigt werden

§ 133h Grundsatz. Auf Betriebe, in denen in der Regel mindestens zwanzig Arbeitnehmer beschäftigt werden, finden die nachfolgenden Bestimmungen des § 134 Anwendung. Dies gilt für Betriebe, in denen regelmäßig zu gewissen Zeiten des Jahres ein vermehrtes Arbeitsbedürfnis eintritt, schon dann, wenn zu diesen Zeiten mindestens zwanzig Arbeitnehmer beschäftigt werden.

§ 134 Verbot der Lohnverwirkung, schriftliche Lohnbelege.
(1) Den Unternehmern ist untersagt, für den Fall der rechtswidrigen Auflösung des Arbeitsverhältnisses durch den Arbeitnehmer die Verwirkung des rückständigen Lohnes über den Betrag des durchschnittlichen Wochenlohnes hinaus auszubedingen. Auf die Arbeitgeber und Arbeitnehmer in solchen Betrieben finden die Bestimmungen des § 124b keine Anwendung.

(2) Den Arbeitnehmern ist bei der regelmäßigen Lohnzahlung ein schriftlicher Beleg (Lohnzettel, Lohntüte, Lohnbuch usw.) über den Betrag des verdienten Lohnes und der einzelnen Arten der vorgenommenen Abzüge auszuhändigen.

(3) (weggefallen)

§§ 134a bis 134h (weggefallen)

B. Bestimmungen für alle Betriebe, in denen in der Regel mindestens zehn Arbeitnehmer beschäftigt werden

§ 134i Sondervorschriften für größere Betriebe. Auf Betriebe, in denen in der Regel mindestens zehn Arbeitnehmer beschäftigt werden, findet, unbeschadet des § 133h, die nachfolgende Bestimmung des § 139aa Anwendung. Dies gilt für Betriebe, in denen regelmäßig zu gewissen Zeiten des Jahres ein vermehrtes Arbeitsbedürfnis eintritt, schon dann, wenn zu diesen Zeiten mindestens zehn Arbeitnehmer beschäftigt werden.

§§ 135 bis 139a (weggefallen)

§ 139aa Anwendung der §§ 121, 124b und 125. Auf die Arbeitnehmer in den unter Abschnitt IV fallenden Betrieben finden im übrigen die Bestimmungen der §§ 121, 124b und 125 Anwendung.

V. Aufsicht

§ 139b Gewerbeaufsichtsbehörde. (1) Die Aufsicht über die Ausführung der Bestimmungen der §§ 105a, 105b Abs. 1, der §§ 105c bis

Gewerbeordnung § 139 b **GewO 1**

105h, 120a, 120b, 120d, 120e, 133g bis 134, 134i und 139aa ist ausschließlich oder neben den ordentlichen Polizeibehörden besonderen von den Landesregierungen zu ernennenden Beamten zu übertragen. Denselben stehen bei Ausübung dieser Aufsicht alle amtlichen Befugnisse der Ortspolizeibehörden, insbesondere das Recht zur jederzeitigen Besichtigung und Prüfung der Anlagen zu. Sie sind, vorbehaltlich der Anzeige von Gesetzwidrigkeiten, zur Geheimhaltung der amtlich zu ihrer Kenntnis gelangenden Geschäfts- und Betriebsverhältnisse der ihrer Besichtigung und Prüfung unterliegenden Anlagen zu verpflichten.

(2) Die Ordnung der Zuständigkeitsverhältnisse zwischen diesen Beamten und den ordentlichen Polizeibehörden bleibt der verfassungsmäßigen Regelung in den einzelnen Ländern vorbehalten.

(3) Die erwähnten Beamten haben Jahresberichte über ihre amtliche Tätigkeit zu erstatten. Diese Jahresberichte oder Auszüge aus denselben sind dem *Bundesrat* und dem *Reichstag*[1] vorzulegen.

(4) Die auf Grund der Bestimmungen der §§ 105a bis 105h, 120a, 120b, 120d, 120e, 133g bis 134, 134i und 139aa auszuführenden amtlichen Besichtigungen und Prüfungen müssen die Arbeitgeber zu jeder Zeit, namentlich auch in der Nacht, während des Betriebs gestatten.

(5) Die Arbeitgeber sind ferner verpflichtet, den genannten Beamten oder der Polizeibehörde diejenigen statistischen Mitteilungen über die Verhältnisse ihrer Arbeitnehmer zu machen, welche vom Bundesminister für Arbeit und Sozialordnung[2] durch Rechtsverordnung mit Zustimmung des Bundesrates oder von der *Landeszentralbehörde* unter Festsetzung der dabei zu beobachtenden Fristen und Formen vorgeschrieben werden.[3]

(5 a) Der Bundesminister für Arbeit und Sozialordnung wird ermächtigt, durch Rechtsverordnung mit Zustimmung des Bundesrates zu bestimmen, daß Stellen der Bundesverwaltung, denen der Arbeitgeber bereits auf Grund einer Rechtsvorschrift

1. die Zahl der Arbeitnehmer, die er beschäftigt, und derer, an die er Heimarbeit vergibt, aufgegliedert nach Geschlecht, Alter und Staatsangehörigkeit,
2. den Namen oder die Bezeichnung und die Anschrift des Betriebs, in dem er sie beschäftigt,
3. den Wirtschaftszweig, dem der Betrieb zugehört,
4. sonstige Angaben, die den Arbeitsschutz berühren,

mitgeteilt hat, diese Angaben an die für die Gewerbeaufsicht zuständigen obersten Landesbehörden auf deren Verlangen gegen Erstattung der Kosten weiterzuleiten haben. Er kann auch das Nähere über Inhalt und Form der weiterzuleitenden Angaben sowie die Frist für die Weiterleitung bestimmen. Sind Angaben nach einer auf Grund von Satz 1 erlas-

---
[1] Jetzt wohl Bundesrat und Bundestag.
[2] Amtl. Anm.: Zuständige Stelle gemäß Artikel 129 Abs. 1 Satz 1 des Grundgesetzes.
[3] Siehe VO über die Verpflichtung der Arbeitgeber zu Mitteilungen an die für die Gewerbeaufsicht zuständigen Landesbehörden v. 16. 8. 1968 (BGBl. I S. 981).

senen Rechtsverordnung weiterzuleiten, so sind die Arbeitgeber insoweit von ihrer Verpflichtung nach Absatz 5 befreit. Die weitergeleiteten Angaben dürfen nur zur Erfüllung der in der Zuständigkeit der Gewerbeaufsichtsbehörden liegenden Aufgaben verwendet werden.

(6) Die Beauftragten der zuständigen Behörden sind befugt, die Unterkünfte, auf die sich die Pflichten der Arbeitgeber nach § 120c und § 139g Abs. 1 Satz 3 Halbsatz 1 und nach den auf Grund des § 120e Abs. 3 und des § 139h Abs. 3 erlassenen Rechtsverordnungen beziehen, zu betreten und zu besichtigen. Gegen den Willen der Unterkunftsinhaber ist dies jedoch nur zur Verhütung dringender Gefahren für die öffentliche Sicherheit oder Ordnung zulässig. Das Grundrecht der Unverletzlichkeit der Wohnung (Artikel 13 des Grundgesetzes) wird insoweit eingeschränkt.

(7) Ergeben sich im Einzelfall für die für den Arbeitsschutz zuständigen Landesbehörden konkrete Anhaltspunkte für

1. eine Beschäftigung oder Tätigkeit nichtdeutscher Arbeitnehmer ohne die erforderliche Erlaubnis nach § 19 Abs. 1 des Arbeitsförderungsgesetzes,
2. Verstöße gegen die Mitwirkungspflicht gegenüber einer Dienststelle der Bundesanstalt für Arbeit nach § 60 Abs. 1 Nr. 2 des Ersten Buches Sozialgesetzbuch,
3. Verstöße gegen das Gesetz zur Bekämpfung der Schwarzarbeit,
4. Verstöße gegen das Arbeitnehmerüberlassungsgesetz,
5. Verstöße gegen die Bestimmungen der Reichsversicherungsordnung und des Arbeitsförderungsgesetzes über die Verpflichtung zur Zahlung von Beiträgen, soweit sie im Zusammenhang mit den unter den Nummern 1 bis 4 genannten Verstößen stehen,
6. Verstöße gegen das Ausländergesetz,
7. Verstöße gegen die Steuergesetze,

unterrichten sie die für die Verfolgung und Ahndung der Verstöße nach den Nummern 1 bis 7 zuständigen Behörden sowie die Behörden nach § 20 des Ausländergesetzes.

(8) In den Fällen des Absatzes 7 arbeiten die für den Arbeitsschutz zuständigen Landesbehörden insbesondere mit folgenden Behörden zusammen:

1. der Bundesanstalt für Arbeit,
2. den Trägern der Krankenversicherung als Einzugsstellen für die Sozialversicherungsbeiträge,
3. den Trägern der Unfallversicherung,
4. den nach Landesrecht für die Verfolgung und Ahndung von Verstößen gegen das Gesetz zur Bekämpfung der Schwarzarbeit zuständigen Behörden,
5. den in § 20 des Ausländergesetzes genannten Behörden,
6. den Finanzbehörden.

Gewerbeordnung §§ 139c–139l **GewO 1**

VI. Gehilfen und Lehrlinge in Betrieben des Handelsgewerbes

§§ 139c bis 139f (weggefallen)

§ 139g Befugnisse der Gewerbeaufsichtsbehörden. (1) Die Gewerbeaufsichtsbehörden sind befugt, durch Verfügung für einzelne Betriebe diejenigen Maßnahmen anzuordnen, die zur Durchführung der dem Arbeitgeber durch § 62 Abs. 1 des Handelsgesetzbuches[1] auferlegten Pflichten erforderlich erscheinen. Diese Befugnis besteht auch gegenüber Versicherungsunternehmen einschließlich derjenigen Versicherungsunternehmen, die kein Gewerbe betreiben. Soweit Arbeitgeber, die den Sätzen 1 und 2 unterliegen, den von ihnen beschäftigten Handlungsgehilfen selbst oder auf Grund eines Rechtsverhältnisses mit einem Dritten durch diesen Gemeinschaftsunterkünfte zum Gebrauch überlassen, gilt für sie § 120c Abs. 1 bis 3; die Sätze 1 und 2 gelten entsprechend.

(2) Die Bestimmungen in § 120d Abs. 2 und 3 und in § 139b finden entsprechende Anwendung. Das Grundrecht des Artikels 13 des Grundgesetzes wird insoweit eingeschränkt.

§ 139h Vorschriften über Räume, Maschinen und Gerätschaften. (1) Durch Rechtsverordnung des Bundesministers für Arbeit und Sozialordnung[2] können mit Zustimmung des Bundesrates Vorschriften darüber erlassen werden, welchen Anforderungen die Laden-, Arbeits- und Lagerräume und deren Einrichtung sowie die Maschinen und Gerätschaften zum Zweck der Durchführung der in § 62 Abs. 1 des Handelsgesetzbuches enthaltenen Grundsätze zu genügen haben.[3]

(2) Soweit solche Vorschriften vom Bundesminister für Arbeit und Sozialordnung[2] nicht erlassen sind, können sie durch Rechtsverordnung der in § 120e Abs. 2 bezeichneten Behörden erlassen werden.

(3) Der Bundesminister für Arbeit und Sozialordnung kann im Einvernehmen mit dem Bundesminister für Raumordnung, Bauwesen und Städtebau mit Zustimmung des Bundesrates durch Rechtsverordnung bestimmen, welche Maßnahmen der Arbeitgeber zur Erfüllung der sich aus § 139g Abs. 1 Satz 3 ergebenden Pflichten zu treffen hat.

§ 139i Verfügungen zur Durchführung der Rechtsverordnungen nach § 139h. Die zuständige Behörde kann im Einzelfall die erforderlichen Maßnahmen zur Durchführung der durch Rechtsverordnung nach § 139h auferlegten Pflichten anordnen.

§§ 139k, 139l (weggefallen)

---

[1] Siehe die Sammlung Schönfelder (Nr. 50).
[2] Amtl. Anm.: Zuständige Stelle gemäß Artikel 129 Abs. 1 Satz 1 des Grundgesetzes.
[3] Siehe VO über gefährliche Arbeitsstoffe (ArbeitsstoffVO) i. d. F. der Bek. v. 8. 9. 1975 (BGBl. I S. 2493, geänd. durch § 69 Abs. 1 G v. 12. 4. 1976, BGBl. I S. 965).

§ 139m Konsum- und andere Vereine. Die §§ 139g und 139h finden auf den Geschäftsbetrieb der Konsum- und anderer Vereine entsprechende Anwendung.

Titel VIII. Gewerbliche Hilfskassen

§ 140 Kranken-, Hilfs- und Sterbekassen. (1) (weggefallen)

(2) Neue Kranken-, Hilfs- oder Sterbekassen der selbständigen Gewerbetreibenden erhalten durch die Genehmigung der zuständigen Behörde die Rechte juristischer Personen, soweit es zur Erlangung dieser Rechte einer besonderen staatlichen Genehmigung bedarf.

§§ 141 bis 141f (weggefallen)

Titel IX. Statutarische Bestimmungen

§ 142 Erlaß und Außerkraftsetzung. (1) Statutarische Bestimmungen einer Gemeinde oder eines weiteren Kommunalverbandes können die ihnen durch das Gesetz überwiesenen gewerblichen Gegenstände mit verbindlicher Kraft ordnen. Dieselben werden nach Anhörung beteiligter Gewerbetreibender und Arbeiter abgefaßt, bedürfen der Genehmigung der zuständigen Behörde und sind in der für Bekanntmachungen der Gemeinde oder des weiteren Kommunalverbandes vorgeschriebenen oder üblichen Form zu veröffentlichen.

(2) Die *Zentralbehörde* ist befugt, statutarische Bestimmungen, welche mit den Gesetzen oder den statutarischen Bestimmungen des weiteren Kommunalverbandes in Widerspruch stehen, außer Kraft zu setzen. Welche Verbände unter der Bezeichnung weitere Kommunalverbände zu verstehen sind, wird von den Landesregierungen oder den von ihnen bestimmten Stellen bestimmt.

Titel X. Straf- und Bußgeldvorschriften

§ 143 Verletzung von Vorschriften über die Errichtung und den Betrieb von Anlagen. (1) Ordnungswidrig handelt, wer vorsätzlich oder fahrlässig

1. eine Anlage ohne die Erlaubnis, die nach einer auf Grund des § 24 Abs. 1 Nr. 2 erlassenen Rechtsverordnung erforderlich ist, errichtet, betreibt oder ändert, soweit die Rechtsverordnung für einen bestimmten Tatbestand auf diese Bußgeldvorschrift verweist,

2. einer auf Grund des § 24 Abs. 1 Nr. 3 oder 4 erlassenen Rechtsverordnung zuwiderhandelt, soweit sie für einen bestimmten Tatbestand auf diese Bußgeldvorschrift verweist oder

Gewerbeordnung **§ 144 GewO 1**

3. einer vollziehbaren Anordnung nach § 24a zuwiderhandelt.

(2) Ordnungswidrig handelt auch, wer vorsätzlich oder fahrlässig

1. entgegen einer nach § 24 Abs. 1 Nr. 1 erlassenen Rechtsverordnung eine Anzeige nicht, nicht richtig, nicht vollständig oder nicht rechtzeitig erstattet oder die vorzulegenden Unterlagen nicht beifügt, soweit die Rechtsverordnung für einen bestimmten Tatbestand auf diese Bußgeldvorschrift verweist,

2. entgegen § 24b Satz 1 eine Anlage nicht zugänglich macht, eine vorgeschriebene oder behördlich angeordnete Prüfung nicht gestattet, benötigte Arbeitskräfte oder Hilfsmittel nicht bereitstellt, erforderliche Angaben nicht, nicht richtig oder nicht vollständig macht oder erforderliche Unterlagen nicht vorlegt,

3. entgegen § 24d Satz 2 in Verbindung mit § 139b Abs. 1 Satz 2 oder Abs. 4 eine Besichtigung oder Prüfung nicht gestattet oder

4. entgegen § 24d Satz 2 in Verbindung mit § 139b Abs. 5 eine vorgeschriebene statistische Mitteilung nicht, nicht richtig, nicht vollständig oder nicht rechtzeitig macht.

(3) Die Ordnungswidrigkeit kann in den Fällen des Absatzes 1 mit einer Geldbuße bis zu zehntausend Deutsche Mark, in den Fällen des Absatzes 2 mit einer Geldbuße bis zu zweitausend Deutsche Mark geahndet werden.

§ 144 Verletzung von Vorschriften über erlaubnisbedürftige stehende Gewerbe.
(1) Ordnungswidrig handelt, wer vorsätzlich oder fahrlässig

1. ohne die erforderliche Erlaubnis
   a) nach § 12 Abs. 1 ein Gewerbe im Inland betreibt,
   b) nach § 30 Abs. 1 eine dort bezeichnete Anstalt betreibt,
   c) nach § 33a Abs. 1 Singspiele, Gesangs- oder deklamatorische Vorträge, Schaustellungen von Personen oder theatralische Vorstellungen öffentlich veranstaltet oder zu deren öffentlicher Veranstaltung seine Räume benutzen läßt,
   d) nach § 33c Abs. 1 Satz 1 ein Spielgerät aufstellt, nach § 33d Abs. 1 Satz 1 ein anderes Spiel veranstaltet oder nach § 33i Abs. 1 Satz 1 eine Spielhalle oder ein ähnliches Unternehmen betreibt,
   e) nach § 34 Abs. 1 Satz 1 das Geschäft eines Pfandleihers oder Pfandvermittlers betreibt,
   f) nach § 34a Abs. 1 Satz 1 Leben oder Eigentum fremder Personen bewacht,
   g) nach § 34b Abs. 1 Satz 1 fremde bewegliche Sachen oder fremde Rechte oder nach § 34b Abs. 2 Satz 1 fremde Grundstücke oder fremde grundstücksgleiche Rechte versteigert oder
   h) nach § 34c Abs. 1 Satz 1 Nr. 1 den Abschluß von Verträgen der dort bezeichneten Art vermittelt oder die Gelegenheit hierzu nachweist oder nach § 34c Abs. 1 Satz 1 Nr. 2 als Bauherr oder Baube-

treuer Bauvorhaben in der dort bezeichneten Weise vorbereitet oder durchführt,

2. ohne eine nach Landesrecht erforderliche Genehmigung (§ 34 Abs. 5) den Handel mit Giften betreibt, wenn die Tat nicht in landesrechtlichen Vorschriften mit Strafe oder Geldbuße bedroht ist, oder

3. ohne eine nach § 47 erforderliche Erlaubnis das Gewerbe durch einen Stellvertreter ausüben läßt.

(2) Ordnungswidrig handelt auch, wer vorsätzlich oder fahrlässig

1. einer auf Grund des § 33f Abs. 1 Nr. 1, 2 oder 4, § 33g Nr. 2, § 34 Abs. 2, § 34a Abs. 2, § 34b Abs. 8, § 34c Abs. 3 oder § 38 erlassenen Rechtsverordnung zuwiderhandelt, soweit sie für einen bestimmten Tatbestand auf diese Bußgeldvorschrift verweist,

2. entgegen § 34 Abs. 4 bewegliche Sachen mit Gewährung des Rückkaufrechts ankauft,

3. einer vollziehbaren Auflage nach § 12 Abs. 1 Satz 4, § 33a Abs. 1 Satz 2, § 33c Abs. 1 Satz 3, § 33d Abs. 1 Satz 2, § 33e Satz 3, § 33i Abs. 1 Satz 2, § 34 Abs. 1 Satz 2, § 34a Abs. 1 Satz 2, § 34b Abs. 3 Satz 3 oder § 34c Abs. 1 Satz 3 zuwiderhandelt oder

4. ein Spielgerät ohne die nach § 33c Abs. 3 Satz 1 erforderliche Bestätigung der zuständigen Behörde aufstellt.

(3) Ordnungswidrig handelt ferner, wer vorsätzlich oder fahrlässig

1. entgegen § 30b orthopädische Maßschuhe anfertigt oder

2. bei einer Versteigerung einer Vorschrift des § 34b Abs. 6 oder 7 zuwiderhandelt.

(4) Die Ordnungswidrigkeit kann in den Fällen des Absatzes 1 mit einer Geldbuße bis zu zehntausend Deutsche Mark, in den Fällen des Absatzes 2 mit einer Geldbuße bis zu fünftausend Deutsche Mark, in den Fällen des Absatzes 3 mit einer Geldbuße bis zu zweitausend Deutsche Mark geahndet werden.

§ 145 Verletzung von Vorschriften über das Reisegewerbe.

(1) Ordnungswidrig handelt, wer vorsätzlich oder fahrlässig

1. ohne die erforderliche Reisegewerbekarte nach § 55
   a) Waren feilbietet oder ankauft oder Warenbestellungen aufsucht,
   b) gewerbliche Leistungen anbietet oder Bestellungen auf gewerbliche Leistungen aufsucht oder
   c) Schaustellungen, Musikaufführungen, unterhaltende Vorstellungen oder sonstige Lustbarkeiten darbietet,

2. entgegen einer vollziehbaren Anordnung nach § 59 ein Reisegewerbe ausübt oder

3. ohne die Erlaubnis nach § 60a Abs. 1 Satz 1 ein in § 55 Abs. 1 Nr. 3 bezeichnetes Gewerbe ausübt oder einer vollziehbaren Auflage nach § 60a Abs. 1 Satz 2 zuwiderhandelt.

Gewerbeordnung **§ 145 GewO 1**

(2) Ordnungswidrig handelt auch, wer vorsätzlich oder fahrlässig

1. einer auf Grund
   a) des § 55d Abs. 2 oder
   b) des § 60a Abs. 2 Satz 4 in Verbindung mit § 33f Abs. 1 oder § 33g Nr. 2

   erlassenen Rechtsverordnung zuwiderhandelt, soweit sie für einen bestimmten Tatbestand auf diese Bußgeldvorschrift verweist,
2. Waren im Reisegewerbe
   a) entgegen § 56 Abs. 1 Nr. 1 vertreibt,
   b) entgegen § 56 Abs. 1 Nr. 2 feilbietet oder ankauft oder
   c) entgegen § 56 Abs. 1 Nr. 3 Buchstaben a bis c, e oder f feilbietet,
3. (weggefallen)
4. entgegen § 56 Abs. 1 Nr. 4 die Zahn- oder Tierheilkunde ausübt,
5. entgegen § 56 Abs. 1 Nr. 5 das Friseurhandwerk ausübt,
6. entgegen § 56 Abs. 1 Nr. 6 Rückkauf- oder Darlehensgeschäfte abschließt oder vermittelt oder
7. entgegen § 56 Abs. 1 Nr. 7 mit männlichen Zuchttieren umherzieht oder Tiersamen vertreibt.

(3) Ordnungswidrig handelt ferner, wer vorsätzlich oder fahrlässig

1. entgegen § 55c eine Anzeige nicht, nicht richtig, nicht vollständig oder nicht rechtzeitig erstattet,
2. an Sonn- oder Feiertagen eine im § 55e Abs. 1 bezeichnete Tätigkeit im Reisegewerbe ausübt,
3. entgegen § 56a Abs. 1 Satz 1 bei öffentlichen Ankündigungen nicht Namen oder Wohnung angibt,
4. entgegen § 56a Abs. 1 Satz 2 Namen, Vornamen, Wohnung, Anschrift im Inland oder Geburtsort nicht oder nicht in der vorgeschriebenen Weise anbringt,
5. entgegen § 56a Abs. 2 Satz 1 die Veranstaltung eines Wanderlagers nicht, nicht richtig, nicht vollständig oder nicht rechtzeitig anzeigt oder die Art der Ware oder die Absicht zum Vertrieb der Ware in der öffentlichen Ankündigung nicht angibt,
6. entgegen § 56a Abs. 2 Satz 2 unentgeltliche Zuwendungen einschließlich Preisausschreiben, Verlosungen oder Ausspielungen ankündigt,
7. entgegen § 56a Abs. 2 Satz 4 als Veranstalter ein Wanderlager von einer Person leiten läßt, die in der Anzeige nicht genannt ist,
8. einer vollziehbaren Anordnung nach § 56a Abs. 3 zuwiderhandelt,
9. entgegen § 60c Abs. 1 die Reisegewerbekarte nicht bei sich führt, nicht vorzeigt, die Tätigkeit auf Verlangen nicht einstellt oder die von ihm geführten Waren nicht vorlegt,

1 GewO § 146   Gewerbeordnung

10. entgegen § 60d Abs. 1 seine Reisegewerbekarte einem anderen zur Benutzung überläßt oder
11. ohne die Erlaubnis nach § 62 Abs. 1 sich bei einer in § 55 Abs. 1 Nr. 1 oder 2 bezeichneten Tätigkeit von einer anderen Person begleiten läßt oder entgegen einer vollziehbaren Anordnung nach § 62 Abs. 4 bei der Ausübung einer in § 55 Abs. 1 Nr. 3 bezeichneten Tätigkeit eine Begleitperson mit sich führt.

(4) Die Ordnungswidrigkeit kann in den Fällen des Absatzes 1 mit einer Geldbuße bis zu zehntausend Deutsche Mark, in den Fällen des Absatzes 2 mit einer Geldbuße bis zu fünftausend Deutsche Mark, in den Fällen des Absatzes 3 mit einer Geldbuße bis zu zweitausend Deutsche Mark geahndet werden.

§ 146 Verletzung sonstiger Vorschriften über die Ausübung eines Gewerbes. (1) Ordnungswidrig handelt, wer vorsätzlich oder fahrlässig

1. entgegen einer vollziehbaren Anordnung nach § 35 Abs. 1 Satz 1 oder 2, auch in Verbindung mit Abs. 9, ein Gewerbe ausübt oder einer vollziehbaren Auflage nach § 35 Abs. 2 Satz 2, auch in Verbindung mit Abs. 9, zuwiderhandelt,
2. entgegen einer vollziehbaren Anordnung nach § 51 Abs. 1 Satz 1 eine gewerbliche Anlage benutzt oder
3. entgegen einer vollziehbaren Anordnung nach § 53a Abs. 1 einen Bau ausführt oder leitet.

(2) Ordnungswidrig handelt ferner, wer vorsätzlich oder fahrlässig

1. entgegen § 14 Abs. 1 bis 3 eine Anzeige nicht, nicht richtig, nicht vollständig oder nicht rechtzeitig erstattet,
2. entgegen § 15a Namen, Firma oder Anschrift nicht oder nicht in der vorgeschriebenen Weise anbringt,
3. entgegen § 15b im schriftlichen rechtsgeschäftlichen Verkehr sich nicht in der vorgeschriebenen Weise seines Namens bedient,
4. entgegen § 35 Abs. 3a, auch in Verbindung mit Abs. 9, eine Auskunft nicht, nicht richtig, nicht rechtzeitig oder nicht vollständig erteilt,
5. im Wochenmarktverkehr andere als nach § 67 Abs. 1 oder 2 zugelassene Waren feilhält,
6. entgegen § 69 Abs. 3 eine Anzeige nicht, nicht richtig oder nicht rechtzeitig erstattet,
7. einer vollziehbaren Auflage nach § 69a Abs. 2, auch in Verbindung mit § 60b Abs. 2 erster Halbsatz, zuwiderhandelt,
8. entgegen einer vollziehbaren Untersagung nach § 70a, auch in Verbindung mit § 60b Abs. 2 erster Halbsatz, an einer Veranstaltung teilnimmt,

Gewerbeordnung **§ 147 GewO 1**

9. entgegen § 70b, auch in Verbindung mit § 60b Abs. 2 erster Halbsatz, Name, Firma oder Anschrift nicht oder nicht in der vorgeschriebenen Weise anbringt oder
10. entgegen einer nach § 133 Abs. 2 Satz 1 ergangenen Rechtsverordnung die Berufsbezeichnung „Baumeister" oder eine Berufsbezeichnung führt, die das Wort „Baumeister" enthält und auf eine Tätigkeit im Baugewerbe hinweist.

(3) Die Ordnungswidrigkeit kann in den Fällen des Absatzes 1 mit einer Geldbuße bis zu zehntausend Deutsche Mark, im Falle des Absatzes 2 Nr. 7 mit einer Geldbuße bis zu fünftausend Deutsche Mark, in den übrigen Fällen des Absatzes 2 mit einer Geldbuße bis zu zweitausend Deutsche Mark geahndet werden.

§ 147 Verletzung von Arbeitsschutzvorschriften. (1) Ordnungswidrig handelt, wer vorsätzlich oder fahrlässig

1. einer vollziehbaren Anordnung nach § 120d oder § 139g Abs. 1 zuwiderhandelt oder
2. einer auf Grund des § 120e oder § 139h erlassenen Rechtsverordnung, soweit sie für einen bestimmten Tatbestand auf diese Bußgeldvorschrift verweist, oder einer vollziehbaren Anordnung nach § 120f oder § 139i zuwiderhandelt.

(2) Ordnungswidrig handelt auch, wer vorsätzlich oder fahrlässig

1. entgegen § 105b Arbeitnehmer oder zu ihrer Berufsausbildung Beschäftigte über 18 Jahre an Sonn- oder Feiertagen beschäftigt,
2. der Vorschrift des § 105c Abs. 3 über die Freistellung von der Arbeit an Sonntagen zuwiderhandelt oder
3. einer auf Grund des § 105d Abs. 1 und 2, § 105e Abs. 2 oder § 105g erlassenen Rechtsverordnung, soweit sie für einen bestimmten Tatbestand auf diese Bußgeldvorschrift verweist, oder einer vollziehbaren Anordnung nach § 41b Abs. 1, § 105e Abs. 1 oder § 105j zuwiderhandelt.

(3) Ordnungswidrig handelt ferner, wer vorsätzlich oder fahrlässig

1. entgegen § 105c Abs. 2 ein Verzeichnis nicht anlegt, eine erforderliche Eintragung nicht vornimmt oder das Verzeichnis auf Verlangen der zuständigen Behörde nicht vorlegt,
2. eine Besichtigung oder Prüfung nach § 139b Abs. 1 Satz 2, Abs. 4, Abs. 6 Satz 1 oder 2 nicht gestattet oder
3. entgegen § 139b Abs. 5 oder entgegen § 139g Abs. 2 Satz 1 in Verbindung mit § 139b Abs. 5 eine vorgeschriebene statistische Mitteilung nicht, nicht richtig, nicht vollständig oder nicht rechtzeitig macht.

(4) Die Ordnungswidrigkeit kann in den Fällen des Absatzes 1 mit einer Geldbuße bis zu zehntausend Deutsche Mark, in den Fällen des Absatzes 2 mit einer Geldbuße bis zu fünftausend Deutsche Mark, in den

Fällen des Absatzes 3 mit einer Geldbuße bis zu zweitausend Deutsche Mark geahndet werden.

§ 148 Strafbare Verletzung gewerberechtlicher Vorschriften. Mit Freiheitsstrafe bis zu einem Jahr oder mit Geldstrafe wird bestraft, wer

1. eine in § 143 Abs. 1, § 144 Abs. 1, § 145 Abs. 1, Abs. 2 Nr. 1 Buchstabe a, Nr. 2, Nr. 4 bis 7 oder § 146 Abs. 1 bezeichnete Zuwiderhandlung beharrlich wiederholt oder
2. durch eine in § 143 Abs. 1, § 144 Abs. 1 Nr. 1 Buchstabe b, Nr. 2 Buchstabe a, Abs. 2 Nr. 1, § 145 Abs. 1, Abs. 2 Nr. 1 oder 2, § 146 Abs. 1, § 147 Abs. 1 oder 2 bezeichnete Zuwiderhandlung Leben oder Gesundheit eines anderen oder fremde Sachen von bedeutendem Wert gefährdet.

§ 148a Strafbare Verletzung von Prüferpflichten. (1) Mit Freiheitsstrafe bis zu drei Jahren oder mit Geldstrafe wird bestraft, wer als Prüfer oder als Gehilfe eines Prüfers über das Ergebnis einer Prüfung nach § 16 Abs. 1 oder 2 der Makler- und Bauträgerverordnung in der Fassung der Bekanntmachung vom 11. Juni 1975 (BGBl. I S. 1351) falsch berichtet oder erhebliche Umstände im Bericht verschweigt.

(2) Handelt der Täter gegen Entgelt oder in der Absicht, sich oder einen anderen zu bereichern oder einen anderen zu schädigen, so ist die Strafe Freiheitsstrafe bis zu fünf Jahren oder Geldstrafe.

Titel XI. Gewerbezentralregister[1]

§ 149 Einrichtung eines Gewerbezentralregisters. (1) Bei dem Bundeszentralregister wird ein Gewerbezentralregister eingerichtet.

(2) In das Register sind einzutragen

1. die vollziehbaren und die nicht mehr anfechtbaren Entscheidungen einer Verwaltungsbehörde, durch die wegen Unzuverlässigkeit oder Ungeeignetheit
   a) ein Antrag auf Zulassung (Erlaubnis, Genehmigung, Konzession Bewilligung) zu einem Gewerbe oder einer sonstigen wirtschaftlichen Unternehmung abgelehnt oder eine erteilte Zulassung zurückgenommen oder widerrufen,
   b) die Ausübung eines Gewerbes oder der Betrieb oder die Leitung einer sonstigen wirtschaftlichen Unternehmung untersagt,
   c) ein Antrag auf Erteilung eines Befähigungsscheines nach § 20 des Sprengstoffgesetzes abgelehnt oder ein erteilter Befähigungsschein entzogen oder
   d) im Rahmen eines Gewerbebetriebes oder einer sonstigen wirtschaftlichen Unternehmung die Befugnis zur Einstellung oder Ausbil-

---
[1] Siehe hierzu die 1. GZRVwV v. 17. 11. 1975 (BAnz. Nr. 217) sowie die 2. GZRVwV v. 19. 3. 1976 (Beil. BAnz. Nr. 62 – 8/76).

Gewerbeordnung §§ 150, 150a **GewO 1**

dung von Auszubildenden entzogen oder die Beschäftigung, Beaufsichtigung, Anweisung oder Ausbildung von Kindern und Jugendlichen verboten
wird,

2. Verzichte auf eine Zulassung zu einem Gewerbe oder einer sonstigen wirtschaftlichen Unternehmung während eines Rücknahme- oder Widerrufsverfahrens,

3. rechtskräftige Bußgeldentscheidungen wegen einer Ordnungswidrigkeit, die
    a) bei oder in Zusammenhang mit der Ausübung eines Gewerbes oder dem Betrieb einer sonstigen wirtschaftlichen Unternehmung oder
    b) bei der Tätigkeit in einem Gewerbe oder einer sonstigen wirtschaftlichen Unternehmung von einem Vertreter oder Beauftragten im Sinne des § 9 des Gesetzes über Ordnungswidrigkeiten oder von einer Person, die in einer Rechtsvorschrift ausdrücklich als Verantwortlicher bezeichnet ist,
    begangen worden ist, wenn die Geldbuße mindestens zweihundert Deutsche Mark beträgt.

Von der Eintragung sind Entscheidungen und Verzichte ausgenommen, die nach § 28 des Straßenverkehrsgesetzes in das Verkehrszentralregister einzutragen sind.

§ 150 Auskunft auf Antrag des Betroffenen. (1) Auf Antrag erteilt die Registerbehörde einer Person Auskunft über den sie betreffenden Inhalt des Registers.

(2) Der Antrag ist bei der gemäß § 155 Abs. 2 bestimmten Behörde zu stellen. Der Antragsteller hat seine Identität und, wenn er als gesetzlicher Vertreter handelt, seine Vertretungsmacht nachzuweisen; er kann sich bei der Antragstellung nicht durch einen Bevollmächtigten vertreten lassen. Die Behörde nimmt die Gebühr für die Auskunft entgegen, behält davon drei Achtel ein und führt den Restbetrag an die Bundeskasse ab.

(3) Wohnt der Antragsteller außerhalb des Geltungsbereichs dieses Gesetzes, so kann er den Antrag unmittelbar bei der Registerbehörde stellen. Absatz 2 Satz 2 gilt entsprechend.

(4) Die Übersendung der Auskunft an eine andere Person als den Betroffenen ist nicht zulässig.

§ 150a Auskunft an Behörden. (1) Auskünfte aus dem Register werden für

1. die Verfolgung wegen einer in § 148 Nr. 1 bezeichneten Ordnungswidrigkeit,

2. die Vorbereitung
    a) der Entscheidung über die in § 149 Abs. 2 Nr. 1 Buchstaben a und c bezeichneten Anträge,

1 GewO § 151   Gewerbeordnung

   b) der übrigen in § 149 Abs. 2 Nr. 1 Buchstaben a bis d bezeichneten Entscheidungen,

   c) von Verwaltungsentscheidungen auf Grund des Straßenverkehrsgesetzes, des Fahrlehrergesetzes, des Fahrpersonalgesetzes oder der auf Grund dieser Gesetze erlassenen Rechtsvorschriften über Eintragungen, die das Personenbeförderungsgesetz oder das Güterkraftverkehrsgesetz betreffen,

3. die Vorbereitung von Rechtsvorschriften und allgemeinen Verwaltungsvorschriften

erteilt. Auskunftsberechtigt sind die Behörden, denen die in Satz 1 bezeichneten Aufgaben obliegen.

(2) Auskünfte aus dem Register werden ferner

1. den Gerichten und Staatsanwaltschaften über die in § 149 Abs. 2 Nr. 1 und 2 bezeichneten Eintragungen für Zwecke der Rechtspflege, zur Verfolgung von Straftaten nach § 148 Nr. 1, nach § 47 Abs. 1 Nr. 4 des Ausländergesetzes und § 13 Abs. 1 Nr. 2 des Gesetzes zum Schutze der Jugend in der Öffentlichkeit auch über die in § 149 Abs. 2 Nr. 3 bezeichneten Eintragungen,
2. den Kriminaldienst verrichtenden Dienststellen der Polizei für Zwecke der Verhütung und Verfolgung der in § 74c Abs. 1 Nr. 1 bis 6 des Gerichtsverfassungsgesetzes aufgeführten Straftaten über die in § 149 Abs. 2 Nr. 1 und 2 bezeichneten Eintragungen,
3. den zuständigen Behörden für Entscheidungen über den Erlaß von Geldbußen

erteilt.

(3) Die auskunftsberechtigten Stellen haben den Zweck anzugeben, für den die Auskunft benötigt wird.

(4) Die nach Absatz 1 Satz 2 auskunftsberechtigte Behörde hat dem Betroffenen auf Verlangen Einsicht in die Auskunft aus dem Register zu gewähren.

(5) Die Auskünfte aus dem Register dürfen nur den mit der Entgegennahme oder Bearbeitung betrauten Bediensteten zur Kenntnis gebracht werden.

§ 151 Eintragungen in besonderen Fällen. (1) In den Fällen des § 149 Abs. 2 Nr. 1 Buchstaben a und b ist die Eintragung auch bei

1. dem Vertretungsberechtigten einer juristischen Person,
2. der mit der Leitung des Betriebs oder einer Zweigniederlassung beauftragten Person,

die unzuverlässig oder ungeeignet sind, vorzunehmen.

(2) Wird eine nach § 149 Abs. 2 Nr. 1 eingetragene vollziehbare Entscheidung unanfechtbar, so ist dies in das Register einzutragen.

Gewerbeordnung §§ 152, 153 **GewO 1**

(3) Sind in einer Bußgeldentscheidung mehrere Geldbußen festgesetzt (§ 20 des Gesetzes über Ordnungswidrigkeiten), von denen nur ein Teil einzutragen ist, so sind lediglich diese einzutragen. Ist eine Geldbuße als Nebenfolge einer Ordnungswidrigkeit gegen eine juristische Person oder Personenvereinigung festgesetzt worden (§ 30 Abs. 1, 4 des Gesetzes über Ordnungswidrigkeiten), so ist die Nebenfolge nur unter dem Namen oder der Firma der juristischen Person oder Personenvereinigung einzutragen.

(4) In das Register ist der rechtskräftige Beschluß einzutragen, durch den das Gericht hinsichtlich einer eingetragenen Bußgeldentscheidung die Wiederaufnahme des Verfahrens anordnet (§ 85 Abs. 1 des Gesetzes über Ordnungswidrigkeiten).

(5) Wird durch die endgültige Entscheidung in dem Wiederaufnahmeverfahren die frühere Entscheidung aufrechterhalten, so ist dies in das Register einzutragen. Andernfalls wird die Eintragung nach Absatz 4 aus dem Register entfernt. Enthält die neue Entscheidung einen einzutragenden Inhalt, so ist dies mitzuteilen.

§ 152 Entfernung von Eintragungen. (1) Wird eine nach § 149 Abs. 2 Nr. 1 eingetragene Entscheidung aufgehoben oder eine solche Entscheidung oder ein nach § 149 Abs. 2 Nr. 2 eingetragener Verzicht durch eine spätere Entscheidung gegenstandslos, so wird die Entscheidung oder der Verzicht aus dem Register entfernt.

(2) Ebenso wird verfahren, wenn die Behörde eine befristete Entscheidung erlassen hat oder in der Mitteilung an das Register bestimmt hat, daß die Entscheidung nur für eine bestimmte Frist eingetragen werden soll, und diese Frist abgelaufen ist.

(3) Das gleiche gilt, wenn die Vollziehbarkeit einer nach § 149 Abs. 2 Nr. 1 eingetragenen Entscheidung auf Grund behördlicher oder gerichtlicher Entscheidung entfällt.

(4) Eintragungen, die eine über 80 Jahre alte Person betreffen, werden aus dem Register entfernt.

(5) Wird ein Bußgeldbescheid in einem Strafverfahren aufgehoben (§ 86 Abs. 1, § 102 Abs. 2 des Gesetzes über Ordnungswidrigkeiten), so wird die Eintragung aus dem Register entfernt.

§ 153 Tilgung von Eintragungen. (1) Die Eintragungen nach § 149 Abs. 2 Nr. 3 sind nach Ablauf einer Frist

1. von drei Jahren, wenn die Höhe der Geldbuße nicht mehr als dreihundert Deutsche Mark beträgt,
2. von fünf Jahren in den übrigen Fällen

zu tilgen.

(2) Der Lauf der Frist beginnt mit dem Tage des Eintritts der Rechtskraft der Entscheidung. Dieser Zeitpunkt bleibt auch maßgebend, wenn eine Entscheidung im Wiederaufnahmeverfahren rechtskräftig abgeändert worden ist.

(3) Enthält das Register mehrere Eintragungen, so ist die Tilgung einer Eintragung erst zulässig, wenn bei allen Eintragungen die Frist des Absatzes 1 abgelaufen ist.

(4) Eine zu tilgende Eintragung wird sechs Monate nach Eintritt der Voraussetzungen für die Tilgung aus dem Register entfernt. Während dieser Zeit darf über die Eintragung keine Auskunft erteilt werden.

§ 153a Mitteilungen zum Gewerbezentralregister. Die Behörden und die Gerichte teilen dem Gewerbezentralregister die einzutragenden Entscheidungen, Feststellungen und Tatsachen mit.

§ 153b Verwaltungsvorschriften. Der Bundesminister der Justiz erläßt im Einvernehmen mit dem Bundesminister für Wirtschaft und mit Zustimmung des Bundesrates die zur Durchführung der §§ 149 bis 153a erforderlichen allgemeinen Verwaltungsvorschriften. Soweit diese Vorschriften den Aufbau des Registers betreffen, ergehen sie ohne Zustimmung des Bundesrates.

Schlußbestimmungen

§ 154 Ausnahmen von Titel VII. (1) Von den Bestimmungen in Titel VII finden keine Anwendung:

1. die Bestimmungen der §§ 105 bis 139m auf Gehilfen und Lehrlinge in Apotheken;
2. die Bestimmungen der §§ 105, 113 bis 119b sowie die Bestimmungen der §§ 120a bis 139aa auf Handlungsgehilfen und Handlungslehrlinge;
3. die Bestimmungen der §§ 133g bis 134 und 134i auf Arbeitnehmer in Apotheken und auf diejenigen Arbeitnehmer in Handelsgeschäften, welche nicht in einem zu dem Handelsgeschäfte gehörigen Betriebe mit der Herstellung oder Bearbeitung von Waren beschäftigt sind, auf Heilanstalten und Genesungsheime, auf Musikaufführungen, Schaustellungen, theatralische Vorstellungen oder sonstigen Lustbarkeiten.
4. bis 6. (weggefallen)

(2) Die Bestimmungen der §§ 133g, 139aa und 139b finden auf Arbeitgeber und Arbeitnehmer in Hüttenwerken, in Zimmerplätzen und anderen Bauhöfen, in Werften sowie in Werkstätten der Tabakindustrie auch dann entsprechende Anwendung, wenn in ihnen in der Regel weniger als zehn Arbeitnehmer beschäftigt werden; auf Arbeitgeber und

Gewerbeordnung **§§ 154a, 155 GewO 1**

Arbeitnehmer in Ziegeleien und über Tage betriebenen Brüchen und Gruben finden die Bestimmungen auch dann entsprechende Anwendung, wenn in diesen Betrieben in der Regel mindestens fünf Arbeitnehmer beschäftigt werden.

(3) Die Bestimmungen der §§ 139aa und 139b finden auf Arbeitgeber und Arbeitnehmer in Werkstätten, in welchen durch elementare Kraft (Dampf, Wind, Wasser, Gas, Luft, Elektrizität usw.) bewegte Triebwerke nicht bloß vorübergehend zur Verwendung kommen, auch wenn in ihnen in der Regel weniger als 10 Arbeitnehmer beschäftigt werden, entsprechende Anwendung.

(4) Auf andere Werkstätten, in denen in der Regel weniger als zehn Arbeitnehmer beschäftigt werden, und auf Bauten, bei denen in der Regel weniger als zehn Arbeitnehmer beschäftigt werden, können die Bestimmungen der §§ 139aa und 139b durch Rechtsverordnung des Bundesministers für Arbeit und Sozialordnung[1] mit Zustimmung des Bundesrates ganz oder teilweise ausgedehnt werden.

(5) Rechtsverordnungen nach Absatz 4 können auch für bestimmte Bezirke erlassen werden. Sie sind dem Bundestag zur Kenntnisnahme vorzulegen und im Bundesgesetzblatt zu veröffentlichen.

§ 154a Anwendung des Titels VII auf Bergwerke, Salinen u. ä.

(1) Die Bestimmungen des § 114a Abs. 1 Satz 1 und Abs. 4, des § 114b Abs. 1, der §§ 114c bis 119a, des § 134 Abs. 2, der §§ 139aa und 139b finden auf die Besitzer und Arbeitnehmer von Bergwerken, Salinen, Aufbereitungsanstalten und unterirdisch betriebenen Brüchen oder Gruben entsprechende Anwendung, und zwar auch für den Fall, daß in ihnen in der Regel weniger als zehn Arbeitnehmer beschäftigt werden.

(2) (weggefallen)

§ 155 Landesrecht, Zuständigkeiten.

(1) Wo in diesem Gesetz auf die Landesgesetze verwiesen ist, sind unter den letzteren auch die verfassungs- oder gesetzmäßig erlassenen Rechtsverordnungen zu verstehen.

(2) Die Landesregierungen oder die von ihnen bestimmten Stellen bestimmen die für die Ausführung dieses Gesetzes und der nach diesem Gesetz ergangenen Rechtsverordnungen zuständigen Behörden, soweit in diesem Gesetz nicht anderes bestimmt ist.

(3) (weggefallen)

(4) (weggefallen)

(5) Die Senate der Länder Berlin, Bremen und Hamburg sowie die Regierung des Landes Schleswig-Holstein werden ermächtigt, Vorschriften, in denen Aufgaben auf die höheren Verwaltungsbehörden

---

[1] Amtl. Anm.: Zuständige Stelle gemäß Artikel 129 Abs. 1 Satz 1 des Grundgesetzes.

übertragen werden, dem besonderen Verwaltungsaufbau ihrer Länder anzupassen.

§ 156 Berlin-Klausel. Rechtsverordnungen, die auf Grund dieses Gesetzes erlassen werden, gelten im Land Berlin nach § 14 des Dritten Überleitungsgesetzes.

1a. Verordnung
über die Pflichten der Makler, Darlehens- und Anlagenvermittler, Bauträger und Baubetreuer (Makler- und Bauträgerverordnung -MaBV-)

in der Fassung der Bekanntmachung vom 11. Juni 1975

(BGBl. I S. 1351)
mit Änderung
(BGBl. III 7104-6)

§ 1 Anwendungsbereich. Diese Verordnung gilt für Gewerbetreibende, die nach § 34c Abs. 1 der Gewerbeordnung der Erlaubnis bedürfen. Gewerbetreibende, die

1. als Versicherungs- oder Bausparkassenvertreter im Rahmen ihrer Tätigkeit für ein der Aufsicht des Bundesaufsichtsamtes für das Versicherungswesen unterliegendes Versicherungsunternehmen oder für eine der Aufsicht des Bundesaufsichtsamtes für das Kreditwesen unterliegende Bausparkasse den Abschluß von Verträgen über Darlehen vermitteln oder die Gelegenheit zum Abschluß solcher Verträge nachweisen oder

2. den Abschluß von Verträgen über die Nutzung der von ihnen für Rechnung Dritter verwalteten Grundstücke, grundstücksgleichen Rechte, gewerblichen Räume oder Wohnräume vermitteln oder die Gelegenheit zum Abschluß solcher Verträge nachweisen,

unterliegen hinsichtlich dieser Tätigkeit nicht den Vorschriften dieser Verordnung.

§ 2 Sicherheitsleistung, Versicherung. (1) Bevor der Gewerbetreibende zur Ausführung des Auftrages Vermögenswerte des Auftraggebers erhält oder zu deren Verwendung ermächtigt wird, hat er dem Auftraggeber in Höhe dieser Vermögenswerte Sicherheit zu leisten oder eine zu diesem Zweck geeignete Versicherung abzuschließen; dies gilt nicht in den Fällen des § 34c Abs. 1 Satz 1 Nr. 2 Buchstabe a der Gewerbeordnung, sofern dem Auftraggeber Eigentum an einem Grundstück übertragen oder ein Erbbaurecht bestellt oder übertragen werden soll. Zu sichern sind Schadensersatzansprüche des Auftraggebers wegen etwaiger von dem Gewerbetreibenden und den Personen, die er zur Verwendung der Vermögenswerte ermächtigt hat, vorsätzlich begangener unerlaubter Handlungen, die sich gegen die in Satz 1 bezeichneten Vermögenswerte richten.

(2) Die Sicherheit kann nur durch die Stellung eines Bürgen geleistet werden. Als Bürge können nur Körperschaften des öffentlichen Rechts mit Sitz im Geltungsbereich dieser Verordnung, Kreditinstitute, die eine Erlaubnis zum Geschäftsbetrieb nach dem Gesetz über das Kreditwesen vom 10. Juli 1961 (Bundesgesetzbl. I S. 881), zuletzt geändert durch das

1a MaBV § 2

Zuständigkeitsanpassungs-Gesetz vom 18. März 1975 (Bundesgesetzbl. I S. 705), besitzen, sowie Versicherungsunternehmen bestellt werden, die eine Erlaubnis zum Betrieb der Bürgschaftsversicherung nach dem Gesetz über die Beaufsichtigung der privaten Versicherungsunternehmungen vom 6. Juni 1931 (Reichsgesetzbl. I S. 315), zuletzt geändert durch das Gesetz zur Änderung des Gesetzes über die Beaufsichtigung der privaten Versicherungsunternehmungen vom 20. Dezember 1974 (Bundesgesetzbl. I S. 3693), besitzen. Die Bürgschaftserklärung muß den Verzicht auf die Einrede der Vorausklage enthalten. Die Bürgschaft darf nicht vor dem Zeitpunkt ablaufen, der sich aus Absatz 5 ergibt.

(3) Versicherungen sind nur dann im Sinne des Absatzes 1 geeignet, wenn

1. das Versicherungsunternehmen eine Erlaubnis zum Betrieb der Vertrauensschadenversicherung nach dem Gesetz über die Beaufsichtigung der privaten Versicherungsunternehmungen besitzt und

2. die allgemeinen Versicherungsbedingungen dem Zweck dieser Verordnung gerecht werden, insbesondere den Auftraggeber aus dem Versicherungsvertrag auch in den Fällen des Konkurs- und des Vergleichsverfahrens des Gewerbetreibenden unmittelbar berechtigen.

(4) Sicherheiten und Versicherungen können nebeneinander geleistet und abgeschlossen werden. Sie können für jeden einzelnen Auftrag oder für mehrere gemeinsam geleistet oder abgeschlossen werden. Der Gewerbetreibende hat dem Auftraggeber die zur unmittelbaren Inanspruchnahme von Sicherheiten und Versicherungen erforderlichen Urkunden auszuhändigen, bevor er Vermögenswerte des Auftraggebers erhält oder zu deren Verwendung ermächtigt wird.

(5) Die Sicherheiten und Versicherungen sind aufrechtzuerhalten

1. in den Fällen des § 34c Abs. 1 Satz 1 Nr. 1 der Gewerbeordnung, bis der Gewerbetreibende die Vermögenswerte an den in dem Auftrag bestimmten Empfänger übermittelt hat,

2. in den Fällen des § 34c Abs. 1 Satz 1 Nr. 2 Buchstabe a der Gewerbeordnung, sofern ein Nutzungsverhältnis begründet werden soll, bis zur Einräumung des Besitzes und Begründung des Nutzungsverhältnisses,

3. in den Fällen des § 34c Abs. 1 Satz 1 Nr. 2 Buchstabe b der Gewerbeordnung bis zur Rechnungslegung; sofern die Rechnungslegungspflicht gemäß § 8 Abs. 2 entfällt, endet die Sicherungspflicht mit der vollständigen Fertigstellung des Bauvorhabens.

Erhält der Gewerbetreibende Vermögenswerte des Auftraggebers in Teilbeträgen, oder wird er ermächtigt, hierüber in Teilbeträgen zu verfügen, endet die Verpflichtung aus Absatz 1 Satz 1, erster Halbsatz, in bezug auf die Teilbeträge, sobald er dem Auftraggeber die ordnungsgemäße Verwendung dieser Vermögenswerte nachgewiesen hat; die Sicherheiten und Versicherungen für den letzten Teilbetrag sind bis zu dem in Satz 1 bestimmten Zeitpunkt aufrechtzuerhalten.

§ 3 Besondere Sicherungspflichten für Bauträger. (1) Der Gewerbetreibende darf in den Fällen des § 34c Abs. 1 Satz 1 Nr. 2 Buchstabe a der Gewerbeordnung, sofern dem Auftraggeber Eigentum an einem Grundstück übertragen oder ein Erbbaurecht bestellt oder übertragen werden soll, Vermögenswerte des Auftraggebers zur Ausführung des Auftrages erst entgegennehmen oder sich zu deren Verwendung ermächtigen lassen, wenn

1. der Vertrag zwischen dem Gewerbetreibenden und dem Auftraggeber rechtswirksam ist, die hierfür etwa erforderlichen Genehmigungen nach einer schriftlichen Mitteilung des Notars vorliegen und dem Gewerbetreibenden keine vertraglichen Rücktrittsrechte eingeräumt sind,

2. zur Sicherung des Anspruchs des Auftraggebers auf Eigentumsübertragung oder Bestellung oder Übertragung eines Erbbaurechts an dem Vertragsobjekt eine Vormerkung an der vereinbarten Rangstelle im Grundbuch eingetragen oder die Eintragung unwiderruflich bewilligt und vom Auftraggeber beantragt worden ist und dem Grundbuchamt keine unerledigten Eintragungsanträge vorliegen, die den Anspruch des Auftraggebers beeinträchtigen,

3. die Freistellung des Vertragsobjekts von allen Grundpfandrechten, die der Vormerkung im Range vorgehen oder gleichstehen und nicht übernommen werden sollen, gesichert ist, und zwar auch für den Fall, daß das Bauvorhaben nicht vollendet wird,

4. die Baugenehmigung erteilt worden ist.

Die Freistellung nach Satz 1 Nr. 3 ist gesichert, wenn gewährleistet ist, daß die nicht zu übernehmenden Grundpfandrechte im Grundbuch gelöscht werden, und zwar, wenn das Bauvorhaben vollendet wird, unverzüglich nach Zahlung der vollen Vertragssumme, andernfalls unverzüglich nach Zahlung des dem erreichten Baustand entsprechenden Teils der Vertragssumme durch den Auftraggeber. Für den Fall, daß das Bauvorhaben nicht vollendet wird, kann sich der Kreditgeber vorbehalten, an Stelle der Freistellung alle vom Auftraggeber vertragsgemäß im Rahmen des Absatzes 2 bereits geleisteten Zahlungen bis zum anteiligen Wert des Vertragsobjekts zurückzuzahlen. Die zur Sicherung der Freistellung erforderlichen Erklärungen einschließlich etwaiger Erklärungen nach Satz 3 müssen dem Auftraggeber ausgehändigt worden sein. Liegen sie bei Abschluß des notariellen Vertrages bereits vor, muß auf sie in dem Vertrag Bezug genommen sein; andernfalls muß der Vertrag einen ausdrücklichen Hinweis auf die Verpflichtung des Gewerbetreibenden zur Aushändigung der Erklärungen und deren notwendigen Inhalt enthalten.

(2) Der Gewerbetreibende darf in den Fällen des Absatzes 1 die Vermögenswerte ferner höchstens in folgenden Teilbeträgen zu den jeweils angegebenen Terminen entgegennehmen oder sich zu deren Verwendung ermächtigen lassen:

1. 30 vom Hundert der Vertragssumme in den Fällen, in denen Eigentum an einem Grundstück übertragen werden soll, oder 20 vom Hun-

dert der Vertragssumme in den Fällen, in denen ein Erbbaurecht bestellt oder übertragen werden soll, nach Beginn der Erdarbeiten,
2. vom restlichen Teil der Vertragssumme
   40 vom Hundert nach Rohbaufertigstellung,
   25 vom Hundert nach Fertigstellung der Rohinstallation einschließlich Innenputz, ausgenommen Beiputzarbeiten,
   15 vom Hundert nach Fertigstellung der Schreiner- und Glaserarbeiten, ausgenommen Türblätter,
   15 vom Hundert nach Bezugsfertigkeit und Besitzübergabe,
   5 vom Hundert nach vollständiger Fertigstellung.

(3) Der Gewerbetreibende darf in den Fällen des § 34c Abs. 1 Satz 1 Nr. 2 Buchstabe a der Gewerbeordnung, sofern ein Nutzungsverhältnis begründet werden soll, Vermögenswerte des Auftraggebers zur Ausführung des Auftrages nur entgegennehmen oder sich zu deren Verwendung ermächtigen lassen
1. in Höhe von 20 vom Hundert der Vertragssumme nach Vertragsabschluß,
2. von dem restlichen Teil der Vertragssumme nach Maßgabe des Zahlungsplanes in Absatz 2 Nr. 2.
Absatz 1 Satz 1 Nr. 1 und 4 gilt entsprechend.

§ 4 Verwendung von Vermögenswerten des Auftraggebers.

(1) Der Gewerbetreibende darf Vermögenswerte des Auftraggebers, die er erhalten hat oder zu deren Verwendung er ermächtigt worden ist, nur verwenden
1. in den Fällen des § 34c Abs. 1 Satz 1 Nr. 1 der Gewerbeordnung zur Erfüllung des Vertrages, der durch die Vermittlung oder die Nachweistätigkeit des Gewerbetreibenden zustande gekommen ist,
2. in den Fällen des § 34c Abs. 1 Satz 1 Nr. 2 der Gewerbeordnung zur Vorbereitung und Durchführung des Bauvorhabens, auf das sich der Auftrag bezieht; als Bauvorhaben gilt das einzelne Gebäude, bei Einfamilienreihenhäusern die einzelne Reihe.

(2) Der Gewerbetreibende darf in den Fällen des § 34c Abs. 1 Satz 1 Nr. 2 Buchstabe b der Gewerbeordnung, in denen er das Bauvorhaben für mehrere Auftraggeber vorbereitet und durchführt, die Vermögenswerte der Auftraggeber nur im Verhältnis der Kosten der einzelnen Einheiten zu den Gesamtkosten des Bauvorhabens verwenden.

§ 5 Hilfspersonal.
Ermächtigt der Gewerbetreibende andere Personen, Vermögenswerte des Auftraggebers zur Ausführung des Auftrages entgegenzunehmen oder zu verwenden, so hat er sicherzustellen, daß dies nur nach Maßgabe der §§ 3 und 4 geschieht.

§ 6 Getrennte Vermögensverwaltung.
(1) Erhält der Gewerbetreibende zur Ausführung des Auftrages Vermögenswerte des Auftraggebers, so hat er sie von seinem Vermögen und dem seiner sonstigen Auftraggeber getrennt zu verwalten. Dies gilt nicht für vertragsgemäß im Rahmen des § 3 Abs. 2 oder 3 Satz 1 geleistete Zahlungen.

Makler- und BauträgerV **§ 7 MaBV 1a**

(2) Der Gewerbetreibende hat Gelder, die er vom Auftraggeber erhält, unverzüglich für Rechnung des Auftraggebers auf ein Sonderkonto bei einem Kreditinstitut im Sinne des § 2 Abs. 2 Satz 2 einzuzahlen und auf diesem Konto bis zur Verwendung im Sinne des § 4 zu belassen. Er hat dem Kreditinstitut offenzulegen, daß die Gelder für fremde Rechnung eingelegt werden und hierbei den Namen, Vornamen und die Anschrift des Auftraggebers anzugeben. Er hat das Kreditinstitut zu verpflichten, den Auftraggeber unverzüglich zu benachrichtigen, wenn die Einlage von dritter Seite gepfändet oder das Konkursverfahren oder das Vergleichsverfahren zur Abwendung des Konkurses über das Vermögen des Gewerbetreibenden eröffnet wird, und dem Auftraggeber jederzeit Auskunft über den Stand des Kontos zu erteilen. Er hat das Kreditinstitut ferner zu verpflichten, bei diesem Konto weder das Recht der Aufrechnung noch ein Pfand- oder Zurückbehaltungsrecht geltend zu machen, es sei denn wegen Forderungen, die in bezug auf das Konto selbst entstanden sind.

(3) Wertpapiere im Sinne des § 1 Abs. 1 des Gesetzes über die Verwahrung und Anschaffung von Wertpapieren vom 4. Februar 1937 (Reichsgesetzbl. I S. 171), zuletzt geändert durch Artikel 132 des Einführungsgesetzes zum Strafgesetzbuch vom 2. März 1974 (Bundesgesetzbl. I S. 469), die der Gewerbetreibende vom Auftraggeber erhält, hat er unverzüglich für Rechnung des Auftraggebers einem Kreditinstitut im Sinne des § 2 Abs. 2 Satz 2 zur Verwahrung anzuvertrauen. Absatz 2 Satz 2 bis 4 ist anzuwenden.

§ 7 Ausnahmevorschrift. (1) Gewerbetreibende im Sinne des § 34c Abs. 1 Satz 1 Nr. 2 Buchstabe a der Gewerbeordnung, die dem Auftraggeber Eigentum an einem Grundstück zu übertragen oder ein Erbbaurecht zu bestellen oder zu übertragen haben, sind von den Verpflichtungen des § 3 Abs. 1 und 2, des § 4 Abs. 1 und der §§ 5 und 6, die übrigen Gewerbetreibenden im Sinne des § 34c Abs. 1 der Gewerbeordnung sind von den Verpflichtungen des § 2, des § 3 Abs. 3 und der §§ 4 bis 6 freigestellt, sofern sie Sicherheit für alle etwaigen Ansprüche des Auftraggebers auf Rückgewähr oder Auszahlung seiner Vermögenswerte im Sinne des § 2 Abs. 1 Satz 1 geleistet haben. § 2 Abs. 2, Abs. 4 Satz 2 und 3 und Abs. 5 Satz 1 gilt entsprechend. In den Fällen des § 34c Abs. 1 Satz 1 Nr. 2 Buchstabe a der Gewerbeordnung, in denen dem Auftraggeber Eigentum an einem Grundstück übertragen oder ein Erbbaurecht bestellt oder übertragen werden soll, ist die Sicherheit aufrechtzuerhalten, bis das Vertragsobjekt bezugsfertig ist, der Besitz übergeben ist, die Rechtsänderung oder eine Vormerkung zur Sicherung des Anspruchs des Auftraggebers auf die Rechtsänderung im Grundbuch eingetragen ist und die vor- oder gleichrangigen Belastungen, die nicht übernommen werden sollen, im Grundbuch gelöscht sind.

(2) Der Gewerbetreibende ist von den in Absatz 1 Satz 1 erwähnten Verpflichtungen auch dann freigestellt, wenn es sich bei dem Auftraggeber um

1. eine juristische Person des öffentlichen Rechts oder ein öffentlich-rechtliches Sondervermögen oder
2. einen in das Handelsregister oder das Genossenschaftsregister eingetragenen Kaufmann

handelt und der Auftraggeber in gesonderter Urkunde auf die Anwendung dieser Bestimmungen verzichtet. Im Falle des Satzes 1 Nr. 2 hat sich der Gewerbetreibende vom Auftraggeber dessen Eigenschaft als Kaufmann durch einen Auszug aus dem Handelsregister oder dem Genossenschaftsregister nachweisen zu lassen.

§ 8 Rechnungslegung. (1) Hat der Gewerbetreibende zur Ausführung des Auftrages Vermögenswerte des Auftraggebers erhalten oder verwendet, so hat er dem Auftraggeber nach Beendigung des Auftrages über die Verwendung dieser Vermögenswerte Rechnung zu legen. § 259 des Bürgerlichen Gesetzbuches ist anzuwenden.

(2) Die Verpflichtung, Rechnung zu legen, entfällt, soweit der Auftraggeber nach Beendigung des Auftrages dem Gewerbetreibenden gegenüber schriftlich darauf verzichtet oder der Gewerbetreibende mit den Vermögenswerten des Auftraggebers eine Leistung zu einem Festpreis zu erbringen hat.

§ 9 Anzeigepflicht. Der Gewerbetreibende hat der zuständigen Behörde die jeweils mit der Leitung des Betriebes oder einer Zweigniederlassung beauftragten Personen unverzüglich anzuzeigen. Dies gilt bei juristischen Personen auch für die nach Gesetz, Satzung oder Gesellschaftsvertrag jeweils zur Vertretung berufenen Personen. In der Anzeige sind Name, Geburtsname, sofern er vom Namen abweicht, Vornamen, Staatsangehörigkeit, Geburtstag, Geburtsort und Anschrift der betreffenden Personen anzugeben.

§ 10 Buchführungspflicht. (1) Der Gewerbetreibende hat von der Annahme des Auftrages an nach Maßgabe der folgenden Vorschriften Aufzeichnungen zu machen sowie Unterlagen und Belege übersichtlich zu sammeln. Die Aufzeichnungen sind unverzüglich und in deutscher Sprache vorzunehmen.

(2) Aus den Aufzeichnungen und Unterlagen sämtlicher Gewerbetreibender müssen ersichtlich sein
1. der Name und Vorname oder die Firma sowie die Anschrift des Auftraggebers,
2. folgende Angaben, soweit sie im Einzelfall in Betracht kommen,
   a) das für die Vermittler- oder Nachweistätigkeit oder für die Tätigkeit als Baubetreuer vom Auftraggeber zu entrichtende Entgelt; Wohnungsvermittler haben das Entgelt in einem Bruchteil oder Vielfachen der Monatsmiete anzugeben;
   b) ob der Gewerbetreibende zur Entgegennahme von Zahlungen oder sonstigen Leistungen ermächtigt ist;
   c) Art und Höhe der Vermögenswerte des Auftraggebers, die der Gewerbetreibende zur Ausführung des Auftrages erhalten oder zu deren Verwendung er ermächtigt werden soll;

Makler- und BauträgerV **§ 10 MaBV 1a**

d) daß der Gewerbetreibende den Auftraggeber davon unterrichtet hat, daß er von ihm nur im Rahmen des § 3 Vermögenswerte entgegennehmen oder sich zu deren Verwendung ermächtigen lassen und diese Vermögenswerte nur im Rahmen des § 4 verwenden darf, es sei denn, daß nach § 7 verfahren wird;

e) Art, Höhe und Umfang der vom Gewerbetreibenden für die Vermögenswerte zu leistenden Sicherheit und abzuschließenden Versicherung, Name oder Firma und Anschrift des Bürgen und der Versicherung;

f) Vertragsdauer.

(3) Aus den Aufzeichnungen und Unterlagen von Gewerbetreibenden im Sinne des § 34c Abs. 1 Satz 1 Nr. 1 der Gewerbeordnung müssen ferner folgende Angaben ersichtlich sein, soweit sie im Einzelfall in Betracht kommen,

1. bei der Vermittlung oder dem Nachweis der Gelegenheit zum Abschluß von Verträgen über den Erwerb von Grundstücken oder grundstücksgleichen Rechten: Lage, Größe und Nutzungsmöglichkeit des Grundstücks, Art, Alter und Zustand des Gebäudes, Ausstattung, Wohn- und Nutzfläche, Zahl der Zimmer, Höhe der Kaufpreisforderung einschließlich zu übernehmender Belastungen, Name, Vorname und Anschrift des Veräußerers;

2. bei der Vermittlung oder dem Nachweis der Gelegenheit zum Abschluß von Verträgen über die Nutzung von Grundstücken oder grundstücksgleichen Rechten: Lage, Größe und Nutzungsmöglichkeit des Grundstücks, Art, Alter und Zustand des Gebäudes, Ausstattung, Wohn- und Nutzfläche, Zahl der Zimmer, Höhe der Mietzinsforderung sowie gegebenenfalls Höhe eines Baukostenzuschusses, einer Kaution, einer Mietvorauszahlung, eines Mieterdarlehens oder einer Abstandssumme, Name, Vorname und Anschrift des Vermieters;

3. bei der Vermittlung oder dem Nachweis der Gelegenheit zum Abschluß von Verträgen über die Nutzung von gewerblichen Räumen oder Wohnräumen: Lage des Grundstücks und der Räume, Ausstattung, Nutz- und Wohnfläche, Zahl der Räume, Höhe der Mietzinsforderung sowie gegebenenfalls Höhe eines Baukostenzuschusses, einer Kaution, einer Mietvorauszahlung, eines Mieterdarlehens oder einer Abstandssumme, Name, Vorname und Anschrift des Vermieters;

4. bei der Vermittlung oder dem Nachweis der Gelegenheit zum Abschluß von Verträgen über Darlehen: Höhe, Laufzeit, Zins- und Tilgungsleistungen unter Bezeichnung des Zahlungszeitraums, Auszahlungskurs, Dauer der Zinsbindung und Nebenkosten des Darlehens sowie dessen effektiver Jahreszins (§ 1 Abs. 4 der Verordnung über Preisangaben vom 10. Mai 1973 – Bundesgesetzbl. I S. 461[1] –), bei nicht durch Grundpfandrechte gesicherten Darlehen mit Ausnahme von solchen zur Finanzierung von Grundstücksgeschäften auch der vom Auftraggeber zu entrichtende Gesamtbetrag, Name, Vorname und

---
[1] Nr. 6.

1a MaBV § 10 Makler- und BauträgerV

Anschrift des Darlehensgebers; der Angabe des effektiven Jahreszinses bedarf es nicht, wenn das Darlehen dem Auftraggeber zur Verwendung in seiner selbständigen beruflichen oder gewerblichen oder in seiner behördlichen oder dienstlichen Tätigkeit gewährt werden soll;

5. bei der Vermittlung oder dem Nachweis der Gelegenheit zum Abschluß von Verträgen über den Erwerb von Anteilscheinen einer Kapitalanlagegesellschaft oder von ausländischen Investmentanteilen: Firma und Sitz der Kapitalanlagegesellschaft oder der ausländischen Investmentgesellschaft sowie je ein Stück der Vertragsbedingungen und des Verkaufsprospekts (§ 19 des Gesetzes über Kapitalanlagegesellschaften in der Fassung der Bekanntmachung vom 14. Januar 1970 – Bundesgesetzbl. I S. 127 –, geändert durch Artikel 12 des Einführungsgesetzes zum Einkommensteuerreformgesetz vom 21. Dezember 1974 – Bundesgesetzbl. I S. 3656 – und § 3 des Gesetzes über den Vertrieb ausländischer Investmentanteile und über die Besteuerung der Erträge aus ausländischen Investmentanteilen vom 28. Juli 1969 – Bundesgesetzbl. I S. 986 –, geändert durch Artikel 13 des Einführungsgesetzes zum Einkommensteuerreformgesetz); bei der Vermittlung oder dem Nachweis der Gelegenheit zum Abschluß von Verträgen über den Erwerb von ausländischen Investmentanteilen außerdem Angaben darüber, ob die ausländische Investmentgesellschaft in ihrem Sitzland im Hinblick auf das Investmentgeschäft einer staatlichen Aufsicht untersteht, ob und wann die ausländische Investmentgesellschaft die Absicht, ihre Anteile öffentlich zu vertreiben, dem Bundesaufsichtsamt für das Kreditwesen angezeigt hat sowie ob und wann das Bundesaufsichtsamt für das Kreditwesen den öffentlichen Vertrieb untersagt hat oder die Rechte aus der Vertriebsanzeige durch Verzicht erloschen sind;

6. bei der Vermittlung oder dem Nachweis der Gelegenheit zum Abschluß von Verträgen über den Erwerb von sonstigen öffentlich angebotenen Vermögensanlagen, die für gemeinsame Rechnung der Anleger verwaltet werden, sowie über den Erwerb von öffentlich angebotenen Anteilen an einer Kommanditgesellschaft:

   a) die Kosten, die insgesamt jeweils von jeder Zahlung des Erwerbers abgezogen werden;
   b) die laufenden Kosten, die darüber hinaus jährlich nach den Vertragsbedingungen einbehalten werden;
   c) ob bei steuerbegünstigten Anlagen eine Bescheinigung des zuständigen Finanzamtes über die Anerkennung der Verlustzuweisungen vorliegt;
   d) ob rechtsverbindlich öffentliche Finanzierungshilfen zugesagt worden sind;
   e) ob die eingezahlten Gelder von einem Kreditinstitut treuhänderisch verwaltet werden, sowie Firma und Sitz dieses Kreditinstituts;
   f) ob bei einer Kommanditgesellschaft die Kapitalanteile von Kommanditisten als Treuhänder für die Anleger gehalten werden, sowie

Name, Vorname oder Firma und Anschrift oder Sitz dieser Treuhänder;
g) wie hoch der Anteil der Fremdfinanzierung an der gesamten Finanzierung ist, ob die Kredite fest zugesagt sind und von wem;
h) ob ein Kontrollorgan für die Geschäftsführung bestellt ist und welche Befugnisse es hat;
i) ob die Haftung des Erwerbers auf die Einlage beschränkt ist;
j) ob weitere Zahlungsverpflichtungen für den Erwerber bestehen oder entstehen können;
k) Firma und Sitz des Unternehmens, das die angebotene Vermögensanlage verwaltet, oder der Gesellschaft, deren Anteile angeboten werden;

7. bei der Vermittlung oder dem Nachweis der Gelegenheit zum Abschluß von Verträgen über den Erwerb von öffentlich angebotenen Anteilen an einer Kapitalgesellschaft oder verbrieften Forderungen gegen eine Kapitalgesellschaft oder Kommanditgesellschaft:
a) Firma, Sitz und Zeitpunkt der Gründung der Gesellschaft;
b) ob und an welchen Börsen die Anteile oder Forderungen gehandelt werden;
c) ob ein Emissionsprospekt und ein Börsenprospekt vorliegen;
d) nach welchem Recht sich die Beziehungen zwischen dem Erwerber und der Gesellschaft richten;
e) sämtliche mit dem Erwerb verbundenen Kosten;
bei verbrieften Forderungen außerdem Angaben über Zinssatz, Ausgabekurs, Tilgungs- und Rückzahlungsbedingungen und Sicherheiten.

(4) Aus den Aufzeichnungen und Unterlagen von Gewerbetreibenden im Sinne des § 34c Abs. 1 Satz 1 Nr. 2 der Gewerbeordnung müssen zusätzlich zu den Angaben nach Absatz 2 folgende Angaben ersichtlich sein, soweit sie im Einzelfall in Betracht kommen,

1. bei Bauvorhaben, die ganz oder teilweise zur Veräußerung bestimmt sind: Lage und Größe des Baugrundstücks, das Bauvorhaben mit den von der Bauaufsicht genehmigten Plänen nebst Baubeschreibung, der Zeitpunkt der Fertigstellung, die Kaufsache, die Kaufpreisforderung, die Belastungen, die Finanzierung, soweit sie nicht vom Erwerber erbracht werden soll;

2. bei Bauvorhaben, die ganz oder teilweise vermietet, verpachtet oder in anderer Weise zur Nutzung überlassen werden sollen: Lage und Größe des Baugrundstücks, das Bauvorhaben mit den von der Bauaufsicht genehmigten Plänen nebst Baubeschreibung, der Zeitpunkt der Fertigstellung, der Vertragsgegenstand, die Mietzins-, Pachtzins- oder sonstige Forderung, die darüber hinaus zu erbringenden laufenden Leistungen und die etwaigen einmaligen Leistungen, die nicht zur Vorbereitung oder Durchführung des Bauvorhabens verwendet werden sollen;

3. bei Bauvorhaben, die der Gewerbetreibende als Baubetreuer wirtschaftlich vorbereiten oder durchführen soll: Lage und Größe des

1a MaBV § 11 Makler- und BauträgerV

Baugrundstücks, das Bauvorhaben mit Plänen und Baubeschreibung, der Zeitpunkt der Fertigstellung, die veranschlagten Kosten, die Kostenobergrenze und die von dem Gewerbetreibenden bei Dritten zu beschaffende Finanzierung.

(5) Aus den Aufzeichnungen, Unterlagen und Belegen sämtlicher Gewerbetreibender müssen ferner ersichtlich sein, soweit dies im Einzelfall in Betracht kommt,
1. Art und Höhe der Vermögenswerte des Auftraggebers, die der Gewerbetreibende zur Ausführung des Auftrages erhalten hat oder zu deren Verwendung er ermächtigt wurde,
2. das für die Vermittler- oder Nachweistätigkeit oder für die Tätigkeit als Baubetreuer vom Auftraggeber entrichtete Entgelt,
3. eine Bestätigung des Auftraggebers über die Aushändigung der in § 2 Abs. 4 Satz 3 bezeichneten Unterlagen,
4. Kopie der Bürgschaftsurkunde und des Versicherungsscheins,
5. Verwendungen von Vermögenswerten des Auftraggebers durch den Gewerbetreibenden nach Tag und Höhe, in den Fällen des § 2 Abs. 5 Satz 2 auch eine Bestätigung des Auftraggebers darüber, daß ihm die ordnungsgemäße Verwendung der Teilbeträge nachgewiesen worden ist,
6. Tag und Grund der Auftragsbeendigung,
7. Tag der Beendigung des Bürgschaftsvertrages und der Versicherung,
8. die in § 7 Abs. 2 erwähnten Unterlagen,
9. Nachweis, daß dem Auftraggeber die in § 11 bezeichneten Angaben rechtzeitig und vollständig mitgeteilt worden sind.

(6) Sonstige Vorschriften über Aufzeichnungs- und Buchführungspflichten des Gewerbetreibenden und die §§ 2 und 3 des Gesetzes über die Sicherung der Bauforderungen vom 1. Juni 1909 (Reichsgesetzbl. S. 449), zuletzt geändert durch Artikel 74 des Einführungsgesetzes zum Strafgesetzbuch vom 2. März 1974 (Bundesgesetzbl. I S. 469), bleiben unberührt.

§ 11 Informationspflicht.* Der Gewerbetreibende hat dem Auftraggeber schriftlich und in deutscher Sprache folgende Angaben mitzuteilen, soweit sie im Einzelfall in Betracht kommen:
1. in den Fällen des § 34c Abs. 1 Satz 1 Nr. 1 Buchstabe a der Gewerbeordnung, sofern der Abschluß von Verträgen über
   a) Grundstücke, grundstücksgleiche Rechte, gewerbliche Räume oder Wohnräume,
   b) durch Grundpfandrechte gesicherte Darlehen, nicht durch Grundpfandrechte gesicherte Darlehen zur Finanzierung von Grundstücksgeschäften oder Darlehen, die dem Auftraggeber zur Verwendung in seiner selbständigen beruflichen oder gewerblichen oder in seiner behördlichen oder dienstlichen Tätigkeit gewährt werden sollen,

---
* Amtl. Anm.: Diese Vorschrift tritt am 1. August 1975 in Kraft.

Makler- und BauträgerV   **§§ 12-14 MaBV 1a**

vermittelt oder die Gelegenheit zum Abschluß solcher Verträge nachgewiesen werden soll, unmittelbar nach der Annahme des Auftrages die in § 10 Abs. 2 Nr. 2 Buchstaben a und f erwähnten Angaben und spätestens bei Aufnahme der Vertragsverhandlungen über den vermittelten oder nachgewiesenen Vertragsgegenstand die in § 10 Abs. 2 Nr. 2 Buchstaben b bis e und Abs. 3 Nr. 1 bis 4 erwähnten Angaben,

2. in den übrigen Fällen des § 34c Abs. 1 Satz 1 Nr. 1 der Gewerbeordnung vor der Annahme des Auftrages die in § 10 Abs. 2 Nr. 2 und Abs. 3 Nr. 4 bis 7 erwähnten Angaben,

3. in den Fällen des § 34c Abs. 1 Satz 1 Nr. 2 der Gewerbeordnung spätestens bis zur Annahme des Auftrages die in § 10 Abs. 2 Nr. 2 und Abs. 4 erwähnten Angaben. Vor diesem Zeitpunkt hat der Gewerbetreibende dem Auftraggeber die Angaben zu machen, die zur Beurteilung des Auftrages nach dem jeweiligen Verhandlungsstand erforderlich sind. Im Falle des § 10 Abs. 4 Nr. 3 entfällt die Verpflichtung, soweit die Angaben vom Auftraggeber stammen.

§ 12 Unzulässigkeit abweichender Vereinbarungen. Der Gewerbetreibende darf seine Verpflichtungen nach den §§ 2 bis 8 sowie die nach § 2 Abs. 1 zu sichernden Schadensersatzansprüche des Auftraggebers durch vertragliche Vereinbarung weder ausschließen noch beschränken.

§ 13 Inseratensammlung. (1) Je ein Stück sämtlicher Veröffentlichungen und Werbeschriften, insbesondere Inserate und Prospekte, in denen der Gewerbetreibende Tätigkeiten ankündigt, die den Vorschriften dieser Verordnung unterliegen, ist in der Reihenfolge des Erscheinens übersichtlich zu verwahren. Die gesammelten Inserate müssen einen Hinweis auf die Bezeichnung der Druckschrift und den Tag ihres Erscheinens enthalten. Bei gleichlautenden Dauerinseraten genügt die Verwahrung der erstmaligen Veröffentlichung mit einem Vermerk über alle weiteren Erscheinungstage. Der Gewerbetreibende kann an Stelle der Inserate die Kopien der Anzeigenaufträge und die Rechnungen oder die Kopien der Rechnungen des Verlagsunternehmens, aus denen die Bezeichnung der Druckschrift und der Tag ihres Erscheinens ersichtlich sein müssen, verwahren.

(2) Soweit die Verwahrung einer Veröffentlichung nach Absatz 1 wegen ihrer Art nicht möglich ist, ist ein Vermerk über ihren Inhalt und den Tag ihres Erscheinens zu der Sammlung zu nehmen.

§ 14 Aufbewahrung. (1) Die in den §§ 10 und 13 bezeichneten Geschäftsunterlagen sind 5 Jahre in den Geschäftsräumen aufzubewahren. Die Aufbewahrungsfrist beginnt in den Fällen des § 10 mit dem Schluß des Kalenderjahres, in dem der letzte aufzeichnungspflichtige Vorgang für den jeweiligen Auftrag angefallen ist, in den Fällen des § 13 mit dem Schluß des Kalenderjahres, in dem die letzte Veröffentlichung oder Werbung stattgefunden hat. Vorschriften, die eine längere Frist bestimmen, bleiben unberührt.

(2) Die nach Absatz 1 aufzubewahrenden Unterlagen können auch in Form einer verkleinerten Wiedergabe aufbewahrt werden, wenn gesichert ist, daß die Wiedergabe mit der Urschrift übereinstimmt. Der Gewerbetreibende hat auf Verlangen der zuständigen Behörde auf seine Kosten die erforderliche Anzahl ohne Hilfsmittel lesbarer Reproduktionen vorzulegen; bei Ermittlungen oder Prüfungen in den Geschäftsräumen sind für verkleinerte Wiedergaben die erforderlichen Lesegeräte bereitzuhalten.

§ 15 Auskunft und Nachschau.

(1) Der Gewerbetreibende hat den Beauftragten der zuständigen Behörde die für die Überwachung des Geschäftsbetriebs erforderlichen mündlichen und schriftlichen Auskünfte innerhalb der gesetzten Frist und unentgeltlich zu erteilen.

(2) Die von der zuständigen Behörde beauftragten Personen sind befugt, zum Zwecke der Überwachung Grundstücke und Geschäftsräume des Gewerbetreibenden während der üblichen Geschäftszeit zu betreten, dort Prüfungen und Besichtigungen vorzunehmen, sich die geschäftlichen Unterlagen des Gewerbetreibenden vorlegen zu lassen und in diese Einsicht zu nehmen. Zur Verhütung dringender Gefahren für die öffentliche Sicherheit und Ordnung können die Grundstücke und Geschäftsräume tagsüber auch außerhalb der in Satz 1 genannten Zeit sowie tagsüber auch dann betreten werden, wenn sie zugleich Wohnzwecken des Gewerbetreibenden dienen. Der Gewerbetreibende hat die Maßnahmen nach den Sätzen 1 und 2 zu dulden. Das Grundrecht der Unverletzlichkeit der Wohnung (Artikel 13 des Grundgesetzes) wird insoweit eingeschränkt.

(3) Der Gewerbetreibende kann die Auskunft auf solche Fragen verweigern, deren Beantwortung ihn selbst oder einen der in § 383 Abs. 1 Nr. 1 bis 3 der Zivilprozeßordnung bezeichneten Angehörigen der Gefahr strafgerichtlicher Verfolgung oder eines Verfahrens nach dem Gesetz über Ordnungswidrigkeiten aussetzen würde.

§ 16* Prüfungen.

(1) Gewerbetreibende im Sinne des § 34c Abs. 1 der Gewerbeordnung haben auf ihre Kosten die Einhaltung der sich aus den §§ 2 bis 14 ergebenden Verpflichtungen für jedes Kalenderjahr spätestens bis zum 30. September des darauffolgenden Jahres durch einen geeigneten Prüfer prüfen zu lassen und der zuständigen Behörde den Prüfungsbericht unverzüglich nach dessen Erstellung zu übermitteln. Der Prüfungsbericht muß einen Vermerk darüber enthalten, ob Verstöße des Gewerbetreibenden festgestellt worden sind. Verstöße sind in dem Vermerk aufzuzeigen. Der Prüfer hat den Vermerk mit Angabe von Ort und Datum zu unterzeichnen.

(2) Die zuständige Behörde ist befugt, Gewerbetreibende im Sinne des § 34c Abs. 1 der Gewerbeordnung auf deren Kosten aus besonderem

---

* Amtl. Anm.: Abs. 1 dieser Vorschrift tritt am 1. 1. 1976 in Kraft.

Anlaß im Rahmen einer außerordentlichen Prüfung durch einen geeigneten Prüfer überprüfen zu lassen. Der Prüfer wird von der zuständigen Behörde bestimmt. Absatz 1 Satz 2 bis 4 gilt entsprechend.

(3) Geeignete Prüfer sind

1. Wirtschaftsprüfer, vereidigte Buchprüfer, Wirtschaftsprüfungs- und Buchprüfungsgesellschaften,

2. Prüfungsverbände, zu deren gesetzlichem oder satzungsmäßigem Zweck die regelmäßige und außerordentliche Prüfung ihrer Mitglieder gehört, sofern

   a) von ihren gesetzlichen Vertretern mindestens einer Wirtschaftsprüfer ist,

   b) sie die Voraussetzungen des § 63b Abs. 5 des Gesetzes betreffend der Erwerbs- und Wirtschaftsgenossenschaften in der Fassung der Bekanntmachung vom 20. Mai 1898 (Reichsgesetzbl. S. 369), zuletzt geändert durch das Gesetz zur Änderung des Gesetzes betreffend die Erwerbs- und Wirtschaftsgenossenschaften vom 9. Oktober 1973 (Bundesgesetzbl. I S. 1451), erfüllen oder

   c) sie sich für ihre Prüfungstätigkeit selbständiger Wirtschaftsprüfer oder vereidigter Buchprüfer oder einer Wirtschaftsprüfungs- oder Buchprüfungsgesellschaft bedienen.

Bei Gewerbetreibenden im Sinne des § 34c Abs. 1 Satz 1 Nr. 1 Buchstabe a der Gewerbeordnung können mit der Prüfung nach den Absätzen 1 und 2 auch andere Personen, die öffentlich bestellt oder zugelassen worden sind und die auf Grund ihrer Vorbildung und Erfahrung in der Lage sind, eine ordnungsgemäße Prüfung in dem jeweiligen Gewerbebetrieb durchzuführen, sowie deren Zusammenschlüsse betraut werden. Ungeeignet für eine Prüfung sind Personen, bei denen die Besorgnis der Befangenheit besteht.

§ 17 Rechte und Pflichten der an der Prüfung Beteiligten.

(1) Der Gewerbetreibende hat dem Prüfer die Einsicht in die Bücher, Aufzeichnungen und Unterlagen zu gestatten. Er hat ihm alle Aufklärungen und Nachweise zu geben, die der Prüfer für eine sorgfältige Prüfung benötigt.

(2) Der Prüfer ist zur gewissenhaften und unparteiischen Prüfung und zur Verschwiegenheit verpflichtet. Er darf nicht unbefugt Geschäfts- und Betriebsgeheimnisse verwerten, die er bei seiner Tätigkeit erfahren hat. Ein Prüfer, der vorsätzlich oder fahrlässig seine Pflichten verletzt, ist dem Gewerbetreibenden zum Ersatz des daraus entstehenden Schadens verpflichtet. Mehrere Personen haften als Gesamtschuldner.

§ 18 Ordnungswidrigkeiten.
Ordnungswidrig im Sinne des § 144 Abs. 2 Nr. 1 der Gewerbeordnung handelt, wer

1a MaBV § 19 Makler- und BauträgerV

1. Vermögenswerte des Auftraggebers annimmt oder sich zu deren Verwendung ermächtigen läßt, bevor er
   a) nach § 2 Abs. 1 Sicherheit geleistet oder eine Versicherung abgeschlossen oder
   b) die in § 2 Abs. 4 Satz 3 bezeichneten Urkunden ausgehändigt hat,
2. entgegen § 2 Abs. 5, auch in Verbindung mit § 7 Abs. 1 Satz 2, oder § 7 Abs. 1 Satz 3 die Sicherheit oder Versicherung nicht aufrechterhält,
3. einer Vorschrift des § 3 über die Entgegennahme oder die Ermächtigung zur Verwendung von Vermögenswerten des Auftraggebers zuwiderhandelt,
4. einer Vorschrift des § 4 über die Verwendung von Vermögenswerten des Auftraggebers zuwiderhandelt,
5. einer Vorschrift des § 6 Abs. 1, Abs. 2 Satz 1 oder 2, Abs. 3 Satz 1 oder Abs. 3 Satz 2 in Verbindung mit Abs. 2 Satz 2 über die getrennte Vermögensverwaltung zuwiderhandelt,
6. entgegen § 9 die Anzeige nicht, nicht richtig, nicht vollständig oder nicht rechtzeitig erstattet,
7. entgegen § 10 Abs. 1 bis 5 erforderliche Aufzeichnungen nicht, nicht richtig, nicht vollständig, nicht ordnungsgemäß oder nicht rechtzeitig macht oder Unterlagen oder Belege nicht oder nicht übersichtlich sammelt,
8. entgegen § 11 Satz 1 Nr. 1 bis 3 dem Auftraggeber die dort bezeichneten Angaben nicht, nicht richtig, nicht vollständig oder nicht rechtzeitig mitteilt,
9. einer Vorschrift des § 13 über die Verwahrung, Kennzeichnung oder Aufzeichnung von Werbematerial zuwiderhandelt,
10. entgegen § 14 Abs. 1 Satz 1 Geschäftsunterlagen nicht während der vorgeschriebenen Frist aufbewahrt,
11. entgegen § 15 Abs. 1 Auskünfte nicht, nicht richtig, nicht vollständig oder nicht rechtzeitig erteilt oder entgegen § 15 Abs. 2 Satz 3 Maßnahmen der Überwachung nicht duldet,
12. entgegen § 16 Abs. 1 der zuständigen Behörde den Prüfungsbericht nicht, nicht vollständig oder nicht rechtzeitig vorlegt,
13. den Duldungs- oder Mitwirkungspflichten des § 17 Abs. 1 nicht, nicht ausreichend oder nicht rechtzeitig nachkommt.

§ 19 Aufhebung von Vorschriften. Mit dem Inkrafttreten dieser Verordnung werden aufgehoben:

1. die Verordnung des Wirtschaftsministeriums Baden-Württemberg über die Buchführungs- und Auskunftspflicht gewerblicher Vermittler (Maklerverordnung) vom 9. September 1963 (Gesetzblatt für

Makler- und BauträgerV § 19 **MaBV 1a**

Baden-Württemberg S. 140), soweit sie eine Regelung über die gewerbsmäßige Vermittlung von Verträgen über Grundstücke, grundstücksgleiche Rechte, gewerbliche Räume, Wohnräume und Darlehen trifft,

2. die bayerische Landesverordnung über die Buchführungs- und Auskunftspflicht der gewerblichen Vermittler von Verträgen über Grundstücke, grundstücksgleiche Rechte, gewerbliche Räume, Wohnräume und Darlehen sowie von Eheschließungen (Maklerverordnung) vom 12. September 1960 (Bayerisches Gesetz- und Verordnungsblatt S. 232), geändert durch Verordnung vom 19. November 1968 (Bayerisches Gesetz- und Verordnungsblatt S. 339), soweit sie eine Regelung über die gewerbsmäßige Vermittlung von Verträgen über Grundstücke, grundstücksgleiche Rechte, gewerbliche Räume, Wohnräume und Darlehen trifft,

3. die Berliner Verordnung über die Buchführungs- und Auskunftspflicht der Immobilienmakler und Darlehensvermittler vom 22. Juni 1962 (Gesetz- und Verordnungsblatt für Berlin S. 584),

4. die bremische Verordnung über die Buchführungs- und Auskunftspflicht der gewerblichen Vermittler von Verträgen über Grundstücke, grundstücksgleiche Rechte, gewerbliche Räume, Wohnräume und Darlehen (Maklerverordnung) vom 11. Juni 1963 (Brem. GBl. S. 123),

5. die hamburgische Verordnung über die Buchführungs- und Auskunftspflicht der Immobilienmakler und Darlehensvermittler (Maklerverordnung) vom 19. Juni 1963 (Hamburgisches Gesetz- und Verordnungsblatt Teil I S. 87),

6. die hessische Verordnung über die Buchführungs- und Auskunftspflicht der gewerblichen Vermittler von Verträgen über Grundstücke, grundstücksgleiche Rechte, gewerbliche Räume, Wohnräume und Darlehen (Maklerverordnung) vom 31. Mai 1968 (Gesetz- und Verordnungsblatt für das Land Hessen Teil I S. 163),

7. die niedersächsische Verordnung über die Buchführungs- und Auskunftspflicht der gewerblichen Vermittler von Verträgen über Grundstücke, grundstücksgleiche Rechte, gewerbliche Räume, Wohnräume und Darlehen sowie von Eheschließungen (Makler-VO) vom 11. Februar 1963 (Niedersächsisches Gesetz- und Verordnungsblatt S. 73), geändert durch Verordnung vom 3. April 1968 (Niedersächsisches Gesetz- und Verordnungsblatt S. 68), soweit sie eine Regelung über die gewerbsmäßige Vermittlung von Verträgen über Grundstücke, grundstücksgleiche Rechte, gewerbliche Räume, Wohnräume und Darlehen trifft,

8. die nordrhein-westfälische Maklerverordnung vom 26. Januar 1971 (Gesetz- und Verordnungsblatt für das Land Nordrhein-Westfalen S. 12),

9. die rheinland-pfälzische Landesverordnung über die Buchführungs- und Auskunftspflicht der gewerblichen Vermittler von Verträgen

über Grundstücke, grundstücksgleiche Rechte, gewerbliche Räume, Wohnräume und Darlehen (Maklerverordnung) vom 16. Januar 1968 (Gesetz- und Verordnungsblatt für das Land Rheinland-Pfalz S. 7),
10. die saarländische Verordnung über die Buchführungs- und Auskunftspflicht der gewerblichen Vermittler von Verträgen über Grundstücke, grundstücksgleiche Rechte, gewerbliche Räume, Wohnräume und Darlehen (Maklerverordnung) vom 17. August 1962 (Amtsblatt des Saarlandes S. 597),
11. die schleswig-holsteinische Maklerverordnung vom 9. Oktober 1962 (Gesetz- und Verordnungsblatt für Schleswig-Holstein S. 369).

§ 20* **Übergangsvorschriften.** § 2 Abs. 1 Satz 1 findet keine Anwendung, soweit der Gewerbetreibende vor Inkrafttreten dieser Verordnung Vermögenswerte des Auftraggebers zur Ausführung des Auftrages erhalten hat oder zu deren Verwendung ermächtigt worden ist.

§ 21 Berlin-Klausel. Diese Verordnung gilt nach § 14 des Dritten Überleitungsgesetzes vom 4. Januar 1952 (Bundesgesetzbl. I S. 1) in Verbindung mit Artikel XIV des Vierten Bundesgesetzes zur Änderung der Gewerbeordnung vom 5. Februar 1960 (Bundesgesetzbl. I S. 61) auch im Land Berlin.

§ 22** **Inkrafttreten.** Diese Verordnung tritt am ersten Tag des auf die Verkündung folgenden dritten Monats in Kraft.

---

* Amtl. Anm.: Übergangsvorschriften der Änderungsverordnung:

Art. 2. (1) Gewerbetreibende im Sinne des § 34c Abs. 1 Satz 1 Nr. 2 Buchstabe a der Gewerbeordnung können auf Verträge, die vor dem 1. Januar 1976 abgeschlossen worden sind oder werden, an Stelle der §§ 2a bis 3a[1] der Verordnung zur Durchführung des § 34c der Gewerbeordnung in der Fassung dieser Verordnung die §§ 2 und 3 der genannten Verordnung in der bisher geltenden Fassung weiter anwenden. Wollen sie von dieser Möglichkeit nicht oder nicht mehr Gebrauch machen, so darf die nach diesen Vorschriften erforderliche Sicherheit oder Versicherung erst aufgegeben oder der neuen Rechtslage angepaßt werden, wenn die Voraussetzungen des neuen § 2a[2] der genannten Verordnung hinsichtlich der Entgegennahme oder der Ermächtigung zur Verwendung von Vermögenswerten des Auftraggebers für alle vom Auftraggeber bereits erbrachten Leistungen erfüllt sind.

(2) § 2a Abs. 1 Satz 5[3] der Verordnung zur Durchführung des § 34c der Gewerbeordnung in der Fassung dieser Verordnung ist auf in Absatz 1 Satz 1 bezeichnete Verträge nicht anzuwenden.

[1] §§ 3 bis 5 der Neufassung.
[2] § 3 der Neufassung.
[3] § 3 Abs. 1 Satz 5 der Neufassung.

** Amtl. Anm.: Die Verordnung in der ursprünglichen Fassung vom 20. Juni 1974 trat am 1. September 1974 in Kraft.
Die in der vorangestellten Bekanntmachung bezeichnete Änderungsverordnung ist, bis auf ... Ausnahmen, am 18. Mai 1975 in Kraft getreten. Besondere Inkrafttretensvorschriften gelten für § 11 in Verbindung mit § 18 Nr. 8 sowie § 16 Abs. 1 in Verbindung mit § 18 Nr. 12 ... *(nunmehr alles in Kraft getreten)*

2. Gaststättengesetz

Vom 5. Mai 1970

(BGBl. I S. 465, ber. S. 1298, zuletzt geänd. durch Art. 5 Ges. v. 5. 7. 1976,
BGBl. I S. 1773)

(BGBl. III 7130-1)

Der Bundestag hat mit Zustimmung des Bundesrates das folgende Gesetz beschlossen:

§ 1 Gaststättengewerbe. (1) Ein Gaststättengewerbe im Sinne dieses Gesetzes betreibt, wer im stehenden Gewerbe

1. Getränke zum Verzehr an Ort und Stelle verabreicht (Schankwirtschaft),
2. zubereitete Speisen zum Verzehr an Ort und Stelle verabreicht (Speisewirtschaft) oder
3. Gäste beherbergt (Beherbergungsbetrieb),

wenn der Betrieb jedermann oder bestimmten Personenkreisen zugänglich ist.

(2) Ein Gaststättengewerbe im Sinne dieses Gesetzes betreibt ferner, wer als selbständiger Gewerbetreibender im Reisegewerbe von einer für die Dauer der Veranstaltung ortsfesten Betriebsstätte aus Getränke oder zubereitete Speisen zum Verzehr an Ort und Stelle verabreicht, wenn der Betrieb jedermann oder bestimmten Personenkreisen zugänglich ist.

§ 2 Erlaubnis. (1) Wer ein Gaststättengewerbe betreiben will, bedarf der Erlaubnis. Die Erlaubnis kann auch nichtrechtsfähigen Vereinen erteilt werden.

(2) Der Erlaubnis bedarf nicht, wer

1. Milch, Milcherzeugnisse oder alkoholfreie Milchmischgetränke verabreicht und zur Abgabe loser Milch nach den Vorschriften des Milchgesetzes vom 31. Juli 1930 (Reichsgesetzbl. I S. 421), zuletzt geändert durch das Einführungsgesetz zum Gesetz über Ordnungswidrigkeiten vom 24. Mai 1968 (Bundesgesetzbl. I S. 503) berechtigt ist,
2. unentgeltliche Kostproben verabreicht,
3. alkoholfreie Getränke aus Automaten verabreicht,
4. Getränke oder zubereitete Speisen in Betrieben an dort Beschäftigte verabreicht,
5. alkoholfreie Getränke oder zubereitete Speisen in Kraftfahrzeugen anläßlich der Beförderung von Personen verabreicht.

(3) Der Erlaubnis bedarf ferner nicht, wer, ohne Sitzgelegenheit bereitzustellen, in räumlicher Verbindung mit seinem Ladengeschäft des Lebensmitteleinzelhandels oder des Lebensmittelhandwerks während der Ladenöffnungszeiten alkoholfreie Getränke oder zubereitete Speisen verabreicht.

(4) Für einen Beherbergungsbetrieb bedarf es der Erlaubnis nicht, wenn der Betrieb darauf eingerichtet ist, nicht mehr als acht Gäste gleichzeitig zu beherbergen; in solchen Betrieben ist das Verabreichen von Getränken und zubereiteten Speisen an Hausgäste erlaubnisfrei. Satz 1 gilt nicht, wenn der Beherbergungsbetrieb in Verbindung mit einer erlaubnisbedürftigen Schank- oder Speisewirtschaft ausgeübt wird.

§ 3 Inhalt der Erlaubnis. (1) Die Erlaubnis ist für eine bestimmte Betriebsart und für bestimmte Räume zu erteilen. Die Betriebsart ist in der Erlaubnisurkunde zu bezeichnen; sie bestimmt sich nach der Art und Weise der Betriebsgestaltung, insbesondere nach den Betriebszeiten und der Art der Getränke, der zubereiteten Speisen, der Beherbergung oder der Darbietungen.

(2) Die Erlaubnis darf auf Zeit erteilt werden, soweit dieses Gesetz es zuläßt oder der Antragsteller es beantragt.

(3) Die Erlaubnis zum Ausschank alkoholischer Getränke schließt die Erlaubnis zum Ausschank alkoholfreier Getränke ein.

§ 4 Versagungsgründe. (1) Die Erlaubnis ist zu versagen, wenn

1. Tatsachen die Annahme rechtfertigen, daß der Antragsteller die für den Gewerbebetrieb erforderliche Zuverlässigkeit nicht besitzt, insbesondere dem Trunke ergeben ist oder befürchten läßt, daß er Unerfahrene, Leichtsinnige oder Willensschwache ausbeuten wird oder dem Alkoholmißbrauch, verbotenem Glücksspiel, der Hehlerei oder der Unsittlichkeit Vorschub leisten wird oder die Vorschriften des Gesundheits- oder Lebensmittelrechts, des Arbeits- oder Jugendschutzes nicht einhalten wird,

2. die zum Betrieb des Gewerbes oder zum Aufenthalt der Beschäftigten bestimmten Räume wegen ihrer Lage, Beschaffenheit, Ausstattung oder Einteilung für den Betrieb nicht geeignet sind, insbesondere den notwendigen Anforderungen zum Schutze der Gäste und der Beschäftigten gegen Gefahren für Leben, Gesundheit oder Sittlichkeit oder den sonst zur Aufrechterhaltung der öffentlichen Sicherheit oder Ordnung notwendigen Anforderungen nicht genügen oder

3. der Gewerbebetrieb im Hinblick auf seine örtliche Lage oder auf die Verwendung der Räume dem öffentlichen Interesse widerspricht, insbesondere schädliche Umwelteinwirkungen im Sinne des Bundes-Immissionsschutzgesetzes oder sonst erhebliche Nachteile, Gefahren oder Belästigungen für die Allgemeinheit befürchten läßt,

4. der Antragsteller nicht durch eine Bescheinigung der für den Ort seiner gewerblichen Niederlassung zuständigen Industrie- und Handelskammer nachweist, daß er oder sein Stellvertreter (§ 9) über die Grund-

Gaststättengesetz §§ 5–7 **GaststättenG 2**

züge der für den in Aussicht genommenen Betrieb notwendigen lebensmittelrechtlichen Kenntnisse unterrichtet worden ist und mit ihnen als vertraut gelten kann.

(2) Wird bei juristischen Personen oder nichtrechtsfähigen Vereinen nach Erteilung der Erlaubnis eine andere Person zur Vertretung nach Gesetz, Satzung oder Gesellschaftsvertrag berufen, so ist dies unverzüglich der Erlaubnisbehörde anzuzeigen.

(3) Die Landesregierungen können zur Durchführung des Absatzes 1 Nr. 2 durch Rechtsverordnung die Mindestanforderungen bestimmen, die an die Lage, Beschaffenheit, Ausstattung und Einteilung der Räume im Hinblick auf die jeweilige Betriebsart und Art der zugelassenen Getränke oder Speisen zu stellen sind. Die Landesregierungen können durch Rechtsverordnung die Ermächtigung auf oberste Landesbehörden übertragen.

(4) Der Bundesminister für Wirtschaft wird ermächtigt, durch Rechtsverordnung mit Zustimmung des Bundesrates zur Durchführung von Richtlinien der Europäischen Wirtschaftsgemeinschaft über die Niederlassungsfreiheit und den freien Dienstleistungsverkehr zu bestimmen, unter welchen Voraussetzungen bei Staatsangehörigen der übrigen Mitgliedstaaten der Europäischen Wirtschaftsgemeinschaft der Nachweis nach Absatz 1 Nr. 4 als erbracht angesehen werden kann.

§ 5 Auflagen. (1) Gewerbetreibenden, die einer Erlaubnis bedürfen, können jederzeit Auflagen zum Schutze

1. der Gäste gegen Ausbeutung und gegen Gefahren für Leben, Gesundheit oder Sittlichkeit,
2. der im Betrieb Beschäftigten gegen Gefahren für Leben, Gesundheit oder Sittlichkeit oder
3. gegen schädliche Umwelteinwirkungen im Sinne des Bundes-Immissionsschutzgesetzes und sonst gegen erhebliche Nachteile, Gefahren oder Belästigungen für die Bewohner des Betriebsgrundstücks oder der Nachbargrundstücke sowie der Allgemeinheit

erteilt werden.

(2) Gegenüber Gewerbetreibenden, die ein erlaubnisfreies Gaststättengewerbe betreiben, können Anordnungen nach Maßgabe des Absatzes 1 erlassen werden.

§ 6 Ausschank alkoholfreier Getränke. Ist der Ausschank alkoholischer Getränke gestattet, so sind auf Verlangen auch alkoholfreie Getränke zum Verzehr an Ort und Stelle zu verabreichen. Die Erlaubnisbehörde kann für den Ausschank aus Automaten Ausnahmen zulassen.

§ 7 Nebenleistungen. (1) Im Gaststättengewerbe dürfen der Gewerbetreibende oder Dritte auch während der Ladenschlußzeiten Zubehörwaren an Gäste abgeben und ihnen Zubehörleistungen erbringen.

(2) Der Schank- oder Speisewirt darf außerhalb der Sperrzeit zum alsbaldigen Verzehr oder Verbrauch

1. Getränke und zubereitete Speisen, die er in seinem Betrieb verabreicht,
2. Flaschenbier, alkoholfreie Getränke, Tabak- und Süßwaren

an jedermann über die Straße abgeben.

§ 8 Erlöschen der Erlaubnis. Die Erlaubnis erlischt, wenn der Inhaber den Betrieb nicht innerhalb eines Jahres nach Erteilung der Erlaubnis begonnen oder seit einem Jahr nicht mehr ausgeübt hat. Die Fristen können verlängert werden, wenn ein wichtiger Grund vorliegt.

§ 9 Stellvertretungserlaubnis. Wer ein erlaubnisbedürftiges Gaststättengewerbe durch einen Stellvertreter betreiben will, bedarf einer Stellvertretungserlaubnis; sie wird dem Erlaubnisinhaber für einen bestimmten Stellvertreter erteilt und kann befristet werden. Die Vorschriften des § 4 Abs. 1 Nr. 1 und 4 sowie des § 8 gelten entsprechend. Wird das Gewerbe nicht mehr durch den Stellvertreter betrieben, so ist dies unverzüglich der Erlaubnisbehörde anzuzeigen.

§ 10 Weiterführung des Gewerbes. Nach dem Tode des Erlaubnisinhabers darf das Gaststättengewerbe auf Grund der bisherigen Erlaubnis durch den Ehegatten oder die minderjährigen Erben während der Minderjährigkeit weitergeführt werden. Das gleiche gilt für Nachlaßverwalter, Nachlaßpfleger oder Testamentsvollstrecker bis zur Dauer von zehn Jahren nach dem Erbfall. Die in den Sätzen 1 und 2 bezeichneten Personen haben der Erlaubnisbehörde unverzüglich Anzeige zu erstatten, wenn sie den Betrieb weiterführen wollen.

§ 11 Vorläufige Erlaubnis und vorläufige Stellvertretungserlaubnis. (1) Personen, die einen erlaubnisbedürftigen Gaststättenbetrieb von einem anderen übernehmen wollen, kann die Ausübung des Gaststättengewerbes bis zur Erteilung der Erlaubnis auf Widerruf gestattet werden. Die vorläufige Erlaubnis soll nicht für eine längere Zeit als drei Monate erteilt werden; die Frist kann verlängert werden, wenn ein wichtiger Grund vorliegt.

(2) Absatz 1 gilt entsprechend für die Erteilung einer vorläufigen Stellvertretungserlaubnis.

§ 12 Gestattung. (1) Aus besonderem Anlaß kann der Betrieb eines erlaubnisbedürftigen Gaststättengewerbes unter erleichterten Voraussetzungen vorübergehend auf Widerruf gestattet werden.

(2) *(gestrichen)*

(3) Dem Gewerbetreibenden können jederzeit Auflagen erteilt werden.

§ 13 Gaststätten ohne gewerbliche Niederlassung. (1) Auf die in § 1 Abs. 2 genannten Tätigkeiten findet Titel III der Gewerbeordnung keine Anwendung, auch soweit es sich um Personen handelt, die das Reisegewerbe nicht selbständig betreiben.

(2) An der Betriebsstätte müssen in einer für jedermann erkennbaren Weise der Name mit mindestens einem ausgeschriebenen Vornamen und die Wohnung des Gewerbetreibenden angegeben sein.

§ 14 Straußwirtschaften. Die Landesregierungen können durch Rechtsverordnungen zur Erleichterung des Absatzes selbsterzeugten Weines oder Apfelweines bestimmen, daß der Ausschank dieser Getränke und im Zusammenhang hiermit das Verabreichen von zubereiteten Speisen zum Verzehr an Ort und Stelle für die Dauer von höchstens vier Monaten oder, soweit dies bisher nach Landesrecht zulässig war, von höchstens sechs Monaten, und zwar zusammenhängend oder in zwei Zeitabschnitten im Jahre, keiner Erlaubnis bedarf. Sie können hierbei Vorschriften über

1. die persönlichen und räumlichen Voraussetzungen für den Ausschank sowie über Menge und Jahrgang des zum Ausschank bestimmten Weines oder Apfelweines,

2. das Verabreichen von Speisen zum Verzehr an Ort und Stelle,

3. die Art der Betriebsführung

erlassen. Die Landesregierungen können durch Rechtsverordnung die Ermächtigung auf oberste Landesbehörden oder andere Behörden übertragen.

§ 15 Rücknahme und Widerruf der Erlaubnis. (1) Die Erlaubnis zum Betrieb eines Gaststättengewerbes ist zurückzunehmen, wenn bekannt wird, daß bei ihrer Erteilung Versagungsgründe nach § 4 Abs. 1 Nr. 1 vorlagen.

(2) Die Erlaubnis ist zu widerrufen, wenn nachträglich Tatsachen eintreten, die die Versagung der Erlaubnis nach § 4 Abs. 1 Nr. 1 rechtfertigen würden.

(3) Sie kann widerrufen werden, wenn

1. der Gewerbetreibende oder sein Stellvertreter die Betriebsart, für welche die Erlaubnis erteilt worden ist, unbefugt ändert, andere als die zugelassenen Räume zum Betrieb verwendet oder nicht zugelassene Getränke oder Speisen verabreicht oder sonstige inhaltliche Beschränkungen der Erlaubnis nicht beachtet,

2. der Gewerbetreibende oder sein Stellvertreter Auflagen nach § 5 Abs. 1 nicht innerhalb einer gesetzten Frist erfüllt,

2 GaststättenG §§ 16–18 Gaststättengesetz

3. der Gewerbetreibende seinen Betrieb ohne Erlaubnis durch einen Stellvertreter betreiben läßt,

4. der Gewerbetreibende oder sein Stellvertreter Personen entgegen einem nach § 21 ergangenen Verbot beschäftigt,

5. der Gewerbetreibende im Fall des § 4 Abs. 2 nicht innerhalb von sechs Monaten nach der Berufung den Nachweis nach § 4 Abs. 1 Nr. 4 erbringt,

6. der Gewerbetreibende im Fall des § 9 Satz 3 nicht innerhalb von sechs Monaten nach dem Ausscheiden des Stellvertreters den Nachweis nach § 4 Abs. 1 Nr. 4 erbringt,

7. die in § 10 Satz 1 und 2 bezeichneten Personen nicht innerhalb von sechs Monaten nach der Weiterführung den Nachweis nach § 4 Abs. 1 Nr. 4 erbringen.

(4) Absatz 1, Absatz 2 und Absatz 3 Nr. 1, 2 und 4 gelten entsprechend für die Rücknahme und den Widerruf der Stellvertretungserlaubnis.

§ 16 Untersagung erlaubnisfreier Betriebe. Der Betrieb eines Gaststättengewerbes, für den eine Erlaubnis nicht erforderlich ist, kann untersagt und seine Fortsetzung verhindert werden, wenn

1. Tatsachen bekannt werden, die nach § 4 Abs. 1 Nr. 1 die Versagung einer Erlaubnis rechtfertigen würden,

2. der Gewerbetreibende eine Anordnung nach § 5 Abs. 2 nicht befolgt,

3. der Gewerbetreibende Personen entgegen einem nach § 21 ergangenen Verbot beschäftigt.

§ 17 Untersagung des Einzelhandels mit alkoholischen Getränken. Der Einzelhandel mit alkoholischen Getränken kann untersagt und seine Fortsetzung verhindert werden, wenn der Gewerbetreibende solche Getränke ohne Erlaubnis ausgeschenkt hat und deshalb innerhalb der letzten drei Jahre rechtskräftig bestraft oder mit Geldbuße belegt worden ist.

§ 18 Sperrzeit. (1) Für Schank- und Speisewirtschaften sowie für öffentliche Vergnügungsstätten ist durch Rechtsverordnung der Landesregierungen eine Sperrzeit allgemein festzusetzen. In der Rechtsverordnung ist zu bestimmen, daß die Sperrzeit bei Vorliegen eines öffentlichen Bedürfnisses oder besonderer örtlicher Verhältnisse allgemein oder für einzelne Betriebe verlängert, verkürzt oder aufgehoben werden kann. Die Landesregierungen können durch Rechtsverordnung die Ermächtigung auf oberste Landesbehörden oder andere Behörden übertragen.

(2) Die Vorschriften über die Sperrzeit finden keine Anwendung auf das Verabreichen von alkoholfreien Getränken, Bier und Speisen zum Verzehr an Ort und Stelle aus Automaten in Betrieben an dort Beschäftigte.

Gaststättengesetz   §§ 19–22 GaststättenG 2

§ 19 Verbot des Ausschanks alkoholischer Getränke. Aus besonderem Anlaß kann der gewerbsmäßige Ausschank alkoholischer Getränke vorübergehend für bestimmte Zeit und für einen bestimmten örtlichen Bereich ganz oder teilweise verboten werden, wenn dies zur Aufrechterhaltung der öffentlichen Sicherheit oder Ordnung erforderlich ist.

§ 20 Allgemeine Verbote. Verboten ist,
1. Branntwein oder überwiegend branntweinhaltige Lebensmittel durch Automaten feilzuhalten,
2. in Ausübung eines Gewerbes alkoholische Getränke an erkennbar Betrunkene zu verabreichen,
3. im Gaststättengewerbe das Verabreichen von Speisen von der Bestellung von Getränken abhängig zu machen oder bei der Nichtbestellung von Getränken die Preise zu erhöhen,
4. im Gaststättengewerbe das Verabreichen alkoholfreier Getränke von der Bestellung alkoholischer Getränke abhängig zu machen oder bei der Nichtbestellung alkoholischer Getränke die Preise zu erhöhen.

§ 21 Beschäftigte Personen. (1) Die Beschäftigung einer Person in einem Gaststättenbetrieb kann dem Gewerbetreibenden untersagt werden, wenn Tatsachen die Annahme rechtfertigen, daß die Person die für ihre Tätigkeit erforderliche Zuverlässigkeit nicht besitzt.

(2) Die Landesregierungen können zur Aufrechterhaltung der Sittlichkeit oder zum Schutze der Gäste durch Rechtsverordnung Vorschriften über die Zulassung, das Verhalten und die Art der Tätigkeit sowie, soweit tarifvertragliche Regelungen nicht bestehen, die Art der Entlohnung der in Gaststättenbetrieben Beschäftigten erlassen. Die Landesregierungen können durch Rechtsverordnung die Ermächtigung auf oberste Landesbehörden übertragen.

(3) Die Vorschriften des § 16 Abs. 3 der Arbeitszeitordnung vom 30. April 1938 (Reichsgesetzbl. I S. 447), zuletzt geändert durch das Einführungsgesetz zum Gesetz über Ordnungswidrigkeiten vom 24. Mai 1968 (Bundesgesetzbl. I S. 503), und des § 37 Abs. 2 des Jugendarbeitsschutzgesetzes vom 9. August 1960 (Bundesgesetzbl. I S. 665), zuletzt geändert durch das Erste Gesetz zur Reform des Strafrechts vom 25. Juni 1969 (Bundesgesetzbl. I S. 645), bleiben unberührt.

§ 22 Auskunft und Nachschau. (1) Die Inhaber von Gaststättenbetrieben, ihre Stellvertreter und die mit der Leitung des Betriebes beauftragten Personen haben den zuständigen Behörden die für die Durchführung dieses Gesetzes und der auf Grund dieses Gesetzes erlassenen Rechtsverordnungen erforderlichen Auskünfte zu erteilen.

(2) Die von der zuständigen Behörde mit der Überwachung des Betriebes beauftragten Personen sind befugt, Grundstücke und Geschäftsräume des Auskunftspflichtigen zu betreten, dort Prüfungen und Be-

sichtigungen vorzunehmen und in die geschäftlichen Unterlagen des Auskunftspflichtigen Einsicht zu nehmen. Der Auskunftspflichtige hat die Maßnahmen nach Satz 1 zu dulden. Das Grundrecht der Unverletzlichkeit der Wohnung (Artikel 13 des Grundgesetzes) wird insoweit eingeschränkt.

(3) Der zur Erteilung einer Auskunft Verpflichtete kann die Auskunft auf solche Fragen verweigern, deren Beantwortung ihn selbst oder einen der in § 383 Abs. 1 Nr. 1 bis 3 der Zivilprozeßordnung bezeichneten Angehörigen der Gefahr strafgerichtlicher Verfolgung oder eines Verfahrens nach dem Gesetz über Ordnungswidrigkeiten aussetzen würde.

§ 23 Vereine und Gesellschaften. (1) Die Vorschriften dieses Gesetzes über den Ausschank alkoholischer Getränke finden auch auf Vereine und Gesellschaften Anwendung, die kein Gewerbe betreiben; dies gilt nicht für den Ausschank an Arbeitnehmer dieser Vereine oder Gesellschaften.

(2) Werden in den Fällen des Absatzes 1 alkoholische Getränke in Räumen ausgeschenkt, die im Eigentum dieser Vereine oder Gesellschaften stehen oder ihnen mietweise, leihweise oder aus einem anderen Grunde überlassen und nicht Teil eines Gaststättenbetriebes sind, so finden die Vorschriften dieses Gesetzes mit Ausnahme der §§ 5, 6, 16, 18, 22 sowie des § 28 Abs. 1 Nr. 2, 6, 11 und 12 und Absatz 2 Nr. 1 und 2 keine Anwendung. Der Bundesminister für Wirtschaft kann mit Zustimmung des Bundesrates durch Rechtsverordnung bestimmen, daß auch andere Vorschriften dieses Gesetzes Anwendung finden, wenn durch den Ausschank alkoholischer Getränke Gefahren für die Sittlichkeit oder für Leben oder Gesundheit der Gäste oder der Beschäftigten entstehen.

§ 24 Realgewerbeberechtigung. (1) Die Vorschriften dieses Gesetzes finden auch auf Realgewerbeberechtigungen Anwendung mit Ausnahme der Vorschriften über die Lage der Räume (§ 4 Abs. 1 Nr. 2) und über das öffentliche Interesse hinsichtlich der Verwendung der Räume (§ 4 Abs. 1 Nr. 3). Realgewerbeberechtigungen, die drei Jahre lang nicht ausgeübt worden sind, erlöschen. Die Frist kann von der Erlaubnisbehörde verlängert werden, wenn ein wichtiger Grund vorliegt.

(2) Die Länder können bestimmen, daß auch die in Absatz 1 ausgenommenen Vorschriften Anwendung finden, wenn um die Erlaubnis auf Grund einer Realgewerbeberechtigung für ein Grundstück nachgesucht wird, auf welchem die Erlaubnis auf Grund dieser Realgewerbeberechtigung bisher nicht ausgeübt wurde.

§ 25 Anwendungsbereich. (1) Die Vorschriften dieses Gesetzes finden keine Anwendung auf Betreuungseinrichtungen, insbesondere Kantinen und Kameradschaftsheime, der im Geltungsbereich dieses Gesetzes

Gaststättengesetz §§ 26–28 **GaststättenG 2**

stationierten ausländischen Streitkräfte, der Bundeswehr, des Bundesgrenzschutzes oder der in Gemeinschaftsunterkünften untergebrachten Polizei sowie auf die Messen an Bord, soweit sich diese Betriebe überwiegend auf die Bewirtung der Angehörigen dieser Verbände beschränken. Dies gilt auch für Betreuungseinrichtungen der Bundespost und für Luftfahrzeuge.

(2) Der Bundesminister für Wirtschaft kann im Einvernehmen mit dem Bundesminister für Verkehr und mit Zustimmung des Bundesrates durch Rechtsverordnung bestimmen, daß die Vorschriften dieses Gesetzes auch auf Bahnhofsgaststätten, Speisewagen, Kantinen und Betriebsküchen der nichtbundeseigenen Eisenbahnen des öffentlichen Verkehrs ganz oder teilweise keine Anwendung finden, wenn auf andere Weise sichergestellt ist, daß durch diese Betriebe keine Gefahren für die Sittlichkeit oder für Leben oder Gesundheit der Gäste oder der Beschäftigten entstehen oder diese Betriebe dem öffentlichen Interesse nicht widersprechen.

§ 26 Sonderregelung. (1) Soweit in Bayern und Rheinland-Pfalz der Ausschank selbsterzeugter Getränke ohne Erlaubnis gestattet ist, bedarf es hierfür auch künftig keiner Erlaubnis. Die Landesregierungen können zur Aufrechterhaltung der öffentlichen Sicherheit oder Ordnung durch Rechtsverordnung allgemeine Voraussetzungen für den Ausschank aufstellen, insbesondere die Dauer des Ausschanks innerhalb des Jahres bestimmen und die Art der Betriebsführung regeln. Die Landesregierungen können durch Rechtsverordnung die Ermächtigung auf oberste Landesbehörden übertragen.

(2) Die in Bayern bestehenden Kommunbrauberechtigungen sowie die in Rheinland-Pfalz bestehende Berechtigung zum Ausschank selbsterzeugten Branntweins erlöschen, wenn sie seit zehn Jahren nicht mehr ausgeübt worden sind.

§ 27 *(aufgehoben)*

§ 28 Ordnungswidrigkeiten. (1) Ordnungswidrig handelt, wer vorsätzlich oder fahrlässig

1. ohne die nach § 2 Abs. 1 erforderliche Erlaubnis Getränke oder zubereitete Speisen verabreicht oder Gäste beherbergt,
2. einer Auflage oder Anordnung nach § 5 oder einer Auflage nach § 12 Abs. 3 nicht, nicht vollständig oder nicht rechtzeitig nachkommt,
3. über den in § 7 erlaubten Umfang hinaus Waren abgibt oder Leistungen erbringt,
4. ohne die nach § 9 erforderliche Erlaubnis ein Gaststättengewerbe durch einen Stellvertreter betreibt oder in einem Gaststättengewerbe als Stellvertreter tätig ist,
5. die nach § 4 Abs. 2, § 9 Satz 3 oder § 10 Satz 3 erforderliche Anzeige nicht oder nicht unverzüglich erstattet,
5a. entgegen § 13 Abs. 2 den Namen oder die Wohnung nicht oder nicht in der vorgeschriebenen Weise angibt,

6. als Inhaber einer Schankwirtschaft, Speisewirtschaft oder öffentlichen Vergnügungsstätte duldet, daß ein Gast nach Beginn der Sperrzeit in den Betriebsräumen verweilt,

7. entgegen einem Verbot nach § 19 alkoholische Getränke verabreicht,

8. einem Verbot des § 20 Nr. 1 über das Feilhalten von Branntwein oder überwiegend branntweinhaltigen Lebensmitteln zuwiderhandelt oder entgegen dem Verbot des § 20 Nr. 3 das Verabreichen von Speisen von der Bestellung von Getränken abhängig macht oder entgegen dem Verbot des § 20 Nr. 4 das Verabreichen alkoholfreier Getränke von der Bestellung alkoholischer Getränke abhängig macht,

9. entgegen dem Verbot des § 20 Nr. 2 in Ausübung eines Gewerbes alkoholische Getränke verabreicht oder in den Fällen des § 20 Nr. 4 bei Nichtbestellung alkoholischer Getränke die Preise erhöht,

10. Personen beschäftigt, deren Beschäftigung ihm nach § 21 Abs. 1 untersagt worden ist,

11. entgegen § 22 eine Auskunft nicht, nicht richtig, nicht vollständig oder nicht rechtzeitig erteilt, den Zutritt zu den für den Betrieb benutzten Grundstücken und Räumen nicht gestattet oder die Einsicht in geschäftliche Unterlagen nicht gewährt,

12. den Vorschriften einer auf Grund der §§ 14, 18 Abs. 1, des § 21 Abs. 2 oder des § 26 Abs. 1 Satz 2 erlassenen Rechtsverordnung zuwiderhandelt, soweit die Rechtsverordnung für einen bestimmten Tatbestand auf diese Bußgeldvorschrift verweist oder

13. einer Vorschrift zuwiderhandelt, die auf Grund des § 17 Abs. 2 des Gaststättengesetzes vom 28. April 1930 (Reichsgesetzbl. I S. 146), zuletzt geändert durch das Gesetz zur Änderung des Gaststättengesetzes vom 4. August 1961 (Bundesgesetzbl. I S. 1171), oder des Gesetzes über weibliche Angestellte in Gast- und Schankwirtschaften vom 15. Januar 1920 (Reichsgesetzbl. S. 69) erlassen worden ist.

(2) Ordnungswidrig handelt auch, wer

1. entgegen § 6 keine alkoholfreien Getränke verabreicht,

2. ein erlaubnisfreies Gaststättengewerbe betreibt, obwohl ihm der Betrieb nach § 16 untersagt worden ist,

3. Einzelhandel mit alkoholischen Getränken betreibt, obwohl ihm dies nach § 17 untersagt worden ist, oder

4. als Gast in den Räumen einer Schankwirtschaft, einer Speisewirtschaft oder einer öffentlichen Vergnügungsstätte über den Beginn der Sperrzeit hinaus verweilt, obwohl der Gewerbetreibende, ein in seinem Betrieb Beschäftigter oder ein Beauftragter der zuständigen Behörde ihn ausdrücklich aufgefordert hat, sich zu entfernen.

(3) Die Ordnungswidrigkeit kann mit einer Geldbuße bis zu zehntausend Deutsche Mark geahndet werden.

Gaststättengesetz **§§ 29-33 GaststättenG 2**

§ 29 Allgemeine Verwaltungsvorschriften. Der Bundesminister für Wirtschaft erläßt mit Zustimmung des Bundesrates die zur Durchführung dieses Gesetzes erforderlichen allgemeinen Verwaltungsvorschriften.

§ 30 Zuständigkeit und Verfahren. Die Landesregierungen oder die von ihnen bestimmten Stellen können die für die Ausführung dieses Gesetzes und der nach diesem Gesetz ergangenen Rechtsverordnungen zuständigen Behörden bestimmen; die Landesregierungen oder die von ihnen durch Rechtsverordnung bestimmten obersten Landesbehörden können ferner durch Rechtsverordnung das Verfahren, insbesondere bei Erteilung sowie bei Rücknahme und Widerruf von Erlaubnissen und bei Untersagungen, regeln.

§ 31 Anwendbarkeit der Gewerbeordnung. Auf die den Vorschriften dieses Gesetzes unterliegenden Gewerbebetriebe finden die Vorschriften der Gewerbeordnung soweit Anwendung, als nicht in diesem Gesetz besondere Bestimmungen getroffen worden sind; die Vorschriften über den Arbeitsschutz werden durch dieses Gesetz nicht berührt.

§ 32 Fortgeltung von Rechtsverordnungen. Rechtsverordnungen, die vor Inkrafttreten dieses Gesetzes auf Grund einer durch dieses Gesetz aufgehobenen Vorschrift erlassen worden sind, gelten bis zu ihrer Aufhebung fort, soweit sie nicht mit den Vorschriften dieses Gesetzes in Widerspruch stehen. Der Bundesminister für Wirtschaft wird ermächtigt, durch Rechtsverordnung mit Zustimmung des Bundesrates hiernach fortgeltende Rechtsverordnungen aufzuheben.

§ 33 Aufgehobene Vorschriften. Es werden aufgehoben:

1. das Gaststättengesetz vom 28. April 1930 (Reichsgesetzbl. I S. 146), zuletzt geändert durch das Gesetz zur Änderung des Gaststättengesetzes vom 4. August 1961 (Bundesgesetzbl. I S. 1171).

2. die Verordnung des Reichswirtschaftsministers vom 21. Juni 1930 zur Ausführung des Gaststättengesetzes (Reichsgesetzbl. I S. 191), zuletzt geändert durch Verordnung zur Änderung der Verordnung zur Durchführung des Gaststättengesetzes vom 19. Januar 1938 (Reichsgesetzbl. I S. 37),

3. die Verordnung über Speiseeiswirtschaften vom 16. Juli 1934 (Reichsgesetzbl. I S. 709),

4. die bayerische Verordnung zum Vollzug des Gaststättengesetzes vom 12. September 1931 (Bereinigte Sammlung des bayerischen Landesrechts IV S. 52),

5. die bayerische Bekanntmachung zum Vollzug des Gaststättengesetzes vom 15. September 1931 (Bereinigte Sammlung des bayerischen Landesrechts IV S. 54).

2 GaststättenG §§ 34–37 Gaststättengesetz

6. die bayerische Verordnung über die zeitliche Beschränkung des Ausschanks von Branntwein und des Kleinhandels mit Trinkbranntwein vom 17. Oktober 1939 (Bereinigte Sammlung des bayerischen Landesrechts IV S. 63),

7. die Verordnung des Niedersächsischen Staatsministeriums über Speisewirtschaften vom 4. September 1947 (Niedersächsisches Gesetz- und Verordnungsblatt S. 83),

8. die hamburgische Verordnung über Speisewirtschaften vom 24. Oktober 1946 (Hamburgisches Gesetz- und Verordnungsblatt S. 115),

9. das saarländische Gesetz Nr. 387 über den Einzelhandel mit Bier in Flaschen und sonstigen Behältnissen vom 10. Juli 1953 (Amtsblatt des Saarlandes S. 524).

§ 34 Übergangsvorschriften. (1) Eine vor Inkrafttreten dieses Gesetzes erteilte Erlaubnis oder Gestattung gilt im bisherigen Umfang als Erlaubnis oder Gestattung im Sinne dieses Gesetzes.

(2) Soweit nach diesem Gesetz eine Erlaubnis erforderlich ist, gilt sie demjenigen als erteilt, der bei Inkrafttreten dieses Gesetzes ohne Erlaubnis oder Gestattung eine nach diesem Gesetz erlaubnisbedürftige Tätigkeit befugt ausübt. In den Fällen des Artikels 2 Abs. 1 des Ersten Teils des Vertrages zur Regelung aus Krieg und Besatzung entstandener Fragen (Bundesgesetzbl. 1955 II S. 405) gilt die Erlaubnis auch demjenigen erteilt, der eine nach diesem Gesetz erlaubnisbedürftige Tätigkeit innerhalb eines Jahres vor Inkrafttreten des Gesetzes befugt ausgeübt hat, ohne daß ihm die Ausübung der Tätigkeit bei Inkrafttreten des Gesetzes untersagt war.

(3) Der in Absatz 2 bezeichnete Erlaubnisinhaber oder derjenige, der eine vor Inkrafttreten dieses Gesetzes erteilte Erlaubnis nicht nachweisen kann, hat seinen Betrieb der zuständigen Behörde anzuzeigen. Die Erlaubnisbehörde bestätigt dem Gewerbetreibenden kostenfrei und schriftlich, daß er zur Ausübung seines Gewerbes berechtigt ist. Die Bestätigung muß die Betriebsart sowie die Betriebsräume bezeichnen. Wird die Anzeige nicht innerhalb von sechs Monaten nach Inkrafttreten dieses Gesetzes erstattet, so erlischt die Erlaubnis.

§ 35 Bezugnahme auf Vorschriften. Soweit in Gesetzen oder Verordnungen des Bundesrechts auf Vorschriften des Gaststättengesetzes vom 28. April 1930 Bezug genommen wird, beziehen sich diese Verweisungen auf die entsprechenden Vorschriften dieses Gesetzes.

§ 36 *(Änderungsvorschrift)*

§ 37 Geltung in Berlin. Dieses Gesetz gilt nach Maßgabe des § 13 Abs. 1 des Dritten Überleitungsgesetzes vom 4. Januar 1952 (Bundesgesetzbl. I S. 1) auch im Land Berlin. Rechtsverordnungen, die auf Grund dieses Gesetzes erlassen werden, gelten im Land Berlin nach § 14 des Dritten Überleitungsgesetzes.

§ 38 Inkrafttreten. Dieses Gesetz tritt ein Jahr nach dem Tage der Verkündung[1] in Kraft. Soweit Vorschriften dieses Gesetzes zum Erlaß von Rechtsverordnungen ermächtigen, treten sie mit dem Tage der Verkündung in Kraft.

---

[1] Das Gesetz wurde am 9. 5. 1970 verkündet.

3. Gesetz zur Ordnung des Handwerks (Handwerksordnung)

in der Fassung vom 28. Dezember 1965

(BGBl. 1966 I S. 1, zuletzt geänd. durch § 25 Fernunterrichtsschutzgesetz v. 24. 8. 1976, BGBl. I S. 2525; Anl. A zuletzt geänd. durch Verordnung v. 25. 6. 1981, BGBl. I S. 572)

(BGBl. III 7110-1)

Inhaltsübersicht

	§§
I. Teil: Ausübung eines Handwerks	
1. Abschnitt: Berechtigung zum selbständigen Betrieb eines Handwerks	1–5
2. Abschnitt: Handwerksrolle	6–17
3. Abschnitt: Handwerksähnliches Gewerbe	18–20
II. Teil: Berufsbildung im Handwerk	
1. Abschnitt: Berechtigung zum Einstellen und Ausbilden	21–24
2. Abschnitt: Ausbildungsordnung, Änderung der Ausbildungszeit	25–27b
3. Abschnitt: Verzeichnis der Berufsausbildungsverhältnisse	28–30
4. Abschnitt: Prüfungswesen	31–40
5. Abschnitt: Regelung und Überwachung der Berufsausbildung	41, 41a
6. Abschnitt: Berufliche Fortbildung, berufliche Umschulung	42, 42a
7. Abschnitt: Berufliche Bildung Behinderter	42b, 42c
8. Abschnitt: Berufsbildungsausschuß	43–44b
III. Teil: Meisterprüfung, Meistertitel	
1. Abschnitt: Meisterprüfung	45–50
2. Abschnitt: Meistertitel	51
IV. Teil: Organisation des Handwerks	
1. Abschnitt: Handwerksinnungen	52–78
2. Abschnitt: Innungsverbände	79–85
3. Abschnitt: Kreishandwerkerschaften	86–89
4. Abschnitt: Handwerkskammern	90–115
V. Teil: Bußgeld-, Übergangs- und Schlußvorschriften	
1. Abschnitt: Bußgeldvorschriften	117–118a
2. Abschnitt: Übergangsvorschriften	119–124
3. Abschnitt: Schlußvorschriften	125–127

	§§
4. Abschnitt: Berlin-Klausel und Inkrafttreten	128, 129
Anlage A: Verzeichnis der Gewerbe, die als Handwerk betrieben werden können	
1. Gruppe: Bau- und Ausbaugewerbe	Nrn. 1–17
2. Gruppe: Metallgewerbe	18–51
3. Gruppe: Holzgewerbe	52–64
4. Gruppe: Bekleidungs-, Textil- und Ledergewerbe	65–82
5. Gruppe: Nahrungsmittelgewerbe	83–88
6. Gruppe: Gewerbe für Gesundheits- und Körperpflege sowie chemische und Reinigungsgewerbe	89–99
7. Gruppe: Glas-, Papier-, keramische und sonstige Gewerbe	100–125
Anlage B: Verzeichnis der Gewerbe, die handwerksähnlich betrieben werden können	
1. Gruppe: Bau- und Ausbaugewerbe	Nrn. 1–7
2. Gruppe: Metallgewerbe	8–11
3. Gruppe: Holzgewerbe	12–18
4. Gruppe: Bekleidungs-, Textil- und Ledergewerbe	19–30
5. Gruppe: Nahrungsmittelgewerbe	31, 32
6. Gruppe: Gewerbe für Gesundheits- und Körperpflege sowie chemische und Reinigungsgewerbe	33–37
7. Gruppe: Sonstige Gewerbe	38–40
Anlage C: Wahlordnung für die Wahlen der Mitglieder der Handwerkskammern	
1. Abschnitt: Zeitpunkt der Wahl, Wahlleiter und Wahlausschuß	§§ 1, 2
2. Abschnitt: Wahlbezirk	3
3. Abschnitt: Stimmbezirke	4
4. Abschnitt: Abstimmungsvorstand	5, 6

3 HandwO §§ 1–3 Handwerksordnung

	§§		§§
5. Abschnitt: Wahlvorschläge	7–11	9. Abschnitt: Beschwerdeverfahren, Kosten	21, 22
6. Abschnitt: Wahl	12–18		
7. Abschnitt: Engere Wahl	19	**Anlage zur Wahlordnung:**	
8. Abschnitt: Wegfall der Wahlhandlung	20	Muster des Wahlausweises für Wahlmänner	

Erster Teil. Ausübung eines Handwerks

Erster Abschnitt. Berechtigung zum selbständigen Betrieb eines Handwerks

§ 1 [Handwerksbetrieb; Eintragung in die Handwerksrolle]. (1) Der selbständige Betrieb eines Handwerks als stehendes Gewerbe ist nur den in der Handwerksrolle eingetragenen natürlichen und juristischen Personen und Personengesellschaften (selbständige Handwerker) gestattet. Personengesellschaften im Sinne dieses Gesetzes sind Personenhandelsgesellschaften und Gesellschaften des Bürgerlichen Rechts.

(2) Ein Gewerbebetrieb ist Handwerksbetrieb im Sinne dieses Gesetzes, wenn er handwerksmäßig betrieben wird und vollständig oder in wesentlichen Tätigkeiten ein Gewerbe umfaßt, das in der Anlage A zu diesem Gesetz aufgeführt ist.

(3) Der Bundesminister für Wirtschaft wird ermächtigt, durch Rechtsverordnung mit Zustimmung des Bundesrates die Anlage A zu diesem Gesetz dadurch zu ändern, daß er darin aufgeführte Gewerbe streicht, ganz oder teilweise zusammenfaßt oder trennt, Bezeichnungen für sie festsetzt oder die Gewerbegruppen aufteilt, soweit es die technische und wirtschaftliche Entwicklung erfordert.

§ 2 [Anwendung des Gesetzes auf öffentlich-rechtliche Unternehmen und Nebenbetriebe]. Die Vorschriften dieses Gesetzes für selbständige Handwerker gelten auch

1. für gewerbliche Betriebe des Bundes, der Länder, der Gemeinden und der sonstigen juristischen Personen des öffentlichen Rechts, in denen Waren zum Absatz an Dritte handwerksmäßig hergestellt oder Leistungen für Dritte handwerksmäßig bewirkt werden,
2. für handwerkliche Nebenbetriebe, die mit einem Versorgungs- oder sonstigen Betrieb der in Nummer 1 bezeichneten öffentlich-rechtlichen Stellen verbunden sind,
3. für handwerkliche Nebenbetriebe, die mit einem Unternehmen des Handwerks, der Industrie, des Handels, der Landwirtschaft oder sonstiger Wirtschafts- und Berufszweige verbunden sind.

§ 3 [Nebenbetrieb; Hilfsbetrieb]. (1) Ein handwerklicher Nebenbetrieb im Sinne des § 2 Nr. 2 und 3 liegt vor, wenn in ihm Waren zum Absatz an Dritte handwerksmäßig hergestellt oder Leistungen für Dritte handwerksmäßig bewirkt werden, es sei denn, daß eine solche Tätigkeit nur in unerheblichem Umfange ausgeübt wird, oder daß es sich um einen Hilfsbetrieb handelt

Handwerksordnung § 4 HandwO 3

(2) Eine Tätigkeit im Sinne des Absatzes 1 ist unerheblich, wenn sie während eines Jahres den durchschnittlichen Umsatz und die durchschnittliche Arbeitszeit eines ohne Hilfskräfte arbeitenden Betriebes des betreffenden Handwerkszweiges nicht übersteigt.

(3) Hilfsbetriebe im Sinne des Absatzes 1 sind unselbständige, der wirtschaftlichen Zweckbestimmung des Hauptbetriebes dienende Handwerksbetriebe, wenn sie

1. Arbeiten für den Hauptbetrieb oder für andere dem Inhaber des Hauptbetriebes ganz oder überwiegend gehörende Betriebe ausführen oder

2. Leistungen an Dritte bewirken, die

   a) als handwerkliche Arbeiten untergeordneter Art zur gebrauchsfertigen Überlassung üblich sind oder

   b) in unentgeltlichen Pflege-, Instandhaltungs- oder Instandsetzungsarbeiten bestehen oder

   c) in entgeltlichen Pflege-, Instandhaltungs- oder Instandsetzungsarbeiten an solchen Gegenständen bestehen, die in dem Hauptbetrieb selbst erzeugt worden sind, sofern die Übernahme dieser Arbeiten bei der Lieferung vereinbart worden ist, oder

   d) auf einer vertraglichen oder gesetzlichen Gewährleistungspflicht beruhen.

§ 4 [Fortführung des Betriebes nach dem Tode des selbständigen Handwerkers oder eines leitenden Gesellschafters]. (1) Nach dem Tode eines selbständigen Handwerkers dürfen der Ehegatte, der Erbe bis zur Vollendung des fünfundzwanzigsten Lebensjahres, der Testamentsvollstrecker, Nachlaßverwalter, Nachlaßkonkursverwalter oder Nachlaßpfleger den Betrieb fortführen. Die Handwerkskammer kann Erben bis zur Dauer von zwei Jahren über das fünfundzwanzigste Lebensjahr hinaus die Fortführung des Betriebes gestatten. Das gleiche gilt für Erben, die beim Tode des Handwerkers das fünfundzwanzigste Lebensjahr bereits vollendet haben.

(2) Nach Ablauf eines Jahres seit dem Tode des selbständigen Handwerkers darf der Betrieb nur fortgeführt werden, wenn er von einem Handwerker geleitet wird, der den Voraussetzungen des § 7 Abs. 1, 2, 3 oder 7 genügt; die Handwerkskammer kann in Härtefällen diese Frist verlängern. Zur Verhütung von Gefahren für die öffentliche Sicherheit kann die höhere Verwaltungsbehörde bereits vor Ablauf der in Satz 1 genannten Frist die Fortführung des Betriebes davon abhängig machen, daß er von einem Handwerker geleitet wird, der den Voraussetzungen des § 7 Abs. 1, 2, 3 oder 7 genügt.

(3) Nach dem Tode eines den Betrieb einer Personengesellschaft leitenden Gesellschafters (§ 7 Abs. 4) dürfen der Ehegatte oder der Erbe bis zur Vollendung des fünfundzwanzigsten Lebensjahres die Leitung des Betriebes für die Dauer eines Jahres übernehmen, ohne den Voraussetzungen des § 7 Abs. 1, 2, 3 oder 7 zu genügen; die Handwerkskammer kann in Härtefällen diese Frist verlängern. Zur Verhütung von Gefahren

für die öffentliche Sicherheit kann die höhere Verwaltungsbehörde die Fortführung des Betriebes davon abhängig machen, daß er von einem Handwerker geleitet wird, der den Voraussetzungen des § 7 Abs. 1, 2, 3 oder 7 genügt.

(4) Die Landesregierungen werden ermächtigt, durch Rechtsverordnung die zuständigen Behörden abweichend von Absatz 2 Satz 2 und Absatz 3 Satz 2 zu bestimmen. Sie können diese Ermächtigung auf oberste Landesbehörden übertragen.

§ 5 [Arbeiten in anderen Handwerken]. Wer ein Handwerk nach § 1 betreibt, kann hierbei auch die mit diesem Handwerk technisch oder fachlich zusammenhängenden Arbeiten in anderen Handwerken ausführen.

Zweiter Abschnitt. Handwerksrolle

§ 6 [Handwerksrolle; Einsichtsrecht]. (1) Die Handwerkskammer hat ein Verzeichnis zu führen, in welches die selbständigen Handwerker ihres Bezirks mit dem von ihnen zu betreibenden Handwerk oder bei Ausübung mehrerer Handwerke mit diesen Handwerken einzutragen sind (Handwerksrolle).

(2) Für die Eintragung eines selbständigen Handwerkers in die Handwerksrolle, der im Geltungsbereich dieses Gesetzes keine gewerbliche Niederlassung unterhält, ist die Handwerkskammer zuständig, in deren Bezirk er den selbständigen Betrieb des Handwerks als stehendes Gewerbe erstmalig beginnen will.

(3) Die Einsicht in die Handwerksrolle ist jedem gestattet, der ein berechtigtes Interesse nachweist.

(4) Der Bundesminister für Wirtschaft bestimmt durch Rechtsverordnung, wie die Handwerksrolle einzurichten ist.

§ 7 [Eintragungen]. (1) In die Handwerksrolle wird eingetragen, wer in dem von ihm zu betreibenden Handwerk oder in einem diesem verwandten Handwerk die Meisterprüfung bestanden hat. Der Bundesminister für Wirtschaft bestimmt durch Rechtsverordnung mit Zustimmung des Bundesrates, welche Handwerke sich so nahestehen, daß die Beherrschung der wesentlichen Kenntnisse und Fertigkeiten des einen Handwerks die fachgerechte Ausübung des anderen Handwerks gewährleistet (verwandte Handwerke).

(2) Der Bundesminister für Wirtschaft kann durch Rechtsverordnung mit Zustimmung des Bundesrates andere, der Meisterprüfung für die Ausübung des betreffenden Handwerks mindestens gleichwertige Prüfungen als ausreichende Voraussetzung für die Eintragung in die Handwerksrolle anerkennen und dabei bestimmen, daß eine zusätzliche praktische Tätigkeit nachzuweisen ist.

(3) In die Handwerksrolle wird ferner eingetragen, wer eine Ausnahmebewilligung nach § 8 oder § 9 für das zu betreibende Handwerk oder für ein diesem verwandtes Handwerk besitzt.

Handwerksordnung §§ 8, 9 HandwO 3

(4) Eine juristische Person wird in die Handwerksrolle eingetragen, wenn der Betriebsleiter den Voraussetzungen der Absätze 1, 2, 3 oder 7 genügt. Eine Personengesellschaft wird in die Handwerksrolle eingetragen, wenn für die technische Leitung ein persönlich haftender Gesellschafter verantwortlich ist, der den Voraussetzungen der Absätze 1, 2, 3 oder 7 genügt.

(5) Der Inhaber eines handwerklichen Nebenbetriebes (§ 2 Nr. 2 und 3) wird in die Handwerksrolle eingetragen, wenn der Leiter des Nebenbetriebes den Voraussetzungen der Absätze 1, 2, 3 oder 7 genügt.

(6) Nach dem Tode eines selbständigen Handwerkers werden der Ehegatte und die Erben in die Handwerksrolle eingetragen, wenn der Betrieb von ihnen nach § 4 fortgeführt wird.

(7) Vertriebene und Sowjetzonenflüchtlinge, die vor ihrer Vertreibung oder Flucht eine der Meisterprüfung gleichwertige Prüfung außerhalb des Geltungsbereichs dieses Gesetzes bestanden haben, sind in die Handwerksrolle einzutragen.

§ 8 [Ausnahmebewilligung]. (1) In Ausnahmefällen ist eine Bewilligung zur Eintragung in die Handwerksrolle (Ausnahmebewilligung) zu erteilen, wenn der Antragsteller die zur selbständigen Ausübung des von ihm zu betreibenden Handwerks notwendigen Kenntnisse und Fertigkeiten nachweist. Ein Ausnahmefall liegt vor, wenn die Ablegung der Meisterprüfung für ihn eine unzumutbare Belastung bedeuten würde.

(2) Die Ausnahmebewilligung kann unter Auflagen oder Bedingungen oder befristet erteilt und auf einen wesentlichen Teil der Tätigkeiten beschränkt werden, die zu einem in der Anlage A zu diesem Gesetz aufgeführten Gewerbe gehören; in diesem Falle genügt der Nachweis der hierfür erforderlichen Kenntnisse und Fertigkeiten.

(3) Die Ausnahmebewilligung wird auf Antrag des Gewerbetreibenden von der höheren Verwaltungsbehörde nach Anhörung der Handwerkskammer erteilt. Die Handwerkskammer hat die Berufsvereinigung, die der Antragsteller benennt, zu hören. Die Landesregierungen werden ermächtigt, durch Rechtsverordnung zu bestimmen, daß abweichend von Satz 1 an Stelle der höheren Verwaltungsbehörde eine andere Behörde zuständig ist. Sie können diese Ermächtigung auf oberste Landesbehörden übertragen.

(4) Gegen die Entscheidung steht neben dem Antragsteller auch der Handwerkskammer der Verwaltungsrechtsweg offen; die Handwerkskammer ist beizuladen.

§ 9 [Ausnahmebewilligung für Angehörige der EWG-Mitgliedstaaten]. Der Bundesminister für Wirtschaft wird ermächtigt, durch Rechtsverordnung mit Zustimmung des Bundesrates zur Durchführung von Richtlinien der Europäischen Wirtschaftsgemeinschaft über die Niederlassungsfreiheit und den freien Dienstleistungsverkehr zu bestimmen, unter welchen Voraussetzungen Staatsangehörigen der übrigen Mitgliedstaaten der Europäischen Wirtschaftsgemeinschaft eine Ausnahmebewilligung zur Eintragung in die Handwerksrolle außer in den Fällen des § 8 Abs. 1 zu erteilen ist. § 8 Abs. 2 bis 4 findet Anwendung.

§ 10 [Handwerkskarte]. (1) Die Eintragung in die Handwerksrolle erfolgt auf Antrag oder von Amts wegen.

(2) Über die Eintragung in die Handwerksrolle hat die Handwerkskammer eine Bescheinigung auszustellen (Handwerkskarte). Der Bundesminister für Wirtschaft bestimmt den Wortlaut der Handwerkskarte. Die Höhe der für die Ausstellung der Handwerkskarte zu entrichtenden Gebühr wird durch die Handwerkskammer mit Genehmigung der obersten Landesbehörde bestimmt.

§ 11 [Mitteilungspflicht der Handwerkskammer]. Die Handwerkskammer hat dem Gewerbetreibenden die beabsichtigte Eintragung in die Handwerksrolle gegen Empfangsbescheinigung mitzuteilen; in gleicher Weise hat sie dies der Industrie- und Handelskammer mitzuteilen, wenn der Gewerbetreibende dieser angehört.

§ 12 [Verwaltungsrechtsweg]. Gegen die Entscheidung über die Eintragung eines der Industrie- und Handelskammer angehörigen Gewerbetreibenden in die Handwerksrolle steht neben dem Gewerbetreibenden auch der Industrie- und Handelskammer der Verwaltungsrechtsweg offen.

§ 13 [Löschung in der Handwerksrolle]. (1) Die Eintragung in die Handwerksrolle wird auf Antrag oder von Amts wegen gelöscht, wenn die Voraussetzungen für die Eintragung nicht vorliegen.

(2) Wird der Gewerbebetrieb nicht handwerksmäßig betrieben, so kann auch die Industrie- und Handelskammer die Löschung der Eintragung beantragen.

(3) Die Handwerkskammer hat dem Gewerbetreibenden die beabsichtigte Löschung der Eintragung in die Handwerksrolle gegen Empfangsbescheinigung mitzuteilen.

(4) Wird die Eintragung in die Handwerksrolle gelöscht, so ist die Handwerkskarte an die Handwerkskammer zurückzugeben.

§ 14 [Beschränkung des Antrags auf Löschung]. Ein in die Handwerksrolle eingetragener selbständiger Handwerker kann die Löschung mit der Begründung, daß der Gewerbebetrieb kein Handwerksbetrieb ist, erst nach Ablauf eines Jahres seit Eintritt der Unanfechtbarkeit der Eintragung und nur dann beantragen, wenn sich die Voraussetzungen für die Eintragung wesentlich geändert haben. Satz 1 gilt für den Antrag der Industrie- und Handelskammer nach § 13 Abs. 2 entsprechend.

§ 15 [Erneuter Eintragungsantrag nach Ablehnung]. Ist einem Gewerbetreibenden die Eintragung in die Handwerksrolle abgelehnt worden, so kann er die Eintragung mit der Begründung, daß der Gewerbebetrieb nunmehr Handwerksbetrieb ist, erst nach Ablauf eines Jahres seit Eintritt der Unanfechtbarkeit der Ablehnung und nur dann beantragen, wenn sich die Voraussetzungen für die Ablehnung wesentlich geändert haben.

§ 16 [Anzeigepflicht bei Betriebsbeginn; Untersagung der Fortsetzung]. (1) Wer den Betrieb eines Handwerks nach § 1 anfängt, hat gleichzeitig mit der nach § 14 der Gewerbeordnung zu erstattenden Anzeige der hiernach zuständigen Behörde die über die Eintragung in der Handwerksrolle ausgestellte Handwerkskarte (§ 10 Abs. 2) vorzulegen.

(2) Der selbständige Handwerker hat ferner der Handwerkskammer, in deren Bezirk seine gewerbliche Niederlassung liegt oder die nach § 6 Abs. 2 für seine Eintragung in die Handwerksrolle zuständig ist, unverzüglich den Beginn und die Beendigung seines Betriebes und in den Fällen des § 4 und des § 7 Abs. 4 und 5 die Bestellung und Abberufung des Betriebsleiters anzuzeigen; bei juristischen Personen sind auch die Namen der gesetzlichen Vertreter, bei Personengesellschaften die Namen der für die technische Leitung verantwortlichen und der vertretungsberechtigten Gesellschafter anzuzeigen.

(3) Wird der selbständige Betrieb eines Handwerks als stehendes Gewerbe entgegen den Vorschriften dieses Gesetzes ausgeübt, so kann die zuständige Behörde von Amts wegen oder auf Antrag der Handwerkskammer die Fortsetzung des Betriebes untersagen. Lehnt die Behörde einen Antrag nach Satz 1 ab, so steht der Handwerkskammer der Verwaltungsrechtsweg offen. Die Industrie- und Handelskammer ist beizuladen. Die Landesregierung oder die von ihr ermächtigte Stelle bestimmt die zuständige Behörde.

(4) Die Ausübung des untersagten Gewerbes durch den Gewerbetreibenden kann durch Schließung der Betriebs- und Geschäftsräume oder durch andere geeignete Maßnahmen verhindert werden.

§ 17 [Auskunftspflicht und -verweigerungsrecht; Betriebsüberwachung]. (1) Die in der Handwerksrolle eingetragenen oder in diese einzutragenden Gewerbetreibenden sind verpflichtet, der Handwerkskammer die für die Eintragung in die Handwerksrolle erforderliche Auskunft über Art und Umfang ihres Betriebes, über die Zahl der im Betrieb beschäftigten gelernten und ungelernten Personen und über handwerkliche Prüfungen des Betriebsinhabers und des Betriebsleiters zu geben.

(2) Die Beauftragten der Handwerkskammer sind befugt, zu dem in Absatz 1 bezeichneten Zweck Grundstücke und Geschäftsräume des Auskunftspflichtigen zu betreten und dort Prüfungen und Besichtigungen vorzunehmen. Der Auskunftspflichtige hat diese Maßnahmen zu dulden. Das Grundrecht der Unverletzlichkeit der Wohnung (Artikel 13 des Grundgesetzes) wird insoweit eingeschränkt.

(3) Der Auskunftspflichtige kann die Auskunft auf solche Fragen verweigern, deren Beantwortung ihn selbst oder einen der in § 383 Abs. 1

3 HandwO §§ 18–21 Handwerksordnung

Nr. 1 bis 3 der Zivilprozeßordnung bezeichneten Angehörigen[1] der Gefahr strafgerichtlicher Verfolgung oder eines Verfahrens nach dem Gesetz über Ordnungswidrigkeiten aussetzen würde.

Dritter Abschnitt. Handwerksähnliche Gewerbe

§ 18 [Handwerksähnliche Gewerbe; Anzeigepflicht]. (1) Wer den selbständigen Betrieb eines handwerksähnlichen Gewerbes als stehendes Gewerbe beginnt oder beendet, hat dies unverzüglich der Handwerkskammer, in deren Bezirk seine gewerbliche Niederlassung liegt, anzuzeigen. Bei juristischen Personen sind auch die Namen der gesetzlichen Vertreter, bei Personengesellschaften die Namen der vertretungsberechtigten Gesellschafter anzuzeigen.

(2) Ein Gewerbe ist handwerksähnlich im Sinne dieses Gesetzes, wenn es in einer handwerksähnlichen Betriebsform betrieben wird und in der Anlage B zu diesem Gesetz aufgeführt ist.

(3) Der Bundesminister für Wirtschaft wird ermächtigt, durch Rechtsverordnung mit Zustimmung des Bundesrates die Anlage B zu diesem Gesetz dadurch zu ändern, daß er darin aufgeführte Gewerbe streicht, ganz oder teilweise zusammenfaßt oder trennt, Bezeichnungen für sie festsetzt oder die Gewerbegruppen aufteilt, soweit es die technische und wirtschaftliche Entwicklung erfordert.

§ 19 [Verzeichnis der Inhaber handwerksähnlicher Betriebe]. (1) Die Handwerkskammer hat ein Verzeichnis zu führen, in welches die Inhaber handwerksähnlicher Betriebe ihres Bezirks mit dem von ihnen betriebenen handwerksähnlichen Gewerbe oder bei Ausübung mehrerer handwerksähnlicher Gewerbe mit diesen Gewerben einzutragen sind.

(2) Die Einsicht in dieses Verzeichnis ist jedem gestattet, der ein berechtigtes Interesse nachweist.

§ 20 [Anwendbarkeit von Vorschriften]. Auf handwerksähnliche Gewerbe finden § 10 Abs. 1, die §§ 11, 12, 13 Abs. 1 bis 3, §§ 14, 15 und 17 entsprechende Anwendung.

Zweiter Teil. Berufsbildung im Handwerk

Erster Abschnitt. Berechtigung zum Einstellen und Ausbilden

§ 21 [Persönliche und fachliche Eignung]. (1) Lehrlinge (Auszubildende) darf nur einstellen, wer persönlich geeignet ist. Lehrlinge

---

[1] Die Nrn. 1 bis 3 des § 383 Abs. 1 Zivilprozeßordnung lauten:

„1. der Verlobte einer Partei;

2. der Ehegatte einer Partei, auch wenn die Ehe nicht mehr besteht;

3. diejenigen, die mit einer Partei in gerader Linie verwandt, verschwägert oder durch Adoption verbunden oder in der Seitenlinie bis zum dritten Grade verwandt oder bis zum zweiten Grade verschwägert sind, auch wenn die Ehe, durch welche die Schwägerschaft begründet ist, nicht mehr besteht."

Handwerksordnung § 22 **HandwO 3**

(Auszubildende) darf nur ausbilden, wer persönlich und fachlich geeignet ist.

(2) Persönlich nicht geeignet ist insbesondere, wer
1. Kinder und Jugendliche nicht beschäftigen darf oder
2. wiederholt oder schwer gegen dieses Gesetz oder die auf Grund dieses Gesetzes erlassenen Vorschriften und Bestimmungen verstoßen hat.

(3) Fachlich geeignet ist, wer die Meisterprüfung in dem Handwerk, in dem ausgebildet werden soll, bestanden und das vierundzwanzigste Lebensjahr vollendet hat oder wer nach § 22 ausbildungsberechtigt ist.

(4) Wer fachlich nicht geeignet ist oder wer nicht selbst ausbildet, darf Lehrlinge (Auszubildende) nur dann einstellen, wenn er einen Ausbilder bestellt, der persönlich und fachlich für die Berufsausbildung geeignet ist.

§ 22 [Fachliche Eignung]. (1) Wer eine Abschlußprüfung an einer deutschen Technischen Hochschule oder einer öffentlichen oder staatlich anerkannten deutschen Ingenieurschule bestanden hat, ist in dem Handwerk fachlich geignet, das der Fachrichtung dieser Abschlußprüfung entspricht, wenn er in dem Handwerk, in dem ausgebildet werden soll, die Gesellenprüfung oder eine entsprechende Abschlußprüfung bestanden hat oder mindestens vier Jahre praktisch tätig gewesen ist.

(2) Wer eine anerkannte Prüfung einer Ausbildungsstätte oder vor einer Prüfungsbehörde bestanden hat, ist für die Berufsausbildung in einem Handwerk fachlich geeignet, wenn er in dem Handwerk, in dem ausgebildet werden soll, die Gesellenprüfung oder eine entsprechende Abschlußprüfung bestanden hat oder mindestens vier Jahre praktisch tätig gewesen ist. Der Bundesminister für Wirtschaft kann im Einvernehmen mit dem Bundesminister für Bildung und Wissenschaft nach Anhören des Bundesausschusses für Berufsbildung durch Rechtsverordnung, die nicht der Zustimmung des Bundesrates bedarf, bestimmen, welche Prüfungen für welche Handwerke anerkannt werden.

(3) Die nach Landesrecht zuständige Behörde kann Personen, die den Voraussetzungen der Absätze 1 und 2 oder des § 21 Abs. 3 nicht entsprechen, die fachliche Eignung nach Anhören der Handwerkskammer widerruflich zuerkennen.

(4) In Handwerksbetrieben, die nach dem Tode des selbständigen Handwerkers für Rechnung des Ehegatten oder der nach § 4 berechtigten Erben fortgeführt werden, können bis zum Ablauf eines Jahres nach dem Tode des Ausbildenden auch Personen als für die Berufsausbildung fachlich geeignet gelten, welche die Meisterprüfung nicht abgelegt haben, sofern sie in dem Handwerk, in dem ausgebildet werden soll, die Gesellenprüfung oder eine entsprechende Abschlußprüfung bestanden haben oder mindestens vier Jahre selbständig oder als Werkmeister oder in ähnlicher Stellung tätig gewesen sind. Die nach Landesrecht zuständige Behörde kann in begründeten Fällen nach Anhören der Handwerkskammer diese Frist verlängern.

3 HandwO §§ 23–25 Handwerksordnung

§ 23 [Eignung der Ausbildungsstätte]. (1) Lehrlinge (Auszubildende) dürfen nur eingestellt werden, wenn

1. die Ausbildungsstätte nach Art und Einrichtung für die Berufsausbildung geeignet ist,
2. die Zahl der Lehrlinge (Auszubildenden) in einem angemessenen Verhältnis zur Zahl der Ausbildungsplätze oder zur Zahl der beschäftigten Fachkräfte steht, es sei denn, daß anderenfalls die Berufsausbildung nicht gefährdet wird.

(2) Eine Ausbildungsstätte, in der die erforderlichen Kenntnisse und Fertigkeiten nicht in vollem Umfang vermittelt werden können, gilt als geeignet, wenn dieser Mangel durch Ausbildungsmaßnahmen außerhalb der Ausbildungsstätte behoben wird.

§ 23a [Eignungsfeststellung]. (1) Die Handwerkskammer hat darüber zu wachen, daß die persönliche und fachliche Eignung sowie die Eignung der Ausbildungsstätte vorliegen.

(2) Werden Mängel der Eignung festgestellt, so hat die Handwerkskammer, falls der Mangel zu beheben und eine Gefährdung des Lehrlings (Auszubildenden) nicht zu erwarten ist, den Ausbildenden aufzufordern, innerhalb einer von ihr gesetzten Frist den Mangel zu beseitigen. Ist der Mangel der Eignung nicht zu beheben oder ist eine Gefährdung des Lehrlings (Auszubildenden) zu erwarten oder wird der Mangel nicht innerhalb der gesetzten Frist beseitigt, so hat die Handwerkskammer der nach Landesrecht zuständigen Behörde dies mitzuteilen.

§ 24 [Untersagung des Einstellens und Ausbildens]. (1) Die nach Landesrecht zuständige Behörde hat das Einstellen und Ausbilden zu untersagen, wenn die persönliche oder fachliche Eignung nicht oder nicht mehr vorliegt.

(2) Die nach Landesrecht zuständige Behörde hat ferner für eine bestimmte Ausbildungsstätte das Einstellen und Ausbilden zu untersagen, wenn die Voraussetzungen nach § 23 nicht oder nicht mehr vorliegen.

(3) Vor der Untersagung sind die Beteiligten und die Handwerkskammer zu hören. Dies gilt nicht in den Fällen des § 21 Abs. 2 Nr. 1.

Zweiter Abschnitt. Ausbildungsordnung, Änderung der Ausbildungszeit

§ 25 [Ausbildungsordnung]. (1) Als Grundlage für eine geordnete und einheitliche Berufsausbildung sowie zu ihrer Anpassung an die technischen, wirtschaftlichen und gesellschaftlichen Erfordernisse und deren Entwicklung kann der Bundesminister für Wirtschaft im Einvernehmen mit dem Bundesminister für Bildung und Wissenschaft durch Rechtsverordnung, die nicht der Zustimmung des Bundesrates bedarf, für die staatlich anerkannten Ausbildungsberufe (Handwerke) Ausbildungsordnungen erlassen.

(2) Die Ausbildungsordnung hat mindestens festzulegen

Handwerksordnung §§ 26, 26a **HandwO 3**

1. die Ausbildungsdauer; sie soll nicht mehr als drei und nicht weniger als zwei Jahre betragen,
2. die Fertigkeiten und Kenntnisse, die Gegenstand der Berufsausbildung sind (Ausbildungsberufsbild),
3. eine Anleitung zur sachlichen und zeitlichen Gliederung der Fertigkeiten und Kenntnisse (Ausbildungsrahmenplan),
4. die Prüfungsanforderungen.

In der Ausbildungsordnung kann vorgesehen werden, daß berufliche Bildung durch Fernunterricht vermittelt wird. Dabei kann bestimmt werden, daß nur solche Fernlehrgänge verwendet werden dürfen, die nach § 12 Abs. 1 des Fernunterrichtsschutzgesetzes vom 24. August 1976 (Bundesgesetzbl. I S. 2525) zugelassen oder nach § 15 Abs. 1 des Fernunterrichtsschutzgesetzes als geeignet anerkannt worden sind.

(3) Werden Gewerbe in der Anlage A zu diesem Gesetz gestrichen, zusammengefaßt oder getrennt und wird das Berufsausbildungsverhältnis nicht gekündigt (§ 15 Abs. 2 Nr. 2 Berufsbildungsgesetz), so gelten für die weitere Berufsausbildung die bisherigen Vorschriften.

§ 26 [Stufenausbildung]. (1) Die Ausbildungsordnung kann sachlich und zeitlich besonders geordnete, aufeinander aufbauende Stufen der Berufsausbildung festlegen. Nach den einzelnen Stufen soll sowohl ein Ausbildungsabschluß, der zu einer Berufstätigkeit befähigt, die dem erreichten Ausbildungsstand entspricht, als auch die Fortsetzung der Berufsausbildung in weiteren Stufen möglich sein.

(2) In einer ersten Stufe beruflicher Grundbildung sollen als breite Grundlage für die weiterführende berufliche Fachbildung und als Vorbereitung auf eine vielseitige berufliche Tätigkeit Grundfertigkeiten und Grundkenntnisse vermittelt und Verhaltensweisen geweckt werden, die einem möglichst großen Bereich von Tätigkeiten gemeinsam sind.

(3) In einer darauf aufbauenden Stufe allgemeiner beruflicher Fachbildung soll die Berufsausbildung möglichst für mehrere Fachrichtungen gemeinsam fortgeführt werden. Dabei ist besonders das fachliche Verständnis zu vertiefen und die Fähigkeit des Lehrlings (Auszubildenden) zu fördern, sich schnell in neue Aufgaben und Tätigkeiten einzuarbeiten.

(4) In weiteren Stufen der besonderen beruflichen Fachbildung sollen die zur Ausübung einer qualifizierten Berufstätigkeit erforderlichen praktischen und theoretischen Kenntnisse und Fertigkeiten vermittelt werden.

(5) Die Ausbildungsordnung kann bestimmen, daß bei Prüfungen die vor Abschluß einzelner Stufen abgenommen werden, die Vorschriften über die Gesellenprüfung entsprechend gelten.

(6) In den Fällen des Absatzes 1 kann die Ausbildungsdauer (§ 25 Abs. 2 Nr. 1) unterschritten werden.

§ 26a [Berufsausbildung außerhalb der Ausbildungsstätte]. Die Ausbildungsordnung kann festlegen, daß die Berufsausbildung in geeigneten Einrichtungen außerhalb der Ausbildungsstätte durchgeführt wird, wenn und soweit es die Berufsausbildung erfordert.

3 HandwO §§ 27–29   Handwerksordnung

§ 27 [Ausschließlichkeitsgrundsatz]. (1) Für einen anerkannten Ausbildungsberuf darf nur nach der Ausbildungsordnung ausgebildet werden.

(2) Zur Entwicklung und Erprobung neuer Ausbildungsformen kann der Bundesminister für Wirtschaft im Einvernehmen mit dem Bundesminister für Bildung und Wissenschaft nach Anhören des Bundesausschusses für Berufsbildung (§§ 50ff. Berufsbildungsgesetz) durch Rechtsverordnung, die nicht der Zustimmung des Bundesrates bedarf, Ausnahmen zulassen, die auch auf eine bestimmte Art und Zahl von Ausbildungsstätten beschränkt werden können.

§ 27 a [Abkürzung und Verlängerung der Ausbildungszeit]. (1) Der Bundesminister für Wirtschaft kann im Einvernehmen mit dem Bundesminister für Bildung und Wissenschaft nach Anhören des Bundesausschusses für Berufsbildung durch Rechtsverordnung bestimmen, daß der Besuch einer berufsbildenden Schule oder die Berufsausbildung in einer sonstigen Einrichtung ganz oder teilweise auf die Ausbildungszeit anzurechnen ist.

(2) Die Handwerkskammer hat auf Antrag die Ausbildungszeit zu kürzen, wenn zu erwarten ist, daß der Lehrling (Auszubildende) das Ausbildungsziel in der gekürzten Zeit erreicht.

(3) In Ausnahmefällen kann die Handwerkskammer auf Antrag des Lehrlings (Auszubildenden) die Ausbildungszeit verlängern, wenn die Verlängerung erforderlich ist, um das Ausbildungsziel zu erreichen.

(4) Vor der Entscheidung nach den Absätzen 2 und 3 sind die Beteiligten zu hören.

§ 27 b [Gesamtausbildungszeit]. Werden in einem Betrieb zwei verwandte Handwerke ausgeübt, so kann in beiden Handwerken in einer verkürzten Gesamtausbildungszeit gleichzeitig ausgebildet werden. Der Bundesminister für Wirtschaft bestimmt im Einvernehmen mit dem Bundesminister für Bildung und Wissenschaft durch Rechtsverordnung für welche verwandte Handwerke eine Gesamtausbildungszeit vereinbart werden kann und die Dauer der Gesamtausbildungszeit.

Dritter Abschnitt. Verzeichnis der Berufsausbildungsverhältnisse

§ 28 [Einrichten, Führen]. Die Handwerkskammer hat für anerkannte Ausbildungsberufe (Handwerke) ein Verzeichnis der Berufsausbildungsverhältnisse einzurichten und zu führen, in das der wesentliche Inhalt des Berufsausbildungsvertrages einzutragen ist (Lehrlingsrolle). Die Eintragung ist für den Lehrling (Auszubildenden) gebührenfrei.

§ 29 [Eintragen, Ändern, Löschen]. (1) Ein Berufsausbildungsvertrag und Änderungen seines wesentlichen Inhalts sind in die Lehrlingsrolle einzutragen, wenn

1. der Berufsausbildungsvertrag den gesetzlichen Vorschriften und der Ausbildungsordnung entspricht,

Handwerksordnung §§ 30–33 **HandwO 3**

2. die persönliche und fachliche Eignung sowie die Eignung der Ausbildungsstätte für das Einstellen und Ausbilden vorliegen und

3. für Auszubildende unter 18 Jahren die ärztliche Bescheinigung über die Erstuntersuchung nach § 32 Abs. 1 des Jugendarbeitsschutzgesetzes zur Einsicht vorgelegt wird.

(2) Die Eintragung ist abzulehnen oder zu löschen, wenn die Eintragungsvoraussetzungen nicht vorliegen und der Mangel nicht nach § 23a Abs. 2 behoben wird. Die Eintragung ist ferner zu löschen, wenn die ärztliche Bescheinigung über die erste Nachuntersuchung nach § 33 Abs. 1 des Jugendarbeitsschutzgesetzes nicht spätestens am Tage der Anmeldung des Auszubildenden zur Zwischenprüfung zur Einsicht vorgelegt und der Mangel nicht nach § 23a Abs. 2 behoben wird.

§ 30 [Antrag]. (1) Der Ausbildende hat unverzüglich nach Abschluß des Berufsausbildungsvertrages die Eintragung in die Lehrlingsrolle zu beantragen. Eine Ausfertigung der Vertragsniederschrift ist beizufügen. Entsprechendes gilt bei Änderungen des wesentlichen Vertragsinhalts.

(2) Der Ausbildende hat anzuzeigen

1. eine vorausgegangene allgemeine und berufliche Ausbildung des Lehrlings (Auszubildenden),

2. die Bestellung von Ausbildern.

Vierter Abschnitt. Prüfungswesen

§ 31 [Gesellenprüfungen]. (1) In den anerkannten Ausbildungsberufen (Handwerken) sind Gesellenprüfungen durchzuführen. Die Prüfung kann zweimal wiederholt werden.

(2) Dem Prüfling ist ein Zeugnis auszustellen.

(3) Die Prüfung ist für den Lehrling (Auszubildenden) gebührenfrei.

§ 32 [Prüfungsgegenstand]. Durch die Gesellenprüfung ist festzustellen, ob der Prüfling die erforderlichen Fertigkeiten beherrscht, die notwendigen praktischen und theoretischen Kenntnisse besitzt und mit dem ihm im Berufsschulunterricht vermittelten, für die Berufsausbildung wesentlichen Lehrstoff vertraut ist. Die Ausbildungsordnung ist zugrunde zu legen.

§ 33 [Prüfungsausschüsse]. (1) Für die Abnahme der Gesellenprüfung errichtet die Handwerkskammer Prüfungsausschüsse. Mehrere Handwerkskammern können bei einer von ihnen gemeinsame Prüfungsausschüsse errichten. Die Handwerkskammer kann Handwerksinnungen ermächtigen, Gesellenprüfungsausschüsse zu errichten, wenn die Leistungsfähigkeit der Handwerksinnung die ordnungsgemäße Durchführung der Prüfung sicherstellt.

(2) Werden von einer Handwerksinnung Gesellenprüfungsausschüsse errichtet, so sind sie für die Abnahme der Gesellenprüfung aller Lehrlinge (Auszubildenden) der in der Handwerksinnung vertretenen Hand-

3 HandwO §§ 34, 35   Handwerksordnung

werke ihres Bezirks zuständig, soweit nicht die Handwerkskammer etwas anderes bestimmt.

§ 34 [Zusammensetzung, Berufung]. (1) Der Prüfungsausschuß besteht aus mindestens drei Mitgliedern. Die Mitglieder müssen für die Prüfungsgebiete sachkundig und für die Mitwirkung im Prüfungswesen geeignet sein.

(2) Dem Prüfungsausschuß müssen als Mitglieder selbständige Handwerker und Arbeitnehmer in gleicher Zahl sowie mindestens ein Lehrer einer berufsbildenden Schule angehören. Mindestens zwei Drittel der Gesamtzahl der Mitglieder müssen selbständige Handwerker und Arbeitnehmer sein. Die Mitglieder haben Stellvertreter.

(3) Die selbständigen Handwerker müssen in dem Handwerk, für das der Prüfungsausschuß errichtet ist, die Meisterprüfung abgelegt haben oder zum Ausbilden berechtigt sein. Die Arbeitnehmer müssen die Gesellenprüfung in dem Handwerk, für das der Prüfungsausschuß errichtet ist, abgelegt haben und in dem Betrieb eines selbständigen Handwerkers beschäftigt sein.

(4) Die Mitglieder werden von der Handwerkskammer längstens für drei Jahre berufen. Die Arbeitnehmer der von der Handwerkskammer errichteten Prüfungsausschüsse werden auf Vorschlag der Mehrheit der Gesellenvertreter in der Vollversammlung der Handwerkskammer berufen. Der Lehrer einer berufsbildenden Schule wird im Einvernehmen mit der Schulaufsichtsbehörde oder der von ihr bestimmten Stelle berufen.

(5) Für die mit Ermächtigung der Handwerkskammer von der Handwerksinnung errichteten Prüfungsausschüsse werden die selbständigen Handwerker von der Innungsversammlung, die Arbeitnehmer von dem Gesellenausschuß gewählt. Der Lehrer einer berufsbildenden Schule wird im Einvernehmen mit der Schulaufsichtsbehörde oder der von ihr bestimmten Stelle nach Anhörung der Handwerksinnung von der Handwerkskammer berufen.

(6) Die Mitglieder der Prüfungsausschüsse können nach Anhörung der an ihrer Berufung Beteiligten aus wichtigem Grund abberufen werden. Die Absätze 4 und 5 gelten für die Stellvertreter entsprechend.

(7) Die Tätigkeit im Prüfungsausschuß ist ehrenamtlich. Für bare Auslagen und für Zeitversäumnis ist, soweit eine Entschädigung nicht von anderer Seite gewährt wird, eine angemessene Entschädigung zu zahlen, deren Höhe von der Handwerkskammer mit Genehmigung der obersten Landesbehörde festgesetzt wird.

(8) Von Absatz 2 darf nur abgewichen werden, wenn anderenfalls die erforderliche Zahl von Mitgliedern des Prüfungsausschusses nicht berufen werden kann.

§ 35 [Vorsitz, Beschlußfähigkeit, Abstimmung]. Der Prüfungsausschuß wählt aus seiner Mitte einen Vorsitzenden und dessen Stellvertreter. Der Vorsitzende und sein Stellvertreter sollen nicht derselben Mitgliedergruppe angehören. Der Prüfungsausschuß ist beschlußfähig,

Handwerksordnung **§§ 36–39 HandwO 3**

wenn zwei Drittel der Mitglieder, mindestens drei, mitwirken. Er beschließt mit der Mehrheit der abgegebenen Stimmen. Bei Stimmengleichheit gibt die Stimme des Vorsitzenden den Ausschlag.

§ 36 [Zulassung zur Gesellenprüfung]. (1) Zur Gesellenprüfung ist zuzulassen,

1. wer die Ausbildungszeit zurückgelegt hat oder wessen Ausbildungszeit nicht später als zwei Monate nach dem Prüfungstermin endet,
2. wer an vorgeschriebenen Zwischenprüfungen teilgenommen sowie vorgeschriebene Berichtshefte geführt hat und
3. wessen Berufsausbildungsverhältnis in die Lehrlingsrolle eingetragen oder aus einem Grunde nicht eingetragen ist, den weder der Lehrling (Auszubildende) noch dessen gesetzlicher Vertreter zu vertreten hat.

(2) Über die Zulassung zur Gesellenprüfung entscheidet der Vorsitzende des Prüfungsausschusses. Hält er die Zulassungsvoraussetzungen nicht für gegeben, so entscheidet der Prüfungsausschuß.

§ 37 [Zulassung in besonderen Fällen]. (1) Der Lehrling (Auszubildende) kann nach Anhören des Ausbildenden und der Berufsschule vor Ablauf seiner Ausbildungszeit zur Gesellenprüfung zugelassen werden, wenn seine Leistungen dies rechtfertigen.

(2) Zur Gesellenprüfung ist auch zugelassen, wer nachweist, daß er mindestens das Zweifache der Zeit, die als Ausbildungszeit vorgeschrieben ist, in dem Beruf tätig gewesen ist, in dem er die Prüfung ablegen will. Hiervon kann abgesehen werden, wenn durch Vorlage von Zeugnissen oder auf andere Weise glaubhaft dargetan wird, daß der Bewerber Kenntnisse und Fertigkeiten erworben hat, die die Zulassung zur Prüfung rechtfertigen.

(3) Zur Gesellenprüfung ist ferner zuzulassen, wer in einer berufsbildenden Schule oder einer sonstigen Einrichtung ausgebildet worden ist, wenn diese Ausbildung der Berufsausbildung in einem anerkannten Ausbildungsberuf (Handwerk) entspricht. Der Bundesminister für Wirtschaft kann im Einvernehmen mit dem Bundesminister für Bildung und Wissenschaft nach Anhören des Bundesausschusses für Berufsbildung durch Rechtsverordnung bestimmen, welche Schulen oder Einrichtungen die Voraussetzungen des Satzes 1 erfüllen.

§ 38 [Prüfungsordnung]. (1) Die Handwerkskammer hat eine Prüfungsordnung für die Gesellenprüfung zu erlassen. Die Prüfungsordnung muß die Zulassung, die Gliederung der Prüfung, die Bewertungsmaßstäbe, die Erteilung der Prüfungszeugnisse, die Folgen von Verstößen gegen die Prüfungsordnung und die Wiederholungsprüfung regeln. Der Bundesausschuß für Berufsbildung erläßt für die Prüfungsordnung Richtlinien.

(2) Die Prüfungsordnung bedarf der Genehmigung der zuständigen obersten Landesbehörde.

§ 39 [Zwischenprüfungen]. Während der Berufsausbildung ist zur Ermittlung des Ausbildungsstandes mindestens eine Zwischenprüfung

3 HandwO §§ 40–42 Handwerksordnung

entsprechend der Ausbildungsordnung durchzuführen, bei der Stufenausbildung für jede Stufe. §§ 31 bis 33 gelten entsprechend.

§ 40 [Gleichstellung von Prüfungszeugnissen]. (1) Der Bundesminister für Wirtschaft kann im Einvernehmen mit dem Bundesminister für Bildung und Wissenschaft nach Anhören des Bundesausschusses für Berufsbildung durch Rechtsverordnung Prüfungszeugnisse von Ausbildungsstätten oder Prüfungsbehörden den Zeugnissen über das Bestehen der Gesellenprüfung gleichstellen, wenn die Berufsausbildung und die in der Prüfung nachzuweisenden Fertigkeiten und Kenntnisse gleichwertig sind.

(2) Der Bundesminister für Wirtschaft kann im Einvernehmen mit dem Bundesminister für Bildung und Wissenschaft nach Anhören des Bundesausschusses für Berufsbildung durch Rechtsverordnung außerhalb des Geltungsbereichs dieses Gesetzes erworbene Prüfungszeugnisse den entsprechenden Zeugnissen über das Bestehen der Gesellenprüfung gleichstellen, wenn in den Prüfungen der Gesellenprüfung gleichwertige Anforderungen gestellt werden.

Fünfter Abschnitt. Regelung und Überwachung der Berufsausbildung

§ 41 [Regelungsbefugnis]. Soweit Vorschriften nicht bestehen, regelt die Handwerkskammer die Durchführung der Berufsausbildung im Rahmen der gesetzlichen Vorschriften.

§ 41a [Überwachung]. (1) Die Handwerkskammer überwacht die Durchführung der Berufsausbildung und fördert sie durch Beratung der Ausbildenden und der Lehrlinge (Auszubildenden). Sie hat zu diesem Zweck Ausbildungsberater zu bestellen. § 111 ist anzuwenden.

(2) Die zuständige Stelle teilt der Aufsichtsbehörde nach dem Jugendarbeitsschutzgesetz Wahrnehmungen mit, die für die Durchführung des Jugendarbeitsschutzgesetzes von Bedeutung sein können.

Sechster Abschnitt. Berufliche Fortbildung, berufliche Umschulung

§ 42 [Berufliche Fortbildung]. (1) Zum Nachweis von Kenntnissen, Fertigkeiten und Erfahrungen, die durch berufliche Fortbildung erworben worden sind, kann die Handwerkskammer Prüfungen durchführen; sie müssen den besonderen Erfordernissen beruflicher Erwachsenenbildung entsprechen. Die Vorschriften über die Meisterprüfung bleiben unberührt. Die Handwerkskammer regelt den Inhalt, das Ziel, die Anforderungen, das Verfahren dieser Prüfungen, die Zulassungsvoraussetzungen und errichtet Prüfungsausschüsse; § 31 Abs. 2, §§ 34, 35, 38 und 40 gelten entsprechend.

(2) Als Grundlage für eine geordnete und einheitliche berufliche Fortbildung sowie zu ihrer Anpassung an die technischen, wirtschaftlichen und gesellschaftlichen Erfordernisse und deren Entwicklung kann der Bundesminister für Bildung und Wissenschaft im Einvernehmen mit

dem Bundesminister für Wirtschaft nach Anhören des Bundesausschusses für Berufsbildung durch Rechtsverordnung, die nicht der Zustimmung des Bundesrates bedarf, den Inhalt, das Ziel, die Prüfungsanforderungen, das Prüfungsverfahren sowie die Zulassungsvoraussetzungen und die Bezeichnung des Abschlusses bestimmen. In der Rechtsverordnung kann ferner vorgesehen werden, daß die berufliche Fortbildung durch Fernunterricht vermittelt wird. Dabei kann bestimmt werden, daß nur solche Fernlehrgänge verwendet werden dürfen, die nach § 12 Abs. 1 des Fernunterrichtsschutzgesetzes zugelassen oder nach § 15 Abs. 1 des Fernunterrichtsschutzgesetzes als geeignet anerkannt worden sind.

§ 42a [Berufliche Umschulung]. (1) Maßnahmen der beruflichen Umschulung müssen nach Inhalt, Art, Ziel und Dauer den besonderen Erfordernissen der beruflichen Erwachsenenbildung entsprechen.

(2) Zum Nachweis von Kenntnissen, Fertigkeiten und Erfahrungen, die durch berufliche Umschulung erworben worden sind, kann die Handwerkskammer Prüfungen durchführen; sie müssen den besonderen Erfordernissen beruflicher Erwachsenenbildung entsprechen. Die Handwerkskammer regelt den Inhalt, das Ziel, die Anforderungen, das Verfahren dieser Prüfungen, die Zulassungsvoraussetzungen und errichtet Prüfungsausschüsse; § 31 Abs. 2, §§ 34, 35, 38, 40 und 42 Abs. 2 gelten entsprechend.

(3) Bei der Umschulung für einen anerkannten Ausbildungsberuf sind das Ausbildungsberufsbild (§ 25 Abs. 2 Nr. 2), der Ausbildungsrahmenplan (§ 25 Abs. 2 Nr. 3) und die Prüfungsanforderungen (§ 25 Abs. 2 Nr. 4) unter Berücksichtigung der besonderen Erfordernisse der beruflichen Erwachsenenbildung zugrunde zu legen. Der Bundesminister für Bildung und Wissenschaft kann im Einvernehmen mit dem Bundesminister für Wirtschaft nach Anhören des Bundesausschusses für Berufsbildung durch Rechtsverordnung, die nicht der Zustimmung des Bundesrates bedarf, Inhalt, Art, Ziel und Dauer der beruflichen Umschulung bestimmen.

(4) Die Handwerkskammer hat die Durchführung der Umschulung zu überwachen. §§ 23a, 24 und 41a gelten entsprechend.

Siebenter Abschnitt. Berufliche Bildung Behinderter

§ 42b [Berufsausbildung]. (1) Für die Berufsausbildung körperlich, geistig oder seelisch Behinderter gilt, soweit es Art und Schwere der Behinderung erfordern, § 27 nicht.

(2) Regelungen nach § 41 sollen die besonderen Verhältnisse der Behinderten berücksichtigen.

(3) In den Fällen der Absätze 1 und 2 ist

1. der Berufsausbildungsvertrag mit einem Behinderten in das Verzeichnis der Berufsausbildungsverhältnisse (§ 28) einzutragen,
2. der Behinderte zur Abschlußprüfung auch zuzulassen, wenn die Voraussetzungen des § 36 Abs. 1 nicht vorliegen.

§ 42c [Berufliche Fortbildung und Umschulung]. Für die berufliche Fortbildung (§ 42) und die berufliche Umschulung (§ 42a) körperlich, geistig oder seelisch Behinderter gilt § 42b entsprechend, soweit es Art und Schwere der Behinderung erfordern.

Achter Abschnitt. Berufsbildungsausschuß

§ 43 [Errichtung]. (1) Die Handwerkskammer errichtet einen Berufsbildungsausschuß. Ihm gehören sechs selbständige Handwerker, sechs Arbeitnehmer und sechs Lehrer an berufsbildenden Schulen an, die Lehrer mit beratender Stimme.

(2) Die selbständigen Handwerker werden von der Gruppe der selbständigen Handwerker, die Arbeitnehmer von der Gruppe der Vertreter der Gesellen in der Vollversammlung gewählt. Die Lehrer an berufsbildenden Schulen werden von der nach Landesrecht zuständigen Behörde längstens für vier Jahre als Mitglieder berufen.

(3) § 34 Abs. 7 gilt entsprechend.

(4) Die Mitglieder können nach Anhören der an ihrer Berufung Beteiligten aus wichtigem Grund abberufen werden.

(5) Die Mitglieder haben Stellvertreter, die bei Verhinderung der Mitglieder an deren Stelle treten. Absätze 1 bis 4 gelten für die Stellvertreter entsprechend.

(6) Der Berufsbildungsausschuß wählt aus seiner Mitte einen Vorsitzenden und dessen Stellvertreter. Der Vorsitzende und sein Stellvertreter sollen nicht derselben Mitgliedergruppe angehören.

§ 44 [Aufgaben]. (1) Der Berufsbildungsausschuß ist in allen wichtigen Angelegenheiten der beruflichen Bildung zu unterrichten und zu hören.

(2) Vor einer Beschlußfassung in der Vollversammlung über Vorschriften zur Durchführung der Berufsbildung, insbesondere nach §§ 41, 42 und 42a, ist die Stellungnahme des Berufsbildungsausschusses einzuholen. Der Berufsbildungsausschuß kann der Vollversammlung auch von sich aus Vorschläge für Vorschriften zur Durchführung der Berufsbildung vorlegen. Die Stellungnahmen und Vorschläge des Berufsbildungsausschusses sind zu begründen.

(3) Die Vorschläge und Stellungnahmen des Berufsbildungsausschusses gelten vorbehaltlich der Vorschrift des Satzes 2 als von der Vollversammlung angenommen, wenn sie nicht mit einer Mehrheit von drei Vierteln der Mitglieder der Vollversammlung in ihrer nächsten Sitzung geändert oder abgelehnt werden. Beschlüsse, zu deren Durchführung die für Berufsbildung im laufenden Haushalt vorgesehenen Mittel nicht ausreichen oder zu deren Durchführung in folgenden Haushaltsjahren Mittel bereitgestellt werden müssen, die die Ausgaben für Berufsbildung des laufenden Haushalts nicht unwesentlich übersteigen, bedürfen der Zustimmung der Vollversammlung.

§ 44a [Beschlußfähigkeit, Abstimmung]. (1) Der Berufsbildungsausschuß ist beschlußfähig, wenn mehr als die Hälfte seiner stimmberechtigten Mitglieder anwesend ist. Er beschließt mit der Mehrheit der abgegebenen Stimmen.

Handwerksordnung §§ 44b–47 **HandwO 3**

(2) Zur Wirksamkeit eines Beschlusses ist es erforderlich, daß der Gegenstand bei der Einberufung des Ausschusses bezeichnet ist, es sei denn, daß er mit Zustimmung von zwei Dritteln der stimmberechtigten Mitglieder nachträglich auf die Tagesordnung gesetzt wird.

§ 44b [Geschäftsordnung]. Der Berufsbildungsausschuß gibt sich eine Geschäftsordnung. Sie kann die Bildung von Unterausschüssen vorsehen und bestimmen, daß ihnen nicht nur Mitglieder des Ausschusses angehören. Für die Unterausschüsse gelten § 43 Abs. 2 bis 6 und § 44a entsprechend.

Dritter Teil. Meisterprüfung, Meistertitel

Erster Abschnitt. Meisterprüfung

§ 45 [Berufsbild, Meisterprüfung]. Als Grundlage für ein geordnetes und einheitliches Meisterprüfungswesen kann der Bundesminister für Wirtschaft im Einvernehmen mit dem Bundesminister für Bildung und Wissenschaft durch Rechtsverordnung, die nicht der Zustimmung des Bundesrates bedarf, bestimmen,

1. welche Tätigkeiten, Kenntnisse und Fertigkeiten den einzelnen Handwerken zuzurechnen sind (Berufsbild),

2. welche Anforderungen in der Meisterprüfung zu stellen sind.

§ 46 [Meisterprüfung]. (1) Die Meisterprüfung kann nur in einem Gewerbe, das in der Anlage A zu diesem Gesetz aufgeführt ist, abgelegt werden.

(2) Durch die Meisterprüfung ist festzustellen, ob der Prüfling befähigt ist, einen Handwerksbetrieb selbständig zu führen und Lehrlinge ordnungsgemäß auszubilden; der Prüfling hat insbesondere darzutun, ob er die in seinem Handwerk gebräuchlichen Arbeiten meisterhaft verrichten kann und die notwendigen Fachkenntnisse sowie die erforderlichen betriebswirtschaftlichen, kaufmännischen, rechtlichen und berufserzieherischen Kenntnisse besitzt.

(3) Prüflinge sind von der Ablegung der Prüfung in gleichartigen Prüfungsfächern, die der Meisterprüfungsausschuß ganz oder teilweise zu befreien, wenn sie die Meisterprüfung in einem anderen Handwerk bereits bestanden haben. Das gleiche gilt für Prüflinge, die Prüfungen an deutschen staatlichen oder staatlich anerkannten Unterrichtsanstalten oder vor staatlichen Prüfungsausschüssen mit Erfolg abgelegt haben, sofern bei diesen Prüfungen mindestens die gleichen Anforderungen gestellt werden wie in der Meisterprüfung. Der Bundesminister für Wirtschaft bestimmt im Einvernehmen mit dem Bundesminister für Bildung und Wissenschaft durch Rechtsverordnung mit Zustimmung des Bundesrates, welche Prüfungen nach Satz 2 den Anforderungen einer Meisterprüfung entsprechen, und das Ausmaß der Befreiung.

§ 47 [Meisterprüfungsausschüsse]. (1) Die Meisterprüfung wird durch Meisterprüfungsausschüsse abgenommen. Für die Handwerke werden Meisterprüfungsausschüsse als staatliche Prüfungsbehörden am

3 HandwO §§ 48, 49 — Handwerksordnung

Sitz der Handwerkskammer für ihren Bezirk errichtet. Die oberste Landesbehörde kann in besonderen Fällen die Errichtung eines Meisterprüfungsausschusses für mehrere Handwerkskammerbezirke anordnen und hiermit die für den Sitz des Meisterprüfungsausschusses zuständige höhere Verwaltungsbehörde beauftragen. Soll der Meisterprüfungsausschuß für Handwerkskammerbezirke mehrerer Länder zuständig sein, so bedarf es hierfür des Einvernehmens der beteiligten obersten Landesbehörden. Die Landesregierungen werden ermächtigt, durch Rechtsverordnung zu bestimmen, daß abweichend von Satz 3 an Stelle der obersten Landesbehörde die höhere Verwaltungsbehörde zuständig ist. Sie können diese Ermächtigung auf oberste Landesbehörden übertragen.

(2) Die höhere Verwaltungsbehörde errichtet die Meisterprüfungsausschüsse nach Anhörung der Handwerkskammer und ernennt auf Grund ihrer Vorschläge die Mitglieder auf die Dauer von drei Jahren. Die Geschäftsführung der Meisterprüfungsausschüsse liegt bei der Handwerkskammer.

§ 48 [Zusammensetzung des Meisterprüfungsausschusses]. (1) Der Meisterprüfungsausschuß besteht aus fünf Mitgliedern; für die Mitglieder sind Stellvertreter zu berufen. Die Mitglieder und ihre Stellvertreter sollen das dreißigste Lebensjahr vollendet haben und müssen deutsche Staatsangehörige sein.

(2) Der Vorsitzende braucht nicht Handwerker zu sein; er soll dem Handwerk, für welches der Meisterprüfungsausschuß errichtet ist, nicht angehören.

(3) Zwei Beisitzer müssen das Handwerk, für das der Meisterprüfungsausschuß errichtet ist, mindestens seit einem Jahr selbständig als stehendes Gewerbe betreiben und in diesem Handwerk die Meisterprüfung abgelegt haben oder das Recht zum Ausbilden von Lehrlingen besitzen.

(4) Ein Beisitzer soll ein Geselle sein, der in dem Handwerk, für das der Meisterprüfungsausschuß errichtet ist, die Meisterprüfung abgelegt hat und in einem Handwerk tätig ist.

(5) Für die Abnahme der Prüfung in der wirtschaftlichen Betriebsführung sowie in den kaufmännischen, rechtlichen und berufserzieherischen Kenntnissen soll ein Beisitzer bestellt werden, der in diesen Prüfungsgebieten besonders sachkundig ist und dem Handwerk nicht anzugehören braucht.

(6) § 34 Abs. 7 gilt entsprechend

§ 49 [Zulassung zur Prüfung]. (1) Zur Meisterprüfung sind Personen zuzulassen, die eine Gesellenprüfung bestanden haben und in dem Handwerk, in dem sie die Meisterprüfung ablegen wollen, eine mehrjährige Tätigkeit als Geselle zurückgelegt haben oder zum Ausbilden von Lehrlingen in diesem Handwerk fachlich geeignet sind. Für die Zeit der Gesellentätigkeit sollen nicht weniger als drei Jahre und dürfen nicht mehr als fünf Jahre gefordert werden. Der Bundesminister für Wirtschaft kann im Einvernehmen mit dem Bundesminister für Bildung und Wissenschaft durch Rechtsverordnung mit Zustimmung des Bundes-

Handwerksordnung **§§ 50–52 HandwO 3**

rates in diesem Rahmen die Dauer der Gesellentätigkeit für die Handwerke festsetzen.

(2) Zur Meisterprüfung ist ferner zuzulassen, wer in dem Handwerk, in dem die Meisterprüfung abgelegt werden soll, das Prüfungszeugnis über die vor einem Prüfungsausschuß der Industrie- und Handelskammer abgelegte Abschlußprüfung besitzt, sofern er im übrigen die Voraussetzungen des Absatzes 1 erfüllt.

(3) Der Besuch einer Fachschule kann ganz oder teilweise, höchstens jedoch mit drei Jahren auf die Gesellentätigkeit angerechnet werden. Die Landesregierung oder die von ihr ermächtigte Stelle kann bestimmen, daß der Besuch einer Fachschule ganz oder teilweise auf die Gesellentätigkeit anzurechnen ist.

(4) Ist der Prüfling in dem Handwerk, in dem er die Meisterprüfung ablegen will, als selbständiger Handwerker, als Werkmeister oder in ähnlicher Stellung tätig gewesen oder weist er eine der Gesellentätigkeit gleichwertige praktische Tätigkeit nach, so ist die Zeit dieser Tätigkeit anzurechnen.

(5) Die Handwerkskammer kann auf Antrag
1. eine auf mehr als drei Jahre festgesetzte Dauer der Gesellentätigkeit unter besonderer Berücksichtigung der in der Gesellenprüfung und während der Gesellenzeit nachgewiesenen beruflichen Befähigung bis auf drei Jahre abkürzen,
2. in Ausnahmefällen von den Voraussetzungen der Absätze 1 bis 4 ganz oder teilweise befreien.

Der Meisterprüfungsausschuß ist vorher zu hören.

(6) Die Zulassung wird vom Vorsitzenden des Meisterprüfungsausschusses ausgesprochen. Hält der Vorsitzende die Zulassungsvoraussetzungen nicht für gegeben, so entscheidet der Prüfungsausschuß.

§ 50 [Prüfungskosten; Prüfungsordnung; Aufsichtsbefugnisse]. Die durch die Abnahme der Meisterprüfung entstehenden Kosten trägt die Handwerkskammer. Das Zulassungs- und Prüfungsverfahren und die Höhe der Prüfungsgebühren werden durch eine von der Handwerkskammer mit Genehmigung der obersten Landesbehörde zu erlassende Meisterprüfungsordnung geregelt.

Zweiter Abschnitt. Meistertitel

§ 51 [Meistertitel]. Die Bezeichnung Meister in Verbindung mit einem Handwerk (§ 1 Abs. 2) oder in Verbindung mit einer anderen Bezeichnung, die auf eine Tätigkeit in einem Handwerk oder in mehreren Handwerken hinweist, darf nur führen, wer für dieses Handwerk oder für diese Handwerke die Meisterprüfung bestanden hat.

Vierter Teil. Organisation des Handwerks

Erster Abschnitt. Handwerksinnungen

§ 52 [Bildung von Handwerksinnungen, Innungsbezirke].
(1) Selbständige Handwerker des gleichen Handwerks oder solcher

Handwerke, die sich fachlich oder wirtschaftlich nahestehen, können zur Förderung ihrer gemeinsamen gewerblichen Interessen innerhalb eines bestimmten Bezirks zu einer Handwerksinnung zusammentreten. Für jedes Handwerk kann in dem gleichen Bezirk nur eine Handwerksinnung gebildet werden; sie ist allein berechtigt, die Bezeichnung Innung in Verbindung mit dem Handwerk zu führen, für das sie errichtet ist.

(2) Der Innungsbezirk soll unter Berücksichtigung einheitlicher Wirtschaftsgebiete so abgegrenzt sein, daß die Zahl der Innungsmitglieder ausreicht, um die Handwerksinnung leistungsfähig zu gestalten, und daß die Mitglieder an dem Leben und den Einrichtungen der Handwerksinnung teilnehmen können. Der Innungsbezirk soll sich in der Regel mit einem Stadt- oder Landkreis decken.

(3) Der Innungsbezirk soll sich nicht über den Bezirk einer Handwerkskammer hinaus erstrecken. Soll der Innungsbezirk über den Bezirk einer Handwerkskammer hinaus erstreckt werden, so bedarf die Bezirksabgrenzung der Genehmigung durch die oberste Landesbehörde. Soll sich der Innungsbezirk auch auf ein anderes Land erstrecken, so kann die Genehmigung nur im Einvernehmen mit den beteiligten obersten Landesbehörden erteilt werden.

§ 53 [Rechtsform der Handwerksinnung]. Die Handwerksinnung ist eine Körperschaft des öffentlichen Rechts. Sie wird mit Genehmigung der Satzung rechtsfähig.

§ 54 [Aufgabe der Innung]. (1) Aufgabe der Handwerksinnung ist, die gemeinsamen gewerblichen Interessen ihrer Mitglieder zu fördern. Insbesondere hat sie

1. den Gemeingeist und die Berufsehre zu pflegen,
2. ein gutes Verhältnis zwischen Meistern, Gesellen und Lehrlingen anzustreben,
3. entsprechend den Vorschriften der Handwerkskammer die Lehrlingsausbildung zu regeln und zu überwachen sowie für die berufliche Ausbildung der Lehrlinge zu sorgen und ihre charakterliche Entwicklung zu fördern,
4. die Gesellenprüfungen abzunehmen und hierfür Gesellenprüfungsausschüsse zu errichten, sofern sie von der Handwerkskammer dazu ermächtigt ist,
5. das handwerkliche Können der Meister und Gesellen zu fördern; zu diesem Zweck kann sie insbesondere Fachschulen errichten oder unterstützen und Lehrgänge veranstalten,
6. bei der Verwaltung der Berufsschulen gemäß den bundes- und landesrechtlichen Bestimmungen mitzuwirken,
7. das Genossenschaftswesen im Handwerk zu fördern,
8. über Angelegenheiten der in ihr vertretenen Handwerke den Behörden Gutachten und Auskünfte zu erstatten.

Handwerksordnung **§ 55 HandwO 3**

9. die sonstigen handwerklichen Organisationen und Einrichtungen in der Erfüllung ihrer Aufgaben zu unterstützen,
10. die von der Handwerkskammer innerhalb ihrer Zuständigkeit erlassenen Vorschriften und Anordnungen durchzuführen.

(2) Die Handwerksinnung soll

1. zwecks Erhöhung der Wirtschaftlichkeit der Betriebe ihrer Mitglieder Einrichtungen zur Verbesserung der Arbeitsweise und der Betriebsführung schaffen und fördern,
2. bei der Vergebung öffentlicher Lieferungen und Leistungen die Vergebungsstellen beraten,
3. das handwerkliche Pressewesen unterstützen.

(3) Die Handwerksinnung kann

1. Tarifverträge abschließen, soweit und solange solche Verträge nicht durch den Innungsverband für den Bereich der Handwerksinnung geschlossen sind,
2. für ihre Mitglieder und deren Angehörige Unterstützungskassen für Fälle der Krankheit, des Todes, der Arbeitsunfähigkeit oder sonstiger Bedürftigkeit errichten,
3. bei Streitigkeiten zwischen den Innungsmitgliedern und ihren Auftraggebern auf Antrag vermitteln.

(4) Die Handwerksinnung kann auch sonstige Maßnahmen zur Förderung der gemeinsamen gewerblichen Interessen der Innungsmitglieder durchführen.

(5) Die Errichtung und die Rechtsverhältnisse der Innungskrankenkassen richten sich nach den hierfür geltenden bundesrechtlichen Bestimmungen.

§ 55 [Satzung]. (1) Die Aufgaben der Handwerksinnung, ihre Verwaltung und die Rechtsverhältnisse ihrer Mitglieder sind, soweit gesetzlich nichts darüber bestimmt ist, durch die Satzung zu regeln.

(2) Die Satzung muß Bestimmungen enthalten über

1. den Namen, den Sitz und den Bezirk der Handwerksinnung sowie die Handwerke, für welche die Handwerksinnung errichtet ist,
2. die Aufgaben der Handwerksinnung,
3. den Eintritt, den Austritt und den Ausschluß der Mitglieder,
4. die Rechte und Pflichten der Mitglieder sowie die Bemessungsgrundlage für die Erhebung der Mitgliedsbeiträge,
5. die Einberufung der Innungsversammlung, das Stimmrecht in ihr und die Art der Beschlußfassung,
6. die Bildung des Vorstandes,
7. die Bildung des Gesellenausschusses,

8. die Beurkundung der Beschlüsse der Innungsversammlung und des Vorstandes,
9. die Aufstellung des Haushaltsplanes sowie die Aufstellung und Prüfung der Jahresrechnung,
10. die Voraussetzungen für die Änderung der Satzung und für die Auflösung der Handwerksinnung sowie den Erlaß und die Änderung der Nebensatzungen,
11. die Verwendung des bei der Auflösung der Handwerksinnung verbleibenden Vermögens.

§ 56 [Genehmigung der Satzung]. (1) Die Satzung der Handwerksinnung bedarf der Genehmigung durch die Handwerkskammer des Bezirks, in dem die Handwerksinnung ihren Sitz nimmt.

(2) Die Genehmigung ist zu versagen, wenn
1. die Satzung den gesetzlichen Vorschriften nicht entspricht,
2. die durch die Satzung vorgesehene Begrenzung des Innungsbezirks die nach § 52 Abs. 3 Satz 2 erforderliche Genehmigung nicht erhalten hat.

§ 57 [Nebensatzungen für Unterstützungskassen]. (1) Soll in der Handwerksinnung eine Einrichtung der im § 54 Abs. 3 Nr. 2 vorgesehenen Art getroffen werden, so sind die dafür erforderlichen Bestimmungen in Nebensatzungen zusammenzufassen. Diese bedürfen der Genehmigung der höhere Verwaltungsbehörde.

(2) Über die Einnahmen und Ausgaben solcher Einrichtungen ist getrennt Rechnung zu führen und das hierfür bestimmte Vermögen gesondert von dem Innungsvermögen zu verwalten. Das getrennt verwaltete Vermögen darf für andere Zwecke nicht verwandt werden. Die Gläubiger haben das Recht auf gesonderte Befriedigung aus diesem Vermögen.

§ 58 [Innungsmitglieder]. (1) Mitglied bei der Handwerksinnung kann jeder selbständige Handwerker werden, der das Handwerk ausübt, für welches die Handwerksinnung gebildet ist.

(2) Übt ein selbständiger Handwerker mehrere Handwerke aus, so kann er allen für diese Handwerke gebildeten Handwerksinnungen angehören.

(3) Selbständigen Handwerkern, die den gesetzlichen und satzungsmäßigen Vorschriften entsprechen, darf der Eintritt in die Handwerksinnung nicht versagt werden.

(4) Von der Erfüllung der gesetzlichen und satzungsmäßigen Bedingungen kann zugunsten einzelner nicht abgesehen werden.

§ 59 [Gastmitglieder der Innung]. Die Handwerksinnung kann solche Personen als Gastmitglieder aufnehmen, die dem Handwerk, für

Handwerksordnung §§ 60, 61 **HandwO 3**

das die Innung gebildet ist, beruflich oder wirtschaftlich nahestehen. Ihre Rechte und Pflichten sind in der Satzung zu regeln. An der Innungsversammlung nehmen sie mit beratender Stimme teil.

§ 60 [Organe der Innung]. Die Organe der Handwerksinnung sind

1. die Innungsversammlung,
2. der Vorstand,
3. die Ausschüsse.

§ 61 [Innungsversammlung]. (1) Die Innungsversammlung beschließt über alle Angelegenheiten der Handwerksinnung, soweit sie nicht vom Vorstand oder den Ausschüssen wahrzunehmen sind. Die Innungsversammlung besteht aus den Mitgliedern der Handwerksinnung. Die Satzung kann bestimmen, daß die Innungsversammlung aus Vertretern besteht, die von den Mitgliedern der Handwerksinnung aus ihrer Mitte gewählt werden (Vertreterversammlung); es kann auch bestimmt werden, daß nur einzelne Obliegenheiten der Innungsversammlung durch eine Vertreterversammlung wahrgenommen werden.

(2) Der Innungsversammlung obliegt im besonderen

1. die Feststellung des Haushaltsplanes und die Bewilligung von Ausgaben, die im Haushaltsplan nicht vorgesehen sind;
2. die Beschlußfassung über die Höhe der Innungsbeiträge und über die Festsetzung von Gebühren; Gebühren können auch von Nichtmitgliedern, die Tätigkeiten oder Einrichtungen der Innung in Anspruch nehmen, erhoben werden;
3. die Prüfung und Abnahme der Jahresrechnung;
4. die Wahl des Vorstandes und derjenigen Mitglieder der Ausschüsse, die der Zahl der Innungsmitglieder zu entnehmen sind;
5. die Einsetzung besonderer Ausschüsse zur Vorbereitung einzelner Angelegenheiten;
6. der Erlaß von Vorschriften über die Lehrlingsausbildung (§ 54 Abs. 1 Nr. 3);
7. die Beschlußfassung über
    a) den Erwerb, die Veräußerung oder die dingliche Belastung von Grundeigentum,
    b) die Veräußerung von Gegenständen, die einen geschichtlichen, wissenschaftlichen oder Kunstwert haben,
    c) die Aufnahme von Anleihen,
    d) den Abschluß von Verträgen, durch welche der Handwerksinnung fortlaufende Verpflichtungen auferlegt werden, mit Ausnahme der laufenden Geschäfte der Verwaltung,
    e) die Anlegung des Innungsvermögens;

8. die Beschlußfassung über die Änderung der Satzung und die Auflösung der Handwerksinnung;

9. die Beschlußfassung über den Erwerb und die Beendigung der Mitgliedschaft beim Landesinnungsverband.

(3) Die nach Absatz 2 Nr. 6, 7 und 8 gefaßten Beschlüsse bedürfen der Genehmigung durch die Handwerkskammer.

§ 62 [Beschlußfassung; Einberufung der Versammlung]. (1) Zur Gültigkeit eines Beschlusses der Innungsversammlung ist erforderlich, daß der Gegenstand bei ihrer Einberufung bezeichnet ist, es sei denn, daß er in der Innungsversammlung mit Zustimmung von drei Vierteln der erschienenen Mitglieder nachträglich auf die Tagesordnung gesetzt wird, sofern es sich nicht um einen Beschluß über eine Satzungsänderung oder Auflösung der Handwerksinnung handelt.

(2) Beschlüsse der Innungsversammlung werden mit einfacher Mehrheit der erschienenen Mitglieder gefaßt. Zu Beschlüssen über Änderungen der Satzung der Handwerksinnung ist eine Mehrheit von drei Vierteln der erschienenen Mitglieder erforderlich. Der Beschluß auf Auflösung der Handwerksinnung kann nur mit einer Mehrheit von drei Vierteln der stimmberechtigten Mitglieder gefaßt werden. Sind in der ersten Innungsversammlung drei Viertel der Stimmberechtigten nicht erschienen, so ist binnen vier Wochen eine zweite Innungsversammlung einzuberufen, in welcher der Auflösungsbeschluß mit einer Mehrheit von drei Vierteln der erschienenen Mitglieder gefaßt werden kann. Satz 3 gilt für den Beschluß zur Bildung einer Vertreterversammlung (§ 61 Abs. 1 Satz 3) mit der Maßgabe, daß er auch im Wege schriftlicher Abstimmung gefaßt werden kann.

(3) Die Innungsversammlung ist in den durch die Satzung bestimmten Fällen sowie dann einzuberufen, wenn das Interesse der Handwerksinnung es erfordert. Sie ist ferner einzuberufen, wenn der durch die Satzung bestimmte Teil oder in Ermangelung einer Bestimmung der zehnte Teil der Mitglieder die Einberufung schriftlich unter Angabe des Zweckes und der Gründe verlangt; wird dem Verlangen nicht entsprochen oder erfordert es das Interesse der Handwerksinnung, so kann die Handwerkskammer die Innungsversammlung einberufen und leiten.

§ 63 [Stimmrecht]. Stimmberechtigt in der Innungsversammlung sind die der Handwerksinnung angehörenden selbständigen Handwerker. Für eine juristische Person oder eine Personengesellschaft kann nur eine Stimme abgegeben werden, auch wenn mehrere vertretungsberechtigte Personen vorhanden sind.

§ 64 [Ausschluß des Stimmrechts]. Ein Mitglied ist nicht stimmberechtigt, wenn die Beschlußfassung die Vornahme eines Rechtsgeschäftes oder die Einleitung oder Erledigung eines Rechtsstreites zwischen ihm und der Handwerksinnung betrifft.

Handwerksordnung §§ 65–67 **HandwO** 3

§ 65 [Übertragung des Stimmrechts]. (1) Ein gemäß § 63 stimmberechtigtes Mitglied, das Inhaber eines Nebenbetriebes im Sinne des § 2 Nr. 2 oder 3 ist, kann sein Stimmrecht auf den Leiter des Nebenbetriebes übertragen, falls dieser die Pflichten übernimmt, die seinen Vollmachtgebern gegenüber der Handwerksinnung obliegen.

(2) Die Satzung kann die Übertragung der in Absatz 1 bezeichneten Rechte unter den dort gesetzten Voraussetzungen auch in anderen Ausnahmefällen zulassen.

(3) Die Übertragung und die Übernahme der Rechte bedarf der schriftlichen Erklärung gegenüber der Handwerksinnung.

§ 66 [Vorstand der Handwerksinnung]. (1) Der Vorstand der Handwerksinnung wird von der Innungsversammlung für die in der Satzung bestimmte Zeit mit verdeckten Stimmzetteln gewählt. Die Wahl durch Zuruf ist zulässig, wenn niemand widerspricht. Über die Wahlhandlung ist eine Niederschrift anzufertigen. Die Wahl des Vorstandes ist der Handwerkskammer binnen einer Woche anzuzeigen.

(2) Die Satzung kann bestimmen, daß die Bestellung des Vorstandes jederzeit widerruflich ist. Die Satzung kann ferner bestimmen, daß der Widerruf nur zulässig ist, wenn ein wichtiger Grund vorliegt; ein solcher Grund ist insbesondere grobe Pflichtverletzung oder Unfähigkeit.

(3) Der Vorstand vertritt die Handwerksinnung gerichtlich und außergerichtlich. Durch die Satzung kann die Vertretung einem oder mehreren Mitgliedern des Vorstandes oder dem Geschäftsführer übertragen werden. Als Ausweis genügt bei allen Rechtsgeschäften die Bescheinigung der Handwerkskammer, daß die darin bezeichneten Personen zur Zeit den Vorstand bilden.

(4) Die Mitglieder des Vorstandes verwalten ihr Amt als Ehrenamt unentgeltlich; es kann ihnen nach näherer Bestimmung der Satzung Ersatz barer Auslagen und eine Entschädigung für Zeitversäumnis gewährt werden.

§ 67 [Ausschüsse]. (1) Die Handwerksinnung kann zur Wahrnehmung einzelner Angelegenheiten Ausschüsse bilden.

(2) Zur Förderung der Berufsausbildung der Lehrlinge ist ein Ausschuß zu bilden. Er besteht aus einem Vorsitzenden und mindestens vier Beisitzern, von denen die Hälfte Innungsmitglieder, die in der Regel Gesellen oder Lehrlinge beschäftigen, und die andere Hälfte Gesellen sein müssen.

(3) Die Handwerksinnung kann einen Ausschuß zur Schlichtung von Streitigkeiten zwischen Ausbildenden und Lehrlingen (Auszubildenden) errichten, der für alle Berufsausbildungsverhältnisse der in der Handwerksinnung vertretenen Handwerke ihres Bezirks zuständig ist. Die Handwerkskammer erläßt die hierfür erforderliche Verfahrensordnung.

3 HandwO § 68 — Handwerksordnung

§ 68 [Gesellenausschuß]. (1) Im Interesse eines guten Verhältnisses zwischen den Innungsmitgliedern und den bei ihnen beschäftigten Gesellen (§ 54 Abs. 1 Nr. 2) wird bei der Handwerksinnung ein Gesellenausschuß errichtet. Der Gesellenausschuß hat die Gesellenmitglieder der Ausschüsse zu wählen, bei denen die Mitwirkung der Gesellen durch Gesetz oder Satzung vorgesehen ist.

(2) Der Gesellenausschuß ist zu beteiligen

1. bei Erlaß von Vorschriften über die Regelung der Lehrlingsausbildung (§ 54 Abs. 1 Nr. 3),
2. bei Maßnahmen zur Förderung und Überwachung der beruflichen Ausbildung und zur Förderung der charakterlichen Entwicklung der Lehrlinge (§ 54 Abs. 1 Nr. 3),
3. bei der Errichtung der Gesellenprüfungsausschüsse (§ 54 Abs. 1 Nr. 4),
4. bei Maßnahmen zur Förderung des handwerklichen Könnens der Gesellen, insbesondere bei der Errichtung oder Unterstützung der zu dieser Förderung bestimmten Fachschulen und Lehrgänge (§ 54 Abs. 1 Nr. 5),
5. bei der Mitwirkung an der Verwaltung der Berufsschulen gemäß den Vorschriften der Unterrichtsverwaltungen (§ 54 Abs. 1 Nr. 6),
6. bei der Wahl oder Benennung der Vorsitzenden von Ausschüssen, bei denen die Mitwirkung der Gesellen durch Gesetz oder Satzung vorgesehen ist,
7. bei der Begründung und Verwaltung aller Einrichtungen, für welche die Gesellen Beiträge entrichten oder eine besondere Mühewaltung übernehmen, oder die zu ihrer Unterstützung bestimmt sind.

(3) Die Beteiligung des Gesellenausschusses hat mit der Maßgabe zu erfolgen, daß

1. bei der Beratung und Beschlußfassung des Vorstandes der Handwerksinnung mindestens ein Mitglied des Gesellenausschusses mit vollem Stimmrecht teilnimmt,
2. bei der Beratung und Beschlußfassung der Innungsversammlung seine sämtlichen Mitglieder mit vollem Stimmrecht teilnehmen,
3. bei der Verwaltung von Einrichtungen, für welche die Gesellen Aufwendungen zu machen haben, vom Gesellenausschuß gewählte Gesellen in gleicher Zahl zu beteiligen sind wie die Innungsmitglieder.

(4) Zur Durchführung von Beschlüssen der Innungsversammlung in den in Absatz 2 bezeichneten Angelegenheiten bedarf es der Zustimmung des Gesellenausschusses. Wird die Zustimmung versagt oder nicht in angemessener Frist erteilt, so kann die Handwerksinnung die Entscheidung der Handwerkskammer binnen eines Monats beantragen.

(5) Die Beteiligung des Gesellenausschusses entfällt in den Angelegenheiten, die Gegenstand eines von der Handwerksinnung oder von dem Innungsverband abgeschlossenen oder abzuschließenden Tarifvertrages sind.

Handwerksordnung §§ 69–72 **HandwO 3**

§ 69 [Zusammensetzung und Wahl des Gesellenausschusses].
(1) Der Gesellenausschuß besteht aus dem Vorsitzenden (Altgesellen) und einer weiteren Zahl von Mitgliedern.

(2) Für die Mitglieder des Gesellenausschusses sind Ersatzmänner zu wählen, die im Falle der Behinderung oder des Ausscheidens für den Rest der Wahlzeit in der Reihenfolge der Wahl eintreten.

(3) Die Mitglieder des Gesellenausschusses werden mit verdeckten Stimmzetteln in allgemeiner, unmittelbarer und gleicher Wahl gewählt. Zum Zwecke der Wahl ist eine Wahlversammlung einzuberufen; in der Versammlung können durch Zuruf Wahlvorschläge gemacht werden. Führt die Wahlversammlung zu keinem Ergebnis, so ist auf Grund von schriftlichen Wahlvorschlägen nach den Grundsätzen der Verhältniswahl zu wählen; jeder Wahlvorschlag muß die Namen von ebensovielen Bewerbern enthalten, wie Mitglieder des Gesellenausschusses zu wählen sind; wird nur ein gültiger Wahlvorschlag eingereicht, so gelten die darin bezeichneten Bewerber als gewählt. Die Satzung trifft die näheren Bestimmungen über die Zusammensetzung des Gesellenausschusses und über das Wahlverfahren, insbesondere darüber, wie viele Unterschriften für einen gültigen schriftlichen Wahlvorschlag erforderlich sind.

(4) Die Mitglieder des Gesellenausschusses dürfen in der Ausübung ihrer Tätigkeit nicht behindert werden. Auch dürfen sie deswegen nicht benachteiligt oder begünstigt werden.

(5) Das Ergebnis der Wahl der Mitglieder des Gesellenausschusses ist in den für die Bekanntmachung der zuständigen Handwerkskammer bestimmten Organen zu veröffentlichen.

§ 70 [Wahlrecht]. Berechtigt zur Wahl des Gesellenausschusses sind die bei einem Innungsmitglied beschäftigten Gesellen.

§ 71 [Wählbarkeit zum Gesellenausschuß]. (1) Wählbar ist jeder Geselle, der

1. die deutsche Staatsangehörigkeit besitzt,
2. volljährig ist,
3. eine Gesellenprüfung oder eine entsprechende Abschlußprüfung abgelegt hat und
4. seit mindestens drei Monaten in dem Betrieb eines der Handwerksinnung angehörenden selbständigen Handwerkers beschäftigt ist.

(2) Über die Wahlhandlung ist eine Niederschrift anzufertigen.

§ 72 [Bei Innungsmitgliedern nicht mehr beschäftigte Ausschußmitglieder]. Mitglieder des Gesellenausschusses behalten, auch wenn sie nicht mehr bei Innungsmitgliedern beschäftigt sind, solange sie im Bezirk der Handwerksinnung im Betrieb eines selbständigen Handwerkers verbleiben, die Mitgliedschaft noch bis zum Ende der Wahlzeit, jedoch höchstens für ein Jahr.

3 HandwO §§ 73–78 — Handwerksordnung

§ 73 [Beiträge und Gebühren]. (1) Die der Handwerksinnung und ihrem Gesellenausschuß erwachsenden Kosten sind, soweit sie aus den Erträgen des Vermögens oder aus anderen Einnahmen keine Deckung finden, von den Innungsmitgliedern durch Beiträge aufzubringen.

(2) Die Handwerksinnung kann für die Benutzung der von ihr getroffenen Einrichtungen Gebühren erheben.

(3) Die Beiträge und Gebühren werden auf Antrag des Innungsvorstandes nach den für die Beitreibung von Gemeindeabgaben geltenden landesrechtlichen Vorschriften beigetrieben.

§ 74 [Haftung der Innung]. Die Handwerksinnung ist für den Schaden verantwortlich, den der Vorstand, ein Mitglied des Vorstandes oder ein anderer satzungsmäßig berufener Vertreter durch eine in Ausführung der ihm zustehenden Verrichtungen begangene, zum Schadensersatz verpflichtende Handlung einem Dritten zufügt.

§ 75 [Aufsicht über Handwerksinnung]. Die Aufsicht über die Handwerksinnung führt die Handwerkskammer, in deren Bezirk die Handwerksinnung ihren Sitz hat. Die Aufsicht erstreckt sich darauf, daß Gesetz und Satzung beachtet, insbesondere daß die der Handwerksinnung übertragenen Aufgaben erfüllt werden.

§ 76 [Auflösung der Innung]. Die Handwerksinnung kann durch die Handwerkskammer nach Anhörung des Landesinnungsverbandes aufgelöst werden,
1. wenn sie durch einen gesetzwidrigen Beschluß der Mitgliederversammlung oder durch gesetzwidriges Verhalten des Vorstandes das Gemeinwohl gefährdet,
2. wenn sie andere als die gesetzlich oder satzungsmäßig zulässigen Zwecke verfolgt,
3. wenn die Zahl ihrer Mitglieder so weit zurückgeht, daß die Erfüllung der gesetzlichen und satzungsmäßigen Aufgaben gefährdet erscheint.

§ 77 [Konkurs- und Vergleichsverfahren]. (1) Die Eröffnung des Konkursverfahrens über das Vermögen der Handwerksinnung hat die Auflösung kraft Gesetzes zur Folge.

(2) Der Vorstand hat im Falle der Überschuldung die Eröffnung des Konkursverfahrens oder des gerichtlichen Vergleichsverfahrens zu beantragen. Wird die Stellung des Antrages verzögert, so sind die Vorstandsmitglieder, denen ein Verschulden zur Last fällt, den Gläubigern für den daraus entstehenden Schaden verantwortlich; sie haften als Gesamtschuldner.

§ 78 [Liquidation; Vermögensauseinandersetzung]. (1) Wird die Handwerksinnung durch Beschluß der Innungsversammlung oder durch die Handwerkskammer aufgelöst, so wird das Innungsvermögen in entsprechender Anwendung der §§ 47 bis 53 des Bürgerlichen Gesetzbuchs liquidiert.

Handwerbsordnung §§ 79–82 **HandwO 3**

(2) Wird eine Innung geteilt oder wird der Innungsbezirk neu abgegrenzt, so findet eine Vermögensauseinandersetzung statt, die der Genehmigung der für den Sitz der Innung zuständigen Handwerkskammer bedarf; kommt eine Einigung über die Vermögensauseinandersetzung nicht zustande, so entscheidet die für den Innungsbezirk zuständige Handwerkskammer. Erstreckt sich der Innungsbezirk auf mehrere Handwerkskammerbezirke, so kann die Genehmigung oder Entscheidung nur im Einvernehmen mit den beteiligten Handwerkskammern ergehen.

Zweiter Abschnitt. Innungsverbände

§ 79 [Landesinnungsverband]. (1) Der Landesinnungsverband ist der Zusammenschluß von Handwerksinnungen des gleichen Handwerks oder sich fachlich oder wirtschaftlich nahestehender Handwerke im Bezirk eines Landes.

(2) Innerhalb eines Landes kann in der Regel nur ein Landesinnungsverband für dasselbe Handwerk oder für sich fachlich oder wirtschaftlich nahestehende Handwerke gebildet werden. Ausnahmen können von der obersten Landesbehörde zugelassen werden.

(3) Durch die Satzung kann bestimmt werden, daß selbständige Handwerker dem Landesinnungsverband ihres Handwerks als Einzelmitglieder beitreten können.

§ 80 [Rechtsform; Satzung]. Der Landesinnungsverband ist eine juristische Person des privaten Rechtes; er wird mit Genehmigung der Satzung rechtsfähig. Die Satzung und ihre Änderung bedürfen der Genehmigung durch die oberste Landesbehörde. Die Satzung muß den Bestimmungen des § 55 Abs. 2 entsprechen.

§ 81 [Aufgaben des Landesinnungsverbandes]. (1) Der Landesinnungsverband hat die Aufgabe,

1. die Interessen des Handwerks wahrzunehmen, für das er gebildet ist,
2. die angeschlossenen Handwerksinnungen in der Erfüllung ihrer gesetzlichen und satzungsmäßigen Aufgaben zu unterstützen,
3. den Behörden Anregungen und Vorschläge zu unterbreiten sowie ihnen auf Verlangen Gutachten zu erstatten.

(2) Er ist befugt, Fachschulen und Fachkurse einzurichten oder zu fördern.

§ 82 [Förderung wirtschaftlicher und sozialer Interessen]. Der Landesinnungsverband kann ferner die wirtschaftlichen und sozialen Interessen der den Handwerksinnungen angehörenden Mitglieder fördern. Zu diesem Zweck kann er insbesondere

1. Einrichtungen zur Erhöhung der Leistungsfähigkeit der Betriebe, vor allem in technischer und betriebswirtschaftlicher Hinsicht schaffen oder unterstützen.

3 HandwO §§ 83–85 Handwerksordnung

2. den gemeinschaftlichen Einkauf und die gemeinschaftliche Übernahme von Lieferungen und Leistungen durch die Bildung von Genossenschaften, Arbeitsgemeinschaften oder auf sonstige Weise im Rahmen der allgemeinen Gesetze fördern,

3. Tarifverträge abschließen.

§ 83 [Anwendbarkeit von Vorschriften]. (1) Auf den Landesinnungsverband finden entsprechende Anwendung:

1. § 55 Abs. 1 und Abs. 2 Nr. 1 bis 6, 8 bis 9 und hinsichtlich der Voraussetzungen für die Änderung der Satzung und für die Auflösung des Landesinnungsverbandes Nummer 10 sowie Nummer 11,

2. §§ 60, 61 Abs. 1 und Abs. 2 Nr. 1 und hinsichtlich der Beschlußfassung über die Höhe der Beiträge zum Landesinnungsverband Nummer 2 sowie Nummern 3 bis 5 und 7 bis 8,

3. §§ 62, 64, 66 und 74,

4. § 39 und §§ 41 bis 53 des Bürgerlichen Gesetzbuchs.

(2) Die Mitgliederversammlung besteht aus den Vertretern der angeschlossenen Handwerksinnungen und im Falle des § 79 Abs. 3 auch aus den von den Einzelmitgliedern nach näherer Bestimmung der Satzung gewählten Vertretern. Die Satzung kann bestimmen, daß die Handwerksinnungen und die Gruppe der Einzelmitglieder entsprechend der Zahl der Mitglieder der Handwerksinnungen und der Einzelmitglieder mehrere Stimmen haben und die Stimmen einer Handwerksinnung oder der Gruppe der Einzelmitglieder uneinheitlich abgegeben werden können.

(3) Nach näherer Bestimmung der Satzung können bis zur Hälfte der Mitglieder des Vorstandes Personen sein, die nicht von der Mitgliederversammlung gewählt sind.

§ 84 [Anschluß von handwerksähnlichen Betrieben]. Durch die Satzung kann bestimmt werden, daß sich Vereinigungen von Inhabern handwerksähnlicher Betriebe oder Inhaber handwerksähnlicher Betriebe einem Landesinnungsverband anschließen können. In diesem Falle obliegt dem Landesinnungsverband nach Maßgabe der §§ 81 und 82 auch die Wahrnehmung der Interessen des handwerksähnlichen Gewerbes. § 83 Abs. 2 gilt entsprechend für die Vertretung des handwerksähnlichen Gewerbes in der Mitgliederversammlung.

§ 85 [Bundesinnungsverband]. (1) Der Bundesinnungsverband ist der Zusammenschluß von Landesinnungsverbänden des gleichen Handwerks oder sich fachlich oder wirtschaftlich nahestehender Handwerke im Bundesgebiet.

(2) Auf den Bundesinnungsverband finden die Vorschriften dieses Abschnitts sinngemäß Anwendung. Die nach § 80 erforderliche Genehmigung der Satzung und ihrer Änderung erfolgt durch den Bundesminister für Wirtschaft.

Handwerksordnung §§ 86–89 **HandwO 3**

Dritter Abschnitt. Kreishandwerkerschaften

§ 86 [Kreishandwerkerschaft]. Die Handwerksinnungen, die in einem Stadt- oder Landkreis ihren Sitz haben, bilden die Kreishandwerkerschaft. Die Handwerkskammer kann eine andere Abgrenzung zulassen.

§ 87 [Aufgaben]. Die Kreishandwerkerschaft hat die Aufgabe,

1. die Gesamtinteressen des selbständigen Handwerks und des handwerksähnlichen Gewerbes sowie die gemeinsamen Interessen der Handwerksinnungen ihres Bezirks wahrzunehmen,
2. die Handwerksinnungen bei der Erfüllung ihrer Aufgaben zu unterstützen,
3. Einrichtungen zur Förderung und Vertretung der gewerblichen, wirtschaftlichen und sozialen Interessen der Mitglieder der Handwerksinnungen zu schaffen oder zu unterstützen,
4. die Behörden bei den das selbständige Handwerk und das handwerksähnliche Gewerbe ihres Bezirks berührenden Maßnahmen zu unterstützen und ihnen Anregungen, Auskünfte und Gutachten zu erteilen,
5. die Geschäfte der Handwerksinnungen auf deren Ansuchen zu führen,
6. die von der Handwerkskammer innerhalb ihrer Zuständigkeit erlassenen Vorschriften und Anordnungen durchzuführen; die Handwerkskammer hat sich an den hierdurch entstehenden Kosten angemessen zu beteiligen.

§ 88 [Mitgliederversammlung]. Die Mitgliederversammlung der Kreishandwerkerschaft besteht aus Vertretern der Handwerksinnungen. Die Vertreter oder ihre Stellvertreter üben das Stimmrecht für die von ihnen vertretenen Handwerksinnungen aus. Jede Handwerksinnung hat eine Stimme. Die Satzung kann bestimmen, daß den Handwerksinnungen entsprechend der Zahl ihrer Mitglieder bis höchstens zwei Zusatzstimmen zuerkannt und die Stimmen einer Handwerksinnung uneinheitlich abgegeben werden können.

§ 89 [Anwendbarkeit von Vorschriften]. (1) Auf die Kreishandwerkerschaft finden entsprechende Anwendung:

1. § 53 und § 55 mit Ausnahme des Absatzes 2 Nummern 3 und 7 sowie hinsichtlich der Voraussetzungen für die Änderung der Satzung § 55 Abs. 2 Nr. 10,
2. § 56 Abs. 1 und Abs. 2 Nr. 1,
3. § 60 und § 61 Abs. 1, Abs. 2 Nr. 1 bis 5, 7 und hinsichtlich der Beschlußfassung über die Änderung der Satzung Nummer 8; die nach § 61 Abs. 2 Nr. 1 bis 3, 7 und 8 gefaßten Beschlüsse bedürfen der Genehmigung der Handwerkskammer,
4. § 62 Abs. 1, Abs. 2 Sätze 1 und 2 sowie Abs. 3,
5. §§ 64, 66, 67 Abs. 1 und §§ 73 bis 77.

3 HandwO §§ 90, 91   Handwerksordnung

(2) Wird die Kreishandwerkerschaft durch die Handwerkskammer aufgelöst, so wird das Vermögen der Kreishandwerkerschaft in entsprechender Anwendung der §§ 47 bis 53 des Bürgerlichen Gesetzbuchs liquidiert. § 78 Abs. 2 gilt entsprechend.

Vierter Abschnitt. Handwerkskammern

§ 90 [Handwerkskammern]. (1) Zur Vertretung der Interessen des Handwerks werden Handwerkskammern errichtet; sie sind Körperschaften des öffentlichen Rechtes.

(2) Zur Handwerkskammer gehören die selbständigen Handwerker und die Inhaber handwerksähnlicher Betriebe des Handwerkskammerbezirks sowie die Gesellen und Lehrlinge dieser Gewerbetreibenden.

(8) Die Handwerkskammern werden von der obersten Landesbehörde errichtet; diese bestimmt deren Bezirk, der sich in der Regel mit dem der höheren Verwaltungsbehörde decken soll. Die oberste Landesbehörde kann den Bezirk der Handwerkskammer ändern; in diesem Falle muß eine Vermögensauseinandersetzung erfolgen, welche der Genehmigung durch die oberste Landesbehörde bedarf. Können sich die beteiligten Handwerkskammern hierüber nicht einigen, so entscheidet die oberste Landesbehörde.

§ 91 [Aufgaben]. (1) Aufgabe der Handwerkskammer ist insbesondere,

1. die Interessen des Handwerks zu fördern und für einen gerechten Ausgleich der Interessen der einzelnen Handwerke und ihrer Organisationen zu sorgen,
2. die Behörden in der Förderung des Handwerks durch Anregungen, Vorschläge und durch Erstattung von Gutachten zu unterstützen und regelmäßig Berichte über die Verhältnisse des Handwerks zu erstatten,
3. die Handwerksrolle (§ 6) zu führen,
4. die Berufsausbildung zu regeln (§ 41), Vorschriften hierfür zu erlassen, ihre Durchführung zu überwachen (§ 41 a) sowie eine Lehrlingsrolle (§ 28 Satz 1) zu führen,
4a. Vorschriften für Prüfungen im Rahmen einer beruflichen Fortbildung oder Umschulung zu erlassen und Prüfungsausschüsse hierfür zu errichten,
5. Gesellenprüfungsordnungen für die einzelnen Handwerke zu erlassen (§ 38), Prüfungsausschüsse für die Abnahme der Gesellenprüfungen zu errichten oder Handwerksinnungen zu der Errichtung von Gesellenprüfungsausschüssen zu ermächtigen (§ 37) und die ordnungsmäßige Durchführung der Gesellenprüfungen zu überwachen,
6. Meisterprüfungsordnungen für die einzelnen Handwerke zu erlassen (§ 50) und die Geschäfte des Meisterprüfungsausschusses (§ 47 Abs. 2) zu führen,

7. die technische und betriebswirtschaftliche Fortbildung der Meister und Gesellen zur Erhaltung und Steigerung der Leistungsfähigkeit des Handwerks in Zusammenarbeit mit den Innungsverbänden zu fördern, die erforderlichen Einrichtungen hierfür zu schaffen oder zu unterstützen und zu diesem Zweck eine Gewerbeförderungsstelle zu unterhalten,

8. Sachverständige zur Erstattung von Gutachten über die Güte der von Handwerkern gelieferten Waren oder bewirkten Leistungen und über die Angemessenheit der Preise zu bestellen und zu vereidigen,

9. die wirtschaftlichen Interessen des Handwerks und die ihnen dienenden Einrichtungen, insbesondere das Genossenschaftswesen zu fördern,

10. Vermittlungsstellen zur Beilegung von Streitigkeiten zwischen selbständigen Handwerkern und ihren Auftraggebern einzurichten,

11. Ursprungszeugnisse über in Handwerksbetrieben gefertigte Erzeugnisse und andere dem Wirtschaftsverkehr dienende Bescheinigungen auszustellen, soweit nicht Rechtsvorschriften diese Aufgaben anderen Stellen zuweisen,

12. Maßnahmen zur Unterstützung notleidender Handwerker und Gesellen zu treffen oder zu unterstützen.

(2) Absatz 1 Nr. 4, 4a und 5 gilt für die Berufsbildung in nichthandwerklichen Berufen entsprechend, soweit sie in Handwerksbetrieben oder handwerksähnlichen Betrieben durchgeführt wird. Die Handwerkskammer kann gemeinsam mit der Industrie- und Handelskammer Prüfungsausschüsse errichten.

(3) Die Handwerkskammer soll in allen wichtigen das Handwerk und das handwerksähnliche Gewerbe berührenden Angelegenheiten gehört werden.

(4) Absatz 1 Nr. 1, 2 und 7 bis 12 findet auf handwerksähnliche Gewerbe entsprechende Anwendung.

§ 92 [Organe der Handwerkskammer]. Die Organe der Handwerkskammer sind

1. die Mitgliederversammlung (Vollversammlung),
2. der Vorstand,
3. die Ausschüsse.

§ 93 [Zusammensetzung der Vollversammlung]. (1) Die Vollversammlung besteht aus gewählten Mitgliedern. Ein Drittel der Mitglieder müssen Gesellen sein, die in dem Betrieb eines selbständigen Handwerkers oder in einem handwerksähnlichen Betrieb beschäftigt sind

(2) Durch die Satzung ist die Zahl der Mitglieder der Vollversammlung und ihre Aufteilung auf die einzelnen in der Anlage A zu diesem Gesetz aufgeführten Gewerbegruppen und auf die in der Anlage B zu

diesem Gesetz aufgeführten Gewerbe, die handwerksähnlich betrieben werden können, zu bestimmen. Bei der Aufteilung sind die wirtschaftlichen Besonderheiten des Kammerbezirks und die gesamtwirtschaftliche Bedeutung der einzelnen Gruppen zu berücksichtigen.

(3) Für jedes Mitglied sind zwei Stellvertreter zu wählen, die im Verhinderungsfalle und im Falle des Ausscheidens der Mitglieder einzutreten haben. Auf die Stellvertreter finden die für die Mitglieder geltenden Vorschriften entsprechende Anwendung.

(4) Die Vollversammlung kann sich nach näherer Bestimmung der Satzung bis zu einem Fünftel der Mitgliederzahl durch Zuwahl von sachverständigen Personen unter Wahrung der in Absatz 1 festgelegten Verhältniszahl ergänzen; diese haben gleiche Rechte und Pflichten wie die gewählten Mitglieder der Vollversammlung. Die Zuwahl der sachverständigen Personen, die auf das Drittel der Gesellen anzurechnen sind, erfolgt auf Vorschlag der Mehrheit der Gesellenvertreter.

§ 94 [Rechtsstellung der Mitglieder]. Die Mitglieder der Vollversammlung sind Vertreter des gesamten Handwerks und des handwerksähnlichen Gewerbes und als solche an Aufträge und Weisungen nicht gebunden. § 66 Abs. 4 und § 69 Abs. 4 gelten entsprechend.

§ 95 [Wahl der Mitglieder]. (1) Die Mitglieder der Vollversammlung und ihre Stellvertreter werden durch Listen in allgemeiner, gleicher und geheimer Wahl gewählt.

(2) Das Wahlverfahren regelt sich nach der diesem Gesetz als Anlage C beigefügten Wahlordnung.

§ 96 [Wahlrecht]. (1) Berechtigt zur Wahl der Vertreter des selbständigen Handwerks und des handwerksähnlichen Gewerbes sind die in der Handwerksrolle (§ 6) oder im Verzeichnis des handwerksähnlichen Gewerbes (§ 19) eingetragenen natürlichen und juristischen Personen und Personengesellschaften. Das Wahlrecht kann nur von volljährigen Personen ausgeübt werden. Juristische Personen und Personengesellschaften haben jeweils nur eine Stimme.

(2) Nicht wahlberechtigt sind Personen,

1. die infolge strafgerichtlicher Verurteilung das Recht, in öffentlichen Angelegenheiten zu wählen oder zu stimmen, nicht besitzen,
2. die infolge gerichtlicher Anordnung in der Verfügung über ihr Vermögen beschränkt sind.

(3) An der Ausübung des Wahlrechts ist behindert,

1. wer wegen Geisteskrankheit oder Geistesschwäche in einem psychiatrischen Krankenhaus untergebracht ist,
2. wer sich in Straf- oder Untersuchungshaft befindet,
3. wer infolge gerichtlicher oder polizeilicher Anordnung in Verwahrung gehalten wird.

Handwerksordnung §§ 97, 98 HandwO 3

§ 97 [Wählbarkeit]. (1) Wählbar als Vertreter des selbständigen Handwerks sind

1. die wahlberechtigten natürlichen Personen, sofern sie
   a) im Bezirk der Handwerkskammer seit mindestens einem Jahr ohne Unterbrechung ein Handwerk selbständig betreiben,
   b) die Befugnis zum Ausbilden von Lehrlingen besitzen,
   c) am Wahltag volljährig sind und
   d) die deutsche Staatsangehörigkeit besitzen;

2. die gesetzlichen Vertreter der wahlberechtigten juristischen Personen und die vertretungsberechtigten Gesellschafter der wahlberechtigten Personengesellschaften, sofern
   a) die von ihnen vertretene juristische Person oder Personengesellschaft im Bezirk der Handwerkskammer seit mindestens einem Jahr ein Handwerk selbständig betreibt und
   b) sie im Bezirk der Handwerkskammer seit mindestens einem Jahr ohne Unterbrechung gesetzliche Vertreter oder vertretungsberechtigte Gesellschafter einer in der Handwerksrolle eingetragenen juristischen Person oder Personengesellschaft sind, am Wahltag volljährig sind und die deutsche Staatsangehörigkeit besitzen.

Nicht wählbar ist, wer infolge Richterspruchs die Fähigkeit zur Bekleidung öffentlicher Ämter oder infolge strafgerichtlicher Verurteilung die Fähigkeit, Rechte aus öffentlichen Wahlen zu erlangen, nicht besitzt.

(2) Bei der Berechnung der Fristen in Absatz 1 Nr. 1 Buchstabe a und Nr. 2 Buchstabe b sind die Tätigkeiten als selbständiger Handwerker und als gesetzlicher Vertreter oder vertretungsberechtigter Gesellschafter einer in der Handwerksrolle eingetragenen juristischen Person oder Personengesellschaft gegenseitig anzurechnen.

(3) Für die Wahl der Vertreter des handwerksähnlichen Gewerbes gelten die Absätze 1 und 2 entsprechend.

§ 98 [Wahl der Gesellenmitglieder]. (1) Die Vertreter der Gesellen in der Handwerkskammer (Gesellenmitglieder) werden von Wahlmännern gewählt. In jedem Betriebe eines selbständigen Handwerkers und des handwerksähnlichen Gewerbes entfällt auf ein bis fünf Wahlberechtigte ein Wahlmann und auf jede weitere volle und angefangene Zahl von fünf Wahlberechtigten je ein weiterer Wahlmann.

(2) Berechtigt zur Wahl der Wahlmänner sind die in den Betrieben eines selbständigen Handwerkers oder in den handwerksähnlichen Betrieben des Handwerkskammerbezirks beschäftigten Gesellen. § 96 Abs. 2 und 3 findet Anwendung.

(3) Wählbar zum Wahlmann ist jeder wahlberechtigte Geselle, der volljährig ist.

§ 99 [Wählbarkeit zum Gesellenmitglied]. Wählbar zum Gesellenmitglied der Vollversammlung sind die wahlberechtigten Gesellen, sofern sie

1. am Wahltag volljährig sind,
2. eine Gesellenprüfung oder eine entsprechende Abschlußprüfung abgelegt haben oder, wenn sie in einem handwerksähnlichen Betrieb beschäftigt sind, nicht nur vorübergehend mit Arbeiten betraut sind, die gewöhnlich nur von einem Gesellen oder Facharbeiter ausgeführt werden,
3. die deutsche Staatsangehörigkeit besitzen.

§ 100 [Wahlprüfung; Bekanntmachung des Ergebnisses] (1) Die Handwerkskammer prüft die Gültigkeit der Wahl ihrer Mitglieder von Amts wegen.

(2) Das Ergebnis der Wahl ist öffentlich bekanntzumachen.

§ 101 [Einspruch gegen die Wahl]. (1) Gegen die Rechtsgültigkeit der Wahl kann jeder Wahlberechtigte Einspruch erheben; der Einspruch eines selbständigen Handwerkers oder Inhabers eines handwerksähnlichen Betriebes kann sich nur gegen die Wahl der Vertreter des selbständigen Handwerks und des handwerksähnlichen Gewerbes, der Einspruch eines Gesellen nur gegen die Wahl der Vertreter der Gesellen richten.

(2) Der Einspruch gegen die Wahl eines Gewählten kann nur auf eine Verletzung der Vorschriften der §§ 96 bis 99 gestützt werden.

(3) Richtet sich der Einspruch gegen die Wahl insgesamt, so ist er binnen vier Wochen nach der Bekanntgabe des Wahlergebnisses bei der Handwerkskammer einzulegen. Er kann nur darauf gestützt werden, daß

1. gegen das Gesetz oder gegen die auf Grund des Gesetzes erlassenen Wahlvorschriften verstoßen worden ist und
2. der Verstoß geeignet war, das Ergebnis der Wahl zu beeinflussen.

§ 102 [Ablehnung der Wahl; Amtsniederlegung]. (1) Der Gewählte kann die Annahme der Wahl nur ablehnen, wenn er

1. das sechzigste Lebensjahr vollendet hat oder
2. durch Krankheit oder Gebrechen verhindert ist, das Amt ordnungsmäßig zu führen.

(2) Ablehnungsgründe sind nur zu berücksichtigen, wenn sie binnen zwei Wochen nach der Bekanntgabe des Wahlergebnisses bei der Handwerkskammer geltend gemacht worden sind.

(3) Mitglieder der Handwerkskammer können nach Vollendung des sechzigsten Lebensjahres ihr Amt niederlegen.

Handwerksordnung §§ 103-105 **HandwO 3**

§ 103 [Amtsdauer]. (1) Die Wahl zur Handwerkskammer erfolgt auf fünf Jahre. Eine Wiederwahl ist zulässig.

(2) Nach Ablauf der Wahlzeit bleiben die Gewählten solange im Amt, bis ihre Nachfolger eintreten.

(3) Gesellenmitglieder behalten, auch wenn sie nicht mehr im Betriebe eines selbständigen Handwerkers beschäftigt sind, solange sie im Bezirk der Handwerkskammer verbleiben, das Amt noch bis zum Ende der Wahlzeit, jedoch höchstens für ein Jahr.

§ 104 [Ausscheiden aus dem Amt]. (1) Mitglieder der Vollversammlung haben aus dem Amt auszuscheiden, wenn sie durch Krankheit oder Gebrechen verhindert sind, das Amt ordnungsmäßig zu führen oder wenn Tatsachen eintreten, die ihre Wählbarkeit ausschließen.

(2) Gesetzliche Vertreter juristischer Personen und vertretungsberechtigte Gesellschafter der Personengesellschaften haben ferner aus dem Amt auszuscheiden, wenn

1. sie die Vertretungsbefugnis verloren haben,
2. die juristische Person oder die Personengesellschaft in der Handwerksrolle oder in dem Verzeichnis der Inhaber handwerksähnlicher Betriebe gelöscht worden ist,
3. durch gerichtliche Anordnung die juristische Person oder die Gesellschafter der Personengesellschaft in der Verfügung über das Gesellschaftsvermögen beschränkt sind.

(3) Weigert sich das Mitglied auszuscheiden, so ist es von der obersten Landesbehörde nach Anhörung der Handwerkskammer seines Amtes zu entheben.

§ 105 [Satzung der Handwerkskammer]. (1) Für die Handwerkskammer ist von der obersten Landesbehörde eine Satzung zu erlassen. Über eine Änderung der Satzung beschließt die Vollversammlung; der Beschluß bedarf der Genehmigung durch die oberste Landesbehörde.

(2) Die Satzung muß Bestimmungen enthalten über

1. den Namen, den Sitz und den Bezirk der Handwerkskammer,
2. die Zahl der Mitglieder der Handwerkskammer und der Stellvertreter sowie die Reihenfolge ihres Eintritts im Falle der Behinderung oder des Ausscheidens der Mitglieder,
3. die Verteilung der Mitglieder und der Stellvertreter auf die im Bezirk der Handwerkskammer vertretenen Handwerke,
4. die Zuwahl zur Handwerkskammer,
5. die Wahl des Vorstandes und seine Befugnisse,
6. die Einberufung der Handwerkskammer und ihrer Organe,
7. die Form der Beschlußfassung und die Beurkundung der Beschlüsse der Handwerkskammer und des Vorstandes.

3 HandwO §§ 106, 107

8. die Aufstellung und Genehmigung des Haushaltsplanes,
9. die Aufstellung und Abnahme der Jahresrechnung,
10. die Voraussetzungen und die Form einer Änderung der Satzung,
11. die Organe, in denen die Bekanntmachungen der Handwerkskammer zu veröffentlichen sind.

(3) Die Satzung darf keine Bestimmung enthalten, die mit den in diesem Gesetz bezeichneten Aufgaben der Handwerkskammer nicht in Verbindung steht oder gesetzlichen Vorschriften zuwiderläuft.

(4) Die Satzung und ihre Änderungen sind in dem amtlichen Organ der für den Sitz der Handwerkskammer zuständigen höheren Verwaltungsbehörde bekanntzumachen.

§ 106 [Beschlußfassung der Vollversammlung]. (1) Der Beschlußfassung der Vollversammlung bleibt vorbehalten

1. die Wahl des Vorstandes und der Ausschüsse,
2. die Zuwahl von sachverständigen Personen (§ 93 Abs. 4),
3. die Wahl des Geschäftsführers, bei mehreren Geschäftsführern des Hauptgeschäftsführers und der Geschäftsführer,
4. die Feststellung des Haushaltsplanes, die Festsetzung der Beiträge zur Handwerkskammer und die Erhebung von Gebühren,
5. die Prüfung und Abnahme der Jahresrechnung,
6. die Bewilligung von Ausgaben, die nicht im Haushaltsplan vorgesehen sind, die dingliche Belastung von Grundeigentum und die Aufnahme von Anleihen,
7. der Erwerb und die Veräußerung von Grundeigentum,
8. der Erlaß von Vorschriften über die Berufsausbildung, berufliche Fortbildung und berufliche Umschulung (§ 91 Abs. 1 Nr. 4 und 4a),
9. der Erlaß der Gesellen- und Meisterprüfungsordnungen (§ 91 Abs. 1 Nr. 5 und 6),
10. der Erlaß der Vorschriften über die öffentliche Bestellung und Vereidigung von Sachverständigen (§ 91 Abs. 1 Nr. 8),
11. die Festsetzung der den Mitgliedern zu gewährenden Entschädigung (§ 94),
12. die Änderung der Satzung.

(2) Die nach Absatz 1 Nr. 3 bis 6 und Nr. 8 bis 10 und 12 gefaßten Beschlüsse bedürfen der Genehmigung durch die oberste Landesbehörde; die Beschlüsse zu den Nummern 4, 8, 9, 10 und 12 sind in den für die Bekanntmachungen der Handwerkskammern bestimmten Organen (§ 105 Abs. 2 Nr. 11) zu veröffentlichen.

§ 107 [Zuziehung von Sachverständigen]. Die Handwerkskammer kann zu ihren Verhandlungen Sachverständige mit beratender Stimme zuziehen

Handwerksordnung §§ 108–111 **HandwO 3**

§ 108 [Vorstands- und Präsidentenwahl]. (1) Die Vollversammlung wählt aus ihrer Mitte den Vorstand. Ein Drittel der Mitglieder müssen Gesellen sein.

(2) Der Vorstand besteht nach näherer Bestimmung der Satzung aus dem Vorsitzenden (Präsidenten), zwei Stellvertretern, von denen einer Geselle sein muß, und einer weiteren Zahl von Mitgliedern.

(3) Die Wahl des Präsidenten und seiner Stellvertreter ist der obersten Landesbehörde binnen einer Woche anzuzeigen.

(4) Als Ausweis des Vorstandes genügt eine Bescheinigung der obersten Landesbehörde, daß die darin bezeichneten Personen zur Zeit den Vorstand bilden.

§ 109 [Befugnisse des Vorstands; Vertretungsrecht]. Dem Vorstand obliegt die Verwaltung der Handwerkskammer; Präsident und Hauptgeschäftsführer vertreten die Handwerkskammer gerichtlich und außergerichtlich. Das Nähere regelt die Satzung, die auch bestimmen kann, daß die Handwerkskammer durch zwei Vorstandsmitglieder vertreten wird.

§ 110 [Ausschüsse der Vollversammlung]. (1) Die Vollversammlung kann unter Wahrung der im § 93 Abs. 1 bestimmten Verhältniszahl aus ihrer Mitte Ausschüsse bilden und sie mit besonderen regelmäßigen oder vorübergehenden Aufgaben betrauen. § 107 findet entsprechende Anwendung.

(2) *(gestrichen)*

§ 111 [Überwachung der Lehrlingsausbildung; Auskunftspflicht der Gewerbetreibenden]. (1) Die in die Handwerksrolle und in das Verzeichnis der handwerksähnlichen Betriebe eingetragenen Gewerbetreibenden haben der Handwerkskammer die zur Durchführung von Rechtsvorschriften über die Berufsbildung und der von der Handwerkskammer erlassenen Vorschriften, Anordnungen und der sonstigen von ihr getroffenen Maßnahmen erforderlichen Auskünfte zu erteilen und Unterlagen vorzulegen.

(2) Die von der Handwerkskammer mit der Einholung von Auskünften beauftragten Personen sind befugt, zu dem in Absatz 1 bezeichneten Zweck die Betriebsräume, Betriebseinrichtungen und Ausbildungsplätze sowie die für den Aufenthalt und die Unterkunft der Lehrlinge und Gesellen bestimmten Räume oder Einrichtungen zu betreten und dort Prüfungen und Besichtigungen vorzunehmen. Der Auskunftspflichtige hat die Maßnahme von Satz 1 zu dulden. Das Grundrecht der Unverletzlichkeit der Wohnung (Artikel 13 des Grundgesetzes) wird insoweit eingeschränkt.

(3) Der Auskunftspflichtige kann die Auskunft auf solche Fragen verweigern, deren Beantwortung ihn selbst oder einen der in § 383 Abs. 1

Nr. 1 bis 3 der Zivilprozeßordnung bezeichneten Angehörigen[1] der Gefahr strafgerichtlicher Verfolgung oder eines Verfahrens nach dem Gesetz über Ordnungswidrigkeiten aussetzen würde.

§ 112 [Ordnungsgeld]. (1) Die Handwerkskammer kann bei Zuwiderhandlungen gegen die von ihr innerhalb ihrer Zuständigkeit erlassenen Vorschriften oder Anordnungen Ordnungsgeld bis zu eintausend Deutsche Mark festsetzen.

(2) Das Ordnungsgeld muß vorher schriftlich angedroht werden. Die Androhung und die Festsetzung des Ordnungsgeldes sind dem Betroffenen zuzustellen.

(3) Gegen die Androhung und die Festsetzung des Ordnungsgeldes steht dem Betroffenen der Verwaltungsrechtsweg offen.

(4) Das Ordnungsgeld fließt der Handwerkskammer zu. Es wird auf Antrag des Vorstandes der Handwerkskammer nach Maßgabe des § 113 Abs. 2 Satz 1 beigetrieben.

§ 113 [Beiträge und Gebühren]. (1) Die durch die Errichtung und Tätigkeit der Handwerkskammer entstehenden Kosten werden, soweit sie nicht anderweitig gedeckt sind, von den selbständigen Handwerkern und den Inhabern handwerksähnlicher Betriebe nach einem von der Handwerkskammer mit Genehmigung der obersten Landesbehörde festgesetzten Beitragsmaßstab getragen.

(2) Die Beiträge der selbständigen Handwerker und der Inhaber handwerksähnlicher Betriebe werden von den Gemeinden auf Grund einer von der Handwerkskammer aufzustellenden Aufbringungsliste nach den für Gemeindeabgaben geltenden landesrechtlichen Vorschriften eingezogen und beigetrieben. Die Gemeinden können für ihre Tätigkeit eine angemessene Vergütung von der Handwerkskammer beanspruchen, deren Höhe im Streitfall die höhere Verwaltungsbehörde festsetzt. Die Landesregierung kann durch Rechtsverordnung auf Antrag der Handwerkskammer eine andere Form der Beitragseinziehung zulassen. Die Landesregierung kann die Ermächtigung auf die zuständige oberste Landesbehörde übertragen.

(3) Die Handwerkskammer kann für Amtshandlungen und für die Inanspruchnahme besonderer Einrichtungen oder Tätigkeiten mit Genehmigung der obersten Landesbehörde Gebühren erheben. Für ihre Beitreibung gilt Absatz 2 Satz 1.

§ 114 [Rechts- und Amtshilfe]. Die Behörden sind innerhalb ihrer Zuständigkeit verpflichtet, den im Vollzug dieses Gesetzes an sie ergehenden Ersuchen der Handwerkskammern zu entsprechen. Die gleiche Verpflichtung obliegt den Handwerkskammern untereinander.

---

[1] Siehe die Anm. zu § 17 Abs. 3.

Handwerksordnung **§§ 115–118 HandwO 3**

§ 115 [**Aufsicht über Handwerkskammer; Auflösung der Vollversammlung**]. (1) Die oberste Landesbehörde führt die Staatsaufsicht über die Handwerkskammer. Die Staatsaufsicht beschränkt sich darauf, soweit nicht anderes bestimmt ist, daß Gesetz und Satzung beachtet, insbesondere die den Handwerkskammern übertragenen Aufgaben erfüllt werden.

(2) Die Aufsichtsbehörde kann, falls andere Aufsichtsmittel nicht ausreichen, die Vollversammlung auflösen, wenn sich die Kammer trotz wiederholter Aufforderung nicht im Rahmen der für sie geltenden Rechtsvorschriften hält. Innerhalb von drei Monaten nach Eintritt der Unanfechtbarkeit der Anordnung über die Auflösung ist eine Neuwahl vorzunehmen. Der bisherige Vorstand führt seine Geschäfte bis zum Amtsantritt des neuen Vorstandes weiter und bereitet die Neuwahl der Vollversammlung vor.

Fünfter Teil. Bußgeld-, Übergangs- und Schlußvorschriften

Erster Abschnitt. Bußgeldvorschriften

§ 116 [**Ermächtigung**]. Die Landesregierungen werden ermächtigt, durch Rechtsverordnung die zuständigen Behörden abweichend von § 104 Abs. 3 und § 108 Abs. 4 zu bestimmen. Sie können diese Ermächtigung auf oberste Landesbehörden übertragen.

§ 117 [**Ordnungswidrigkeiten**]. (1) Ordnungswidrig handelt, wer
1. entgegen § 1 ein Handwerk als stehendes Gewerbe selbständig betreibt,
2. entgegen § 51 die Bezeichnung „Meister" führt.

(2) Die Ordnungswidrigkeit kann mit einer Geldbuße bis zu zehntausend Deutsche Mark geahndet werden.

§ 118 [**Weitere Ordnungswidrigkeiten**]. (1) Ordnungswidrig handelt, wer
1. eine Anzeige nach § 16 Abs. 2 oder § 18 Abs. 1 nicht, nicht rechtzeitig, unrichtig oder unvollständig erstattet,
2. entgegen § 17 oder § 111 der Handwerkskammer oder ihrem Beauftragten eine Auskunft nicht, nicht rechtzeitig, unrichtig oder unvollständig erteilt oder Unterlagen nicht vorlegt oder das Betreten von Grundstücken oder Geschäftsräumen oder die Vornahme von Prüfungen oder Besichtigungen nicht duldet,
3. Lehrlinge (Auszubildende) einstellt oder ausbildet, obwohl er nach § 21 Abs. 2 Nr. 1 persönlich oder nach § 21 Abs. 3 fachlich nicht geeignet ist,
4. entgegen § 21 Abs. 4 einen Ausbilder bestellt, obwohl dieser nach § 21 Abs. 2 Nr. 1 persönlich oder nach § 21 Abs. 3 fachlich nicht geeignet ist oder diesem das Ausbilden nach § 24 untersagt worden ist,

5. Lehrlinge (Auszubildende) einstellt oder ausbildet, obwohl ihm das Einstellen oder Ausbilden nach § 24 untersagt worden ist,
6. entgegen § 30 die Eintragung in die Lehrlingsrolle nicht oder nicht rechtzeitig beantragt oder eine Ausfertigung der Vertragsniederschrift nicht beifügt.

(2) Die Ordnungswidrigkeiten nach Absatz 1 Nr. 1, 2 und 6 können mit einer Geldbuße bis zu zweitausend Deutsche Mark, die Ordnungswidrigkeiten nach Absatz 1 Nr. 3 bis 5 können mit einer Geldbuße bis zu zehntausend Deutsche Mark geahndet werden.

§ 118a [Weitere Ordnungswidrigkeiten]. (1) Ordnungswidrig handelt, wer die Wahl zum Mitglied der Handwerkskammer ohne zulässigen Grund (§ 102 Abs. 1) oder verspätet (§ 102 Abs. 2) ablehnt oder sich ohne genügende Entschuldigung den Pflichten des Amtes entzieht.

(2) Ordnungswidrig handelt auch, wer ein Wahlehrenamt (§ 6 Abs. 1 der Wahlordnung für die Wahlen der Mitglieder der Handwerkskammern) ohne zulässigen Grund ablehnt oder sich ohne genügende Entschuldigung den Pflichten eines solchen Ehrenamtes entzieht.

(3) Die Ordnungswidrigkeit kann mit einer Geldbuße geahndet werden.

Zweiter Abschnitt. Übergangsvorschriften

§ 119 [Erhaltung der Berechtigung, ein Handwerk zu betreiben]. (1) Die bei Inkrafttreten dieses Gesetzes vorhandene Berechtigung eines Gewerbetreibenden, ein Handwerk als stehendes Gewerbe selbständig zu betreiben, bleibt bestehen. Soweit die Berechtigung zur Ausübung eines selbständigen Handwerks anderen bundesrechtlichen Beschränkungen als den in diesem Gesetz bestimmten unterworfen ist, bleiben diese Vorschriften unberührt.

(2) Ist ein nach Absatz 1 Satz 1 berechtigter Gewerbetreibender bei Inkrafttreten dieses Gesetzes nicht in der Handwerksrolle eingetragen, so ist er auf Antrag oder von Amts wegen binnen drei Monaten in die Handwerksrolle einzutragen.

(3) Die Absätze 1 und 2 gelten für Gewerbe, die in die Anlage A zu diesem Gesetz aufgenommen werden, entsprechend.

(4) Werden in der Anlage A zu diesem Gesetz aufgeführte Gewerbe durch Gesetz oder durch eine nach § 1 Abs. 3 erlassene Rechtsverordnung zusammengefaßt, so ist der selbständige Handwerker, der eines der zusammengefaßten Handwerke betreibt, mit dem durch die Zusammenfassung entstandenen Handwerk in die Handwerksrolle einzutragen.

§ 120 [Erhaltung der Befugnis zur Lehrlingsausbildung]. Die bei Inkrafttreten dieses Gesetzes vorhandene Befugnis zur Einstellung oder zur Ausbildung von Lehrlingen in Handwerksbetrieben bleibt bestehen.

Handwerksordnung §§ 121–124 **HandwO 3**

§ 121 [Der Meisterprüfung gleichgestellte Prüfungen]. Der Meisterprüfung im Sinne des § 46 bleiben die in § 133 Abs. 10 der Gewerbeordnung bezeichneten Prüfungen gleichgestellt, sofern sie vor Inkrafttreten dieses Gesetzes abgelegt worden sind.

§ 122 [Gesellen- und Meisterprüfungsvorschriften bei Trennung oder Zusammenfassung von Handwerken]. (1) Werden in der Anlage A zu diesem Gesetz aufgeführte Handwerke durch Gesetz oder durch eine nach § 1 Abs. 3 erlassene Rechtsverordnung getrennt oder zusammengefaßt, so können bis zum Ablauf von fünf Jahren nach Inkrafttreten des Gesetzes oder der Rechtsverordnung auch solche Personen als Beisitzer der Gesellen- oder Meisterprüfungsausschüsse der durch die Trennung oder Zusammenfassung entstandenen Handwerke berufen werden, die in dem getrennten Handwerk oder in einem der zusammengefaßten Handwerke die Gesellen- oder Meisterprüfung abgelegt haben und im Falle des § 48 Abs. 3 seit mindestens einem Jahr als selbständige Handwerker tätig sind.

(2) Die für die einzelnen Handwerke geltenden Gesellen- und Meisterprüfungsvorschriften sind bis zum Erlaß der in den § 25 Abs. 1 und § 38 sowie § 45 Abs.1 Nr. 2 und § 50 Satz 2 vorgesehenen Prüfungsordnungen anzuwenden, soweit sie nicht mit diesem Gesetz in Widerspruch stehen.

(3) Bestehende Prüfungsausschüsse, die den §§ 34 und 35 nicht entsprechen, dürfen noch bis zum Ablauf eines Jahres nach Inkrafttreten des Berufsbildungsgesetzes Prüfungen abnehmen.

(4) Die für die einzelnen Handwerke geltenden Berufsbilder sind bis zum Erlaß von Rechtsverordnungen nach § 45 Nr. 1 anzuwenden.

(5) Die für die einzelnen Handwerke geltenden Fachlichen Vorschriften sind bis zum Erlaß von Rechtsverordnungen nach § 25 und § 45 Nr. 2 anzuwenden.

§ 123 [Zulassung zur Meisterprüfung]. Beantragt ein Gewerbetreibender, der bei Inkrafttreten dieses Gesetzes berechtigt ist, ein Handwerk als stehendes Gewerbe selbständig zu betreiben, in diesem Handwerk zur Meisterprüfung zugelassen zu werden, so gelten für die Zulassung zur Prüfung die Bestimmungen der §§ 49 und 50 mit folgender Maßgabe:
1. der Nachweis einer Ausbildungszeit oder einer Gesellenprüfung ist nicht erforderlich;
2. es genügt der Nachweis einer fünfjährigen Tätigkeit als Facharbeiter oder selbständiger Gewerbetreibender in dem Handwerk, in welchem die Meisterprüfung abgelegt werden soll; ist die Gesellenprüfung oder eine Abschlußprüfung (§ 49 Abs. 2) in diesem Handwerk abgelegt, so genügt der Nachweis einer zweijährigen Tätigkeit.

§ 124 [Bestehende Handwerksorganisationen]. (1) Die bei Inkrafttreten dieses Gesetzes bestehenden Handwerksinnungen oder Handwerkerinnungen, Kreishandwerkerschaften oder Kreisinnungsverbände,

Innungsverbände und Handwerkskammern sind nach den Bestimmungen dieses Gesetzes bis zum 30. September 1954 umzubilden; bis zu ihrer Umbildung gelten sie als Handwerksinnungen, Kreishandwerkerschaften, Innungsverbände und Handwerkskammern im Sinne dieses Gesetzes. Wenn sie sich nicht bis zum 30. September 1954 umgebildet haben, sind sie aufgelöst. Endet die Wahlzeit der Mitglieder einer Handwerkskammer vor dem 30. September 1954, so wird sie bis zu der Umbildung der Handwerkskammer nach Satz 1, längstens jedoch bis zum 30. September 1954 verlängert.

(2) Die nach diesem Gesetz umgebildeten Handwerksinnungen, Kreishandwerkerschaften, Innungsverbände und Handwerkskammern gelten als Rechtsnachfolger der entsprechenden bisher bestehenden Handwerksorganisationen.

(3) Soweit für die bisher bestehenden Handwerksorganisationen eine Rechtsnachfolge nicht eintritt, findet eine Vermögensauseinandersetzung nach den für sie bisher geltenden gesetzlichen Bestimmungen statt. Bei Meinungsverschiedenheiten entscheidet die nach dem geltenden Recht zuständige Aufsichtsbehörde.

Dritter Abschnitt. Schlußvorschriften

§ 125 [Aufgehobene Vorschriften]. (1) Gesetze und Verordnungen des Reiches, des Bundes und der Länder, die mit diesem Gesetz in Widerspruch stehen, werden mit den zu ihrer Durchführung, Änderung und Ergänzung ergangenen Verordnungen, Durchführungsbestimmungen, Anordnungen und Erlassen aufgehoben.

(2) Insbesondere werden aufgehoben:

1. das Gesetz über den vorläufigen Aufbau des deutschen Handwerks vom 29. November 1933 (Reichsgesetzbl. I S. 1015),
2. die Erste Verordnung über den vorläufigen Aufbau des deutschen Handwerks vom 15. Juni 1934 (Reichsgesetzbl. I S. 493),
3. die Zweite Verordnung über den vorläufigen Aufbau des deutschen Handwerks vom 18. Januar 1935 (Reichsgesetzbl. I S. 14) mit den hierzu ergangenen Verordnungen vom 7. Oktober 1936 (Reichsgesetzbl. I S. 905) und vom 8. Februar 1939 (Reichsgesetzbl. I S. 166),
4. die Dritte Verordnung über den vorläufigen Aufbau des deutschen Handwerks vom 18. Januar 1935 (Reichsgesetzbl. I S. 15) in der Fassung der Verordnung vom 22. Januar 1936 (Reichsgesetzbl. I S. 42),
5. die Verordnung über Maßnahmen auf dem Gebiet des Handwerksrechts vom 17. Oktober 1939 (Reichsgesetzbl. I S. 2046),
6. die Verordnung über die Durchführung des Vierjahresplanes auf dem Gebiet der Handwerkswirtschaft vom 22. Februar 1939 (Reichsgesetzblatt I S. 327),
7. die Verordnung über die Zuständigkeit der in Preußen bei Eintragung und Löschung in der Handwerksrolle im Einspruchsverfahren

Handwerksordnung § 126 **HandwO 3**

entscheidenden Behörden vom 19. März 1935 (Ministerialblatt für Wirtschaft und Arbeit S. 125),

8. die Verordnung über Maßnahmen auf dem Gebiet der Berufsausbildung im Handwerk vom 6. Januar 1940 (Reichsgesetzbl. I S. 32),

9. die Vierte Verordnung zur Durchführung der Verordnung über die Vereinfachung und Vereinheitlichung der Organisation der gewerblichen Wirtschaft (Handwerksrollenverordnung) vom 13. August 1942 (Reichsgesetzbl. I S. 519),

10. die Sechste Verordnung zur Durchführung der Verordnung über die Vereinfachung und Vereinheitlichung der Organisation der gewerblichen Wirtschaft vom 23. März 1943 (Reichsgesetzbl. I S. 158),

11. die Verordnung des Zentralamtes für Wirtschaft in der britischen Zone über den Aufbau des Handwerks vom 6. Dezember 1946 (Gesetz- und Verordnungsblatt für das Land Nordrhein-Westfalen 1947 S. 21, Amtsblatt für Niedersachsen 1947 S. 7, Amtsblatt für Schleswig-Holstein 1947 S. 13, Amtlicher Anzeiger Beiblatt zum Hamburgischen Gesetz- und Verordnungsblatt 1947 S. 17),

12. die Verordnung des Verwaltungsamtes für Wirtschaft des amerikanischen und britischen Besatzungsgebietes über die Wahlen zur Handwerkskammer vom 24. Juli 1947 (Gesetz- und Verordnungsblatt für das Land Nordrhein-Westfalen 1948 S. 25, Amtsblatt für Niedersachsen 1947 S. 228, Amtsblatt für Schleswig-Holstein 1947 S. 531, Amtlicher Anzeiger Beiblatt zum Hamburgischen Gesetz- und Verordnungsblatt 1947 S. 471),

13. das Landesgesetz des Landes Rheinland-Pfalz über die Neufassung des Handwerksrechts (Handwerksordnung) vom 2. September 1949 (Gesetz- und Verordnungsblatt der Landesregierung Rheinland-Pfalz Teil I S. 379),

14. die Rechtsanordnung des Landes Württemberg-Hohenzollern zur Ordnung des Handwerks (Handwerksordnung) vom 5. November 1946 (Amtsblatt des Staatssekretariats für das französisch besetzte Gebiet Württembergs und Hohenzollerns 1947 S. 1),

15. die Bekanntmachung des Reichswirtschaftsministers vom 6. Dezember 1934 betr. Verzeichnis der Gewerbe, die handwerksmäßig betrieben werden können (Reichsanzeiger und Preußischer Staatsanzeiger Nr. 287 vom 8. Dezember 1934), mit den hierzu ergangenen Änderungen und Ergänzungen,

16. die Wahlordnung für die Wahlen der Mitglieder der Handwerkskammern vom 16. Mai 1929 (Reichsgesetzbl. I S. 102).

§ 126 [Weitere aufgehobene Vorschriften]. Es wurden ferner aufgehoben

1. aus der Gewerbeordnung für das Deutsche Reich vom 21. Juni 1869/26. Juli 1900 (Bundesgesetzbl. S. 245/Reichsgesetzbl. S. 871) in der gegenwärtig geltenden Fassung die §§ 103 bis 103r, 129 bis 132a,

3 HandwO § 127   Handwerksordnung

133 Abs. 1 und Abs. 3 bis 10, sowie § 148 Abs. 1 Nr. 9b, soweit in ihm auf die §§ 129 und 130 Bezug genommen wird, und § 148 Abs. 1 Nr. 9c,

2. § 4 der Verordnung über die Übertragung von Verwaltungsentscheidungen in der Wirtschaftsverwaltung vom 30. Januar 1941 (Reichsgesetzblatt I S. 87),
3. § 3 des Gesetzes des Landes Niedersachsen über die Zulassung und Schließung von Gewerbebetrieben (Gewerbezulassungsgesetz) vom 29. Dezember 1948 (Niedersächsisches Gesetz- und Verordnungsblatt S. 188) sowie Artikel 3 und Artikel 10 Abs. 2 der Verordnung des Niedersächsischen Staatsministeriums zur Durchführung des Gesetzes über die Zulassung und Schließung von Gewerbebetrieben (Gewerbezulassungsgesetz) vom 7. Januar 1949 (Niedersächsisches Gesetz- und Verordnungsblatt S. 15, 36) in der Fassung der Verordnung vom 23. Januar 1951 (Niedersächsisches Gesetz- und Verordnungsblatt S. 11),
4. § 3 der Verordnung der Freien Hansestadt Bremen zur Änderung der Zweiten Durchführungsverordnung zum Übergangsgesetz zur Regelung der Gewerbefreiheit vom 26. August 1949 (Gesetzblatt der Freien Hansestadt Bremen S. 203),
5. § 5 des Gesetzes der Freien Hansestadt Bremen über die Übertragung der öffentlich-rechtlichen Aufgaben der Kammern auf staatliche Behörden vom 26. Januar 1949 (Gesetzblatt der Freien Hansestadt Bremen S. 21).

§ 127 [**Nicht mehr anwendbare Vorschriften**]. (1) Sind in Gesetzen und Verordnungen des Reiches, des Bundes und der Länder Vorschriften enthalten, die mit diesem Gesetz nicht in Einklang stehen, so sind sie insoweit nicht mehr anzuwenden.

(2) Insbesondere sind insoweit nicht mehr anzuwenden:

1. das Gesetz zur Vorbereitung des organischen Aufbaus der deutschen Wirtschaft vom 27. Februar 1934 (Reichsgesetzbl. I S. 185) und die Verordnung über die Vereinfachung und Vereinheitlichung der Organisation der gewerblichen Wirtschaft vom 20. April 1942 (Reichsgesetzbl. I S. 189) nebst den zur Durchführung, Änderung und Ergänzung des Gesetzes und der Verordnung ergangenen Verordnungen, Durchführungsbestimmungen, Anordnungen und Erlassen,
2. Abschnitt I des Gesetzes zur Erhaltung und Hebung der Kaufkraft (Beiträgegesetz) vom 24. März 1934 (Reichsgesetzbl. I S. 235).

(3) Es sind ferner insoweit nicht mehr anzuwenden:

1. aus der Gewerbeordnung für das Deutsche Reich vom 21. Juni 1869/ 26. Juli 1900 (Bundesgesetzbl. S. 245/Reichsgesetzbl. S. 871) in der gegenwärtig geltenden Fassung der § 30c, die §§ 81 bis 99, 104 bis 104n, 126 bis 128, 144a, 148 Abs. 1 Nr. 9, 9a und § 148 Abs. 1 Nr. 9b, soweit in ihm auf § 128 Bezug genommen wird, sowie § 148 Abs. 1 Nr. 10 und § 150 Abs. 1 Nr. 4a,

Handwerksordnung §§ 128, 129 HandwO 3

2. die §§ 4 und 7 der Zweiten Durchführungsverordnung der Freien Hansestadt Bremen zum Übergangsgesetz zur Regelung der Gewerbefreiheit vom 14. Februar 1949 (Gesetzblatt der Freien Hansestadt Bremen S. 31),
3. die §§ 3a und 8 der Verordnung der Freien Hansestadt Bremen zur Änderung der Zweiten Durchführungsverordnung zum Übergangsgesetz zur Regelung der Gewerbefreiheit vom 26. August 1949 (Gesetzblatt der Freien Hansestadt Bremen S. 203),
4. die §§ 1, 6, 7 und 8 des Gesetzes der Freien Hansestadt Bremen über die Übertragung der öffentlich-rechtlichen Aufgaben der Kammern auf staatliche Behörden vom 26. Januar 1949 (Gesetzblatt der Freien Hansestadt Bremen S. 21)

Vierter Abschnitt. Berlin-Klausel und Inkrafttreten

§ 128 [Berlin-Klausel]. Dieses Gesetz gilt nach Maßgabe des § 13 Abs. 1 des Dritten Überleitungsgesetzes vom 4. Januar 1952 (Bundesgesetzbl. I S. 1) auch im Land Berlin. Rechtsverordnungen, die auf Grund der in diesem Gesetz enthaltenen Ermächtigung erlassen werden, gelten im Land Berlin nach § 14 des Dritten Überleitungsgesetzes.

§ 129[1] **[Inkrafttreten].** Das Gesetz tritt am Tage nach der Verkündung in Kraft.

---

[1] Diese Vorschrift bezieht sich auf das Inkrafttreten der ursprünglichen Fassung vom 17. 9. 1953.

Anlage A
zu dem Gesetz zur Ordnung des Handwerks (Handwerksordnung)

Verzeichnis
der Gewerbe, die als Handwerk betrieben werden können
(§ 1 Abs. 2)

I Gruppe der Bau- und Ausbaugewerbe

Nr.
1. Maurer
2. Beton- und Stahlbetonbauer
3. Feuerungs- und Schornsteinbauer
4. Backofenbauer
5. Zimmerer
6. Dachdecker
7. Straßenbauer
8. Wärme-, Kälte- und Schallschutzisolierer
9. Fliesen-, Platten- und Mosaikleger
10. Betonstein- und Terrazzohersteller
11. Estrichleger
12. Brunnenbauer
13. Steinmetzen und Steinbildhauer
14. Stukkateure
15. Maler und Lackierer
16. Kachelofen- und Luftheizungsbauer
17. Schornsteinfeger

II Gruppe der Metallgewerbe

18. Schmiede
19. Schlosser
20. Karosseriebauer
21. Maschinenbauer (Mühlenbauer)
22. Werkzeugmacher
23. Dreher
24. Mechaniker (Nähmaschinen- und Zweiradmechaniker)
24a. Kälteanlagenbauer
25. Büromaschinenmechaniker
26. Kraftfahrzeugmechaniker
27. Kraftfahrzeugelektriker
28. Landmaschinenmechaniker
29. Feinmechaniker
30. Büchsenmacher
31. Klempner
32. Gas- und Wasserinstallateure
33. Zentralheizungs- und Lüftungsbauer
34. Kupferschmiede
35. Elektroinstallateure
36. Elektromechaniker
37. Fernmeldemechaniker
38. Elektromaschinenbauer

Handwerksordnung   **Anlage A HandwO 3**

Nr.
39 Radio- und Fernsehtechniker
40 Uhrmacher
41 Graveure
42 Ziseleure
43 Galvaniseure und Metallschleifer
44 Gürtler und Metalldrücker
45 Zinngießer
46 Metallformer und Metallgießer
47 Glockengießer
48 Messerschmiede
49 Goldschmiede
50 Silberschmiede
51 Gold-, Silber- und Aluminiumschläger

III Gruppe der Holzgewerbe

52 Tischler
53 Parkettleger
54 Rolladen- und Jalousiebauer
55 Bootsbauer
56 Schiffbauer
57 Modellbauer
58 Wagner
59 Drechsler (Elfenbeinschnitzer)
60 Schirmmacher
61 Holzbildhauer
62 Böttcher
63 Bürsten- und Pinselmacher
64 Korbmacher

IV Gruppe der Bekleidungs-, Textil- und Ledergewerbe

65 Herrenschneider
66 Damenschneider
67 Wäscheschneider
68 Sticker
69 Stricker
70 Modisten
71 Weber
72 Seiler
73 Segelmacher
74 Kürschner
75 Hut- und Mützenmacher
76 Handschuhmacher
77 Schuhmacher
78 Orthopädieschuhmacher
79 Gerber
80 Sattler
81 Feintäschner
82 Raumausstatter

3 HandwO Anlage A

Nr.
V Gruppe der Nahrungsmittelgewerbe
83 Bäcker
84 Konditoren
85 Fleischer
86 Müller
87 Brauer und Mälzer
88 Weinküfer

VI Gruppe der Gewerbe für Gesundheits- und Körperpflege sowie der chemischen und Reinigungsgewerbe
89 Augenoptiker
90 Hörgeräteakustiker
91 Bandagisten
92 Orthopädiemechaniker
93 Chirurgiemechaniker
94 Zahntechniker
95 Friseure
96 Textilreiniger
97 Wachszieher
98 *(gestrichen)*
99 Gebäudereiniger

VII Gruppe der Glas-, Papier-, keramischen und sonstigen Gewerbe
100 Glaser
101 Glasschleifer und Glasätzer
102 Feinoptiker
103 Glasinstrumentenmacher
104 Glas- und Porzellanmaler
105 Farbsteinschleifer, Achatschleifer und Schmucksteingraveure
106 Fotografen
107 Buchbinder
108 Buchdrucker: Schriftsetzer; Drucker
109 Steindrucker
110 Siebdrucker
111 Flexografen
112 Chemigrafen
113 Stereotypeure
114 Galvanoplastiker
115 Keramiker
116 Orgel- und Harmoniumbauer
117 Klavier- und Cembalobauer
118 Handzuginstrumentenmacher
119 Geigenbauer
120 Metallblasinstrumenten- und Schlagzeugmacher
121 Holzblasinstrumentenmacher
122 Zupfinstrumentenmacher
123 Vergolder
124 Schilder- und Lichtreklamehersteller
125 Vulkaniseure

Handwerksordnung   Anlage B **HandwO 3**

Anlage B
zu dem Gesetz zur Ordnung des Handwerks (Handwerksordnung)

Verzeichnis
der Gewerbe, die handwerksähnlich betrieben werden können
(§ 18 Abs. 2)

I Gruppe der Bau- und Ausbaugewerbe

Nr.
1 Gerüstbauer (Aufstellen und Vermieten von Holz-, Stahl- und Leichtmetallgerüsten)
2 Bautentrocknungsgewerbe
3 Bodenleger (Verlegen von Linoleum-, Kunststoff- und Gummiböden)
4 Asphaltierer (ohne Straßenbau)
5 Fuger (im Hochbau)
6 Holz- und Bautenschutzgewerbe (Mauerschutz und Holzimprägnierung in Gebäuden)
7 Rammgewerbe (Einrammen von Pfählen im Wasserbau)

II Gruppe der Metallgewerbe

8 Herstellung von Drahtgestellen für Dekorationszwecke in Sonderanfertigung
9 Metallschleifer und Metallpolierer
10 Metallsägen-Schärfer
11 Tankschutzbetriebe (Korrosionsschutz von Öltanks für Feuerungsanlagen ohne chemische Verfahren)

III Gruppe der Holzgewerbe

12 Holzschuhmacher
13 Holzblockmacher
14 Daubenhauer
15 Holz-Leitermacher (Sonderanfertigung)
16 Muldenhauer
17 Holzreifenmacher
18 Holzschindelmacher

IV Gruppe der Bekleidungs-, Textil- und Ledergewerbe

19 Bügelanstalten für Herren-Oberbekleidung
20 Dekorationsnäher (ohne Schaufensterdekoration)
21 Fleckteppichhersteller
22 Klöppler
23 Theaterkostümnäher
24 Plisseebrenner
25 Posamentierer

Nr.
26 Stoffmaler
27 Handapparate-Stricker
28 Textil-Handdrucker
29 Kunststopfer
30 Flickschneider

V Gruppe der Nahrungsmittelgewerbe

31 Innerei-Fleischer (Kuttler)
32 Speiseeishersteller (mit Vertrieb von Speiseeis mit üblichem Zubehör)

VI Gruppe der Gewerbe für Gesundheits- und Körperpflege sowie der chemischen und Reinigungsgewerbe

33 Appreteure, Dekateure
34 Schnellreiniger
35 Teppichreiniger
36 Getränkeleitungsreiniger
37 Schönheitspfleger

VII Gruppe der sonstigen Gewerbe

38 Bestattungsgewerbe
39 Lampenschirmhersteller (Sonderanfertigung)
40 Klavierstimmer

Anlage C

zu dem Gesetz zur Ordnung des Handwerks (Handwerksordnung)

Wahlordnung für die Wahlen der Mitglieder der Handwerkskammern

Erster Abschnitt. Zeitpunkt der Wahl, Wahlleiter und Wahlausschuß

§ 1 Der Vorstand der Handwerkskammer bestimmt den Tag der Wahl, der ein Sonntag oder öffentlicher Ruhetag sein muß, und die Abstimmungszeit; er bestellt einen Wahlleiter sowie einen Stellvertreter, die nicht zu den Wahlberechtigten gemäß § 96 Abs. 1 und § 98 Abs. 2 der Handwerksordnung gehören und nicht Beamte der Handwerkskammer sein dürfen.

§ 2 (1) Der Wahlleiter beruft aus der Zahl der Wahlberechtigten vier Beisitzer und die erforderliche Zahl von Stellvertretern, die je zur Hälfte Wahlberechtigte nach § 96 Abs. 1 und nach § 98 Abs. 2 der Handwerksordnung sein müssen. Der Wahlleiter und die Beisitzer bilden den Wahlausschuß; den Vorsitz führt der Wahlleiter.

(2) Der Wahlausschuß ist beschlußfähig, wenn außer dem Wahlleiter oder seinem Stellvertreter mindestens je ein Wahlberechtigter nach § 96 Abs. 1 und nach § 98 Abs. 2 der Handwerksordnung als Beisitzer anwesend sind. Er beschließt mit Stimmenmehrheit; bei Stimmengleichheit entscheidet die Stimme des Wahlleiters.

(3) Die in den Wahlausschuß berufenen Beisitzer und Stellvertreter werden von dem Vorsitzenden auf unparteiische und gewissenhafte Erfüllung ihres Amtes durch Handschlag verpflichtet.

(4) Die Stellvertreter werden für abwesende oder ausgeschiedene Beisitzer herangezogen.

(5) Zu den Verhandlungen des Wahlausschusses bestellt der Vorsitzende einen Schriftführer, den er auf unparteiische und gewissenhafte Erfüllung seines Amtes durch Handschlag verpflichtet; der Schriftführer ist nicht stimmberechtigt und soll nicht zu den Wahlberechtigten gemäß § 96 Abs. 1 und § 98 Abs. 2 der Handwerksordnung gehören.

(6) Ort und Zeit der Sitzungen bestimmt der Vorsitzende. Die Beisitzer und der Schriftführer werden zu den Sitzungen eingeladen.

(7) Der Wahlausschuß entscheidet in öffentlicher Sitzung.

(8) Öffentlich sind diese Sitzungen auch dann, wenn Zeit, Ort und Gegenstand der Sitzung vorher durch Aushang am Eingang des Sitzungshauses mit dem Hinweis bekanntgegeben worden sind, daß der Zutritt zur Sitzung den Stimmberechtigten offensteht.

(9) Die Beisitzer des Wahlausschusses erhalten keine Vergütung; es wird ihnen für bare Auslagen und Zeitversäumnis eine Entschädigung

3 HandwO Anlage C

nach den für die Mitglieder der Handwerkskammer festgesetzten Sätze gewährt. Die Entschädigung für Zeitversäumnis der Gesellenmitglieder muß so bemessen sein, daß sie mindestens den ihnen entstandenen Lohnausfall deckt.

(10) Auf die Beisitzer des Wahlausschusses finden die Bestimmungen des § 6 Anwendung.

Zweiter Abschnitt. Wahlbezirk

§ 3 Der Handwerkskammerbezirk bildet einen Wahlbezirk.

Dritter Abschnitt. Stimmbezirke

§ 4 (1) Der Vorstand der Handwerkskammer hat den Wahlbezirk in Stimmbezirke einzuteilen, die nach den örtlichen Verhältnissen so abgegrenzt sein sollen, daß den Stimmberechtigten die Teilnahme an der Abstimmung möglichst erleichtert wird.

(2) Der Vorstand der Handwerkskammer hat ferner für jeden Stimmbezirk den Raum zu bestimmen, in dem die Abstimmung vorzunehmen ist. In den Abstimmungsräumen müssen die erforderlichen Einrichtungen vorhanden sein, die das Wahlgeheimnis sichern.

(3) Die Einteilung der Stimmbezirke und die Abstimmungsräume sind spätestens eine Woche vor dem Wahltag in den für die Bekanntmachungen der Handwerkskammer bestimmten Organen zu veröffentlichen.

Vierter Abschnitt. Abstimmungsvorstand

§ 5 (1) Der Vorstand der Handwerkskammer ernennt für jeden Stimmbezirk einen Abstimmungsvorsteher und einen Stellvertreter, von denen je einer Wahlberechtigter nach § 96 Abs. 1 und nach § 98 Abs. 2 der Handwerksordnung sein muß. Der Abstimmungsvorsteher ernennt aus den Wahlberechtigten des Stimmbezirks zwei Beisitzer, und zwar je einen Wahlberechtigten nach § 96 Abs. 1 und nach § 98 Abs. 2 der Handwerksordnung sowie einen Schriftführer; der Abstimmungsvorsteher, sein Stellvertreter und die Beisitzer bilden den Abstimmungsvorstand.

(2) Die Mitglieder des Abstimmungsvorstandes erhalten keine Vergütung.

(3) Der Abstimmungsvorstand wird vom Abstimmungsvorsteher eingeladen und tritt am Abstimmungstag zu Beginn der Abstimmungshandlung in dem Abstimmungsraum zusammen. Fehlende Beisitzer werden durch anwesende Stimmberechtigte ersetzt.

(4) Der Stellvertreter, die Beisitzer und der Schriftführer unterstützen den Abstimmungsvorsteher bei der Überwachung und Durchführung der Abstimmungshandlung sowie bei der Ermittlung des Abstimmungsergebnisses.

Handwerksordnung	**Anlage C HandwO 3**

(5) Der Abstimmungsvorstand berät und beschließt über die einzelnen Abstimmungshandlungen. Er faßt seine Beschlüsse mit Stimmenmehrheit in Anwesenheit des Abstimmungsvorstehers oder seines Stellvertreters und zweier Beisitzer; der Schriftführer ist nicht stimmberechtigt. Die Nachprüfung im Wahlprüfungsverfahren bleibt vorbehalten.

(6) Bei der Abstimmungshandlung müssen der Abstimmungsvorsteher oder sein Stellvertreter sowie zwei Beisitzer des Abstimmungsvorstandes, und zwar ein selbständiger Handwerker oder ein Inhaber eines handwerksähnlichen Betriebes und ein Geselle, außerdem der Schriftführer anwesend sein.

§ 6 (1) Jeder Wähler ist verpflichtet, die ehrenamtliche Tätigkeit eines Abstimmungsvorstehers, Stellvertreters des Abstimmungsvorstehers, Beisitzers oder Schriftführers im Abstimmungsvorstand zu übernehmen.

(2) Die Berufung zu einem Wahlehrenamt dürfen ablehnen

1. Wähler, die als Bewerber auf einem Wahlvorschlag benannt sind,
2. Wähler, die das sechzigste Lebensjahr vollendet haben,
3. Wähler, die glaubhaft machen, daß sie aus dringenden beruflichen Gründen oder durch Krankheit oder durch Gebrechen verhindert sind, das Amt ordnungsmäßig zu führen,
4. Wähler, die sich am Wahltag aus zwingenden Gründen außerhalb ihres Wohnortes aufhalten,
5. weibliche Wähler, die glaubhaft machen, daß ihnen die Fürsorge für ihre Familie die Ausübung des Amtes in besonderem Maße erschwert.

(3) *(gestrichen)*

Fünfter Abschnitt. Wahlvorschläge

§ 7 Der Wahlleiter hat spätestens drei Monate vor dem Wahltag in den für die Bekanntmachungen der Handwerkskammer bestimmten Organen zur Einreichung von Wahlvorschlägen aufzufordern und dabei die Erfordernisse dieser Wahlvorschläge (§§ 8 bis 10) bekanntzugeben.

§ 8 (1) Die Wahlvorschläge gelten für den Wahlbezirk (§ 3); sie sind getrennt für die Wahl der Vertreter des selbständigen Handwerks und des handwerksähnlichen Gewerbes und für die Wahl der Vertreter der Gesellen in Form von Listen einzureichen und müssen die Namen von so vielen Bewerbern enthalten, als Mitglieder und Stellvertreter in dem Wahlbezirk zu wählen sind.

(2) Die Bewerber sind mit Vor- und Zunamen, Beruf, Wohnort und Wohnung so deutlich zu bezeichnen, daß über ihre Persönlichkeit kein Zweifel besteht. In gleicher Weise ist für jedes einzelne Mitglied ein Stellvertreter deutlich zu bezeichnen, so daß zweifelsfrei hervorgeht, wer als Mitglied und wer als Stellvertreter vorgeschlagen wird.

3 HandwO Anlage C   Handwerksordnung

(3) Die Verteilung der Bewerber des selbständigen Handwerks und des handwerksähnlichen Gewerbes sowie der Gesellen auf die im Bezirk der Handwerkskammer in Gruppen zusammengefaßten Handwerker muß den Bestimmungen der Satzung der Handwerkskammer entsprechen.

(4) Auf jedem Wahlvorschlag sollen ein Vertrauensmann und ein Stellvertreter bezeichnet sein, die bevollmächtigt sind, dem Wahlleiter gegenüber Erklärungen abzugeben. Fehlt diese Bezeichnung, so gilt der erste Unterzeichnete als Vertrauensmann, der zweite als sein Stellvertreter.

(5) Jeder Wahlvorschlag muß von mindestens 100 Wahlberechtigten unterzeichnet sein.

(6) Die Unterzeichner der Wahlvorschläge müssen bei der Unterschrift auch Beruf, Wohnort und Wohnung angeben. Die Unterschriften müssen leserlich sein.

§ 9 Die Wahlvorschläge müssen spätestens am fünfunddreißigsten Tage vor dem Wahltage bei dem Wahlleiter eingereicht sein.

§ 10 (1) Mit jedem Wahlvorschlag sind einzureichen

1. die Erklärung der Bewerber, daß sie der Aufnahme ihrer Namen in den Wahlvorschlag zustimmen,

2. die Bescheinigung der Handwerkskammer, daß bei den Bewerbern die Voraussetzungen
    a) auf seiten der selbständigen Handwerker und Inhaber handwerksähnlicher Betriebe des § 97,
    b) auf seiten der Gesellen des § 99
    der Handwerksordnung vorliegen und

3. die Bescheinigung der Handwerkskammer, daß die Unterzeichner des Wahlvorschlages
    a) bei den selbständigen Handwerkern und Inhabern handwerksähnlicher Betriebe in die Wählerliste (§ 12 Abs. 1) eingetragen sind,
    b) bei den Gesellen die Voraussetzungen für die Wahlberechtigung (§ 98 Abs. 2 der Handwerksordnung) erfüllen.

(2) Die Bescheinigungen sind gebührenfrei auszustellen.

§ 11 (1) Weisen die Wahlvorschläge Mängel auf, so fordert der Wahlleiter die Vertrauensleute unter Setzung einer angemessenen Frist zu deren Beseitigung auf.

(2) Spätestens am zwanzigsten Tage vor dem Wahltage entscheidet der Wahlausschuß (§ 2) über die Zulassung der Wahlvorschläge.

(3) Die Vertrauensmänner der Wahlvorschläge sind möglichst über Ort, Zeit und Gegenstand der Sitzung zu benachrichtigen.

Handwerksordnung Anlage C **HandwO 3**

(4) Nicht zuzulassen sind Wahlvorschläge, die zu spät eingereicht sind oder den gesetzlichen Voraussetzungen nicht entsprechen.

(5) Nachdem die Wahlvorschläge festgesetzt sind, können sie nicht mehr geändert werden.

(6) Der Wahlleiter veröffentlicht spätestens am fünfzehnten Tage vor dem Wahltage die zugelassenen Wahlvorschläge in den für die Bekanntmachung der Handwerkskammer bestimmten Organen in der zugelassenen Form, aber ohne die Namen der Unterzeichner. Jeder Wahlvorschlag soll eine fortlaufende Nummer und ein Kennwort erhalten, das ihn von allen anderen Wahlvorschlägen deutlich unterscheidet.

Sechster Abschnitt. Wahl

§ 12 (1) Für die Wahl der Vertreter des selbständigen Handwerks und des handwerksähnlichen Gewerbes dient als Wahlunterlage ein von der Handwerkskammer herzustellender und zu beglaubigender Auszug aus der Handwerksrolle und dem Verzeichnis der Inhaber handwerksähnlicher Betriebe, der alle am Wahltage Wahlberechtigten des betreffenden Stimmbezirks enthält (Wählerliste). Wählen kann nur, wer in der Wählerliste eingetragen ist.

(2) Die Wählerliste ist öffentlich auszulegen. Die Auslegungszeit und den Ort bestimmt der Wahlleiter.

(3) Wer die Wählerliste für unrichtig oder unvollständig hält, kann dagegen bis zum Ablauf der Auslegungsfrist bei der Handwerkskammer oder einem von ihr ernannten Beauftragten schriftlich oder zur Niederschrift Einspruch einlegen. Soweit die Richtigkeit seiner Behauptung nicht offenkundig ist, hat er für sie Beweismittel beizubringen.

(4) Wenn der Einspruch nicht für begründet erachtet wird, entscheidet über ihn die höhere Verwaltungsbehörde.

(5) Die Entscheidung muß spätestens am vorletzten Tage vor dem Abstimmungstage gefällt und den Beteiligten bekanntgegeben sein.

(6) Wenn die Auslegungsfrist abgelaufen ist, können Stimmberechtigte nur auf rechtzeitig angebrachte Einsprüche aufgenommen oder gestrichen werden.

(7) Wird die Wählerliste berichtigt, so sind die Gründe der Streichungen in Spalte „Bemerkungen" anzugeben. Wenn das Stimmrecht ruht oder der Stimmberechtigte in der Ausübung des Stimmrechts behindert ist, so ist dies in der Wählerliste besonders zu bezeichnen. Ergänzungen sind als Nachtrag aufzunehmen.

§ 13 (1) Die wahlberechtigten Gesellen wählen die Wahlmänner durch Abstimmung in den Betrieben der selbständigen Handwerker und des handwerksähnlichen Gewerbes. Die Abstimmung in Betrieben, in denen ein Betriebsrat vorhanden ist, wird von diesem, in allen übrigen Betrieben von dem Betriebsinhaber oder seinem Stellvertreter geleitet.

3 HandwO Anlage C Handwerksordnung

(2) Die Abstimmung kann, sofern kein Wahlberechtigter widerspricht, mündlich vorgenommen werden. Erfolgt Widerspruch, ist sie geheim mit Stimmzetteln durchzuführen. Ergibt die Abstimmung Stimmengleichheit, so entscheidet das Los.

(3) In Betrieben, in denen nur ein wahlberechtigter Geselle vorhanden ist, gilt er als Wahlmann.

(4) Der Wahlmann ist zur Ausübung der Wahl der Gesellenmitglieder der Handwerkskammer verpflichtet. Zur Vornahme der Wahl bedarf er einer Bescheinigung nach anliegendem Muster[1] (Wahlausweis), durch die seine Berechtigung zur Stimmabgabe nachgewiesen wird.

§ 14 (1) Bei der Wahl sind nur solche Stimmen gültig, die unverändert auf einen der vom Wahlausschuß zugelassenen und vom Wahlleiter veröffentlichten Vorschläge lauten.

(2) Zur Gültigkeit des Stimmzettels genügt es, daß er den Wahlvorschlag nach der vom Wahlleiter veröffentlichten Nummer und dem Kennwort bezeichnet.

§ 15 Bei der Wahl dürfen nur von der Handwerkskammer amtlich hergestellte Stimmzettel verwendet werden; sie sollen für die Wahl der Wahlberechtigten nach § 96 Abs. 1 und der Wahlberechtigten nach § 98 Abs. 2 der Handwerksordnung in verschiedener Farbe hergestellt sein. Die Umschläge sind von der Handwerkskammer zu beschaffen und mit ihrem Stempel zu versehen.

§ 16 (1) Der Tisch des Abstimmungsvorstandes muß von allen Seiten zugänglich sein.

(2) An dem Tisch werden getrennt voneinander zwei Stimmurnen aufgestellt, und zwar die eine für die Stimmabgabe der selbständigen Handwerker und Inhaber handwerksähnlicher Betriebe und die andere für die Stimmabgabe der Wahlmänner der Gesellen. Vor Beginn der Abstimmung hat sich der Abstimmungsvorstand davon zu überzeugen, daß die Stimmurnen leer sind. Sie dürfen bis zum Schluß der Abstimmung nicht wieder geöffnet werden.

(3) Stimmzettel und Umschläge sind in ausreichender Zahl bereitzuhalten.

(4) Der Abstimmungsvorsteher hat bei Beginn der Abstimmungshandlung seinen Stellvertreter, den Schriftführer und die Beisitzer auf unparteiische und gewissenhafte Erfüllung ihres Amtes durch Handschlag zu verpflichten.

(5) Jeder Stimmberechtigte hat Zutritt zum Abstimmungsraum. Ansprachen dürfen nicht gehalten werden. Nur der Abstimmungsvorstand darf über die Abstimmungshandlung beraten und beschließen.

(6) Der Abstimmungsvorstand kann jeden aus dem Abstimmungsraum verweisen, der die Ruhe und Ordnung der Abstimmungshandlung

---
[1] Das Muster ist nicht abgedruckt.

Handwerksordnung Anlage C HandwO 3

stört; ist es ein Stimmberechtigter des Stimmbezirks, so darf er vorher seine Stimme abgeben.

(7) Der Abstimmungsvorsteher leitet die Abstimmung und läßt bei Andrang den Zutritt zu dem Abstimmungsraum ordnen.

(8) Der Stimmberechtigte erhält beim Betreten des Abstimmungsraumes Umschlag und Stimmzettel. Er begibt sich hiermit in den Nebenraum oder an den mit einer Vorrichtung gegen Sicht geschützten Nebentisch.

(9) Danach tritt er an den Vorstandstisch, nennt seinen Namen und auf Erfordern seine Wohnung und übergibt, sobald der Schriftführer – bei einem selbständigen Handwerker oder Inhaber eines handwerksähnlichen Betriebes – den Namen in der Wählerliste festgestellt hat, den Umschlag mit dem Stimmzettel dem Abstimmungsvorsteher, der ihn ungeöffnet sofort in die Urne legt. Ist der Stimmberechtigte Wahlmann der Gesellen, so übergibt er dem Abstimmungsvorsteher zunächst den Wahlausweis und alsdann den Umschlag mit dem Stimmzettel, den dieser nach Prüfung des Wahlausweises ungeöffnet sofort in die Wahlurne legt.

(10) Auf Verlangen hat sich der Stimmberechtigte dem Abstimmungsvorstand über seine Person auszuweisen.

(11) Stimmberechtigte, die des Schreibens unkundig oder durch körperliche Gebrechen behindert sind, ihre Stimmzettel eigenhändig auszufüllen oder in den Umschlag zu legen und diesen dem Abstimmungsvorsteher zu übergeben, dürfen sich im Abstimmungsraum der Hilfe einer Vertrauensperson bedienen.

(12) Abwesende können sich weder vertreten lassen noch schriftlich oder auf andere Weise an der Abstimmung teilnehmen.

(13) Stimmzettel, die nicht in einem abgestempelten Umschlag oder die in einem mit einem Kennzeichen versehenen Umschlag abgegeben werden oder denen ein durch den Umschlag deutlich fühlbarer Gegenstand beigefügt ist, hat der Abstimmungsvorsteher zurückzuweisen.

(14) Der Abstimmungsvorsteher hat darüber zu wachen, daß die Stimmberechtigten die amtlichen Stimmzettel erhalten und daß sie in dem Nebenraum oder an dem Nebentisch nur so lange verweilen, als unbedingt erforderlich ist.

(15) Der Schriftführer vermerkt die Stimmabgabe des stimmberechtigten selbständigen Handwerkers oder Inhabers eines handwerksähnlichen Betriebes neben dessen Namen in der Wählerliste in der dafür vorgesehenen Spalte. Die von den Wahlmännern abgegebenen Wahlausweise werden von ihm gesammelt.

(16) Nach Schluß der Abstimmungszeit dürfen nur noch die Stimmberechtigten zur Stimmabgabe zugelassen werden, die in diesem Zeitpunkt im Abstimmungsraum schon anwesend waren. Alsdann erklärt der Abstimmungsvorsteher die Abstimmung für geschlossen.

3 HandwO Anlage C — Handwerksordnung

§ 17 (1) Nach Schluß der Abstimmung hat der Abstimmungsvorstand unverzüglich das Ergebnis der Wahl zu ermitteln und es unter Beifügung aller Unterlagen dem Wahlleiter zu übersenden.

(2) Ungültig sind Stimmzettel,

1. die nicht in einem amtlich abgestempelten Umschlag oder die in einem mit Kennzeichen versehenen Umschlag übergeben worden sind,
2. die als nichtamtlich hergestellte erkennbar sind,
3. aus deren Beantwortung oder zulässiger Kennzeichnung der Wille des Abstimmenden nicht unzweifelhaft zu erkennen ist,
4. denen ein durch den Umschlag deutlich fühlbarer Gegenstand beigefügt ist,
5. die mit Vermerken oder Vorbehalten versehen sind.

(3) Mehrere in einem Umschlag enthaltene Zettel gelten als eine Stimme, wenn sie gleichlautend sind oder wenn nur einer von ihnen eine Stimmabgabe enthält; sonst sind sie ungültig.

(4) Die Stimmzettel, über deren Gültigkeit oder Ungültigkeit der Abstimmungsvorstand Beschluß gefaßt hat, sind mit fortlaufender Nummer zu versehen und der Niederschrift beizufügen. In der Niederschrift sind die Gründe kurz anzugeben, aus denen die Stimmzettel für gültig oder ungültig erklärt worden sind.

(5) Ist ein Stimmzettel wegen der Beschaffenheit des Umschlages für ungültig erklärt worden, so ist auch der Umschlag beizufügen.

(6) Alle gültigen Stimmzettel, die nicht nach den Absätzen 4 und 5 der Abstimmungsniederschrift beigefügt sind, hat der Abstimmungsvorsteher in Papier einzuschlagen, zu versiegeln und dem Wahlleiter zu übergeben, der sie verwahrt, bis die Abstimmung für gültig erklärt oder eine neue Wahl angeordnet ist. Das gleiche gilt für die Wahlausweise der Wahlmänner.

(7) Die Wählerliste wird dem Wahlleiter übergeben.

(8) Über die Abstimmungshandlung ist eine Niederschrift (Abstimmungsniederschrift) aufzunehmen und dem Wahlleiter zu übergeben.

§ 18 (1) Der Wahlleiter beruft alsbald, nachdem er im Besitz der Unterlagen der einzelnen Stimmbezirke ist, den Wahlausschuß. Dieser ermittelt das Gesamtergebnis der Wahl, das durch den Wahlleiter in den für die Bekanntmachungen der Handwerkskammer bestimmten Organen öffentlich bekanntzumachen und der Aufsichtsbehörde (§ 115 der Handwerksordnung) unter Beifügung sämtlicher Wahlunterlagen anzuzeigen ist.

(2) Als gewählt gelten die Bewerber desjenigen Wahlvorschlages, der mehr als die Hälfte der abgegebenen Stimmen erhalten hat.

Handwerksordnung   **Anlage C HandwO 3**

Siebenter Abschnitt. Engere Wahl

§ 19 (1) Hat kein Wahlvorschlag mehr als die Hälfte aller abgegebenen Stimmen erhalten, so findet eine engere Wahl zwischen den Bewerbern derjenigen beiden Wahlvorschläge statt, auf welche die meisten Stimmen entfallen sind. Als gewählt gelten die Bewerber desjenigen Wahlvorschlages, auf den die meisten Stimmen entfallen sind. Bei Stimmengleichheit entscheidet das Los, das vom Wahlleiter in einer Sitzung des Wahlausschusses zu ziehen ist.

(2) Auf die engere Wahl finden im übrigen die gleichen Vorschriften Anwendung, die für die Hauptwahl gelten; die Wahl hat innerhalb eines Monats nach der Bekanntmachung des Ergebnisses der Hauptwahl durch den Wahlleiter (§ 18 Abs. 1) stattzufinden; als Unterlagen dienen die gleichen, die bei der Hauptwahl benutzt worden sind. Eine Einreichung neuer Wahlvorschläge findet nicht statt.

Achter Abschnitt. Wegfall der Wahlhandlung

§ 20 Wird für den Wahlbezirk nur ein Wahlvorschlag zugelassen, so gelten die darauf bezeichneten Bewerber als gewählt, ohne daß es einer Wahlhandlung bedarf.

Neunter Abschnitt. Beschwerdeverfahren, Kosten

§ 21 Beschwerden über die Abgrenzung der Stimmbezirke, die Ernennung der Mitglieder der Abstimmungsvorstände und der Beisitzer des Wahlausschusses sowie über die Bestimmung der Abstimmungsräume entscheidet die höhere Verwaltungsbehörde.

§ 22 Die Kosten der Wahl trägt die Handwerkskammer.

4. Gesetz
über die Berufsausübung im Einzelhandel[1,2]

Vom 5. August 1957

(BGBl. I S. 1121, geänd. durch Art. 150 Abs. 2 Nr. 15 EG zum Ordnungswidrigkeitengesetz v. 24. 5. 1968, BGBl. I S. 503)

(BGBl. III 7120–1)

Der Bundestag hat mit Zustimmung des Bundesrates das folgende Gesetz beschlossen:

§ 1 [Begriff des Einzelhandels]. (1) Einzelhandel betreibt, wer gewerbsmäßig Waren anschafft und sie unverändert oder nach im Einzelhandel üblicher Be- oder Verarbeitung in einer oder mehreren offenen Verkaufsstellen zum Verkauf an jedermann feilhält.

(2) Einzelhandel betreibt auch, wer gewerbsmäßig zum Verkauf an jedermann

1. in einer oder mehreren offenen Verkaufsstellen Muster oder Proben zeigt, um Bestellungen auf Waren entgegenzunehmen, oder
2. Waren versendet, die nach Katalog, Mustern, Proben oder auf Grund eines sonstigen Angebots bestellt sind (Versandhandel).

(3) Als Einzelhandel im Sinne von Absatz 1 und Absatz 2 gilt die Tätigkeit von Genossenschaften auch dann, wenn sie nicht gewerbsmäßig betrieben wird und ein Verkauf nur an Mitglieder zum eigenen nichtgewerblichen Verbrauch oder Gebrauch stattfindet.

§ 2 [Hausieren, Straßen- und Markthandel]. Die Vorschriften dieses Gesetzes sind nicht anzuwenden auf das Feilhalten von Waren von Haus zu Haus oder auf öffentlichen Wegen, Straßen oder Plätzen oder an anderen öffentlichen Orten sowie auf das Feilhalten von Waren im Marktverkehr.

§ 3 [Einzelhandelserlaubnis].[2] (1) Wer Einzelhandel im Sinne dieses Gesetzes betreiben will, bedarf der Erlaubnis.

(2) Die Erlaubnis ist zu versagen, wenn

1.[3] *weder der Unternehmer noch eine zur Vertretung des Unternehmens gesetzlich berufene noch eine von dem Unternehmer mit der Leitung des Unternehmens beauftragte Person die erforderliche Sachkunde nachweisen kann* oder

---

[1] Gemäß Ges. zur Neuordnung des Arzneimittelrechts v. 24. 8. 1976 (BGBl. I S. 2445) ist dieses Gesetz am 1. Januar 1978 außer Kraft getreten, soweit es sich nicht auf ärztliche Hilfsmittel bezieht.

[2] Das Gesetz über die Berufsausübung im Einzelhandel ist mit Art. 12 Abs. 1 i. Verb. mit Art. 3 Abs. 1 GG unvereinbar, soweit es keine Möglichkeit vorsieht, für den Einzelhandel mit Lebensmitteln eine auf bestimmte Warenarten beschränkte Erlaubnis zu erteilen und für den Sachkundenachweis entsprechend geringere Anforderungen zu stellen (Beschl. d. BVerfG v. 11. 10. 1972, BGBl. I S. 2126).

[3] § 3 Abs. 2 Nr. 1 ist mit Art. 12 Abs. 1 GG unvereinbar und daher nichtig, soweit er den Einzelhandel mit Waren aller Art mit Ausnahme der in § 3 Abs. 3 Satz 2 genannten Waren betrifft (Beschl. d. BVerfG v. 14. 12. 1965, BGBl. 1966 I S. 67).

4 EinzelhG § 4   Ges. ü. d. Berufsausübung im Einzelhandel

2. Tatsachen vorliegen, aus denen sich der Mangel der für die Leitung des Unternehmens erforderlichen Zuverlässigkeit einer der in Nummer 1 genannten Personen ergibt.

(3) Die Erlaubnis ist für den Geltungsbereich dieses Gesetzes wirksam. Sie ist für den Einzelhandel mit Waren aller Art, ausgenommen Lebensmittel im Sinne des § 1 Abs. 1 des Lebensmittelgesetzes, Arzneimittel und ärztliche Hilfsmittel – ausgenommen aus amtsärztlich kontrollierten Drogenschränken – oder für den Einzelhandel in einem dieser Warenzweige zu erteilen. Die Erlaubnis für den Einzelhandel in einem dieser Warenzweige schließt die Erlaubnis für den Einzelhandel mit anderen Waren ein, für den nicht eine besondere Sachkunde gemäß § 4 Abs. 2 gefordert wird.

(4) Die Landesregierungen werden ermächtigt, durch Rechtsverordnung die für die Erteilung der Erlaubnis zuständige Verwaltungsbehörde zu bestimmen und das Verfahren zu regeln; sie können diese Ermächtigung auf die obersten Landesbehörden übertragen.

(5) Rechtsvorschriften, nach denen der Beginn des Gewerbebetriebes von weiteren Voraussetzungen abhängig ist, bleiben unberührt. Soweit nach diesen Rechtsvorschriften bereits eine Prüfung der Sachkunde und der Zuverlässigkeit stattfindet, ist eine Erlaubnis nach diesem Gesetz nicht erforderlich.

§ 4 [Nachweis der Sachkunde]. (1) Den Nachweis der Sachkunde für den Einzelhandel hat erbracht, wer eine Kaufmannsgehilfenprüfung bestanden und danach eine praktische Tätigkeit im Handel von mindestens zwei Jahren ausgeübt hat.

(2) Absatz 1 gilt nicht für den Einzelhandel mit Lebensmitteln im Sinne des § 1 Abs. 1 des Lebensmittelgesetzes, mit Arzneimitteln und ärztlichen Hilfsmitteln – ausgenommen aus amtsärztlich kontrollierten Drogenschränken. Den Nachweis der Sachkunde für den Einzelhandel in einem dieser Warenzweige hat erbracht, wer

1. nach Ablegung der Kaufmannsgehilfenprüfung eine praktische Tätigkeit von mindestens drei Jahren in einem Handelsbetrieb des entsprechenden Warenzweiges ausgeübt hat oder
2. eine für den Handel in dem entsprechenden Warenzweig anerkannte Prüfung abgelegt und danach eine praktische Tätigkeit von mindestens zwei Jahren in einem Handelsbetrieb des entsprechenden Warenzweiges ausgeübt hat oder
3. die Voraussetzungen des Absatzes 3 für den entsprechenden Handelszweig erfüllt.

(3) Die Sachkunde im Sinne des Absatzes 1 besitzt ferner, wer eine mindestens fünfjährige kaufmännische Tätigkeit, davon eine zweijährige leitende Tätigkeit, nachweisen kann.

(4) Wer die Voraussetzungen der Absätze 1 bis 3 nicht erfüllt, kann die Sachkunde für den Einzelhandel in einer besonderen Prüfung vor der von

Ges. ü. d. Berufsausübung im Einzelhandel §§ 5–7 **EinzelhG 4**

der höheren Verwaltungsbehörde errichteten und ihrer Aufsicht unterstehenden Stelle nachweisen. Dies gilt auch für den Einzelhandel mit Lebensmitteln, Arzneimitteln und ärztlichen Hilfsmitteln im Sinne des § 3 Abs. 3. Die Prüfungsausschüsse müssen aus einem Vorsitzenden und mindestens zwei Beisitzern bestehen. Als Beisitzer sind zu gleichen Teilen selbständige Kaufleute des Einzelhandels und kaufmännische Angestellte des Einzelhandels zu bestellen. Der Vorsitzende darf nicht im Einzelhandel tätig sein, muß aber über besondere Kenntnisse und Erfahrungen auf dem Gebiete des Einzelhandels verfügen.

§ 5 [Zuständigkeit des Bundeswirtschaftsministers]. (1) Der Bundesminister für Wirtschaft kann mit Zustimmung des Bundesrates durch Rechtsverordnung

1.[1] bestimmte Prüfungen als ausreichenden Sachkundenachweis im Sinne des § 4 Abs. 1 und Abs. 2 Nr. 2 anerkennen; er kann auch bestimmen, daß bei einzelnen dieser Prüfungen noch eine zusätzliche praktische Tätigkeit nachzuweisen ist,

2. Vorschriften darüber erlassen, welche Tätigkeiten als leitende im Sinne des § 4 Abs. 3 anzusehen sind,

3. weitere Vorschriften über die in § 4 Abs. 4 vorgesehene Prüfung, insbesondere über die Errichtung von Prüfungsausschüssen sowie das Prüfungsverfahren und den Umfang der Anforderungen, die an den Prüfling zu stellen sind, erlassen,

4. sonstige Vorschriften zur Durchführung des § 4 erlassen.

Soweit die Zuständigkeit des Bundesministers des Innern berührt wird, kann die Rechtsverordnung nur im Einvernehmen mit diesem erlassen werden.

(2) Der Bundesminister für Wirtschaft kann durch Rechtsverordnung, die nicht der Zustimmung des Bundesrates bedarf, die Ermächtigung in dem durch Absatz 1 Nr. 1 bestimmten Umfang auf die Landesregierungen übertragen und die Voraussetzungen bestimmen, unter denen die Landesregierungen von dieser Ermächtigung Gebrauch machen können.

§ 6 [Fortführung durch Ehegatten und Erben]. Nach dem Tode des Unternehmers darf der Einzelhandelsbetrieb ohne Erlaubnis

1. von dem überlebenden Ehegatten auf unbegrenzte Zeit,

2. von den Erben bis zur Dauer von fünf Jahren

auch ohne einen Stellvertreter weitergeführt werden. Im übrigen gilt § 46 der Gewerbeordnung.[2]

§ 7 [Erlaubnisfreier Vertrieb von Zubehör]. (1) Einer Erlaubnis nach § 3 bedarf nicht, wer ein stehendes Gewerbe, in dem Waren hergestellt, ver- oder bearbeitet werden, befugt betreibt und Waren vertreiben will, die

---

[1] Siehe hierzu die VO über den Nachweis der Sachkunde für den Einzelhandel (Nr. 4a).
[2] Nr. 1.

1. dazu dienen, in technischer Ergänzung die im eigenen Gewerbe hergestellten, ver- oder bearbeiteten Waren gebrauchsfähig zu machen oder zu erhalten, oder
2. üblicherweise in Gewerbebetrieben dieser Art als wirtschaftliche Ergänzung der dort hergestellten ver- oder bearbeiteten Waren angesehen werden.

(2) Absatz 1 gilt entsprechend für Gewerbetreibende, deren Tätigkeit in gewerblichen Leistungen besteht, wenn Waren vertrieben werden, die mit diesen Leistungen in wirtschaftlichem oder technischem Zusammenhang stehen oder üblicherweise zu diesen Leistungen gehören.

§ 8 [Übergangsregelung]. Wer bei Inkrafttreten dieses Gesetzes Einzelhandel betreibt, bedarf keiner Erlaubnis nach § 3. Einer Erlaubnis für den Einzelhandel mit Lebensmitteln, Arzneimitteln und ärztlichen Hilfsmitteln – ausgenommen aus amtsärztlich kontrollierten Drogenschränken – bedarf jedoch, wer bis zum Inkrafttreten dieses Gesetzes den Handel in dem entsprechenden Warenzweig nicht betrieben hat.

§ 9 [Ordnungswidriges Handeln]. (1) Ordnungswidrig handelt, wer ohne die nach § 3 erforderliche Erlaubnis Einzelhandel betreibt.

(2) Die Ordnungswidrigkeit kann mit einer Geldbuße bis zu 10000 Deutsche Mark geahndet werden.

(3) *(außer Kraft)*

§ 10 [Inkrafttreten in Berlin]. Dieses Gesetz tritt nach Maßgabe des § 13 Abs. 1 des Dritten Überleitungsgesetzes vom 4. Januar 1952 (Bundesgesetzbl. I S. 1) in Berlin am 1. Januar 1961 in Kraft.

§ 11 [Saarland]. Dieses Gesetz gilt im Saarland erst vom Ende der Übergangszeit nach Artikel 3 des Vertrages zwischen der Bundesrepublik Deutschland und der Französischen Republik zur Regelung der Saarfrage (Saarvertrag) vom 27. Oktober 1956 (Bundesgesetzbl. II S. 1587) an.

§ 12 *(Aufhebungsvorschrift)*

§ 13 [Inkrafttreten]. Dieses Gesetz tritt am Tage nach seiner Verkündung[1] in Kraft.

---

[1] Das Gesetz wurde am 14. 8. 1957 verkündet.

4a. Verordnung über den Nachweis der Sachkunde für den Einzelhandel[1]

Vom 4. März 1960

(BGBl. I S. 172)[1]

(BGBl. III 7120–1–1)

Mit Zustimmung des Bundesrates wird auf Grund des § 5 Abs. 1 des Gesetzes über die Berufsausübung im Einzelhandel vom 5. August 1957 (Bundesgesetzbl. I S. 1121)[2] im Einvernehmen mit dem Bundesminister des Innern folgendes bestimmt:

§ 1 Anerkannte Prüfungen. (1) Als ausreichender Sachkundenachweis im Sinne des § 4 Abs. 1 des Gesetzes werden anerkannt

1. ohne den Nachweis einer zusätzlichen kaufmännischen Tätigkeit
    a) die Prüfungen des Diplom-Volkswirtes, des Diplom-Kaufmannes (Diplom-Betriebswirtes) und des Diplom-Handelslehrers,
    b) die nach der Prüfungsordnung für Apotheker abgelegte pharmazeutische Prüfung,
    c) die Prüfungen des Wirtschaftsprüfers, des vereidigten Buchprüfers (Bücherrevisors), des Steuerberaters und des Helfers in Steuersachen,
    d) die Baumeisterprüfung sowie die Meisterprüfung in einem Handwerk, mit dem notwendiger- oder üblicherweise der Verkauf von Waren verbunden ist; diese Voraussetzung ist gegeben bei den in der Anlage A zu dem Gesetz zur Ordnung des Handwerks (Handwerksordnung) vom 17. September 1953 (Bundesgesetzbl. I S. 1411)[3] aufgeführten Gewerben mit Ausnahme folgender Handwerke: Straßenbauer, Steinholzleger, Brunnenbauer, Stukkateure, Schornsteinfeger, Glockengießer, Zahntechniker, Wäschereibetriebe, Plättereibetriebe, Gebäudereiniger, Chemigraphen, Stereotypeure und Galvanoplastiker,

2. wenn eine kaufmännische Tätigkeit von mindestens zwei Jahren nachgewiesen wird,
    a) die Meisterprüfung in einem Handwerk, mit dem nicht notwendiger- oder üblicherweise der Verkauf von Waren verbunden ist,
    b) die Prüfungen des Gewerbelehrers und des Landwirtschaftslehrers,
    c) die Lehrabschlußprüfungen für die Lehrberufe des Gehilfen in wirtschafts- und steuerberatenden Berufen, des Tankwarts und des Blumenbinders; die Ausbildungszeit ist auf die kaufmännische Tätigkeit nicht anzurechnen.

(2) Als ausreichender Sachkundenachweis im Sinne des § 4 Abs. 2 Nr. 2 des Gesetzes werden anerkannt

---

[1] Gemäß Ges. zur Neuordnung des Arzneimittelrechts v. 24. 8. 1976 (BGBl. I S. 2445) ist diese **Verordnung am 1. Januar 1978 außer Kraft getreten, soweit sie sich nicht auf ärztliche Hilfsmittel bezieht.**
[2] Nr. 2.
[3] Nr. 3.

1. ohne den Nachweis einer zusätzlichen kaufmännischen Tätigkeit die in Absatz 1 Nr. 1 Buchstaben a bis c genannten Prüfungen, sowie die Meisterprüfung in einem Handwerk des entsprechenden Warenzweiges,
2. wenn eine kaufmännische Tätigkeit von mindestens zwei Jahren in einem Betrieb des entsprechenden Warenzweiges nachgewiesen wird, die Meisterprüfung in einem sonstigen Handwerk sowie die Baumeisterprüfung, die Prüfungen des Gewerbelehrers und des Landwirtschaftslehrers.

§ 2 Leitende Tätigkeit. Als leitende Tätigkeit im Sinne des § 4 Abs. 3 des Gesetzes ist anzusehen

1. die Tätigkeit des Leiters eines gewerblichen Unternehmens oder seines Stellvertreters oder
2. die Tätigkeit des Leiters einer Abteilung eines gewerblichen Unternehmens oder seines Stellvertreters oder
3. die Tätigkeit des Leiters einer Zweigniederlassung oder einer unselbständigen Zweigstelle eines gewerblichen Unternehmens oder seines Stellvertreters oder
4. eine Tätigkeit, die einer der in den Nummern 1 bis 3 genannten Tätigkeiten an kaufmännischer und wirtschaftlicher Verantwortung entspricht.

§ 3 Prüfungsausschüsse. Die Führung der Geschäfte der Prüfungsausschüsse, die von der höheren Verwaltungsbehörde gemäß § 4 Abs. 4 des Gesetzes zu errichten sind, obliegt den Industrie- und Handelskammern.

§ 4 Prüfungsanforderungen. (1) Die in der Prüfung nach § 4 Abs. 4 des Gesetzes zu fordernde Sachkunde umfaßt die allgemeinen Kenntnisse der beim Einzelhandel vorkommenden kaufmännischen Vorgänge, jedoch nicht Warenkenntnisse.

(2) Für den Einzelhandel mit Lebensmitteln oder mit Arzneimitteln und ärztlichen Hilfsmitteln erstreckt sich die Prüfung der kaufmännischen Sachkunde auch auf Warenkenntnisse, die zur Beachtung der für den Einzelhandel mit den entsprechenden Waren bestehenden Vorschriften erforderlich sind; sie sind nur insoweit Gegenstand der Prüfung, als sie üblicherweise durch die im Gesetz vorgesehene praktische Tätigkeit (§ 4 Abs. 2 Nr. 1 und 2) erworben werden und notwendig sind, um den der öffentlichen Gesundheit drohenden Gefahren zu begegnen.

§ 5 Berlin-Klausel. Diese Verordnung tritt nach Maßgabe des § 10 des Gesetzes in Verbindung mit § 14 des Dritten Überleitungsgesetzes vom 4. Januar 1952 (Bundesgesetzbl. I S. 1) in Berlin am 1. Januar 1961 in Kraft.

§ 6 Inkrafttreten. Diese Verordnung tritt mit dem vierzehnten Tage nach ihrer Verkündung[1] in Kraft.

---

[1] Die VO wurde am 22. 3. 1960 verkündet.

5. Gesetz über den Ladenschluß

Vom 28. November 1956

(BGBl. I S. 875, zuletzt geänd. durch Art. 5 Ges. v. 5. 7. 1976, BGBl. I S. 1773)

(BGBl. III 8050–20)

Erster Abschnitt. Begriffsbestimmungen

§ 1 Verkaufsstellen. (1) Verkaufsstellen im Sinne dieses Gesetzes sind

1. Ladengeschäfte aller Art, Apotheken, Tankstellen, Warenautomaten und Bahnhofsverkaufsstellen,
2. sonstige Verkaufsstände und -buden, Kioske, Basare und ähnliche Einrichtungen, falls in ihnen ebenfalls von einer festen Stelle aus ständig Waren zum Verkauf an jedermann feilgehalten werden. Dem Feilhalten steht das Zeigen von Mustern, Proben und ähnlichem gleich, wenn Warenbestellungen in der Einrichtung entgegengenommen werden,
3. Verkaufsstellen von Genossenschaften.

(2) Zur Herbeiführung einer einheitlichen Handhabung des Gesetzes kann der Bundesminister für Arbeit im Einvernehmen mit dem Bundesminister für Wirtschaft durch Rechtsverordnung mit Zustimmung des Bundesrates bestimmen, welche Einrichtungen Verkaufsstellen gemäß Absatz 1 sind.

§ 2 Feiertage. Feiertage im Sinne dieses Gesetzes sind die gesetzlichen Feiertage.

Zweiter Abschnitt. Ladenschlußzeiten

§ 3 Allgemeine Ladenschlußzeiten. (1) Verkaufsstellen müssen, vorbehaltlich der Vorschriften der §§ 4 bis 16, zu folgenden Zeiten für den geschäftlichen Verkehr mit den Kunden geschlossen sein:

1. an Sonn- und Feiertagen,
2. montags bis freitags bis sieben Uhr und ab achtzehn Uhr dreißig Minuten,
3. sonnabends bis sieben Uhr und ab vierzehn Uhr, am ersten Sonnabend im Monat oder, wenn dieser Tag auf einen Feiertag fällt, am zweiten Sonnabend im Monat sowie an den vier aufeinanderfolgenden Sonnabenden vor dem 24. Dezember ab achtzehn Uhr,
4. am 24. Dezember, wenn dieser Tag auf einen Werktag fällt, ab vierzehn Uhr.

Die beim Ladenschluß anwesenden Kunden dürfen noch bedient werden.

(2) (*gestrichen*)

§ 4 Apotheken. (1) Abweichend von den Vorschriften des § 3 dürfen Apotheken an allen Tagen während des ganzen Tages geöffnet sein. An Werktagen während der allgemeinen Ladenschlußzeiten (§ 3) und an Sonn- und Feiertagen ist nur die Abgabe von Arznei-, Krankenpflege-, Säuglingspflege- und Säuglingsnährmitteln, hygienischen Artikeln sowie Desinfektionsmitteln gestattet.

(2) Die nach Landesrecht zuständige Verwaltungsbehörde hat für eine Gemeinde oder für benachbarte Gemeinden mit mehreren Apotheken anzuordnen, daß während der allgemeinen Ladenschlußzeiten (§ 3), und darüber hinaus montags bis sonnabends von sieben bis acht Uhr, abwechselnd ein Teil der Apotheken geschlossen sein muß. An den geschlossenen Apotheken ist an sichtbarer Stelle ein Aushang anzubringen, der die zur Zeit offenen Apotheken bekanntgibt. Dienstbereitschaft der Apotheken steht der Offenhaltung gleich.

§ 5 Zeitungen und Zeitschriften. Abweichend von den Vorschriften des § 3 dürfen Kioske für den Verkauf von Zeitungen und Zeitschriften

1. an allen Werktagen durchgehend von sechs bis neunzehn Uhr,

2. an Sonn- und Feiertagen von elf Uhr bis dreizehn Uhr geöffnet sein.

§ 6 Tankstellen. (1) Abweichend von den Vorschriften des § 3 dürfen Tankstellen an allen Tagen während des ganzen Tages geöffnet sein.

(2) An Werktagen während der allgemeinen Ladenschlußzeiten (§ 3) und an Sonn- und Feiertagen ist nur die Abgabe von Ersatzteilen für Kraftfahrzeuge, soweit dies für die Erhaltung oder Wiederherstellung der Fahrbereitschaft notwendig ist, sowie die Abgabe von Betriebsstoffen gestattet.

§ 7 Warenautomaten. (1) Abweichend von den Vorschriften des § 3 dürfen Warenautomaten an allen Tagen während des ganzen Tages benutzbar sein.

(2) Für Warenautomaten, die Verkaufsstellen auf Personenbahnhöfen oder auf Flughäfen im Sinne der §§ 8 und 9 sind, treten an die Stelle der Vorschriften des Absatzes 1 die Vorschriften der §§ 8 und 9. Warenautomaten, die in Gaststätten oder Betrieben aufgestellt sind, unterliegen nicht den Vorschriften dieses Gesetzes.

(3) Der Bundesminister für Arbeit wird ermächtigt, im Einvernehmen mit dem Bundesminister für Wirtschaft zur Durchführung der Vorschrift des Absatzes 1 Rechtsverordnungen mit Zustimmung des Bundesrates zu erlassen, die den Verkauf aus Warenautomaten während der allgemeinen Ladenschlußzeiten (§ 3) näher regeln.

Gesetz über den Ladenschluß §§ 8–10 **LadschlG 5**

§ 8 Verkaufsstellen auf Personenbahnhöfen. (1) Abweichend von den Vorschriften des § 3 dürfen Verkaufsstellen auf Personenbahnhöfen

1. der Deutschen Bundesbahn, soweit sie Nebenbetriebe dieser Bahn im Sinne des § 41 des Bundesbahngesetzes vom 13. Dezember 1951 (Bundesgesetzbl. I S. 955) sind,

2. der nichtbundeseigenen Eisenbahnen, soweit sie den Bedürfnissen des Betriebs und Verkehrs dieser Bahnen zu dienen bestimmt sind (Nebenbetriebe der nichtbundeseigenen Eisenbahnen),

an allen Tagen während des ganzen Tages geöffnet sein, am 24. Dezember jedoch nur bis siebzehn Uhr.

(2) Der Bundesminister für Verkehr wird ermächtigt, im Einvernehmen mit den Bundesministern für Wirtschaft und für Arbeit durch Rechtsverordnung mit Zustimmung des Bundesrates Ladenschlußzeiten für die Verkaufsstellen auf Personenbahnhöfen der nichtbundeseigenen Eisenbahnen vorzuschreiben, die sicherstellen, daß die Dauer der Offenhaltung nicht über das von den Bedürfnissen des Reiseverkehrs geforderte Maß hinausgeht; er kann ferner die Abgabe von Waren in den genannten Verkaufsstellen während der allgemeinen Ladenschlußzeiten (§ 3) auf bestimmte Waren beschränken.

(3) Für Apotheken bleibt es bei den Vorschriften des § 4.

§ 9 Verkaufsstellen auf Flughäfen. (1) Abweichend von den Vorschriften des § 3 dürfen Verkaufsstellen auf Flughäfen an allen Tagen während des ganzen Tages geöffnet sein, am 24. Dezember jedoch nur bis siebzehn Uhr. An Werktagen während der allgemeinen Ladenschlußzeiten (§ 3) und an Sonn- und Feiertagen ist nur die Abgabe von Reisebedarf an Reisende gestattet.

(2) Der Bundesminister für Verkehr wird ermächtigt, im Einvernehmen mit den Bundesministern für Wirtschaft und für Arbeit durch Rechtsverordnung mit Zustimmung des Bundesrates Ladenschlußzeiten für die in Absatz 1 genannten Verkaufsstellen vorzuschreiben und die Abgabe von Waren näher zu regeln.

§ 10 Kur- und Erholungsorte. (1) Die Landesregierungen können durch Rechtsverordnung bestimmen, daß und unter welchen Voraussetzungen und Bedingungen in Kurorten und in einzeln aufzuführenden Ausflugs-, Erholungs- und Wallfahrtsorten mit besonders starkem Fremdenverkehr, Badegegenstände, Devotionalien, frische Früchte, alkoholfreie Getränke, Milch und Milcherzeugnisse im Sinne des § 4 Abs. 2 des Milch- und Fettgesetzes in der Fassung vom 10. Dezember 1952 (Bundesgesetzbl. I S. 811), Süßwaren, Tabakwaren, Blumen und Zeitungen sowie Waren, die für diese Orte kennzeichnend sind, abweichend von den Vorschriften des § 3 Abs. 1 Nr. 1 und 3

1. an jährlich höchstens vierzig Sonn- und Feiertagen bis zur Dauer von acht Stunden,

5 LadschlG §§ 11, 12 Gesetz über den Ladenschluß

2. sonnabends bis spätestens zwanzig Uhr

verkauft werden dürfen. Sie können durch Rechtsverordnung die Festsetzung der zugelassenen Öffnungszeiten auf andere Stellen übertragen. Bei der Festsetzung der Öffnungszeiten ist auf die Zeit des Hauptgottesdienstes Rücksicht zu nehmen.

(2) In den nach Absatz 1 erlassenen Rechtsverordnungen kann die Offenhaltung auf bestimmte Ortsteile beschränkt werden. Wird die Offenhaltung am Sonnabendnachmittag zugelassen, so muß gleichzeitig angeordnet werden, daß die Verkaufsstellen, die am Sonnabendnachmittag offenhalten dürfen, an einem bestimmten anderen Nachmittag derselben Woche ab vierzehn Uhr geschlossen sein müssen.

(3) Die Landesregierungen können durch Rechtsverordnung bestimmen, daß in einzeln aufzuführenden Orten, die in der Nähe der Bundesgrenze liegen, die Verkaufsstellen an Sonnabenden abweichend von der Vorschrift des § 3 Abs. 1 Nr. 3 bis achtzehn Uhr geöffnet sein dürfen. In diesem Falle muß gleichzeitig angeordnet werden, daß die Verkaufsstellen an einem bestimmten anderen Nachmittag derselben Woche ab vierzehn Uhr geschlossen sein müssen.

(4) *(gegenstandslos)*

§ 11 Verkauf in ländlichen Gebieten an Sonntagen. (1) Die Landesregierungen oder die von ihnen bestimmten Stellen können durch Rechtsverordnung bestimmen, daß und unter welchen Voraussetzungen und Bedingungen in ländlichen Gebieten während der Zeit der Feldbestellung und der Ernte abweichend von den Vorschriften des § 3 alle oder bestimmte Arten von Verkaufsstellen

1. an Sonn- und Feiertagen bis zur Dauer von zwei Stunden,
2. an Werktagen eine Stunde länger, als nach § 3 Abs. 1 Nr. 2 und 3 und Abs. 2 zulässig ist,

geöffnet sein dürfen, falls dies zur Befriedigung dringender Kaufbedürfnisse der Landbevölkerung erforderlich ist.

(2) *(gegenstandslos)*

§ 12 Verkauf bestimmter Waren an Sonntagen. (1) Der Bundesminister für Arbeit bestimmt im Einvernehmen mit den Bundesministern für Wirtschaft und für Ernährung, Landwirtschaft und Forsten durch Rechtsverordnung[1] mit Zustimmung des Bundesrates, daß und wie lange an Sonn- und Feiertagen abweichend von der Vorschrift des § 3 Abs. 1 Nr. 1 Verkaufsstellen für die Abgabe von Milch und Milcherzeugnissen im Sinne des § 4 Abs. 2 des Milch- und Fettgesetzes in der Fassung vom 10. Dezember 1952, Bäcker- und Konditorwaren, frischen Früchten, Blumen und Zeitungen geöffnet sein dürfen.

(2) In den nach Absatz 1 erlassenen Rechtsverordnungen kann die Offenhaltung auf bestimmte Sonn- und Feiertage oder Jahreszeiten sowie

---

[1] Siehe die VO über den Verkauf bestimmter Waren an Sonn- und Feiertagen (Nr. 5a).

Gesetz über den Ladenschluß §§ 13–16 LadschlG 5

auf bestimmte Arten von Verkaufsstellen beschränkt werden. Eine Offenhaltung am 2. Weihnachts-, Oster- und Pfingstfeiertag soll nicht zugelassen werden. Die Lage der zugelassenen Öffnungszeiten wird unter Berücksichtigung der Zeit des Hauptgottesdienstes von den Landesregierungen oder den von ihnen bestimmten Stellen durch Rechtsverordnung festgesetzt.

(8) *(gegenstandslos)*

§ 13 *(gestrichen)*

§ 14 Weitere Verkaufssonntage. (1) Abweichend von der Vorschrift des § 3 Abs. 1 Nr. 1 dürfen Verkaufsstellen aus Anlaß von Märkten, Messen oder ähnlichen Veranstaltungen an jährlich höchstens vier Sonn- und Feiertagen geöffnet sein. Wird hiervon Gebrauch gemacht, so müssen die offenen Verkaufsstellen an den jeweils voraufgehenden Sonnabenden ab vierzehn Uhr geschlossen werden. Diese Tage werden von den Landesregierungen oder den von ihnen bestimmten Stellen durch Rechtsverordnung freigegeben.

(2) Bei der Freigabe kann die Offenhaltung auf bestimmte Bezirke und Handelszweige beschränkt werden. Der Zeitraum, während dessen die Verkaufsstellen geöffnet sein dürfen, ist anzugeben. Er darf fünf zusammenhängende Stunden nicht überschreiten, muß spätestens um achtzehn Uhr enden und soll außerhalb der Zeit des Hauptgottesdienstes liegen.

(8) Sonn- und Feiertage im Dezember dürfen nicht freigegeben werden. In Orten, für die eine Regelung nach § 10 Abs. 1 Satz 1 getroffen ist, dürfen Sonn- und Feiertage nach Absatz 1 nur freigegeben werden, soweit die Zahl dieser Tage zusammen mit den nach § 10 Abs. 1 Nr. 1 freigegebenen Sonn- und Feiertagen zweiundzwanzig nicht übersteigt.

(4) Für Apotheken bleibt es bei den Vorschriften des § 4.

§ 15 Sonntagsverkauf am 24. Dezember. Abweichend von der Vorschrift des § 3 Abs. 1 Nr. 1 dürfen, wenn der 24. Dezember auf einen Sonntag fällt,

1. Verkaufsstellen, die gemäß § 12 oder den hierauf gestützten Vorschriften an Sonn- und Feiertagen geöffnet sein dürfen,

2. Verkaufsstellen, die überwiegend Lebens- und Genußmittel feilhalten,

3. alle Verkaufsstellen für die Abgabe von Weihnachtsbäumen

während höchstens drei Stunden bis längstens vierzehn Uhr geöffnet sein. Die Öffnungszeiten werden von den Landesregierungen oder den von ihnen bestimmten Stellen durch Rechtsverordnung festgesetzt.

§ 16 Verkauf an Werktagen nach achtzehn Uhr dreißig Minuten. (1) Abweichend von den Vorschriften des § 3 Abs. 1 Nr. 2 und 3 und Abs. 2 dürfen Verkaufsstellen aus Anlaß von Märkten, Messen oder ähnlichen Veranstaltungen an jährlich höchstens zwölf Werktagen bis

5 LadschlG § 17 Gesetz über den Ladenschluß

spätestens einundzwanzig Uhr geöffnet sein. Diese Tage werden durch die Landesregierungen oder die von ihnen bestimmten Stellen durch Rechtsverordnung freigegeben.

(2) Bei der Freigabe kann die Offenhaltung auf bestimmte Bezirke und Handelszweige beschränkt werden.

(3) Für Apotheken bleibt es bei den Vorschriften des § 4.

Dritter Abschnitt. Besonderer Schutz der Arbeitnehmer

§ 17. (1) In Verkaufsstellen dürfen Arbeitnehmer an Sonn- und Feiertagen nur während der ausnahmsweise zugelassenen Öffnnungszeiten (§§ 4 bis 15 und die hierauf gestützten Vorschriften) und, falls dies zur Erledigung von Vorbereitungs- und Abschlußarbeiten unerläßlich ist, während insgesamt weiterer dreißig Minuten beschäftigt werden.

(2) Die Dauer der Beschäftigungszeit des einzelnen Arbeitnehmers an Sonn- und Feiertagen darf acht Stunden nicht überschreiten.

(2 a) In Verkaufsstellen, die gemäß § 10 oder den hierauf gestützten Vorschriften an Sonn- und Feiertagen sowie an Sonnabenden geöffnet sein dürfen, dürfen Arbeitnehmer an jährlich höchstens 22 Sonn- und Feiertagen und sonnabends höchstens bis 18 Uhr beschäftigt werden. Ihre Arbeitszeit an Sonn- und Feiertagen darf vier Stunden nicht überschreiten.

(3) Arbeitnehmer, die an Sonn- und Feiertagen in Verkaufsstellen gemäß §§ 4 bis 6, 8 bis 12, 14 und 15 und den hierauf gestützten Vorschriften beschäftigt werden, sind, wenn die Beschäftigung länger als drei Stunden dauert, an einem Werktage derselben Woche ab dreizehn Uhr, wenn sie länger als sechs Stunden dauert, an einem ganzen Werktage derselben Woche von der Arbeit freizustellen; mindestens jeder dritte Sonntag muß beschäftigungsfrei bleiben. Werden sie bis zu drei Stunden beschäftigt, so muß jeder zweite Sonntag oder in jeder zweiten Woche ein Nachmittag ab dreizehn Uhr beschäftigungsfrei bleiben. Statt an einem Nachmittag darf die Freizeit am Sonnabend- oder Montagvormittag bis vierzehn Uhr gewährt werden. Während der Zeiten, zu denen die Verkaufsstelle geschlossen sein muß, darf die Freizeit nicht gegeben werden.

(4) Arbeitnehmer, die an einem Montagvormittag in Verkaufsstellen gemäß § 3 Abs. 3 beschäftigt werden, sind an einem Werktage derselben oder der vorhergehenden Woche ab dreizehn Uhr von der Arbeit freizustellen. Absatz 3 Satz 3 und 4 findet Anwendung.

(5) Mit dem Beschicken von Warenautomaten dürfen Arbeitnehmer außerhalb der Öffnungszeiten, die für die mit dem Warenautomaten in räumlichem Zusammenhang stehende Verkaufsstelle gelten, nicht beschäftigt werden.

(6) Weitergehende Vorschriften zum Schutze der Arbeitnehmer in anderen Gesetzen werden durch die Vorschriften der Absätze 1 bis 5

Gesetz über den Ladenschluß §§ 18–19 **LadschlG 5**

nicht berührt. Unberührt bleiben auch die Vorschriften des § 105c der Gewerbeordnung; jedoch dürfen Arbeitnehmer an den nach Absatz 3 freizuhaltenden Sonntagen nur in Notfällen nach § 105c Abs. 1 Nr. 1 beschäftigt werden.

(7) Der Bundesminister für Arbeit wird ermächtigt, zum Schutze der Arbeitnehmer in Verkaufsstellen vor übermäßiger Inanspruchnahme ihrer Arbeitskraft oder sonstiger Gefährdung ihrer Gesundheit durch Rechtsverordnung mit Zustimmung des Bundesrates zu bestimmen,

1. daß während der ausnahmsweise zugelassenen Öffnungszeiten (§§ 4 bis 16 und die hierauf gestützten Vorschriften) bestimmte Arbeitnehmer nicht oder die Arbeitnehmer nicht mit bestimmten Arbeiten beschäftigt werden dürfen,
2. daß den Arbeitnehmern für Sonn- und Feiertagsarbeit über die Vorschriften des Absatzes 3 hinaus ein Ausgleich zu gewähren ist,
3. daß die Arbeitnehmer während der Ladenschlußzeiten an Werktagen (§ 3 Abs. 1 Nr. 2 bis 4 und Abs. 2, §§ 5, 6, 8 bis 10 und 16 und die hierauf gestützten Vorschriften) nicht oder nicht mit bestimmten Arbeiten beschäftigt werden dürfen.

(8) Das Gewerbeaufsichtsamt kann in begründeten Einzelfällen Ausnahmen von den Vorschriften der Absätze 1 bis 5 bewilligen. Die Bewilligung kann jederzeit widerrufen werden.

(9) Die Vorschriften der Absätze 1 bis 8 finden auf pharmazeutisch vorgebildete Arbeitnehmer in Apotheken keine Anwendung.

Vierter Abschnitt. Bestimmungen für einzelne Gewerbezweige und für den Marktverkehr

§ 18 Friseurbetriebe. (1) Auf Betriebe des Friseurhandwerks und die in ihnen Beschäftigten finden die Vorschriften dieses Gesetzes mit der Maßgabe Anwendung, daß dem Feilhalten von Waren das Anbieten von Dienstleistungen gleichgestellt wird.

(2) Abweichend von § 3 Abs. 1 Nr. 3 dürfen Betriebe des Friseurhandwerks sonnabends bis achtzehn Uhr geöffnet sein; sie müssen statt dessen am Montagvormittag bis dreizehn Uhr geschlossen sein.

(3) Nicht unter dieses Gesetz fällt die Ausübung des Friseurhandwerks

1. in der Wohnung und der Arbeitsstätte der Kunden,
2. auf Personenbahnhöfen und auf Flughäfen.

§ 18a. Abweichend von § 3 Abs. 1 Nr. 3 dürfen Verkaufsstellen für Blumen und Pflanzen auf Friedhöfen sowie in einem Umkreis bis zu 300 m von Friedhöfen sonnabends bis siebzehn Uhr geöffnet sein.

§ 19 Marktverkehr. (1) Während der allgemeinen Ladenschlußzeiten (§ 3) dürfen auf behördlich genehmigten Groß- und Wochenmärkten Waren zum Verkauf an den letzten Verbraucher nicht feilgehalten werden; jedoch kann die nach Landesrecht zuständige Verwaltungsbehörde in den Grenzen einer gemäß §§ 10 bis 16 oder den hierauf gestützten Vorschriften zulässigen Offenhaltung der Verkaufsstellen einen geschäftlichen Verkehr auf Groß- und Wochenmärkten zulassen.

(2) Am 24. Dezember dürfen nach vierzehn Uhr Waren auch im sonstigen Marktverkehr nicht feilgehalten werden.

(3) Im übrigen bleibt es bei den Vorschriften der §§ 64 bis 71a der Gewerbeordnung, insbesondere bei den auf Grund des § 69 Abs. 1 Satz 1 der Gewerbeordnung festgesetzten Öffnungszeiten für Messen, Ausstellungen und Märkte.

§ 20 Sonstiges gewerbliches Feilhalten. (1) Während der allgemeinen Ladenschlußzeiten (§ 3) ist auch das gewerbliche Feilhalten von Waren zum Verkauf an jedermann außerhalb von Verkaufsstellen verboten; dies gilt nicht für Volksbelustigungen, die den Vorschriften des Titels III der Gewerbeordnung[1] unterliegen und von der nach Landesrecht zuständigen Behörde genehmigt worden sind, sowie für das Feilhalten von Tageszeitungen an Werktagen. Dem Feilhalten steht das Zeigen von Mustern, Proben und ähnlichem gleich, wenn dazu Räume benutzt werden, die für diesen Zweck besonders bereitgestellt sind, und dabei Warenbestellungen entgegengenommen werden.

(2) Soweit für Verkaufsstellen gemäß §§ 10 bis 16 oder den hierauf gestützten Vorschriften Abweichungen von den Ladenschlußzeiten des § 3 zugelassen sind, gelten diese Abweichungen unter denselben Voraussetzungen und Bedingungen auch für das Feilhalten gemäß Abs. 1.

(2a) Die nach Landesrecht zuständige Verwaltungsbehörde kann abweichend von den Vorschriften der Absätze 1 und 2 Ausnahmen für das Feilhalten von leichtverderblichen Waren und Waren zum sofortigen Verzehr, Gebrauch oder Verbrauch zulassen, sofern dies zur Befriedigung örtlich auftretender Bedürfnisse notwendig ist und diese Ausnahmen im Hinblick auf den Arbeitsschutz unbedenklich sind.

(3) Die Vorschriften des § 17 Abs. 1 bis 4 gelten entsprechend.

(4) Der Bundesminister für Arbeit kann durch Rechtsverordnung mit Zustimmung des Bundesrates zum Schutze der Arbeitnehmer vor übermäßiger Inanspruchnahme ihrer Arbeitskraft oder sonstiger Gefährdung ihrer Gesundheit Vorschriften, wie in § 17 Abs. 7 genannt, erlassen.

Fünfter Abschnitt. Durchführung des Gesetzes

§ 21 Auslage des Gesetzes, Verzeichnisse. (1) Der Inhaber einer Verkaufsstelle, in der regelmäßig mindestens ein Arbeitnehmer beschäftigt wird, ist verpflichtet

1. einen Abdruck dieses Gesetzes und der auf Grund dieses Gesetzes erlassenen Rechtsverordnungen mit Ausnahme der Vorschriften, die Verkaufsstellen anderer Art betreffen, an geeigneter Stelle in der Verkaufsstelle auszulegen oder auszuhängen,

---

[1] Nr. 1.

Gesetz über den Ladenschluß §§ 22, 23 **LadschlG 5**

2. ein Verzeichnis über Namen, Tag, Beschäftigungsart und -dauer der an Sonn- und Feiertagen beschäftigten Arbeitnehmer und über die diesen gemäß § 17 Abs. 3 als Ersatz für die Beschäftigung an diesen Tagen gewährte Freizeit zu führen; dies gilt nicht für die pharmazeutisch vorgebildeten Arbeitnehmer in Apotheken. Die Landesregierungen können durch Rechtsverordnung eine einheitliche Form für das Verzeichnis vorschreiben.

(2) Die Verpflichtung nach Absatz 1 Nr. 2 obliegt auch den in § 20 genannten Gewerbetreibenden.

§ 22 Aufsicht und Auskunft. (1) Die Aufsicht über die Ausführung der Vorschriften dieses Gesetzes und der auf Grund dieses Gesetzes erlassenen Vorschriften üben, soweit es sich nicht um Wochenmärkte (§ 19) handelt, die nach Landesrecht für den Arbeitsschutz zuständigen Verwaltungsbehörden aus; ob und inwieweit andere Dienststellen an der Aufsicht beteiligt werden, bestimmen die obersten Landesbehörden.

(2) Auf die Befugnisse und Obliegenheiten der in Absatz 1 genannten Behörden finden die Vorschriften des § 139b der Gewerbeordnung[1] entsprechend Anwendung.

(3) Die Inhaber von Verkaufsstellen und die in § 20 genannten Gewerbetreibenden sind verpflichtet, den Behörden, denen auf Grund des Absatzes 1 die Aufsicht obliegt, auf Verlangen

1. die zur Erfüllung der Aufgaben dieser Behörden erforderlichen Angaben wahrheitsgemäß und vollständig zu machen,
2. das Verzeichnis gemäß § 21 Abs. 1 Nr. 2, die Unterlagen, aus denen Namen, Beschäftigungsart und -zeiten der Arbeitnehmer sowie Lohn- und Gehaltszahlungen ersichtlich sind, und alle sonstigen Unterlagen, die sich auf die nach Nummer 1 zu machenden Angaben beziehen, vorzulegen oder zur Einsicht einzusenden. Die Verzeichnisse und Unterlagen sind mindestens bis zum Ablauf eines Jahres nach der letzten Eintragung aufzubewahren.

(4) Die Auskunftspflicht nach Absatz 3 Nr. 1 obliegt auch den in Verkaufsstellen oder beim Feilhalten gemäß § 20 beschäftigten Arbeitnehmern.

§ 23 Ausnahmen im öffentlichen Interesse. (1) Die obersten Landesbehörden können in Einzelfällen befristete Ausnahmen von den Vorschriften der §§ 3 bis 16 und 18 bis 21 dieses Gesetzes bewilligen, wenn die Ausnahmen im öffentlichen Interesse dringend nötig werden. Die Bewilligung kann jederzeit widerrufen werden. Die Landesregierungen werden ermächtigt, durch Rechtsverordnung die zuständigen Behörden abweichend von Satz 1 zu bestimmen. Sie können diese Ermächtigung auf oberste Landesbehörden übertragen.

(2) Der Bundesminister für Arbeit kann im Einvernehmen mit dem Bundesminister für Wirtschaft durch Rechtsverordnung mit Zustim-

---
[1] Nr. 1.

mung des Bundesrates Vorschriften über die Voraussetzungen und Bedingungen für die Bewilligung von Ausnahmen im Sinne des Absatzes 1 erlassen.

Sechster Abschnitt. Straftaten und Ordnungswidrigkeiten

§ 24 Ordnungswidrigkeiten. (1) Ordnungswidrig handelt, wer vorsätzlich oder fahrlässig

1. als Inhaber einer Verkaufsstelle oder eines Betriebes des Friseurhandwerks oder als Gewerbetreibender im Sinne des § 20
    a) einer Vorschrift des § 17 Abs. 1 bis 3 über die Beschäftigung an Sonn- und Feiertagen, die Freizeit oder den Ausgleich,
    b) einer Vorschrift einer Rechtsverordnung nach § 17 Abs. 7 oder § 20 Abs. 4, soweit sie für einen bestimmten Tatbestand auf diese Bußgeldvorschrift verweist,
    c) einer Vorschrift des § 21 Abs. 1 Nr. 2 über Verzeichnisse oder des § 22 Abs. 3 Nr. 2 über die Einsicht, Vorlage oder Aufbewahrung der Verzeichnisse,
2. als Inhaber einer Verkaufsstelle oder eines Betriebes des Friseurhandwerks
    a) einer Vorschrift der §§ 3, 4 Abs. 1 Satz 2, des § 6 Abs. 2, des § 9 Abs. 1 Satz 2, des § 14 Abs. 1 Satz 2, des § 17 Abs. 5, des § 18 Abs. 2 oder einer nach § 4 Abs. 2 Satz 1, § 8 Abs. 2, § 9 Abs. 2 oder nach § 10 oder § 11 erlassenen Rechtsvorschrift über die Ladenschlußzeiten,
    b) einer sonstigen Vorschrift einer Rechtsverordnung nach § 10 oder § 11, soweit sie für einen bestimmten Tatbestand auf diese Bußgeldvorschrift verweist,
    c) der Vorschrift des § 21 Abs. 1 Nr. 1 über Auslagen und Aushänge,
3. als Gewerbetreibender im Sinne des § 19 oder des § 20 einer Vorschrift des § 19 Abs. 1, 2 oder des § 20 Abs. 1, 2 über das Feilhalten von Waren im Marktverkehr oder außerhalb einer Verkaufsstelle oder
4. einer Vorschrift des § 22 Abs. 3 Nr. 1 oder Abs. 4 über die Auskunft

zuwiderhandelt.

(2) Die Ordnungswidrigkeit nach Absatz 1 Nr. 1 Buchstabe a und b kann mit einer Geldbuße bis zu fünftausend Deutsche Mark, die Ordnungswidrigkeit nach Absatz 1 Nr. 1 Buchstabe c und Nr. 2 bis 4 mit einer Geldbuße bis zu tausend Deutsche Mark geahndet werden.

§ 25 Straftaten. Wer vorsätzlich als Inhaber einer Verkaufsstelle oder eines Betriebes des Friseurhandwerks oder als Gewerbetreibender im Sinne des § 20 eine der in § 24 Abs. 1 Nr. 1 Buchstaben a und b bezeichneten Handlungen begeht und dadurch vorsätzlich oder fahrlässig Arbeitnehmer in ihrer Arbeitskraft oder Gesundheit gefährdet, wird mit Freiheitsstrafe bis zu sechs Monaten oder mit Geldstrafe bis zu einhundertachtzig Tagessätzen bestraft.

§ 26 *(aufgehoben)*

Gesetz über den Ladenschluß **§§ 27–31 LadschlG 5**

Siebenter Abschnitt. Schlußbestimmungen

§ 27 Vorbehalt für die Landesgesetzgebung. Unberührt bleiben die landesrechtlichen Vorschriften, durch die der Gewerbebetrieb und die Beschäftigung von Arbeitnehmern in Verkaufsstellen an anderen Festtagen als an Sonn- und Feiertagen beschränkt werden.

§ 28 Bestimmung der zuständigen Behörden. Soweit in diesem Gesetz auf die nach Landesrecht zuständige Verwaltungsbehörde verwiesen wird, bestimmt die Landesregierung durch Verordnung, welche Behörden zuständig sind.

§ 29 *(Änderungsvorschrift)*

§ 30 Geltung in Berlin. (1) Dieses Gesetz gilt nach Maßgabe des § 13 Abs. 1 des Dritten Überleitungsgesetzes vom 4. Januar 1952 (Bundesgesetzbl. I S. 1) auch im Land Berlin. Rechtsverordnungen, die auf Grund dieses Gesetzes erlassen werden, gelten im Land Berlin nach § 14 des Dritten Überleitungsgesetzes.

(2) Die Regelung des § 8 Abs. 1 Nr. 1 gilt sinngemäß für Verkaufsstellen auf Personenbahnhöfen in Berlin.

§ 31 Inkrafttreten; Aufhebung bisher geltenden Rechts. (1) Dieses Gesetz tritt einen Monat nach seiner Verkündung[1] in Kraft, § 13 jedoch bereits am Tage nach der Verkündung.

(2) Mit dem Zeitpunkt des Inkrafttretens des Gesetzes treten nachstehende Vorschriften außer Kraft, soweit dies nicht bereits geschehen ist:

1. §§ 22, 23 und 27 Abs. 1 Satz 2 der Arbeitszeitordnung vom 30. April 1938 (Reichsgesetzbl. I S. 447),
2. *(überholt)*
3. Artikel 3 der Verordnung über Sonntagsruhe im Handelsgewerbe und in Apotheken vom 5. Februar 1919 (Reichsgesetzbl. S. 176),
4. die Ausführungsverordnung zum Gesetz über den Verkauf von Waren aus Automaten vom 14. August 1934 (Reichsgesetzbl. I S. 814) und die Zweite Ausführungsverordnung zu dem genannten Gesetz vom 22. August 1936 (Reichsgesetzbl. I S. 645),
5. die Anordnung des Reichswirtschaftsministers zur Verhinderung von Ladenzeitverkürzungen vom 31. Mai 1939 (Ministerialblatt für Wirtschaft S. 363),
6. die Verordnung über den Ladenschluß vom 21. Dezember 1939 (Reichsgesetzbl. I S. 2471) in der Fassung der Verordnung zur Änderung der Verordnung über den Ladenschluß vom 9. Januar 1942 (Reichsgesetzbl. I S. 24) und die auf Grund dieser Verordnung erlassenen Bestimmungen,

---

[1] Das Gesetz wurde am 29. 11. 1956 verkündet.

7. das bremische Gesetz über die Ladenverkaufszeiten vom 18. Juli 1950 (Gesetzblatt der Freien Hansestadt Bremen S. 87) in der Fassung des Gesetzes vom 17. Oktober 1950 (Gesetzblatt der Freien Hansestadt Bremen S. 111),

8. das badische Landesgesetz über den Ladenschluß vom 28. März 1951 (Badisches Gesetz- und Verordnungsblatt S. 67),

9. die württemberg-hohenzollernsche Verordnung über die Öffnungszeiten offener Verkaufsstellen an Werktagen (Ladenschlußverordnung) vom 22. September 1948 (Regierungsblatt für das Land Württemberg-Hohenzollern S. 126),

10. das Berliner Gesetz über den werktäglichen Ladenschluß vom 8. November 1951 (Gesetz- und Verordnungsblatt für Berlin S. 1085).

Außerdem treten alle Vorschriften, die den Vorschriften dieses Gesetzes widersprechen, außer Kraft.

(3) Verweisungen auf Vorschriften, die nach Absatz 2 außer Kraft getreten sind, gelten als Verweisungen auf die entsprechenden Vorschriften dieses Gesetzes und der auf Grund dieses Gesetzes erlassenen Rechtsverordnungen.

5a. Verordnung über den Verkauf bestimmter Waren an Sonn- und Feiertagen

Vom 21. Dezember 1957

(BGBl. I S. 1881)

(BGBl. III 8050-20-2)

Auf Grund des § 12 Abs. 1 des Gesetzes über den Ladenschluß vom 28. November 1956 (Bundesgesetzbl. I S. 875) in der Fassung des Gesetzes vom 17. Juli 1957 (Bundesgesetzbl. I S. 722) wird im Einvernehmen mit den Bundesministern für Wirtschaft und für Ernährung, Landwirtschaft und Forsten mit Zustimmung des Bundesrates verordnet:

§ 1 (1) Abweichend von der Vorschrift des § 3 Abs. 1 Nr. 1 des Gesetzes über den Ladenschluß dürfen an Sonn- und Feiertagen geöffnet sein für die Abgabe

1. von frischer Milch:

Verkaufsstellen, deren Inhaber eine Erlaubnis nach § 14 des Milchgesetzes vom 31. Juli 1930 (Reichsgesetzbl. I S. 421) besitzen, für die Dauer von zwei Stunden.

2. von Konditorwaren:

Verkaufsstellen von Betrieben, die Konditorwaren herstellen, für die Dauer von zwei Stunden,

3. von Blumen:

Verkaufsstellen, in denen in erheblichem Umfange Blumen feilgehalten werden, für die Dauer von zwei Stunden, jedoch am 1. November (Allerheiligen), am Volkstrauertag, am Buß- und Bettag, am Totensonntag und am 1. Adventssonntag für die Dauer von sechs Stunden,

4. von Zeitungen:

Verkaufsstellen für Zeitungen für die Dauer von fünf Stunden.

(2) Absatz 1 Nr. 1 bis 3 gilt nicht für die Abgabe am 2. Weihnachts-, Oster- und Pfingstfeiertag. Absatz 1 Nr. 4 gilt nicht für die Abgabe am 1. Weihnachts-, Oster- und Pfingstfeiertag.

(3) Die Vorschriften der §§ 5, 10, 11, 13 bis 15 des Gesetzes über den Ladenschluß[1] bleiben unberührt.

§ 2 (1) Diese Verordnung gilt nach § 14 des Dritten Überleitungsgesetzes vom 4. Januar 1952 (Bundesgesetzbl. I S. 1) in Verbindung mit § 30 des Gesetzes über den Ladenschluß auch im Land Berlin mit der

---

[1] Nr. 5.

Maßgabe, daß abweichend von § 1 Abs. 2 Satz 2 auch am 1. Weihnachts-Oster- und Pfingstfeiertag während der Dauer von fünf Stunden Zeitungen abgegeben werden dürfen.

(2)[1] *Diese Verordnung gilt nicht im Saarland.*

§ 3 Diese Verordnung tritt am 1. Januar 1958 in Kraft.

---

[1] Gemäß VO zur Einführung des Ges. über den Ladenschluß im Saarland v. 21. 11. 1963 (BGBl. I S. 844) **gilt diese VO nunmehr auch im Saarland.**

6. Verordnung über Preisangaben
(Verordnung PR Nr. 3/73)

Vom 10. Mai 1973

(BGBl. I S. 461)
mit Änderungen

(BGBl. III 720–15)

Auf Grund des § 2 des Preisgesetzes vom 10. April 1948 (Gesetz- und Verordnungsblatt des Wirtschaftsrates des Vereinigten Wirtschaftsgebietes S. 27), geändert durch § 37 des Gesetzes über die Investitionshilfe der gewerblichen Wirtschaft vom 7. Januar 1952 (Bundesgesetzbl. I S. 7), wird verordnet:

§ 1 Grundvorschriften. (1) Wer Letztverbrauchern gewerbs- oder geschäftsmäßig oder regelmäßig in sonstiger Weise Waren oder Leistungen anbietet oder in Zeitungen, Zeitschriften, Prospekten, auf Plakaten, im Rundfunk oder Fernsehen oder auf sonstige Weise unter Angabe von Preisen für Waren oder Leistungen gegenüber Letztverbrauchern wirbt, hat die Preise anzugeben, die einschließlich der Umsatzsteuer und sonstiger Preisbestandteile unabhängig von einer Rabattgewährung zu zahlen sind. Mit den Preisen sind, soweit es der allgemeinen Verkehrsauffassung entspricht, auch die Verkaufs- oder Leistungseinheit und die Gütebezeichnung anzugeben.

(2) Bei Leistungen können, soweit es üblich ist, abweichend von Absatz 1 Satz 1 Stundensätze, Kilometersätze und andere Verrechnungssätze angegeben werden, die alle Leistungselemente einschließlich der anteiligen Umsatzsteuer enthalten. Die Materialkosten können in die Verrechnungssätze einbezogen werden.

(3) Bei Waren und Leistungen, deren Preise auf Grund von Tarifen oder Gebührenregelungen bemessen werden, die durch Gesetz oder auf Grund eines Gesetzes festgesetzt oder behördlich genehmigt sind, genügt die Angabe der Preise in der festgesetzten oder genehmigten Form. Sind Waren und Leistungen den in Satz 1 genannten Waren und Leistungen vergleichbar, ohne einer staatlichen Preisregelung im Sinne des Satzes 1 zu unterliegen, so können, soweit es der allgemeinen Verkehrsauffassung entspricht, die Preise in einer der Festsetzung oder Genehmigung entsprechenden Form angegeben werden.

(4) Bei Krediten ist der unter Zugrundelegung der gesamten Laufzeit des Kredits, des ausgezahlten Betrags, der Tilgungsleistungen, des Zinssatzes, der Vermittlungskosten und der sonstigen Kosten sich ergebende Preis in vom Hundert des Kredits für das Jahr unter der Bezeichnung „effektiver Jahreszins" anzugeben.

(5) Bestehen für Waren oder Leistungen Liefer- oder Leistungsfristen von mehr als vier Monaten, so können abweichend von Absatz 1 Satz 1 für diese Fälle Preise mit einem Änderungsvorbehalt angegeben werden;

dabei sind auch die voraussichtlichen Liefer- und Leistungsfristen anzugeben. Die Angabe von Preisen mit einem Änderungsvorbehalt ist auch zulässig bei Waren oder Leistungen, die im Rahmen von Dauerschuldverhältnissen erbracht werden, sowie bei Leistungen, deren Preise auf Verträgen, Beschlüssen oder Empfehlungen im Sinne des § 99 Abs. 2 Nr. 1 des Gesetzes gegen Wettbewerbsbeschränkungen beruhen.

(6) Bei loser Ware isr der Preis entsprechend der allgemeinen Verkehrsauffassung bei nach Gewicht vermarkteter Ware auf 1 Kilogramm oder 100 Gramm und bei nach Volumen vermarkteter Ware auf 1 Liter oder 100 Milliliter zu beziehen. Wird lose Ware üblicherweise in Mengen von 100 Liter und mehr oder 50 Kilogramm und mehr abgegeben, so ist der Preis auf die Verkaufseinheit zu beziehen, die der allgemeinen Verkehrsauffassung entspricht.

(7) Die Angaben nach den Absätzen 1, 2 und 4 bis 6 müssen der allgemeinen Verkehrsauffassung und den Grundsätzen von Preisklarheit und Preiswahrheit entsprechen. Sie müssen dem Angebot oder der Werbung eindeutig zugeordnet und deutlich lesbar oder sonst gut wahrnehmbar sein. Bei der Aufgliederung von Preisen sind die Endpreise besonders hervorzuheben.

§ 2 Handel. (1) Waren, die in Schaufenstern, Schaukästen, innerhalb oder außerhalb des Verkaufsraumes auf Verkaufsständen oder in sonstiger Weise sichtbar ausgestellt werden, und Waren, die vom Verbraucher unmittelbar entnommen werden können, sind durch Preisschilder oder Beschriftung der Ware auszuzeichnen.

(2) Waren, die nicht unter den Voraussetzungen des Absatzes 1 im Verkaufsraum zum Verkauf bereitgehalten werden, sind entweder nach Absatz 1 auszuzeichnen oder dadurch, daß die Behältnisse oder Regale, in denen sich die Waren befinden, beschriftet werden oder daß Preisverzeichnisse angebracht oder zur Einsichtnahme aufgelegt werden.

(3) Waren, die nach Musterbüchern angeboten werden, sind dadurch auszuzeichnen, daß die Preise für die Verkaufseinheit auf den Mustern oder damit verbundenen Preisschildern oder Preisverzeichnissen angegeben werden.

(4) Waren, die nach Katalogen oder Warenlisten, insbesondere im Versandhandel, angeboten werden, sind dadurch auszuzeichnen, daß die Preise neben den Warenabbildungen oder Warenbeschreibungen, in Anmerkungen oder in mit den Katalogen oder Warenlisten im Zusammenhang stehenden Preisverzeichnissen angegeben werden.

(5) Auf Angebote von Waren, deren Preise üblicherweise auf Grund von Tarifen oder Gebührenregelungen bemessen werden, ist § 3 Abs. 1 und 2 entsprechend anzuwenden.

§ 3 Leistungen. (1) Wer Leistungen anbietet, hat die Preise für seine wesentlichen Leistungen oder in den Fällen des § 1 Abs. 2 seine Verrechnungssätze in Preisverzeichnisse aufzunehmen, die im Geschäftslokal oder

VO über Preisangaben §§ 4, 5 PR Nr. 3/73 6

am sonstigen Ort des Leistungsangebots und gegebenenfalls im Schaufenster oder Schaukasten anzubringen sind.

(2) Werden entsprechend der allgemeinen Verkehrsauffassung die Preise und Verrechnungssätze für sämtliche angebotenen Leistungen in Preisverzeichnisse aufgenommen, so genügt die Bereithaltung der Preisverzeichnisse zur Einsichtnahme am Ort des Leistungsangebots, wenn das Anbringen der Preisverzeichnisse wegen ihres Umfangs nicht zumutbar ist.

(3) Werden die Leistungen in Fachabteilungen von Handelsbetrieben angeboten, so genügt das Anbringen der Preisverzeichnisse in den Fachabteilungen.

§ 4 Gaststättenbetriebe. (1) Inhaber von Gaststättenbetrieben haben Preisverzeichnisse für Speisen und Getränke in hinreichender Zahl auf den Tischen aufzulegen oder jedem Gast vor Entgegennahme von Bestellungen und auf Verlangen bei Abrechnung vorzulegen.

(2) Neben dem Eingang zur Gaststätte ist ein Preisverzeichnis anzubringen, aus dem die Preise für die wesentlichen Getränke und bei regelmäßigem Angebot warmer Speisen an jedermann die Preise für die Gedecke und Tagesgerichte ersichtlich sind. Ist der Gaststättenbetrieb Teil eines Handelsbetriebs, so genügt das Anbringen des Preisverzeichnisses am Eingang des Gaststättenteils.

(3) Inhaber von Selbstbedienungsgaststätten, Erfrischungshallen, Kiosken, Stehbierhallen, Bierzelten und ähnlichen Betrieben haben Preisverzeichnisse anzubringen, aus denen die Preise der angebotenen Speisen und Getränke ersichtlich sind. Absatz 2 bleibt unberührt.

(4) Inhaber von Beherbergungsbetrieben haben in jedem zur Beherbergung dienenden Zimmer ein Preisverzeichnis anzubringen, aus dem der Zimmerpreis je nach Art der Vermietung und gegebenenfalls der Frühstückspreis ersichtlich sind.

(5) Kann in Gaststättenbetrieben eine Fernsprechanlage benutzt werden, so ist der bei Benutzung geforderte Preis für eine Gebühreneinheit in der Nähe des Fernsprechers, bei der Vermietung von Zimmern auch im Zimmerpreisverzeichnis anzugeben.

(6) Die in den Preisverzeichnissen aufgeführten Preise müssen das Bedienungsgeld und sonstige Zuschläge einschließen.

§ 5 Tankstellen, Parkplätze. (1) Inhaber von Tankstellen haben ihre Kraftstoffpreise so auszuzeichnen, daß sie
- innerhalb geschlossener Ortschaften für den auf der Straße heranfahrenden Kraftfahrer,
- außerhalb geschlossener Ortschaften für den in den Tankstellenbereich eingefahrenen Kraftfahrer

deutlich lesbar sind. Dies gilt nicht für Kraftstoffmischungen, die erst in der Tankstelle hergestellt werden.

6 PR Nr. 3/73 §§ 6, 7   VO über Preisangaben

(2) Wer für weniger als einen Monat Garagen, Einstellplätze oder Parkplätze vermietet oder bewacht oder Kraftfahrzeuge verwahrt, hat am Anfang der Zufahrt ein Preisverzeichnis anzubringen, aus dem die von ihm geforderten Preise ersichtlich sind.

§ 6 Bußgeldvorschrift. Ordnungswidrig im Sinne des § 3 Abs. 1 Nr. 2 des Wirtschaftsstrafgesetzes 1954 handelt, wer vorsätzlich oder fahrlässig einer Vorschrift dieser Verordnung zuwiderhandelt.

§ 7 Ausnahmen. (1) Die Vorschriften dieser Verordnung sind nicht anzuwenden

1. auf Angebote oder Werbung gegenüber Letztverbrauchern, die die Ware oder Leistung in ihrer selbständigen beruflichen oder gewerblichen oder in ihrer behördlichen oder dienstlichen Tätigkeit verwenden;
2. auf Leistungen staatlicher Stellen, soweit es sich nicht um Leistungen handelt, für die Benutzungsgebühren oder privatrechtliche Entgelte zu entrichten sind;
3. auf Waren und Leistungen, soweit für sie auf Grund von Rechtsvorschriften eine Werbung untersagt ist;
4. auf mündliche Angebote, die ohne Angabe von Preisen abgegeben werden;
5. auf Warenangebote bei Versteigerungen.

(2) § 2 ist nicht anzuwenden

1. auf Kunstgegenstände, Sammlerstücke und Antiquitäten im Sinne des Kapitels 99 des Gemeinsamen Zolltarifs;
2. auf Waren, die in Werbevorführungen angeboten werden, sofern der Preis der jeweiligen Ware bei deren Vorführung und unmittelbar vor Abschluß des Kaufvertrags genannt wird;
3. auf Blumen und Pflanzen, die unmittelbar vom Freiland, Treibbeet oder Treibhaus verkauft werden;
4. auf Waren, die ein Unternehmer Letztverbrauchern ausschließlich im Namen und für Rechnung anderer Gewerbetreibender anbietet, die diese Waren nicht vorrätig haben und aus diesem Grunde die Letztverbraucher an den Unternehmer verweisen.

(3) § 3 ist nicht anzuwenden

1. auf Leistungen, die üblicherweise auf Grund von schriftlichen Angeboten oder schriftlichen Voranschlägen erbracht werden, die auf den Einzelfall abgestellt sind;
2. auf künstlerische, wissenschaftliche und pädagogische Leistungen; dies gilt nicht, wenn die Leistungen in Konzertsälen, Theatern, Filmtheatern, Schulen, Instituten oder dergleichen erbracht werden;
3. auf Leistungen, bei denen in Gesetzen oder Rechtsverordnungen die Angabe von Preisen besonders geregelt ist.

VO über Preisangaben §8 **PR Nr. 3/73** 6

§ 8 Schlußvorschriften. (1) Diese Verordnung tritt am 1. Juli 1973 in Kraft.

(2) Gleichzeitig tritt die Preisauszeichnungsverordnung (Verordnung PR Nr. 1/69) vom 18. September 1969 (Bundesgesetzbl. I S. 1733), geändert durch Verordnung PR Nr. 4/71 vom 25. Oktober 1971 (Bundesgesetzbl. I S. 1689), außer Kraft.

7. Gesetz
zum Schutz vor schädlichen Umwelteinwirkungen durch Luftverunreinigungen, Geräusche, Erschütterungen und ähnliche Vorgänge
(Bundes-Immissionsschutzgesetz—BImSchG)

Vom 15. März 1974

(BGBl. I S. 721, ber. S. 1193, zuletzt geändert durch § 174 BBergG v. 13. 8. 1980, BGBl. I S. 1310)

(BGBl. III 2129–8)

Inhaltsübersicht

	§§
Erster Teil **Allgemeine Vorschriften**	
Zweck des Gesetzes	1
Geltungsbereich	2
Begriffsbestimmungen	3
Zweiter Teil. Errichtung und Betrieb von Anlagen	
Erster Abschnitt. Genehmigungsbedürftige Anlagen	
Genehmigung	4
Pflichten der Betreiber genehmigungsbedürftiger Anlagen	5
Genehmigungsvoraussetzungen	6
Anforderungen an die Errichtung, die Beschaffenheit und den Betrieb genehmigungsbedürftiger Anlagen	7
Teilgenehmigung	8
Vorbescheid	9
Genehmigungsverfahren	10
Einwendungen Dritter bei Teilgenehmigung und Vorbescheid	11
Nebenbestimmungen zur Genehmigung	12
Genehmigung und andere behördliche Entscheidungen	13
Ausschluß von privatrechtlichen Abwehransprüchen	14
Wesentliche Änderung genehmigungsbedürftiger Anlagen	15
Mitteilungspflicht	16
Nachträgliche Anordnungen	17
Erlöschen der Genehmigung	18
Vereinfachtes Verfahren	19
Untersagung, Stillegung und Beseitigung	20
Widerruf der Genehmigung	21
Zweiter Abschnitt. Nicht genehmigungsbedürftige Anlagen	
Pflichten der Betreiber nicht genehmigungsbedürftiger Anlagen	22
Anforderungen an die Errichtung, die Beschaffenheit und den Betrieb nicht genehmigungsbedürftiger Anlagen	23
Anordnungen im Einzelfall	24
Untersagung	25
Dritter Abschnitt. Ermittlung von Emissionen und Immissionen	
Messungen aus besonderem Anlaß	26
Emissionserklärung	27
Erstmalige und wiederkehrende Messungen bei genehmigungsbedürftigen Anlagen	28
Kontinuierliche Messungen	29
Kosten der Messungen	30
Auskunft über ermittelte Emissionen und Immissionen	31
Dritter Teil. Beschaffenheit von Anlagen, Stoffen, Erzeugnissen, Brennstoffen und Treibstoffen	
Beschaffenheit von Anlagen	32
Bauartzulassung	33
Beschaffenheit von Brennstoffen und Treibstoffen	34
Beschaffenheit von Stoffen und Erzeugnissen	35
Ausfuhr	36
Erfüllung von zwischenstaatlichen Vereinbarungen und Beschlüssen der Europäischen Gemeinschaften	37
Vierter Teil. Beschaffenheit und Betrieb von Fahrzeugen, Bau und Änderung von Straßen und Schienenwegen	
Beschaffenheit und Betrieb von Fahrzeugen	38
Erfüllung von zwischenstaatlichen Vereinbarungen und Beschlüssen der Europäischen Gemeinschaften	39

	§§		§§
Verkehrsbeschränkungen bei austauscharmen Wetterlagen	40	Stellungnahme zu Investitionsentscheidungen	56
Straßen und Schienenwege	41	Vortragsrecht	57
Entschädigung für Schallschutzmaßnahmen	42	Benachteiligungsverbot	58
Rechtsverordnung der Bundesregierung	43	Zuständigkeit bei Anlagen der Landesverteidigung	59
		Ausnahmen für Anlagen der Landesverteidigung	60
Fünfter Teil. Überwachung der Luftverunreinigung im Bundesgebiet und Luftreinhaltepläne		Bericht der Bundesregierung	61
		Ordnungswidrigkeiten	62
		(außer Kraft)	63
		(außer Kraft)	64
Feststellungen in Belastungsgebieten	44	*(außer Kraft)*	65
Verfahren der Messung und Auswertung	45		
Emissionskataster	46	**Siebenter Teil. Schlußvorschriften**	
Luftreinhaltepläne	47	Fortgeltung von Vorschriften	66
		Übergangsvorschrift	67
Sechster Teil. Gemeinsame Vorschriften		Änderung gewerberechtlicher Vorschriften	68
		Änderung des Atomgesetzes, des Gaststättengesetzes, des Schornsteinfegergesetzes und des Abfallbeseitigungsgesetzes	69
Verwaltungsvorschriften	48		
Schutz bestimmter Gebiete	49		
Planung	50		
Anhörung beteiligter Kreise	51		
Überwachung	52	Änderung verkehrsrechtlicher Vorschriften	70
Bestellung eines Betriebsbeauftragten für Immissionsschutz	53	Überleitung von Verweisungen	71
Aufgaben	54	Aufhebung von Vorschriften	72
Pflichten des Betreibers	55	Berlin-Klausel	73
		Inkrafttreten	74

Der Bundestag hat mit Zustimmung des Bundesrates das folgende Gesetz beschlossen:

Erster Teil. Allgemeine Vorschriften

§ 1 Zweck des Gesetzes. Zweck dieses Gesetzes ist es, Menschen sowie Tiere, Pflanzen und andere Sachen vor schädlichen Umwelteinwirkungen und, soweit es sich um genehmigungsbedürftige Anlagen handelt, auch vor Gefahren, erheblichen Nachteilen und erheblichen Belästigungen, die auf andere Weise herbeigeführt werden, zu schützen und dem Entstehen schädlicher Umwelteinwirkungen vorzubeugen.

§ 2 Geltungsbereich. (1) Die Vorschriften dieses Gesetzes gelten für

1. die Errichtung und den Betrieb von Anlagen,

2. das Herstellen, Inverkehrbringen und Einführen von Anlagen, Brennstoffen und Treibstoffen, Stoffen und Erzeugnissen aus Stoffen nach Maßgabe der §§ 32 bis 37,

3. die Beschaffenheit, die Ausrüstung, den Betrieb und die Prüfung von Kraftfahrzeugen und ihren Anhängern und von Schienen-, Luft- und Wasserfahrzeugen nach Maßgabe der §§ 38 bis 40 und

Bundes-Immissionsschutzgesetz § 3 **BImSchG 7**

4. den Bau öffentlicher Straßen sowie von Eisenbahnen und Straßenbahnen nach Maßgabe der §§ 41 bis 43.

(2) Die Vorschriften dieses Gesetzes gelten nicht für Flugplätze; sie gelten ferner nicht für Anlagen, Geräte, Vorrichtungen sowie Kernbrennstoffe und sonstige radioaktive Stoffe, die den Vorschriften des Atomgesetzes vom 23. Dezember 1959 (Bundesgesetzbl. I S. 814), zuletzt geändert durch das Kostenermächtigungs-Änderungsgesetz vom 23. Juni 1970 (Bundesgesetzbl. I S. 805), oder einer hiernach erlassenen Rechtsverordnung unterliegen, soweit es sich um den Schutz vor den Gefahren der Kernenergie und der schädlichen Wirkung ionisierender Strahlen handelt.

§ 3 Begriffsbestimmungen. (1) Schädliche Umwelteinwirkungen im Sinne dieses Gesetzes sind Immissionen, die nach Art, Ausmaß oder Dauer geeignet sind, Gefahren, erhebliche Nachteile oder erhebliche Belästigungen für die Allgemeinheit oder die Nachbarschaft herbeizuführen.

(2) Immissionen im Sinne dieses Gesetzes sind auf Menschen sowie Tiere, Pflanzen oder andere Sachen einwirkende Luftverunreinigungen, Geräusche, Erschütterungen, Licht, Wärme, Strahlen und ähnliche Umwelteinwirkungen.

(3) Emissionen im Sinne dieses Gesetzes sind die von einer Anlage ausgehenden Luftverunreinigungen, Geräusche, Erschütterungen, Licht, Wärme, Strahlen und ähnlichen Erscheinungen.

(4) Luftverunreinigungen im Sinne dieses Gesetzes sind Veränderungen der natürlichen Zusammensetzung der Luft, insbesondere durch Rauch, Ruß, Staub, Gase, Aerosole, Dämpfe oder Geruchsstoffe.

(5) Anlagen im Sinne dieses Gesetzes sind

1. Betriebsstätten und sonstige ortsfeste Einrichtungen,

2. Maschinen, Geräte und sonstige ortsveränderliche technische Einrichtungen sowie Fahrzeuge, soweit sie nicht der Vorschrift des § 38 unterliegen, und

3. Grundstücke, auf denen Stoffe gelagert oder abgelagert oder Arbeiten durchgeführt werden, die Emissionen verursachen können, ausgenommen öffentliche Verkehrswege.

(6) Stand der Technik im Sinne dieses Gesetzes ist der Entwicklungsstand fortschrittlicher Verfahren, Einrichtungen oder Betriebsweisen, der die praktische Eignung einer Maßnahme zur Begrenzung von Emissionen gesichert erscheinen läßt. Bei der Bestimmung des Standes der Technik sind insbesondere vergleichbare Verfahren, Einrichtungen oder Betriebsweisen heranzuziehen, die mit Erfolg im Betrieb erprobt worden sind.

(7) Dem Herstellen im Sinne dieses Gesetzes steht das Verarbeiten, Bearbeiten oder sonstige Behandeln, dem Einführen im Sinne dieses

Gesetzes das sonstige Verbringen in den Geltungsbereich dieses Gesetzes gleich.

Zweiter Teil. Errichtung und Betrieb von Anlagen

Erster Abschnitt. Genehmigungsbedürftige Anlagen

§ 4 Genehmigung. (1) Die Errichtung und der Betrieb von Anlagen, die auf Grund ihrer Beschaffenheit oder ihres Betriebs in besonderem Maße geeignet sind, schädliche Umwelteinwirkungen hervorzurufen oder in anderer Weise die Allgemeinheit oder die Nachbarschaft zu gefährden, erheblich zu benachteiligen oder erheblich zu belästigen, bedürfen einer Genehmigung. Anlagen, die nicht gewerblichen Zwecken dienen und nicht im Rahmen wirtschaftlicher Unternehmungen Verwendung finden, bedürfen der Genehmigung nur, wenn sie in besonderem Maße geeignet sind, schädliche Umwelteinwirkungen durch Luftverunreinigungen oder Geräusche hervorzurufen. Die Bundesregierung bestimmt nach Anhörung der beteiligten Kreise (§ 51) durch Rechtsverordnung[1] mit Zustimmung des Bundesrates die Anlagen, die einer Genehmigung bedürfen (genehmigungsbedürftige Anlagen).

(2) Anlagen des Bergwesens oder Teile dieser Anlagen bedürfen der Genehmigung nach Absatz 1 nur, soweit sie über Tage errichtet und betrieben werden. Keiner Genehmigung nach Absatz 1 bedürfen Tagebaue und die zum Betrieb eines Tagebaus erforderlichen sowie die zur Wetterführung unerläßlichen Anlagen.

§ 5 Pflichten der Betreiber genehmigungsbedürftiger Anlagen. Genehmigungsbedürftige Anlagen sind so zu errichten und zu betreiben, daß

1. schädliche Umwelteinwirkungen und sonstige Gefahren, erhebliche Nachteile und erhebliche Belästigungen für die Allgemeinheit und die Nachbarschaft nicht hervorgerufen werden können,
2. Vorsorge gegen schädliche Umwelteinwirkungen getroffen wird, insbesondere durch die dem Stand der Technik entsprechenden Maßnahmen zur Emissionsbegrenzung, und
3. die beim Betrieb der Anlagen entstehenden Reststoffe ordnungsgemäß und schadlos verwertet oder, soweit dies technisch nicht möglich oder wirtschaftlich nicht vertretbar ist, als Abfälle ordnungsgemäß beseitigt werden.

§ 6 Genehmigungsvoraussetzungen. Die Genehmigung ist zu erteilen, wenn

1. sichergestellt ist, daß die sich aus § 5 und einer auf Grund des § 7 erlassenen Rechtsverordnung ergebenden Pflichten erfüllt werden, und
2. andere öffentlich-rechtliche Vorschriften und Belange des Arbeitsschutzes der Errichtung und dem Betrieb der Anlage nicht entgegenstehen.

---

[1] Siehe die VO über genehmigungsbedürftige Anlagen vom 14. 2. 1975 – Nr. 7d.

Bundes-Immissionsschutzgesetz §§ 7–10 **BImSchG 7**

§ 7 Anforderungen an die Errichtung, die Beschaffenheit und den Betrieb genehmigungsbedürftiger Anlagen. (1) Die Bundesregierung wird ermächtigt, nach Anhörung der beteiligten Kreise (§ 51) durch Rechtsverordnung mit Zustimmung des Bundesrates vorzuschreiben, daß die Errichtung, die Beschaffenheit und der Betrieb genehmigungsbedürftiger Anlagen zur Erfüllung der sich aus § 5 ergebenden Pflichten bestimmten Anforderungen genügen müssen, insbesondere, daß

1. die Anlagen bestimmten technischen Anforderungen entsprechen müssen,
2. die von Anlagen ausgehenden Emissionen bestimmte Grenzwerte nicht überschreiten dürfen und
3. die Betreiber von Anlagen Messungen von Emissionen und Immissionen nach in der Rechtsverordnung näher zu bestimmenden Verfahren vorzunehmen haben oder vornehmen lassen müssen.

(2) Wegen der Anforderungen nach Absatz 1 Satz 1 Nr. 1 bis 3 kann auf jedermann zugängliche Bekanntmachungen sachverständiger Stellen verwiesen werden; hierbei ist

1. in der Rechtsverordnung das Datum der Bekanntmachung anzugeben und die Bezugsquelle genau zu bezeichnen,
2. die Bekanntmachung bei dem Deutschen Patentamt archivmäßig gesichert niederzulegen und in der Rechtsverordnung darauf hinzuweisen.

§ 8 Teilgenehmigung. Auf Antrag kann eine Genehmigung für
1. die Errichtung einer Anlage oder eines Teils einer Anlage oder
2. die Errichtung und den Betrieb eines Teils einer Anlage
erteilt werden, wenn eine vorläufige Prüfung ergibt, daß die Voraussetzungen des § 6 im Hinblick auf die Errichtung und den Betrieb der gesamten Anlage vorliegen werden und ein berechtigtes Interesse an der Erteilung einer Teilgenehmigung besteht.

§ 9 Vorbescheid. (1) Auf Antrag kann durch Vorbescheid über einzelne Genehmigungsvoraussetzungen sowie über den Standort der Anlage entschieden werden, sofern die Auswirkungen der geplanten Anlage ausreichend beurteilt werden können und ein berechtigtes Interesse an der Erteilung eines Vorbescheides besteht.

(2) Der Vorbescheid wird unwirksam, wenn der Antragsteller nicht innerhalb von zwei Jahren nach Eintritt der Unanfechtbarkeit die Genehmigung beantragt; die Frist kann auf Antrag bis auf vier Jahre verlängert werden.

(3) Die Vorschriften der §§ 6 und 21 gelten sinngemäß.

§ 10 Genehmigungsverfahren. (1) Das Genehmigungsverfahren setzt einen schriftlichen Antrag voraus. Dem Antrag sind die zur Prüfung nach § 6 erforderlichen Zeichnungen, Erläuterungen und sonstigen Unterlagen beizufügen. Reichen die Unterlagen für die Prüfung nicht aus, so hat sie der Antragsteller auf Verlangen der zuständigen Behörde innerhalb einer angemessenen Frist zu ergänzen.

(2) Soweit Unterlagen Geschäfts- oder Betriebsgeheimnisse enthalten, sind die Unterlagen zu kennzeichnen und getrennt vorzulegen. Ihr Inhalt muß, soweit es ohne Preisgabe des Geheimnisses geschehen kann, so ausführlich dargestellt sein, daß es Dritten möglich ist, zu beurteilen, ob und in welchem Umfang sie von den Auswirkungen der Anlage betroffen werden können.

(3) Sind die Unterlagen vollständig, so hat die zuständige Behörde das Vorhaben in ihrem amtlichen Veröffentlichungsblatt und außerdem in örtlichen Tageszeitungen, die im Bereich des Standortes der Anlage verbreitet sind, öffentlich bekanntzumachen. Der Antrag und die Unterlagen sind, mit Ausnahme der Unterlagen nach Absatz 2 Satz 1, nach der Bekanntmachung zwei Monate zur Einsicht auszulegen; während dieser Frist können Einwendungen gegen das Vorhaben schriftlich oder zur Niederschrift bei der Behörde erhoben werden. Mit Ablauf dieser Frist werden alle Einwendungen ausgeschlossen, die nicht auf besonderen privatrechtlichen Titeln beruhen.

(4) In der Bekanntmachung nach Absatz 3 Satz 1 ist

1. darauf hinzuweisen, wo und wann der Antrag auf Erteilung der Genehmigung und die Unterlagen zur Einsicht ausgelegt sind;
2. dazu aufzufordern, etwaige Einwendungen bei einer in der Bekanntmachung zu bezeichnenden Stelle innerhalb der Auslegungsfrist vorzubringen; dabei ist auf die Rechtsfolgen nach Absatz 3 Satz 3 hinzuweisen;
3. ein Erörterungstermin zu bestimmen und darauf hinzuweisen, daß die formgerecht erhobenen Einwendungen auch bei Ausbleiben des Antragstellers oder von Personen, die Einwendungen erhoben haben, erörtert werden;
4. darauf hinzuweisen, daß die Zustellung der Entscheidung über die Einwendungen durch öffentliche Bekanntmachung ersetzt werden kann, wenn mehr als 300 Zustellungen vorzunehmen sind.

(5) Die für die Erteilung der Genehmigung zuständige Behörde (Genehmigungsbehörde) holt die Stellungnahmen der Behörden ein, deren Aufgabenbereich durch das Vorhaben berührt wird.

(6) Nach Ablauf der Einwendungsfrist hat die Genehmigungsbehörde die rechtzeitig gegen das Vorhaben erhobenen Einwendungen mit dem Antragsteller und denjenigen, die Einwendungen erhoben haben, zu erörtern. Einwendungen, die auf besonderen privatrechtlichen Titeln beruhen, sind auf den Rechtsweg vor den ordentlichen Gerichten zu verweisen.

Bundes-Immissionsschutzgesetz §§ 11, 12 **BImSchG 7**

(7) Der Genehmigungsbescheid ist schriftlich zu erlassen, schriftlich zu begründen und dem Antragsteller und den Personen, die Einwendungen erhoben haben, zuzustellen.

(8) Sind außer an den Antragsteller mehr als 300 Zustellungen vorzunehmen, so können diese Zustellungen durch öffentliche Bekanntmachung ersetzt werden. Die öffentliche Bekanntmachung wird dadurch bewirkt, daß der verfügende Teil des Bescheides und die Rechtsbehelfsbelehrung in entsprechender Anwendung des Absatzes 3 Satz 1 bekanntgemacht werden; auf Auflagen ist hinzuweisen. In diesem Fall ist eine Ausfertigung des gesamten Bescheides vom Tage nach der Bekanntmachung an zwei Wochen zur Einsicht auszulegen. In der öffentlichen Bekanntmachung ist anzugeben, wo und wann der Bescheid und seine Begründung eingesehen und nach Satz 6 angefordert werden können. Mit dem Ende der Auslegungsfrist gilt der Bescheid als zugestellt; darauf ist in der Bekanntmachung hinzuweisen. Nach der öffentlichen Bekanntmachung können der Bescheid und seine Begründung bis zum Ablauf der Widerspruchsfrist von den Personen, die Einwendungen erhoben haben, schriftlich angefordert werden.

(9) Die Absätze 1 bis 8 gelten entsprechend für die Erteilung eines Vorbescheides.

(10) Die Bundesregierung wird ermächtigt, durch Rechtsverordnung mit Zustimmung des Bundesrates die Grundsätze des Genehmigungsverfahrens zu regeln;[1] in der Rechtsverordnung können auch Grundsätze des Verfahrens bei Erteilung einer Genehmigung im vereinfachten Verfahren (§ 19) sowie bei der Erteilung eines Vorbescheides (§ 9) und einer Teilgenehmigung (§ 8) geregelt werden.

(11) Der Bundesminister der Verteidigung wird ermächtigt, im Einvernehmen mit dem Bundesminister des Innern durch Rechtsverordnung mit Zustimmung des Bundesrates das Genehmigungsverfahren für Anlagen, die der Landesverteidigung dienen, abweichend von den Absätzen 1 bis 9 zu regeln.

(12) Absatz 11 gilt nicht im Land Berlin.

§ 11 Einwendungen Dritter bei Teilgenehmigung und Vorbescheid. Ist eine Teilgenehmigung oder ein Vorbescheid erteilt worden, können nach Eintritt ihrer Unanfechtbarkeit im weiteren Verfahren zur Genehmigung der Errichtung und des Betriebs der Anlage Einwendungen nicht mehr auf Grund von Tatsachen erhoben werden, die im vorhergehenden Verfahren fristgerecht vorgebracht worden sind oder nach den ausgelegten Unterlagen hätten vorgebracht werden können.

§ 12 Nebenbestimmungen zur Genehmigung. (1) Die Genehmigung kann unter Bedingungen erteilt und mit Auflagen verbunden werden, soweit dies erforderlich ist, um die Erfüllung der in § 6 genannten Genehmigungsvoraussetzungen sicherzustellen.

---

[1] Siehe die VO v. 18. 2. 1976 – Nr. 7i.

(2) Die Genehmigung kann auf Antrag für einen bestimmten Zeitraum erteilt werden. Sie kann mit einem Vorbehalt des Widerrufs erteilt werden, wenn die genehmigungsbedürftige Anlage lediglich Erprobungszwecken dienen soll.

(3) Die Teilgenehmigung kann für einen bestimmten Zeitraum oder mit dem Vorbehalt erteilt werden, daß sie bis zur Entscheidung über die Genehmigung widerrufen oder mit Auflagen verbunden werden kann.

§ 13 Genehmigung und andere behördliche Entscheidungen.
Die Genehmigung schließt andere, die Anlage betreffende behördliche Entscheidungen ein, insbesondere öffentlich-rechtliche Genehmigungen, Zulassungen, Verleihungen, Erlaubnisse und Bewilligungen, mit Ausnahme von Planfeststellungen, Zulassungen bergrechtlicher Betriebspläne, Zustimmungen sowie von behördlichen Entscheidungen auf Grund wasserrechtlicher und atomrechtlicher Vorschriften. § 4 des Energiewirtschaftsgesetzes vom 13. Dezember 1935 (Reichsgesetzbl. I S. 1451), zuletzt geändert durch das Außenwirtschaftsgesetz vom 28. April 1961 (Bundesgesetzbl. I S. 481), bleibt unberührt.

§ 14 Ausschluß von privatrechtlichen Abwehransprüchen.
Auf Grund privatrechtlicher, nicht auf besonderen Titeln beruhender Ansprüche zur Abwehr benachteiligender Einwirkungen von einem Grundstück auf ein benachbartes Grundstück kann nicht die Einstellung des Betriebs einer Anlage verlangt werden, deren Genehmigung unanfechtbar ist; es können nur Vorkehrungen verlangt werden, die die benachteiligenden Wirkungen ausschließen. Soweit solche Vorkehrungen nach dem Stand der Technik nicht durchführbar oder wirtschaftlich nicht vertretbar sind, kann lediglich Schadensersatz verlangt werden.

§ 15 Wesentliche Änderung genehmigungsbedürftiger Anlagen.
(1) Die wesentliche Änderung der Lage, der Beschaffenheit oder des Betriebs einer genehmigungsbedürftigen Anlage bedarf der Genehmigung. Über den Genehmigungsantrag ist innerhalb einer Frist von sechs Monaten zu entscheiden. Die zuständige Behörde kann die Frist um jeweils drei Monate verlängern, wenn dies wegen der Schwierigkeit der Prüfung erforderlich ist.

(2) Die zuständige Behörde darf von der Auslegung des Antrags und der Unterlagen sowie von der öffentlichen Bekanntmachung des Vorhabens nur absehen, wenn nicht zu besorgen ist, daß durch die Änderung zusätzliche oder andere Emissionen oder auf andere Weise Gefahren, Nachteile oder Belästigungen für die Allgemeinheit oder die Nachbarschaft herbeigeführt werden.

§ 16 Mitteilungspflicht.
Unbeschadet des § 15 Abs. 1 ist der Betreiber verpflichtet, der zuständigen Behörde nach Ablauf von jeweils zwei Jahren mitzuteilen, ob und welche Abweichungen von den Angaben zum Genehmigungsantrag einschließlich der beigefügten Unterlagen

eingetreten sind. Dies gilt nicht für Angaben, die Gegenstand einer Emissionserklärung nach § 27 Abs. 1 sind.

§ 17 Nachträgliche Anordnungen. (1) Zur Erfüllung der sich aus diesem Gesetz und der auf Grund dieses Gesetzes erlassenen Rechtsverordnungen ergebenden Pflichten können nach Erteilung der Genehmigung Anordnungen getroffen werden. Wird nach Erteilung der Genehmigung festgestellt, daß die Allgemeinheit oder die Nachbarschaft nicht ausreichend vor schädlichen Umwelteinwirkungen oder sonstigen Gefahren, erheblichen Nachteilen oder erheblichen Belästigungen geschützt ist, soll die zuständige Behörde nachträgliche Anordnungen treffen.

(2) Die Behörde darf eine nachträgliche Anordnung nicht treffen, wenn die ihr bekannten Tatsachen ergeben, daß die Anordnung

1. für den Betreiber und für Anlagen der von ihm betriebenen Art wirtschaftlich nicht vertretbar oder

2. nach dem Stand der Technik nicht erfüllbar

ist. Ist zu erwarten, daß die in Satz 1 genannten Hinderungsgründe zu einem späteren Zeitpunkt wegfallen werden, so kann die Behörde die Anordnung mit der Bestimmung treffen, daß die Anordnung nach diesem Zeitpunkt zu erfüllen ist. Darf eine nachträgliche Anordnung nach Satz 1 nicht getroffen werden, soll die zuständige Behörde, sofern nicht eine Anordnung nach Satz 2 getroffen wird, die Genehmigung unter den Voraussetzungen des § 21 Abs. 1 Nr. 3 bis 5 ganz oder teilweise widerrufen; § 21 Abs. 3 bis 6 sind anzuwenden.

(3) Ist es zur Erfüllung der Anordnung erforderlich, die Lage, die Beschaffenheit oder den Betrieb der Anlage wesentlich zu ändern und ist in der Anordnung nicht abschließend bestimmt, in welcher Weise sie zu erfüllen ist, so bedarf die Änderung der Genehmigung nach § 15.

(4) Die Absätze 1 und 3 gelten entsprechend für Anlagen, die nach § 67 Abs. 2 anzuzeigen sind oder vor Inkrafttreten dieses Gesetzes nach § 16 Abs. 4 der Gewerbeordnung anzuzeigen waren.

§ 18 Erlöschen der Genehmigung. (1) Die Genehmigung erlischt, wenn

1. innerhalb einer von der Genehmigungsbehörde gesetzten angemessenen Frist nicht mit der Errichtung oder dem Betrieb der Anlage begonnen oder

2. eine Anlage während eines Zeitraums von mehr als drei Jahren nicht mehr betrieben

worden ist.

(2) Die Genehmigung erlischt ferner, soweit das Genehmigungserfordernis aufgehoben wird.

(3) Die Genehmigungsbehörde kann auf Antrag die Fristen nach Absatz 1 aus wichtigem Grunde verlängern, wenn hierdurch der Zweck des Gesetzes nicht gefährdet wird.

§ 19 Vereinfachtes Verfahren. (1) Durch Rechtsverordnung[1] nach § 4 Abs. 1 Satz 3 kann vorgeschrieben werden, daß die Genehmigung von Anlagen bestimmter Art oder bestimmten Umfangs in einem vereinfachten Verfahren erteilt wird, sofern dies nach Art, Ausmaß und Dauer der von diesen Anlagen hervorgerufenen schädlichen Umwelteinwirkungen und sonstigen Gefahren, erheblichen Nachteilen und erheblichen Belästigungen mit dem Schutz der Allgemeinheit und der Nachbarschaft vereinbar ist.

(2) In dem vereinfachten Verfahren sind die §§ 8 und 9, § 10 Abs. 2, 3, 4, 6, 8 und 9, § 11, § 12 Abs. 3 und die §§ 13 und 14 nicht anzuwenden.

§ 20 Untersagung, Stillegung und Beseitigung. (1) Kommt der Betreiber einer genehmigungsbedürftigen Anlage einer Auflage oder einer vollziehbaren nachträglichen Anordnung nicht nach, so kann die zuständige Behörde den Betrieb der Anlage ganz oder teilweise bis zur Erfüllung der Auflage oder Anordnung untersagen.

(2) Die zuständige Behörde soll anordnen, daß eine Anlage, die ohne die erforderliche Genehmigung errichtet, betrieben oder wesentlich geändert wird, stillzulegen oder zu beseitigen ist. Sie hat die Beseitigung anzuordnen, wenn die Allgemeinheit oder die Nachbarschaft nicht auf andere Weise ausreichend geschützt werden kann.

(3) Die zuständige Behörde kann den weiteren Betrieb einer genehmigungsbedürftigen Anlage durch den Betreiber oder einen mit der Leitung des Betriebes Beauftragten untersagen, wenn Tatsachen vorliegen, welche die Unzuverlässigkeit dieser Personen in bezug auf die Einhaltung von Rechtsvorschriften zum Schutz vor schädlichen Umwelteinwirkungen dartun, und die Untersagung zum Wohl der Allgemeinheit geboten ist. Dem Betreiber der Anlage kann auf Antrag die Erlaubnis erteilt werden, die Anlage durch eine Person betreiben zu lassen, die die Gewähr für den ordnungsgemäßen Betrieb der Anlage bietet. Die Erlaubnis kann mit Auflagen verbunden werden.

§ 21 Widerruf der Genehmigung. (1) Eine nach diesem Gesetz erteilte rechtmäßige Genehmigung darf, auch nachdem sie unanfechtbar geworden ist, ganz oder teilweise mit Wirkung für die Zukunft nur widerrufen werden,
1. wenn der Widerruf gemäß § 12 Abs. 2 Satz 2 oder Abs. 3 vorbehalten ist;
2. wenn mit der Genehmigung eine Auflage verbunden ist und der Begünstigte diese nicht oder nicht innerhalb einer ihm gesetzten Frist erfüllt hat;

---

[1] Siehe die VO über genehmigungsbedürftige Anlagen vom 14. 2. 1975 – Nr. **7d**.

Bundes-Immissionsschutzgesetz § 22 BImSchG 7

3. wenn die Genehmigungsbehörde auf Grund nachträglich eingetretener Tatsachen berechtigt wäre, die Genehmigung nicht zu erteilen, und wenn ohne den Widerruf das öffentliche Interesse gefährdet würde;
4. wenn die Genehmigungsbehörde auf Grund einer geänderten Rechtsvorschrift berechtigt wäre, die Genehmigung nicht zu erteilen, soweit der Betreiber von der Genehmigung noch keinen Gebrauch gemacht hat, und wenn ohne den Widerruf das öffentliche Interesse gefährdet würde;
5. um schwere Nachteile für das Gemeinwohl zu verhüten oder zu beseitigen.

(2) Erhält die Genehmigungsbehörde von Tatsachen Kenntnis, welche den Widerruf einer Genehmigung rechtfertigen, so ist der Widerruf nur innerhalb eines Jahres seit dem Zeitpunkt der Kenntnisnahme zulässig.

(3) Die widerrufene Genehmigung wird mit dem Wirksamwerden des Widerrufs unwirksam, wenn die Genehmigungsbehörde keinen späteren Zeitpunkt bestimmt.

(4) Wird die Genehmigung in den Fällen des Absatzes 1 Nr. 3 bis 5 widerrufen, so hat die Genehmigungsbehörde den Betroffenen auf Antrag für den Vermögensnachteil zu entschädigen, den dieser dadurch erleidet, daß er auf den Bestand der Genehmigung vertraut hat, soweit sein Vertrauen schutzwürdig ist. Der Vermögensnachteil ist jedoch nicht über den Betrag des Interesses hinaus zu ersetzen, das der Betroffene an dem Bestand der Genehmigung hat. Der auszugleichende Vermögensnachteil wird durch die Genehmigungsbehörde festgesetzt. Der Anspruch kann nur innerhalb eines Jahres geltend gemacht werden; die Frist beginnt, sobald die Genehmigungsbehörde den Betroffenen auf sie hingewiesen hat.

(5) Die Länder können die in Absatz 4 Satz 1 getroffene Bestimmung des Entschädigungspflichtigen abweichend regeln.

(6) Für Streitigkeiten über die Entschädigung ist der ordentliche Rechtsweg gegeben.

(7) Die Absätze 1 bis 6 gelten nicht, wenn eine Genehmigung, die von einem Dritten angefochten worden ist, während des Vorverfahrens oder während des verwaltungsgerichtlichen Verfahrens aufgehoben wird, soweit dadurch dem Widerspruch oder der Klage abgeholfen wird.

Zweiter Abschnitt. Nicht genehmigungsbedürftige Anlagen

§ 22 Pflichten der Betreiber nicht genehmigungsbedürftiger Anlagen. (1) Nicht genehmigungsbedürftige Anlagen sind so zu errichten und zu betreiben, daß
1. schädliche Umwelteinwirkungen verhindert werden, die nach dem Stand der Technik vermeidbar sind,

2. nach dem Stand der Technik unvermeidbare schädliche Umwelteinwirkungen auf ein Mindestmaß beschränkt werden und
3. die beim Betrieb der Anlagen entstehenden Abfälle ordnungsgemäß beseitigt werden können.

Für Anlagen, die nicht gewerblichen Zwecken dienen und nicht im Rahmen wirtschaftlicher Unternehmungen Verwendung finden, gilt die Verpflichtung des Satzes 1 nur, soweit sie auf die Verhinderung oder Beschränkung von schädlichen Umwelteinwirkungen durch Luftverunreinigungen oder Geräusche gerichtet ist.

(2) Weitergehende öffentlich-rechtliche Vorschriften bleiben unberührt.

§ 23 Anforderungen an die Errichtung, die Beschaffenheit und den Betrieb nicht genehmigungsbedürftiger Anlagen. (1) Die Bundesregierung wird ermächtigt, nach Anhörung der beteiligten Kreise (§ 51) durch Rechtsverordnung[1] mit Zustimmung des Bundesrates vorzuschreiben, daß die Errichtung, die Beschaffenheit und der Betrieb nicht genehmigungsbedürftiger Anlagen, soweit sie der Vorschrift des § 22 unterliegen, bestimmten Anforderungen zum Schutz der Allgemeinheit und der Nachbarschaft vor schädlichen Umwelteinwirkungen genügen müssen, insbesondere daß

1. die Anlagen bestimmten technischen Anforderungen entsprechen müssen,
2. die von Anlagen ausgehenden Emissionen bestimmte Grenzwerte nicht überschreiten dürfen und
3. die Betreiber von Anlagen Messungen von Emissionen und Immissionen nach in der Rechtsverordnung näher zu bestimmenden Verfahren vorzunehmen haben oder von einer in der Rechtsverordnung zu bestimmenden Stelle vornehmen lassen müssen.

Wegen der Anforderungen nach Satz 1 Nr. 1 bis 3 gilt § 7 Abs. 2 entsprechend.

(2) Soweit die Bundesregierung von der Ermächtigung keinen Gebrauch macht, sind die Landesregierungen ermächtigt, durch Rechtsverordnung Vorschriften im Sinne des Absatzes 1 zu erlassen. Die Landesregierungen können die Ermächtigung auf eine oder mehrere oberste Landesbehörden übertragen.

§ 24 Anordnungen im Einzelfall. Die zuständige Behörde kann im Einzelfall die zur Durchführung des § 22 und der auf dieses Gesetz gestützten Rechtsverordnungen erforderlichen Anordnungen treffen. Kann das Ziel der Anordnung auch durch eine Maßnahme zum Zwecke des Arbeitsschutzes erreicht werden, soll diese angeordnet werden.

§ 25 Untersagung. (1) Kommt der Betreiber einer Anlage einer vollziehbaren behördlichen Anordnung nach § 24 Satz 1 nicht nach, so kann

---

[1] Siehe die VO über Feuerungsanlagen – Nr. **7a** –, die VO über Chemischreinigungsanlagen – Nr. **7b** –, die VO zur Auswurfbegrenzung von Holzstaub – Nr. **7g** – und die VO über Rasenmäherlärm – Nr. **7h**.

Bundes-Immissionsschutzgesetz §§ 26, 27 **BImSchG 7**

die zuständige Behörde den Betrieb der Anlage ganz oder teilweise bis zur Erfüllung der Anordnung untersagen.

(2) Wenn die von einer Anlage hervorgerufenen schädlichen Umwelteinwirkungen das Leben oder die Gesundheit von Menschen oder bedeutende Sachwerte gefährden, soll die zuständige Behörde die Errichtung oder den Betrieb der Anlage ganz oder teilweise untersagen, soweit die Allgemeinheit oder die Nachbarschaft nicht auf andere Weise ausreichend geschützt werden kann.

Dritter Abschnitt. Ermittlung von Emissionen und Immissionen

§ 26 Messungen aus besonderem Anlaß. Die zuständige Behörde kann anordnen, daß der Betreiber einer genehmigungsbedürftigen Anlage oder, soweit § 22 Anwendung findet, einer nicht genehmigungsbedürftigen Anlage Art und Ausmaß der von der Anlage ausgehenden Emissionen sowie die Immissionen im Einwirkungsbereich der Anlage durch eine der von der zuständigen obersten Landesbehörde bekanntgegebenen Stellen ermitteln läßt, wenn zu befürchten ist, daß durch die Anlage schädliche Umwelteinwirkungen hervorgerufen werden. Die zuständige Behörde ist befugt, Einzelheiten über Art und Umfang der Ermittlungen sowie über die Vorlage des Ermittlungsergebnisses vorzuschreiben.

§ 27 Emissionserklärung. (1) Der Betreiber einer in einem Belastungsgebiet (§ 44) gelegenen oder einer in einer Rechtsverordnung nach Absatz 4 Nr. 2 bezeichneten genehmigungsbedürftigen Anlage ist verpflichtet, der zuständigen Behörde innerhalb einer von ihr zu setzenden Frist oder zu dem in der Rechtsverordnung nach Absatz 4 festgesetzten Zeitpunkt Angaben zu machen über Art, Menge, räumliche und zeitliche Verteilung der Luftverunreinigungen, die von der Anlage in einem bestimmten Zeitraum ausgegangen sind, sowie über die Austrittsbedingungen (Emissionserklärung); er hat die Emissionserklärung jährlich entsprechend dem neuesten Stand zu ergänzen. § 52 Abs. 5 gilt sinngemäß.

(2) Auf die nach Absatz 1 erlangten Kenntnisse und Unterlagen sind §§ 93, 97, 105 Abs. 1, § 111 Abs. 5 in Verbindung mit § 105 Abs. 1 sowie § 116 Abs. 1 der Abgabenordnung nicht anzuwenden. Dies gilt nicht, soweit die Finanzbehörden die Kenntnisse für die Durchführung eines Verfahrens wegen einer Steuerstraftat sowie eines damit zusammenhängenden Besteuerungsverfahrens benötigen, an deren Verfolgung ein zwingendes öffentliches Interesse besteht, oder soweit es sich um vorsätzlich falsche Angaben des Auskunftspflichtigen oder der für ihn tätigen Personen handelt.

(3) Einzelangaben der Emissionserklärung dürfen nicht veröffentlicht werden, wenn aus diesen Rückschlüsse auf Betriebs- oder Geschäftsgeheimnisse gezogen werden können. Der Betreiber ist vor der Veröffentlichung zu deren Art und Umfang zu hören.

(4) Die Bundesregierung wird ermächtigt, durch Rechtsverordnung mit Zustimmung des Bundesrates

1. Inhalt, Umfang, Form und Zeitpunkt der Abgabe der Emissionserklärung sowie das bei der Ermittlung der Emissionen einzuhaltende Verfahren zu regeln,
2. zu bestimmen, daß Betreiber genehmigungsbedürftiger Anlagen, die nicht in einem Belastungsgebiet gelegen sind, zur Abgabe einer Emissionserklärung verpflichtet sind, sofern dies wegen der Art oder der Größe der Anlage, insbesondere mit Rücksicht auf die von der Anlage ausgehenden Emissionen, erforderlich ist.

§ 28 Erstmalige und wiederkehrende Messungen bei genehmigungsbedürftigen Anlagen. Die zuständige Behörde kann bei genehmigungsbedürftigen Anlagen

1. nach der Inbetriebnahme oder einer wesentlichen Änderung im Sinne des § 15 und sodann
2. nach Ablauf eines Zeitraums von jeweils fünf Jahren

Anordnungen nach § 26 auch ohne die dort genannten Voraussetzungen treffen.

§ 29 Kontinuierliche Messungen. (1) Die zuständige Behörde kann bei genehmigungsbedürftigen Anlagen anordnen, daß statt durch Einzelmessungen nach § 26 oder § 28 oder neben solchen Messungen bestimmte Emissionen oder Immissionen unter Verwendung aufzeichnender Meßgeräte fortlaufend ermittelt werden.

(2) Die zuständige Behörde kann bei nicht genehmigungsbedürftigen Anlagen, soweit § 22 anzuwenden ist, anordnen, daß statt durch Einzelmessungen nach § 26 oder neben solchen Messungen bestimmte Emissionen oder Immissionen unter Verwendung aufzeichnender Meßgeräte fortlaufend ermittelt werden, wenn dies zur Feststellung erforderlich ist, ob durch die Anlage schädliche Umwelteinwirkungen hervorgerufen werden.

§ 30 Kosten der Messungen. Die Kosten für die Ermittlungen der Emissionen und Immissionen trägt der Betreiber der Anlage. Die Kosten für die Ermittlungen nach § 26 oder § 29 Abs. 2 trägt der Betreiber der Anlage nur, wenn die Ermittlungen ergeben, daß

1. Auflagen oder Anordnungen nach den Vorschriften dieses Gesetzes oder der auf dieses Gesetz gestützten Rechtsverordnungen nicht erfüllt worden sind oder
2. Anordnungen oder Auflagen nach den Vorschriften dieses Gesetzes oder der auf dieses Gesetz gestützten Rechtsverordnungen geboten sind.

§ 31 Auskunft über ermittelte Emissionen und Immissionen. Der Betreiber der Anlage hat das Ergebnis der auf Grund einer Anord-

Bundes-Immissionsschutzgesetz §§ 32, 33 BImSchG 7

nung nach § 26, § 28 oder § 29 getroffenen Ermittlungen der zuständigen Behörde auf Verlangen mitzuteilen und die Aufzeichnungen der Meßgeräte nach § 29 fünf Jahre lang aufzubewahren. Die zuständige Behörde kann die Art der Übermittlung der Meßergebnisse vorschreiben.

Dritter Teil
Beschaffenheit von Anlagen, Stoffen, Erzeugnissen, Brennstoffen und Treibstoffen

§ 32 Beschaffenheit von Anlagen. (1) Die Bundesregierung wird ermächtigt, nach Anhörung der beteiligten Kreise (§ 51) durch Rechtsverordnung mit Zustimmung des Bundesrates vorzuschreiben, daß serienmäßig hergestellte Teile von Betriebsstätten und sonstigen ortsfesten Einrichtungen sowie die in § 3 Abs. 5 Nr. 2 bezeichneten Anlagen gewerbsmäßig oder im Rahmen wirtschaftlicher Unternehmungen nur in den Verkehr gebracht oder eingeführt werden dürfen, wenn sie bestimmten Anforderungen zum Schutz vor schädlichen Umwelteinwirkungen durch Luftverunreinigungen, Geräusche oder Erschütterungen genügen. In den Rechtsverordnungen nach Satz 1 kann insbesondere vorgeschrieben werden, daß

1. die Emissionen der Anlagen oder der serienmäßig hergestellten Teile bestimmte Werte nicht überschreiten dürfen,

2. die Anlagen oder die serienmäßig hergestellten Teile bestimmten technischen Anforderungen zur Begrenzung der Emissionen entsprechen müssen.

Emissionswerte nach Satz 2 Nr. 1 können unter Berücksichtigung der technischen Entwicklung auch für einen Zeitpunkt nach Inkrafttreten der Rechtsverordnung festgesetzt werden. Wegen der Anforderungen nach den Sätzen 1 bis 3 gilt § 7 Abs. 2 entsprechend.

(2) Soweit in einer Rechtsverordnung nach Absatz 1 Satz 2 Nr. 1 Emissionswerte festgesetzt werden, kann ferner vorgeschrieben werden, daß die Anlagen oder die serienmäßig hergestellten Teile gewerbsmäßig oder im Rahmen wirtschaftlicher Unternehmungen nur in den Verkehr gebracht oder eingeführt werden dürfen, wenn sie mit Angaben über die Höhe ihrer Emissionen gekennzeichnet sind.

§ 33 Bauartzulassung. (1) Die Bundesregierung wird ermächtigt, nach Anhörung der beteiligten Kreise (§ 51) durch Rechtsverordnung mit Zustimmung des Bundesrates

1. zum Schutz vor schädlichen Umwelteinwirkungen durch Luftverunreinigungen, Geräusche oder Erschütterungen vorzuschreiben, daß serienmäßig hergestellte Teile von Betriebsstätten und sonstigen ortsfesten Einrichtungen sowie die in § 3 Abs. 5 Nr. 2 bezeichneten Anlagen gewerbsmäßig oder im Rahmen wirtschaftlicher Unternehmun-

229

7 BImSchG § 34 Bundes-Immissionsschutzgesetz

gen nur in den Verkehr gebracht oder eingeführt werden dürfen, wenn die Bauart der Anlage oder des serienmäßig hergestellten Teils zugelassen ist und die Anlage oder der serienmäßig hergestellte Teil dem zugelassenen Muster entspricht;
2. das Verfahren der Bauartzulassung zu regeln;
3. zu bestimmen, welche Gebühren und Auslagen für die Bauartzulassung zu entrichten sind; die Gebühren werden nur zur Deckung des mit den Prüfungen verbundenen Personal- und Sachaufwandes erhoben, zu dem insbesondere der Aufwand für die Sachverständigen, die Prüfeinrichtungen und -stoffe sowie für die Entwicklung geeigneter Prüfverfahren und für den Erfahrungsaustausch gehört; es kann bestimmt werden, daß eine Gebühr auch für eine Prüfung erhoben werden kann, die nicht begonnen oder nicht zu Ende geführt worden ist, wenn die Gründe hierfür von demjenigen zu vertreten sind, der die Prüfung veranlaßt hat; die Höhe der Gebührensätze richtet sich nach der Zahl der Stunden, die ein Sachverständiger durchschnittlich für die verschiedenen Prüfungen der bestimmten Anlagenart benötigt; in der Rechtsverordnung können die Kostenbefreiung, die Kostengläubigerschaft, die Kostenschuldnerschaft, der Umfang der zu erstattenden Auslagen und die Kostenerhebung abweichend von den Vorschriften des Verwaltungskostengesetzes vom 23. Juni 1970 (Bundesgesetzblatt I S. 821) geregelt werden.

(2) Die Zulassung der Bauart darf nur von der Erfüllung der nach § 32 Abs. 1 Satz 2 vorgeschriebenen Anforderungen abhängig gemacht werden.

§ 34 Beschaffenheit von Brennstoffen und Treibstoffen. (1) Die Bundesregierung wird ermächtigt, nach Anhörung der beteiligten Kreise (§ 51) durch Rechtsverordnung[1] mit Zustimmung des Bundesrates vorzuschreiben, daß Brennstoffe oder Treibstoffe gewerbsmäßig oder im Rahmen wirtschaftlicher Unternehmungen nur hergestellt, in den Verkehr gebracht oder eingeführt werden dürfen, wenn sie bestimmten Anforderungen zum Schutz vor schädlichen Umwelteinwirkungen durch Luftverunreinigungen genügen. In den Rechtsverordnungen nach Satz 1 kann insbesondere bestimmt werden, daß
1. natürliche Bestandteile oder Zusätze von Brennstoffen oder Treibstoffen, die bei bestimmungsgemäßer Verwendung der Brennstoffe oder Treibstoffe Luftverunreinigungen hervorrufen oder die Bekämpfung von Luftverunreinigungen behindern, einen bestimmten Höchstgehalt nicht überschreiten dürfen,
2. Brennstoffe oder Treibstoffe bestimmte Zusätze enthalten müssen, durch die das Entstehen von Luftverunreinigungen begrenzt wird, oder
3. Brennstoffe oder Treibstoffe einer bestimmten Behandlung, durch die das Entstehen von Luftverunreinigungen begrenzt wird, unterworfen werden müssen.

---
[1] Siehe die VO über Schwefelgehalt von leichtem Heizöl und Dieselkraftstoff vom 15. 1. 1975 – Nr. 7c.

Anforderungen nach Satz 2 können unter Berücksichtigung der technischen Entwicklung auch für einen Zeitpunkt nach Inkrafttreten der Rechtsverordnung festgesetzt werden. Wegen der Anforderungen nach den Sätzen 1 bis 3 gilt § 7 Abs. 2 entsprechend.

(2) Die Bundesregierung wird ermächtigt, durch Rechtsverordnung[1] mit Zustimmung des Bundesrates vorzuschreiben,

1. daß bei der Einfuhr von Brennstoffen oder Treibstoffen, für die Anforderungen nach Absatz 1 Satz 2 festgesetzt worden sind, eine schriftliche Erklärung des Herstellers über die Beschaffenheit der Brennstoffe oder Treibstoffe den Zolldienststellen vorzulegen, bis zum ersten Bestimmungsort der Sendung mitzuführen und bis zum Abgang der Sendung vom ersten Bestimmungsort dort verfügbar zu halten ist,

2. daß der Einführer diese Erklärung zu seinen Geschäftspapieren zu nehmen hat,

3. welche Angaben über die Beschaffenheit der Brennstoffe oder Treibstoffe die schriftliche Erklärung enthalten muß,

4. daß Brennstoffe oder Treibstoffe, die in den Geltungsbereich dieses Gesetzes, ausgenommen in Zollausschlüsse, verbracht werden, bei der Verbringung von dem Einführer den zuständigen Behörden des Bestimmungsortes zu melden sind und

5. daß bei der Lagerung von Brennstoffen oder Treibstoffen Tankbelegbücher zu führen sind, aus denen sich die Lieferer der Brennstoffe oder Treibstoffe ergeben.

§ 35 Beschaffenheit von Stoffen und Erzeugnissen. (1) Die Bundesregierung wird ermächtigt, nach Anhörung der beteiligten Kreise (§ 51) durch Rechtsverordnung mit Zustimmung des Bundesrates vorzuschreiben, daß bestimmte Stoffe oder Erzeugnisse aus Stoffen, die geeignet sind, bei ihrer bestimmungsgemäßen Verwendung oder bei der Verbrennung zum Zwecke der Beseitigung oder der Rückgewinnung einzelner Bestandteile schädliche Umwelteinwirkungen durch Luftverunreinigungen hervorzurufen, gewerbsmäßig oder im Rahmen wirtschaftlicher Unternehmungen nur hergestellt, eingeführt oder sonst in den Verkehr gebracht werden dürfen, wenn sie zum Schutz vor schädlichen Umwelteinwirkungen durch Luftverunreinigungen bestimmten Anforderungen an ihre Zusammensetzung und das Verfahren zu ihrer Herstellung genügen. Die Ermächtigung des Satzes 1 erstreckt sich nicht auf Anlagen, Brennstoffe, Treibstoffe und Fahrzeuge.

(2) Anforderungen nach Absatz 1 Satz 1 können unter Berücksichtigung der technischen Entwicklung auch für einen Zeitpunkt nach Inkrafttreten der Rechtsverordnung festgesetzt werden. Wegen der Anforderungen nach Absatz 1 und Absatz 2 Satz 1 gilt § 7 Abs. 2 entsprechend.

(3) Soweit dies mit dem Schutz der Allgemeinheit vor schädlichen Umwelteinwirkungen durch Luftverunreinigungen vereinbar ist, kann

---
[1] Siehe die Anm. zu Abs. 1.

in der Rechtsverordnung nach Absatz 1 an Stelle der Anforderungen über die Zusammensetzung und das Herstellungsverfahren vorgeschrieben werden, daß die Stoffe und Erzeugnisse deutlich sichtbar und leicht lesbar mit dem Hinweis zu kennzeichnen sind, daß bei ihrer bestimmungsgemäßen Verwendung oder bei ihrer Verbrennung schädliche Umwelteinwirkungen entstehen können oder daß bei einer bestimmten Verwendungsart schädliche Umwelteinwirkungen vermieden werden können.

§ 36 Ausfuhr. In den Rechtsverordnungen nach den §§ 32 bis 35 kann vorgeschrieben werden, daß die Vorschriften über das Herstellen, Einführen und das Inverkehrbringen nicht gelten für Anlagen, Stoffe, Erzeugnisse, Brennstoffe und Treibstoffe, die zur Lieferung in Gebiete außerhalb des Geltungsbereichs dieses Gesetzes bestimmt sind.

§ 37 Erfüllung von zwischenstaatlichen Vereinbarungen und Beschlüssen der Europäischen Gemeinschaften. Zur Erfüllung von Verpflichtungen aus zwischenstaatlichen Vereinbarungen oder von bindenden Beschlüssen der Europäischen Gemeinschaften kann die Bundesregierung zu dem in § 1 genannten Zweck durch Rechtsverordnung mit Zustimmung des Bundesrates bestimmen, daß Anlagen, Stoffe, Erzeugnisse, Brennstoffe oder Treibstoffe gewerbsmäßig oder im Rahmen wirtschaftlicher Unternehmungen nur in den Verkehr gebracht werden dürfen, wenn sie nach Maßgabe der §§ 32 bis 35 bestimmte Anforderungen erfüllen.

Vierter Teil. Beschaffenheit und Betrieb von Fahrzeugen, Bau und Änderung von Straßen und Schienenwegen

§ 38 Beschaffenheit und Betrieb von Fahrzeugen. Kraftfahrzeuge und ihre Anhänger, Schienen-, Luft- und Wasserfahrzeuge müssen so beschaffen sein, daß ihre Emissionen bei bestimmungsgemäßem Betrieb die zum Schutz vor schädlichen Umwelteinwirkungen einzuhaltenden Grenzwerte nicht überschreiten. Sie müssen so betrieben werden, daß vermeidbare Emissionen verhindert und unvermeidbare Emissionen auf ein Mindestmaß beschränkt bleiben. Der Bundesminister für Verkehr und der Bundesminister des Innern bestimmen nach Anhörung der beteiligten Kreise (§ 51) durch Rechtsverordnung, auch auf Grund der in § 70 Abs. 1 bis 5 genannten Ermächtigungen, die zum Schutz vor schädlichen Umwelteinwirkungen notwendigen Anforderungen an die Beschaffenheit, die Ausrüstung, den Betrieb und die Prüfung der in Satz 1 genannten Fahrzeuge, soweit diese den verkehrsrechtlichen Vorschriften des Bundes unterliegen. Im übrigen regeln sie die Beschaffenheit, die Ausrüstung, den Betrieb und die Prüfung von Fahrzeugen, soweit dies zum Schutz vor schädlichen Umwelteinwirkungen erforderlich ist, durch Rechtsverordnung nach Anhörung der beteiligten Kreise (§ 51); dabei können Emissionsgrenzwerte unter Berücksichtigung der technischen Entwicklung auch für einen Zeitpunkt nach Inkrafttreten der Rechtsverordnung festgesetzt werden.

Bundes-Immissionsschutzgesetz §§ 39–42 **BImSchG 7**

§ 39 Erfüllung von zwischenstaatlichen Vereinbarungen und Beschlüssen der Europäischen Gemeinschaften. Zur Erfüllung von Verpflichtungen aus zwischenstaatlichen Vereinbarungen oder von bindenden Beschlüssen der Europäischen Gemeinschaften können zu dem in § 1 genannten Zweck der Bundesminister für Verkehr und der Bundesminister des Innern durch Rechtsverordnung mit Zustimmung des Bundesrates bestimmen, daß die in § 38 genannten Fahrzeuge bestimmten Anforderungen an Beschaffenheit, Ausrüstung, Prüfung und Betrieb genügen müssen.

§ 40 Verkehrsbeschränkungen bei austauscharmen Wetterlagen. Die Landesregierungen werden ermächtigt, durch Rechtsverordnung Gebiete festzulegen, in denen während austauscharmer Wetterlagen der Kraftfahrzeugverkehr beschränkt oder verboten werden muß, um ein Anwachsen schädlicher Umwelteinwirkungen durch Luftverunreinigungen zu vermeiden oder zu vermindern; in der Rechtsverordnung kann auch der zeitliche Umfang der erforderlichen Verkehrsbeschränkungen bestimmt werden. Die Straßenverkehrsbehörden haben in diesen Gebieten den Verkehr der in der Rechtsverordnung genannten Kraftfahrzeuge ganz oder teilweise nach Maßgabe der verkehrsrechtlichen Vorschriften zu verbieten, sobald eine austauscharme Wetterlage im Sinne des Satzes 1 von der zuständigen Behörde bekanntgegeben worden ist.

§ 41 Straßen und Schienenwege. (1) Bei dem Bau oder der wesentlichen Änderung öffentlicher Straßen sowie von Eisenbahnen und Straßenbahnen ist unbeschadet des § 50 sicherzustellen, daß durch diese keine schädlichen Umwelteinwirkungen durch Verkehrsgeräusche hervorgerufen werden können, die nach dem Stand der Technik vermeidbar sind.

(2) Absatz 1 gilt nicht, soweit die Kosten der Schutzmaßnahme außer Verhältnis zu dem angestrebten Schutzzweck stehen würden.

§ 42 Entschädigung für Schallschutzmaßnahmen. (1) Werden im Fall des § 41 die in der Rechtsverordnung nach § 43 Abs. 1 Satz 1 Nr. 1 festgelegten Immissionsgrenzwerte überschritten, hat der Eigentümer einer betroffenen baulichen Anlage gegen den Träger der Baulast einen Anspruch auf angemessene Entschädigung in Geld, es sei denn, daß die Beeinträchtigung wegen der besonderen Benutzung der Anlage zumutbar ist. Dies gilt auch bei baulichen Anlagen, die bei Auslegung der Pläne im Planfeststellungsverfahren oder bei Auslegung des Entwurfs der Bauleitpläne mit ausgewiesener Wegeplanung bauaufsichtlich genehmigt waren.

(2) Die Entschädigung ist zu leisten für Schallschutzmaßnahmen an den baulichen Anlagen in Höhe der erbrachten notwendigen Aufwendungen, soweit sich diese im Rahmen der Rechtsverordnung nach § 43 Abs. 1

Satz 1 Nr. 3 halten. Vorschriften, die weitergehende Entschädigungen gewähren, bleiben unberührt.

(3) Kommt zwischen dem Träger der Baulast und dem Betroffenen keine Einigung über die Entschädigung zustande, setzt die nach Landesrecht zuständige Behörde auf Antrag eines der Beteiligten die Entschädigung durch schriftlichen Bescheid fest. Im übrigen gelten für das Verfahren die Enteignungsgesetze der Länder entsprechend.

§ 43 Rechtsverordnung der Bundesregierung. (1) Die Bundesregierung wird ermächtigt, nach Anhörung der beteiligten Kreise (§ 51) durch Rechtsverordnung mit Zustimmung des Bundesrates die zur Durchführung des § 41 und des § 42 Abs. 1 und 2 erforderlichen Vorschriften zu erlassen, insbesondere über

1. bestimmte Grenzwerte, die zum Schutz der Nachbarschaft vor schädlichen Umwelteinwirkungen durch Geräusche nicht überschritten werden dürfen, sowie über das Verfahren zur Ermittlung der Emissionen oder Immissionen,

2. bestimmte technische Anforderungen an den Bau von Straßen, Eisenbahnen und Straßenbahnen zur Vermeidung von schädlichen Umwelteinwirkungen durch Geräusche und

3. Art und Umfang der zum Schutz vor schädlichen Umwelteinwirkungen durch Geräusche notwendigen Schallschutzmaßnahmen an baulichen Anlagen.

In den Rechtsverordnungen nach Satz 1 ist den Besonderheiten des Schienenverkehrs Rechnung zu tragen.

(2) Wegen der Anforderungen nach Absatz 1 gilt § 7 Abs. 2 entsprechend.

Fünfter Teil. Überwachung der Luftverunreinigung im Bundesgebiet und Luftreinhaltepläne

§ 44 Feststellungen in Belastungsgebieten. (1) Um den Stand und die Entwicklung der Luftverunreinigung im Bundesgebiet zu erkennen und Gundlagen für Abhilfe- und Vorsorgemaßnahmen zu gewinnen, haben die nach Landesrecht zuständigen Behörden in den nach Absatz 2 festgesetzten Belastungsgebieten Art und Umfang bestimmter Luftverunreinigungen in der Atmosphäre, die schädliche Umwelteinwirkungen hervorrufen können, fortlaufend festzustellen sowie die für ihre Entstehung und Ausbreitung bedeutsamen Umstände zu untersuchen.

(2) Belastungsgebiete sind Gebiete, in denen Luftverunreinigungen auftreten oder zu erwarten sind, die wegen

1. der Häufigkeit und Dauer ihres Auftretens,

2. ihrer hohen Konzentrationen oder

Bundes-Immissionsschutzgesetz **§§ 45–47 BImSchG 7**

3. der Gefahr des Zusammenwirkens verschiedener Luftverunreinigungen

in besonderem Maße schädliche Umwelteinwirkungen hervorrufen können. Die Belastungsgebiete werden durch Rechtsverordnung der Landesregierungen festgesetzt.

§ 45 Verfahren der Messung und Auswertung. Soweit es zur einheitlichen Beurteilung von Stand und Entwicklung der Luftverunreinigung im Bundesgebiet erforderlich ist, erläßt der Bundesminister des Innern zur Durchführung der Feststellungen nach § 44 Abs. 1 mit Zustimmung des Bundesrates allgemeine Verwaltungsvorschriften über die

1. Meßobjekte,
2. Meßverfahren und Meßgeräte,
3. für die Bestimmung der Zahl und der Lage der Meßstellen zu beachtenden Grundsätze und
4. Auswertung der Meßergebnisse.

§ 46 Emissionskataster. (1) Die nach Landesrecht zuständigen Behörden haben für die Belastungsgebiete (§ 44) ein Emissionskataster aufzustellen, das Angaben enthält über Art, Menge, räumliche und zeitliche Verteilung und die Austrittsbedingungen von Luftverunreinigungen bestimmter Anlagen und Fahrzeuge, insbesondere soweit die Luftverunreinigungen

1. als Meßobjekte nach § 45 Nr. 1 festgesetzt oder
2. Gegenstand der Emissionserklärungen (§ 27)

sind. Bei der Ermittlung der Angaben für das Emissionskataster sind die Ergebnisse von Messungen nach den §§ 26, 28, 29 und 52 zu berücksichtigen. Die Landesregierungen werden ermächtigt, durch Rechtsverordnung geeignete Stellen zu bestimmen, die die für die Aufstellung des Emissionskatasters erforderlichen Angaben, insbesondere über die Leistung von Einzelfeuerungen, die dort eingesetzten Brennstoffe und die Höhe der Schornsteine, zu ermitteln und an die zuständige Behörde weiterzuleiten haben; dabei sind auch Regelungen über die Vergütung zu treffen. Die zuständigen Behörden haben in regelmäßigen Zeitabständen die Angaben nach Satz 1 zu überprüfen und das Emissionskataster zu ergänzen. Der Bundesminister des Innern erläßt mit Zustimmung des Bundesrates allgemeine Verwaltungsvorschriften über die Grundsätze, die bei der Aufstellung von Emissionskatastern zu beachten sind.

(2) Die Länder können auch unter anderen als den in Absatz 1 Satz 1 genannten Voraussetzungen die Aufstellung von Emissionskatastern vorschreiben.

§ 47 Luftreinhaltepläne. Die Feststellungen nach § 44 Abs. 1 und die Emissionskataster sind unter Berücksichtigung der meteorologischen Verhältnisse auszuwerten. Ergibt die Auswertung, daß im gesamten Belastungsgebiet oder Teilen des Gebietes schädliche Umwelteinwirkun-

7 BImSchG §§ 48, 49

gen durch Luftverunreinigungen auftreten oder zu erwarten sind, soll die nach Landesrecht zuständige Behörde für dieses Gebiet einen Luftreinhalteplan aufstellen. Der Luftreinhalteplan enthält

1. Art und Umfang der festgestellten und zu erwartenden Luftverunreinigungen sowie der durch diese hervorgerufenen schädlichen Umwelteinwirkungen,
2. Feststellungen über die Ursachen der Luftverunreinigungen und
3. Maßnahmen zur Verminderung der Luftverunreinigungen und zur Vorsorge.

Sechster Teil. Gemeinsame Vorschriften

§ 48 Verwaltungsvorschriften. Die Bundesregierung erläßt nach Anhörung der beteiligten Kreise (§ 51) mit Zustimmung des Bundesrates zur Durchführung dieses Gesetzes und der auf Grund dieses Gesetzes erlassenen Rechtsverordnungen des Bundes allgemeine Verwaltungsvorschriften, insbesondere über

1. Immissionswerte, die zu dem in § 1 genannten Zweck nicht überschritten werden dürfen,
2. Emissionswerte, deren Überschreiten nach dem Stand der Technik vermeidbar ist,
3. das Verfahren zur Ermittlung der Emissionen und Immissionen.

§ 49 Schutz bestimmter Gebiete. (1) Die Landesregierungen werden ermächtigt, durch Rechtsverordnung vorzuschreiben, daß in näher zu bestimmenden Gebieten, die eines besonderen Schutzes vor schädlichen Umwelteinwirkungen durch Luftverunreinigungen oder Geräusche bedürfen, bestimmte

1. ortsveränderliche Anlagen nicht betrieben werden dürfen,
2. ortsfeste Anlagen nicht errichtet werden dürfen,
3. ortsveränderliche oder ortsfeste Anlagen nur zu bestimmten Zeiten betrieben werden dürfen oder erhöhten betriebstechnischen Anforderungen genügen müssen oder
4. Brennstoffe in Anlagen nicht oder nur beschränkt verwendet werden dürfen,

soweit die Anlagen oder Brennstoffe geeignet sind, schädliche Umwelteinwirkungen durch Luftverunreinigungen oder Geräusche hervorzurufen, die mit dem besonderen Schutzbedürfnis dieser Gebiete nicht vereinbar sind, und die Luftverunreinigungen und Geräusche durch Auflagen nicht verhindert werden können.

(2) Die Landesregierungen werden ermächtigt, durch Rechtsverordnung Gebiete festzusetzen, in denen während austauscharmer Wetter-

lagen ein starkes Anwachsen schädlicher Umwelteinwirkungen durch Luftverunreinigungen zu befürchten ist. In der Rechtsverordnung kann vorgeschrieben werden, daß in diesen Gebieten

1. ortsveränderliche oder ortsfeste Anlagen nur zu bestimmten Zeiten betrieben oder
2. Brennstoffe, die in besonderem Maße Luftverunreinigungen hervorrufen, in Anlagen nicht oder nur beschränkt verwendet

werden dürfen, sobald die austauscharme Wetterlage von der zuständigen Behörde bekanntgegeben wird.

(3) Landesrechtliche Ermächtigungen für die Gemeinden und Gemeindeverbände zum Erlaß von ortsrechtlichen Vorschriften, die Regelungen zum Schutz der Bevölkerung vor schädlichen Umwelteinwirkungen durch Luftverunreinigungen oder Geräusche zum Gegenstand haben, bleiben unberührt.

§ 50 Planung. Bei raumbedeutsamen Planungen und Maßnahmen sind die für eine bestimmte Nutzung vorgesehenen Flächen einander so zuzuordnen, daß schädliche Umwelteinwirkungen auf die ausschließlich oder überwiegend dem Wohnen dienenden Gebiete sowie auf sonstige schutzbedürftige Gebiete soweit wie möglich vermieden werden.

§ 51 Anhörung beteiligter Kreise. Soweit Ermächtigungen zum Erlaß von Rechtsverordnungen und allgemeinen Verwaltungsvorschriften die Anhörung der beteiligten Kreise vorschreiben, ist ein jeweils auszuwählender Kreis von Vertretern der Wissenschaft, der Betroffenen, der beteiligten Wirtschaft, des beteiligten Verkehrswesens und der für den Immissionsschutz zuständigen obersten Landesbehörden zu hören.

§ 52 Überwachung. (1) Die zuständigen Behörden haben die Durchführung dieses Gesetzes und der auf dieses Gesetz gestützten Rechtsverordnungen zu überwachen.

(2) Eigentümer und Betreiber von Anlagen sowie Eigentümer und Besitzer von Grundstücken, auf denen Anlagen betrieben werden, sind verpflichtet, den Angehörigen der zuständigen Behörde und deren Beauftragten den Zutritt zu den Grundstücken und zur Verhütung dringender Gefahren für die öffentliche Sicherheit oder Ordnung auch zu Wohnräumen und die Vornahme von Prüfungen einschließlich der Ermittlung von Emissionen und Immissionen zu gestatten sowie die Auskünfte zu erteilen und die Unterlagen vorzulegen, die zur Erfüllung ihrer Aufgaben erforderlich sind. Das Grundrecht der Unverletzlichkeit der Wohnung (Artikel 13 des Grundgesetzes) wird insoweit eingeschränkt. Betreiber von Anlagen, für die ein Immissionsschutzbeauftragter bestellt ist, haben diesen auf Verlangen der zuständigen Behörde zu Überwachungsmaßnahmen nach Satz 1 hinzuzuziehen. Im Rahmen der Pflichten nach Satz 1 haben die Eigentümer und Betreiber der Anlagen Ar-

beitskräfte sowie Hilfsmittel, insbesondere Treibstoffe und Antriebsaggregate, bereitzustellen.

(3) Absatz 2 gilt entsprechend für Eigentümer und Besitzer von Anlagen, Stoffen, Erzeugnissen, Brennstoffen und Treibstoffen, soweit diese der Regelung der nach den §§ 32 bis 35 oder 37 erlassenen Rechtsverordnung unterliegen. Die Eigentümer und Besitzer haben den Angehörigen der zuständigen Behörde und deren Beauftragten die Entnahme von Stichproben zu gestatten, soweit dies zur Erfüllung ihrer Aufgaben erforderlich ist.

(4) Kosten, die durch Prüfungen im Rahmen des Genehmigungsverfahrens entstehen, trägt der Antragsteller. Kosten, die bei der Entnahme von Stichproben nach Absatz 3 und deren Untersuchung entstehen, trägt der Auskunftspflichtige. Im übrigen sind die Kosten, die durch Prüfungen nach den Absätzen 2 und 3 entstehen, den Auskunftspflichtigen nur aufzuerlegen, wenn die Ermittlungen ergeben, daß

1. Auflagen oder Anordnungen nach den Vorschriften dieses Gesetzes oder der auf dieses Gesetz gestützten Rechtsverordnungen nicht erfüllt worden oder
2. Anordnungen oder Auflagen nach den Vorschriften dieses Gesetzes oder der auf dieses Gesetz gestützten Rechtsverordnungen geboten sind.

(5) Der zur Auskunft Verpflichtete kann die Auskunft auf solche Fragen verweigern, deren Beantwortung ihn selbst oder einen der in § 383 Abs. 1 Nr. 1 bis 3 der Zivilprozeßordnung bezeichneten Angehörigen der Gefahr strafgerichtlicher Verfolgung oder eines Verfahrens nach dem Gesetz über Ordnungswidrigkeiten aussetzen würde.

(6) Soweit zur Durchführung dieses Gesetzes oder der auf dieses Gesetz gestützten Rechtsverordnungen Immissionen zu ermitteln sind, haben auch die Eigentümer und Besitzer von Grundstücken, auf denen Anlagen nicht betrieben werden, den Angehörigen der zuständigen Behörde und deren Beauftragten den Zutritt zu den Grundstücken und zur Verhütung dringender Gefahren für die öffentliche Sicherheit oder Ordnung auch zu Wohnräumen und die Vornahme der Prüfungen zu gestatten. Das Grundrecht der Unverletzlichkeit der Wohnung (Artikel 13 des Grundgesetzes) wird insoweit eingeschränkt. Bei Ausübung der Befugnisse nach Satz 1 ist auf die berechtigten Belange der Eigentümer und Besitzer Rücksicht zu nehmen; für entstandene Schäden hat das Land, im Falle des § 59 Abs. 1 der Bund, Ersatz zu leisten. Waren die Schäden unvermeidbare Folgen der Überwachungsmaßnahmen und haben die Überwachungsmaßnahmen zu Anordnungen der zuständigen Behörde gegen den Betreiber einer Anlage geführt, so hat dieser die Ersatzleistung dem Land oder dem Bund zu erstatten.

(7) Auf die nach den Absätzen 2, 3 und 6 erlangten Kenntnisse und Unterlagen sind §§ 93, 97, 105 Abs. 1, 111 Abs. 5 in Verbindung mit § 105 Abs. 1 sowie § 116 Abs. 1 der Abgabenordnung nicht anzuwenden. Dies gilt nicht, soweit die Finanzbehörden die Kenntnisse für die Durch-

Bundes-Immissionsschutzgesetz §§ 53, 54 BImSchG 7

führung eines Verfahrens wegen einer Steuerstraftat sowie eines damit zusammenhängenden Besteuerungsverfahrens benötigen, an deren Verfolgung ein zwingendes öffentliches Interesse besteht, oder soweit es sich um vorsätzlich falsche Angaben des Auskunftspflichtigen oder der für ihn tätigen Personen handelt.

§ 53 Bestellung eines Betriebsbeauftragten für Immissionsschutz. (1) Betreiber genehmigungsbedürftiger Anlagen haben einen oder mehrere Betriebsbeauftragte für Immissionsschutz (Immissionsschutzbeauftragte) zu bestellen, sofern dies im Hinblick auf die Art oder die Größe der Anlagen wegen der

1. von den Anlagen ausgehenden Emissionen,
2. technischen Probleme der Emissionsbegrenzung oder
3. Eignung der Erzeugnisse, bei bestimmungsgemäßer Verwendung schädliche Umwelteinwirkungen durch Luftverunreinigungen, Geräusche oder Erschütterungen hervorzurufen,

erforderlich ist. Der Bundesminister des Innern bestimmt nach Anhörung der beteiligten Kreise (§ 51) durch Rechtsverordnung[1] mit Zustimmung des Bundesrates die genehmigungsbedürftigen Anlagen, deren Betreiber Immissionsschutzbeauftragte zu bestellen haben.

(2) Die zuständige Behörde kann anordnen, daß Betreiber genehmigungsbedürftiger Anlagen, für die die Bestellung eines Immissionsschutzbeauftragten nicht durch Rechtsverordnung vorgeschrieben ist, sowie Betreiber nicht genehmigungsbedürftiger Anlagen einen oder mehrere Immissionsschutzbeauftragte zu bestellen haben, soweit sich im Einzelfall die Notwendigkeit der Bestellung aus den in Absatz 1 Satz 1 genannten Gesichtspunkten ergibt.

§ 54 Aufgaben. (1) Der Immissionsschutzbeauftragte ist berechtigt und verpflichtet,

1. auf die Entwicklung und Einführung
    a) umweltfreundlicher Verfahren, einschließlich Verfahren zur ordnungsgemäßen Verwertung der beim Betrieb entstehenden Reststoffe,
    b) umweltfreundlicher Erzeugnisse, einschließlich Verfahren zur Wiedergewinnung und Wiederverwendung,
    hinzuwirken,
2. bei der Entwicklung und Einführung umweltfreundlicher Verfahren und Erzeugnisse mitzuwirken, insbesondere durch Begutachtung der Verfahren und Erzeugnisse unter dem Gesichtspunkt der Umweltfreundlichkeit,
3. die Einhaltung der Vorschriften dieses Gesetzes und der auf Grund dieses Gesetzes erlassenen Rechtsverordnungen und die Erfüllung erteilter Bedingungen und Auflagen zu überwachen, insbesondere durch Kontrolle der Betriebsstätte in regelmäßigen Abständen, Messungen von

---

[1] Siehe die VO über Immissionsschutzbeauftragte vom 14. 2. 1975 – Nr. 7e.

Emissionen und Immissionen, Mitteilung festgestellter Mängel und Vorschläge über Maßnahmen zur Beseitigung dieser Mängel,

4. die Betriebsangehörigen über die von der Anlage verursachten schädlichen Umwelteinwirkungen aufzuklären sowie über die Einrichtungen und Maßnahmen zu ihrer Verhinderung unter Berücksichtigung der sich aus diesem Gesetz oder Rechtsverordnungen auf Grund dieses Gesetzes ergebenden Pflichten.

(2) Der Immissionsschutzbeauftragte erstattet dem Betreiber jährlich einen Bericht über die nach Absatz 1 Nr. 1 bis 4 getroffenen und beabsichtigten Maßnahmen.

§ 55 Pflichten des Betreibers. (1) Der Betreiber hat den Immissionsschutzbeauftragten schriftlich zu bestellen; werden mehrere Immissionsschutzbeauftragte bestellt, sind die dem einzelnen Immissionsschutzbeauftragten obliegenden Aufgaben genau zu bezeichnen. Der Betreiber hat die Bestellung der zuständigen Behörde anzuzeigen.

(2) Der Betreiber darf zum Immissionsschutzbeauftragten nur bestellen, wer die zur Erfüllung seiner Aufgaben erforderliche Fachkunde und Zuverlässigkeit besitzt. Werden der zuständigen Behörde Tatsachen bekannt, aus denen sich ergibt, daß der Immissionsschutzbeauftragte nicht die zur Erfüllung seiner Aufgaben erforderliche Fachkunde oder Zuverlässigkeit besitzt, kann sie verlangen, daß der Betreiber einen anderen Immissionsschutzbeauftragten bestellt. Der Bundesminister des Innern wird ermächtigt, nach Anhörung der beteiligten Kreise (§ 51) durch Rechtsverordnung[1] mit Zustimmung des Bundesrates vorzuschreiben, welche Anforderungen an die Fachkunde und Zuverlässigkeit des Immissionsschutzbeauftragten zu stellen sind.

(3) Werden mehrere Immissionsschutzbeauftragte bestellt, so hat der Betreiber für die erforderliche Koordinierung in der Wahrnehmung der Aufgaben, insbesondere durch Bildung eines Ausschusses für Umweltschutz, zu sorgen. Entsprechendes gilt, wenn neben einem oder mehreren Immissionsschutzbeauftragten Betriebsbeauftragte nach anderen gesetzlichen Vorschriften bestellt werden.

(4) Der Betreiber hat den Immissionsschutzbeauftragten bei der Erfüllung seiner Aufgaben zu unterstützen und ihm insbesondere, soweit dies zur Erfüllung seiner Aufgaben erforderlich ist, Hilfspersonal sowie Räume, Einrichtungen, Geräte und Mittel zur Verfügung zu stellen.

§ 56 Stellungnahme zu Investitionsentscheidungen. (1) Der Betreiber hat vor Investitionsentscheidungen, die für den Immissionsschutz bedeutsam sein können, eine Stellungnahme des Immissionsschutzbeauftragten einzuholen.

(2) Die Stellungnahme ist so rechtzeitig einzuholen, daß sie bei der Investitionsentscheidung angemessen berücksichtigt werden kann; sie ist derjenigen Stelle vorzulegen, die über die Investition entscheidet.

---
[1] Siehe die VO über die Fachkunde und Zuverlässigkeit des Immissionsschutzbeauftragten vom 12. 4. 1975 – Nr. 7 f.

Bundes-Immissionsschutzgesetz §§ 57–61 BImSchG 7

§ 57 Vortragsrecht. Der Betreiber hat dafür zu sorgen, daß der Immissionsschutzbeauftragte seine Vorschläge oder Bedenken unmittelbar der Geschäftsleitung vortragen kann, wenn er sich mit dem zuständigen Betriebsleiter nicht einigen konnte und er wegen der besonderen Bedeutung der Sache eine Entscheidung der Geschäftsleitung für erforderlich hält.

§ 58 Benachteiligungsverbot. Der Immissionsschutzbeauftragte darf wegen der Erfüllung der ihm übertragenen Aufgaben nicht benachteiligt werden.

§ 59 Zuständigkeit bei Anlagen der Landesverteidigung. (1) Die Bundesregierung wird ermächtigt, durch Rechtsverordnung mit Zustimmung des Bundesrates zu bestimmen, daß der Vollzug dieses Gesetzes und der auf dieses Gesetz gestützten Rechtsverordnungen bei Anlagen, die der Landesverteidigung dienen, Bundesbehörden obliegt.

(2) Absatz 1 gilt nicht im Land Berlin.

§ 60 Ausnahmen für Anlagen der Landesverteidigung. (1) Der Bundesminister der Verteidigung kann für Anlagen nach § 3 Abs. 5 Nr. 1 und 3, die der Landesverteidigung dienen, in Einzelfällen, auch für bestimmte Arten von Anlagen, Ausnahmen von diesem Gesetz und von den auf dieses Gesetz gestützten Rechtsverordnungen zulassen, soweit dies zwingende Gründe der Verteidigung oder die Erfüllung zwischenstaatlicher Verpflichtungen erfordern. Dabei ist der Schutz vor schädlichen Umwelteinwirkungen zu berücksichtigen.

(2) Die Bundeswehr darf bei Anlagen nach § 3 Abs. 5 Nr. 2, die ihrer Bauart nach ausschließlich zur Verwendung in ihrem Bereich bestimmt sind, von den Vorschriften dieses Gesetzes und der auf dieses Gesetz gestützten Rechtsverordnungen abweichen, soweit dies zur Erfüllung ihrer besonderen Aufgaben zwingend erforderlich ist. Die auf Grund völkerrechtlicher Verträge in der Bundesrepublik Deutschland stationierten Truppen dürfen bei Anlagen nach § 3 Abs. 5 Nr. 2, die zur Verwendung in deren Bereich bestimmt sind, von den Vorschriften dieses Gesetzes und der auf dieses Gesetz gestützten Rechtsverordnungen abweichen, soweit dies zur Erfüllung ihrer besonderen Aufgaben zwingend erforderlich ist.

(3) Absatz 1 und Absatz 2 Satz 1 gelten nicht im Land Berlin.

§ 61 Bericht der Bundesregierung. Die Bundesregierung erstattet dem Deutschen Bundestag jeweils ein Jahr nach dem ersten Zusammentritt Bericht über

1. den Stand und die Entwicklung schädlicher Umwelteinwirkungen durch Luftverunreinigungen und Geräusche im Bundesgebiet während des Berichtszeitraums sowie über die voraussichtliche weitere Entwicklung,

7 BImSchG § 62 — Bundes-Immissionsschutzgesetz

2. die in Durchführung dieses Gesetzes getroffenen und beabsichtigten Maßnahmen,

3. die laufenden und die in Aussicht genommenen Forschungsvorhaben über die Wirkung von Luftverunreinigungen und Geräuschen,

4. die Entwicklung technischer Verfahren und Einrichtungen zur Verminderung schädlicher Umwelteinwirkungen durch Luftverunreinigungen und Geräusche und

5. die für die Forschung und Entwicklung nach den Nummern 3 und 4 aufgewendeten, insbesondere die von Bund und Ländern zu diesen Zwecken bereitgestellten Mittel.

§ 62 Ordnungswidrigkeiten. (1) Ordnungswidrig handelt, wer vorsätzlich oder fahrlässig

1. eine Anlage ohne die Genehmigung nach § 4 Abs. 1 errichtet,

2. einer auf Grund des § 7 erlassenen Rechtsverordnung über den Betrieb genehmigungsbedürftiger Anlagen zuwiderhandelt, soweit die Rechtsverordnung für einen bestimmten Tatbestand auf diese Bußgeldvorschrift verweist,

3. eine vollziehbare Auflage nach § 12 Abs. 1 nicht, nicht richtig, nicht vollständig oder nicht rechtzeitig erfüllt,

4. die Lage, die Beschaffenheit oder den Betrieb einer genehmigungsbedürftigen Anlage ohne die Genehmigung nach § 15 Abs. 1 wesentlich ändert,

5. einer vollziehbaren Anordnung nach § 17 Abs. 1, Abs. 2 Satz 2 oder Abs. 4, § 24 Satz 1, § 26, § 28 oder § 29 nicht, nicht richtig, nicht vollständig oder nicht rechtzeitig nachkommt,

6. eine Anlage entgegen einer vollziehbaren Untersagung nach § 25 betreibt,

7. einer auf Grund der §§ 23, 32, 33 Abs. 1 Nr. 1, §§ 34, 35, 37, 38 Satz 4 oder § 39 erlassenen Rechtsverordnung oder einer auf Grund einer solchen Rechtsverordnung ergangenen vollziehbaren Anordnung zuwiderhandelt, soweit die Rechtsverordnung für einen bestimmten Tatbestand auf diese Bußgeldvorschrift verweist oder

8. entgegen einer Rechtsverordnung nach § 49 Abs. 1 Nr. 2 oder einer auf Grund einer solchen Rechtsverordnung ergangenen vollziehbaren Anordnung eine ortsfeste Anlage errichtet, soweit die Rechtsverordnung für einen bestimmten Tatbestand auf diese Bußgeldvorschrift verweist.

(2) Ordnungswidrig handelt ferner, wer vorsätzlich oder fahrlässig

1. entgegen § 16 Satz 1 eine Mitteilung nicht, nicht richtig, nicht vollständig oder nicht rechtzeitig macht,

2. entgegen § 27 Abs. 1 eine Emissionserklärung nicht, nicht richtig, nicht vollständig oder nicht rechtzeitig abgibt,

Bundes-Immissionsschutzgesetz **§§ 63–66 BImSchG 7**

3. entgegen § 31 das Ergebnis der Ermittlungen nicht mitteilt oder die Aufzeichnungen der Meßgeräte nicht aufbewahrt,

4. entgegen § 52 Abs. 2 Satz 1, auch in Verbindung mit Abs. 3 Satz 1 oder Abs. 6 Satz 1, den Zutritt zu Grundstücken oder Wohnräumen oder die Vornahme von Prüfungen nicht gestattet,

5. entgegen § 52 Abs. 2 Satz 1, 3 oder 4, auch in Verbindung mit Abs. 3 Satz 1, oder Abs. 3 Satz 2

   a) Auskünfte nicht, nicht richtig, nicht vollständig oder nicht rechtzeitig erteilt oder Unterlagen nicht vorlegt,

   b) den Immissionsschutzbeauftragten zu einer Überwachungsmaßnahme auf Verlangen nicht hinzuzieht,

   c) Arbeitskräfte oder Hilfsmittel nicht bereitstellt,

   d) die Entnahme von Stichproben nicht gestattet,

6. eine Anzeige nach § 67 Abs. 2 Satz 1 nicht, nicht richtig, nicht vollständig oder nicht rechtzeitig erstattet oder

7. entgegen § 67 Abs. 2 Satz 2 Unterlagen nicht, nicht richtig, nicht vollständig oder nicht rechtzeitig vorlegt.

(3) Die Ordnungswidrigkeit nach Absatz 1 kann mit einer Geldbuße bis zu hunderttausend Deutsche Mark, die Ordnungswidrigkeit nach Absatz 2 mit einer Geldbuße bis zu fünftausend Deutsche Mark geahndet werden.

§ 63 *(aufgehoben)*

§ 64 *(aufgehoben)*

§ 65 *(außer Kraft)*

Siebenter Teil. Schlußvorschriften

§ 66 Fortgeltung von Vorschriften. (1) Bis zum Inkrafttreten der Rechtsverordnung über genehmigungsbedürftige Anlagen gemäß § 4 Abs. 1 Satz 3 gelten für das Genehmigungserfordernis die Vorschriften der Verordnung über genehmigungsbedürftige Anlagen nach § 16 der Gewerbeordnung in der Fassung der Bekanntmachung vom 7. Juli 1971 (Bundesgesetzbl. I S. 888)[1].

(2) Bis zum Inkrafttreten von entsprechenden allgemeinen Verwaltungsvorschriften nach diesem Gesetz sind die

– Technische Anleitung zur Reinhaltung der Luft vom 8. September 1964 (Gemeinsames Ministerialblatt vom 14. September 1964 S. 433),

---

[1] Siehe nunmehr die 4. BImSchV – Nr. 7d.

7 BImSchG § 66 Bundes-Immissionsschutzgesetz

- Technische Anleitung zum Schutz gegen Lärm vom 16. Juli 1968 (Beilage zum Bundesanzeiger Nr. 137 vom 26. Juli 1968),
- Allgemeine Verwaltungsvorschrift zum Schutz gegen Baulärm – Geräuschimmissionen – vom 19. August 1970 (Beilage zum Bundesanzeiger Nr. 160 vom 1. September 1970),
- Allgemeine Verwaltungsvorschrift zum Schutz gegen Baulärm – Emissionsmeßverfahren – vom 22. Dezember 1970 (Bundesanzeiger Nr. 242 vom 30. Dezember 1970),
- Allgemeine Verwaltungsvorschrift zum Schutz gegen Baulärm – Emissionsrichtwerte für Betonmischeinrichtungen und Transportbetonmischer – vom 6. Dezember 1971 (Bundesanzeiger Nr. 231 vom 11. Dezember 1971), ber. am 14. Dezember 1971 (Bundesanzeiger Nr. 235 vom 17. Dezember 1971),
- Allgemeine Verwaltungsvorschrift zum Schutz gegen Baulärm – Emissionsrichtwerte für Radlader – RadladerVwV) vom 16. August 1972 (Bundesanzeiger Nr. 156 vom 22. August 1972),
- Allgemeine Verwaltungsvorschrift zum Schutz gegen Baulärm – Emissionsrichtwerte für Kompressoren – (KompressorenVwV) vom 24. Oktober 1972 (Bundesanzeiger Nr. 205 vom 28. Oktober 1972),
- Allgemeine Verwaltungsvorschrift zum Schutz gegen Baulärm – Emissionsrichtwerte für Betonpumpen – (BetonpumpenVwV) vom 28. März 1973 (Bundesanzeiger Nr. 64 vom 31. März 1973),
- Allgemeine Verwaltungsvorschrift zum Schutz gegen Baulärm – Emissionsrichtwerte für Planierraupen – (PlanierraupenVwV) vom 4. Mai 1973 (Bundesanzeiger Nr. 87 vom 10. Mai 1973),
- Allgemeine Verwaltungsvorschrift zum Schutz gegen Baulärm – Emissionsrichtwerte für Kettenlader – (KettenladerVwV) vom 14. Mai 1973 (Bundesanzeiger Nr. 94 vom 19. Mai 1973) und die
- Allgemeine Verwaltungsvorschrift zum Schutz gegen Baulärm – Emissionsrichtwerte für Bagger – (BaggerVwV) vom 17. Dezember 1973 (Bundesanzeiger Nr. 239 vom 21. Dezember 1973)

maßgebend.

(3) Soweit sich die

Erste Verordnung der Landesregierung des Landes Baden-Württemberg zur Durchführung des Immissionsschutzgesetzes vom 29. März 1966 (GBl. S. 67),

Zweite Verordnung der Landesregierung des Landes Baden-Württemberg zur Durchführung des Immissionsschutzgesetzes vom 16. Januar 1973 (GBl. S. 18),

Dritte Verordnung der Landesregierung des Landes Baden-Württemberg zur Durchführung des Immissionsschutzgesetzes (Ölfeuerungsanlagen) vom 19. Juli 1973 (GBl. S. 279),

Erste Landesverordnung des Bayerischen Staatsministeriums des Innern zur Durchführung des Artikels 18b des Landesstraf- und Verord-

Bundes-Immissionsschutzgesetz § 66 BImSchG 7

nungsgesetzes (Verordnung über Abfallverbrennungsanlagen – VAVA –) vom 2. Oktober 1967 (GVBl. S. 458),

Zweite Landesverordnung des Bayerischen Staatsministeriums des Innern zur Durchführung des Artikels 18b des Landesstraf- und Verordnungsgesetzes (Verordnung zur Verhütung von Luftverunreinigungen durch Feuerungsanlagen – VVLF –) vom 16. Juli 1969 (GVBl. S. 229),

Dritte Landesverordnung des Bayerischen Staatsministeriums des Innern zur Durchführung des Artikels 18b des Landesstraf- und Verordnungsgesetzes (Verordnung zur Verhütung von Luftverunreinigungen durch Anlagen zur chemischen Reinigung – VChemA –) vom 24. August 1970 (GVBl. S. 440),

Erste Verordnung des Senats der Freien Hansestadt Bremen zur Durchführung des Gesetzes zum Schutz vor Luftverunreinigungen, Geräuschen und Erschütterungen – 1. VOImSchG – (Verhütung von Luftverunreinigungen durch Feuerungsanlagen) vom 19. Dezember 1972 (GBl. S. 259),

Verordnung des Senats der Freien und Hansestadt Hamburg zur Verhütung von Luftverunreinigungen durch Feuerungsanlagen für flüssige Brennstoffe vom 19. Juni 1973 (GVBl. S. 219),

Polizeiverordnung des Hessischen Ministers für Landwirtschaft und Umwelt und des Hessischen Ministers für Wirtschaft und Technik über die Auswurfbegrenzung bei Feuerungsanlagen mit Ölbrennern vom 19. März 1973 (GVBl. S. 102),

Verordnung des Niedersächsischen Landesministeriums über die Auswurfbegrenzung bei Feuerungen mit Ölbrennern vom 15. Februar 1972 (GVBl. S. 121),

Verordnung des Niedersächsischen Landesministeriums über die Auswurfbegrenzung bei Chemischreinigungsanlagen vom 6. Februar 1973 (GVBl. S. 32),

Verordnung des Niedersächsischen Landesministeriums über die Errichtung und den Betrieb von Aufbereitungsanlagen für bituminöse Straßenbaustoffe und Teersplittanlagen vom 9. April 1973 (GVBl. S. 113),

Erste Verordnung der Landesregierung des Landes Nordrhein-Westfalen zur Durchführung des Immissionsschutzgesetzes (Allgemeine Begrenzung des Rauchauswurfs) vom 26. Februar 1963 (GVNW S. 118),

Zweite Verordnung der Landesregierung des Landes Nordrhein-Westfalen zur Durchführung des Immissionsschutzgesetzes (Errichtung und Betrieb von Müllverbrennungsanlagen) vom 24. Juni 1963 (GVNW S. 234),

Dritte Verordnung der Landesregierung des Landes Nordrhein-Westfalen zur Durchführung des Immissionsschutzgesetzes (Auswurfbegrenzung bei Feuerungen mit Ölbrennern) vom 25. Oktober 1965 (GVNW S. 370),

7 BImSchG § 67 Bundes-Immissionsschutzgesetz

Vierte Verordnung der Landesregierung des Landes Nordrhein-Westfalen zur Durchführung des Immissionsschutzgesetzes (Lärmschutz bei Baumaschinen) vom 26. Oktober 1965 (GVNW S. 322),

Fünfte Verordnung der Landesregierung des Landes Nordrhein-Westfalen zur Durchführung des Immissionsschutzgesetzes (Auswurfbegrenzung bei Chemischreinigungsanlagen) vom 25. Juli 1967 (GVNW S. 137),

Sechste Verordnung der Landesregierung des Landes Nordrhein-Westfalen zur Durchführung des Immissionsschutzgesetzes (Errichtung und Betrieb von Aufbereitungsanlagen für bituminöse Straßenbaustoffe einschließlich Teersplittanlagen) vom 17. Oktober 1967 (GVNW S. 184),

Siebente Verordnung der Landesregierung des Landes Nordrhein-Westfalen zur Durchführung des Immissionsschutzgesetzes (Auswurfbegrenzung bei Trockenöfen) vom 1. Oktober 1968 (GVNW S. 320),

Achte Verordnung der Landesregierung des Landes Nordrhein-Westfalen zur Durchführung des Immissionsschutzgesetzes (Auswurfbegrenzung bei Feuerungen für feste Brennstoffe) vom 6. Februar 1970 (GVNW S. 172),

Neunte Verordnung der Landesregierung des Landes Nordrhein-Westfalen zur Durchführung des Immissionsschutzgesetzes (Auswurfbegrenzung bei Hausbrandöfen mit Ölfeuerung) vom 23. September 1971 (GVNW S. 250) und die

Landesverordnung der Landesregierung des Landes Rheinland-Pfalz über die Auswurfbegrenzung bei Feuerungsanlagen für flüssige Brennstoffe vom 11. Dezember 1972 (GVBl. S. 378)
auf Gegenstände beziehen, die durch Rechtsverordnung auf Grund dieses Gesetzes geregelt werden können, treten diese Vorschriften erst mit Inkrafttreten der entsprechenden Rechtsverordnungen auf Grund dieses Gesetzes außer Kraft. Die Bundesregierung wird ermächtigt, durch Rechtsverordnung mit Zustimmung des Bundesrates die in Satz 1 genannten Rechtsverordnungen aufzuheben, soweit sie sich auf Gegenstände beziehen, die den Vorschriften dieses Gesetzes unterliegen.

§ 67 Übergangsvorschrift. (1) Eine Genehmigung, die vor dem Inkrafttreten dieses Gesetzes nach § 16 oder § 25 Abs. 1 der Gewerbeordnung erteilt worden ist, gilt als Genehmigung nach diesem Gesetz fort.

(2) Eine genehmigungsbedürftige Anlage, die bei Inkrafttreten der Verordnung nach § 4 Abs. 1 Satz 3 errichtet oder wesentlich geändert ist, oder mit deren Errichtung oder wesentlichen Änderung begonnen worden ist, muß innerhalb eines Zeitraums von drei Monaten nach Inkrafttreten der Verordnung der zuständigen Behörde angezeigt werden, sofern die Anlage nicht nach § 16 Abs. 1 oder § 25 Abs. 1 der Gewerbeordnung genehmigungsbedürftig war oder nach § 16 Abs. 4 der Gewerbeordnung angezeigt worden ist. Der zuständigen Behörde sind innerhalb eines Zeitraums von zwei Monaten nach Erstattung der An-

Bundes-Immissionsschutzgesetz §§ 68–73 **BImSchG 7**

zeige Unterlagen gemäß § 10 Abs. 1 über Art, Lage, Umfang und Betriebsweise der Anlage im Zeitpunkt des Inkrafttretens der Verordnung nach § 4 Abs. 1 Satz 3 vorzulegen.

(3) Die Anzeigepflicht nach Absatz 2 gilt nicht für ortsveränderliche Anlagen, die im vereinfachten Verfahren (§ 19) genehmigt werden können.

(4) Bereits begonnene Verfahren sind nach den Vorschriften dieses Gesetzes und der auf dieses Gesetz gestützten Rechts- und Verwaltungsvorschriften zu Ende zu führen.

(5) Bis zum 4. September 1978 ist
1. bei der Genehmigung zur Errichtung und zum Betrieb einer Anlage (§§ 6 und 8) sowie zur wesentlichen Änderung der Lage, der Beschaffenheit oder des Betriebes einer Anlage (§ 15),
2. bei der Erteilung eines Vorbescheides (§ 9),
3. bei nachträglichen Anordnungen (§ 17) und
4. bei der Anordnung über Ermittlungen von Art und Ausmaß der von einer Anlage ausgehenden Emissionen sowie der Immissionen im Einwirkungsbereich der Anlage (§ 26)

die Nummer 4 der Technischen Anleitung zur Reinhaltung der Luft vom 28. August 1974 (Gemeinsames Ministerialblatt S. 426, 525) anzuwenden; § 6 bleibt unberührt. Satz 1 Nr. 1 und 2 gilt auch, wenn die Anlage erst nach dem 4. September 1978 in Betrieb genommen wird.

§ 68 Änderung gewerberechtlicher Vorschriften
(nicht abgedruckt)

§ 69 Änderung des Atomgesetzes, des Gaststättengesetzes, des Schornsteinfegergesetzes und des Abfallbeseitigungsgesetzes
(nicht abgedruckt)

§ 70 Änderung verkehrsrechtlicher Vorschriften
(nicht abgedruckt)

§ 71 Überleitung von Verweisungen. Soweit in anderen als den durch die §§ 68 bis 70 geänderten Gesetzen und Rechtsverordnungen des Bundes auf die §§ 16 bis 23 und 25 bis 28 der Gewerbeordnung verwiesen wird, beziehen sich diese Verweisungen auf die entsprechenden Vorschriften dieses Gesetzes.

§ 72 Aufhebung von Vorschriften *(nicht abgedruckt)*

§ 73 Berlin-Klausel. Dieses Gesetz gilt nach Maßgabe des § 13 Abs. 1 des Dritten Überleitungsgesetzes vom 4. Januar 1952 (Bundesgesetzbl. I S. 1) auch im Land Berlin. Rechtsverordnungen, die auf Grund der Gewerbeordnung, des Luftverkehrsgesetzes oder dieses Gesetzes erlassen werden, gelten im Land Berlin nach § 14 des Dritten Überleitungsgesetzes.

§ 74 Inkrafttreten. Die Vorschriften dieses Gesetzes, die zum Erlaß von Rechtsverordnungen und allgemeinen Verwaltungsvorschriften ermächtigen, sowie § 51 treten am Tage nach der Verkündung[1] in Kraft. Im übrigen tritt das Gesetz am ersten Tage des auf die Verkündung[1] folgenden Monats in Kraft.

---

[1] Das Gesetz wurde am 21. 3. 1974 verkündet.

7a. Erste Verordnung zur Durchführung des Bundes-Immissionsschutzgesetzes (Verordnung über Feuerungsanlagen – 1. BImSchV)

in der Fassung der Bekanntmachung vom 5. Februar 1979
(BGBl. I S. 166)

(BGBl. III 2129-8-1-1)

§ 1 Anwendungsbereich. (1) Diese Verordnung gilt für die Errichtung, die Beschaffenheit und den Betrieb von Feuerungsanlagen, die für den Einsatz fester, flüssiger oder gasförmiger Brennstoffe bestimmt sind. Sie gilt nicht für Feuerungsanlagen, die einer Genehmigung nach § 4 des Bundes-Immissionsschutzgesetzes bedürfen.

(2) Die §§ 2a bis 6 und 9 gelten nicht für Feuerungsanlagen, die dazu bestimmt sind, Güter durch unmittelbare Berührung mit heißen Rauchgasen zu trocknen oder Speisen durch unmittelbare Berührung mit heißen Rauchgasen zu braten, backen oder in ähnlicher Weise zuzubereiten.

(3) Für Feuerungsanlagen der Deutschen Bundesbahn, der Träger der Straßenbaulast für Bundesfernstraßen und der Wasser- und Schiffahrtsverwaltung des Bundes gilt diese Verordnung nach Maßgabe des § 10.

§ 2 Grenzwert für Rauch. Feuerungsanlagen sind so zu betreiben, daß ihre Rauchfahne heller ist als der Grauwert 2 der in der Anlage I enthaltenen Ringelmann-Skala.

§ 2a Begrenzung der Abgasverluste. (1) Feuerungsanlagen für den Einsatz flüssiger und gasförmiger Brennstoffe sind so zu errichten und zu betreiben, daß ihre nach dem Verfahren der Anlage I a[1] ermittelten Abgasverluste, bezogen auf die jeweilige Feuerungswärmeleistung, die nachfolgend genannten Vom-Hundert-Sätze nicht überschreiten:

Nennwärmeleistung	Abgasverluste von Feuerungsanlagen für den Einsatz flüssiger und gasförmiger Brennstoffe in Abhängigkeit vom Zeitpunkt ihrer Errichtung oder Aufstellung		
	bis 31. 12. 78	ab 1. 1. 79	ab 1. 1. 83
über 4 kW bis 25 kW	18	16	14
über 25 kW bis 50 kW	17	15	13
über 50 kW bis 120 kW	16	14	12
über 120 kW	15	13	11

[1] Die Anlagen sind nicht abgedruckt.

7a 1. BImSchV §§ 3, 4 VO über Feuerungsanlagen

(2) Absatz 1 gilt nicht für Feuerungsanlagen mit einer Nennwärmeleistung

1. bis 28 kW, wenn sie ausschließlich der Brauchwasserbereitung dienen,
2. bis 11 kW, wenn sie der Beheizung eines Einzelraumes dienen.

§ 3 Auswurfbegrenzung bei Feuerungsanlagen mit kleineren Verdampfungsbrennern. (1) Feuerungsanlagen mit Verdampfungsbrennern mit einer Nennwärmeleistung bis einschließlich 11 kW sind so zu errichten, daß die Betriebsanforderungen nach Absatz 2 eingehalten werden können. Die Anforderungen an die Errichtung sind als erfüllt anzusehen, wenn die Feuerungsanlage den Normen DIN 4730 (Ausgabe November 1961) – Ölheizöfen mit Verdampfungsbrennern –, DIN 4731 (Ausgabe Mai 1966) – Ölheizeinsätze mit Verdampfungsbrennern –, DIN 4732 (Ausgabe Juni 1973) – Ölherde mit Verdampfungsbrennern – oder DIN 4733 (Ausgabe April 1974) – Öl-Speicher-Wasserheizer mit Verdampfungsbrennern – entspricht; die Normblätter, erschienen in der Beuth-Vertrieb GmbH, Berlin und Köln, sind bei dem Deutschen Patentamt archivmäßig gesichert niedergelegt.

(2) Die in Absatz 1 Satz 1 bezeichneten Feuerungsanlagen sind so zu betreiben, daß

1. der nach der Anlage I a[1] zu bestimmende Schwärzungsgrad der Staub- und Rußemission den durch die Rußzahl 4 der Rußzahl-Vergleichsskala nach der Anlage II bestimmten Wert nicht überschreitet und
2. die Rauchgase so weit frei von Ölderivaten sind, daß das nach der Anlage II verwendete Filterpapier keine sichtbaren Spuren von Ölderivaten aufweist.

§ 4 Auswurfbegrenzung bei Feuerungsanlagen mit Zerstäubungsbrennern und größeren Verdampfungsbrennern. (1) Feuerungsanlagen mit Zerstäubungsbrennern sind so zu betreiben, daß

1. der nach der Anlage I a zu bestimmende Schwärzungsgrad der Staub- und Rußemission den durch die Rußzahl 3 der Rußzahl-Vergleichsskala nach der Anlage II bestimmten Wert nicht überschreitet,
2. der Volumengehalt an Kohlendioxid im Rauchgas bei Feuerungsanlagen, die
   a) vor dem 1. Oktober 1974 errichtet worden sind, mindestens 7 vom Hundert,
   b) nach dem 1. Oktober 1974 errichtet oder wesentlich geändert werden, mindestens 10 vom Hundert beträgt und
3. die Rauchgase so weit frei von Ölderivaten sind, daß das nach der Anlage II verwendete Filterpapier keine sichtbaren Spuren von Ölderivaten aufweist.

(2) Feuerungsanlagen mit Verdampfungsbrennern mit einer Nennwärmeleistung von mehr als 11 kW sind so zu betreiben, daß

---

[1] Die Anlagen sind nicht abgedruckt.

VO über Feuerungsanlagen §§ 4a–6 1. BImSchV 7a

1. die Anforderungen nach Absatz 1 Nr. 1 und 3 erfüllt werden und
2. bei Nennwärmeleistung der Volumengehalt an Kohlendioxid im Abgas bei Anlagen, die nach dem 1. Januar 1979 errichtet werden, mindestens 8 vom Hundert beträgt.

§ 4a **Einsatz von Heizöl EL.** Feuerungsanlagen nach § 3 Abs. 1 und § 4 Abs. 1 und 2 sind mit Heizöl EL nach DIN 51 603 (Ausgabe September 1975) zu betreiben. Das Heizöl darf vorher zu keinem anderen Verwendungszweck eingesetzt worden sein. Das Normblatt, erschienen in der Beuth-Vertrieb GmbH, Berlin und Köln, ist bei dem Deutschen Patentamt archivmäßig gesichert niedergelegt.

§ 5 **Auswurfbegrenzung bei kleineren Feuerungsanlagen für feste Brennstoffe.** (1) Feuerungsanlagen für den Einsatz fester Brennstoffe mit einer Nennwärmeleistung bis einschließlich 22 kW sind raucharm zu betreiben. Diese Anforderung gilt nur als erfüllt, wenn die Feuerungsanlagen
a) mit raucharmen Brennstoffen betrieben werden oder
b) als Universal-Dauerbrenner eingerichtet sind.

(2) Raucharme Brennstoffe sind Steinkohlen, deren Massengehalt an flüchtigen Bestandteilen – bezogen auf wasser- und aschefreie Substanz – 18 vom Hundert nicht überschreitet, Braunkohlen- und Torfbriketts, Steinkohlen-, Braunkohlen- und Torfkoks, trockenes Holz sowie nicht pechgebundene Steinkohlenbriketts. Raucharm sind auch pechgebundene Steinkohlenbriketts, die so nachbehandelt worden sind, daß sie nicht mehr Rauch entwickeln als die in Satz 1 genannten Brennstoffe.

(3) Universal-Dauerbrenner sind Öfen besonderer Bauart, bei denen die Rauchgase zum Zwecke der Nachverbrennung der Ruß- und Teerbestandteile der Glutschicht in der Brennstoffüllung zugeführt werden.

§ 6 **Auswurfbegrenzung bei größeren Feuerungsanlagen für feste Brennstoffe.** Feuerungsanlagen für den Einsatz fester Brennstoffe mit einer Nennwärmeleistung von mehr als 22 kW sind so zu betreiben, daß die nach der Methode der Anlage III[1] zu bestimmende Massenkonzentration an Staub, Ruß und Teer im Rauchgas, bezogen auf den Normzustand und einen Volumengehalt an Kohlendioxid von 12 vom Hundert, bei
1. handbeschickten Feuerungen 150 Milligramm je Kubikmeter Rauchgas,
2. mechanisch beschickten Feuerungen 300 Milligramm je Kubikmeter Rauchgas

nicht überschreitet. Bei Feuerungsanlagen, die mit Holzverarbeitungsresten betrieben werden, gilt Satz 1 mit der Maßgabe, daß die Massenkonzentration auch bei handbeschickten Feuerungen 300 Milligramm je Kubikmeter Rauchgas nicht überschreiten darf.

[1] Die Anlagen sind nicht abgedruckt.

7a 1. BImSchV §§ 7–9b   VO über Feuerungsanlagen

§ 7 Weitergehende Anforderungen. Die Befugnis der zuständigen Behörde, auf Grund des Bundes-Immissionsschutzgesetzes andere oder weitergehende Anordnungen zu treffen, bleibt unberührt.

§ 8 Zulassung von Ausnahmen. Die zuständige Behörde kann auf Antrag Ausnahmen von den Anforderungen der §§ 2 bis 6 zulassen, soweit diese im Einzelfall wegen besonderer Umstände durch einen unangemessenen Aufwand oder in sonstiger Weise zu einer unbilligen Härte führen und schädliche Umwelteinwirkungen nicht zu befürchten sind.

§ 9 Kontrollöffnung. Der Betreiber einer der in den §§ 2a und 6 bezeichneten Feuerungsanlagen ist verpflichtet, eine Kontrollöffnung im Verbindungsstück zum Zwecke der Messung herzustellen oder herstellen zu lassen. In allen anderen Fällen ist der Betreiber verpflichtet, auf Verlangen der zuständigen Behörde die Herstellung einer Kontrollöffnung im Verbindungsstück zum Zwecke der Messung zu gestatten.

§ 9a Überwachung. (1) Der Betreiber einer in den §§ 2a und 6 bezeichneten Feuerungsanlage, die nach dem 1. Januar 1979 errichtet oder wesentlich geändert wird, ist verpflichtet, die Erfüllung der Anforderungen nach den §§ 2a, 4 und 6 innerhalb von vier Wochen nach Inbetriebnahme der Feuerungsanlage von dem Bezirksschornsteinfegermeister durch Messungen überwachen zu lassen.

(2) Der Betreiber einer in den §§ 2a und 6 Nr. 2 bezeichneten Feuerungsanlage ist verpflichtet, die Erfüllung der Anforderungen nach den §§ 2a, 4 und 6 von dem zuständigen Bezirksschornsteinfegermeister durch wiederkehrende Messungen jährlich überwachen zu lassen. Bei Anlagen mit einer Nennwärmeleistung bis 11 kW entfällt die wiederkehrende Überwachung der Erfüllung der Anforderungen nach § 2a. Satz 1 gilt nicht für bivalente Heizungen.

(3) Der Bezirksschornsteinfegermeister kündigt dem Betreiber den voraussichtlichen Zeitpunkt der Überwachung nach Absatz 2 mindestens sechs Wochen vorher an.

(4) Die Messungen sind während der üblichen Betriebszeit der Feuerungsanlagen nach den Anlagen I a und III[1] durchzuführen. Über das Ergebnis der Messung hat der Bezirksschornsteinfegermeister dem Betreiber der Feuerungsanlage eine Bescheinigung nach dem Muster der Anlage IV oder V auszustellen.

§ 9b Wiederholungsmessung. Ergibt eine Messung, daß die Anforderungen nicht erfüllt sind, so hat der Betreiber von dem Bezirksschornsteinfegermeister innerhalb von sechs Wochen nach der ersten Messung eine Wiederholungsmessung durchführen zu lassen. Ergibt die Wiederholungsmessung, daß die Anforderungen nicht erfüllt sind, so

---

[1] Die Anlagen sind nicht abgedruckt.

VO über Feuerungsanlagen §§ 9c–11 1. BImSchV 7a

leitet der Bezirksschornsteinfegermeister innerhalb von zwei Wochen der zuständigen Behörde eine Durchschrift der Bescheinigung über das Ergebnis der ersten Messung und der Wiederholungsmessung zu.

§ 9c Überwachung von Trocknungsanlagen in landwirtschaftlichen Betrieben. Abweichend von § 9a Abs. 2 Satz 1 sind bei Feuerungsanlagen, die jährlich nur kurzzeitig und ausschließlich zur Trocknung von selbstgewonnenen Erzeugnissen in landwirtschaftlichen Betrieben eingesetzt werden und bei denen die Trocknung über Wärmeaustauscher erfolgt, nur in jedem dritten Kalenderjahr vom Bezirksschornsteinfegermeister die Anforderungen nach den §§ 2a, 4 und 6 durch Messungen überwachen zu lassen.

§ 9d Aufbewahrung der Unterlagen über die Meßergebnisse. Der Bezirksschornsteinfegermeister hat die Unterlagen über das Ergebnis der Messungen mindestens drei Jahre aufzubewahren und der zuständigen Behörde auf Verlangen vorzulegen.

§ 10 Eigenüberwachung bei Betriebsverwaltungen. (1) Die Aufgaben des Bezirksschornsteinfegermeisters werden bei Feuerungsanlagen

1. der Deutschen Bundesbahn, die zu den Betriebsanlagen und Fahrzeugen im Sinne des § 38 Bundesbahngesetz in der im Bundesgesetzblatt Teil III, Gliederungsnummer 931-1, veröffentlichten bereinigten Fassung, zuletzt geändert durch Artikel 2 des Gesetzes vom 21. Dezember 1970 (BGBl. I S. 1765), gehören,

2. der Träger der Straßenbaulast für Bundesfernstraßen, die Teil der Bauten im Sinne des § 4 des Bundesfernstraßengesetzes in der Fassung der Bekanntmachung vom 1. Oktober 1974 (BGBl. I S. 2413, 2908), zuletzt geändert durch Artikel 2 des Gesetzes vom 18. August 1976 (BGBl. I S. 2221), sind und

3. der Wasser- und Schiffahrtsverwaltung des Bundes, die Teil der bundeseigenen Schiffahrtsanlagen und Schiffahrtszeichen sowie der bundeseigenen wasserbaulichen Anlagen im Sinne des § 48 des Bundeswasserstraßengesetzes vom 2. April 1968 (BGBl. II S. 173), zuletzt geändert durch Artikel 5 des Gesetzes vom 10. Mai 1978 (BGBl. I S. 613), sind,

von Stellen der zuständigen Verwaltungen wahrgenommen.

(2) Die zuständigen Verwaltungen teilen die Wahrnehmung der Eigenüberwachung nach Absatz 1 der für den Vollzug dieser Verordnung zuständigen Landesbehörde und dem Bezirksschornsteinfegermeister mit. Auf Anfrage der zuständigen Landesbehörde oder des Bezirksschornsteinfegermeisters erteilen sie auch Auskunft über die für die Aufstellung eines Emissionskatasters im Sinne des § 46 des Bundes-Immissionsschutzgesetzes erforderlichen Daten.

§ 11 Ordnungswidrigkeiten. Ordnungswidrig im Sinne des § 62 Abs. 1 Nr. 7 des Bundes-Immissionsschutzgesetzes handelt, wer vorsätzlich oder fahrlässig

1. entgegen § 3 Abs. 1 Satz 1 eine Feuerungsanlage errichtet,
2. entgegen §§ 2, 2a Abs. 1, § 3 Abs. 2, § 4 Abs. 1 oder 2, §§ 4a, 5 Abs. 1 oder § 6 eine Feuerungsanlage betreibt,
3. entgegen § 9 Satz 1 eine Kontrollöffnung nicht herstellt oder nicht herstellen läßt oder entgegen § 9 Satz 2 die Herstellung einer Kontrollöffnung nicht gestattet,
4. entgegen § 9a Abs. 1 oder Abs. 2 Satz 1, § 9b Satz 1 oder § 9c eine Messung nicht oder nicht rechtzeitig durchführen läßt.

§ 12 (Außerkrafttreten von Landesvorschriften)

§ 13 Übergangsvorschrift. (1) § 2a ist für Feuerungsanlagen mit Verdampfungsbrennern, die vor dem 1. Januar 1979 errichtet worden sind, ab 1. Januar 1985 anzuwenden.

(2) Die in § 3 Abs. 1 Satz 1 bezeichneten Feuerungsanlagen sind ab 1. Juli 1978 abweichend von § 3 Abs. 2 Nr. 1 so zu betreiben, daß die Rußzahl 3 der Rußzahl-Vergleichsskala nicht überschritten wird.

(3) § 4a ist ab 1. Oktober 1981 anzuwenden.

(4) § 9a ist für Feuerungsanlagen
1. für gasförmige Brennstoffe ab 1. Januar 1981 anzuwenden,
2. mit Außenwandanschluß ab 1. Januar 1985 anzuwenden, soweit sie nach diesem Zeitpunkt errichtet oder aufgestellt werden.

§ 14 Berlin-Klausel. Diese Verordnung gilt nach § 14 des Dritten Überleitungsgesetzes in Verbindung mit § 73 des Bundes-Immissionsschutzgesetzes auch im Land Berlin.

§ 15 (Inkrafttreten).

(Die nach dem BGBl. hier folgenden Anlagen sind nicht abgedruckt.)

7b. Zweite Verordnung zur Durchführung des Bundes-Immissionsschutzgesetzes (Verordnung über Chemischreinigungsanlagen – 2. BImSchV)

Vom 28. August 1974

(BGBl. I S. 2130)

(BGBl. III 2129-8-1-2)

Auf Grund des § 23 Abs. 1 des Bundes-Immissionsschutzgesetzes vom 15. März 1974 (Bundesgesetzbl. I S. 721, 1193) verordnet die Bundesregierung nach Anhörung der beteiligten Kreise mit Zustimmung des Bundesrates:

§ 1 Anwendungsbereich. Diese Verordnung gilt für die Errichtung, die Beschaffenheit und den Betrieb von Anlagen, durch die Textilien, Leder oder Pelze unter Verwendung von Reinigungs- oder Behandlungsmitteln, die Trichloräthylen oder Perchloräthylen enthalten, gereinigt, getrocknet oder sonst behandelt werden (Chemischreinigungsanlagen).

§ 2 Ausrüstung. (1) Chemischreinigungsanlagen sind mit Filtern auszurüsten, die ein Überschreiten des Emissionswertes nach § 4 bei normalem Betriebszustand ausschließen.

(2) Die gereinigte Abluft ist durch eine gesonderte Abluftleitung über Dach abzuführen, es sei denn, daß durch eine andere Führung der Abluftleitung schädliche Umwelteinwirkungen für die Nachbarschaft nicht zu befürchten sind.

§ 3 Kontrollöffnung und Messung. Der Betreiber einer Chemischreinigungsanlage ist verpflichtet, hinter dem Filter in einem geraden Rohrstück der Abluftleitung eine dicht verschließbare Kontrollöffnung mit einem Durchmesser von 15 mm zum Zwecke der Messung herzustellen oder herstellen zu lassen.

§ 4 Emissionswert. Chemischreinigungsanlagen sind so zu betreiben, daß der Gehalt an Trichloräthylen oder Perchloräthylen 30 Kubikzentimeter je Kubikmeter Abluft (30 ppm) nicht überschreitet.

§ 5 Weitergehende Anforderungen. Die Befugnis der zuständigen Behörden, auf Grund des Bundes-Immissionsschutzgesetzes andere oder weitergehende Anordnungen zu treffen, bleibt unberührt.

§ 6 Ordnungswidrigkeiten. Ordnungswidrig im Sinne des § 62 Abs. 1 Nr. 7 des Bundes-Immissionsschutzgesetzes handelt, wer vorsätzlich oder fahrlässig

7b 2. BImSchV §§ 7–10 VO über Chemischreinigungsanlagen

1. entgegen § 2 Abs. 1 eine Chemischreinigungsanlage nicht mit Filtern ausrüstet,
2. die gereinigte Abluft entgegen § 2 Abs. 2 abführt,
3. entgegen § 3 Satz 1 eine Kontrollöffnung nicht herstellt oder nicht herstellen läßt oder
4. entgegen § 4 eine Chemischreinigungsanlage so betreibt, daß der zulässige Gehalt an Trichloräthylen oder Perchloräthylen in der Abluft überschritten wird.

§ 7 Außerkrafttreten von Landesvorschriften. Mit dem Inkrafttreten dieser Verordnung treten die

1. Zweite Verordnung der Landesregierung des Landes Baden-Württemberg zur Durchführung des Immissionsschutzgesetzes (Chemischreinigungsanlagen) vom 16. Januar 1973 (Gesetzbl. S. 18),
2. Dritte Landesverordnung des Bayerischen Staatsministeriums des Innern zur Durchführung des Art. 18b des Landesstraf- und Verordnungsgesetzes vom 24. August 1970 (Gesetz- und Verordnungsbl. S. 440),
3. Verordnung des Niedersächsischen Landesministeriums über die Auswurfbegrenzung bei Chemischreinigungsanlagen vom 6. Februar 1973 (Gesetz- und Verordnungsbl. S. 32),
4. Fünfte Verordnung der Landesregierung des Landes Nordrhein-Westfalen zur Durchführung des Immissionsschutzgesetzes (Auswurfbegrenzung bei Chemischreinigungsanlagen) vom 25. Juli 1967 (Gesetz- und Verordnungsbl. S. 137)

außer Kraft.

§ 8 Übergangsvorschrift. Chemischreinigungsanlagen, die vor dem Inkrafttreten dieser Verordnung in Betrieb genommen worden sind, müssen den Anforderungen der §§ 2 bis 4 in den Ländern Baden-Württemberg, Bayern und Nordrhein-Westfalen ab 1. Oktober 1974, im Lande Niedersachsen ab 1. Januar 1975 und in den übrigen Bundesländern ab 1. Juni 1975 genügen.

§ 9 Berlin-Klausel. Diese Verordnung gilt nach § 14 des Dritten Überleitungsgesetzes vom 4. Januar 1952 (Bundesgesetzbl. I S. 1) in Verbindung mit § 73 des Bundes-Immissionsschutzgesetzes auch im Land Berlin.

§ 10 Inkrafttreten. Diese Verordnung tritt am 1. Oktober 1974 in Kraft.

7c. Dritte Verordnung zur Durchführung des Bundes-Immissionsschutzgesetzes (Verordnung über Schwefelgehalt von leichtem Heizöl und Dieselkraftstoff – 3. BImSchV)

Vom 15. Januar 1975

(BGBl. I S. 264)

(BGBl. III 2129-8-1-3)

Auf Grund des § 34 Abs. 1 und 2 des Bundes-Immissionsschutzgesetzes vom 15. März 1974 (Bundesgesetzbl. I S. 721, 1193), geändert durch das Gesetz zur Änderung des Einführungsgesetzes zum Strafgesetzbuch vom 15. August 1974 (Bundesgesetzbl. I S. 1942), verordnet die Bundesregierung mit Zustimmung des Bundesrates:

§ 1 Anwendungsbereich. Diese Verordnung gilt für den Schwefelgehalt von leichtem Heizöl zur Verwendung als Brennstoff und von Dieselkraftstoff zum Betrieb von Dieselmotoren.

§ 2 Begriffsbestimmungen. (1) Leichtes Heizöl und Dieselkraftstoff im Sinne dieser Verordnung sind Erdölerzeugnisse, die nach der Bestimmungsmethode Nr. 1 b) der Anlage bei 350 Grad Celsius mindestens 85 Volumenprozent Destillat ergeben.

(2) Einführer im Sinne dieser Verordnung ist, wer leichtes Heizöl oder Dieselkraftstoff gewerbsmäßig oder im Rahmen wirtschaftlicher Unternehmungen einführt. Dem Einführer steht gleich, wer leichtes Heizöl oder Dieselkraftstoff sonst in den Geltungsbereich dieser Verordnung verbringt.

(3) Vermischer im Sinne dieser Verordnung ist, wer leichtes Heizöl oder Dieselkraftstoff vermischt.

§ 3 Begrenzung des Schwefelgehalts. (1) Leichtes Heizöl und Dieselkraftstoff dürfen gewerbsmäßig oder im Rahmen wirtschaftlicher Unternehmungen anderen nur überlassen werden, wenn folgender Höchstgehalt an Schwefelverbindungen, berechnet als Schwefel, nicht überschritten wird:

Ab 1. Mai 1975	0,55 vom Hundert des Gewichts
Ab 1. Mai 1976	0,50 vom Hundert des Gewichts
Ab 1. Januar 1979	0,30 vom Hundert des Gewichts.

(2) Für leichtes Heizöl und Dieselkraftstoff, die eingeführt oder sonst in den Geltungsbereich dieser Verordnung verbracht werden, ist Absatz 1 erst vom Zeitpunkt der Abfertigung in den zollrechtlich freien Verkehr anzuwenden.

§ 4 Ausnahmen. (1) Die zuständige Behörde bewilligt im Benehmen mit dem Bundesamt für gewerbliche Wirtschaft auf Antrag Ausnahmen von § 3, soweit die Einhaltung des zulässigen Höchstgehalts an Schwefelverbindungen zu einer erheblichen Gefährdung der Versorgung des Verbrauchers führen würde.

(2) Die zuständige Behörde bewilligt ferner im Benehmen mit dem Bundesamt für gewerbliche Wirtschaft auf Antrag Ausnahmen von § 3, soweit die Einhaltung des zulässigen Höchstgehalts an Schwefelverbindungen für den Hersteller im Geltungsbereich dieser Verordnung oder den Einführer eine unzumutbare Härte bedeuten würde und die Ausnahme dem Schutz vor schädlichen Umwelteinwirkungen nicht zuwiderläuft.

(3) Die Bewilligung kann unter Bedingungen erteilt und mit Auflagen verbunden werden; sie kann widerrufen werden, wenn die Voraussetzungen für ihre Erteilung nicht mehr vorliegen. Die Bewilligung ist zu befristen, im Falle des Absatzes 2 längstens bis zu einem Jahr nach dem jeweiligen Wirksamwerden der Begrenzung des Schwefelgehaltes nach § 3.

§ 5 Überwachung. (1) Der Auskunftspflichtige nach § 52 Abs. 2 und 3 des Bundes-Immissionsschutzgesetzes, der leichtes Heizöl oder Dieselkraftstoff als Hersteller, Vermischer, Einführer oder Großverteiler (über 1000 Kubikmeter Lagerkapazität) lagert, hat Tankbelegbücher zu führen und auf Verlangen vorzulegen, aus denen sich die Lieferanten des leichten Heizöls oder Dieselkraftstoffs ergeben.

(2) Auf Verlangen der zuständigen Behörde hat der Auskunftspflichtige nach Absatz 1 eine Erklärung des Herstellers oder Vermischers über die Beschaffenheit des gelagerten leichten Heizöls oder Dieselkraftstoffs auf einem Vordruck nach dem Muster der Anlage vorzulegen; sofern der Hersteller oder Vermischer nicht selbst geliefert hat, muß die Erklärung zusätzlich Angaben des Lieferanten über die dem Auskunftspflichtigen gelieferten Mengen auf einem Vordruck nach dem Muster der Anlage enthalten. Die zuständige Behörde kann dem Auskunftspflichtigen für die Vorlage der Erklärung eine Frist setzen.

§ 6 Einfuhr von leichtem Heizöl und Dieselkraftstoff. (1) Der Einführer hat eine schriftliche Erklärung des Herstellers oder des Vermischers über die Beschaffenheit des leichten Heizöls oder des Dieselkraftstoffs den für die Abfertigung der Sendung zuständigen Zolldienststellen unverzüglich, spätestens vor Abfertigung in den zollrechtlich freien Verkehr, vorzulegen und bis zum ersten Bestimmungsort der Sendung mitzuführen. Die Erklärung muß vollständige Angaben auf einem Vordruck nach dem Muster der Anlage enthalten.

(2) Der Einführer hat die Sendung der für den ersten Bestimmungsort zuständigen Behörde so rechtzeitig zu melden, daß die Behörde von der Sendung vor ihrem Eintreffen am ersten Bestimmungsort Kenntnis erhält.

(3) Die zollamtlich bescheinigte Erklärung des Herstellers oder des Vermischers ist am ersten Bestimmungsort der Sendung verfügbar zu

halten, solange sich die Sendung oder Teile der Sendung dort befinden. Darüber hinaus hat der Einführer eine Ausfertigung dieser Erklärung als Teil seiner geschäftlichen Unterlagen aufzubewahren.

§ 7 Ordnungswidrigkeiten. Ordnungswidrig im Sinne des § 62 Abs. 1 Nr. 7 des Bundes-Immissionsschutzgesetzes handelt, wer vorsätzlich oder fahrlässig

1. entgegen § 3 leichtes Heizöl oder Dieselkraftstoff mit einem höheren als dem zulässigen Schwefelgehalt anderen überläßt,
2. entgegen § 5 Abs. 1 Tankbelegbücher nicht oder nicht ordnungsgemäß führt oder auf Verlangen nicht vorlegt,
3. entgegen § 5 Abs. 2 die schriftliche Erklärung nicht, nicht vollständig oder nicht fristgemäß vorlegt,
4. entgegen § 6 Abs. 1 die schriftliche Erklärung nicht, nicht vollständig oder nicht rechtzeitig vorlegt oder bis zum ersten Bestimmungsort der Sendung nicht mitführt,
5. entgegen § 6 Abs. 2 die Sendung nicht, nicht ordnungsgemäß oder nicht rechtzeitig meldet,
6. entgegen § 6 Abs. 3 Satz 1 die zollamtlich bescheinigte Erklärung nicht am ersten Bestimmungsort der Sendung verfügbar hält,
7. entgegen § 6 Abs. 3 Satz 2 eine Ausfertigung der zollamtlich bescheinigten Erklärung nicht aufbewahrt.

§ 8 Berlin-Klausel. Diese Verordnung gilt nach § 14 des Dritten Überleitungsgesetzes vom 4. Januar 1952 (Bundesgesetzbl. I S. 1) in Verbindung mit § 73 des Bundes-Immissionsschutzgesetzes auch im Land Berlin.

§ 9 Inkrafttreten. Diese Verordnung tritt am Tage nach ihrer Verkündung[1] in Kraft.

---

[1] Die Verordnung wurde am 22. 1. 1975 verkündet.

(Die Anlage zur 3. BImSchV ist auf der folgenden Seite abgedruckt.)

7c 3. BImSchV Anl. VO über Schwefelgehalt

Anlage

1. Erklärung
des Herstellers oder Vermischers über die Beschaffenheit des leichten Heizöls oder Dieselkraftstoffs

Nummer der Ausfertigung:

	leichtes Heizöl	Dieselkraftstoff
Menge t:		
Name des ersten Empfängers:		
Erster Bestimmungsort der Sendung:		
Kenndaten		
a) Dichte bei 15° C nach DIN 51757 vom Juni 1971*) g/ml:		
b) Siedeverlauf nach DIN 51751 vom Februar 1964*) oder ASTM D 86–67 bis 350° C aufgefangene Destillatmenge Vol.-%:		
c) Schwefelgehalt nach DIN 51768 vom März 1968*), DIN 51409 vom Januar 1971*) oder nach DIN 51450 Blatt 3 vom Oktober 1974*) Gew.-%:		
Ort, Datum und Nummer der Prüfung:		

....
Hersteller (Name und Anschrift):

2. Zollamtlich abgefertigt am: ....
                                         Unterschrift
....
   Firmenname und Geschäftssitz:

   abgefertigte Menge: .... t
   Unterschrift und Dienstbezeichnung

....
3. Zusätzliche Erklärung des Lieferanten nach § 5
   Firmenname und Geschäftssitz

....
   gelieferte Menge: .... t
   Empfänger: ....
   Bestimmungsort: ....
   Ort, Datum: ....   Unterschrift

---

*) Das Normblatt, erschienen in der Beuth-Vertrieb GmbH, Berlin und Köln, ist bei dem Deutschen Patentamt archivmäßig gesichert niedergelegt.

7d. Vierte Verordnung zur Durchführung des Bundes-Immissionsschutzgesetzes (Verordnung über genehmigungsbedürftige Anlagen – 4. BImSchV)

Vom 14. Februar 1975

(BGBl. I S. 499, ber. S. 727)
mit Änderung
(BGBl. III 2129-8-1-4)

Auf Grund des § 4 Abs. 1 Satz 3 in Verbindung mit § 19 Abs. 1 des Bundes-Immissionsschutzgesetzes vom 15. März 1974 (Bundesgesetzbl. I S. 721, 1193), geändert durch das Gesetz zur Änderung des Einführungsgesetzes zum Strafgesetzbuch vom 15. August 1974 (Bundesgesetzbl. I S. 1942), verordnet die Bundesregierung nach Anhörung der beteiligten Kreise mit Zustimmung des Bundesrates:

§ 1 Genehmigungsbedürftige Anlagen. (1) Die Errichtung und der Betrieb der in den §§ 2 und 4 genannten Anlagen bedürfen einer Genehmigung nach § 4 Abs. 1 des Bundes-Immissionsschutzgesetzes.

(2) Die Errichtung und der Betrieb der in § 2 Nr. 42 und 43 und § 4 Nr. 2, 12 und 31 genannten Anlagen bedürfen der Genehmigung nur, soweit diese gewerblichen Zwecken dienen oder im Rahmen wirtschaftlicher Unternehmungen Verwendung finden.

§ 2 Förmliches Genehmigungsverfahren. Für folgende Anlagen wird die Genehmigung im Verfahren nach den §§ 8 bis 15 des Bundes-Immissionsschutzgesetzes erteilt:

1. Feuerungsanlagen für feste und flüssige Brennstoffe mit einer Feuerungswärmeleistung von mehr als 40 Gigajoule je Stunde und Feuerungsanlagen für gasförmige Brennstoffe mit einer Feuerungswärmeleistung von 2 Terajoule je Stunde und mehr; bilden mehrere Einzelfeuerungen eine gemeinsame Anlage oder führen mehrere Einzelfeuerungen zu einem gemeinsamen Schornstein mit einem oder mehreren Zügen, so ist die Summe der Leistungen der Einzelfeuerungen maßgebend;

   Kühltürme mit einem Kühlwasserdurchsatz von 10000 Kubikmetern je Stunde und mehr;

2. Anlagen, die dazu bestimmt sind, feste oder flüssige Stoffe durch Verbrennen oder thermische Zersetzung (Vergasung) ganz oder teilweise zu beseitigen;

   Anlagen, die dazu bestimmt sind, durch Verbrennen aus festen Stoffen einzelne Bestandteile zurückzugewinnen;

   Kompostwerke;

   Anlagen, die dazu bestimmt sind, Stoffe aufzubereiten, die in Anlagen nach Halbsatz 1 oder 2 verbrannt oder thermisch zersetzt, in

7d 4. BImSchV § 2   VO über genehmigungsbedürftige Anl.

Anlagen nach Halbsatz 3 kompostiert oder die abgelagert werden sollen;

Anlagen zum Zerkleinern von Schrott durch Rotormühlen;

3. Anlagen zum Brechen und Klassieren von in Steinbrüchen gewonnenem Gestein;

Anlagen zum Mahlen oder Blähen von Schiefer und Ton;

Anlagen zum Brennen oder Mahlen von Bauxit, Dolomit, Feldspat, Gips, Kieselgur, Magnesit, Mineralfarben, Muschelschalen, Pegmatitsand, Quarzit, Schamotte, Schlacke, Speckstein, Talkum, Tuff (Traß) und Kalkstein, ausgenommen Anlagen zum Brennen von Kalkstein, wenn das Abgas in einem angeschlossenen Herstellungsverfahren verbraucht wird;

Anlagen zur Herstellung von Zementen;

Anlagen zum Brennen von grobkeramischen Erzeugnissen, insbesondere von feuerfesten Steinen, Steinzeugrohren und sonstigen Erzeugnissen aus Grobsteinzeug, Mauer-, Decken- und Dachziegeln, Klinkern sowie sonstigen Ziegeleierzeugnissen;

4. Anlagen zur Gewinnung von Roheisen und rohen Nichteisenmetallen;

5. Anlagen zum Rösten (Erhitzen unter Luftzufuhr zur Überführung in Oxide), Schmelzen oder Sintern (Stückigmachen von feinkörnigen Stoffen durch Erhitzen) mineralischer Stoffe;

6. Anlagen zum Erschmelzen von Roheisen oder Rohstahl sowie Anlagen zur Stahlerzeugung, ausgenommen Vakuum-Schmelzanlagen für einen Einsatz bis zu 5 Tonnen;

Anlagen zum maschinellen Flämmen von Stahl (Blöcke, Brammen usw.);

Schmelzanlagen für Nichteisenmetalle einschließlich der Anlagen zur Raffination, ausgenommen Vakuum-Schmelzanlagen und Schmelzanlagen für einen Einsatz bis zu 50 Kilogramm Leichtmetall oder 200 Kilogramm Schwermetall und Schmelzanlagen für Edelmetalle oder für Legierungen, die nur aus Edelmetallen bestehen;

Anlagen zum Walzen von Metallen;

7. Eisen-, Temper- und Stahlgießereien;

Gießereien für Nichteisenmetalle, ausgenommen Gießereien für Glocken- oder Kunstguß und Gießereien, in denen in metallische Formen abgegossen wird oder in denen das Metall in ortsbeweglichen Tiegeln niedergeschmolzen wird;

8. Verbleiungs-, Verzinnungs- und Verzinkungsanstalten mit feuerflüssigen Bädern mit einem Rohgutdurchsatz von insgesamt einer Tonne und mehr je Stunde;

9. Anlagen, die aus einem oder mehreren maschinell angetriebenen Hämmern bestehen, wenn die Schlagenergie eines Hammers 1 Kilojoule überschreitet; den Hämmern stehen Fallwerke gleich;

10. Anlagen zur Gewinnung von Asbest sowie zur Bearbeitung und Verarbeitung von Asbest und Asbesterzeugnissen;

VO über genehmigungsbedürftige Anl.   § 2   4. BImSchV 7d

11. Anlagen zur Herstellung von Metallpulver und Metallpaste;
12. Fabriken, in denen Dampfkessel, Röhren oder Behälter aus Blech durch Vernieten hergestellt oder durch Hämmern bearbeitet werden;
    Anlagen zur Herstellung von warmgefertigten nahtlosen oder geschweißten Rohren aus Stahl;
13. Anlagen zur Herstellung oder Instandsetzung von Schiffskörpern aus Metall;
    Anlagen zur Herstellung von Stahlbaukonstruktionen, die vernietet oder mit maschinell angetriebenen Hämmern bearbeitet werden;
14. Prüfstände für oder mit Verbrennungsmotoren oder Gasturbinen mit mehr als 300 Kilowatt Leistung;
    Prüfstände für oder mit Luftschrauben, Rückstoßantrieben oder Stahltriebwerken;
15. Anlagen, die aus einer oder mehreren Gasturbinen zum Antrieb von Kraft- oder Arbeitsmaschinen bestehen, ausgenommen Gasturbinen mit geschlossenem Kreislauf;
16. Anlagen zur Herstellung von Formstücken unter Verwendung von Zement oder anderen Bindemitteln durch Stampfen, Schocken, Rütteln oder Vibrieren auf Maschinen mit einer Produktionsleistung von einer Tonne und mehr je Stunde;
17. Fabriken oder Fabrikationsanlagen, in denen Stoffe durch chemische Umwandlung hergestellt werden, insbesondere Anlagen
    a) zur Herstellung von anorganischen Grundchemikalien, wie Säuren, Basen, Salze,
    b) zur Herstellung von Metallen oder Nichtmetallen auf nassem Wege oder mit Hilfe elektrischer Energie,
    c) zur Herstellung von Korund oder Karbid,
    d) zur Herstellung von Halogenen oder Halogenerzeugnissen sowie Schwefel oder Schwefelerzeugnissen,
    e) zur Herstellung von phosphor- oder stickstoffhaltigen Düngemitteln,
    f) zur Herstellung von unter Druck gelöstem Acetylen (Dissousgasfabriken),
    g) zur Herstellung von organischen Grundchemikalien oder Lösemitteln, wie Alkohole, Aldehyde, Ketone, Säuren, Ester, Acetate, Äther,
    h) zur Herstellung von Kunststoffen oder Chemiefasern,
    i) zur Herstellung von Zellhorn,
    k) zur Herstellung von Kunstharzen,
    l) zur Herstellung von Kohlenwasserstoffen,
    m) zur Herstellung von synthetischem Kautschuk,
    n) zum Regenerieren von Gummi und Gummimischprodukten unter Verwendung von Chemikalien,
    o) zur Herstellung von Teerfarben oder Teerfarbenzwischenprodukten,

7 d 4. BImSchV § 2 VO über genehmigungsbedürftige Anl.

p) zur Herstellung von Seifen oder Waschmitteln;
hierzu gehören nicht Anlagen zur Erzeugung oder Spaltung von Kernbrennstoffen oder zur Aufarbeitung bestrahlter Kernbrennstoffe;

18. Anlagen zur Gewinnung von Ruß;
19. Anlagen zur Herstellung von Reibbelägen unter Verwendung von Phenoplasten oder sonstigen Kunstharzbindemitteln;
20. Anlagen zum Erschmelzen von Harzen;
Anlagen zur Herstellung von Firnis oder von Lacken unter Erwärmen;
21. Anlagen zur Reinigung oder zum Aufbereiten von Sulfatterpentinöl oder Tallöl;
22. Anlagen zur Gewinnung von Wolle aus Textilabfällen durch Karbonisieren;
23. Anlagen zum Bleichen von Garnen und Geweben unter Verwendung von alkalischen Stoffen und von Chlor und Chlorverbindungen;
24. Anlagen zur Gewinnung von Zellstoff aus Holz, Stroh und ähnlichen Faserstoffen;
25. Anlagen zur Herstellung von Holzfaserplatten oder Holzspanplatten;
26. Anlagen zur Herstellung von Speisewürzen aus tierischen oder pflanzlichen Stoffen unter Verwendung von Säuren;
27. Anlagen zur Destillation oder Raffination oder sonstigen Weiterverarbeitung von Erdöl und Erdölerzeugnissen;
28. Anlagen über Tage zur Gewinnung von Öl aus Schiefer und anderen Gesteinen sowie Anlagen zur Destillation oder Weiterverarbeitung solcher Öle;
29. Anlagen zur Trockendestillation, insbesondere von Steinkohle, Braunkohle, Holz, Torf oder Pech (zum Beispiel Kokereien, Gaswerke und Schwelereien), ausgenommen Holzkohlenmeiler;
Anlagen zur Erzeugung von Generator- oder Wassergas aus festen Brennstoffen;
Anlagen zur Erzeugung von Stadt- oder Ferngas aus Kohlenwasserstoffen durch Spalten;
30. Anlagen zur Destillation oder Weiterverarbeitung von Teer oder Teererzeugnissen und von Teer- oder Gaswasser;
31. Pechsiedereien;
32. Anlagen zum Schmelzen oder Destillieren von Naturasphalt;
33. Anlagen zur Herstellung oder zum Schmelzen von Mischungen aus Bitumen oder Teer mit Mineralstoffen einschließlich Aufbereitungsanlagen für bituminöse Straßenbaustoffe und Teersplittanlagen, von denen den Umständen nach zu erwarten ist, daß sie länger als 6 Monate an demselben Ort betrieben werden;
34. Anlagen zum Brikettieren von Braun- oder Steinkohle;

35. Anlagen zur Herstellung von Hartbrandkohle oder Graphit durch Brennen, zum Beispiel für Elektroden, Stromabnehmer oder Apparateteile;
36. Anlagen zur Herstellung von Kohleanzündern unter Verwendung von Naphthalin, Anthracen oder ähnlichen Stoffen;
37. Anlagen zum Tränken oder Überziehen von Stoffen oder Gegenständen mit heißem Bitumen, Teer oder Teeröl, ausgenommen Anlagen zum Tränken oder Überziehen von Kabeln mit heißem Bitumen;
38. Anlagen zur Herstellung von geschweltem Kork;
39. Anlagen zum Beschichten, Imprägnieren, Lackieren und Tränken von Glasfasern, Mineralfasern oder von Trägerbahnen aus Faserstoffen, Textilien oder Papier mit oxidiertem Leinöl oder mit Kunstharzen oder Kunststoffen, die organische Lösemittel oder Weichmacher enthalten, ausgenommen Anlagen im Sinne des § 4 Nr. 17; Anlagen zum Isolieren von Drähten unter Verwendung von Phenol- oder Kresolharzen;
40. Anlagen zur Herstellung von Glas einschließlich Glasfasern;
41. Anlagen zur Herstellung von Kunstleder oder ähnlichen Kunststoffen mittels Zellhorn- oder Nitrocelluloselösung;
42. Anlagen zum Herstellen, Bearbeiten, Verarbeiten, Wiedergewinnen oder Vernichten von in der Anlage I des Gesetzes über explosionsgefährliche Stoffe vom 25. August 1969 (Bundesgesetzbl. I S. 1358, 1970 I S. 224) aufgeführten explosionsgefährlichen Stoffen, von Zündmitteln oder pyrotechnischen Gegenständen im Sinne des § 2 Abs. 2 des Gesetzes über explosionsgefährliche Stoffe und von explosionsfähigen Stoffen, die zum Sprengen bestimmt sind; hierzu gehören auch die Anlagen zum Laden, Entladen oder Delaborieren von Munition oder sonstigen Sprengkörpern; ausgenommen sind Anlagen zur Herstellung von Sicherheitszündhölzern;
43. Anlagen zum Speichern von brennbaren Gasen in Behältern mit einem Fassungsvermögen von insgesamt mehr als 15 000 Kubikmetern, bezogen auf 20 Grad Celsius und 1013 Millibar;
44. Anlagen zum Lagern und Speichern von Mineralöl oder flüssigen Mineralölerzeugnissen in Behältern mit einem Fassungsvermögen von insgesamt mehr als 50 000 Kubikmetern;
45. Anlagen zum Halten oder zur Aufzucht von Hennen oder Mastgeflügel mit mehr als 7000 Hennenplätzen oder 14 000 Mastgeflügelplätzen, ausgenommen Anlagen, in denen Geflügel ausschließlich zu Zuchtzwecken gehalten wird;
Anlagen zum Halten oder zur Aufzucht von Schweinen mit mehr als 700 Mastschweineplätzen oder 280 Sauenplätzen, ausgenommen Anlagen mit Einstreu der Boxen (Festmistverfahren), die weniger als 900 Mastschweineplätze oder 360 Sauenplätze haben;
46. Anlagen zum Schlachten von Tieren mit Ausnahme der Anlagen, in denen in handwerklichem Umfang geschlachtet wird;

7d 4. BImSchV § 3   VO über genehmigungsbedürftige Anl.

Anlagen, in denen Fleisch- oder Fischwaren geräuchert werden mit Ausnahme der Anlagen, die im Gaststättengewerbe oder lediglich in handwerklichem Umfang betrieben werden oder von denen den Umständen nach zu erwarten ist, daß sie nicht länger als sechs Monate an demselben Ort betrieben werden;

47. Tierkörperbeseitigungsanstalten und Einrichtungen, in denen Tierkörper, Tierkörperteile und Erzeugnisse tierischer Herkunft zur Beseitigung in Tierkörperbeseitigungsanstalten abgeliefert, gesammelt und gelagert werden (Sammelstellen);

Anlagen zum Lagern, Behandeln und Verwerten von Knochen, Tierhaaren, Federn, Hörnern, Klauen, Blut oder sonstigen von Tieren stammenden Abfällen;

Kottrocknungsanlagen;

48. Anlagen zur Herstellung von Fischmehl oder Fischöl;

Anlagen zur Aufbereitung und zur ungefaßten Lagerung von Fischmehl;

Garnelendarren (Krabbendarren) und Kochereien für Futterkrabben;

49. Anlagen zum Reinigen oder zum Entschleimen von tierischen Därmen oder Mägen;

Anlagen zur Zubereitung oder Verarbeitung von Kälbermägen zur Labgewinnung;

50. Anlagen zum Trocknen, Einsalzen, Lagern oder Enthaaren ungegerbter Tierhäute und Tierfelle;

51. Anlagen zum Gerben von Häuten oder Fellen;

52. Anlagen zur Herstellung von Gelatine, Hautleim, Lederleim und Knochenleim;

53. Anlagen zum Schmelzen von tierischen Fetten mit Ausnahme der Anlagen zur Verarbeitung von selbstgewonnenen tierischen Fetten zu Speisefetten in handwerklich betriebenen Fleischereien;

54. Flachs- und Hanfrösten mit Ausnahme der Tau- und Wiesenrösten;

55. Hopfen-Schwefeldarren;

56. Anlagen zur Trocknung von Grünfutter, ausgenommen Anlagen zur Trocknung von selbstgewonnenem Grünfutter im landwirtschaftlichen Betrieb;

57. Zuckerfabriken;

58. Anlagen zur Sprengverformung und zum Plattieren mit Sprengstoffen bei einem Einsatz von 10 Kilogramm Sprengstoff und mehr je Schuß.

§ 3 Versuchsanlagen. (1) Handelt es sich bei den in § 2 genannten Anlagen um Versuchsanlagen, so wird die Genehmigung im vereinfachten Verfahren nach § 19 des Bundes-Immissionsschutzgesetzes erteilt, sofern sie auf eine Betriebsdauer der Anlage von nicht mehr als einem Jahr beschränkt ist.

(2) Versuchsanlagen sind Anlagen, die ausschließlich oder überwiegend der Entwicklung und Erprobung neuer Verfahren und Erzeugnisse dienen und nicht länger als ein Jahr betrieben werden.

(3) In begründeten Fällen kann die zuständige Behörde auf Antrag die Genehmigung nach Absatz 1 bis zu einem weiteren Jahr verlängern. Darüber hinaus kann für die Anlage eine Genehmigung im Verfahren nach § 19 des Bundes-Immissionsschutzgesetzes auch dann nicht erteilt werden, wenn ihre Lage, ihre Beschaffenheit oder ihr Betrieb geändert worden sind.

§ 4 Vereinfachtes Genehmigungsverfahren. Für folgende Anlagen wird die Genehmigung im vereinfachten Verfahren nach § 19 des Bundes-Immissionsschutzgesetzes erteilt:

1. Feuerungsanlagen für den Einsatz fester oder flüssiger Brennstoffe mit einer Feuerungswärmeleistung von 4 Gigajoule je Stunde bis einschließlich 40 Gigajoule je Stunde; bilden mehrere Einzelfeuerungen eine gemeinsame Anlage oder führen mehrere Einzelfeuerungen zu einem gemeinsamen Schornstein mit einem oder mehreren Zügen, so ist die Summe der Leistungen der Einzelfeuerungen maßgebend;
2. Anlagen zur Oberflächenbehandlung von Metallen unter Verwendung von Säuren;
3. ortsfeste Anlagen zur Oberflächenbehandlung von Stahlbaukonstruktionen oder Blechteilen mit Sand, Stahlkies oder ähnlichen körnigen Materialien;
4. Verbleiungs-, Verzinnungs- oder Verzinkungsanstalten mit feuerflüssigen Bädern mit einem Rohgutdurchsatz unter insgesamt einer Tonne je Stunde;
5. Anlagen zur Herstellung von Bolzen, Nägeln, Nieten, Muttern, Schrauben, Kugeln, Nadeln oder ähnlichen metallischen Normteilen durch Druckumformen auf Automaten;

    Anlagen zur Herstellung von Kronenkorken;
6. Anlagen zur Herstellung von kaltgefertigten nahtlosen oder geschweißten Rohren aus Stahl;
7. Anlagen zum Brechen und Klassieren von Kies;
8. Stationäre Anlagen zur Herstellung von Beton oder Mörtel;
9. Stationäre Anlagen zur Herstellung von Formstücken unter Verwendung von Zement oder anderen Bindemitteln durch Stampfen, Schocken, Rütteln oder Vibrieren auf Maschinen mit einer Produktionsleistung unter einer Tonne je Stunde;
10. Anlagen zur Herstellung von Kalksandsteinen oder Gasbetonsteinen unter Dampfdruck;
11. Anlagen zum Mahlen von feinkeramischen Rohstoffen und zum Brennen von feinkeramischen Erzeugnissen, insbesondere von Porzellan, Sanitärkeramik, Geschirr, Wand- und Bodenfliesen, Sinterkeramik, Zierkeramik, Schleifmitteln;

7d 4. BImSchV § 4 VO über genehmigungsbedürftige Anl.

12. Anlagen zum Säurepolieren von Glas und Glaswaren unter Verwendung von Flußsäure;

13. Anlagen zur Herstellung von künstlichen Schleifscheiben, -körpern, -papieren oder -geweben unter Verwendung organischer Binde- oder Lösemittel;

14. Anlagen zum Vulkanisieren von Natur- oder Synthesekautschuk unter Verwendung von Schwefel oder Schwefelverbindungen;

15. Anlagen zur Herstellung von Lacken ohne Erwärmen oder von Druckfarben;
    Anlagen zur Herstellung von Bautenschutz-, Klebe- oder Reinigungsmitteln, soweit diese Stoffe nicht durch chemische Umwandlung hergestellt werden;

16. Anlagen zum Lackieren von Gegenständen mit organische Lösemittel enthaltenden Lacken einschließlich der zugehörigen Trocknungsanlagen, wenn der stündliche Lackverbrauch insgesamt 50 Kilogramm oder mehr beträgt;

17. Anlagen zur Herstellung von Formmassen (zum Beispiel Harzmatten oder Preßmassen), Formteilen oder Fertigerzeugnissen unter Verwendung von ungesättigten Polyesterharzen mit Styrol-Zusatz oder von Epoxidharzen mit Aminen als Härter;

18. Anlagen zur Herstellung von Gegenständen unter Verwendung von Phenol-, Kresol- oder Furanharzen mittels Wärmebehandlung;

19. Anlagen, in denen Kartoffeln oder Gemüse gebraten, gekocht oder gedämpft werden, mit Ausnahme von Anlagen, die im Gaststättengewerbe oder lediglich in handwerklichem Umfang betrieben werden oder von denen den Umständen nach zu erwarten ist, daß sie nicht länger als sechs Monate an demselben Ort betrieben werden;

20. Anlagen, in denen Fleisch oder Fisch gebraten, gekocht oder gedämpft wird, mit Ausnahme von Anlagen, die im Gaststättengewerbe oder lediglich in handwerklichem Umfang betrieben werden oder von denen den Umständen nach zu erwarten ist, daß sie nicht länger als sechs Monate an demselben Ort betrieben werden;

21. Anlagen zum Rösten von Kaffee, Kaffee-Ersatzprodukten, Kakao, Getreide;

    Anlagen zum Rösten von Zwiebeln mit Ausnahme von Anlagen, die im Gaststättengewerbe betrieben werden oder von denen den Umständen nach zu erwarten ist, daß sie nicht länger als sechs Monate an demselben Ort betrieben werden;

22. Anlagen zur Herstellung von Süßwaren unter Verwendung von Schokolade, Lakritz oder Marzipan mit Ausnahme von Anlagen, die im Gaststättengewerbe oder lediglich in handwerklichem Umfang betrieben werden oder von denen den Umständen nach zu erwarten ist, daß sie nicht länger als sechs Monate an demselben Ort betrieben werden;

VO über genehmigungsbedürftige Anl. § 4 4. BImSchV 7d

23. Anlagen zur Herstellung von Hefe oder Stärkemehlen;
24. Melassebrennereien, Brauereien, Biertrebertrocknungsanlagen;
25. Anlagen zur Trocknung von Getreide oder Tabak unter Einsatz von Gebläsen, ausgenommen Anlagen zur Trocknung von selbstgewonnenem Getreide oder Tabak im landwirtschaftlichen Betrieb;
26. Anlagen zum Färben von Polyestergeweben oder Polyestermischgeweben unter Verwendung von Färbebeschleunigern einschließlich der Spannrahmenanlagen;
27. Anlagen, die aus einem oder mehreren maschinenbetriebenen Webstühlen bestehen;
28. Anlagen zum automatischen Reinigen, Abfüllen oder Verpacken von Getränkeflaschen;
29. Automatische Autowaschstraßen;
30. Elektroumspannwerke mit einer Oberspannung von 220 Kilovolt und mehr;
31. Anlagen zum Speichern brennbarer Gase in Behältern mit einem Fassungsvermögen von insgesamt 1 500 bis einschließlich 15 000 Kubikmetern, bezogen auf 20 Grad Celsius und 1013 Millibar;
32. Ortsfeste Anlagen zum Umschlagen staubender Güter (zum Beispiel Erze, Bauxit, Kohle) durch Kippen von Wagen und Behältern oder unter Verwendung von Baggern, Schaufelladegeräten, Greifern und ähnlichen Einrichtungen an offenen Umschlagstellen;
33. Anlagen zur Herstellung oder zum Schmelzen von Mischungen aus Bitumen oder Teer mit Mineralstoffen einschließlich Aufbereitungsanlagen für bituminöse Straßenbaustoffe und Teersplittanlagen, von denen den Umständen nach zu erwarten ist, daß sie nicht länger als sechs Monate an demselben Ort betrieben werden;
34. Anlagen zum Lagern und Speichern von Mineralöl oder flüssigen Mineralölerzeugnissen in Behältern mit einem Fassungsvermögen von insgesamt 10000 Kubikmetern bis 50000 Kubikmetern;
35. Fabriken zur Herstellung von Arzneimitteln, soweit
    a) Pflanzen, Pflanzenteile oder Pflanzenbestandteile extrahiert, destilliert oder auf ähnliche Weise behandelt werden;
    b) Tierkörper, auch lebender Tiere, sowie Körperteile, Körperbestandteile und Stoffwechselprodukte von Tieren eingesetzt werden;
    c) Mikroorganismen sowie deren Bestandteile oder Stoffwechselprodukte verwendet werden;
36. Anlagen, in denen Sauerkraut in nicht lediglich handwerklichem Umfang hergestellt wird (Sauerkrautfabriken);
37. ortsfeste Anlagen, in denen Unkrautvertilgungs- und Schädlingsbekämpfungsmittel oder Stoffe zu deren Herstellung gemahlen, gemischt, abgepackt oder umgefüllt werden, mit Ausnahme von Anlagen, die in handwerklichem Umfang betrieben werden;

7d 4. BImSchV §§ 5–8 VO über genehmigungsbedürftige Anl.

38. Steinbrüche, in denen Sprengstoffe verwendet werden;
39. Anlagen, die der Übung und Ausübung des Motorsports dienen;
40. nicht der Landesverteidigung dienende Schießstände und Schießplätze.

§ 5 Teile von förmlich zu genehmigenden Anlagen. Sind in § 4 genannte Anlagen Teile von Anlagen nach § 2, so wird die Genehmigung für die in § 4 genannten Anlagen nach den §§ 8 bis 15 des Bundes-Immissionsschutzgesetzes erteilt.

§ 6 Berlin-Klausel. Diese Verordnung gilt nach § 14 des Dritten Überleitungsgesetzes vom 4. Januar 1952 (Bundesgesetzbl. I S. 1) in Verbindung mit § 73 Satz 2 des Bundes-Immissionsschutzgesetzes auch im Land Berlin.

§ 7 Aufhebung. Die Verordnung über genehmigungsbedürftige Anlagen nach § 16 der Gewerbeordnung in der Fassung der Bekanntmachung vom 7. Juli 1971 (Bundesgesetzbl. I S. 888) wird aufgehoben.

§ 8 Inkrafttreten. Diese Verordnung tritt am ersten Tage des auf die Verkündung[1] folgenden Kalendermonats in Kraft.

---

[1] Die Verordnung wurde am 19. 2. 1975 verkündet.

7e. Fünfte Verordnung zur Durchführung des Bundes-Immissionsschutzgesetzes (Verordnung über Immissionsschutzbeauftragte – 5. BImSchV)

Vom 14. Februar 1975

(BGBl. I S. 504, ber. S. 727)

(BGBl. III 2129-8-1-5)

Auf Grund des § 53 Abs. 1 Satz 2 des Bundes-Immissionsschutzgesetzes vom 15. März 1974 (Bundesgesetzbl. I S. 721, 1193), geändert durch das Gesetz zur Änderung des Einführungsgesetzes zum Strafgesetzbuch vom 15. August 1974 (Bundesgesetzbl. I S. 1942), wird nach Anhörung der beteiligten Kreise mit Zustimmung des Bundesrates verordnet:

§ 1 Pflicht zur Bestellung von Immissionsschutzbeauftragten. Betreiber folgender genehmigungsbedürftiger Anlagen haben einen betriebsangehörigen Immissionsschutzbeauftragten zu bestellen:

1. Feuerungsanlagen für feste und flüssige Brennstoffe mit einer Feuerungswärmeleistung von 600 Gigajoule je Stunde und mehr;

    Kraft- und Heizkraftwerke mit Feuerungsanlagen für feste, flüssige oder gasförmige Brennstoffe, deren Feuerungswärmeleistung bei Verwendung fester und flüssiger Brennstoffe 600 Gigajoule pro Stunde und mehr und bei Verwendung gasförmiger Brennstoffe 5 Terajoule pro Stunde und mehr beträgt;

2. Anlagen, die dazu bestimmt sind, feste oder flüssige Stoffe durch Verbrennen oder thermische Zersetzung (Vergasung) ganz oder teilweise zu beseitigen, wenn ihre Durchsatzleistung insgesamt mehr als 0,75 Tonnen je Stunde beträgt;

3. Anlagen zur Herstellung von Zementen;

    Anlagen zum Brennen oder Mahlen von Bauxit, Dolomit und Kalkstein, ausgenommen Anlagen zum Brennen von Kalkstein, wenn das Abgas in einem angeschlossenen Herstellungsverfahren verbraucht wird;

4. Anlagen zur Gewinnung von Roheisen und rohen Nichteisenmetallen;

5. Anlagen zum Rösten (Erhitzen unter Luftzufuhr zur Überführung in Oxide), Schmelzen oder Sintern (Stückigmachen von feinkörnigen Stoffen durch Erhitzen) mineralischer Stoffe;

6. Anlagen zum Erschmelzen von Roheisen oder Rohstahl sowie Anlagen zur Stahlerzeugung, ausgenommen Kupolofenanlagen mit einer Schmelzleistung bis zu insgesamt 2,5 Tonnen je Stunde und Vakuum-Schmelzanlagen für einen Einsatz bis zu insgesamt 5 Tonnen;

    Anlagen zum maschinellen Flämmen von Stahl (zum Beispiel Blöcke, Brammen);

Schmelzanlagen für Nichteisenmetalle einschließlich der Anlagen zur Raffination, ausgenommen Vakuum-Schmelzanlagen und Schmelzanlagen für einen Einsatz bis zu insgesamt 5 Tonnen Leichtmetall oder insgesamt 10 Tonnen Schwermetall und Schmelzanlagen für Edelmetalle oder für Legierungen, die nur aus Edelmetallen bestehen;

7. Eisen-, Temper- und Stahlgießereien, ausgenommen diejenigen, die im Zusammenhang mit Anlagen betrieben werden, für die nach Nummer 6 Halbsatz 1 kein Immissionsschutzbeauftragter bestellt werden muß;

   Gießereien für Nichteisenmetalle, ausgenommen
   a) Gießereien für Glocken- oder Kunstguß,
   b) Gießereien, in denen in metallischen Formen abgegossen wird,
   c) Gießereien, in denen das Metall in ortsbeweglichen Tiegeln niedergeschmolzen wird
   oder
   d) Gießereien, die in Zusammenhang mit Schmelzanlagen betrieben werden, für die nach Nummer 6 Halbsatz 3 kein Immissionsschutzbeauftragter bestellt werden muß;

8. Verbleiungs-, Verzinnungs- und Verzinkungsanstalten mit feuerflüssigen Bädern mit einem Rohgutdurchsatz von insgesamt einer Tonne und mehr je Stunde;

9. Anlagen zur Gewinnung von Asbest und zur Verarbeitung von Asbest zu Asbesterzeugnissen;

10. Anlagen zur Herstellung oder Instandsetzung von Schiffskörpern aus Metall;

11. Fabriken oder Fabrikationsanlagen, in denen Stoffe durch chemische Umwandlung hergestellt werden, insbesondere Anlagen
    a) zur Herstellung von anorganischen Grundchemikalien, wie Säuren, Basen, Salze,
    b) zur Herstellung von Metallen oder Nichtmetallen auf nassem Wege oder mit Hilfe elektrischer Energie,
    c) zur Herstellung von Korund oder Karbid,
    d) zur Herstellung von Halogenen oder Halogenerzeugnissen sowie Schwefel oder Schwefelerzeugnissen,
    e) zur Herstellung von phosphor- oder stickstoffhaltigen Düngemitteln,
    f) zur Herstellung von unter Druck gelöstem Acetylen (Dissousgasfabriken),
    g) zur Herstellung von organischen Grundchemikalien oder Lösemitteln, wie Alkohole, Aldehyde, Ketone, Säuren, Ester, Acetate, Äther,
    h) zur Herstellung von Kunststoffen oder Chemiefasern,
    i) zur Herstellung von Zellhorn,
    k) zur Herstellung von Kunstharzen,

l) zur Herstellung von Kohlenwasserstoffen,
m) zur Herstellung von synthetischem Kautschuk,
n) zum Regenerieren von Gummi und Gummimischprodukten unter Verwendung von Chemikalien,
o) zur Herstellung von Teerfarben oder Teerfarbenzwischenprodukten,
p) zur Herstellung von Seifen oder Waschmitteln;
hierzu gehören nicht Anlagen zur Erzeugung oder Spaltung von Kernbrennstoffen oder zur Aufarbeitung bestrahlter Kernbrennstoffe;

12. Anlagen zur Gewinnung von Ruß;
13. Anlagen zur Gewinnung von Zellstoff aus Holz, Stroh und ähnlichen Faserstoffen;
14. Anlagen zur Herstellung von Holzfaserplatten oder Holzspanplatten;
15. Anlagen zur Destillation oder Raffination oder sonstigen Weiterverarbeitung von Erdöl und Erdölerzeugnissen;
16. Anlagen zur Trockendestillation von Steinkohle und Braunkohle (insbesondere Kokereien, Schwelereien und Gaswerke);
17. Anlagen zum Brikettieren von Braun- oder Steinkohle;
18. Anlagen zur Herstellung von Hartbrandkohle oder Graphit durch Brennen (zum Beispiel für Elektroden, Stromabnehmer oder Apparateteile);
19. Aufbereitungsanlagen für bituminöse Straßenbaustoffe und Teersplittanlagen, wenn ein Betreiber mehr als 10 solcher Anlagen betreibt;
20. Anlagen zum Beschichten, Imprägnieren, Lackieren und Tränken von Glasfasern, Mineralfasern oder von Trägerbahnen aus Faserstoffen, Textilien oder Papier mit oxidiertem Leinöl oder mit Kunstharzen oder Kunststoffen, die organische Lösemittel oder Weichmacher enthalten, ausgenommen Anlagen im Sinne des § 4 Nr. 17 der Vierten Verordnung zur Durchführung des Bundes-Immissionsschutzgesetzes (Verordnung über genehmigungsbedürftige Anlagen – 4. BImSchV) vom 14. Februar 1975 (Bundesgesetzbl. I S. 499); Anlagen zum Isolieren von Drähten unter Verwendung von Phenol- oder Kresolharzen;
21. Anlagen zur Herstellung von Glas einschließlich Glasfasern;
22. Tierkörperbeseitigungsanstalten, Anlagen zum Schmelzen von tierischen Fetten, Knochenbearbeitungsanlagen und Hautleimfabriken;
23. Anlagen zur Herstellung von Fischmehl oder Fischöl.

§ 2 Mehrere Immissionsschutzbeauftragte. Die zuständige Behörde kann anordnen, daß der Betreiber einer der in § 1 bezeichneten Anlagen mehrere Immissionsschutzbeauftragte zu bestellen hat; die Zahl der Immissionsschutzbeauftragten ist so zu bemessen, daß eine sachgemäße Erfüllung der in § 54 des Bundes-Immissionsschutzgesetzes bezeichneten Aufgaben gewährleistet ist.

§ 3 Gemeinsamer Immissionsschutzbeauftragter. Werden von einem Betreiber mehrere der in § 1 bezeichneten Anlagen betrieben, so kann dieser für mehrere Anlagen einen gemeinsamen Immissionsschutzbeauftragten bestellen, wenn hierdurch eine sachgemäße Erfüllung der in § 54 des Bundes-Immissionsschutzgesetzes bezeichneten Aufgaben nicht gefährdet wird.

§ 4 Nicht betriebsangehörige Immissionsschutzbeauftragte. Betreibern von in § 1 bezeichneten Anlagen soll die zuständige Behörde auf Antrag die Bestellung eines oder mehrerer nicht betriebsangehöriger Immissionsschutzbeauftragter gestatten, wenn hierdurch eine sachgemäße Erfüllung der in § 54 des Bundes-Immissionsschutzgesetzes bezeichneten Aufgaben nicht gefährdet wird.

§ 5 Immissionsschutzbeauftragte für Konzerne. Sind ein oder mehrere Betreiber von in § 1 bezeichneten Anlagen unter der einheitlichen Leitung eines herrschenden Unternehmens zusammengefaßt (Konzern), das beabsichtigt, einen Immissionsschutzbeauftragten für den Konzernbereich zu bestellen, und kann das herrschende Unternehmen den Betreibern hinsichtlich der in § 54 Abs. 1 Nr. 1 und § 56 Abs. 2 Bundes-Immissionsschutzgesetzes genannten Maßnahmen Weisungen erteilen, so kann die zuständige Behörde den Betreibern die Bestellung des für den Konzernbereich zuständigen Immissionsschutzbeauftragten gestatten, wenn im Betriebsbereich der in § 1 bezeichneten Anlagen eine oder mehrere Personen mit der erforderlichen Fachkunde und Zuverlässigkeit zur Wahrnehmung der Aufgaben nach § 54 Abs. 1 Nr. 3 und 4 des Bundes-Immissionsschutzgesetzes bestellt werden, die über die erforderliche personelle und sachliche Ausstattung im Sinne des § 55 Abs. 4 des Bundes-Immissionsschutzgesetzes verfügen.

§ 6 Ausnahmevorschrift. Die zuständige Behörde hat auf Antrag den Betreiber einer in § 1 bezeichneten Anlage von der Verpflichtung zur Bestellung eines Immissionsschutzbeauftragten zu befreien, wenn die Bestellung eines Immissionsschutzbeauftragten im Einzelfall aus den in § 53 Abs. 1 Satz 1 des Bundes-Immissionsschutzgesetzes genannten Gesichtspunkten nicht erforderlich ist.

§ 7 Berlin-Klausel. Diese Verordnung gilt nach § 14 des Dritten Überleitungsgesetzes vom 4. Januar 1952 (Bundesgesetzblatt I S. 1) in Verbindung mit § 73 Satz 2 des Bundes-Immissionsschutzgesetzes auch im Land Berlin.

§ 8 Inkrafttreten. Diese Verordnung tritt am ersten Tage des auf die Verkündung[1] folgenden sechsten Kalendermonats in Kraft.

---

[1] Die Verordnung wurde am 19. 2. 1975 verkündet.

7f. Sechste Verordnung zur Durchführung des Bundes-Immissionsschutzgesetzes (Verordnung über die Fachkunde und Zuverlässigkeit der Immissionsschutzbeauftragten – 6. BImSchV)

Vom 12. April 1975

(BGBl. I S. 957)

(BGBl. III 2129-8-1-6)

Auf Grund des § 55 Abs. 2 Satz 3 des Bundes-Immissionsschutzgesetzes vom 15. März 1974 (Bundesgesetzbl. I S. 721, 1193), geändert durch das Gesetz zur Änderung des Einführungsgesetzes zum Strafgesetzbuch vom 15. August 1974 (Bundesgesetzbl. I S. 1942), wird nach Anhörung der beteiligten Kreise mit Zustimmung des Bundesrates verordnet:

§ 1 Voraussetzung der Fachkunde. (1) Die Fachkunde im Sinne des § 55 Abs. 2 Satz 1 des Bundes-Immissionsschutzgesetzes erfordert, soweit nicht die Voraussetzungen des § 2 Abs. 1 gegeben sind,

1. den Abschluß eines Studiums auf den Gebieten des Ingenieurwesens, der Chemie oder Physik an einer Hochschule (insbesondere der Abschluß eines Studiums auf dem Gebiet der Umwelttechnik) und

2. während einer zweijährigen praktischen Tätigkeit erworbene Kenntnisse über die Anlagen, für die der Immissionsschutzbeauftragte bestellt werden soll, oder über Anlagen, die unter dem Gesichtspunkt des Immissionsschutzes vergleichbar sind; nach Abschluß eines Hochschulstudiums auf dem Gebiet der Umwelttechnik genügt eine einjährige praktische Tätigkeit.

(2) Die Kenntnisse nach Absatz 1 Nr. 2 müssen sich unter Berücksichtigung der jeweiligen Aufgabenstellung insbesondere auf

1. Verfahrens- und Aufbautechnik,

2. Verfahren zur Messung, Überwachung und Begrenzung von Emissionen sowie Verfahren zur Ermittlung und Verhinderung schädlicher Umwelteinwirkungen,

3. umwelterhebliche Eigenschaften von Erzeugnissen,

4. Verfahren zur ordnungsgemäßen Verwertung von Reststoffen sowie Verfahren zur Wiedergewinnung und Wiederverwendung von Erzeugnissen und

5. Vorschriften des Immissionsschutzrechts

erstrecken.

§ 2 Voraussetzung der Fachkunde in Einzelfällen. (1) Soweit im Einzelfall eine sachgemäße Erfüllung der in § 54 des Bundes-Immissionsschutzgesetzes bezeichneten Aufgaben gewährleistet ist, kann die zuständige Behörde auf Antrag des Betreibers als Voraussetzung der Fachkunde des Immissionsschutzbeauftragten anerkennen:

1. eine technische Fachschulausbildung oder die Qualifikation als Meister auf einem Fachgebiet, dem die Anlage hinsichtlich ihrer Herstellung oder ihres Betriebs zuzuordnen ist, und
2. während einer vierjährigen praktischen Tätigkeit erworbene Kenntnisse im Sinne des § 1 Abs. 1 Nr. 2 und Abs. 2, sofern zwei Jahre lang Aufgaben der in § 54 des Bundes-Immissionsschutzgesetzes bezeichneten Art für den Betreiber verantwortlich wahrgenommen worden sind; nach Abschluß einer zweijährigen technischen Fachschulausbildung genügt eine dreijährige praktische Tätigkeit.

(2) Absatz 1 gilt nur für die Bestellung eines betriebsangehörigen Immissionsschutzbeauftragten.

§ 3 Ausbildung in anderen Fachgebieten. Die zuständige Behörde kann die Ausbildung in anderen als den in § 1 Abs. 1 Nr. 1 oder § 2 Abs. 1 Nr. 1 genannten Fachgebieten als ausbildungsmäßige Voraussetzung der Fachkunde anerkennen, wenn die Ausbildung in diesem Fach im Hinblick auf die Aufgabenstellung im Einzelfall als gleichwertig anzusehen ist.

§ 4 Anrechnung von Aus- und Weiterbildung. Eine Ausbildung oder Weiterbildung auf dem Gebiet des Immissionsschutzes kann die zuständige Behörde auf die Dauer der praktischen Tätigkeit nach § 1 Abs. 1 Nr. 2 Satz 1 erster Halbsatz oder § 2 Abs. 1 Satz 1 Nr. 2 bis zu einem Jahr anrechnen; die erfolgreiche Teilnahme an einem von der zuständigen obersten Landesbehörde anerkannten Lehrgang für Immissionsschutzbeauftragte ist auf die Dauer der praktischen Tätigkeit anzurechnen.

§ 5 Zuverlässigkeit. (1) Die Zuverlässigkeit im Sinne des § 55 Abs. 2 Satz 1 des Bundes-Immissionsschutzgesetzes erfordert, daß der Immissionsschutzbeauftragte auf Grund seiner persönlichen Eigenschaften, seines Verhaltens und seiner Fähigkeiten zur ordnungsgemäßen Erfüllung der ihm obliegenden Aufgaben geeignet ist.

(2) Die erforderliche Zuverlässigkeit ist in der Regel nicht gegeben wenn der Immissionsschutzbeauftragte

1. wegen Verletzung der Vorschriften
   a) über die Regelung gemeingefährlicher Delikte,
   b) des Immissionsschutz- oder Strahlenschutzrechts, des Abfall- oder Wasserrechts, des Natur- oder Landschaftsschutzrechts,
   c) des Lebensmittel-, Arzneimittel-, Pflanzenschutz- oder Seuchenrechts,
   d) des Arbeitsschutzrechts
   mit einer Strafe oder Geldbuße belegt worden ist,
2. wiederholt oder gröblich gegen Vorschriften nach Nummer 1 Buchstaben b bis d verstoßen hat oder

3. seine Verpflichtungen als Immissionsschutzbeauftragter nach § 54 Abs. 1 Nr. 3 und 4 des Bundes-Immissionsschutzgesetzes oder als Betriebsbeauftragter nach anderen Vorschriften verletzt hat.

§ 6 Berlin-Klausel. Diese Verordnung gilt nach § 14 des Dritten Überleitungsgesetzes vom 4. Januar 1952 (Bundesgesetzbl. I S. 1) in Verbindung mit § 73 Satz 2 des Bundes-Immissionsschutzgesetzes auch im Land Berlin.

§ 7 Inkrafttreten. Diese Verordnung tritt am ersten Tage des auf die Verkündung[1] folgenden Monats in Kraft.

---

[1] Die Verordnung wurde am 22. 4. 1975 verkündet.

7g. Siebente Verordnung zur Durchführung des Bundes-Immissionsschutzgesetzes (Verordnung zur Auswurfbegrenzung von Holzstaub – 7. BImSchV)

Vom 18. Dezember 1975

(BGBl. I S. 3133)

(BGBl. III 2129–8–1–7)

Auf Grund des § 23 Abs. 1 des Bundes-Immissionsschutzgesetzes vom 15. März 1974 (Bundesgesetzbl. I S. 721, 1193), geändert durch § 1 Nr. 14 des Gesetzes zur Änderung des Einführungsgesetzes zum Strafgesetzbuch vom 15. August 1974 (Bundesgesetzbl. I S. 1942), wird von der Bundesregierung nach Anhörung der beteiligten Kreise mit Zustimmung des Bundesrates verordnet:

§ 1 Anwendungsbereich. Diese Verordnung gilt für die Errichtung, die Beschaffenheit und den Betrieb staub- oder späneemittierender Anlagen im Sinne des § 3 Abs. 5 Nr. 1 des Bundes-Immissionsschutzgesetzes zur Bearbeitung oder Verarbeitung von Holz oder Holzwerkstoffen einschließlich der zugehörigen Förder- und Lagereinrichtungen für Späne und Stäube. Sie gilt nicht für Anlagen, die einer Genehmigung nach § 4 des Bundes-Immissionsschutzgesetzes bedürfen.

§ 2 Ausrüstung. Anlagen im Sinne des § 1 sind bei ihrer Errichtung mit Abluftreinigungsanlagen auszurüsten, die ein Überschreiten des Emissionswertes nach § 4 ausschließen. Satz 1 gilt nicht, wenn ein Überschreiten des Emissionswertes nach § 4 durch andere Maßnahmen oder Betriebsweisen, insbesondere durch Verarbeitung von waldfrischem Holz, durch Naßschleifen oder durch Einsatz mechanischer Fördereinrichtungen bei jedem Betriebszustand ausgeschlossen wird.

§ 3 Lagerung. (1) Holzstaub und Späne sind in Bunkern, Silos oder sonstigen geschlossenen Räumen zu lagern.

(2) An Bunkern und Silos sind regelmäßig Füllstandskontrollen, gegebenenfalls mit Füllstandsmeßgeräten und Überfüllsicherungen, durchzuführen.

(3) Lagereinrichtungen im Sinne des Absatzes 1 und Filteranlagen sind so zu entleeren, daß Emissionen an Holzstaub oder Spänen soweit wie möglich vermieden werden, z. B. durch Abfüllen in geschlossene Behälter oder durch Befeuchten an der Austragsstelle.

§ 4 Emissionswert. (1) Anlagen im Sinne des § 1 sind so zu betreiben, daß die Massenkonzentration an Staub und Spänen in der Abluft, bezogen auf den Normzustand (0° C; 1013 Millibar),

.. einen Wert von 50 Milligramm je Kubikmeter Abluft nicht überschreitet, wenn in der Abluft Schleifstaub oder ein Gemisch mit Schleifstaub enthalten ist oder

7g 7. BImSchV §§ 5–7 — Auswurfbegrenzung v. Holzstaub

2. einen aus dem folgenden Diagramm sich ergebenden Wert nicht überschreitet, wenn in der Abluft kein Schleifstaub, sondern anderer Staub oder Späne enthalten sind.

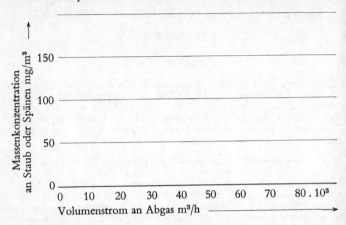

(2) Anlagen nach Absatz 1 Nr. 1, die nach dem 1. Januar 1977 errichtet werden, sind abweichend von Absatz 1 so zu betreiben, daß die Massenkonzentration an Staub und Spänen in der Abluft, bezogen auf den Normzustand, einen Wert von 20 Milligramm je Kubikmeter Abluft nicht überschreitet.

(3) Werden mehrere Anlagen in einem räumlichen und betrieblichen Zusammenhang betrieben, ist bei der Festlegung der zulässigen Massenkonzentration dieser Anlagen die Summe aller Volumenströme zugrunde zu legen.

§ 5 Weitergehende Anforderungen. Die Befugnis der zuständigen Behörden, auf Grund des Bundes-Immissionsschutzgesetzes andere oder weitergehende Anordnungen zu treffen, bleibt unberührt.

§ 6 Zulassung von Ausnahmen. Die zuständige Behörde kann auf Antrag Ausnahmen von den Vorschriften der Verordnung zulassen, soweit unter Berücksichtigung der besonderen Umstände des Einzelfalles schädliche Umwelteinwirkungen nicht zu befürchten sind oder Gründe des Arbeitsschutzes dies erfordern.

§ 7 Ordnungswidrigkeiten. Ordnungswidrig im Sinne des § 62 Abs. 1 Nr. 7 des Bundes-Immissionsschutzgesetzes handelt, wer vorsätzlich oder fahrlässig

1. entgegen § 2 eine Anlage nicht mit einer Abluftreinigungsanlage ausrüstet,

2. entgegen § 3 Holzstaub und Späne nicht in Bunkern, Silos oder sonstigen geschlossenen Räumen lagert, keine regelmäßigen Füllstandskontrollen durchführt, Bunker, Silos oder sonstige geschlossene Räume sowie Filteranlagen nicht so entleert, daß Emissionen so weit wie möglich vermieden werden oder

3. entgegen § 4 oder § 8 eine Anlage so betreibt, daß die zulässige Massenkonzentration an Staub in der Abluft überschritten wird.

§ 8 Übergangsvorschrift. Anlagen im Sinne des § 1, die vor dem Inkrafttreten dieser Verordnung in Betrieb genommen worden sind, müssen den Anforderungen der §§ 2 bis 4 ab 1. Januar 1982 in vollem Umfang genügen; ab 1. Januar 1977 darf beim Betrieb dieser Anlagen das Zweieinhalbfache der in § 4 festgelegten Massenkonzentration nicht überschritten werden.

§ 9 Berlin-Klausel. Diese Verordnung gilt nach § 14 des Dritten Überleitungsgesetzes vom 4. Januar 1952 (Bundesgesetzbl. I S. 1) in Verbindung mit § 73 Satz 2 des Bundes-Immissionsschutzgesetzes auch im Land Berlin.

§ 10 Inkrafttreten. Diese Verordnung tritt am ersten Tage des auf die Verkündung[1] folgenden dritten Kalendermonats in Kraft.

---

[1] Die Verordnung wurde am 23. 12. 1975 verkündet.

7h. Achte Verordnung zur Durchführung des Bundes-Immissionsschutzgesetzes (Rasenmäherlärm) – 8. BImSchV –

Vom 28. Juli 1976

(BGBl. I S. 2024)
mit Änderung
(BGBl. III 2129-8-1-8)

Auf Grund des § 23 Abs. 1 und des § 32 des Bundes-Immissionsschutzgesetzes vom 15. März 1974 (Bundesgesetzbl. I S. 721, 1193), zuletzt geändert durch das Verwaltungsverfahrensgesetz vom 25. Mai 1976 (Bundesgesetzbl. I S. 1253), verordnet die Bundesregierung nach Anhörung der beteiligten Kreise mit Zustimmung des Bundesrates:

§ 1 Anwendungsbereich. Diese Verordnung gilt für das Inverkehrbringen, das Einführen und den Betrieb von motorbetriebenen Rasenmähern; dem Einführen steht das sonstige Verbringen von motorbetriebenen Rasenmähern in den Geltungsbereich dieser Verordnung gleich. Diese Verordnung gilt nicht für Rasenmäher, die in der Land- und Forstwirtschaft eingesetzt werden oder die einer Zulassung nach den Vorschriften des Straßenverkehrsrechts unterliegen.

§ 2 Kennzeichnung und Beschaffenheit. (1) Rasenmäher dürfen gewerbsmäßig oder im Rahmen wirtschaftlicher Unternehmungen nur in den Verkehr gebracht oder eingeführt werden, wenn

1. die Rasenmäher mit Angaben über die Höhe ihrer Geräuschemissionen, die bei den in der Anlage zu dieser Verordnung bestimmten Betriebsvorgängen nicht überschritten wird, sowie über ihre Leistung deutlich sichtbar gekennzeichnet sind und

2. die Geräusche der Rasenmäher folgende Emissionswerte nicht überschreiten:

Leistung	Emissionswert
bis 3 Kilowatt	75 Dezibel (A)
über 3 Kilowatt bis 7 Kilowatt	78 Dezibel (A)
über 7 Kilowatt	83 Dezibel (A)

(2) Mit Wirkung vom 1. Oktober 1983 gelten folgende Emissionswerte:

Leistung	Emissionswert
bis 3 Kilowatt	68 Dezibel (A)
über 3 Kilowatt bis 7 Kilowatt	72 Dezibel (A)
über 7 Kilowatt	77 Dezibel (A)

§ 3 Regelung des Betriebs. (1) Rasenmäher dürfen
a) in der Zeit von 22 bis 7 Uhr,
b) an Sonn- und Feiertagen und
c) an Werktagen in der Zeit von 19 bis 22 Uhr
nicht betrieben werden.

(2) Absatz 1 Buchstaben b und c gelten nicht für Rasenmäher, die mit einem Emissionswert von weniger als 60 Dezibel (A) gekennzeichnet sind.

(3) Die zuständige Behörde kann auf Antrag Ausnahmen von den Regelungen des Absatzes 1 zulassen, soweit unter Berücksichtigung der besonderen Umstände des Einzelfalles schädliche Umwelteinwirkungen nicht zu befürchten sind.

(4) Weitergehende Bestimmungen vor allem zum Schutz der Mittags- und Nachtruhe sowie zum Schutz von Sonn- und Feiertagen bleiben unberührt.

§ 4. Meßverfahren. Die Geräuschemission von Rasenmähern wird nach der Anlage zu dieser Verordnung ermittelt.

§ 5 Ordnungswidrigkeiten. Ordnungswidrig im Sinne des § 62 Abs. 1 Nr. 7 des Bundes-Immissionsschutzgesetzes handelt, wer vorsätzlich oder fahrlässig

1. Rasenmäher gewerbsmäßig oder im Rahmen wirtschaftlicher Unternehmungen in den Verkehr bringt oder einführt, die
    a) entgegen § 2 Abs. 1 Nr. 1 nicht, unvollständig oder mit einer zu niedrigen Emissionsangabe gekennzeichnet sind oder
    b) die in § 2 Abs. 1 Nr. 2 und Abs. 2 festgesetzten Emissionswerte nicht einhalten,
2. entgegen § 3 Abs. 1 Rasenmäher betreibt.

§ 6 Übergangsregelung. § 2 findet keine Anwendung auf Rasenmäher, die vor dem 1. Oktober 1976 hergestellt worden sind.

§ 7 Berlin-Klausel. Diese Verordnung gilt nach § 14 des Dritten Überleitungsgesetzes vom 4. Januar 1952 (Bundesgesetzbl. I S. 1) in Verbindung mit § 73 Satz 2 des Bundes-Immissionsschutzgesetzes auch im Land Berlin.

§ 8 Inkrafttreten. Diese Verordnung tritt am 1. Oktober 1976 in Kraft.

(Die nach dem BGBl. hier folgenden Anlagen sind nicht abgedruckt.)

7i. Neunte Verordnung zur Durchführung des Bundes-Immissionsschutzgesetzes (Grundsätze des Genehmigungsverfahrens) – 9. BImSchV

Vom 18. Februar 1977

(BGBl. I S. 274)
mit Änderung
(BGBl. III 2129-8-1-9)

Inhaltsübersicht

Erster Teil. Allgemeine Vorschriften

Erster Abschnitt. Anwendungsbereich, Antrag und Unterlagen
- § 1 Anwendungsbereich
- § 2 Antragstellung
- § 3 Antragsinhalt
- § 4 Art und Umfang der Unterlagen
- § 5 Vordrucke
- § 6 Eingangsbestätigung
- § 7 Prüfung der Vollständigkeit

Zweiter Abschnitt. Beteiligung Dritter
- § 8 Bekanntmachung des Vorhabens
- § 9 Inhalt der Bekanntmachung
- § 10 Auslegung von Antrag und Unterlagen
- § 11 Beteiligung anderer Behörden
- § 12 Einwendungen
- § 13 Sachverständigengutachten

Dritter Abschnitt. Erörterungstermin
- § 14 Zweck
- § 15 Besondere Einwendungen
- § 16 Wegfall
- § 17 Verlegung
- § 18 Verlauf
- § 19 Niederschrift

Vierter Abschnitt. Genehmigung
- § 20 Entscheidung
- § 21 Inhalt des Genehmigungsbescheides

Zweiter Teil. Besondere Vorschriften
- § 22 Teilgenehmigung
- § 23 Vorbescheid
- § 24 Vereinfachtes Verfahren

Dritter Teil. Schlußvorschriften
- § 25 Übergangsvorschrift
- § 26 Berlin-Klausel
- § 27 Inkrafttreten

Auf Grund des § 10 Abs. 10 des Bundes-Immissionsschutzgesetzes vom 15. März 1974 (BGBl. I S. 721, 1193), zuletzt geändert durch Artikel 45 des Einführungsgesetzes zur Abgabenordnung vom 14. Dezember 1976 (BGBl. I S. 3341), verordnet die Bundesregierung mit Zustimmung des Bundesrates:

Erster Teil. Allgemeine Vorschriften
Erster Abschnitt. Anwendungsbereich, Antrag und Unterlagen

§ 1 Anwendungsbereich. Für die in der Vierten Verordnung zur Durchführung des Bundes-Immissionsschutzgesetzes (Verordnung über genehmigungsbedürftige Anlagen) vom 14. Februar 1975 (BGBl. I S. 499, 727) genannten Anlagen ist das Verfahren bei der Erteilung

1. einer Genehmigung
   a) zur Errichtung und zum Betrieb,
   b) zur wesentlichen Änderung der Lage, der Beschaffenheit oder des Betriebs (Änderungsgenehmigung),

7i 9. BImSchV §§ 2–4 Grundsätze d. Genehmigungsverfahrens

c) zur Errichtung oder zum Betrieb einer Anlage oder eines Teils einer Anlage oder zur Errichtung und zum Betrieb eines Teils einer Anlage (Teilgenehmigung)
oder
2. eines Vorbescheides

nach dieser Verordnung durchzuführen, soweit es nicht in den §§ 8 bis 15 und 19 des Bundes-Immissionsschutzgesetzes geregelt ist.

§ 2 Antragstellung. (1) Der Antrag ist von dem Träger des Vorhabens bei der Genehmigungsbehörde schriftlich zu stellen.

(2) Sobald der Träger des Vorhabens die Genehmigungsbehörde über das geplante Vorhaben unterrichtet, soll diese ihn im Hinblick auf die Antragstellung beraten.

§ 3 Antragsinhalt. Der Antrag muß enthalten
1. die Angabe des Namens und des Wohnsitzes oder des Sitzes des Antragstellers,
2. die Angabe, ob eine Genehmigung, eine Änderungsgenehmigung, eine Teilgenehmigung oder ein Vorbescheid beantragt wird,
3. die Angabe des Standortes der Anlage, bei ortsveränderlicher Anlage die Angabe der vorgesehenen Standorte,
4. Angaben über Art und Umfang der Anlage,
5. die Angabe, zu welchem Zeitpunkt die Anlage in Betrieb genommen werden soll.

§ 4 Art und Umfang der Unterlagen. (1) Dem Antrag sind die Unterlagen beizufügen, die zur Prüfung der Genehmigungsvoraussetzungen erforderlich sind.

(2) Die Unterlagen müssen insbesondere Angaben enthalten über
1. die zum Betrieb erforderlichen technischen Einrichtungen einschließlich der Nebeneinrichtungen, die aus betriebstechnischen Gründen in einem räumlichen Zusammenhang errichtet und betrieben werden sollen,
2. das vorgesehene Verfahren einschließlich der erforderlichen Daten zur Kennzeichnung des Verfahrens, wie Angaben zu Art und Menge
   – der Einsatzstoffe,
   – der Zwischen-, Neben- und Endprodukte sowie
   – der anfallenden Reststoffe,
3. mögliche Nebenreaktionen und -produkte bei Störungen im Verfahrensablauf,
4. Art und Ausmaß der Emissionen, die voraussichtlich von der Anlage ausgehen werden, die Art, Lage und Abmessungen der Emissionsquellen, die räumliche und zeitliche Verteilung der Emissionen sowie über die Austrittsbedingungen,

5. die vorgesehenen Maßnahmen zum Schutz vor schädlichen Umwelteinwirkungen, insbesondere zur Verminderung der Emissionen, sowie zur Messung von Emissionen und Immissionen,
6. die vorgesehenen Maßnahmen zum Schutz der Allgemeinheit und der Nachbarschaft vor sonstigen Gefahren, erheblichen Nachteilen und erheblichen Belästigungen,
7. die vorgesehenen Maßnahmen zur Verwertung der Reststoffe oder zur Beseitigung als Abfälle,
8. die vorgesehenen Maßnahmen zum Arbeitsschutz.

(2a) Bei Anlagen, auf die die Störfall-Verordnung vom 27. Juni 1980 (BGBl. I S. 772) anzuwenden ist, ist dem Antrag ferner eine Sicherheitsanalyse beizufügen, die den Anforderungen des § 7 der Störfall-Verordnung entspricht.

(3) Der Antragsteller hat der Genehmigungsbehörde außer den Unterlagen nach Absatz 1 eine allgemein verständliche, für die Auslegung geeignete Kurzbeschreibung der Anlage und der voraussichtlichen Auswirkungen auf die Allgemeinheit und die Nachbarschaft vorzulegen. Er hat ferner ein Verzeichnis der dem Antrag beigefügten Unterlagen vorzulegen, in dem die Unterlagen, die Geschäfts- oder Betriebsgeheimnisse enthalten, besonders gekennzeichnet sind.

§ 5 Vordrucke. Die Genehmigungsbehörde kann die Verwendung von Vordrucken für den Antrag und die Unterlagen verlangen.

§ 6 Eingangsbestätigung. Die Genehmigungsbehörde hat dem Antragsteller den Eingang des Antrags und der Unterlagen unverzüglich schriftlich zu bestätigen.

§ 7 Prüfung der Vollständigkeit. Die Genehmigungsbehörde hat nach Eingang des Antrags und der Unterlagen unverzüglich zu prüfen, ob der Antrag den Anforderungen des § 3 und die Unterlagen den Anforderungen des § 4 entsprechen. Sind der Antrag oder die Unterlagen nicht vollständig, so hat die Genehmigungsbehörde den Antragsteller unverzüglich aufzufordern, den Antrag oder die Unterlagen innerhalb einer angemessenen Frist zu ergänzen.

Zweiter Abschnitt. Beteiligung Dritter

§ 8 Bekanntmachung des Vorhabens. (1) Sind die zur Auslegung (§ 10 Abs. 1) erforderlichen Unterlagen vollständig, so hat die Genehmigungsbehörde das Vorhaben in ihrem amtlichen Veröffentlichungsblatt und außerdem in örtlichen Tageszeitungen, die im Bereich des Standortes der Anlage verbreitet sind, öffentlich bekanntzumachen.

(2) Von der Bekanntmachung und Auslegung kann abgesehen werden, wenn in dem Genehmigungsverfahren oder in einem Vorbescheidsverfahren hinsichtlich der Anlage, auf die sich der Antrag bezieht,
1. bereits früher eine den Erfordernissen des Absatzes 1 und der §§ 9 und 10 entsprechende Bekanntmachung und Auslegung durchgeführt wurde und

2. eine erneute Bekanntmachung und Auslegung keine weiteren Umstände offenbaren würde, die für die Belange Dritter erheblich sein können.

§ 9 Inhalt der Bekanntmachung. (1) Die Bekanntmachung muß neben den Angaben nach § 10 Abs. 4 des Bundes-Immissionsschutzgesetzes
1. die in § 3 bezeichneten Angaben und
2. den Hinweis auf die Auslegungsfrist unter Angabe des ersten und letzten Tages
enthalten.

(2) Zwischen der Bekanntmachung des Vorhabens und dem Beginn der Auslegungsfrist soll eine Woche liegen; maßgebend ist dabei der voraussichtliche Tag der Ausgabe des Veröffentlichungsblattes oder der Tageszeitung, die zuletzt erscheint.

§ 10 Auslegung von Antrag und Unterlagen. (1) Bei der Genehmigungsbehörde und, soweit erforderlich, bei einer geeigneten Stelle in der Nähe des Standorts des Vorhabens sind der Antrag sowie die beigefügten Unterlagen auszulegen, die die Angaben über die Auswirkungen der Anlage auf die Nachbarschaft und die Allgemeinheit enthalten. In den Antrag und die Unterlagen ist während der Dienststunden Einsicht zu gewähren.

(2) Auf Anforderung eines Dritten ist diesem eine Abschrift oder Vervielfältigung der Kurzbeschreibung nach § 4 Abs. 3 Satz 1 zu überlassen.

(3) Soweit Unterlagen Geschäfts- oder Betriebsgeheimnisse enthalten, ist an ihrer Stelle die Inhaltsdarstellung nach § 10 Abs. 2 Satz 2 des Bundes-Immissionsschutzgesetzes auszulegen. Hält die Genehmigungsbehörde die Kennzeichnung der Unterlagen als Geschäfts- oder Betriebsgeheimnisse für unberechtigt, so hat sie vor der Entscheidung über die Auslegung dieser Unterlagen den Antragsteller zu hören.

(4) Die Genehmigungsbehörde kann Akteneinsicht nach pflichtgemäßem Ermessen gewähren; § 29 Abs. 1 Satz 3, Absatz 2 und 3 des Verwaltungsverfahrensgesetzes findet entsprechende Anwendung.

§ 11 Beteiligung anderer Behörden. Spätestens gleichzeitig mit der öffentlichen Bekanntmachung des Vorhabens fordert die Genehmigungsbehörde die nach § 10 Abs. 5 des Bundes-Immissionsschutzgesetzes zu beteiligenden Behörden auf, ihre Stellungnahmen zu den Genehmigungsvoraussetzungen innerhalb einer bestimmten Frist abzugeben.

§ 12 Einwendungen. (1) Einwendungen können bei der Genehmigungsbehörde oder bei der Stelle erhoben werden, bei der Antrag und Unterlagen zur Einsicht ausliegen.

(2) Der Inhalt der Einwendungen ist dem Antragsteller bekanntzugeben. Den nach § 11 beteiligten Behörden ist der Inhalt der Einwendungen bekanntzugeben, die ihren Aufgabenbereich berühren.

§ 13 Sachverständigengutachten. (1) Die Genehmigungsbehörde holt Sachverständigengutachten ein, soweit dies für die Prüfung der Genehmigungsvoraussetzungen notwendig ist. Gutachten können darüber hinaus mit Einwilligung des Antragstellers eingeholt werden, wenn zu erwarten ist, daß hierdurch das Genehmigungsverfahren beschleunigt wird.

(2) Ein vom Antragsteller vorgelegtes Gutachten ist als sonstige Unterlage im Sinne von § 10 Abs. 1 Satz 2 des Bundes-Immissionsschutzgesetzes zu prüfen.

Dritter Abschnitt. Erörterungstermin

§ 14 Zweck. (1) Der Erörterungstermin dient dazu, die rechtzeitig erhobenen Einwendungen zu erörtern, soweit dies für die Prüfung der Genehmigungsvoraussetzungen von Bedeutung sein kann. Er soll denjenigen, die Einwendungen erhoben haben, Gelegenheit geben, ihre Einwendungen zu erläutern.

(2) Rechtzeitig erhoben sind Einwendungen, die innerhalb der Auslegungsfrist bei den in § 12 Abs. 1 genannten Behörden eingegangen sind.

§ 15 Besondere Einwendungen. Einwendungen, die auf besonderen privatrechtlichen Titeln beruhen, sind im Erörterungstermin nicht zu behandeln; sie sind durch schriftlichen Bescheid auf den Rechtsweg vor den ordentlichen Gerichten zu verweisen.

§ 16 Wegfall. (1) Ein Erörterungstermin findet nicht statt, wenn
1. Einwendungen gegen das Vorhaben nicht oder nicht rechtzeitig erhoben worden sind,
2. die rechtzeitig erhobenen Einwendungen zurückgenommen worden sind oder
3. ausschließlich Einwendungen erhoben worden sind, die auf besonderen privatrechtlichen Titeln beruhen.

(2) Der Antragsteller ist vom Wegfall des Termins zu unterrichten.

§ 17 Verlegung. (1) Die Genehmigungsbehörde kann den bekanntgemachten Erörterungstermin verlegen, wenn dies im Hinblick auf dessen zweckgerechte Durchführung erforderlich ist. Ort und Zeit des neuen Erörterungstermins sind zum frühestmöglichen Zeitpunkt zu bestimmen.

(2) Der Antragsteller und diejenigen, die rechtzeitig Einwendungen erhoben haben, sind von der Verlegung des Erörterungstermins zu benachrichtigen. Sie können in entsprechender Anwendung des § 10 Abs. 3 Satz 1 des Bundes-Immissionsschutzgesetzes durch öffentliche Bekanntmachung benachrichtigt werden.

§ 18 Verlauf. (1) Der Erörterungstermin ist nicht öffentlich. Der den Erörterungstermin leitende Vertreter der Genehmigungsbehörde (Ver-

7i 9. BImSchV § 19   Grundsätze d. Genehmigungsverfahrens

handlungsleiter) entscheidet darüber, wer außer dem Antragsteller und denjenigen, die rechtzeitig Einwendungen erhoben haben, an dem Termin teilnimmt. Vertreter der Aufsichtsbehörden und Personen, die bei der Behörde zur Ausbildung beschäftigt sind, sind zur Teilnahme berechtigt.

(2) Der Verhandlungsleiter kann bestimmen, daß Einwendungen zusammengefaßt erörtert werden. In diesem Fall hat er die Reihenfolge der Erörterung bekanntzugeben. Er kann für einen bestimmten Zeitraum das Recht zur Teilnahme an dem Erörterungstermin auf die Personen beschränken, deren Einwendungen zusammengefaßt erörtert werden sollen.

(3) Der Verhandlungsleiter erteilt das Wort und kann es demjenigen entziehen, der eine von ihm festgesetzte Redezeit für die einzelnen Wortmeldungen überschreitet oder Ausführungen macht, die nicht den Gegenstand des Erörterungstermins betreffen oder nicht in sachlichem Zusammenhang mit der zu behandelnden Einwendung stehen.

(4) Der Verhandlungsleiter ist für die Ordnung verantwortlich. Er kann Personen, die seine Anordnungen nicht befolgen, entfernen lassen. Der Erörterungstermin kann ohne diese Personen fortgesetzt werden.

(5) Der Verhandlungsleiter beendet den Erörterungstermin, wenn dessen Zweck erreicht ist. Er kann den Erörterungstermin ferner für beendet erklären, wenn, auch nach einer Vertagung, der Erörterungstermin aus dem Kreis der Teilnehmer erneut so gestört wird, daß seine ordnungsmäßige Durchführung nicht mehr gewährleistet ist. Personen, deren Einwendungen noch nicht oder noch nicht abschließend erörtert wurden, können innerhalb eines Monats nach Aufhebung des Termins ihre Einwendungen gegenüber der Genehmigungsbehörde schriftlich erläutern.

§ 19 Niederschrift. (1) Über den Erörterungstermin ist eine Niederschrift zu fertigen. Die Niederschrift muß Angaben enthalten über
1. den Ort und den Tag der Erörterung,
2. den Namen des Verhandlungsleiters,
3. den Gegenstand des Genehmigungsverfahrens,
4. den Verlauf und die Ergebnisse des Erörterungstermins.

Die Niederschrift ist von dem Verhandlungsleiter und, soweit ein Schriftführer hinzugezogen worden ist, auch von diesem zu unterzeichnen. Der Aufnahme in die Verhandlungsniederschrift steht die Aufnahme in eine Schrift gleich, die ihr als Anlage beigefügt und als solche bezeichnet ist; auf die Anlage ist in der Verhandlungsniederschrift hinzuweisen. Die Genehmigungsbehörde kann den Erörterungstermin zum Zwecke der Anfertigung der Niederschrift auf Tonträger aufzeichnen. Die Tonaufzeichnungen sind nach Anfertigung der Niederschrift zu löschen.

(2) Dem Antragsteller ist eine Abschrift der Niederschrift zu überlassen. Auf Anforderung ist auch demjenigen, der rechtzeitig Einwendungen erhoben hat, eine Abschrift der Niederschrift zu überlassen.

Vierter Abschnitt. Genehmigung

§ 20 Entscheidung. (1) Sind alle Umstände ermittelt, die für die Beurteilung des Antrags von Bedeutung sind, hat die Genehmigungsbehörde unverzüglich über den Antrag zu entscheiden.

(2) Der Antrag ist abzulehnen, sobald die Prüfung ergibt, daß die Genehmigungsvoraussetzungen nicht vorliegen und ihre Erfüllung nicht durch Nebenbestimmungen sichergestellt werden kann. Er kann abgelehnt werden, wenn der Antragsteller einer Aufforderung, die Unterlagen zu ergänzen, innerhalb einer ihm gesetzten angemessenen Frist nicht nachgekommen ist.

(3) Für die ablehnende Entscheidung gilt § 10 Abs. 7 des Bundes-Immissionsschutzgesetzes entsprechend.

(4) Wird das Genehmigungsverfahren auf andere Weise abgeschlossen, so sind der Antragsteller und die Personen, die Einwendungen erhoben haben, hiervon zu benachrichtigen. § 10 Abs. 8 Satz 1 des Bundes-Immissionsschutzgesetzes gilt entsprechend.

§ 21 Inhalt des Genehmigungsbescheides. (1) Der Genehmigungsbescheid muß enthalten

1. die Angabe des Namens und des Wohnsitzes oder des Sitzes des Antragstellers,
2. die Angabe, daß eine Genehmigung, eine Teilgenehmigung oder eine Änderungsgenehmigung erteilt wird, und die Angabe der Rechtsgrundlage,
3. die genaue Bezeichnung des Gegenstandes der Genehmigung einschließlich des Standortes der Anlage,
4. die Nebenbestimmungen zur Genehmigung,
5. die Begründung, aus der die wesentlichen tatsächlichen und rechtlichen Gründe, die die Behörde zu ihrer Entscheidung bewogen haben, und die Behandlung der Einwendungen hervorgehen sollen.

(2) Der Genehmigungsbescheid soll enthalten

1. den Hinweis, daß der Genehmigungsbescheid unbeschadet der behördlichen Entscheidungen ergeht, die nach § 13 des Bundes-Immissionsschutzgesetzes nicht von der Genehmigung eingeschlossen werden, und
2. die Rechtsbehelfsbelehrung.

Zweiter Teil: Besondere Vorschriften

§ 22 Teilgenehmigung. (1) Ist ein Antrag im Sinne des § 8 des Bundes-Immissionsschutzgesetzes gestellt, so kann die Genehmigungsbehörde zulassen, daß in den Unterlagen endgültige Angaben nur hinsichtlich des Gegenstandes der Teilgenehmigung gemacht werden. Zusätzlich sind Angaben zu machen, die bei einer vorläufigen Prüfung ein ausreichendes Urteil darüber ermöglichen, ob die Genehmigungsvoraussetzungen im Hinblick auf die Errichtung und den Betrieb der gesamten Anlage vorliegen werden.

7i 9. BImSchV §§ 23–26 Grundsätze d. Genehmigungsverfahrens

(2) Auszulegen sind der Antrag, die Unterlagen nach § 4, soweit sie den Gegenstand der jeweiligen Teilgenehmigung betreffen, sowie solche Unterlagen, die Angaben über die Auswirkungen der Anlage auf die Nachbarschaft und die Allgemeinheit enthalten.

§ 23 Vorbescheid. (1) Der Antrag auf Erteilung eines Vorbescheides muß außer den in § 3 genannten Angaben insbesondere die bestimmte Angabe, für welche Genehmigungsvoraussetzungen oder für welchen Standort der Vorbescheid beantragt wird, enthalten.

(2) Der Vorbescheid muß enthalten
1. die Angabe des Namens und des Wohnsitzes oder des Sitzes des Antragstellers,
2. die Angabe, daß ein Vorbescheid erteilt wird, und die Angabe der Rechtsgrundlage,
3. die genaue Bezeichnung des Gegenstandes des Vorbescheides,
4. die Voraussetzungen und die Vorbehalte, unter denen der Vorbescheid erteilt wird,
5. die Begründung, aus der die wesentlichen tatsächlichen und rechtlichen Gründe, die die Behörde zu ihrer Entscheidung bewogen haben, und die Behandlung der Einwendungen hervorgehen sollen.

(3) Der Vorbescheid soll enthalten
1. den Hinweis auf § 9 Abs. 2 des Bundes-Immissionsschutzgesetzes,
2. den Hinweis, daß der Vorbescheid nicht zur Errichtung der Anlage oder von Teilen der Anlage berechtigt,
3. den Hinweis, daß der Vorbescheid unbeschadet der behördlichen Entscheidungen ergeht, die nach § 13 des Bundes-Immissionsschutzgesetzes nicht von der Genehmigung eingeschlossen werden, und
4. die Rechtsbehelfsbelehrung.

(4) § 22 gilt entsprechend.

§ 24 Vereinfachtes Verfahren. In dem vereinfachten Verfahren sind § 4 Abs. 3, §§ 8 bis 10, 12 und 14 bis 19 nicht anzuwenden. § 11 gilt sinngemäß.

Dritter Teil: Schlußvorschriften

§ 25 Übergangsvorschrift. Bereits begonnene Verfahren sind nach den Vorschriften dieser Verordnung zu Ende zu führen. Soweit nach § 4 Unterlagen erforderlich sind, die im bisherigen Verfahren nicht vorgelegt wurden, sind sie nachzureichen.

§ 26 Berlin-Klausel. (1) Diese Verordnung gilt nach § 14 des Dritten Überleitungsgesetzes in Verbindung mit § 73 Satz 2 des Bundes-Immissionsschutzgesetzes auch im Land Berlin.

(2) Verfahren, die vor dem Zeitpunkt des Inkrafttretens der Störfall-Verordnung vom 27. Juni 1980 (BGBl. I S. 772) begonnen wurden, sind

unter Anwendung der Störfall-Verordnung zu Ende zu führen. Von der Einhaltung der Verpflichtung nach § 4 Abs. 2 a kann abgesehen werden; in diesem Fall ist die Sicherheitsanalyse innerhalb von sechs Monaten nachzureichen.

§ 27 Inkrafttreten. Diese Verordnung tritt am ersten Tage des auf die Verkündung[1] folgenden Kalendermonats in Kraft.

---

[1] Die Verordnung wurde am 23. 2. 1977 verkündet.

7k. Zehnte Verordnung zur Durchführung des Bundes-Immissionsschutzgesetzes (Beschränkungen von PCB, PCT und VC) — 10. BImSchV —

Vom 26. Juli 1978

(BGBl. I S. 1138)

(BGBl. III 2129-8-1-10)

Auf Grund des § 37 des Bundes-Immissionsschutzgesetzes vom 15. März 1974 (BGBl. I S. 721, 1193) verordnet die Bundesregierung mit Zustimmung des Bundesrates:

§ 1 Anwendungsbereich. (1) Diese Verordnung gilt für das Inverkehrbringen von Erzeugnissen, die

1. polychlorierte Biphenyle (PCB) mit Ausnahme von mono- oder dichlorierten Biphenylen
2. polychlorierte Terphenyle (PCT)
3. Gemenge, Gemische oder Lösungen mit mehr als 0,1 vom Hundert des Gewichts PCB oder PCT
4. Vinylchlorid (1-Chloräthen) als Treibgas für Aerosole

enthalten.

(2) Diese Verordnung gilt nicht für das Inverkehrbringen von Erzeugnissen, die zur Ausfuhr nach Ländern bestimmt sind, die nicht den Europäischen Gemeinschaften angehören. Die Verordnung gilt ferner nicht für die Durchfuhr von Erzeugnissen unter zollamtlicher Überwachung, soweit die Erzeugnisse im Geltungsbereich dieser Verordnung nicht be- oder verarbeitet werden.

§ 2 Verbot von PCB oder PCT enthaltenden Erzeugnissen. (1) Erzeugnisse im Sinne von § 1 Abs. 1 Nr. 1 bis 3 dürfen gewerbsmäßig oder im Rahmen wirtschaftlicher Unternehmungen nicht in den Verkehr gebracht werden.

(2) Absatz 1 findet keine Anwendung auf folgende Erzeugnisse:

1. elektrische Vorrichtungen im geschlossenen System (Transformatoren, Widerstände und Drosselspulen),
2. große Kondensatoren mit einem Gesamtgewicht von wenigstens einem Kilogramm,
3. kleine Kondensatoren, die PCB mit höchstens 43 vom Hundert des Gewichts Chlor und nicht mehr als 3,5 vom Hundert des Gewichts von pentachloriertem Biphenyl oder stärker chlorierten Biphenylen enthalten,
4. geschlossene Wärmeübertragungssysteme, soweit sie nicht für den Einsatz in Anlagen bestimmt sind, die der Behandlung von Erzeug-

nissen zur Ernährung von Menschen oder Tieren oder der Behandlung von pharmazeutischen oder Veterinärerzeugnissen dienen,
5. Hydraulikanlagen für untertägige Bergwerksanlagen,
6. Ausgangs- und Zwischenerzeugnisse für die Weiterverarbeitung zu anderen Erzeugnissen, die nicht unter das Verbot dieser Verordnung fallen.

§ 3 Verbot von Vinylchlorid enthaltenden Treibgasen. Erzeugnisse im Sinne von § 1 Abs. 1 Nr. 4 dürfen gewerbsmäßig oder im Rahmen wirtschaftlicher Unternehmungen nicht in den Verkehr gebracht werden.

§ 4 Ausnahmen. Die Vorschriften der §§ 2 und 3 gelten nicht für das Inverkehrbringen zu Forschungs-, Entwicklungs- oder Analysezwecken.

§ 5 Ordnungswidrigkeiten. Ordnungswidrig im Sinne des § 62 Abs. 1 Nr. 7 des Bundes-Immissionsschutzgesetzes handelt, wer vorsätzlich oder fahrlässig entgegen § 2 Abs. 1 PCB oder PCT enthaltende Erzeugnisse oder entgegen § 3 Vinylchlorid enthaltende Treibgase in den Verkehr bringt.

§ 6 Berlin-Klausel. Diese Verordnung gilt nach § 14 des Dritten Überleitungsgesetzes in Verbindung mit § 73 Satz 2 des Bundes-Immissionsschutzgesetzes auch im Land Berlin.

§ 7 Inkrafttreten. Diese Verordnung tritt am Tage nach der Verkündung[1] in Kraft.

---

[1] Die Verordnung wurde am 2. 8. 1978 verkündet.

71. Elfte Verordnung zur Durchführung des Bundes-Immissionsschutzgesetzes (Emissionserklärungsverordnung) — 11. BImSchV —

Vom 20. Dezember 1978

(BGBl. I S. 2027)

(BGBl. III 2129-8-1-11)

Auf Grund des § 27 Abs. 4 des Bundes-Immissionsschutzgesetzes vom 15. März 1974 (BGBl. I S. 721, 1193) verordnet die Bundesregierung mit Zustimmung des Bundesrates:

§ 1 Anwendungsbereich. (1) Diese Verordnung gilt für genehmigungsbedürftige Anlagen nach dem Bundes-Immissionsschutzgesetz, die in einem nach § 44 Abs. 2 Satz 2 des Bundes-Immissionsschutzgesetzes festgesetzten Belastungsgebiet liegen und von denen Luftverunreinigungen ausgehen.

(2) Außerhalb eines Belastungsgebietes gilt die Verordnung für folgende Anlagen:

1. Feuerungsanlagen mit einer Feuerungswärmeleistung von mehr als 1000 Megawatt;
2. Anlagen zur Herstellung von Zementen mit einer Produktionsrate von mehr als 500 000 Tonnen je Jahr;
3. Anlagen zur Gewinnung von Roheisen einschließlich der zugehörigen Sinteranlagen;
4. Anlagen zum Erschmelzen von Rohstahl und Anlagen zur Stahlerzeugung mit einer Produktionsrate von mehr als 200 000 Tonnen je Jahr;
5. Fabriken oder Fabrikationsanlagen, in denen Stoffe durch chemische Umwandlung hergestellt werden, mit einer Produktionsrate von mehr als 100 000 Tonnen je Jahr;
6. Anlagen zur Destillation oder sonstigen Weiterverarbeitung von Erdöl mit einem Rohöldurchsatz von mehr als 2,5 Millionen Tonnen je Jahr.

§ 2 Begriffsbestimmungen. (1) Emissionen im Sinne dieser Verordnung sind die von Anlagen ausgehenden Luftverunreinigungen.

(2) Emissionsfaktoren im Sinne dieser Verordnung sind das Verhältnis der Masse der Emissionen zu der Masse der erzeugten oder verarbeiteten Stoffe, der eingesetzten Brenn- oder Rohstoffe oder der Menge der eingesetzten oder erzeugten Energie.

(3) Energie- und Massenbilanzen im Sinne dieser Verordnung sind die Gegenüberstellungen der eingesetzten Energien und der Brenn- und Arbeitsstoffe mit den erzeugten Energien, den erzeugten Stoffen, den entstehenden Reststoffen sowie den Emissionen.

71 11. BImSchV §§ 3, 4 — Emissionserklärung

(4) Austrittsbedingungen im Sinne dieser Verordnung sind Temperatur, Geschwindigkeit und Volumenstrom der Abgase beim Übertritt in die Atmosphäre sowie die Austrittshöhe und die Austrittsrichtung der Abgase.

(5) Abgase im Sinne dieser Verordnung sind die Trägergase mit festen, flüssigen oder gasförmigen Emissionen.

§ 3 Erklärungszeitraum, Zeitpunkt der Erklärung, Erklärungspflichtiger. (1) Der Erklärungszeitraum ist das Kalenderjahr. Wird die Anlage während des Kalenderjahres in Betrieb genommen, stillgelegt oder zeitweise nicht betrieben, umfaßt der Erklärungszeitraum die Teile des Kalenderjahres, in dem die Anlage betrieben worden ist.

(2) Die Emissionserklärung ist bis zum 31. Mai des dem Erklärungszeitraum folgenden Jahres abzugeben. Die zuständige Behörde kann im Einzelfall die Frist bis zum 31. Juli verlängern, wenn die spätere Abgabe die rechtzeitige Aufstellung eines Luftreinhalteplanes nicht verhindert. Der Verlängerungsantrag muß spätestens bis zum 30. April des dem Erklärungszeitraum folgenden Jahres gestellt werden. Bei der erstmaligen Abgabe der Emissionserklärung kann auf Antrag durch die zuständige Behörde eine weitere Verlängerung gewährt werden.

(3) Zur Abgabe der Emissionserklärung ist verpflichtet, wer die Anlage im Erklärungszeitraum betrieben hat. Bei einem Wechsel des Betreibers im Erklärungszeitraum hat jeder Betreiber für den Teil des Kalenderjahres die Emissionserklärung abzugeben, in dem er die Anlage betrieben hat, sofern die Betreiber keine gemeinsame Emissionserklärung für den Erklärungszeitraum abgeben.

§ 4 Inhalt, Umfang und Form der Emissionserklärung. (1) Der Betreiber hat die Emissionserklärung nach der Anlage I zu dieser Verordnung abzugeben.

(2) Der Betreiber hat die Emissionserklärung außerdem nach den Anlagen II bis IV zu dieser Verordnung[1] abzugeben, wenn die Emissionen der Anlage in einer Kalenderwoche des Erklärungszeitraumes bei einem der in der nachstehenden Tabelle bezeichneten Stoffe den dort angegebenen Massenstrom überschritten haben. Dies gilt auch, wenn die Überschreitung durch einen Störfall hervorgerufen worden ist.

Stoff	Massenstrom (Kilogramm je Kalenderwoche)
Stäube,	250
davon toxische Stäube	10
Chlor und anorganische gasförmige Chlorverbindungen – angegeben als CL –	100

[1] Die Anlagen sind nicht abgedruckt.

Emissionserklärung **§ 5 11. BImSchV 71**

Stoff	Massenstrom (Kilogramm je Kalenderwoche)
Fluor und anorganische gasförmige Fluorverbindungen – angegeben als F –	100
Kohlenmonoxid	5000
gasförmige und dampfförmige organische Verbindungen – angegeben als Kohlenstoff –,	250
davon toxische organische Verbindungen	10
Schwefeldioxid	500
Schwefelwasserstoff	10
Stickstoffmonoxid und Stickstoffdioxid – angegeben als NO_2 –	250

(3) Der Betreiber hat die Emissionserklärung für jede Anlage nach den Anlagen I bis IV zu dieser Verordnung auch dann abzugeben, wenn er mehrere genehmigungsbedürftige Anlagen in räumlichem Zusammenhang betreibt und diese zusammen die Voraussetzungen des Absatzes 2 erfüllen.

(4) Mit Zustimmung der zuständigen Behörde kann die Emissionserklärung auf Datenträgern abgegeben werden.

(5) Die zuständige Behörde kann bis spätestens zwei Monate vor Beginn eines Erklärungszeitraumes verlangen, daß der Erklärungspflichtige bestimmte Formulare für die Abgabe der Erklärungen nach den §§ 4 und 5 verwendet.

(6) Bei Verwendung von Datenträgern nach Absatz 4 oder Formularen nach Absatz 5 muß gewährleistet sein, daß der Inhalt der Anlagen I bis IV der Verordnung unverändert übernommen wird.

(7) Die dieser Verordnung beigefügten Erläuterungen zu den Anlagen I bis IV sind Bestandteil dieser Verordnung. Sie sind bei der Abgabe der Erklärungen nach den §§ 4 und 5 zu berücksichtigen.

§ 5 Jährliche Ergänzung der Emissionserklärung. (1) Der Betreiber hat die Emissionserklärung jeweils nach den Anlagen zu dieser Verordnung zu ergänzen, die nach § 4 zu verwenden sind. § 3 gilt entsprechend.

(2) Haben sich Art, Menge, räumliche und zeitliche Verteilung der Emissionen sowie deren Austrittsbedingungen gegenüber dem vorherigen Erklärungszeitraum nicht geändert, hat der Betreiber dies nach der Anlage I zu dieser Verordnung zu erklären.

(3) Haben sich die Emissionen gegenüber dem vorherigen Erklärungszeitraum lediglich infolge von Produktionsschwankungen geändert, ist die Emissionserklärung nach den Anlagen I und IV zu dieser Verordnung zu ergänzen.

71 11. BImSchV §§ 6–9 Emissionserklärung

§ 6 Ermittlung der Emissionen. (1) Für die Abgabe der Erklärungen nach den §§ 4 und 5 sind die Emissionen im Erklärungszeitraum zu ermitteln. Hierbei sind heranzuziehen:

1. fortlaufend aufgezeichnete Messungen, insbesondere Messungen auf Grund von Anordnungen nach § 29 des Bundes-Immissionsschutzgesetzes,
2. Einzelmessungen, insbesondere Messungen auf Grund von Anordnungen nach den §§ 26 oder 28 des Bundes-Immissionsschutzgesetzes,
3. Übernahme der Meßergebnisse von Anlagen derselben Gattung, sofern die Art der Emissionen und die Betriebsbedingungen vergleichbar sind oder
4. begründete Rechnungen oder Schätzungen unter Verwendung von Emissionsfaktoren oder Energie- und Massenbilanzen.

(2) Der Betreiber hat in den Erklärungen nach den §§ 4 und 5 anzugeben, nach welchen der in Absatz 1 angegebenen Verfahren die Emissionen ermittelt worden sind. Auf Verlangen der zuständigen Behörde sind die zur Ermittlung der Emissionen verwendeten Unterlagen zur Einsichtnahme zur Verfügung zu stellen oder die Einzelheiten des Ermittlungsverfahrens anzugeben. Die Unterlagen sind mindestens zwei ahre nach Abgabe der Erklärung aufzubewahren.

(3) Soweit außerbetriebliche Stellen bei der Ermittlung der Emissionen, der Abgabe oder Ergänzung der Erklärung mitgewirkt haben, sind deren Namen und Anschriften anzugeben.

§ 7 Übergangsvorschrift. Emissionserklärungen sind unbeschadet von Einzelanordnungen der zuständigen Behörde nach § 27 Abs. 1 des Bundes-Immissionsschutzgesetzes erstmalig für das Kalenderjahr 1979 abzugeben. Im Falle der Festsetzung von Belastungsgebieten nach diesem Zeitpunkt sind die Emissionserklärungen erstmalig für das auf die Festsetzung folgende Kalenderjahr abzugeben. Sind Emissionserklärungen freiwillig oder auf Grund behördlicher Anordnungen für einen früheren Erklärungszeitraum abgegeben worden, sind sie für spätere Erklärungszeiträume nach § 5 zu ergänzen. Satz 3 gilt nur insoweit, als der Informationsgehalt der früher abgegebenen Emissionserklärungen den Anforderungen des § 4 entspricht.

§ 8 Berlin-Klausel. Diese Verordnung gilt nach § 14 des Dritten Überleitungsgesetzes in Verbindung mit § 73 Satz 2 des Bundes-Immissionsschutzgesetzes auch im Land Berlin.

§ 9 Inkrafttreten. Diese Verordnung tritt am Tage nach der Verkündung in Kraft.

(Die nach dem BGBl. hier folgenden Anlagen sind nicht abgedruckt.)

7m. Zwölfte Verordnung zur Durchführung des Bundes-Immissionsschutzgesetzes (Störfall-Verordnung) – 12. BImSchV –

Vom 27. Juni 1980

(BGBl. I S. 772)

(BGBl. III 2129–8–1–12)

Auf Grund des § 7 Abs. 1 des Bundes-Immissionsschutzgesetzes vom 15. März 1974 (BGBl. I S. 721, 1193) wird von der Bundesregierung nach Anhörung der beteiligten Kreise, auf Grund des § 120e Abs. 1 der Gewerbeordnung vom Bundesminister für Arbeit und Sozialordnung, hinsichtlich des § 15 auf Grund des § 10 Abs. 10 des Bundes-Immissionsschutzgesetzes von der Bundesregierung und hinsichtlich des § 14 auf Grund des § 4 Abs. 1 Satz 3 und des § 19 Abs. 1 des Bundes-Immissionsschutzgesetzes von der Bundesregierung nach Anhörung der beteiligten Kreise jeweils mit Zustimmung des Bundesrates verordnet:

Erster Abschnitt. Allgemeine Vorschriften

§ 1 Anwendungsbereich. Diese Verordnung gilt für die im Anhang I[1] zu dieser Verordnung bezeichneten, nach dem Bundes-Immissionsschutzgesetz genehmigungsbedürftigen Anlagen, in denen Stoffe nach Anhang II[1] zu dieser Verordnung im bestimmungsgemäßen Betrieb vorhanden sein oder bei einer Störung des bestimmungsgemäßen Betriebs entstehen können. Sie gilt nicht für Anlagen, in denen nur so geringe Mengen dieser Stoffe vorhanden sein oder entstehen können, daß eine Gemeingefahr infolge einer Störung des bestimmungsgemäßen Betriebs offensichtlich ausgeschlossen ist.

§ 2 Begriffsbestimmungen. (1) Störfall im Sinne dieser Verordnung ist eine Störung des bestimmungsgemäßen Betriebs, durch die ein Stoff nach Anhang II[1] zu dieser Verordnung frei wird, entsteht, in Brand gerät oder explodiert und eine Gemeingefahr hervorgerufen wird.

(2) Gemeingefahr im Sinne dieser Verordnung ist eine Gefahr

1. für Leben oder hinsichtlich schwerwiegender Gesundheitsbeeinträchtigungen von Menschen, die nicht zum Bedienungspersonal des gestörten Anlageteils gehören,
2. für die Gesundheit einer großen Zahl von Menschen oder
3. für Sachen von hohem Wert, die sich außerhalb der Anlage befinden, falls durch eine Veränderung ihres Bestandes oder ihrer Nutzbarkeit das Gemeinwohl beeinträchtigt würde.

---

[1] Vom Abdruck wurde abgesehen.

7m 12. BImSchV §§ 3, 4 Störfallverordnung

(3) Stand der Sicherheitstechnik im Sinne dieser Verordnung ist der Entwicklungsstand fortschrittlicher Verfahren, Einrichtungen und Betriebsweisen, der die praktische Eignung einer Maßnahme zur Verhinderung von Störfällen oder zur Begrenzung ihrer Auswirkungen gesichert erscheinen läßt. Bei der Bestimmung des Standes der Sicherheitstechnik sind insbesondere vergleichbare Verfahren, Einrichtungen oder Betriebsweisen heranzuziehen, die mit Erfolg im Betrieb erprobt worden sind.

Zweiter Abschnitt. Störfallvorsorge und Störfallabwehr

§ 3 Sicherheitspflichten. (1) Der Betreiber einer Anlage hat die nach Art und Ausmaß der möglichen Gefahren erforderlichen Vorkehrungen zu treffen, um Störfälle zu verhindern; Verpflichtungen nach anderen als immissionsschutzrechtlichen Vorschriften bleiben unberührt.

(2) Bei der Erfüllung der Pflicht nach Absatz 1 sind

1. betriebliche Gefahrenquellen,
2. umgebungsbedingte Gefahrenquellen, wie Erdbeben- oder Hochwassergefahren, und
3. Eingriffe Unbefugter

zu berücksichtigen, es sei denn, daß diese Gefahrenquellen oder Eingriffe als Störfallursachen vernünftigerweise ausgeschlossen werden können.

(3) Über Absatz 1 hinaus ist Vorsorge zu treffen, um die Auswirkungen von Störfällen so gering wie möglich zu halten.

(4) Technische Vorkehrungen zur Erfüllung der Pflichten nach den Absätzen 1 und 3 müssen dem Stand der Sicherheitstechnik entsprechen.

§ 4 Anforderungen zur Verhinderung von Störfällen. Der Betreiber einer Anlage hat zur Erfüllung der sich aus § 3 Abs. 1 ergebenden Pflicht insbesondere

1. die Anlage so auszulegen, daß sie auch den bei einer Störung des bestimmungsgemäßen Betriebs zu erwartenden Beanspruchungen genügt,
2. Maßnahmen zu treffen, damit Brände und Explosionen
    a) innerhalb der Anlage vermieden werden und
    b) nicht in einer die Sicherheit der Anlage beeinträchtigenden Weise von außen auf sie einwirken können,
3. die Anlage mit ausreichenden Warn-, Alarm- und Sicherheitseinrichtungen auszurüsten,
4. die Anlage mit ausreichend zuverlässigen Meßeinrichtungen und Steuer- oder Regeleinrichtungen auszustatten, die, soweit dies sicher-

Störfallverordnung   §§ 5, 6   **12. BImSchV 7m**

heitstechnisch geboten ist, jeweils mehrfach vorhanden, verschiedenartig und voneinander unabhängig sind,

5. die sicherheitstechnisch bedeutsamen Anlageteile vor Eingriffen Unbefugter zu schützen.

§ 5 Anforderungen zur Begrenzung von Störfallauswirkungen.
(1) Der Betreiber einer Anlage hat zur Erfüllung der sich aus § 3 Abs. 3 ergebenden Pflicht insbesondere

1. sicherzustellen, daß durch die Beschaffenheit der Fundamente und der tragenden Gebäudeteile bei Störfällen keine zusätzlichen Gefahren hervorgerufen werden können,

2. die Anlage mit den erforderlichen sicherheitstechnischen Einrichtungen auszurüsten sowie die erforderlichen technischen und organisatorischen Schutzvorkehrungen zu treffen,

3. betriebliche Alarm- und Gefahrenabwehrpläne aufzustellen und fortzuschreiben, die mit der örtlichen Katastrophenschutz- und Gefahrenabwehrplanung im Einklang stehen.

(2) Der Betreiber hat eine Person oder Stelle mit der Begrenzung der Auswirkungen von Störfällen zu beauftragen und diese der zuständigen Behörde zu benennen.

§ 6 Ergänzende Anforderungen.
(1) Der Betreiber einer Anlage hat zur Erfüllung der sich aus § 3 Abs. 1 oder 3 ergebenden Pflichten über die in den §§ 4 und 5 genannten Anforderungen hinaus

1. die Anlage in sicherheitstechnischer Hinsicht ständig zu überwachen und regelmäßig zu warten,

2. die Wartungs- und Reparaturarbeiten nach den allgemein anerkannten Regeln der Technik durchzuführen,

3. die erforderlichen sicherheitstechnischen Vorkehrungen zur Vermeidung von Fehlbedienungen zu treffen,

4. durch geeignete Bedienungs- und Sicherheitsanweisungen und durch Schulung des Personals Fehlverhalten vorzubeugen und

5. die betroffenen Arbeitnehmer über die für sie in den betrieblichen Alarm- und Gefahrenabwehrplänen für den Störfall enthaltenen Verhaltensregeln zu unterweisen.

(2) Der Betreiber hat schriftliche Unterlagen darüber zu erstellen oder erstellen zu lassen, ob die sicherheitstechnisch bedeutsamen Wartungs- und Reparaturarbeiten sowie die Funktionsprüfungen der Warn-, Alarm- und Sicherheitseinrichtungen nach den in Absatz 1 Nr. 1 und 2 enthaltenen Anforderungen durchgeführt sind. Die Unterlagen sind mindestens fünf Jahre zur Einsicht durch die zuständige Behörde aufzubewahren.

§ 7 Sicherheitsanalyse. (1) Der Betreiber hat eine Sicherheitsanalyse anzufertigen, die folgende Angaben enthält:

1. eine Beschreibung der Anlage und des Verfahrens einschließlich der kennzeichnenden Verfahrensbedingungen im bestimmungsgemäßen Betrieb unter Verwendung von Fließbildern,
2. eine Beschreibung der sicherheitstechnisch bedeutsamen Anlageteile, der Gefahrenquellen und der Voraussetzungen, unter denen ein Störfall eintreten kann,
3. die chemische Stoffbezeichnung, den Zustand und die Menge
   a) der Stoffe nach Anhang II[1] zu dieser Verordnung, die in der Anlage im bestimmungsgemäßen Betrieb vorhanden sein können,
   b) der Stoffe nach Anhang II[1] zu dieser Verordnung, die bei einer Störung des bestimmungsgemäßen Betriebs entstehen können, und
   c) der Stoffe, die bei einer Störung des bestimmungsgemäßen Betriebs entstehen und zur Bildung von Stoffen nach Anhang II[1] zu dieser Verordnung führen können,
4. eine Darlegung, wie die nach den §§ 3 bis 6 gestellten Anforderungen erfüllt werden und
5. Angaben über die Auswirkungen, die sich aus einem Störfall ergeben können.

Für Angaben nach Satz 1 Nr. 1 gilt § 4 Abs. 2 Nr. 1 und 2 der Neunten Verordnung zur Durchführung des Bundes-Immissionsschutzgesetzes (Grundsätze des Genehmigungsverfahrens) vom 18. Februar 1977 (BGBl. I S. 274) entsprechend.

(2) In der Sicherheitsanalyse kann insoweit auf Unterlagen nach § 10 Abs. 1 des Bundes-Immissionsschutzgesetzes oder eine Anzeige nach § 12 Abs. 1 verwiesen werden, als diese Angaben nach Absatz 1 enthalten.

§ 8 Fortschreibung der Sicherheitsanalyse. Der Betreiber hat die Sicherheitsanalyse dem Stand der Sicherheitstechnik und wesentlichen neuen Erkenntnissen, die für die Beurteilung der Gefahren von Bedeutung sind, anzupassen.

§ 9 Bereithalten der Sicherheitsanalyse. Der Betreiber einer Anlage hat die Sicherheitsanalyse ständig bereit zu halten und der zuständigen Behörde auf Verlangen vorzulegen. Reichen die in der Sicherheitsanalyse enthaltenen Angaben für eine Beurteilung, ob die Sicherheitspflichten nach § 3 erfüllt werden, nicht aus, so hat der Betreiber die Sicherheitsanalyse auf Verlangen der zuständigen Behörde innerhalb einer angemessenen Frist zu ergänzen.

§ 10 Ausnahmen. Die zuständige Behörde kann auf Antrag den Betreiber von den Pflichten nach den §§ 3 bis 9 befreien, soweit im Ein-

---

[1] Vom Abdruck wurde abgesehen.

Störfallverordnung §§ 11, 12 **12. BImSchV 7m**

zelfall, insbesondere wegen günstiger Umgebungsbedingungen der Anlage, der geringen Menge der Stoffe nach Anhang II[1] zu dieser Verordnung oder durch Maßnahmen auf benachbarten Grundstücken, eine Gemeingefahr nicht zu besorgen ist.

§ 11 Meldepflichten. (1) Der Betreiber hat der zuständigen Behörde unverzüglich mitzuteilen

1. den Eintritt eines Störfalls oder
2. eine Störung des bestimmungsgemäßen Betriebs, bei der der Eintritt eines Störfalls nicht offensichtlich auszuschließen ist.

(2) Der Betreiber hat der zuständigen Behörde die Mitteilung nach Absatz 1 unverzüglich, spätestens nach einer Woche, schriftlich zu bestätigen.

(3) In der schriftlichen Bestätigung hat der Betreiber

1. im Falle des Absatzes 1 Nr. 1
   a) den Störfall, seine Ursachen sowie seine Auswirkungen so zu beschreiben, daß sie in sicherheitstechnischer Hinsicht ausreichend beurteilt werden können und
   b) die Maßnahmen anzugeben, die zur Verhinderung des Störfalls, zur Begrenzung seiner Auswirkungen sowie zur Vermeidung von Wiederholungen ergriffen worden sind, oder
2. im Falle des Absatzes 1 Nr. 2
   a) die für eine ausreichende sicherheitstechnische Beurteilung maßgebenden Umstände zu beschreiben und
   b) die Maßnahmen anzugeben, die zur Verhinderung des Störfalls ergriffen worden sind.

(4) Der Betriebsrat ist über eine Mitteilung nach Absatz 1 unverzüglich zu unterrichten. Eine Abschrift der schriftlichen Bestätigung der Mitteilung nach Absatz 2 ist ihm auf Verlangen zu überlassen.

Dritter Abschnitt. Gemeinsame Vorschriften, Schlußvorschriften

§ 12 Übergangsvorschriften. (1) Der Betreiber einer vor dem Zeitpunkt des Inkrafttretens dieser Verordnung genehmigten Anlage hat der zuständigen Behörde

1. die Bezeichnung und den Standort der Anlage und
2. die chemische Stoffbezeichnung, den Zustand und die Menge der Stoffe nach Anhang II[1] zu dieser Verordnung, die in der Anlage im bestimmungsgemäßen Betrieb vorhanden sein oder bei einer Störung des bestimmungsgemäßen Betriebs entstehen können,

---
[1] Vom Abdruck wurde abgesehen.

7m 12. BImSchV §§ 13–17 — Störfallverordnung

innerhalb von acht Monaten nach Inkrafttreten dieser Verordnung anzuzeigen. In der Anzeige kann insoweit auf Unterlagen nach § 10 Abs. 1 des Bundes-Immissionsschutzgesetzes, eine Mitteilung nach § 16 des Bundes-Immissionsschutzgesetzes oder eine Emissionserklärung nach § 4 der Emissionserklärungsverordnung vom 20. Dezember 1978 (BGBl. I S. 2027) verwiesen werden, als diese Angaben nach Satz 1 Nr. 1 und 2 enthalten.

(2) Der Betreiber einer vor dem Zeitpunkt des Inkrafttretens dieser Verordnung genehmigten Anlage hat die nach § 7 anzufertigende Sicherheitsanalyse unverzüglich, spätestens jedoch zwei Jahre nach Inkrafttreten dieser Verordnung, bereitzuhalten. In begründeten Fällen kann die zuständige Behörde diese Frist bis zu einem weiteren Jahr verlängern.

§ 13 Ordnungswidrigkeiten. Ordnungswidrig im Sinne des § 62 Abs. 1 Nr. 2 des Bundes-Immissionsschutzgesetzes handelt, wer vorsätzlich oder fahrlässig

1. entgegen § 6 Abs. 2 die dort bezeichneten Unterlagen nicht erstellt oder erstellen läßt oder nicht mindestens fünf Jahre aufbewahrt,

2. entgegen den §§ 7, 8 oder 9 die Sicherheitsanalyse nicht anfertigt, nicht auf Verlangen anpaßt, nicht bereithält, nicht vorlegt oder nicht ergänzt,

3. entgegen § 11 Abs. 1 den Eintritt eines Störfalls oder eine dort bezeichnete Störung nicht unverzüglich mitteilt oder entgegen § 11 Abs. 2 oder 3 die Mitteilung nach § 11 Abs. 1 nicht richtig, nicht vollständig oder nicht rechtzeitig schriftlich bestätigt oder

4. eine Anzeige nach § 12 Abs. 1 Satz 1 nicht richtig, nicht vollständig oder nicht rechtzeitig erstattet.

§ 14 Änderung der 4. BImSchV.[1]

§ 15 Änderung der 9. BImSchV.[1]

§ 16 Berlin-Klausel. Diese Verordnung gilt nach § 14 des Dritten Überleitungsgesetzes in Verbindung mit § 73 des Bundes-Immissionsschutzgesetzes sowie in Verbindung mit § 156 der Gewerbeordnung auch im Land Berlin.

§ 17 Inkrafttreten. Diese Verordnung tritt am ersten Tage des auf die Verkündung[2] folgenden zweiten Kalendermonats in Kraft.

---

[1] Vom Abdruck wurde abgesehen.
[2] Die Verordnung wurde am 5. 7. 1980 verkündet.

8. Gesetz über die Beseitigung von Abfällen (Abfallbeseitigungsgesetz – AbfG)

In der Fassung der Bekanntmachung vom 5. Januar 1977

(BGBl. I S. 41, ber. S. 288, geändert durch Art. 13 des 18. StRÄndG v. 28. 3. 1980, BGBl. I S. 373)

(BGBl. III 2129-6)

§ 1 Begriffsbestimmungen und sachlicher Geltungsbereich.
(1) Abfälle im Sinne dieses Gesetzes sind bewegliche Sachen, deren sich der Besitzer entledigen will, oder deren geordnete Beseitigung zur Wahrung des Wohls der Allgemeinheit geboten ist.

(2) Die Abfallbeseitigung im Sinne dieses Gesetzes umfaßt das Einsammeln, Befördern, Behandeln, Lagern und Ablagern der Abfälle.

(3) Die Vorschriften dieses Gesetzes gelten nicht für

1. die nach dem Tierkörperbeseitigungsgesetz vom 2. September 1975 (BGBl. I S. 2313, 2610),

    nach dem Fleischbeschaugesetz in der Fassung der Bekanntmachung vom 29. Oktober 1940 (RGBl. I S. 1463), zuletzt geändert durch das Tierkörperbeseitigungsgesetz vom 2. September 1975 (BGBl. I S. 2313),

    nach dem Viehseuchengesetz in der Fassung der Bekanntmachung vom 19. Dezember 1973 (BGBl. 1974 I S. 1), zuletzt geändert durch das Gesetz zur Änderung des Viehseuchengesetzes vom 2. Dezember 1976 (BGBl. I S. 3249),

    nach dem Pflanzenschutzgesetz in der Fassung der Bekanntmachung vom 2. Oktober 1975 (BGBl. I S. 2591; 1976 S. 1059), und

    nach den auf Grund dieser Gesetze erlassenen Rechtsverordnungen zu beseitigenden Stoffe,

2. Kernbrennstoffe und sonstige radioaktive Stoffe im Sinne des Atomgesetzes in der Fassung der Bekanntmachung vom 31. Oktober 1976 (BGBl. I S. 3053),

3. Abfälle, die beim Aufsuchen, Gewinnen, Aufbereiten und Weiterverarbeiten von Bodenschätzen in den der Bergaufsicht unterstehenden Betrieben anfallen,

4. nichtgefaßte gasförmige Stoffe,

5. Abwasser, soweit es in Gewässer oder Abwasseranlagen eingeleitet wird,

6. Altöle, soweit sie nach Maßgabe des § 3 Abs. 1 des Altölgesetzes vom 23. Dezember 1968 (BGBl. I S. 1419), zuletzt geändert durch Artikel 71 des Einführungsgesetzes zur Abgabenordnung vom 14. Dezember 1976 (BGBl. I S. 3341), abgeholt werden.

§ 2 Grundsatz. (1) Abfälle sind so zu beseitigen, daß das Wohl der Allgemeinheit nicht beeinträchtigt wird, insbesondere dadurch, daß

8 AbfG § 3 Abfallbeseitigungsgesetz

1. die Gesundheit der Menschen gefährdet und ihr Wohlbefinden beeinträchtigt,
2. Nutztiere, Vögel, Wild und Fische gefährdet,
3. Gewässer, Boden und Nutzpflanzen schädlich beeinflußt,
4. schädliche Umwelteinwirkungen durch Luftverunreinigungen oder Lärm herbeigeführt,
5. die Belange des Naturschutzes und der Landschaftspflege sowie des Städtebaus nicht gewahrt oder
6. die öffentliche Sicherheit und Ordnung sonst gefährdet oder gestört werden.

Die Ziele und Erfordernisse der Raumordnung und Landesplanung sind zu beachten.

(2) An die Beseitigung von Abfällen aus gewerblichen oder sonstigen wirtschaftlichen Unternehmen, die nach Art, Beschaffenheit oder Menge in besonderem Maße gesundheits-, luft- oder wassergefährdend, explosibel oder brennbar sind oder Erreger übertragbarer Krankheiten enthalten oder hervorbringen können, sind nach Maßgabe dieses Gesetzes zusätzliche Anforderungen zu stellen. Abfälle im Sinne von Satz 1 werden von der Bundesregierung durch Rechtsverordnung mit Zustimmung des Bundesrates bestimmt.

§ 3 Verpflichtung zur Beseitigung. (1) Der Besitzer hat Abfälle dem Beseitigungspflichtigen zu überlassen.

(2) Die nach Landesrecht zuständigen Körperschaften des öffentlichen Rechts haben die in ihrem Gebiet angefallenen Abfälle zu beseitigen. Sie können sich zur Erfüllung dieser Pflicht Dritter bedienen.

(3) Die in Absatz 2 genannten Körperschaften können mit Zustimmung der zuständigen Behörde Abfälle von der Beseitigung nur ausschließen, soweit sie diese nach ihrer Art oder Menge nicht mit den in Haushaltungen anfallenden Abfällen beseitigen können.

(4) Im Falle des Absatzes 3 ist der Besitzer zur Beseitigung der Abfälle verpflichtet. Absatz 2 Satz 2 gilt entsprechend.

(5) Der Inhaber einer Abfallbeseitigungsanlage kann durch die zuständige Behörde verpflichtet werden, einem nach Absatz 2 oder 4 zur Abfallbeseitigung Verpflichteten die Mitbenutzung der Abfallbeseitigungsanlage gegen angemessenes Entgelt zu gestatten, soweit dieser die Abfälle anders nicht zweckmäßig oder nur mit erheblichen Mehrkosten beseitigen kann und die Mitbenutzung für den Inhaber zumutbar ist. Kommt eine Einigung über das Entgelt nicht zustande, so wird es durch die zuständige Behörde festgesetzt.

(6) Die zuständige Behörde kann dem Inhaber einer Abfallbeseitigungsanlage, der Abfälle wirtschaftlicher beseitigen kann als eine in Absatz 2 genannte Körperschaft, die Beseitigung dieser Abfälle auf seinen Antrag übertragen, sofern nicht überwiegende öffentliche Interessen

entgegenstehen. Die Übertragung kann mit der Auflage verbunden werden, daß der Antragsteller alle in dem Gebiet dieser Körperschaft angefallenen Abfälle gegen Erstattung der Kosten beseitigt, wenn die Körperschaft die verbleibenden Abfälle nicht oder nur mit unverhältnismäßigem Aufwand beseitigen kann; das gilt nicht, wenn der Antragsteller darlegt, daß die Übernahme der Beseitigung unzumutbar ist.

(7) Der Abbauberechtigte oder Unternehmer eines Mineralgewinnungsbetriebes sowie der Eigentümer, Besitzer oder in sonstiger Weise Verfügungsberechtigte eines zur Mineralgewinnung genutzten Grundstücks kann von der zuständigen Behörde im Rahmen des Zumutbaren verpflichtet werden, die Beseitigung von Abfällen in freigelegten Bauen in seiner Anlage oder innerhalb seines Grundstücks zu dulden, den Zugang zu ermöglichen und dabei, soweit dies unumgänglich ist, vorhandene Betriebsanlagen oder Einrichtungen oder Teile derselben zur Verfügung zu stellen. Die ihm dadurch entstehenden Kosten hat der Beseitigungspflichtige zu erstatten. Die zuständige Behörde bestimmt den Inhalt dieser Verpflichtung. Der Vorrang der Mineralgewinnung gegenüber der Abfallbeseitigung darf nicht beeinträchtigt werden. Für die aus der Abfallbeseitigung entstehenden Schäden haftet der Duldungspflichtige nicht.

§ 4 Ordnung der Beseitigung. (1) Abfälle dürfen nur in den dafür zugelassenen Anlagen oder Einrichtungen (Abfallbeseitigungsanlagen) behandelt, gelagert und abgelagert werden.

(2) Die zuständige Behörde kann im Einzelfall widerruflich Ausnahmen zulassen, wenn dadurch das Wohl der Allgemeinheit nicht beeinträchtigt wird.

(3) Abfälle im Sinne des § 2 Abs. 2 dürfen zum Einsammeln oder Befördern nur den nach § 12 hierzu Befugten und diesen nur dann überlassen werden, wenn eine Bescheinigung des Betreibers einer Abfallbeseitigungsanlage vorliegt, aus der dessen Bereitschaft zur Annahme derartiger Abfälle hervorgeht; die Bescheinigung muß auch dann vorliegen, wenn der Besitzer diese Abfälle selbst befördert und dem Betreiber einer Abfallbeseitigungsanlage zum Beseitigen überläßt.

(4) Die Landesregierungen können durch Rechtsverordnung die Beseitigung bestimmter Abfälle oder bestimmter Mengen dieser Abfälle, sofern ein Bedürfnis besteht und eine Beeinträchtigung des Wohls der Allgemeinheit nicht zu befürchten ist, außerhalb von Beseitigungsanlagen zulassen und die Voraussetzungen und die Art und Weise der Beseitigung festlegen.

§ 4a Auskunftspflicht. Die zuständige Behörde hat dem nach § 3 Abs. 2 oder 4 zur Beseitigung Verpflichteten auf Anfrage Auskunft über vorhandene geeignete Abfallbeseitigungsanlagen zu erteilen.

§ 5 Autowracks und Altreifen. (1) Auf Anlagen, die der Lagerung oder Behandlung von Autowracks oder Altreifen dienen, finden die Vorschriften über Abfallbeseitigungsanlagen Anwendung.

(2) Kraftfahrzeuge oder Anhänger ohne gültige amtliche Kennzeichen, die auf öffentlichen Flächen oder außerhalb im Zusammenhang bebauter Ortsteile abgestellt sind, gelten als Abfall, wenn keine Anhaltspunkte dafür sprechen, daß sie noch bestimmungsgemäß genutzt werden oder daß sie entwendet wurden, und wenn sie nicht innerhalb eines Monats nach einer am Fahrzeug angebrachten, deutlich sichtbaren Aufforderung entfernt worden sind.

§ 6 Abfallbeseitigungspläne. (1) Die Länder stellen für ihren Bereich Pläne zur Abfallbeseitigung nach überörtlichen Gesichtspunkten auf. In diesen Abfallbeseitigungsplänen sind geeignete Standorte für die Abfallbeseitigungsanlagen festzulegen. Die Abfallbeseitigungspläne der Länder sollen aufeinander abgestimmt werden. Abfälle im Sinne des § 2 Abs. 2 sind in den Abfallbeseitigungsplänen besonders zu berücksichtigen. Ferner kann in den Plänen bestimmt werden, welcher Träger vorgesehen ist und welcher Abfallbeseitigungsanlage sich die Beseitigungspflichtigen zu bedienen haben. Die Festlegungen in den Abfallbeseitigungsplänen können für die Beseitigungspflichtigen für verbindlich erklärt werden.

(2) Die Länder regeln das Verfahren zur Aufstellung der Pläne.

(3) Solange ein Abfallbeseitigungsplan noch nicht aufgestellt ist, sind bestehende Abfallbeseitigungsanlagen, die zum Behandeln, Lagern und Ablagern von Abfällen im Sinne des § 2 Abs. 2 geeignet sind, in einen vorläufigen Plan aufzunehmen. Die Absätze 1 und 2 finden keine Anwendung.

§ 7 Zulassung von Abfallbeseitigungsanlagen. (1) Die Errichtung und der Betrieb von ortsfesten Abfallbeseitigungsanlagen sowie die wesentliche Änderung einer solchen Anlage oder ihres Betriebes bedürfen der Planfeststellung durch die zuständige Behörde.

(2) Die zuständige Behörde kann an Stelle eines Planfeststellungsverfahrens auf Antrag oder von Amts wegen ein Genehmigungsverfahren durchführen, wenn

1. die Errichtung und der Betrieb einer unbedeutenden Abfallbeseitigungsanlage oder die wesentliche Änderung einer Abfallbeseitigungsanlage oder ihres Betriebes beantragt wird oder

2. mit Einwendungen nicht zu rechnen ist.

(3) Bei Abfallbeseitigungsanlagen, die Anlagen im Sinne des § 4 des Bundes-Immissionsschutzgesetzes sind, ist Planfeststellungs- und Anhörungsbehörde die Behörde, deren Genehmigung nach § 4 des Bundes-Immissionsschutzgesetzes durch die Planfeststellung ersetzt wird.

§ 7a Zulassung vorzeitigen Beginns. (1) In einem Planfeststellungs- oder Genehmigungsverfahren kann die für die Feststellung des Planes oder Erteilung der Genehmigung zuständige Behörde unter dem Vorbehalt des Widerrufs zulassen, daß bereits vor Feststellung des Planes

Abfallbeseitigungsgesetz § 8 AbfG 8

oder Erteilung der Genehmigung mit der Ausführung begonnen wird, wenn

1. mit einer Entscheidung zugunsten des Trägers des Vorhabens gerechnet werden kann,
2. an dem vorzeitigen Beginn ein öffentliches Interesse besteht und
3. der Träger des Vorhabens sich verpflichtet, alle bis zur Entscheidung durch die Ausführung verursachten Schäden zu ersetzen, und, falls das Vorhaben nicht planfestgestellt oder genehmigt wird, den früheren Zustand wiederherzustellen.

(2) Die Zulassung kann befristet und unter Bedingungen erteilt und mit Auflagen verbunden werden. Die zuständige Behörde kann die Leistung einer Sicherheit verlangen, soweit dies erforderlich ist, um die Erfüllung der Verpflichtungen des Trägers des Vorhabens zu sichern.

§ 8 Nebenbestimmungen, Sicherheitsleistung, Versagung. (1) Der Planfeststellungsbeschluß nach § 7 Abs. 1 und die Genehmigung nach § 7 Abs. 2 können unter Bedingungen erteilt und mit Auflagen verbunden werden, soweit dies zur Wahrung des Wohls der Allgemeinheit erforderlich ist. Sie können befristet werden. Die Aufnahme, Änderung oder Ergänzung von Auflagen über Anforderungen an die Abfallbeseitigungsanlagen oder ihren Betrieb ist auch nach dem Ergehen des Planfeststellungsbeschlusses oder nach der Erteilung der Genehmigung zulässig. Läßt sich zur Zeit der Entscheidung nicht mit genügender Sicherheit feststellen, ob und in welchem Maße nachteilige Wirkungen eintreten werden, so kann sich die Behörde den Widerruf des Planfeststellungsbeschlusses oder der Genehmigung vorbehalten.

(2) Die zuständige Behörde kann in der Planfeststellung oder in der Genehmigung verlangen, daß der Inhaber einer Abfallbeseitigungsanlage für die Rekultivierung sowie zur Verhinderung oder Beseitigung von Beeinträchtigungen des Wohls der Allgemeinheit nach Stillegung der Anlage Sicherheit leistet.

(3) Der Planfeststellungsbeschluß oder die Genehmigung ist zu versagen, wenn die Errichtung einer Abfallbeseitigungsanlage den nach § 6 aufgestellten Abfallbeseitigungsplänen zuwiderläuft. Sie sind ferner zu versagen, wenn

1. von der Errichtung oder dem Betrieb Beeinträchtigungen des Wohls der Allgemeinheit zu erwarten sind, die durch Auflagen und Bedingungen nicht verhindert werden können, oder
2. Tatsachen vorliegen, aus denen sich Bedenken gegen die Zuverlässigkeit der für die Errichtung, Leitung oder Beaufsichtigung des Betriebes der Abfallbeseitigungsanlage verantwortlichen Personen ergeben, oder
3. nachteilige Wirkungen auf das Recht eines anderen zu erwarten sind, die durch Auflagen weder verhütet noch ausgeglichen werden können und der Betroffene widerspricht, oder

8 AbfG §§ 9-11　　　　　　　　　　　　　　　　　　Abfallbeseitigungsgesetz

4. sonstige öffentlich-rechtliche Vorschriften der Errichtung oder dem Betrieb entgegenstehen.

(4) Absatz 3 Nr. 3 gilt nicht, wenn das Vorhaben dem Wohl der Allgemeinheit dient. Wird in diesem Fall die Planfeststellung erteilt, ist der Betroffene für den dadurch eintretenden Vermögensnachteil in Geld zu entschädigen.

§ 9 Bestehende Abfallbeseitigungsanlagen. (1) Die Inhaber haben ortsfeste Abfallbeseitigungsanlagen, die sie bei Inkrafttreten dieses Gesetzes betreiben oder mit deren Errichtung sie zu diesem Zeitpunkt begonnen haben, der zuständigen Behörde innerhalb von 6 Monaten nach Inkrafttreten dieses Gesetzes anzuzeigen.

(2) Die zuständige Behörde kann für Abfallbeseitigungsanlagen nach Absatz 1 oder für ihren Betrieb Befristungen, Bedingungen und Auflagen anordnen. Sie kann den Betrieb dieser Anlagen ganz oder teilweise untersagen, wenn eine erhebliche Beeinträchtigung des Wohls der Allgemeinheit durch Auflagen, Bedingungen oder Befristungen nicht verhindert werden kann.

§ 10 Stillegung. (1) Der Inhaber einer ortsfesten Abfallbeseitigungsanlage hat ihre beabsichtigte Stillegung der zuständigen Behörde unverzüglich anzuzeigen.

(2) Die zuständige Behörde soll den Inhaber verpflichten, auf seine Kosten das Gelände, das für die Abfallbeseitigung verwandt worden ist, zu rekultivieren und sonstige Vorkehrungen zu treffen, die erforderlich sind, Beeinträchtigungen des Wohls der Allgemeinheit zu verhüten.

§ 11 Anzeigepflicht und Überwachung. (1) Die Beseitigung von Abfällen unterliegt der Überwachung durch die zuständige Behörde. Diese kann die Überwachung auch auf stillgelegte Abfallbeseitigungsanlagen erstrecken, wenn dies zur Wahrung des Wohls der Allgemeinheit erforderlich ist.

(2) Die zuständige Behörde kann von Besitzern solcher Abfälle, die nicht mit den in Haushaltungen anfallenden Abfällen beseitigt werden, Nachweis über deren Art, Menge und Beseitigung sowie die Führung von Nachweisbüchern, das Einbehalten von Belegen und deren Aufbewahrung verlangen. Nachweisbücher und Belege sind der zuständigen Behörde auf Verlangen zur Prüfung vorzulegen. Das Nähere über die Einrichtung, Führung und Vorlage der Nachweisbücher und das Einbehalten von Belegen sowie über die Aufbewahrungsfristen regelt der Bundesminister des Innern mit Zustimmung des Bundesrates durch Rechtsverordnung.

(3) Auch ohne besonderes Verlangen der zuständigen Behörde sind zur Führung eines Nachweisbuches nach Absatz 2 und zur Vorlage der für die zuständige Behörde bestimmten Belege, jedoch beschränkt auf Abfälle im Sinne des § 2 Abs. 2, verpflichtet

Abfallbeseitigungsgesetz § 11a **AbfG 8**

1. der Betreiber einer Anlage, in der Abfälle dieser Art anfallen,
2. jeder, der Abfälle dieser Art einsammelt oder befördert, sowie
3. der Betreiber einer Abfallbeseitigungsanlage.

Wer eine der in den Nummern 1 bis 3 genannten Voraussetzungen erfüllt, hat dies der zuständigen Behörde anzuzeigen. Im übrigen bleibt Absatz 2 unberührt. Der Bundesminister des Innern bestimmt durch Rechtsverordnung mit Zustimmung des Bundesrates die unter Satz 1 Nr. 1 fallenden Anlagen und die Form der Anzeige nach Satz 2. Die zuständige Behörde kann auf Antrag oder von Amts wegen einen nach Satz 1 Verpflichteten von der Führung eines Nachweisbuches oder der Vorlage der Belege ganz oder für einzelne Abfallarten widerruflich freistellen, sofern dadurch eine Beeinträchtigung des Wohls der Allgemeinheit nicht zu befürchten ist.

(4) Besitzer von Abfällen sowie Beseitigungspflichtige haben den Beauftragten der Überwachungsbehörde Auskunft über Betrieb, Anlagen, Einrichtungen und alle sonstigen der Überwachung unterliegenden Gegenstände zu erteilen. Sie haben zur Prüfung, ob sie ihren Verpflichtungen nach diesem Gesetz genügen, das Betreten von Grundstücken und, soweit dies zur Verhütung dringender Gefahren für die öffentliche Sicherheit oder Ordnung erforderlich ist, ihrer Wohnung zu gestatten; das Grundrecht auf Unverletzlichkeit der Wohnung (Artikel 13 des Grundgesetzes) wird insoweit eingeschränkt. Beseitigungspflichtige haben ferner die Abfallbeseitigungsanlagen zugänglich zu machen, die zur Überwachung erforderlichen Arbeitskräfte, Werkzeuge und Unterlagen zur Verfügung zu stellen sowie nach Anordnung der zuständigen Behörde Zustand und Betrieb der Abfallbeseitigungsanlage auf ihre Kosten prüfen zu lassen.

(5) Der zur Erteilung einer Auskunft Verpflichtete kann die Auskunft auf solche Fragen verweigern, deren Beantwortung ihn selbst oder einen der in § 383 Abs. 1 Nr. 1 bis 3 der Zivilprozeßordnung bezeichneten Angehörigen der Gefahr strafgerichtlicher Verfolgung oder eines Verfahrens nach dem Gesetz über Ordnungswidrigkeiten aussetzen würde.

§ 11a Bestellung eines Betriebsbeauftragten für Abfall. (1) Betreiber ortsfester Abfallbeseitigungsanlagen haben einen oder mehrere Betriebsbeauftragte für Abfall zu bestellen. Das gleiche gilt für Betreiber von Anlagen, in denen regelmäßig Abfälle im Sinne des § 2 Abs. 2 anfallen. Der Bundesminister des Innern bestimmt durch Rechtsverordnung mit Zustimmung des Bundesrates die Anlagen, deren Betreiber Betriebsbeauftragte für Abfall zu bestellen haben.

(2) Die zuständige Behörde kann anordnen, daß Betreiber von Anlagen nach Absatz 1, für die die Bestellung eines Betriebsbeauftragten für Abfall nicht durch Rechtsverordnung vorgeschrieben ist, einen oder mehrere Betriebsbeauftragte für Abfall zu bestellen haben, soweit sich im Einzelfall die Notwendigkeit der Bestellung aus den besonderen Schwierigkeiten bei der Beseitigung der Abfälle ergibt.

8 AbfG §§ 11b, 11c — Abfallbeseitigungsgesetz

§ 11 b Aufgaben und Befugnisse. (1) Der Betriebsbeauftragte für Abfall ist berechtigt und verpflichtet,

1. den Weg der Abfälle von ihrer Entstehung oder Anlieferung bis zu ihrer Beseitigung zu überwachen,
2. die Einhaltung der für die Beseitigung von Abfällen geltenden Gesetze und Rechtsverordnungen sowie der auf Grund dieser Vorschriften erlassenen Anordnungen, Bedingungen und Auflagen zu überwachen, insbesondere durch Kontrolle der Betriebsstätte in regelmäßigen Abständen, Mitteilung festgestellter Mängel und Vorschläge über Maßnahmen zur Beseitigung dieser Mängel,
3. die Betriebsangehörigen über schädliche Umwelteinwirkungen aufzuklären, die von den Abfällen ausgehen können, welche in der Anlage anfallen oder beseitigt werden sowie über Einrichtungen und Maßnahmen zu ihrer Verhinderung unter Berücksichtigung der für die Beseitigung von Abfällen geltenden Gesetze und Rechtsverordnungen,
4. in Betrieben nach § 11a Abs. 1 Satz 2
    a) auf die Entwicklung und Einführung umweltfreundlicher Verfahren zur Reduzierung der Abfälle,
    b) auf die ordnungsgemäße und schadlose Verwertung der im Betrieb entstehenden Reststoffe oder
    c) soweit dies technisch nicht möglich oder wirtschaftlich nicht vertretbar ist, auf die ordnungsgemäße Beseitigung dieser Reststoffe als Abfälle hinzuwirken,
5. bei Abfallbeseitigungsanlagen auf Verbesserungen des Verfahrens der Abfallbeseitigung einschließlich einer Verwertung von Abfällen hinzuwirken.

(2) Der Betriebsauftragte für Abfall erstattet dem Betreiber der Anlage jährlich einen Bericht über die nach Absatz 1 Nr. 1 bis 5 getroffenen und beabsichtigten Maßnahmen.

§ 11 c Pflichten des Betreibers. (1) Der Betreiber hat den Betriebsbeauftragten für Abfall schriftlich zu bestellen; werden mehrere Betriebsbeauftragte für Abfall bestellt, sind die dem einzelnen Betriebsbeauftragten obliegenden Aufgaben genau zu bezeichnen. Die Bestellung ist der zuständigen Behörde anzuzeigen.

(2) Zum Betriebsbeauftragten für Abfall darf nur bestellt werden, wer die zur Erfüllung seiner Aufgaben erforderliche Sachkunde und Zuverlässigkeit besitzt. Werden der zuständigen Behörde Tatsachen bekannt, aus denen sich ergibt, daß der Betriebsbeauftragte nicht die zur Erfüllung seiner Aufgabe erforderliche Sachkunde oder Zuverlässigkeit besitzt, kann sie verlangen, daß der Betreiber einen anderen Betriebsbeauftragten bestellt.

(3) Werden mehrere Betriebsbeauftragte für Abfall bestellt, so hat der Betreiber für die erforderliche Koordinierung in der Wahrnehmung der

Abfallbeseitigungsgesetz §§ 11d-12 **AbfG 8**

Aufgabe zu sorgen. Entsprechendes gilt, wenn neben einem oder mehreren Betriebsbeauftragten für Abfall Betriebsbeauftragte nach anderen gesetzlichen Vorschriften bestellt werden. Der Betriebsbeauftragte für Abfall kann zugleich Betriebsbeauftragter nach anderen gesetzlichen Vorschriften sein, wenn sich die jeweils zuständigen Behörden im Hinblick auf die Umstände des Einzelfalles, insbesondere die Art und Größe des Betriebes, damit einverstanden erklären.

(4) Der Betreiber hat den Betriebsbeauftragten für Abfall bei der Erfüllung seiner Aufgaben zu unterstützen und ihm, insbesondere, soweit dies zur Erfüllung seiner Aufgaben erforderlich ist, Hilfspersonal sowie Räume, Einrichtungen, Geräte und Mittel zur Verfügung zu stellen.

§ 11d Stellungnahme zu Investitionsentscheidungen. (1) Der Betreiber hat vor Investitionsentscheidungen, die für die Abfallbeseitigung bedeutsam sein können, eine Stellungnahme des Betriebsbeauftragten für Abfall einzuholen.

(2) Die Stellungnahme ist so rechtzeitig einzuholen, daß sie bei der Investitionsentscheidung angemessen berücksichtigt werden kann; sie ist derjenigen Stelle vorzulegen, die über die Investition entscheidet.

§ 11e Vortragsrecht. Der Betreiber hat dafür zu sorgen, daß der Betriebsbeauftragte für Abfall seine Vorschläge und Bedenken unmittelbar der entscheidenden Stelle vortragen kann, wenn er sich mit dem zuständigen Betriebsleiter nicht einigen konnte und er wegen der besonderen Bedeutung der Sache eine Entscheidung dieser Stelle für erforderlich hält.

§ 11f Benachteiligungsverbot. Der Betriebsbeauftragte für Abfall darf wegen der Erfüllung der ihm übertragenen Aufgaben nicht benachteiligt werden.

§ 12 Einsammlungs- und Beförderungsgenehmigung. (1) Abfälle dürfen gewerbsmäßig oder im Rahmen wirtschaftlicher Unternehmen nur mit Genehmigung der zuständigen Behörde eingesammelt oder befördert werden; das gilt nicht für die in § 3 Abs. 2 genannten Körperschaften. Die Genehmigung ist zu erteilen, wenn gewährleistet ist, daß eine Beeinträchtigung des Wohls der Allgemeinheit nicht zu besorgen ist, insbesondere keine Tatsachen bekannt sind, aus denen sich Bedenken gegen die Zuverlässigkeit des Antragstellers oder der für die Leitung und Beaufsichtigung des Betriebes verantwortlichen Personen ergeben, und die geordnete Beseitigung im übrigen sichergestellt ist. Die Genehmigung kann unter Bedingungen erteilt und mit Auflagen verbunden werden, soweit dies zur Wahrung des Wohls der Allgemeinheit erforderlich ist. Sie kann befristet und unter dem Vorbehalt des Widerrufs erteilt werden.

(2) Zuständig ist die Behörde des Landes, in dessen Bereich die Abfälle eingesammelt werden oder die Beförderung beginnt.

(3) Die Bundesregierung wird ermächtigt, durch Rechtsverordnung mit Zustimmung des Bundesrates Vorschriften zu erlassen über

8 AbfG §§ 13, 14 Abfallbeseitigungsgesetz

1. die Antragsunterlagen und die Form der Genehmigung,
2. die Festlegung der gebührenpflichtigen Tatbestände im einzelnen, die Gebührensätze sowie die Auslagenerstattung. Die Gebühr beträgt mindestens zehn Deutsche Mark; sie darf im Einzelfall zehntausend Deutsche Mark nicht übersteigen. Die Vorschriften des Verwaltungskostengesetzes vom 23. Juni 1970 (BGBl. I S. 821), geändert durch Artikel 41 des Einführungsgesetzes zur Abgabenordnung vom 14. Dezember 1976 (BGBl. I S. 3341), sind anzuwenden.

§ 13 Grenzüberschreitender Verkehr. (1) Wer Abfälle in den Geltungsbereich dieses Gesetzes verbringt, bedarf der Genehmigung der zuständigen Behörde des Landes, in dem die Abfälle erstmals behandelt, gelagert oder abgelagert werden sollen. Eine Genehmigung ist nicht erforderlich, wenn die Abfälle unter zollamtlicher Überwachung durch den Geltungsbereich dieses Gesetzes gebracht werden.

(2) Auf die Erteilung der Genehmigung besteht kein Anspruch. § 12 Abs. 1 Satz 3 und 4 ist anzuwenden.

(3) Die Genehmigung kann nur erteilt werden, wenn von der Behandlung, Lagerung oder Ablagerung der Abfälle keine Beeinträchtigung des Wohls der Allgemeinheit zu besorgen ist, die auch durch Auflagen nicht verhütet oder ausgeglichen werden kann, und wenn sie einem Abfallbeseitigungsplan entspricht, soweit dieser nach § 6 Abs. 1 Satz 5 für verbindlich erklärt ist.

(4) Für Amtshandlungen nach Absatz 1 Satz 1 werden Kosten (Gebühren und Auslagen) erhoben. Kostenschuldner ist der Antragsteller.

(5) Die Bundesregierung wird ermächtigt, durch Rechtsverordnung mit Zustimmung des Bundesrates Vorschriften zu erlassen über

1. die Antragsunterlagen und die Form der Genehmigung,
2. die Beförderung, soweit dies zur Wahrung des Wohls der Allgemeinheit erforderlich ist,
3. die Bestimmung der gebührenpflichtigen Tatbestände im einzelnen, die Gebührensätze sowie die Auslagenerstattung. Die Gebühr beträgt mindestens hundert Deutsche Mark; sie darf im Einzelfall zehntausend Deutsche Mark nicht übersteigen. Die Vorschriften des Verwaltungskostengesetzes vom 23. Juni 1970 (BGBl. I S. 821), geändert durch Artikel 41 des Einführungsgesetzes zur Abgabenordnung vom 14. Dezember 1976 (BGBl. I S. 3341), sind anzuwenden.

§ 14 Verpackungen und Behältnisse. Die Bundesregierung wird ermächtigt, durch Rechtsverordnung mit Zustimmung des Bundesrates zu bestimmen, daß solche Verpackungen und Behältnisse nur mit einer bestimmten Kennzeichnung, nur für bestimmte Zwecke oder nur in bestimmter Menge oder gar nicht in Verkehr gebracht werden dürfen, deren Beseitigung als Abfall wegen ihrer Art, Zusammensetzung, ihres Volumens oder ihrer Menge im Verhältnis zur Beseitigung anderer entsprechend verwendbarer Verpackungen oder Behältnisse einen zu hohen

Abfallbeseitigungsgesetz §§ 15-18 **AbfG 8**

Aufwand erfordert. Dabei sind ihre Herstellungs- und Verwendungskosten zu berücksichtigen. Soweit es für die betroffenen Unternehmungen unter Berücksichtigung des Wohls der Allgemeinheit erforderlich ist, dürfen Beschränkungen und Verbote erst nach einer angemessenen Frist in Kraft gesetzt werden.

§ 15 Aufbringen von Abwasser und ähnlichen Stoffen auf landwirtschaftlich genutzte Böden. (1) Die §§ 2 und 11 gelten entsprechend, wenn Abwasser, Klärschlamm, Fäkalien und ähnliche Stoffe auch aus anderen als den in § 1 Abs. 1 genannten Gründen auf landwirtschaftlich, forstwirtschaftlich oder gärtnerisch genutzte Böden aufgebracht werden. Für Jauche, Gülle und Stallmist sind die §§ 2 und 11 insoweit anzuwenden, als das übliche Maß der landwirtschaftlichen Düngung überschritten wird. Die Vorschriften des Wasserrechts bleiben unberührt.

(2) Der Bundesminister des Innern wird ermächtigt, im Einvernehmen mit den Bundesministern für Ernährung, Landwirtschaft und Forsten und für Jugend, Familie und Gesundheit durch Rechtsverordnung mit Zustimmung des Bundesrates zur Wahrung des Wohls der Allgemeinheit Vorschriften über das Aufbringen der in Absatz 1 genannten Stoffe, insbesondere bei der Erzeugung von Lebens- oder Futtermitteln, zu erlassen. Er kann dabei das Aufbringen

1. bestimmter Stoffe beschränken oder verbieten,
2. von einer Untersuchung, Desinfektion oder Entgiftung dieser Stoffe oder von der Einhaltung bestimmter Qualitätsanforderungen oder von einer anderen geeigneten Maßnahme abhängig machen.

§ 16 *(aufgehoben)*

§ 17 (weggefallen)

§ 18 Ordnungswidrigkeiten. (1) Ordnungswidrig handelt, wer vorsätzlich oder fahrlässig

1. entgegen § 4 Abs. 1 Abfälle außerhalb einer dafür zugelassenen Abfallbeseitigungsanlage behandelt, lagert oder ablagert oder einer Rechtsverordnung nach § 4 Abs. 4 zuwiderhandelt, soweit sie für einen bestimmten Tatbestand auf diese Bußgeldvorschrift verweist,
2. entgegen § 4 Abs. 3 Abfälle im Sinne des § 2 Abs. 2 zum Einsammeln, Befördern oder Beseitigen überläßt,
3. entgegen § 7 Abs. 1 oder 2 ohne die erforderliche Planfeststellung oder Genehmigung eine Abfallbeseitigungsanlage errichtet oder die Anlage oder ihren Betrieb wesentlich ändert,
4. einer vollziehbaren Auflage nach § 7a Abs. 2 Satz 1, § 8 Abs. 1 Satz 1 oder § 9 Abs. 2 Satz 1 zuwiderhandelt,
5. einer Anzeigepflicht nach § 9 Abs. 1, § 10 Abs. 1 oder § 11 Abs. 3 Satz 2 zuwiderhandelt,

8 AbfG §§ 18a-21

6. entgegen § 11 Abs. 2 Satz 1 oder 2 Nachweise über Art, Menge oder Beseitigung von Abfällen nicht erbringt, Nachweisbücher nicht führt oder der zuständigen Behörde nicht zur Prüfung vorlegt oder Belege nicht einbehält, aufbewahrt oder zur Prüfung vorlegt, obwohl die zuständige Behörde dies verlangt,

7. entgegen § 11 Abs. 3 Satz 1 über Abfälle im Sinne des § 2 Abs. 2 ein Nachweisbuch nicht führt oder Belege der zuständigen Behörde nicht zur Prüfung vorlegt,

8. entgegen § 11 Abs. 4 das Betreten eines Grundstücks oder einer Wohnung nicht gestattet, eine Auskunft nicht, nicht rechtzeitig, unvollständig oder nicht richtig erteilt, Abfallbeseitigungsanlagen nicht zugänglich macht, Arbeitskräfte oder Werkzeuge oder Unterlagen nicht zur Verfügung stellt oder eine angeordnete Prüfung nicht vornehmen läßt,

9. entgegen § 12 Abs. 1 Abfälle ohne Genehmigung gewerbsmäßig oder im Rahmen wirtschaftlicher Unternehmungen einsammelt oder befördert oder einer vollziehbaren Auflage nach § 12 Abs. 1 Satz 3 zuwiderhandelt,

10. entgegen § 13 Abs. 1 Abfälle ohne Genehmigung in den Geltungsbereich dieses Gesetzes verbringt oder einer mit einer solchen Genehmigung verbundenen vollziehbaren Auflage nach § 13 Abs. 2 Satz 2 zuwiderhandelt,

11. einer Rechtsverordnung nach § 11 Abs. 2, § 13 Abs. 5 Nr. 2, § 14 oder § 15 Abs. 2 zuwiderhandelt, soweit sie für einen bestimmten Tatbestand auf diese Bußgeldvorschrift verweist.

(2) Die Ordnungswidrigkeit kann mit einer Geldbuße bis hunderttausend Deutsche Mark geahndet werden.

§ 18a Einziehung. Ist eine Ordnungswidrigkeit nach § 18 Abs. 1 Nr. 1, 9, 10 oder 11 begangen worden, so können Gegenstände,

1. auf die sich die Ordnungswidrigkeit bezieht oder
2. die zur Begehung oder Vorbereitung gebraucht wurden oder bestimmt gewesen sind,

eingezogen werden. § 23 des Gesetzes über Ordnungswidrigkeiten ist anzuwenden.

§ 19 Zuständige Behörden. Die Landesregierungen oder die von ihnen bestimmten Stellen bestimmen die für die Ausführung dieses Gesetzes zuständigen Behörden, soweit die Regelung nicht durch Landesgesetz erfolgt.

§ 20 Planfeststellungsverfahren. Für das Verfahren bei der Planfeststellung gelten die §§ 21 bis 29.

§ 21 Anhörungsverfahren. (1) Der Träger des Vorhabens hat den Plan der nach Landesrecht zuständigen Behörde (Anhörungsbehörde)

Abfallbeseitigungsgesetz § 22 **AbfG** 8

zur Durchführung des Anhörungsverfahrens einzureichen. Der Plan besteht aus den Zeichnungen und Erläuterungen, die das Vorhaben, seinen Anlaß und die von dem Vorhaben betroffenen Grundstücke und Anlagen erkennen lassen.

(2) Die Anhörungsbehörde holt die Stellungnahmen der Behörden ein, deren Aufgabenbereich durch das Vorhaben berührt wird.

(3) Der Plan ist auf Veranlassung der Anhörungsbehörde in den Gemeinden, in denen sich das Vorhaben voraussichtlich auswirkt, einen Monat zur Einsicht auszulegen. Auf eine Auslegung kann verzichtet werden, wenn der Kreis der Betroffenen bekannt ist und ihnen innerhalb angemessener Frist Gelegenheit gegeben wird, den Plan einzusehen.

(4) Jeder, dessen Belange durch das Vorhaben berührt werden, kann bis zwei Wochen nach Ablauf der Auslegungsfrist schriftlich oder zur Niederschrift bei der Anhörungsbehörde oder bei der Gemeinde Einwendungen gegen den Plan erheben. Im Falle des Absatzes 3 Satz 2 bestimmt die Anhörungsbehörde die Einwendungsfrist.

(5) Die Gemeinden, in denen der Plan auszulegen ist, haben die Auslegung mindestens eine Woche vorher ortsüblich bekanntzumachen. In der Bekanntmachung ist darauf hinzuweisen,

1. wo und in welchem Zeitraum der Plan zur Einsicht ausgelegt ist;
2. daß etwaige Einwendungen bei den in der Bekanntmachung zu bezeichnenden Stellen innerhalb der Einwendungsfrist vorzubringen sind;
3. daß bei Ausbleiben eines Beteiligten in dem Erörterungstermin auch ohne ihn verhandelt werden kann und verspätete Einwendungen bei der Erörterung und Entscheidung unberücksichtigt bleiben können;
4. daß
    a) die Personen, die Einwendungen erhoben haben, von dem Erörterungstermin durch öffentliche Bekanntmachung benachrichtigt werden können,
    b) die Zustellung der Entscheidung über die Einwendungen durch öffentliche Bekanntmachung ersetzt werden kann, wenn mehr als 300 Benachrichtigungen oder Zustellungen vorzunehmen sind.

Nicht ortsansässige Betroffene, deren Person und Aufenthalt bekannt sind oder sich innerhalb angemessener Frist ermitteln lassen, sollen auf Veranlassung der Anhörungsbehörde von der Auslegung mit dem Hinweis nach Satz 2 benachrichtigt werden.

§ 22 Erörterungstermin. (1) Nach Ablauf der Einwendungsfrist hat die Anhörungsbehörde die rechtzeitig erhobenen Einwendungen gegen den Plan und die Stellungnahmen der Behörden zu dem Plan mit dem Träger des Vorhabens, den Behörden, den Betroffenen sowie den Personen, die Einwendungen erhoben haben, zu erörtern; die Anhörungsbehörde kann auch verspätet erhobene Einwendungen erörtern. Der

8 AbfG § 22   Abfallbeseitigungsgesetz

Erörterungstermin ist mindestens eine Woche vorher ortsüblich bekanntzumachen. Die Behörden, der Träger des Vorhabens und diejenigen, die Einwendungen erhoben haben, sind von dem Erörterungstermin zu benachrichtigen. Sind außer der Benachrichtigung der Behörden und des Trägers des Vorhabens mehr als 300 Benachrichtigungen vorzunehmen, so können diese Benachrichtigungen durch öffentliche Bekanntmachung ersetzt werden. Die öffentliche Bekanntmachung wird dadurch bewirkt, daß abweichend von Satz 2 der Erörterungstermin im amtlichen Veröffentlichungsblatt der Anhörungsbehörde und außerdem in örtlichen Tageszeitungen bekanntgemacht wird, die in dem Bereich verbreitet sind, in dem sich das Vorhaben voraussichtlich auswirken wird; maßgebend für die Frist nach Satz 2 ist die Bekanntgabe im amtlichen Veröffentlichungsblatt. Bei der Benachrichtigung ist darauf hinzuweisen, daß bei Ausbleiben eines Beteiligten auch ohne ihn verhandelt und entschieden werden kann. Die Behörde kann ohne mündliche Verhandlung entscheiden, wenn einem Antrag im Einvernehmen mit allen Beteiligten in vollem Umfang entsprochen wird oder alle Beteiligten auf sie verzichtet haben.

(2) Abweichend von den Vorschriften des Absatzes 1 Satz 2 bis 5 kann der Erörterungstermin bereits in der Bekanntmachung nach § 21 Abs. 5 Satz 2 bestimmt werden.

(3) Die Behörde soll das Verfahren so fördern, daß es möglichst in einem Verhandlungstermin erledigt werden kann.

(4) Die mündliche Verhandlung ist nicht öffentlich. An ihr können Vertreter der Aufsichtsbehörden und Personen, die bei der Behörde zur Ausbildung beschäftigt sind, teilnehmen. Anderen Personen kann der Verhandlungsleiter die Anwesenheit gestatten, wenn kein Beteiligter widerspricht.

(5) Der Verhandlungsleiter hat die Sache mit den Beteiligten zu erörtern. Er hat darauf hinzuwirken, daß unklare Anträge erläutert, sachdienliche Anträge gestellt, ungenügende Angaben ergänzt sowie alle für die Feststellung des Sachverhalts wesentlichen Erklärungen abgegeben werden.

(6) Der Verhandlungsleiter ist für die Ordnung verantwortlich. Er kann Personen, die seine Anordnungen nicht befolgen, entfernen lassen. Die Verhandlung kann ohne diese Personen fortgesetzt werden.

(7) Über die mündliche Verhandlung ist eine Niederschrift zu fertigen. Die Niederschrift muß Angaben enthalten über

1. den Ort und den Tag der Verhandlung,
2. die Namen des Verhandlungsleiters, der erschienenen Beteiligten, Zeugen und Sachverständigen,
3. den behandelten Verfahrensgegenstand und die gestellten Anträge,
4. den wesentlichen Inhalt der Aussagen der Zeugen und Sachverständigen,
5. das Ergebnis eines Augenscheines.

Abfallbeseitigungsgesetz §§ 23–25 **AbfG 8**

Die Niederschrift ist von dem Verhandlungsleiter und, soweit ein Schriftführer hinzugezogen worden ist, auch von diesem zu unterzeichnen. Der Aufnahme in die Verhandlungsniederschrift steht die Aufnahme in eine Schrift gleich, die ihr als Anlage beigefügt und als solche bezeichnet ist; auf die Anlage ist in der Verhandlungsniederschrift hinzuweisen.

§ 23 Planänderung. Soll ein ausgelegter Plan geändert werden und werden dadurch der Aufgabenbereich einer Behörde oder Belange Dritter erstmalig oder stärker als bisher berührt, so ist diesen die Änderung mitzuteilen und ihnen Gelegenheit zu Stellungnahmen und Einwendungen innerhalb von zwei Wochen zu geben. Wirkt sich die Änderung auf das Gebiet einer anderen Gemeinde aus, so ist der geänderte Plan in dieser Gemeinde auszulegen; § 21 Abs. 3 bis 5 und § 22 gelten entsprechend.

§ 24 Ergebnis des Anhörungsverfahrens. Die Anhörungsbehörde gibt zum Ergebnis des Anhörungsverfahrens eine Stellungnahme ab und leitet diese möglichst innerhalb eines Monats nach Abschluß der Erörterung mit dem Plan, den Stellungnahmen der Behörden und den nichterledigten Einwendungen der Planfeststellungsbehörde zu.

§ 25 Planfeststellungsbeschluß. (1) Die Planfeststellungsbehörde stellt unter Würdigung des Gesamtergebnisses des Verfahrens den Plan fest (Planfeststellungsbeschluß).

(2) Planfeststellungsbeschlüsse sind schriftlich zu erlassen, schriftlich zu begründen und den Beteiligten zuzustellen; einer Begründung bedarf es nicht, wenn die Behörde einem Antrag im vollen Umfang entspricht und der Planfeststellungsbeschluß nicht in Rechte eines anderen eingreift.

(3) Wird das Planfeststellungsverfahren auf andere Weise abgeschlossen, so sind die Beteiligten hiervon zu benachrichtigen. Sind mehr als 300 Benachrichtigungen vorzunehmen, so können sie durch öffentliche Bekanntmachung ersetzt werden; § 22 Abs. 1 Satz 5 gilt entsprechend.

(4) Vor Erhebung einer verwaltungsgerichtlichen Klage, die einen Planfeststellungsbeschluß zum Gegenstand hat, bedarf es keiner Nachprüfung in einem Vorverfahren.

(5) Im Planfeststellungsbeschluß entscheidet die Planfeststellungsbehörde über die Einwendungen, über die bei der Erörterung vor der Anhörungsbehörde keine Einigung erzielt worden ist.

(6) Ist eine abschließende Entscheidung noch nicht möglich, so ist diese im Planfeststellungsbeschluß vorzubehalten; den Trägern des Vorhabens ist dabei aufzugeben, noch fehlende oder von der Planfeststellungsbehörde bestimmte Unterlagen rechtzeitig vorzulegen.

(7) Der Planfeststellungsbeschluß ist dem Träger des Vorhabens, den bekannten Betroffenen und denjenigen, über deren Einwendungen entschieden worden ist, zuzustellen. Eine Ausfertigung des Beschlusses ist

8 AbfG §§ 26, 27 Abfallbeseitigungsgesetz

mit einer Rechtsmittelbelehrung und einer Ausfertigung des festgestellten Plans in den Gemeinden zwei Wochen zur Einsicht auszulegen; der Ort und die Zeit der Auslegung sind ortsüblich bekanntzumachen. Mit dem Ende der Auslegungsfrist gilt der Beschluß gegenüber den übrigen Betroffenen als zugestellt; darauf ist in der Bekanntmachung hinzuweisen.

(8) Sind außer an den Träger des Vorhabens mehr als 300 Zustellungen nach Absatz 7 vorzunehmen, so können diese Zustellungen durch öffentliche Bekanntmachung ersetzt werden. Die öffentliche Bekanntmachung wird dadurch bewirkt, daß der verfügende Teil des Planfeststellungsbeschlusses, die Rechtsbehelfsbelehrung und ein Hinweis auf die Auslegung nach Absatz 7 Satz 2 im amtlichen Veröffentlichungsblatt der zuständigen Behörde und außerdem in örtlichen Tageszeitungen bekanntgemacht werden, die in dem Bereich verbreitet sind, in dem sich das Vorhaben voraussichtlich auswirken wird; auf Auflagen ist hinzuweisen. Mit dem Ende der Auslegungsfrist gilt der Beschluß den Betroffenen und denjenigen gegenüber, die Einwendungen erhoben haben, als zugestellt; hierauf ist in der Bekanntmachung hinzuweisen. Nach der öffentlichen Bekanntmachung kann der Planfeststellungsbeschluß bis zum Ablauf der Rechtsbehelfsfrist von den Betroffenen und von denjenigen, die Einwendungen erhoben haben, schriftlich angefordert werden; hierauf ist in der Bekanntmachung gleichfalls hinzuweisen.

§ 26 Rechtswirkungen der Planfeststellung. (1) Durch die Planfeststellung wird die Zulässigkeit des Vorhabens einschließlich der notwendigen Folgemaßnahmen an anderen Anlagen im Hinblick auf alle von ihm berührten öffentlichen Belange festgestellt; neben der Planfeststellung sind andere behördliche Entscheidungen, insbesondere öffentlich-rechtliche Genehmigungen, Verleihungen, Erlaubnisse, Bewilligungen, Zustimmungen und Planfeststellungen nicht erforderlich. Durch die Planfeststellung werden alle öffentlich-rechtlichen Beziehungen zwischen dem Träger des Vorhabens und den durch den Plan Betroffenen rechtsgestaltend geregelt.

(2) Wird mit der Durchführung des Plans nicht innerhalb von fünf Jahren nach Eintritt der Unanfechtbarkeit begonnen, so tritt er außer Kraft.

§ 27 Planänderungen vor Fertigstellung des Vorhabens. (1) Soll vor Fertigstellung des Vorhabens der festgestellte Plan geändert werden, bedarf es eines neuen Planfeststellungsverfahrens.

(2) Bei Planänderungen von unwesentlicher Bedeutung kann die Planfeststellungsbehörde von einem neuen Planfeststellungsverfahren absehen, wenn die Belange anderer nicht berührt werden oder wenn die Betroffenen der Änderung zugestimmt haben.

(3) Führt die Planfeststellungsbehörde in den Fällen des Absatzes 2 oder in anderen Fällen einer Planänderung von unwesentlicher Bedeutung ein Planfeststellungsverfahren durch, so bedarf es keines Anhö-

Abfallbeseitigungsgesetz §§ 28-31 **AbfG 8**

rungsverfahrens und keiner öffentlichen Bekanntgabe des Planfeststellungsbeschlusses.

§ 28 Aufhebung des Planfeststellungsbeschlusses. Wird ein Vorhaben, mit dessen Durchführung begonnen worden ist, endgültig aufgegeben, so hat die Planfeststellungsbehörde den Planfeststellungsbeschluß aufzuheben. In dem Aufhebungsbeschluß sind dem Träger des Vorhabens die Wiederherstellung des früheren Zustandes oder geeignete andere Maßnahmen aufzuerlegen, soweit dies zum Wohl der Allgemeinheit oder zur Vermeidung nachteiliger Wirkungen auf Rechte anderer erforderlich ist. Werden solche Maßnahmen notwendig, weil nach Abschluß des Planfeststellungsverfahrens auf einem benachbarten Grundstück Veränderungen eingetreten sind, so kann der Träger des Vorhabens durch Beschluß der Planfeststellungsbehörde zu geeigneten Vorkehrungen verpflichtet werden; die hierdurch entstehenden Kosten hat jedoch der Eigentümer des benachbarten Grundstücks zu tragen, es sei denn, daß die Veränderungen durch natürliche Ereignisse oder höhere Gewalt verursacht worden sind.

§ 29 Zusammentreffen mehrerer Vorhaben. (1) Trifft ein selbständiges Vorhaben, für dessen Durchführung ein Planfeststellungsverfahren vorgeschrieben ist, mit einem Vorhaben nach diesem Gesetz, das Planfeststellung bedarf, derart zusammen, daß für die Vorhaben oder für Teile von ihnen nur eine einheitliche Entscheidung möglich ist, so findet für die Vorhaben oder für deren Teile nur ein Planfeststellungsverfahren statt.

(2) Zuständigkeiten und Verfahren richten sich nach den Rechtsvorschriften für das Planfeststellungsverfahren, das für diejenige Anlage vorgeschrieben ist, die einen größeren Kreis öffentlich-rechtlicher Beziehungen berührt.

§ 29a Vollzug im Bereich der Bundeswehr. (1) Soweit es Gründe der Verteidigung zwingend erfordern, ist der Bund für einzelne Abfälle aus dem Bereich der Bundeswehr beseitigungspflichtig. Der Bundesminister der Verteidigung oder die von ihm bestimmte Stelle ist insoweit die für die Ausführung dieses Gesetzes zuständige Behörde.

(2) Der Bundesminister der Verteidigung wird ermächtigt, aus zwingenden Gründen der Verteidigung und zur Erfüllung zwischenstaatlicher Verpflichtungen für die Beseitigung von Abfällen im Sinne des Absatzes 1 aus dem Bereich der Bundeswehr Ausnahmen von diesem Gesetz und den auf dieses Gesetz gestützten Rechtsverordnungen zuzulassen.

(3) Die Absätze 1 und 2 gelten nicht im Land Berlin.

§ 30 (weggefallen)

§ 31 Änderung des Bundes-Seuchengesetzes

§ 32 Änderung des Bundesbaugesetzes

§ 33 Berlin-Klausel. Dieses Gesetz gilt nach Maßgabe des § 13 Abs. 1 des Dritten Überleitungsgesetzes vom 4. Januar 1952 (BGBl. I S. 1) auch im Land Berlin. Rechtsverordnungen, die auf Grund dieses Gesetzes erlassen werden, gelten im Land Berlin nach § 14 des Dritten Überleitungsgesetzes.

§ 34 Inkrafttreten

8a. Abfallnachweis-Verordnung (AbfNachwV)

Vom 2. Juni 1978

(BGBl. I S. 668)

(BGBl. III 2129-6-1-4)

Auf Grund des § 11 Abs. 2 und 3 des Abfallbeseitigungsgesetzes in der Fassung der Bekanntmachung vom 5. Januar 1977 (BGBl. I S. 41) wird mit Zustimmung des Bundesrates verordnet:

§ 1 Anwendungsbereich. (1) Diese Verordnung gilt für

1. Betreiber der in Absatz 3 genannten Anlagen (Abfallerzeuger),
2. Einsammler oder Beförderer von Abfällen,
3. Betreiber von Abfallbeseitigungsanlagen (Abfallbeseitiger),

die nach § 11 Abs. 3 des Abfallbeseitigungsgesetzes ein Nachweisbuch einzurichten und zu führen, der zuständigen Behörde Belege vorzulegen und Anzeigen zu erstatten haben, soweit bei ihnen Abfälle im Sinne des § 2 Abs. 2 des Abfallbeseitigungsgesetzes anfallen oder von ihnen übernommen werden.

(2) Diese Verordnung gilt ferner für Besitzer solcher Abfälle, die nicht unter § 2 Abs. 2 des Abfallbeseitigungsgesetzes fallen, soweit die zuständige Behörde von ihnen die Einrichtung und Führung eines Nachweisbuches sowie die Vorlage von Belegen nach § 11 Abs. 2 des Abfallbeseitigungsgesetzes verlangt. Besitzer im Sinne von Satz 1 ist jeder, bei dem die Abfälle angefallen sind (Abfallerzeuger), der Einsammler oder Beförderer von Abfällen sowie der Betreiber einer Abfallbeseitigungsanlage.

(3) Anlagen[1] im Sinne von Absatz 1 Nr. 1 sind:

1. Anlagen, in denen Säuren, Laugen, Salze oder organische Lösemittel eingesetzt oder hergestellt werden;
2. Anlagen, in denen folgende Stoffe hergestellt werden:
   a) Farb- und Anstrichmittel,
   b) Kältemittel,
   c) Pharmazeutika,
   d) Pflanzenbehandlungs- oder Schädlingsbekämpfungsmittel;
3. Anlagen, in denen polychlorierte Biphenyle oder polychlorierte Terphenyle hergestellt oder verarbeitet werden;
4. Anlagen, in denen Filter- oder Aufsaugmassen eingesetzt werden;
5. Anlagen zur Verarbeitung von Farb-, Lack- und Anstrichmitteln, soweit sie mit Naßabscheidern ausgerüstet sind;

---

[1] Die Anlagen sind nicht abgedruckt.

8a AbfNachwV § 2   Abfallnachweis-Verordnung

6. Anlagen zur Destillation oder Raffination von Erdöl, Erdölerzeugnissen, Altöl, Schmieröl oder organischen Lösemitteln;
7. Anlagen zur Erdölverarbeitung (Petrochemie);
8. Anlagen zur Kohleveredelung (Kokereien, Gaswerke);
9. Anlagen zur Herstellung und Verarbeitung von Kunststoffen oder Gummi;
10. Anlagen zur Rohfellverarbeitung und Gerbereien;
11. Anlagen zur Gewinnung von Asbest;
12. Anlagen zur Berylliumerzeugung oder -verarbeitung;
13. Anlagen zu NE-Metallerzeugung;
14. Anlagen zur Erzeugung oder Veredelung von Leichtmetallen einschließlich Schmelzanlagen;
15. Hochofenanlagen;
16. Anlagen zur Metallbearbeitung oder Metallverarbeitung;
17. Anlagen zur Veredelung oder Behandlung von Metalloberflächen durch Galvanisieren, Härten, Ätzen oder Beizen;
18. Anlagen zur Veredelung oder Behandlung von Kunststoffoberflächen durch Galvanisieren, Ätzen oder Beizen;
19. Krankenhäuser und Kliniken mit mindestens einer der folgenden Abteilungen:
    a) Blutbank,
    b) Chirurgie,
    c) Dialysestation,
    d) Geburtshilfe,
    e) Gynäkologie,
    f) Infektionsstation,
    g) Mikrobiologie,
    h) Pathologie,
    i) Virologie.

§ 2 Begleitscheine. (1) Der Nachweis über Art, Menge und Beseitigung von Abfällen wird mit Hilfe der Begleitscheine nach dem Muster der Anlage 1 zu dieser Verordnung geführt. Bei der Abgabe von Abfällen aus dem Besitz eines Abfallerzeugers ist für jede Abfallart ein gesonderter Satz von Begleitscheinen zu verwenden, der aus sechs Ausfertigungen besteht. Die Zahl der Ausfertigungen verringert sich, soweit Abfallerzeuger, Einsammler oder Beförderer und Abfallbeseitiger ganz oder teilweise personengleich sind (§ 5 Abs. 2 Satz 3 und 4, Abs. 3 Satz 3).

(2) Von den Ausfertigungen der Begleitscheine sind
– die Ausfertigungen 1 (weiß) und 5 (altgold) als Belege für das Nachweisbuch des Abfallerzeugers,
– die Ausfertigungen 2 (rosa) und 4 (blau) zur Vorlage an die zuständige Behörde,
– die Ausfertigung 3 (gelb) als Beleg für das Nachweisbuch des Einsammlers oder Beförderers,

Abfallnachweis-Verordnung §§ 3, 4 AbfNachwV 8a

– die Ausfertigung 6 (grün) als Beleg für das Nachweisbuch des Abfallbeseitigers

bestimmt.

§ 3 Ausfüllen der Begleitscheine. (1) Der Abfallerzeuger hat die Begleitscheine nach Maßgabe der für ihn bestimmten Aufdrucke auf den Ausfertigungen auszufüllen; er hat insbesondere die Eintragungen über die Abfallart einschließlich der Konsistenz, die Abfallschlüsselnummer, Abfallmenge sowie über den Einsammler oder Beförderer und den Abfallbeseitiger vorzunehmen. Bei Abfällen im Sinne des § 2 Abs. 2 des Abfallbeseitigungsgesetzes ist die Bezeichnung der Abfallart und der Abfallschlüsselnummer aus den Spalten 1 und 2 der Anlage der Verordnung zur Bestimmung von Abfällen nach § 2 Abs. 2 des Abfallbeseitigungsgesetzes vom 24. Mai 1977 (BGBl. I S. 773) einzutragen. Bei anderen Abfällen sind die von der zuständigen Behörde mitgeteilten Bezeichnungen und Abfallschlüsselnummern in die Begleitscheine einzutragen. Der Abfallerzeuger hat auf den Begleitscheinen die Richtigkeit seiner Angaben zu versichern.

(2) Bei Annahme der Abfälle hat der Einsammler oder Beförderer auf den Ausfertigungen 1 bis 6 der Begleitscheine die ordnungsgemäße Beförderung zu versichern; er hat das amtliche Kennzeichen des Fahrzeugs einzutragen und die Bezeichnung seines Unternehmens, die Beförderernummer und die Art des Fahrzeugs nachzutragen, soweit diese Angaben vom Abfallerzeuger nicht schon eingesetzt worden sind.

(3) Der Abfallbeseitiger hat auf den Ausfertigungen 3 bis 6 der Begleitscheine die Annahme der Abfälle zur ordnungsgemäßen Beseitigung zu versichern; er hat die Beseitigernummer nachzutragen, soweit diese vom Abfallerzeuger nicht schon eingesetzt worden ist.

(4) Alle Eintragungen müssen leserlich in deutscher Sprache und im Druck, Schreibmaschine, Tinte, Kugelschreiber oder einem sonstigen Schreibgerät mit dauerhafter Schrift vorgenommen werden. Der ursprüngliche Inhalt einer Eintragung darf nicht unleserlich gemacht werden; auch dürfen Veränderungen nicht vorgenommen werden, ohne daß gleichzeitig kenntlich gemacht wird, ob sie bei der ursprünglichen Eintragung oder erst später gemacht worden sind.

§ 4 Handhabung der Begleitscheine. (1) Bei Annahme der Abfälle übergibt der Einsammler oder Beförderer dem Abfallerzeuger die Ausfertigungen 1 und 2 der Begleitscheine, nachdem er die ordnungsgemäße Beförderung versichert und die erforderlichen Ergänzungen vorgenommen hat; die Ausfertigungen 3 bis 6 hat er während des Beförderungsvorganges mitzuführen und dem Abfallbeseitiger bei Übergabe der Abfälle auszuhändigen.

(2) Spätestens zehn Werktage nach Abgabe der Abfälle an den Einsammler oder Beförderer übergibt oder übersendet der Abfallerzeuger die Ausfertigung 2 (rosa) der zuständigen Behörde als Beleg über die Abgabe der Abfälle; die Ausfertigung 1 (weiß) behält er als Beleg für sein Nachweisbuch ein.

(3) Spätestens zehn Werktage nach Annahme der Abfälle vom Einsammler oder Beförderer übergibt oder übersendet der Abfallbeseitiger die Ausfertigung 4 (blau) der zuständigen Behörde als Beleg über die Annahme der Abfälle; die Ausfertigung 3 (gelb) übergibt oder übersendet er dem Einsammler oder Beförderer, die Ausfertigung 5 (altgold) dem Abfallerzeuger als Belege zu deren Nachweisbüchern. Die Ausfertigung 6 (grün) behält der Abfallbeseitiger als Beleg für sein Nachweisbuch ein.

§ 5 Einrichtung und Führung der Nachweisbücher. (1) Die Nachweisbücher bestehen aus einer Sammlung von Begleitscheinen. Sie werden eingerichtet und geführt, indem der nach § 1 Abs. 1 oder 2 Verpflichtete die für sein Nachweisbuch bestimmten Ausfertigungen der Begleitscheine unverzüglich nach Erhalt, spätestens jedoch am darauffolgenden Werktag, in zeitlicher Reihenfolge abheftet. Die Begleitscheine können auch getrennt nach Abfallarten abgeheftet werden.

(2) Der Abfallerzeuger hat das Nachweisbuch aus den Ausfertigungen 1 und 5 (weiß und altgold) der Begleitscheine einzurichten und zu führen. Mit ihnen erbringt er den Nachweis, welche Abfälle nach Art und Menge er mit dem Ziel der Beseitigung an einen Einsammler oder Beförderer abgegeben hat. Ist der Abfallerzeuger zugleich Einsammler oder Beförderer, so hat er das Nachweisbuch aus den Ausfertigungen 3 und 5 (gelb und altgold) einzurichten und zu führen. Beseitigt der Abfallerzeuger die Abfälle selbst, so hat er das Nachweisbuch nur aus der Ausfertigung 6 (grün) einzurichten und zu führen.

(3) Der Einsammler oder Beförderer hat das Nachweisbuch aus der Ausfertigung 3 (gelb) der Begleitscheine einzurichten und zu führen. Mit ihnen erbringt er den Nachweis, welche Abfälle nach Art und Menge er aus dem Besitz eines Abfallerzeugers übernommen und an einen Abfallbeseitiger weitergegeben hat. Beseitigt der Einsammler oder Beförderer die Abfälle selbst, so hat er das Nachweisbuch aus der Ausfertigung 6 (grün) einzurichten und zu führen.

(4) Der Abfallbeseitiger hat das Nachweisbuch aus der Ausfertigung 6 (grün) der Begleitscheine einzurichten und zu führen. Mit ihnen erbringt er den Nachweis, welche Abfälle er nach Art und Menge zur Beseitigung übernommen hat.

(5) Die Verantwortung für das Ausfüllen der Begleitscheine, die Einrichtung und Führung eines Nachweisbuches sowie für die Übergabe und Übersendung von Begleitscheinen an die zuständige Behörde trägt der nach § 1 Abs. 1 oder 2 Verpflichtete. Er kann die Erfüllung der ihm nach diesen Vorschriften obliegenden Aufgaben einem Dritten übertragen. Seine Verantwortlichkeit bleibt hiervon unberührt.

§ 6 Regelung für Sonderfälle. (1) Wer Abfälle, für die er ein Nachweisbuch führen muß, von einem anderen übernimmt, der insoweit nicht zur Führung eines Nachweisbuches verpflichtet ist, hat auf den für ihn bestimmten und auf den von ihm weiterzugebenden Ausfertigungen

Abfallnachweis-Verordnung §§ 7, 8 **AbfNachwV 8a**

des Begleitscheins auch dessen Namen und Anschrift anzugeben. Wer Abfälle einem anderen übergibt, der insoweit nicht zur Führung eines Nachweisbuches verpflichtet ist, hat auf den Ausfertigungen des Begleitscheins dessen Namen und Anschrift anzugeben. Die Sätze 1 und 2 gelten auch, wenn Abfälle in den Geltungsbereich des Abfallbeseitigungsgesetzes verbracht oder aus dem Geltungsbereich des Abfallbeseitigungsgesetzes ausgeführt werden. Werden Abfälle aus dem Geltungsbereich des Abfallbeseitigungsgesetzes ausgeführt, so tritt an die Stelle der Versicherung des Abfallbeseitigers die Bestätigung über die erfolgte Ausfuhr durch die Zolldienststelle oder das Freihafenamt der Freien und Hansestadt Hamburg. Der Einsammler oder Beförderer übersendet die Ausfertigung 4 (blau) des Begleitscheins spätestens zehn Werktage nach erfolgter Ausfuhr der für den Abfallerzeuger zuständigen Behörde.

(2) Ist wegen anderer als der in Absatz 1 genannten Besonderheiten eine uneingeschränkte Anwendung der Vorschriften der §§ 2 bis 5 im Einzelfall nicht möglich, so hat der betroffene Besitzer von Abfällen die Begleitscheine in einer von der zuständigen Behörde bestimmten Weise zu verwenden.

(3) Erfolgt die Beseitigung von Abfällen in eigenen Anlagen des Abfallerzeugers ohne vorangehende Beförderungsvorgänge auf öffentlichen Verkehrswegen, so kann statt der Führung von Nachweisbüchern eine geordnete Speicherung aller gemäß § 3 in die Begleitscheine aufzunehmenden Angaben auf Datenträgern vorgenommen werden. Diese Angaben sind der zuständigen Behörde spätestens zehn Werktage nach Beseitigung der Abfälle in Klarschrift zu übersenden. § 3 Abs. 1 und 4 gilt entsprechend. Die Sätze 1 bis 3 gelten auch dann, wenn bei Beförderungsvorgängen für die Beseitigung von Abfällen in eigenen Anlagen des Abfallerzeugers öffentliche Verkehrswege nur überquert oder nur Wegstrecken bis 500 m auf öffentlichen Verkehrswegen zurückgelegt werden.

§ 7 Aufbewahrung der Nachweisbücher. Die Nachweisbücher sind drei Jahre, vom Datum der letzten Eintragung oder des letzten Beleges an gerechnet, aufzubewahren. Werden Nachweise nach § 6 Abs. 3 geführt, gilt Satz 1 entsprechend vom Datum der letzten Dateneingabe an gerechnet.

§ 8 Anzeigepflichten. Nach dem Muster der Anlage 2 zu dieser Verordnung haben
1. Betreiber der in § 1 Abs. 3 genannten Anlagen,
2. Einsammler und Beförderer von Abfällen,
3. Betreiber von Abfallbeseitigungsanlagen

der zuständigen Behörde eine Anzeige zu erstatten, soweit bei ihnen Abfälle im Sinne des § 2 Abs. 2 des Abfallbeseitigungsgesetzes anfallen oder von ihnen übernommen werden. Einer Anzeige bedarf es nicht, soweit der Anzeigepflichtige über die gleiche Abfallart schon auf Verlangen der Behörde ein Nachweisbuch führt.

§ 9 Ordnungswidrigkeiten.
Ordnungswidrig im Sinne des § 18 Abs. 1 Nr. 11 des Abfallbeseitigungsgesetzes handelt, wer vorsätzlich oder fahrlässig

1. entgegen § 3 Abs. 1 eine Eintragung über Abfallart oder Abfallmenge nicht, nicht richtig oder nicht vollständig vornimmt,
2. entgegen § 3 Abs. 4 eine Eintragung nicht vorschriftsmäßig vornimmt oder unleserlich macht,
3. entgegen § 5 Abs. 2 Satz 1, 3 oder 4, Abs. 3 Satz 1 oder 3, Abs. 4 Satz 1 das Nachweisbuch nicht in der vorgeschriebenen Form einrichtet oder führt,
4. entgegen § 7 Satz 1 Nachweisbücher oder entgegen § 7 Satz 2 Nachweise nicht drei Jahre lang aufbewahrt.

§ 10 Berlin-Klausel.
Diese Verordnung gilt nach § 14 des Dritten Überleitungsgesetzes in Verbindung mit § 33 des Abfallbeseitigungsgesetzes auch im Land Berlin.

§ 11 Inkrafttreten.
Diese Verordnung tritt am 1. Juli 1978 in Kraft. Gleichzeitig tritt die Verordnung über den Nachweis von Abfällen vom 29. Juli 1974 (BGBl. I S. 1574) außer Kraft.

(Die nach dem BGBl. hier folgenden Anlagen sind nicht abgedruckt.)

8b. Verordnung über das Einsammeln und Befördern von Abfällen (Abfallbeförderungs-Verordnung – AbfBefV)

Vom 29. Juli 1974

(BGBl. I S. 1581)

(BGBl. III 2129-6-1-2)

Auf Grund des § 12 Abs. 3 des Gesetzes über die Beseitigung von Abfällen[1] vom 7. Juni 1972 (Bundesgesetzbl. I S. 873), zuletzt geändert durch § 69 Abs. 4 des Bundes-Immissionsschutzgesetzes vom 15. März 1974 (Bundesgesetzbl. I S. 721), in Verbindung mit dem 2. Abschnitt des Verwaltungskostengesetzes vom 23. Juni 1970 (Bundesgesetzbl. I S. 821) verordnet die Bundesregierung mit Zustimmung des Bundesrates:

§ 1 Antragsunterlagen. (1) Die Einsammlungs- und Beförderungsgenehmigung nach § 12 des Abfallbeseitigungsgesetzes ist bei der zuständigen Behörde unter Verwendung des dieser Verordnung in der Anlage als Muster beigefügten amtlichen Formulars (Antrags- und Genehmigungsformular)[2] zu beantragen.

(2) Die zuständige Behörde kann die Vorlage weiterer Unterlagen verlangen, insbesondere:

1. Personalausweis oder Paß
2. Meldebestätigung
3. Führungszeugnis
4. Führerschein
5. Gewerbeanmeldung
6. Genehmigung oder Erlaubnis nach dem Güterkraftverkehrsgesetz in der Fassung der Bekanntmachung vom 22. Dezember 1969 (Bundesgesetzbl. 1970 I S. 1), zuletzt geändert durch Artikel 268 des Einführungsgesetzes zum Strafgesetzbuch vom 2. März 1974 (Bundesgesetzbl. I S. 469)
7. Zulassung oder Erlaubnis nach der Verordnung über die Beförderung gefährlicher Güter auf der Straße vom 10. Mai 1973 (Bundesgesetzbl. I S. 449)
8. Nachweis ausreichender Haftpflichtversicherungen.

§ 2 Form der Genehmigung. (1) Die Genehmigung kann sowohl für das Einsammeln oder Befördern von Abfällen in einem bestimmt bezeichneten Einzelfall als auch für das wiederholte Einsammeln oder Befördern von Abfällen während eines bestimmten Zeitraums oder bis auf weiteres erteilt werden.

---

[1] Nr. 8.
[2] Die Anl. ist nicht abgedruckt.

(2) Zur Erteilung der Genehmigung wird das Antragsformular mit einem Genehmigungsvermerk versehen.

§ 3 Antrags- und Genehmigungsformular. Das Antrags- und Genehmigungsformular wird in Sätzen zu je fünf Exemplaren erstellt. Der Antragsteller reicht vier Exemplare bei der zuständigen Behörde ein. Die zuständige Behörde übersendet ein Exemplar des Genehmigungsbescheids auch dem Einsammler oder Beförderer, sofern dieser nicht schon als Antragsteller ein Exemplar erhält.

§ 4 Gebühren und Auslagen. (1) Für Amtshandlungen der Genehmigungsbehörde werden Gebühren und Auslagen erhoben.

(2) Für die Bemessung der Gebühren gelten folgende Rahmensätze:

1. Erteilung von Genehmigungen für das Einsammeln oder Befördern in einem Einzelfall von
   a) Abfällen aus Haushaltungen einschließlich
      Sperrmüll oder Abfällen gleicher Art   10 bis 1000,– DM
   b) Erdaushub, Bauschutt   10 bis 1000,– DM
   c) sonstigen Abfällen   20 bis 5000,– DM
2. Erteilung von Genehmigungen auf bestimmte oder unbestimmte Zeit für das Einsammeln oder Befördern von
   a) Abfällen aus Haushaltungen einschließlich
      Sperrmüll oder Abfällen gleicher Art   20 bis 6000,– DM
   b) Erdaushub, Bauschutt   20 bis 6000,– DM
   c) sonstigen Abfällen   40 bis 10000,– DM.

§ 5 Berlin-Klausel. Diese Verordnung gilt nach § 14 des Dritten Überleitungsgesetzes vom 4. Januar 1952 (Bundesgesetzbl. I S. 1) in Verbindung mit § 33 des Abfallbeseitigungsgesetzes auch im Land Berlin.

§ 6 Inkrafttreten. Diese Verordnung tritt am ersten Tage des auf die Verkündung[1] folgenden zweiten Kalendermonats in Kraft.

---

[1] Die Verordnung wurde am 31. 7. 1974 verkündet.

8c. Verordnung über die Einfuhr von Abfällen (Abfalleinfuhr-Verordnung – AbfEinfV)

Vom 29. Juli 1974

(BGBl. I S. 1584)

(BGBl. III 2129-6-1-3)

Auf Grund des § 13 Abs. 5 des Gesetzes über die Beseitigung von Abfällen[1] vom 7. Juni 1972 (Bundesgesetzbl. I S. 873), zuletzt geändert durch § 69 Abs. 4 des Bundes-Immissionsschutzgesetzes vom 15. März 1974 (Bundesgesetzbl. I S. 721), in Verbindung mit dem 2. Abschnitt des Verwaltungskostengesetzes vom 23. Juni 1970 (Bundesgesetzbl. I S. 821) verordnet die Bundesregierung mit Zustimmung des Bundesrates:

§ 1 Antragsunterlagen. (1) Die Genehmigung nach § 13 des Abfallbeseitigungsgesetzes ist bei der zuständigen Behörde unter Verwendung des dieser Verordnung in der Anlage als Muster beigefügten amtlichen Formulars (Antrags- und Genehmigungsformular)[2] zu beantragen. Die Angaben müssen in deutscher Sprache gemacht werden.

(2) Dem Antrag muß eine Erklärung des Betreibers der Abfallbeseitigungsanlage beigefügt werden, in der die Abfälle beseitigt werden sollen (Abfallbeseitiger). In der Erklärung bestätigt der Abfallbeseitiger

1. die Richtigkeit der Angaben des Antragstellers, soweit sie seine Person und die Abfallbeseitigungsanlage betreffen,

2. seine Bereitschaft, die im Antrag nach Art und Menge beschriebenen Abfälle zu übernehmen,

3. die Eignung seiner Anlage zur schadlosen und geordneten Beseitigung der Abfälle in der im Antrag beschriebenen Weise.

Soll die Beseitigung der Abfälle im Falle einer Lagerung und späteren Behandlung oder Ablagerung durch mehrere Abfallbeseitigungsanlagen erfolgen, so müssen dem Antrag Erklärungen der vorstehenden Art von den Betreibern aller beteiligten Abfallbeseitigungsanlagen beigefügt werden.

(3) Die Beschaffenheit und Zusammensetzung der Abfälle ist durch eine Analyse nachzuweisen, soweit die zuständige Behörde nicht darauf verzichtet. Die zuständige Behörde kann eine weitere Analyse durch einen von ihr bestimmten Sachverständigen verlangen.

(4) Die zuständige Behörde kann die Vorlage weiterer Unterlagen verlangen, insbesondere:

1. Personalausweis oder Paß

2. Meldebestätigung

3. Führungszeugnis

---
[1] Nr. 8.
[2] Die Anl. ist nicht abgedruckt.

4. Führerschein
5. Gewerbeanmeldung
6. Genehmigung oder Erlaubnis nach dem Güterkraftverkehrsgesetz in der Fassung der Bekanntmachung vom 22. Dezember 1969 (Bundesgesetzbl. 1970 I S. 1), zuletzt geändert durch Artikel 268 des Einführungsgesetzes zum Strafgesetzbuch vom 2. März 1974 (Bundesgesetzbl. I S. 469)
7. Zulassung oder Erlaubnis nach der Verordnung über die Beförderung gefährlicher Güter auf der Straße vom 10. Mai 1973 (Bundesgesetzbl. I S. 449)
8. Nachweis ausreichender Haftpflichtversicherungen.

§ 2 Form der Genehmigung. (1) Die Genehmigung wird für eine einzelne Verbringung erteilt. Sie kann ohne Beschränkung auf eine einzelne Verbringung auch für eine bestimmte Zeitdauer erteilt werden, wenn dies wegen der beabsichtigten mehrfachen Verbringung von Abfällen derselben Art zweckmäßig ist und das Wohl der Allgemeinheit dadurch nicht beeinträchtigt wird.

(2) Zur Erteilung der Genehmigung wird das Antragsformular mit einem Genehmigungsvermerk versehen.

§ 3 Antrags- und Genehmigungsformular. Das Antrags- und Genehmigungsformular wird in Sätzen zu je acht Exemplaren erstellt. Der Antragsteller reicht sieben Exemplare bei der zuständigen Behörde ein. Im Falle der Genehmigung erhält er fünf Exemplare des Genehmigungsbescheides; diese sind bestimmt

1. für ihn selbst,
2. zur Übergabe durch den Beförderer bei der Grenzüberschreitung an die in § 4 genannten Dienststellen,
3. zur Übergabe durch den Beförderer an den Abfallbeseitiger, der das Exemplar nach der Übernahme der Abfälle mit einem Annahmevermerk versieht und es der Genehmigungsbehörde übersendet,
4. für den Beförderer, der von dem Abfallbeseitiger bei der Übergabe der Abfälle einen Annahmevermerk auf das Exemplar erhält,
5. als Beleg für den Antragsteller, der das Exemplar von dem Beförderer zurückerhält, nachdem es entsprechend Nummer 4 mit einem Annahmevermerk des Abfallbeseitigers versehen worden ist.

§ 4 Anmeldung und Vorführung der Abfälle. Die Abfälle sind bei dem Verbringen in den Geltungsbereich des Abfallbeseitigungsgesetzes bei den Zolldienststellen, im Freihafen Hamburg bei dem Freihafenamt der Freien und Hansestadt Hamburg anzumelden und auf Verlangen vorzuführen. Der Beförderer hat dabei das für die Zolldienststellen oder das Freihafenamt bestimmte Exemplar des Genehmigungsbescheides unaufgefordert zu übergeben.

Abfalleinfuhr-Verordnung §§ 5–7 AbfEinfV 8c

§ 5 Gebühren und Auslagen. (1) Für Amtshandlungen der Genehmigungsbehörde werden Gebühren und Auslagen erhoben.

(2) Für die Bemessung der Gebühren gelten folgende Rahmensätze:

1. Erteilung von Genehmigungen für eine Verbringung von
   a) Abfällen aus Haushaltungen einschließlich
      Sperrmüll oder Abfällen gleicher Art   100 bis 1000,– DM
   b) Erdaushub, Bauschutt   100 bis 1000,– DM
   c) sonstigen Abfällen   100 bis 5000,– DM
2. Erteilung von Genehmigungen für mehrfache Verbringungen von
   a) Abfällen aus Haushaltungen einschließlich
      Sperrmüll oder Abfällen gleicher Art   100 bis 6000,– DM
   b) Erdaushub, Bauschutt   100 bis 6000,– DM
   c) sonstigen Abfällen   100 bis 10000,– DM

§ 6 Berlin-Klausel. Diese Verordnung gilt nach § 14 des Dritten Überleitungsgesetzes vom 4. Januar 1952 (Bundesgesetzbl. I S. 1) in Verbindung mit § 33 des Abfallbeseitigungsgesetzes auch im Land Berlin.

§ 7 Inkrafttreten. Diese Verordnung tritt am ersten Tage des auf die Verkündung[1] folgenden zweiten Kalendermonats in Kraft.

---

[1] Die VO wurde am 31. 7. 1974 verkündet.

8d. Verordnung zur Bestimmung von Abfällen nach § 2 Abs. 2 des Abfallbeseitigungsgesetzes

Vom 24. Mai 1977

(BGBl. I S. 773)

(BGBl. III 2129–6–2)

Auf Grund des § 2 Abs. 2 des Abfallbeseitigungsgesetzes in der Fassung der Bekanntmachung vom 5. Januar 1977 (BGBl. I S. 41) verordnet die Bundesregierung mit Zustimmung des Bundesrates:

§ 1 Abfälle im Sinne des § 2 Abs. 2 des Abfallbeseitigungsgesetzes sind die in der Anlage zu dieser Verordnung in Spalte 1 genannten Abfallarten, die aus den in Spalte 3 aufgeführten Industrien, Betrieben, Betriebsteilen, Herstellungs- oder Bearbeitungsvorgängen stammen. Soweit eine Abfallart durch die in Spalte 2 der Anlage genannten Eigenschaften näher bestimmt wird, gilt Satz 1 nur, wenn die Abfallart mindestens eine dieser Eigenschaften aufweist.

§ 2 Auf Abfälle aus Handwerksbetrieben findet diese Verordnung keine Anwendung, soweit in Spalte 3 der Anlage nur Industrien oder industrielle Herstellungsvorgänge aufgeführt sind.

§ 3 Diese Verordnung gilt nach § 14 des Dritten Überleitungsgesetzes in Verbindung mit § 33 des Abfallbeseitigungsgesetzes auch im Land Berlin.

§ 4 Diese Verordnung tritt am 1. Juni 1977 in Kraft.

(Die nach dem BGBl. hier folgende Anlage ist nicht abgedruckt.)

8e. Verordnung über Betriebsbeauftragte für Abfall

Vom 26. Oktober 1977

(BGBl. I S. 1913)
(BGBl. III 2129–6–3)

Auf Grund des § 11a Abs. 1 Satz 3 des Abfallbeseitigungsgesetzes in der Fassung der Bekanntmachung vom 5. Januar 1977 (BGBl. I S. 41) wird mit Zustimmung des Bundesrates verordnet:

§ 1 Pflicht zur Bestellung von Betriebsbeauftragten für Abfall.
(1) Betreiber folgender Anlagen haben einen betriebsangehörigen Betriebsbeauftragten für Abfall zu bestellen:

1. Ortsfeste Abfallbeseitigungsanlagen zum Lagern oder Ablagern von Abfällen;
2. ortsfeste Abfallbeseitigungsanlagen mit einer Durchsatzleistung von insgesamt mehr als 0,75 Tonnen je Stunde
   a) zur Verbrennung oder thermischen Zersetzung (Vergasung, Entgasung) von Abfällen,
   b) zur Kompostierung von Abfällen;
3. ortsfeste Abfallbeseitigungsanlagen zur chemischen oder physikalischen Behandlung von Abfällen mit einer Durchsatzleistung von insgesamt mehr als 0,50 Tonnen je Stunde;
4. ortsfeste Abfallbeseitigungsanlagen zur Verbrennung von Abfällen aus Krankenhäusern;
5. ortsfeste Anlagen zum Lagern oder Behandeln von Autowracks mit einem Betriebsgelände von mehr als 4000 Quadratmetern.

(2) Beteiber folgender Anlagen haben einen betriebsangehörigen Betriebsbeauftragten für Abfall zu bestellen:

1. Schmelzanlagen für Aluminium und Magnesium;
2. Fabriken oder Fabrikationsanlagen, in denen folgende Stoffe hergestellt werden:
   a) anorganische Säuren, Laugen, Salze,
   b) organische Lösemittel,
   c) Farb- und Anstrichmittel,
   d) Kältemittel,
   e) polychlorierte Biphenyle und Terphenyle,
   f) Pharmazeutika,
   g) Pflanzenbehandlungs- oder Schädlingsbekämpfungsmittel;
3. Anlagen zur Verarbeitung von Farb- und Anstrichmitteln, soweit sie mit Naßabscheidern ausgerüstet sind;
4. Anlagen zur Destillation oder Raffination von Erdöl, Erdölerzeugnissen, Altöl oder Schmieröl;

8e AbfBetrBV §§ 2–6 VO über Betriebsbeauftragte für Abfall

5. Anlagen zur Veredelung oder Behandlung von Metalloberflächen durch Galvanisieren, Härten, Ätzen oder Beitzen;
6. Anlagen zur Veredelung oder Behandlung von Kunststoffoberflächen durch Galvanisieren, Ätzen oder Beizen;
7. Krankenhäuser und Kliniken.

Satz 1 gilt nicht für Anlagen, in denen Abfälle des § 2 Abs. 2 des Abfallbeseitigungsgesetzes nicht anfallen.

§ 2 Mehrere Betriebsbeauftragte für Abfall. Die zuständige Behörde kann anordnen, daß der Betreiber einer der in § 1 bezeichneten Anlagen mehrere Betriebsbeauftragte für Abfall zu bestellen hat; die Zahl der Betriebsbeauftragten für Abfall ist so zu bemessen, daß eine sachgemäße Erfüllung der in § 11 b des Abfallbeseitigungsgesetzes bezeichneten Aufgaben gewährleistet ist.

§ 3 Gemeinsamer Betriebsbeauftragter für Abfall. Werden von einem Betreiber mehrere der in § 1 bezeichneten Anlagen betrieben, so kann dieser für mehrere Anlagen einen gemeinsamen Betriebsbeauftragten für Abfall bestellen, wenn hierdurch eine sachgemäße Erfüllung der in § 11 b des Abfallbeseitigungsgesetzes bezeichneten Aufgaben nicht gefährdet wird.

§ 4 Nicht betriebsangehöriger Betriebsbeauftragter für Abfall. Betreibern von in § 1 bezeichneten Anlagen soll die zuständige Behörde auf Antrag die Bestellung eines oder mehrerer nicht betriebsangehöriger Betriebsbeauftragter für Abfall gestatten, wenn hierdurch eine sachgemäße Erfüllung der in § 11 b des Abfallbeseitigungsgesetzes bezeichneten Aufgaben nicht gefährdet wird.

§ 5 Betriebsbeauftragter für Abfall in einem Konzern. Sind ein oder mehrere Betreiber von in § 1 bezeichneten Anlagen unter der einheitlichen Leitung eines herrschenden Unternehmens zusammengefaßt (Konzern), das beabsichtigt, einen Betriebsbeauftragten für Abfall für den Konzernbereich zu bestellen, und kann das herrschende Unternehmen den Betreibern hinsichtlich der in § 11 b Abs. 1 Nr. 4 und 5 und § 11 d Abs. 2 des Abfallbeseitigungsgesetzes genannten Maßnahmen Weisungen erteilen, so kann die zuständige Behörde den Betreibern die Bestellung des für den Konzernbereich zuständigen Betriebsbeauftragten für Abfall gestatten; dies setzt voraus, daß im Betriebsbereich der in § 1 bezeichneten Anlagen eine oder mehrere Personen mit der erforderlichen Sachkunde und Zuverlässigkeit zur Wahrnehmung der Aufgaben nach § 11 b Abs. 1 Nr. 1 bis 3 des Abfallbeseitigungsgesetzes bestellt werden, die über die erforderliche personelle und sachliche Ausstattung im Sinne des § 11 c·Abs. 4 des Abfallbeseitigungsgesetzes verfügen.

§ 6 Ausnahmevorschrift. Die zuständige Behörde hat auf Antrag den Betreiber einer in § 1 bezeichneten Anlage im Einzelfall von der Verpflichtung zur Bestellung eines Betriebsbeauftragten für Abfall zu befreien, sofern im Hinblick auf die Größe der Anlage und die Art oder Menge der in ihr entstehenden oder angelieferten Abfälle zur Wahrnehmung der Aufgaben und Befugnisse im Sinne des § 11 b Abs. 1 des Abfallbeseitigungsgesetzes die Bestellung eines Betriebsbeauftragten für Abfall nicht erforderlich ist.

7 § Berlin-Klausel. Diese Verordnung gilt nach § 14 des Dritten Überleitungsgesetzes in Verbindung mit § 33 des Abfallbeseitigungsgesetzes auch im Land Berlin.

§ 8 Inkrafttreten. Diese Verordnung tritt am 1. Januar 1978 in Kraft.

10. Verordnung über Arbeitsstätten (Arbeitsstättenverordnung – ArbStättV)

Vom 20. März 1975

(BGBl. I S. 729)
mit Änderung
(BGBl. III 7108-34)

Inhaltsübersicht

Erstes Kapitel. Allgemeine Vorschriften

	§
Geltungsbereich	1
Begriffsbestimmung	2
Allgemeine Anforderungen	3
Ausnahmen	4

Zweites Kapitel. Räume, Verkehrswege und Einrichtungen in Gebäuden

Erster Abschnitt. Allgemeine Anforderungen

Lüftung	5
Raumtemperaturen	6
Beleuchtung	7
Fußböden. Wände. Decken. Dächer	8
Fenster. Oberlichter	9
Türen. Tore	10
Zusätzliche Anforderungen an kraftbetätigte Türen und Tore	11
Schutz gegen Absturz und herabfallende Gegenstände	12
Schutz gegen Entstehungsbrände	13
Schutz gegen Gase, Dämpfe, Nebel, Stäube	14
Schutz gegen Lärm	15
Schutz gegen sonstige unzuträgliche Einwirkungen	16
Verkehrswege	17
Zusätzliche Anforderungen an Fahrtreppen und Fahrsteige	18
Zusätzliche Anforderungen an Rettungswege	19
Steigleitern. Steigeisengänge	20
Laderampen	21
Nicht allseits umschlossene Räume	22

Zweiter Abschnitt. Anforderungen an bestimmte Räume

Erster Titel. Arbeitsräume

Raumabmessungen. Luftraum	23
Bewegungsfläche am Arbeitsplatz	24
Ausstattung	25
Steuerstände und Steuerkabinen von maschinellen Anlagen. Pförtnerlogen und ähnliche Einrichtungen	26
Arbeitsplätze mit erhöhter Unfallgefahr	27
Nicht allseits umschlossene Arbeitsräume	28

Zweiter Titel. Pausen-, Bereitschafts-, Liegeräume. Räume für körperliche Ausgleichsübungen

Pausenräume	29
Bereitschaftsräume	30
Liegeräume	31
Nichtraucherschutz	32
Räume für körperliche Ausgleichsübungen	33

Dritter Titel. Sanitärräume

Umkleideräume. Kleiderablagen	34
Waschräume. Waschgelegenheiten	35

10 ArbStättV § 1 — Arbeitsstättenverordnung

	§
Verbindung von Wasch- und Umkleideräumen	36
Toilettenräume	37

Vierter Titel. Sanitätsräume. Mittel und Einrichtungen zur Ersten Hilfe

Sanitätsräume	38
Mittel und Einrichtungen zur Ersten Hilfe	39

Fünfter Titel. Räume in Behelfsbauten

Baracken, Tragluftbauten und ähnliche Einrichtungen	40

Drittes Kapitel. Arbeitsplätze auf dem Betriebsgelände im Freien

Allgemeine Anforderungen an Arbeitsplätze, Verkehrswege und Einrichtungen im Freien	41
Ortsgebundene Arbeitsplätze im Freien	42

Viertes Kapitel. Baustellen

Anwendung von Vorschriften auf Baustellen	43
Arbeitsplätze und Verkehrswege auf Baustellen	44
Tagesunterkünfte auf Baustellen	45
Weitere Einrichtungen auf Baustellen	46
Waschräume bei zehn und mehr Arbeitnehmern auf Baustellen	47
Toiletteneinrichtungen auf Baustellen	48
Sanitätsräume, Mittel und Einrichtungen zur Ersten Hilfe auf Baustellen	49

Fünftes Kapitel. Verkaufsstände im Freien, die im Zusammenhang mit Ladengeschäften stehen

Anforderungen	50

Sechstes Kapitel. Wasserfahrzeuge und schwimmende Anlagen auf Binnengewässern

Anforderungen	51

Siebentes Kapitel. Betrieb der Arbeitsstätten

Freihalten der Arbeitsplätze und Verkehrswege	52
Instandhaltung. Prüfungen	53
Reinhaltung der Arbeitsstätte	54
Flucht- und Rettungsplan	55

Achtes Kapitel. Schlußvorschriften

Übergangsvorschriften	56
Berlin-Klausel	57
Inkrafttreten	58

Auf Grund des § 120e Abs. 1 und 3 sowie des § 139h Abs. 1 und 3 der Gewerbeordnung in Verbindung mit Artikel 129 Abs. 1 Satz 1 des Grundgesetzes wird – hinsichtlich § 45 im Einvernehmen mit dem Bundesminister für Raumordnung, Bauwesen und Städtebau – mit Zustimmung des Bundesrates verordnet:

Erstes Kapitel. Allgemeine Vorschriften

§ 1 Geltungsbereich. (1) Diese Verordnung gilt für Arbeitsstätten im Rahmen eines Gewerbebetriebes, für den die §§ 120a bis 120c sowie

§ 139g der Gewerbeordnung in Verbindung mit § 62 des Handelsgesetzbuchs Anwendung finden. Sie gilt ferner für Tagesanlagen und Tagebaue des Bergwesens.

(2) Diese Verordnung gilt nicht für Arbeitsstätten im Reisegewerbe und Marktverkehr sowie für Straßen-, Schienen- und Luftfahrzeuge im öffentlichen Verkehr.

§ 2 Begriffsbestimmung. (1) Arbeitsstätten sind

1. Arbeitsräume in Gebäuden einschließlich Ausbildungsstätten,
2. Arbeitsplätze auf dem Betriebsgelände im Freien,
3. Baustellen,
4. Verkaufsstände im Freien, die im Zusammenhang mit Ladengeschäften stehen,
5. Wasserfahrzeuge und schwimmende Anlagen auf Binnengewässern.

(2) Zur Arbeitsstätte gehören
1. Verkehrswege,
2. Lager-, Maschinen- und Nebenräume,
3. Pausen-, Bereitschafts-, Liegeräume und Räume für körperliche Ausgleichsübungen,
4. Umkleide-, Wasch- und Toilettenräume (Sanitärräume),
5. Sanitätsräume.

(3) Zu den Arbeitsstätten gehören auch Einrichtungen, soweit für sie in den §§ 5 bis 55 dieser Verordnung besondere Anforderungen gestellt werden.

§ 3 Allgemeine Anforderungen. (1) Der Arbeitgeber hat

1. die Arbeitsstätte nach dieser Verordnung, den sonst geltenden Arbeitsschutz- und Unfallverhütungsvorschriften und nach den allgemein anerkannten sicherheitstechnischen, arbeitsmedizinischen und hygienischen Regeln sowie den sonstigen gesicherten arbeitswissenschaftlichen Erkenntnissen einzurichten und zu betreiben,
2. den in der Arbeitsstätte beschäftigten Arbeitnehmern die Räume und Einrichtungen zur Verfügung zu stellen, die in dieser Verordnung vorgeschrieben sind.

Soweit in anderen Rechtsvorschriften, insbesondere dem Bauordnungsrecht der Länder, Anforderungen gestellt werden, bleiben diese Vorschriften unberührt.

(2) Der Bundesminister für Arbeit und Sozialordnung stellt unter Hinzuziehung der fachlich beteiligten Kreise einschließlich der Spitzenorganisationen der Arbeitnehmer und Arbeitgeber Arbeitsstätten-Richtlinien auf und gibt diese im Benehmen mit den für den Arbeitsschutz zuständigen obersten Landesbehörden im Bundesarbeitsblatt, Fachteil Arbeitsschutz, bekannt. Die Regeln und Erkenntnisse nach Absatz 1 sind insbesondere aus diesen Arbeitsstätten-Richtlinien zu entnehmen.

10 ArbStättV §§ 4–6 Arbeitsstättenverordnung

(3) Die Befugnis der zuständigen Behörde, nach §§ 120d und 139g der Gewerbeordnung im Einzelfall zur Abwendung besonderer Gefahren die zum Schutze der Arbeitnehmer erforderlichen Maßnahmen anzuordnen, bleibt unberührt.

§ 4 Ausnahmen. (1) Die nach Landesrecht zuständige Behörde kann auf schriftlichen Antrag des Arbeitgebers Ausnahmen von den Vorschriften dieser Verordnung zulassen, wenn

1. der Arbeitgeber eine andere, ebenso wirksame Maßnahme trifft oder
2. die Durchführung der Vorschrift im Einzelfall zu einer unverhältnismäßigen Härte führen würde und die Abweichung mit dem Schutz der Arbeitnehmer vereinbar ist.

(2) Der Arbeitgeber darf von den in § 3 genannten Regeln und Erkenntnissen abweichen, wenn er ebenso wirksame Maßnahmen trifft. Auf Verlangen der zuständigen Behörde hat der Arbeitgeber im Einzelfall nachzuweisen, daß die andere Maßnahme ebenso wirksam ist.

Zweites Kapitel. Räume, Verkehrswege und Einrichtungen in Gebäuden

Erster Abschnitt. Allgemeine Anforderungen

§ 5 Lüftung. In Arbeitsräumen muß unter Berücksichtigung der angewandten Arbeitsverfahren und der körperlichen Beanspruchung der Arbeitnehmer während der Arbeitszeit ausreichend gesundheitlich zuträgliche Atemluft vorhanden sein. Wird für die nach Satz 1 erforderliche Atemluft durch eine lüftungstechnische Anlage (Lüftungsanlagen, Klimaanlagen) gesorgt, muß diese jederzeit funktionsfähig sein. Eine Störung an lüftungstechnischen Anlagen muß der für den Betrieb der Anlage zuständigen Person durch eine selbsttätig wirkende Warneinrichtung angezeigt werden können.

§ 6 Raumtemperaturen. (1) In Arbeitsräumen muß während der Arbeitszeit eine unter Berücksichtigung der Arbeitsverfahren und der körperlichen Beanspruchung der Arbeitnehmer gesundheitlich zuträgliche Raumtemperatur vorhanden sein. Satz 1 gilt auch für Bereiche von Arbeitsplätzen in Lager-, Maschinen- und Nebenräumen.

(2) Es muß sichergestellt sein, daß die Arbeitnehmer durch Heizeinrichtungen keinen unzuträglichen Temperaturverhältnissen ausgesetzt sind.

(3) In Pausen-, Bereitschafts-, Liege-, Sanitär- und Sanitätsräumen muß mindestens eine Raumtemperatur von 21° C erreichbar sein.

(4) Bereiche von Arbeitsplätzen, die unter starker Hitzeeinwirkung stehen, müssen im Rahmen des betrieblich Möglichen auf eine zuträgliche Temperatur gekühlt werden.

Arbeitsstättenverordnung §§ 7, 8 **ArbStättV 10**

§ 7 Beleuchtung. (1) Arbeits-, Pausen-, Bereitschafts-, Liege- und Sanitätsräume müssen eine Sichtverbindung nach außen haben. Dies gilt nicht für

1. Arbeitsräume, bei denen betriebstechnische Gründe eine Sichtverbindung nicht zulassen,
2. Verkaufsräume sowie Schank- und Speiseräume in Gaststätten einschließlich der zugehörigen anderen Arbeitsräume, sofern die Räume vollständig unter Erdgleiche liegen,
3. Arbeitsräume mit einer Grundfläche von mindestens 2000 m², sofern Oberlichter vorhanden sind.

(2) Lichtschalter müssen leicht zugänglich und selbstleuchtend sein. Sie müssen auch in der Nähe der Zu- und Ausgänge sowie längs der Verkehrswege angebracht sein. Dies gilt nicht, wenn die Beleuchtung zentral geschaltet wird. Selbstleuchtende Lichtschalter sind bei vorhandener Orientierungsbeleuchtung nicht erforderlich.

(3) Beleuchtungseinrichtungen in Arbeitsräumen und Verkehrswegen sind so anzuordnen und auszulegen, daß sich aus der Art der Beleuchtung keine Unfall- oder Gesundheitsgefahren für die Arbeitnehmer ergeben können. Die Beleuchtung muß sich nach der Art der Sehaufgabe richten. Die Stärke der Allgemeinbeleuchtung muß mindestens 15 Lux betragen.

(4) Sind auf Grund der Tätigkeit der Arbeitnehmer, der vorhandenen Betriebseinrichtungen oder sonstiger besonderer betrieblicher Verhältnisse bei Ausfall der Allgemeinbeleuchtung Unfallgefahren zu befürchten, muß eine Sicherheitsbeleuchtung mit einer Beleuchtungsstärke von mindestens eins vom Hundert der Allgemeinbeleuchtung, mindestens jedoch von einem Lux vorhanden sein.

§ 8 Fußböden. Wände. Decken. Dächer. (1) Fußböden in Räumen dürfen keine Stolperstellen haben; sie müssen eben und rutschhemmend ausgeführt und leicht zu reinigen sein. Für Arbeits-, Lager-, Maschinen- und Nebenräume gilt dies insoweit, als es betrieblich möglich und aus sicherheitstechnischen oder gesundheitlichen Gründen erforderlich ist. Standflächen an Arbeitsplätzen müssen unter Berücksichtigung der Art des Betriebes und der körperlichen Tätigkeit der Arbeitnehmer eine ausreichende Wärmedämmung aufweisen.

(2) Die zulässige Belastung der Fußbodenfläche in Lagerräumen, unter denen sich andere Räume befinden, muß an den Zugängen gut erkennbar angegeben sein. Dies gilt auch für die zulässige Belastung von Zwischenböden und Galerien in Lagerräumen.

(3) Die Oberfläche der Wände und Decken in Räumen muß so beschaffen sein, daß sie leicht zu reinigen oder zu erneuern ist. Für Arbeits-, Lager-, Maschinen- und Nebenräume gilt dies insoweit, als es betrieblich möglich und aus sicherheitstechnischen oder gesundheitlichen Gründen erforderlich ist.

(4) Lichtdurchlässige Wände, insbesondere Ganzglaswände, im Bereich von Arbeitsplätzen und Verkehrswegen müssen aus bruchsicherem

Werkstoff bestehen oder so gegen die Arbeitsplätze und Verkehrswege abgeschirmt sein, daß Arbeitnehmer nicht mit den Wänden in Berührung kommen und beim Zersplittern der Wände verletzt werden können.

(5) Dächer aus nicht durchtrittsicherem Material dürfen nur betreten werden können, wenn Einrichtungen vorhanden sind, die ein Abstürzen verhindern.

§ 9 Fenster. Oberlichter. (1) Fensterflügel dürfen in geöffnetem Zustand die Arbeitnehmer am Arbeitsplatz in ihrer Bewegungsfreiheit nicht behindern und die erforderliche Mindestbreite der Verkehrswege nicht einengen.

(2) Fenster und Oberlichter müssen so beschaffen oder mit Einrichtungen versehen sein, daß die Räume gegen unmittelbare Sonneneinstrahlung abgeschirmt werden können.

§ 10 Türen. Tore. (1) Lage, Anzahl, Ausführung und Abmessungen von Türen und Toren müssen sich nach der Art und Nutzung der Räume richten.

(2) Tore, die auch dem Fußgängerverkehr dienen, müssen so ausgeführt sein, daß sie oder Teile von ihnen vom Benutzer leicht geöffnet oder geschlossen werden können.

(3) In unmittelbarer Nähe von Toren, die vorwiegend für den Fahrzeugverkehr bestimmt sind, müssen Türen für den Fußgängerverkehr vorhanden sein.

(4) Pendeltüren und -tore müssen durchsichtig sein oder Sichtfenster haben.

(5) Bestehen lichtdurchlässige Flächen von Türen nicht aus bruchsicherem Werkstoff und ist zu befürchten, daß sich Arbeitnehmer durch Zersplittern der Türflächen verletzen können, so sind diese Flächen gegen Eindrücken zu schützen.

(6) Schiebetüren und -tore müssen gegen Ausheben und Herausfallen, Türen und Tore, die nach oben öffnen, gegen Herabfallen gesichert sein.

(7) Türen im Verlauf von Rettungswegen müssen gekennzeichnet sein. Die Türen müssen sich von innen ohne fremde Hilfsmittel jederzeit leicht öffnen lassen, solange sich Arbeitnehmer in der Arbeitsstätte befinden.

§ 11 Zusätzliche Anforderungen an kraftbetätigte Türen und Tore. (1) An kraftbetätigten Türen und Toren müssen Quetsch- und Scherstellen bis zu einer Höhe von 2,50 m so gesichert sein, daß die Bewegung der Türen oder Tore im Gefahrfall zum Stillstand kommt. Dies gilt nicht, wenn

1. durch besondere Einrichtungen sichergestellt ist, daß die Tür- und Torbewegung nur dann erfolgen kann, wenn sich keine Person im Gefahrbereich befindet oder

Arbeitsstättenverordnung §§ 12, 13 ArbStättV 10

2. der Gefahrbereich vom Bedienungsstandort vollständig zu übersehen ist und eine Person mit der Bedienung der Türen und Tore besonders beauftragt ist.

(2) Bei einer Steuerung des Antriebs kraftbetätigter Türen und Tore von Hand muß die Bewegung der Türen und Tore beim Loslassen des Steuerorgans zum Stillstand kommen. Dies gilt nicht, wenn

1. durch besondere Einrichtungen sichergestellt ist, daß die Tür- oder Torbewegung nur dann erfolgen kann, wenn sich keine Person im Gefahrbereich befindet oder

2. die betrieblichen Gegebenheiten eine andere Form der Steuerung erfordern und sich daraus keine Gefährdung der Arbeitnehmer ergibt.

(3) Wird der Antrieb kraftbetätigter Türen und Tore durch Steuerimpulse oder von einer Stelle aus gesteuert, von der aus der Gefahrbereich der Türen und Tore nicht vollständig zu übersehen ist, müssen gut erkennbare und leicht zugängliche Notabschalteinrichtungen vorhanden sein.

(4) Nach Abschalten des Antriebs von kraftbetätigten Türen und Toren oder bei Ausfall der Energieversorgung für den Antrieb muß die Bewegung der Türen und Tore sofort zum Stillstand kommen. Eine unbeabsichtigte erneute Bewegung der Türen und Tore darf nicht möglich sein. Abweichend von Satz 1 müssen sich kraftbetätigte Türen und Tore, die einen Brandabschluß bilden, bei Ausfall der Energieversorgung gefahrlos selbsttätig schließen.

(5) Kraftbetätigte Türen müssen auch von Hand zu öffnen sein.

§ 12 Schutz gegen Absturz und herabfallende Gegenstände.
(1) Arbeitsplätze und Verkehrswege, bei denen Absturzgefahren bestehen, oder die an Gefahrbereiche grenzen, müssen mit Einrichtungen versehen sein, die verhindern, daß Arbeitnehmer abstürzen oder in die Gefahrbereiche gelangen. § 21 (Laderampen) bleibt unberührt.

(2) Absatz 1 gilt entsprechend bei Boden- und Wandöffnungen, durch die Arbeitnehmer abstürzen könnten. Es muß ferner durch Einrichtungen verhindert werden, daß Gegenstände durch Boden- und Wandöffnungen fallen und andere Arbeitnehmer gefährden.

(3) Wenn Arbeitnehmer auf Arbeitsplätzen und Verkehrswegen dadurch gefährdet werden können, daß Gegenstände von höher gelegenen Arbeitsplätzen, Verkehrswegen oder Betriebseinrichtungen herabfallen, müssen Schutzvorkehrungen getroffen werden.

§ 13 Schutz gegen Entstehungsbrände. (1) Für die Räume müssen je nach Brandgefährlichkeit der in den Räumen vorhandenen Betriebseinrichtungen und Arbeitsstoffe die zum Löschen möglicher Entstehungsbrände erforderlichen Feuerlöscheinrichtungen vorhanden sein.

(2) Die Feuerlöscheinrichtungen müssen, sofern sie nicht selbsttätig wirken, gekennzeichnet, leicht zugänglich und leicht zu handhaben sein.

10 ArbStättV §§ 14–16   Arbeitsstättenverordnung

(3) Selbsttätige ortsfeste Feuerlöscheinrichtungen, bei deren Einsatz Gefahren für die Arbeitnehmer auftreten können, müssen mit selbsttätig wirkenden Warneinrichtungen ausgerüstet sein.

§ 14 Schutz gegen Gase, Dämpfe, Nebel, Stäube. Soweit in Arbeitsräumen das Auftreten von Gasen, Dämpfen, Nebeln oder Stäuben in unzuträglicher Menge oder Konzentration nicht verhindert werden kann, sind diese an ihrer Entstehungsstelle abzusaugen und zu beseitigen. Sind Störungen an Absaugeeinrichtungen nicht ohne weiteres erkennbar, so müssen die betroffenen Arbeitnehmer durch eine selbsttätig wirkende Warneinrichtung auf die Störung hingewiesen werden. Es müssen ferner Vorkehrungen getroffen sein, durch die die Arbeitnehmer im Falle einer Störung an Absaugeeinrichtungen gegen Gesundheitsgefahren geschützt sind.

§ 15 Schutz gegen Lärm. (1) In Arbeitsräumen ist der Schallpegel so niedrig zu halten, wie es nach der Art des Betriebes möglich ist. Der Beurteilungspegel am Arbeitsplatz in Arbeitsräumen darf auch unter Berücksichtigung der von außen einwirkenden Geräusche höchstens betragen:
1. bei überwiegend geistigen Tätigkeiten 55 dB (A),
2. bei einfachen oder überwiegend mechanisierten Bürotätigkeiten und vergleichbaren Tätigkeiten 70 dB (A),
3. bei allen sonstigen Tätigkeiten 85 dB (A); soweit dieser Beurteilungspegel nach der betrieblich möglichen Lärmminderung zumutbarerweise nicht einzuhalten ist, darf er bis zu 5 dB (A) überschritten werden.

(2) In Pausen-, Bereitschafts-, Liege- und Sanitätsräumen darf der Beurteilungspegel höchstens 55 dB (A) betragen. Bei der Festlegung des Beurteilungspegels sind nur die Geräusche der Betriebseinrichtungen in den Räumen und die von außen auf die Räume einwirkenden Geräusche zu berücksichtigen.

§ 16 Schutz gegen sonstige unzuträgliche Einwirkungen. (1) In Arbeits-, Pausen-, Bereitschafts-, Liege- und Sanitätsräumen ist das Ausmaß mechanischer Schwingungen so niedrig zu halten, wie es nach der Art des Betriebes möglich ist.

(2) Für den Menschen spürbare elektrostatische Aufladungen in Räumen sind im Rahmen des betrieblich Möglichen zu vermeiden.

(3) Betriebseinrichtungen sind so zu gestalten, aufzustellen und zu betreiben, daß in den Räumen unzuträgliche Gerüche im Rahmen des betrieblich Möglichen vermieden werden. Aus Sanitärräumen darf keine Abluft in andere Räume geführt werden.

(4) Räume, in denen sich Arbeitnehmer aufhalten, müssen so beschaffen oder eingerichtet sein, daß die Arbeitnehmer keiner vermeidbaren Zugluft ausgesetzt sind.

Arbeitsstättenverordnung §§ 17–19 ArbStättV 10

(5) Es sind Vorkehrungen zu treffen, daß betriebstechnisch unvermeidbare Wärmestrahlung nicht in unzuträglichem Ausmaß auf die Arbeitnehmer einwirkt.

§ 17 Verkehrswege. (1) Verkehrswege müssen so beschaffen und bemessen sein, daß sie je nach ihrem Bestimmungszweck sicher begangen oder befahren werden können und neben den Wegen beschäftigte Arbeitnehmer durch den Verkehr nicht gefährdet werden.

(2) Verkehrswege für kraftbetriebene oder schienengebundene Beförderungsmittel müssen so breit sein, daß zwischen der äußeren Begrenzung der Beförderungsmittel und der Grenze des Verkehrsweges ein Sicherheitsabstand von mindestens 0,50 m auf beiden Seiten des Verkehrsweges vorhanden ist.

(3) Verkehrswege für Fahrzeuge müssen in einem Abstand von mindestens 1,00 m an Türen und Toren, Durchgängen, Durchfahrten und Treppenaustritten vorbeiführen.

(4) Die Begrenzungen der Verkehrswege in Arbeits- und Lagerräumen mit mehr als 1000 m² Grundfläche müssen gekennzeichnet sein. Soweit Nutzung, Einrichtung und Belegungsdichte es zum Schutz der Arbeitnehmer erfordern, müssen die Begrenzungen der Verkehrswege bei Arbeits- und Lagerräumen mit weniger als 1000 m² Grundfläche gekennzeichnet sein. Die Kennzeichnung ist nicht notwendig, wenn die Verkehrswege durch ihre Art, durch die Betriebseinrichtungen oder durch das Lagergut deutlich erkennbar sind oder die betrieblichen Verhältnisse eine Kennzeichnung der Verkehrswege nicht zulassen.

§ 18 Zusätzliche Anforderungen an Fahrtreppen und Fahrsteige. (1) Fahrtreppen und umlaufende stufenlose Bänder für den Personenverkehr (Fahrsteige) müssen so beschaffen sein, daß sie sicher benutzt werden können. An den Zu- und Abgängen muß ausreichend bemessener Raum als Stauraum vorhanden sein.

(2) An Fahrtreppen und Fahrsteigen müssen Quetsch- und Scherstellen gesichert sein.

(3) Fahrtreppen und Fahrsteige müssen im Gefahrfall vom Benutzer oder von dritten Personen durch gut erkennbare und leicht zugängliche Notabschalteinrichtungen stillgesetzt werden können. Fahrtreppen und Fahrsteige müssen bei einem technischen Mangel, der zu einer Gefährdung der Benutzer führen kann, selbsttätig zum Stillstand kommen. Bei Fahrtreppen und Fahrsteigen, die erst beim Betreten in Betrieb gesetzt werden, muß die Laufrichtung gut erkennbar angegeben sein. Nach dem Abschalten des Antriebs von Fahrtreppen und Fahrsteigen darf eine unbeabsichtigte erneute Bewegung nicht möglich sein.

§ 19 Zusätzliche Anforderungen an Rettungswege. Anordnung, Abmessung und Ausführung der Rettungswege müssen sich nach der Nutzung, Einrichtung und Grundfläche der Räume sowie nach der

10 ArbStättV §§ 20–23   Arbeitsstättenverordnung

Zahl der in den Räumen üblicherweise anwesenden Personen richten. Rettungswege müssen als solche gekennzeichnet sein und auf möglichst kurzem Weg ins Freie oder in einen gesicherten Bereich führen. Bei Gefahr muß sichergestellt sein, daß die Arbeitnehmer die Räume schnell verlassen und von außen schnell gerettet werden können.

§ 20 Steigleitern. Steigeisengänge. Fest angebrachte Leitern (Steigleitern) und Steigeisengänge sind nur zulässig, wenn der Einbau einer Treppe betrieblich nicht möglich oder wegen der geringen Unfallgefahr nicht notwendig ist. Steigleitern oder Steigeisengänge müssen an ihren Austrittsstellen eine Haltevorrichtung haben. Wenn die Steigleitern oder Steigeisengänge länger als 5,00 m sind und es betrieblich möglich ist, müssen sie mit Einrichtungen zum Schutz gegen Absturz ausgerüstet sein. Bei Steigleitern oder Steigeisengängen mit mehr als 80° Neigung zur Erdoberfläche müssen in Abständen von höchstens 10 m Ruhebühnen vorhanden sein.

§ 21 Laderampen. (1) Laderampen müssen mindestens 0,80 m breit sein.

(2) Laderampen müssen mindestens einen Abgang haben. Laderampen mit mehr als 20 m Länge müssen, soweit dies betriebstechnisch möglich ist, in jedem Endbereich einen Abgang haben. Abgänge müssen als Treppen oder als geneigte sicher begeh- oder befahrbare Flächen ausgeführt sein. Treppenöffnungen innerhalb von Rampen müssen so gesichert sein, daß Arbeitnehmer nicht abstürzen und Fahrzeuge nicht in die Treppenöffnungen abkippen können.

(3) Laderampen von mehr als 1,00 m Höhe sollen im Rahmen des betriebstechnisch Möglichen mit Einrichtungen zum Schutz gegen Absturz ausgerüstet sein. Das gilt insbesondere für die Bereiche von Laderampen, die keine ständigen Be- und Entladestellen sind.

(4) Laderampen, die neben Gleisanlagen liegen und mehr als 0,80 m über Schienenoberkante hoch sind, müssen so ausgeführt sein, daß Arbeitnehmer im Gefahrfall unter der Rampe Schutz finden können.

§ 22 Nicht allseits umschlossene Räume. Auf nicht allseits umschlossene Räume sind die §§ 5 bis 21 sinngemäß anzuwenden.

Zweiter Abschnitt. Anforderungen an bestimmte Räume

Erster Titel. Arbeitsräume

§ 23 Raumabmessungen. Luftraum. (1) Arbeitsräume müssen eine Grundfläche von mindestens 8,00 m² haben.

(2) Räume dürfen als Arbeitsräume nur genutzt werden, wenn die lichte Höhe
bei einer Grundfläche von nicht mehr als 50 m² mindestens 2,50 m,
bei einer Grundfläche von mehr als 50 m² mindestens 2,75 m,

Arbeitsstättenverordnung §§ 24, 25 ArbStättV 10

bei einer Grundfläche von mehr als 100 m² mindestens 3,00 m,
bei einer Grundfläche von mehr als 2000 m² mindestens 3,25 m
beträgt.
Bei Räumen mit Schrägdecken darf die lichte Höhe im Bereich von Arbeitsplätzen und Verkehrswegen an keiner Stelle 2,50 m unterschreiten.

(3) Die in Absatz 2 genannten Maße können bei Verkaufsräumen, Büroräumen und anderen Arbeitsräumen, in denen überwiegend leichte oder sitzende Tätigkeit ausgeübt wird, oder aus zwingenden baulichen Gründen um 0,25 m herabgesetzt werden, wenn hiergegen keine gesundheitlichen Bedenken bestehen. Die lichte Höhe darf nicht weniger als 2,50 m betragen.

(4) In Arbeitsräumen muß für jeden ständig anwesenden Arbeitnehmer als Mindestluftraum

12 m³ bei überwiegend sitzender Tätigkeit,
15 m³ bei überwiegend nichtsitzender Tätigkeit,
18 m³ bei schwerer körperlicher Arbeit

vorhanden sein. Der Mindestluftraum darf durch Betriebseinrichtungen nicht verringert werden. Wenn sich in Arbeitsräumen mit natürlicher Lüftung neben den ständig anwesenden Arbeitnehmern auch andere Personen nicht nur vorübergehend aufhalten, ist für jede zusätzliche Person ein Mindestluftraum von 10 m³ vorzusehen. Satz 3 gilt nicht für Verkaufsräume sowie Schank- und Speiseräume in Gaststätten.

§ 24 Bewegungsfläche am Arbeitsplatz. (1) Die freie unverstellte Fläche am Arbeitsplatz muß so bemessen sein, daß sich die Arbeitnehmer bei ihrer Tätigkeit unbehindert bewegen können. Für jeden Arbeitnehmer muß an seinem Arbeitsplatz mindestens eine freie Bewegungsfläche von 1,50 m² zur Verfügung stehen. Die freie Bewegungsfläche soll an keiner Stelle weniger als 1,00 m breit sein.

(2) Kann aus betrieblichen Gründen an bestimmten Arbeitsplätzen eine freie Bewegungsfläche von 1,50 m² nicht eingehalten werden, muß dem Arbeitnehmer in der Nähe des Arbeitsplatzes mindestens eine gleich große Bewegungsfläche zur Verfügung stehen.

§ 25 Ausstattung. (1) Kann die Arbeit ganz oder teilweise sitzend verrichtet werden, sind den Arbeitnehmern am Arbeitsplatz Sitzgelegenheiten zur Verfügung zu stellen. Die Sitzgelegenheiten müssen dem Arbeitsablauf und der Handhabung der Betriebseinrichtungen entsprechen und unfallsicher sein. Können aus betrieblichen Gründen keine Sitzgelegenheiten unmittelbar am Arbeitsplatz aufgestellt werden, obwohl es der Arbeitsablauf zuläßt, sich zeitweise zu setzen, sind in der Nähe der Arbeitsplätze Sitzgelegenheiten bereitzustellen.

(2) In Arbeitsräumen müssen Abfallbehälter zur Verfügung stehen. Die Behälter müssen verschließbar sein, wenn die Abfälle leicht entzündlich, unangenehm riechend oder unhygienisch sind. Bei leicht entzünd-

lichen Abfällen müssen die Behälter aus nicht brennbarem Material bestehen.

§ 26 Steuerstände und Steuerkabinen von maschinellen Anlagen. Pförtnerlogen und ähnliche Einrichtungen. Auf Steuerstände und Steuerkabinen von maschinellen Anlagen sowie Pförtnerlogen, Kassenboxen und ähnliche Einrichtungen sind § 7 Abs. 1 (Sichtverbindung nach außen) und § 23 (Raumabmessungen und Luftraum) nicht anzuwenden, wenn es die Art der Einrichtung nicht zuläßt.

§ 27 Arbeitsplätze mit erhöhter Unfallgefahr. An Einzelarbeitsplätzen mit erhöhter Unfallgefahr, die außerhalb der Ruf- oder Sichtweite zu anderen Arbeitsplätzen liegen und nicht überwacht werden, müssen Einrichtungen vorhanden sein, mit denen im Gefahrfall Hilfspersonen herbeigerufen werden können.

§ 28 Nicht allseits umschlossene Arbeitsräume. (1) Nicht allseits umschlossene Arbeitsräume sind nur zulässig, soweit es betriebstechnisch erforderlich ist. Dies gilt auch, sofern Türen oder Tore von Arbeitsräumen, die unmittelbar ins Freie führen, ständig offengehalten werden.

(2) Arbeitsplätze in nicht allseits umschlossenen Arbeitsräumen oder Arbeitsräumen, die ständig offengehalten werden, müssen so eingerichtet sein, daß die Arbeitnehmer gegen Witterungseinflüsse geschützt sind.

Zweiter Titel. Pausen-, Bereitschafts-, Liegeräume.
Räume für körperliche Ausgleichsübungen

§ 29 Pausenräume. (1) Den Arbeitnehmern ist ein leicht erreichbarer Pausenraum zur Verfügung zu stellen, wenn mehr als zehn Arbeitnehmer beschäftigt sind oder gesundheitliche Gründe oder die Art der ausgeübten Tätigkeit es erfordern. Dies gilt nicht, wenn die Arbeitnehmer in Büroräumen oder vergleichbaren Arbeitsräumen beschäftigt sind und dort die Voraussetzungen für eine gleichwertige Erholung während der Pausen gegeben sind.

(2) Die lichte Höhe von Pausenräumen muß den Anforderungen des § 23 Abs. 2 (Raumabmessungen) entsprechen.

(3) In Pausenräumen muß für jeden Arbeitnehmer, der den Raum benutzen soll, eine Grundfläche von mindestens 1,00 m² vorhanden sein. Die Grundfläche eines Pausenraumes muß mindestens 6,00 m² betragen.

(4) Pausenräume müssen entsprechend der Zahl der Arbeitnehmer, die sich gleichzeitig in den Räumen aufhalten sollen, mit Tischen, die leicht zu reinigen sind, Sitzgelegenheiten mit Rückenlehne sowie mit Kleiderhaken, Abfallbehältern und bei Bedarf auch mit Vorrichtungen zum Anwärmen und zum Kühlen von Speisen und Getränken ausgestattet sein. Trinkwasser oder ein anderes alkoholfreies Getränk muß den Arbeitnehmern zur Verfügung gestellt werden.

Arbeitsstättenverordnung §§ 30–34 ArbStättV 10

§ 30 Bereitschaftsräume. Fällt in die Arbeitszeit regelmäßig und in erheblichem Umfang Arbeitsbereitschaft und stehen keine Pausenräume bereit, so sind Bereitschaftsräume zur Verfügung zu stellen, in denen sich die Arbeitnehmer während der Dauer der Arbeitsbereitschaft aufhalten können. Bereitschaftsräume müssen den Anforderungen des § 29 Abs. 2 und 3 (Raumhöhe, Grundfläche) entsprechen. Sitzgelegenheiten mit Rückenlehne müssen vorhanden sein.

§ 31 Liegeräume. Werdenden oder stillenden Müttern ist es während der Pausen und, wenn es aus gesundheitlichen Gründen erforderlich ist, auch während der Arbeitszeit zu ermöglichen, sich in einem geeigneten Raum auf einer Liege auszuruhen. Satz 1 gilt entsprechend für andere Arbeitnehmerinnen, wenn sie mit Arbeiten beschäftigt sind, bei denen es der Arbeitsablauf nicht zuläßt, sich zeitweise zu setzen.

§ 32 Nichtraucherschutz. In Pausen-, Bereitschafts- und Liegeräumen hat der Arbeitgeber dafür Sorge zu tragen, daß geeignete Maßnahmen zum Schutz der Nichtraucher vor Belästigungen durch Tabakrauch getroffen werden.

§ 33 Räume für körperliche Ausgleichsübungen. Werden Arbeitnehmer auf Grund ihrer Tätigkeit bei der Arbeit einseitig beansprucht, sollen Räume für körperliche Ausgleichsübungen zur Verfügung stehen, wenn die Übungen nicht in den Arbeitsräumen oder an geeigneter Stelle im Freien durchgeführt werden können.

Dritter Titel. Sanitärräume

§ 34 Umkleideräume. Kleiderablagen. (1) Den Arbeitnehmern sind für Frauen und Männer getrennte Umkleideräume zur Verfügung zu stellen, wenn die Arbeitnehmer bei ihrer Tätigkeit besondere Arbeitskleidung tragen müssen und es den Arbeitnehmern aus gesundheitlichen oder sittlichen Gründen nicht zuzumuten ist, sich in einem anderen Raum umzukleiden.

(2) Bei Betrieben, in denen die Arbeitnehmer bei ihrer Tätigkeit starker Hitze ausgesetzt sind, müssen sich die Umkleideräume in der Nähe der Arbeitsplätze befinden.

(3) Umkleideräume müssen eine lichte Höhe von mindestens 2,30 m bei einer Grundfläche bis einschließlich 30 m² und mindestens 2,50 m bei einer Grundfläche von mehr als 30 m² haben.

(4) In Umkleideräumen muß für die Arbeitnehmer, die den Raum gleichzeitig benutzen sollen, je nach Art der Kleiderablage so viel freie Bodenfläche vorhanden sein, daß sich die Arbeitnehmer unbehindert umkleiden können. Bei jeder Kleiderablage muß eine freie Bodenfläche, einschließlich der Verkehrsfläche, von mindestens 0,50 m² zur Verfügung stehen. Die Grundfläche eines Umkleideraumes muß mindestens 6,00 m² betragen.

(5) Nach Absatz 1 erforderliche Umkleideräume müssen mit Einrichtungen ausgestattet sein, in denen jeder Arbeitnehmer seine Kleidung

unzugänglich für andere während der Arbeitszeit aufbewahren kann. Den Arbeitnehmern muß es außerdem möglich sein, die Arbeitskleidung außerhalb der Arbeitszeit zu lüften oder zu trocknen und unzugänglich für andere aufzubewahren. Wenn die Arbeitskleidung bei der Arbeit stark verschmutzt, hat der Arbeitgeber dafür zu sorgen, daß die Arbeitskleidung gereinigt werden kann. Zum Umkleiden müssen Sitzgelegenheiten vorhanden sein.

(6) Wenn Umkleideräume nach Absatz 1 nicht erforderlich sind, müssen für jeden Arbeitnehmer eine Kleiderablage und ein abschließbares Fach zur Aufbewahrung persönlicher Wertgegenstände vorhanden sein.

§ 35 Waschräume. Waschgelegenheiten. (1) Den Arbeitnehmern sind Waschräume zur Verfügung zu stellen, wenn es die Art der Tätigkeit oder gesundheitliche Gründe erfordern. Die Waschräume müssen für Frauen und Männer getrennt sein.

(2) Waschräume müssen eine lichte Höhe von mindestens 2,30 m bei einer Grundfläche bis einschließlich 30 m² und mindestens 2,50 m bei einer Grundfläche von mehr als 30 m² haben.

(3) In Waschräumen muß vor jeder Waschgelegenheit soviel freie Bodenfläche zur Verfügung stehen, daß sich die Arbeitnehmer unbehindert waschen können. Die freie Bodenfläche vor einer Waschgelegenheit muß mindestens 0,70 m × 0,70 m betragen. Waschräume müssen eine Grundfläche von mindestens 4,00 m² haben.

(4) Waschräume müssen mit Einrichtungen ausgestattet sein, die es jedem Arbeitnehmer ermöglichen, sich den hygienischen Erfordernissen entsprechend zu reinigen. Es muß fließendes kaltes und warmes Wasser vorhanden sein. Die hygienisch erforderlichen Mittel zum Reinigen und Desinfizieren sowie zum Abtrocknen der Hände müssen zur Verfügung stehen.

(5) Wenn Waschräume nach Absatz 1 nicht erforderlich sind, müssen Waschgelegenheiten mit fließendem Wasser in der Nähe der Arbeitsplätze vorhanden sein. Die hygienisch erforderlichen Mittel zum Reinigen und Abtrocknen der Hände müssen zur Verfügung gestellt werden.

§ 36 Verbindung von Wasch- und Umkleideräumen. Wasch- und Umkleideräume müssen einen unmittelbaren Zugang zueinander haben, aber räumlich voneinander getrennt sein.

§ 37 Toilettenräume. (1) Den Arbeitnehmern sind in der Nähe der Arbeitsplätze besondere Räume mit einer ausreichenden Zahl von Toiletten und Handwaschbecken (Toilettenräume) zur Verfügung zu stellen. Wenn mehr als fünf Arbeitnehmer verschiedenen Geschlechts beschäftigt werden, müssen für Frauen und Männer vollständig getrennte Toilettenräume vorhanden sein. Werden mehr als fünf Arbeitnehmer beschäftigt, müssen die Toilettenräume ausschließlich den Betriebsangehörigen zur Verfügung stehen.

(2) In unmittelbarer Nähe von Pausen-, Bereitschafts-, Umkleide- und Waschräumen müssen Toilettenräume vorhanden sein.

Arbeitsstättenverordnung §§ 38–41 ArbStättV 10

Vierter Titel. Sanitätsräume. Mittel und Einrichtungen
zur Ersten Hilfe

§ 38 Sanitätsräume. (1) Es muß mindestens ein Sanitätsraum oder eine vergleichbare Einrichtung vorhanden sein, wenn

1. mehr als 1000 Arbeitnehmer beschäftigt sind oder
2. mit besonderen Unfallgefahren zu rechnen ist und mehr als 100 Arbeitnehmer beschäftigt sind.

(2) Sanitätsräume und vergleichbare Einrichtungen sowie ihre Zugänge müssen als solche gekennzeichnet sein. Die Räume oder Einrichtungen müssen mit einer Krankentrage leicht zu erreichen sein. Sie müssen mit den für die Erste Hilfe und die ärztliche Erstversorgung erforderlichen Einrichtungen und Mitteln ausgestattet sein; die Räume und Einrichtungen müssen dementsprechend bemessen sein.

§ 39 Mittel und Einrichtungen zur Ersten Hilfe. (1) In den Arbeitsstätten müssen die zur Ersten Hilfe erforderlichen Mittel vorhanden sein. Sie müssen im Bedarfsfall leicht zugänglich und gegen Verunreinigung, Nässe und hohe Temperaturen geschützt sein. Wenn es die Art des Betriebes erfordert, müssen Krankentragen vorhanden sein.

(2) Bei Arbeitsstätten mit großer räumlicher Ausdehnung müssen sich Mittel zur Ersten Hilfe und, sofern es die Art des Betriebes erfordert, Krankentragen an mehreren gut erreichbaren Stellen befinden.

(3) Die Aufbewahrungsstellen von Mitteln zur Ersten Hilfe und Krankentragen müssen als solche gekennzeichnet sein.

Fünfter Titel. Räume in Behelfsbauten

§ 40 Baracken, Tragluftbauten und ähnliche Einrichtungen. (1) Auf Räume in Bauten, die nach der Art ihrer Ausführung für eine dauernde Nutzung nicht geeignet sind und die für eine begrenzte Zeit aufgestellt werden (Behelfsbauten), wie Baracken, Tragluftbauten und ähnliche Einrichtungen, gelten die Anforderungen der §§ 5 bis 39 sinngemäß. Bei Behelfsbauten, ausgenommen Tragluftbauten, ist eine lichte Höhe von 2,30 m ausreichend.

(2) Bei Tragluftbauten müssen unabhängig von Absatz 1 besondere Arbeitsschutzmaßnahmen getroffen werden; dabei sind Lage, Größe und Art der Nutzung des Tragluftbaues zu berücksichtigen. Tragluftbauten dürfen nicht als Pausenräume verwendet werden.

Drittes Kapitel. Arbeitsplätze auf dem Betriebsgelände im Freien

§ 41 Allgemeine Anforderungen an Arbeitsplätze, Verkehrswege und Einrichtungen im Freien. (1) Arbeitsplätze auf dem Betriebsgelände im Freien sind so herzurichten, daß sich die Arbeitnehmer bei jeder Witterung sicher bewegen können. Je nach Brandgefährlichkeit der auf den Arbeitsplätzen befindlichen Betriebseinrichtungen und Arbeitsstoffe müssen die zum Löschen möglicher Entstehungsbrände erforderlichen Feuerlöscheinrichtungen vorhanden sein. Die Arbeitnehmer müssen sich bei Gefahr schnell in Sicherheit bringen und schnell gerettet werden können.

(2) Auf Arbeitsplätze, Verkehrswege und Einrichtungen im Freien sind ferner § 11 (zusätzliche Anforderungen an kraftbetätigte Türen und Tore), § 12 (Schutz gegen Absturz und herabfallende Gegenstände), § 17 Abs. 1 bis 3 (Verkehrswege), § 18 (zusätzliche Anforderungen an Fahrtreppen und Fahrsteige), § 20 (Steigleitern. Steigeisengänge) und § 21 (Laderampen) anzuwenden.

(3) Arbeitsplätze und Verkehrswege im Freien müssen zu beleuchten sein, wenn das Tageslicht nicht ausreicht. Die Beleuchtung muß sich nach der Art der Sehaufgabe richten.

§ 42 Ortsgebundene Arbeitsplätze im Freien. (1) Ortsgebundene Arbeitsplätze im Freien, auf denen nicht nur vorübergehend Arbeitnehmer beschäftigt werden, sind nur zulässig, wenn es betriebstechnisch erforderlich ist.

(2) Ortsgebundene Arbeitsplätze im Freien, auf denen nicht nur vorübergehend Arbeitnehmer beschäftigt werden, sind im Rahmen des betrieblich Möglichen so einzurichten und auszustatten, daß die Arbeitnehmer

1. gegen Witterungseinflüsse geschützt sind,
2. keinem unzuträglichen Lärm und keinen unzuträglichen mechanischen Schwingungen, Gasen, Dämpfen, Nebeln oder Stäuben ausgesetzt sind,
3. nicht ausgleiten und abstürzen können und
4. Sitzgelegenheiten in der Nähe der Arbeitsplätze zur Verfügung haben, wenn es der Arbeitsablauf zuläßt, sich zu setzen.

(3) Werden Arbeitnehmer nicht nur vorübergehend an ortsgebundenen Arbeitsplätzen im Freien mit leichter körperlicher Arbeit beschäftigt, so müssen die Arbeitsplätze in der Zeit vom 1. November bis 31. März zu beheizen sein, wenn die Außentemperatur weniger als + 16° C beträgt.

Viertes Kapitel. Baustellen

§ 43 Anwendung von Vorschriften auf Baustellen. Auf Baustellen sind die Vorschriften des ersten, siebenten und achten sowie dieses Kapitels anzuwenden.

Arbeitsstättenverordnung §§ 44, 45 ArbStättV 10

§ 44 Arbeitsplätze und Verkehrswege auf Baustellen. (1) Arbeitsplätze und Verkehrswege auf Baustellen sind so herzurichten, daß sich die Arbeitnehmer bei jeder Witterung sicher bewegen können. Verkehrswege müssen sicher zu befahren sein, wenn eine Benutzung mit Fahrzeugen erforderlich ist. Die Arbeitsplätze und Verkehrswege müssen zu beleuchten sein, wenn das Tageslicht nicht ausreicht. Arbeitsplätze und Verkehrswege, bei denen Absturzgefahren bestehen oder die an Gefahrbereiche grenzen, müssen mit Einrichtungen versehen sein, die unter Berücksichtigung der besonderen Verhältnisse des Baubetriebes verhindern, daß Arbeitnehmer abstürzen oder in den Gefahrbereich gelangen. Entsprechende Einrichtungen sind bei Boden- und Wandöffnungen erforderlich, durch die Arbeitnehmer abstürzen können. Die Arbeitnehmer sind gegen herabfallende Gegenstände zu schützen. Für Baugerüste gelten die hierfür erlassenen besonderen Vorschriften.

(2) Auf Baustellen im Freien sind ortsgebundene Arbeitsplätze, an denen nicht nur vorübergehend Arbeitnehmer beschäftigt sind, sowie Bedienungsplätze auf Baumaschinen im Rahmen des betrieblich Möglichen so einzurichten und auszustatten, daß die Arbeitnehmer

1. gegen Witterungseinflüsse geschützt sind und
2. keinem unzuträglichen Lärm und keinen unzuträglichen mechanischen Schwingungen, Gasen, Dämpfen, Nebeln oder Stäuben ausgesetzt sind.

(3) Bei Baustellen in allseits umschlossenen Räumen muß dafür gesorgt sein, daß

1. die Arbeitsplätze zu belüften sind,
2. die Arbeitnehmer sich bei Gefahr schnell in Sicherheit bringen können,
3. etwa auftretende unzuträgliche Gase, Dämpfe, Nebel oder Stäube beseitigt werden, ohne daß die Arbeitnehmer gefährdet werden und
4. für die Arbeitsplätze je nach Brandgefährlichkeit der vorhandenen Betriebseinrichtungen und Arbeitsstoffe die zum Löschen möglicher Entstehungsbrände erforderlichen Feuerlöscheinrichtungen vorhanden sind.

§ 45 Tagesunterkünfte auf Baustellen. (1) Auf jeder Baustelle hat der Arbeitgeber für die Arbeitnehmer Tagesunterkünfte zur Verfügung zu stellen. Die Tagesunterkünfte dürfen sich nur an ungefährdeter Stelle befinden.

(2) Die lichte Höhe von Tagesunterkünften muß mindestens 2,30 m betragen. In den Tagesunterkünften muß für jeden regelmäßig auf der Baustelle anwesenden Arbeitnehmer nach Abzug der Fläche für die vorgeschriebenen Einrichtungen eine freie Bodenfläche von mindestens 0,75 m^2 vorhanden sein.

(3) Fußböden, Wände und Decken der Tagesunterkünfte müssen gegen Feuchtigkeit und Zugluft geschützt und wärmedämmend ausgeführt sein. Die Tagesunterkünfte müssen Fenster haben, die zu öffnen sind.

10 ArbStättV § 46   Arbeitsstättenverordnung

(4) In der Zeit vom 15. Oktober bis 30. April müssen
1. Tagesunterkünfte Heizeinrichtungen haben, die eine Raumtemperatur von + 21° C ermöglichen und so installiert sind, daß die Arbeitnehmer gegen Vergiftungs-, Erstickungs-, Brand- und Explosionsgefahren geschützt sind und
2. die unmittelbar ins Freie führenden Ausgänge von Tagesunterkünften als Windfang ausgebildet sein.

(5) Tagesunterkünfte müssen mit Tischen, die sich leicht reinigen lassen, Sitzgelegenheiten mit Rücklehne, Kleiderhaken oder Kleiderschränken und mit Abfallbehältern ausgestattet sein. Tagesunterkünfte müssen künstlich zu beleuchten sein. Trinkwasser oder ein anderes alkoholfreies Getränk muß den Arbeitnehmern zur Verfügung gestellt werden.

(6) Statt der Tagesunterkünfte können auch Baustellenwagen oder Räume in vorhandenen Gebäuden verwendet werden, wenn sie und ihre Einrichtungen den Anforderungen der Absätze 1 bis 5 entsprechen. Für Baustellenwagen, die als Tagesunterkünfte dienen, ist eine lichte Höhe von mindestens 2,30 m im Scheitel ausreichend; dies gilt auch für absetzbare Baustellenwagen mit abnehmbaren Rädern.

(7) Ist nach dem Umfang des Bauvorhabens zu erwarten, daß auf der Baustelle vom Arbeitgeber ständig nicht mehr als vier Arbeitnehmer längstens eine Woche beschäftigt werden, braucht eine Tagesunterkunft nicht vorhanden zu sein. Der Arbeitgeber muß dann dafür sorgen, daß die Arbeitnehmer, gegen Witterungseinflüsse geschützt, sich umkleiden, waschen, wärmen und ihre Mahlzeiten einnehmen können. Der Arbeitgeber muß jedem Arbeitnehmer außerdem einen abschließbaren Schrank mit Lüftungsöffnungen zur Aufbewahrung der Kleidung und Einrichtungen zum Trocknen der Arbeitskleidung zur Verfügung stellen.

§ 46 Weitere Einrichtungen auf Baustellen. (1) Auf jeder Baustelle, ausgenommen Baustellen nach § 45 Abs. 7, muß der Arbeitgeber zur Verfügung stellen:
1. Vorrichtungen zum Wärmen von Speisen und Getränken;
2. abschließbare Schränke mit Lüftungsöffnungen zur Aufbewahrung der Kleidung für jeden regelmäßig auf der Baustelle anwesenden Arbeitnehmer; vor jedem Schrank muß so viel freie Bodenfläche zur Verfügung stehen, daß sich die Arbeitnehmer unbehindert umkleiden können;
3. Waschgelegenheiten möglichst mit fließendem kalten und warmen Wasser sowie den hygienisch erforderlichen Reinigungsmitteln, wobei eine Wasserzapfstelle für jeweils höchstens fünf Arbeitnehmer vorhanden sein muß;
4. Einrichtungen zum Trocknen der Arbeitskleidung.

Die Einrichtungen unter den Nummern 1 und 2 können in der Tagesunterkunft untergebracht werden. Anderenfalls müssen sie sich wie die Einrichtungen unter den Nummern 3 und 4 in besonderen abgeschlos-

Arbeitsstättenverordnung §§ 47, 48 ArbStättV 10

senen, wetterfesten Räumen, möglichst in der Nähe der Tagesunterkunft befinden. Räume für Einrichtungen unter den Nummern 1 bis 4 müssen in der Zeit vom 15. Oktober bis 30. April zu beheizen sein.

(2) Kehren die Arbeitnehmer einer Baustelle regelmäßig nach Beendigung der Arbeitszeit in Betriebsgebäude mit Umkleide- und Waschräumen zurück, so brauchen die Einrichtungen nach Absatz 1 Nr. 2 und 4 nicht auf der Baustelle vorhanden zu sein; abweichend von Absatz 1 Nr. 3 ist eine Wasserzapfstelle mit fließendem Wasser nur für jeweils höchstens zehn Arbeitnehmer erforderlich.

§ 47 Waschräume bei zehn und mehr Arbeitnehmern auf Baustellen.

(1) Werden auf einer Baustelle von einem Arbeitgeber zehn und mehr Arbeitnehmer länger als zwei Wochen beschäftigt, so muß der Arbeitgeber besondere Waschräume zur Verfügung stellen. Dies gilt nicht, wenn die Arbeitnehmer der Baustelle regelmäßig nach der Beendigung der Arbeitszeit in Betriebsgebäude mit Waschräumen zurückkehren.

(2) Die lichte Höhe der Waschräume muß 2,30 m betragen. Bei Verwendung von Waschwagen genügt eine lichte Höhe von 2,30 m Höhe im Scheitel.

(3) In den Waschräumen müssen für jeweils höchstens fünf Arbeitnehmer eine Waschstelle und für jeweils höchstens 20 Arbeitnehmer eine Dusche mit fließendem kalten und warmen Wasser vorhanden sein. Vor jeder Waschgelegenheit muß so viel freie Bodenfläche zur Verfügung stehen, daß sich die Arbeitnehmer unbehindert waschen können. Die hygienisch erforderlichen Reinigungsmittel müssen in den Waschräumen vom Arbeitgeber bereitgestellt werden.

(4) Die Waschräume müssen sich, soweit betrieblich möglich, in der Nähe der Räume zum Umkleiden befinden, wobei die Verbindungswege gegen Witterungseinflüsse zu schützen sind.

(5) Waschräume müssen zu lüften, zu beleuchten und zu beheizen sein. Die Heizeinrichtungen müssen eine Raumtemperatur von mindestens + 21° C ermöglichen. Wände, Decken und Fußböden müssen wärmedämmend ausgeführt sein. Wände und Fußböden müssen sich leicht reinigen lassen.

§ 48 Toiletteneinrichtungen auf Baustellen.

(1) Auf jeder Baustelle oder in deren Nähe muß mindestens eine abschließbare Toilette zur Verfügung stehen.

(2) Werden von einem Arbeitgeber auf einer Baustelle mehr als 15 Arbeitnehmer länger als zwei Wochen beschäftigt, muß er Toilettenräume mit einer ausreichenden Zahl von Toiletten, Bedürfnisständen und Waschgelegenheiten zur Verfügung stellen. Die Toilettenräume müssen zu belüften, zu beleuchten und in der Zeit vom 15. Oktober bis 30. April zu beheizen sein.

10 ArbStättV §§ 49–51 Arbeitsstättenverordnung

§ 49 Sanitätsräume, Mittel und Einrichtungen zur Ersten Hilfe auf Baustellen. (1) Werden auf der Baustelle von einem Arbeitgeber mehr als 50 Arbeitnehmer beschäftigt, muß mindestens ein Sanitätsraum oder eine vergleichbare Einrichtung vorhanden sein. Sanitätsräume und vergleichbare Einrichtungen sowie ihre Zugänge müssen gekennzeichnet sein. Die Räume oder Einrichtungen müssen mit einer Krankentrage leicht erreicht werden können. Sie müssen mit den für die Erste Hilfe und die ärztliche Erstversorgung erforderlichen Einrichtungen und Mitteln ausgestattet sein; die Räume und die vergleichbaren Einrichtungen müssen dementsprechend bemessen sein.

(2) Auf der Baustelle müssen die zur Ersten Hilfe erforderlichen Mittel und bei Beschäftigung von mehr als 20 Arbeitnehmern Krankentragen vorhanden sein. Sie müssen leicht zugänglich und gegen Verunreinigung und Nässe geschützt sein. Die Aufbewahrungsstellen von Mitteln zur Ersten Hilfe und Krankentragen müssen als solche gekennzeichnet sein.

Fünftes Kapitel. Verkaufsstände im Freien, die im Zusammenhang mit Ladengeschäften stehen

§ 50 Anforderungen. (1) An Verkaufsständen im Freien, die im Zusammenhang mit Ladengeschäften stehen, dürfen in der Zeit vom 15. Oktober bis 30. April Arbeitnehmer nur dann beschäftigt werden, wenn die Außentemperatur am Verkaufsstand mehr als + 16° C beträgt.

(2) Verkaufsstände im Freien sind so einzurichten, daß die Arbeitnehmer gegen Witterungseinflüsse geschützt sind.

(3) An Verkaufsständen im Freien muß für jeden Arbeitnehmer eine freie Bodenfläche von mindestens 1,50 m² vorhanden sein. Sitzgelegenheiten müssen zur Verfügung stehen.

(4) Verkaufsstände im Freien dürfen nur so aufgestellt werden, daß die Arbeitnehmer keinem unzuträglichen Lärm und keinen unzuträglichen mechanischen Schwingungen, Stäuben, Dämpfen, Nebeln oder Gasen, insbesondere Abgasen von Verbrennungsmotoren, ausgesetzt sind.

(5) Die Absätze 1 bis 4 gelten nicht für Warenauslagen, wenn sich die Arbeitnehmer im Ladengeschäft befinden und die Waren dort verkauft werden.

Sechstes Kapitel. Wasserfahrzeuge und schwimmende Anlagen auf Binnengewässern

§ 51 Anforderungen. (1) Auf Wasserfahrzeuge und schwimmende Anlagen auf Binnengewässern sind die Vorschriften des ersten, siebenten und achten Kapitels sowie der nachfolgenden Absätze anzuwenden.

Arbeitsstättenverordnung § 52 **ArbStättV 10**

(2) Auf Wasserfahrzeugen und schwimmenden Anlagen müssen die Räume, die von Arbeitnehmern betreten werden, und die Arbeitsplätze sicher zugänglich sein. Räume, Arbeitsplätze und Verkehrswege müssen so beschaffen sein und bemessen sein, daß die Arbeitnehmer sich unbehindert und ungefährdet bewegen können. Räume müssen so beschaffen sein, daß sich die Arbeitnehmer bei Gefahr schnell in Sicherheit bringen und schnell gerettet werden können.

(3) In Räumen, die von den Arbeitnehmern betreten werden, muß jederzeit gesundheitlich zuträgliche Atemluft vorhanden sein. Diese Räume müssen zu beleuchten sein. Eine Sichtverbindung nach außen ist bei Pausenräumen erforderlich, bei Arbeitsräumen soll sie vorhanden sein.

(4) Arbeits- und Pausenräume müssen so gelegen und beschaffen sein, daß die Arbeitnehmer gegen unzuträglichen Lärm und unzuträgliche mechanische Schwingungen geschützt sind. Soweit das Auftreten von Gasen, Dämpfen, Nebeln oder Stäuben in unzuträglicher Menge und Konzentration nicht verhindert werden kann, sind diese an ihrer Entstehungsstelle abzusaugen und zu beseitigen. Sind Störungen an Absaugeeinrichtungen nicht ohne weiteres erkennbar, so müssen die betroffenen Arbeitnehmer durch eine selbsttätig wirkende Warneinrichtung auf die Störung hingewiesen werden. Es müssen ferner Vorkehrungen getroffen sein, durch die die Arbeitnehmer im Falle einer Störung an Absaugeeinrichtungen gegen Gesundheitsgefahren geschützt sind.

(5) Auf Wasserfahrzeugen und schwimmenden Anlagen müssen ausreichende Pausenräume vorhanden sein, sofern nicht andere Möglichkeiten für eine gleichwertige Erholung während der Pausen gegeben sind.

(6) Auf Wasserfahrzeugen und schwimmenden Anlagen müssen die zur Ersten Hilfe erforderlichen Mittel vorhanden sein. Sie müssen leicht zugänglich und gegen Verunreinigung und Nässe geschützt sein.

(7) Auf Wasserfahrzeugen und schwimmenden Anlagen müssen entsprechend der Zahl der Besatzungsmitglieder und der sonst beschäftigten Arbeitnehmer ausreichende Umkleide-, Wasch- und Toiletteneinrichtungen vorhanden sein. Bei ortsfesten schwimmenden Anlagen, die eine unmittelbare Verbindung zum Land haben, dürfen sich die Sanitäreinrichtungen in der Nähe der Anlagen an Land befinden. Das gilt auch bei stilliegenden Schubleichtern, auf denen sich Arbeitnehmer aufhalten müssen.

Siebentes Kapitel. Betrieb der Arbeitsstätten

§ 52 Freihalten der Arbeitsplätze und Verkehrswege. (1) Verkehrswege müssen freigehalten werden, damit sie jederzeit benutzt werden können. Insbesondere dürfen Türen im Verlauf von Rettungswegen oder andere Rettungsöffnungen nicht verschlossen, versperrt oder in ihrer Erkennbarkeit beeinträchtigt werden, solange sich Arbeitnehmer in der Arbeitsstätte befinden.

(2) An Arbeitsplätzen dürfen Gegenstände oder Stoffe nur in solcher Menge aufbewahrt werden, daß die Arbeitnehmer nicht gefährdet werden. Gefährliche Arbeitsstoffe dürfen nur in solcher Menge am Arbeitsplatz vorhanden sein, wie es der Fortgang der Arbeit erfordert.

(3) In Pausen-, Bereitschafts-, Sanitär- und Sanitätsräumen, in Tagesunterkünften, sanitären Einrichtungen und Sanitätsräumen auf Baustellen sowie in Pausen- und Sanitärräumen auf Wasserfahrzeugen und schwimmenden Anlagen auf Binnengewässern dürfen keine Gegenstände und Stoffe aufbewahrt werden, die nicht zur zweckentsprechenden Einrichtung dieser Räume gehören.

§ 53 Instandhaltung. Prüfungen. (1) Der Arbeitgeber hat die Arbeitsstätte instandzuhalten und dafür zu sorgen, daß festgestellte Mängel möglichst umgehend beseitigt werden. Können Mängel, mit denen eine dringende Gefahr verbunden ist, nicht sofort beseitigt werden, ist die Arbeit insoweit einzustellen.

(2) Sicherheitseinrichtungen zur Verhütung oder Beseitigung von Gefahren, z. B. Sicherheitsbeleuchtung, Feuerlöscheinrichtungen, Absaugeeinrichtungen, Signalanlagen, Notaggregate und Notschalter sowie lüftungstechnische Anlagen mit Luftreinigung müssen regelmäßig gewartet und auf ihre Funktionsfähigkeit geprüft werden. Die Prüfungen müssen bei Sicherheitseinrichtungen, ausgenommen bei Feuerlöschern, mindestens jährlich und bei Feuerlöschern und lüftungstechnischen Anlagen mindestens alle zwei Jahre durchgeführt werden.

(3) Mittel und Einrichtungen zur Ersten Hilfe müssen regelmäßig auf ihre Vollständigkeit und Verwendungsfähigkeit überprüft werden.

§ 54 Reinhaltung der Arbeitsstätte. Arbeitsstätten müssen den hygienischen Erfordernissen entsprechend gereinigt werden. Verunreinigungen und Ablagerungen, die zu Gefahren führen können, müssen unverzüglich beseitigt werden.

§ 55 Flucht- und Rettungsplan. Der Arbeitgeber hat für die Arbeitsstätte einen Flucht- und Rettungsplan aufzustellen, wenn Lage, Ausdehnung und Art der Nutzung der Arbeitsstätte dies erfordern. Der Flucht- und Rettungsplan ist an geeigneter Stelle in der Arbeitsstätte auszulegen oder auszuhängen. In angemessenen Zeitabständen ist entsprechend dem Plan zu üben, wie sich die Arbeitnehmer im Gefahr- oder Katastrophenfall in Sicherheit bringen oder gerettet werden können.

Achtes Kapitel. Schlußvorschriften

§ 56 Übergangsvorschriften. (1) Soweit beim Inkrafttreten dieser Verordnung eine Arbeitsstätte errichtet ist oder mit ihrer Errichtung

Arbeitsstättenverordnung §§ 57, 58 ArbStättV 10

begonnen worden ist und in dieser Verordnung Anforderungen gestellt werden, die umfangreiche Änderungen der Arbeitsstätte, der Betriebseinrichtungen, Arbeitsverfahren oder Arbeitsabläufe notwendig machen, ist diese Verordnung vorbehaltlich des Absatzes 2 nicht anzuwenden.

(2) Die nach Landesrecht zuständige Behörde kann verlangen, daß in Arbeitsstätten nach Absatz 1 den Vorschriften dieser Verordnung entsprechende Änderungen vorgenommen werden, soweit

1. die Arbeitsstätten oder die Betriebseinrichtungen wesentlich erweitert oder umgebaut oder die Arbeitsverfahren oder Arbeitsabläufe wesentlich umgestaltet werden,
2. die Nutzung der Arbeitsstätte wesentlich geändert wird oder
3. nach der Art des Betriebes vermeidbare Gefahren für Leben oder Gesundheit der Arbeitnehmer zu befürchten sind.

(3) Für Tagesanlagen und Tagebaue des Bergwesens ist der maßgebende Zeitpunkt im Sinne des Absatzes 1 der 1. Januar 1982.

§ 57 Berlin-Klausel. Diese Verordnung gilt nach § 14 des Dritten Überleitungsgesetzes vom 4. Januar 1952 (Bundesgesetzbl. I S. 1) in Verbindung mit Artikel V des Gesetzes zur Änderung der Gewerbeordnung und über die Einrichtung eines Gewerbezentralregisters vom 13. Juni 1974 (Bundesgesetzbl. I S. 1281) auch im Land Berlin.

§ 58 Inkrafttreten. (1) Diese Verordnung tritt am 1. Mai 1976 in Kraft.

(2) Mit Inkrafttreten dieser Verordnung treten außer Kraft

1. die Bekanntmachung vom 31. Juli 1897, betr. die Einrichtung und den Betrieb der Buchdruckereien und Schriftgießereien (Reichsgesetzbl. S. 614), zuletzt geändert durch Bekanntmachung vom 22. Dezember 1908 (Reichsgesetzbl. S. 654),
2. die Bekanntmachung vom 28. November 1900, betr. die Einrichtung von Sitzgelegenheiten für Angestellte in offenen Verkaufsstellen (Reichsgesetzbl. S. 1033),
3. die Bekanntmachung vom 16. Juni 1905, betr. die Einrichtung und den Betrieb der Bleihütten (Reichsgesetzbl. S. 545),
4. die Bekanntmachung vom 17. Februar 1907, betr. die Einrichtung und den Betrieb der zur Anfertigung von Zigarren bestimmten Anlagen (Reichsgesetzbl. S. 34),
5. die Bekanntmachung vom 6. Mai 1908, betr. die Einrichtung und den Betrieb von Anlagen zur Herstellung elektrischer Akkumulatoren aus Blei oder Bleiverbindungen (Reichsgesetzbl. S. 172),
6. die Bekanntmachung vom 31. Mai 1909, betr. die Einrichtung und den Betrieb von Steinbrüchen und Steinhauereien (Steinmetzbetrieben) (Reichsgesetzbl. S. 471), zuletzt geändert durch Bekanntmachung vom 20. November 1911 (Reichsgesetzbl. S. 955),

7. die Bekanntmachung vom 13. Dezember 1912, betr. die Einrichtung und den Betrieb der Zinkhütten und Zinkerzrösthütten (Reichsgesetzbl. S. 564), geändert durch Verordnung vom 21. Februar 1923 (Reichsgesetzbl. I S. 161),
8. die Verordnung über die Einrichtung und den Betrieb von Anlagen zur Herstellung von Bleifarben und anderen Bleiverbindungen vom 27. Januar 1920 (Reichsgesetzbl. S. 109),
9. die Verordnung zum Schutz gegen Bleivergiftung bei Anstricharbeiten vom 27. Mai 1930 (Reichsgesetzbl. I S. 183), zuletzt geändert durch Verordnung vom 16. März 1956 (Bundesgesetzbl. I S. 130),
10. die Verordnung über Haarhutfabriken vom 26. März 1938 (Reichsgesetzbl. I S. 347).

Im übrigen treten zu diesem Zeitpunkt folgende Bestimmungen außer Kraft

1. die §§ 6, 8, 8a und § 7, soweit sich dieser auf Baustellen und Tagesunterkünfte bezieht, der Ausführungsverordnung zum Gesetz über die Unterkunft bei Bauten vom 21. Februar 1959 (Bundesgesetzbl. I S. 44), geändert durch § 6 der Verordnung über besondere Arbeitsschutzanforderungen bei Bauarbeiten in der Zeit vom 1. November bis 31. März vom 1. August 1968 (Bundesgesetzbl. I S. 901),
2. die §§ 3 und 5 Nr. 2 der Verordnung über besondere Arbeitsschutzanforderungen bei Arbeiten im Freien in der Zeit vom 1. November bis 31. März vom 1. August 1968 (Bundesgesetzbl. I S. 901), geändert durch Verordnung vom 23. Juli 1974 (Bundesgesetzbl. I S. 1569).

11. Verordnung über gefährliche Arbeitsstoffe (Arbeitsstoffverordnung – ArbStoffV)[1]

in der Fassung der Bekanntmachung
vom 11. Februar 1982

(BGBl. I S. 144/145)

(BGBl. III 8053-2-7)

Inhaltsverzeichnis

Erster Abschnitt
Gemeinsame Vorschriften
§ 1 Begriffsbestimmungen 369
§ 2 Auskunftspflicht *(gestrichen)*

Zweiter Abschnitt
Inverkehrbringen der gefährlichen Arbeitsstoffe
§ 3 Anwendungsbereich 370
§ 4 Verpackung der Stoffe und Zubereitungen 371
§ 5 Kennzeichnung der Stoffe 371
§ 6 Kennzeichnung der Zubereitungen 373
§ 6a Kennzeichnung von asbesthaltigen Stoffen und Zubereitungen 374
§ 7 Beizufügende Mitteilungen 374
§ 8 Anforderungen an bestimmte Arbeitsstoffe 374
§ 9 Verkehrsrechtliche Vorschriften über die Beförderung gefährlicher Güter 375
§ 10 Ausnahmen im Einzelfall 375

Dritter Abschnitt
Umgang mit gefährlichen Arbeitsstoffen
§ 11 Anwendungsbereich 375
§ 12 Schutzmaßnahmen 376
§ 13 Verpackung und Kennzeichnung 377
§ 14 Beschäftigungsverbote 377
§ 15 Behördliche Anordnungen 378

Vierter Abschnitt
Allgemeine Vorschriften über die gesundheitliche Überwachung
§ 16 Ermächtigte Ärzte 379
§ 17 Arbeitsmedizinische Vorsorgeuntersuchungen 379
§ 18 Behördliche Entscheidung 380
§ 19 Gesundheitskartei und Aufbewahren der ärztlichen Bescheinigungen 381
§ 20 Behördliche Verkürzung oder Verlängerung der Vorsorgeuntersuchungsfristen 381
§ 21 Maßnahmen nach der Vorsorgeuntersuchung 381

---

[1] Die Anhänge I und II werden als Anlagenband zum Bundesgesetzblatt ausgegeben. Abonnenten des Bundesgesetzblattes Teil I wird der Anlagenband auf Anforderung kostenlos übersandt.

11 ArbStoffV

Arbeitsstoffverordnung

Fünfter Abschnitt
Straftaten und Ordnungswidrigkeiten

§ 22 Jugendarbeitsschutzgesetz 382
§ 23 Mutterschutzgesetz 382
§ 24 Chemikaliengesetz – Anzeige 382
§ 25 Chemikaliengesetz – Umgang 383
§ 26 Chemikaliengesetz – Verwendungsverbote 383

Sechster Abschnitt
Schlußvorschriften

§ 27 Ausschuß für gefährliche Arbeitsstoffe 384
§ 28 Übergangsvorschriften *(überholt)* 385
§ 29 Berlin-Klausel 385
§ 30 Inkrafttreten *(überholt)*. 385

Anhang I[1]

Anhang I Nr. 1.1 Stoffe
Anhang I Nr. 1.2 Gefahrensymbole und Gefahrenbezeichnungen
Anhang I Nr. 1.3 Hinweise auf besondere Gefahren (R-Sätze)
Anhang I Nr. 1.4 Sicherheitsratschläge (S-Sätze)
Anhang I Nr. 1.5 Apparate und Verfahren zur Bestimmung der Flammpunkte der flüssigen Stoffe und Zubereitungen
Anhang I Nr. 2.1 Zubereitungen, die giftige oder gesundheitsschädliche Lösemittel enthalten
Anhang I Nr. 2.2 Zubereitungen, die als Anstrichmittel, Lacke, Druckfarben, Klebstoffe und dgl. verwendet werden sollen
Anhang I Nr. 2.3 Arsenhaltige Zubereitungen
Anhang I Nr. 2.4 Schmälzmittel und geschmälzte Faserstoffe

Anhang II[1]

Anhang II Nr. 1 Krebserzeugende Arbeitsstoffe
Anhang II Nr. 2 Tetrachlorkohlenstoff, Tetrachlorethan und Pentachlorethan
Anhang II Nr. 3 Strahlmittel
Anhang II Nr. 4 Thomasphosphat
Anhang II Nr. 5 Blei
Anhang II Nr. 6 Fluor
Anhang II Nr. 7 Oberflächenbehandlung in Räumen und Behältern
Anhang II Nr. 8 Silikogener Staub
Anhang II Nr. 9 Magnesium
Anhang II Nr. 10 Schmälzmittel und geschmälzte Faserstoffe
Anhang II Nr. 11 Ammoniumnitrat
Anhang II Nr. 12 Antifouling-Farben

---

[1] Die Anhänge I und II werden als Anlagenband zum Bundesgesetzblatt ausgegeben. Abonnenten des Bundesgesetzblattes Teil I wird der Anlagenband auf Anforderung kostenlos übersandt.

Arbeitsstoffverordnung **§ 1 ArbStoffV 11**

Auf Grund
des § 13 Abs. 3, § 14 Abs. 2, § 17 Abs. 1 Satz 1 Nr. 1, 2, 4 und 5 sowie des § 19 des Chemikaliengesetzes vom 16. September 1980 (BGBl. I S. 1718) wird von der Bundesregierung

und auf Grund
- des § 26 Nr. 2 des Jugendarbeitsschutzgesetzes vom 12. April 1976 (BGBl. I S. 965) und
- des § 4 Abs. 4 des Mutterschutzgesetzes in der Fassung der Bekanntmachung vom 18. April 1968 (BGBl. I S. 315)

wird vom Bundesminister für Arbeit und Sozialordnung mit Zustimmung des Bundesrates verordnet:

Erster Abschnitt. Gemeinsame Vorschriften

§ 1 Begriffsbestimmungen. Im Sinne dieser Verordnung ist:

1. gefährlicher Arbeitsstoff:
ein gefährlicher Stoff, aus dem oder mit dessen Hilfe oder eine gefährliche Zubereitung, aus der oder mit deren Hilfe Gegenstände erzeugt oder Leistungen erbracht werden; gleichgestellt sind Erzeugnisse, bei deren Verwendung gefährliche Stoffe oder gefährliche Zubereitungen entstehen;

2. Stoff:
ein chemisches Element oder eine chemische Verbindung, nicht weiter be- oder verarbeitet, einschließlich der Verunreinigungen und der für die Vermarktung erforderlichen Hilfsstoffe;

3. Zubereitung:
ein Gemisch, ein Gemenge oder eine Lösung von Stoffen, nicht weiter be- oder verarbeitet, einschließlich der Verunreinigungen und der für die Vermarktung erforderlichen Hilfsstoffe;

4. gefährlich:
ein Stoff oder eine Zubereitung mit einer oder mehreren der nachfolgenden Eigenschaften:
   a) sehr giftig,
   b) giftig,
   c) mindergiftig (gesundheitsschädlich),
   d) ätzend,
   e) reizend,
   f) explosionsgefährlich,
   g) brandfördernd,
   h) hochentzündlich,
   i) leicht entzündlich,
   j) entzündlich,
   k) krebserzeugend,
   l) fruchtschädigend,
   m) erbgutverändernd oder
   n) auf sonstige Weise für den Menschen gefährlich,
ausgenommen sind gefährliche Eigenschaften ionisierender Strahlen;

11 ArbStoffV §§ 2, 3   Arbeitsstoffverordnung

5. Inverkehrbringen:
  Das Vorrätighalten zum Verkauf oder zu sonstiger Abgabe, das Feilhalten, das Feilbieten und die Abgabe an andere;
6. Umgang:
  Herstellen oder Verwenden;
7. Herstellen:
  auch Gewinnen;
8. Verwenden:
  Gebrauchen, Verbrauchen, Lagern, Aufbewahren, Be- und Verarbeiten, Abfüllen, Umfüllen, Mischen, Vernichten und innerbetriebliches Befördern;
9. Verpackung:
  Umhüllung oder Behältnis, ausgenommen Transportbehälter oder Fahrzeuge zur Beförderung von gefährlichen Arbeitsstoffen im öffentlichen Verkehr, wenn die Transportbehälter oder Fahrzeuge nicht beim Empfänger verbleiben.

§ 2 Auskunftspflicht (gestrichen)

Zweiter Abschnitt. Inverkehrbringen der gefährlichen Stoffe und Zubereitungen

§ 3 Anwendungsbereich.
(1) Der zweite Abschnitt gilt für
1. die Stoffe, die in Anhang I Nr. 1.1 und in Anhang II Nr. 1.1.1 dieser Verordnung aufgeführt sind,
2. die Zubereitungen, die in Anhang I Nr. 2.1 bis 2.4 und in Anhang II Nr. 1.1.1 dieser Verordnung aufgeführt sind,

wenn sie dazu bestimmt sind, als Arbeitsstoffe verwendet zu werden, und wenn sie gewerbsmäßig oder selbständig im Rahmen einer wirtschaftlichen Unternehmung in den Verkehr gebracht werden.

(2) Der zweite Abschnitt gilt nicht für das Inverkehrbringen von
1. Lebensmitteln, Tabakerzeugnissen, kosmetischen Mitteln und Bedarfsgegenständen, soweit diese dem Lebensmittel- und Bedarfsgegenständegesetz oder sonstigen lebensmittelrechtlichen Vorschriften unterliegen,
2. Futtermitteln und Zusatzstoffen, soweit diese dem Futtermittelgesetz unterliegen,
3. Arznei- und Betäubungsmitteln sowie sehr giftigen, giftigen, mindergiftigen, ätzenden und reizenden Stoffen und Zubereitungen, soweit für diese arzneimittel-, betäubungsmittel- und giftrechtliche Vorschriften bestehen,
4. Pflanzenbehandlungsmitteln sowie Zusatzstoffen, die dazu bestimmt sind, die Eigenschaften von Pflanzenbehandlungsmitteln oder deren Wirkungsweise zu verändern, soweit diese dem Pflanzenschutzgesetz unterliegen,

Arbeitsstoffverordnung §§ 4, 5 ArbStoff V 11

5. explosionsgefährlichen Stoffen und Zubereitungen, pyrotechnischen Gegenständen und Zündmitteln, soweit für diese sprengstoffrechtliche Vorschriften bestehen,
6. Munition,
7. verdichteten, verflüssigten oder unter Druck gelösten Gasen, ausgenommen Aerosole,

soweit die für sie geltenden Bestimmungen Maßnahmen zum Schutz gegen die in § 1 Nr. 4 genannten gefährlichen Eigenschaften vorschreiben. Er gilt ferner nicht für Erzeugnisse, die gefährliche Stoffe oder gefährliche Zubereitungen enthalten.

(3) Der zweite Abschnitt gilt nicht für Stoffe und Zubereitungen, die
1. zur Ausfuhr bestimmt sind oder
2. zur Durchfuhr unter zollamtlicher Überwachung bestimmt sind, soweit keine Be- oder Verarbeitung erfolgt.

§ 4 Verpackung der Stoffe und Zubereitungen. (1) Werden die in Anhang I Nr. 1.1 dieser Verordnung aufgeführten Stoffe oder die in Anhang I Nr. 2.1 bis 2.4 aufgeführten Zubereitungen oder die in Anhang II Nr. 1.1.1 aufgeführten Stoffe oder Zubereitungen verpackt in den Verkehr gebracht, so muß die Verpackung den Absätzen 2 und 3 entsprechen.

(2) Die Verpackung muß den zu erwartenden Beanspruchungen sicher widerstehen, aus Werkstoffen hergestellt sein, die von den Stoffen oder von den Zubereitungen nicht angegriffen werden und keine gefährlichen Verbindungen mit ihnen eingehen, und vorbehaltlich des Absatzes 3 so beschaffen sein, daß ihr Inhalt nicht unbeabsichtigt nach außen gelangen kann. Die Behälter mit Verschlüssen, welche nach Öffnung erneut verwendbar sind, müssen so beschaffen sein, daß die Behälter mehrfach neu so verschlossen werden können, daß vom Inhalt nichts unbeabsichtigt nach außen gelangen kann.

(3) Die Verpackung muß so beschaffen sein, daß ihr Inhalt entweichen kann, wenn die mit einer undichten Verpackung verbundene Gefahr geringer ist als bei einer dichten Verpackung. Bei einer solchen Verpackung müssen besondere Sicherheitsvorrichtungen angebracht sein, damit die mit der undichten Verpackung verbundenen Gefahren vermieden werden.

§ 5[1] Kennzeichnung der Stoffe. (1) Werden die in Anhang I Nr. 1.1 und Anhang II Nr. 1.1.1 dieser Verordnung aufgeführten Stoffe in den Verkehr gebracht, so muß auf der Verpackung als Kennzeichnung angebracht sein:

---

[1] [Amtl. Anm.]: Nach Artikel 5 Abs. 1 der Zweiten Verordnung zur Änderung der Arbeitsstoffverordnung vom 11. Februar 1982 (BGBl. I S. 140) tritt Absatz 1 Nr. 6 am 1. Januar 1983 in Kraft.

11 ArbStoffV § 5   Arbeitsstoffverordnung

1. die Bezeichnung des Stoffes nach Anhang I Nr. 1.1 Ziffer 4 und Anhang II Nr. 1.1.1 dieser Verordnung,
2. der Name und die Anschrift dessen, der den Stoff hergestellt oder eingeführt hat oder der den Stoff vertreibt,
3. die Gefahrensymbole und die Gefahrenbezeichnungen nach Anhang I Nr. 1.2 entsprechend den Angaben in Anhang I Nr. 1.1 Ziffer 4 dieser Verordnung,
4. die Hinweise auf die besonderen Gefahren nach Anhang I Nr. 1.3 entsprechend den Angaben in Anhang I Nr. 1.1 Ziffer 4 dieser Verordnung,
5. die Sicherheitsratschläge nach Anhang I Nr. 1.4 entsprechend den Angaben in Anhang I Nr. 1.1 Ziffer 4 dieser Verordnung,
6. die Aufschrift „Kann Krebs erzeugen" sowie die Bezeichnung der Gruppe, soweit es sich um krebserzeugende Arbeitsstoffe nach Anhang II Nr. 1.1.1 dieser Verordnung handelt.

Die Kennzeichnungspflicht für Stoffe nach Anhang II Nr. 1.1.1 entfällt, wenn der krebserzeugende Arbeitsstoff bei bestimmungsgemäßer Verwendung nicht wirksam werden kann. Ist der Stoff mehrfach verpackt, so muß jede Verpackung nach Satz 1 Nr. 1 bis 5 gekennzeichnet sein, ausgenommen eine durchsichtige Verpackung, unter der sich eine Verpackung mit Kennzeichnung befindet. Können die Sicherheitsratschläge auf der Verpackung nicht angebracht werden, sind sie der Verpackung beizufügen. Die Hinweise auf die besonderen Gefahren und die Sicherheitsratschläge dürfen bei reizenden, brandfördernden, leicht entzündlichen oder entzündlichen Stoffen fehlen, wenn die Verpackung Stoffe in einer Menge von nicht mehr als 0,125 Liter enthält.

(2) Die Kennzeichnung muß deutlich lesbar und haltbar sowie in deutscher Sprache abgefaßt sein. Sie ist an einer oder mehreren Flächen der Verpackung so anzubringen, daß die Angaben gelesen werden können, wenn der verpackte Stoff in üblicher Weise abgestellt ist. Ihre Abmessungen müssen bei einem Rauminhalt der Verpackung

– bis zu 0,25 Liter einem Format in angemessener Größe,
– von mehr als 0,25 Liter bis zu 3 Liter mindestens dem Format 52×74 mm,
– von mehr als 3 Liter bis 50 Liter mindestens dem Format 74×105 mm,
– von mehr als 50 Liter bis 500 Liter mindestens dem Format 105×148 mm
– von mehr als 500 Liter mindestens dem Format 148×210 mm

entsprechen. Die Kennzeichnung muß sich hinsichtlich Farbe oder Aufmachung deutlich vom Untergrund unterscheiden. Das Gefahrensymbol muß mindestens 1 cm² groß sein und mindestens ein Zehntel der von der Kennzeichnung eingenommenen Fläche ausmachen; es muß sich mit seinem Untergrund hinsichtlich Farbe oder Aufmachung deutlich vom Untergrund des Kennzeichnungsschildes unterscheiden.

Arbeitsstoffverordnung **§ 6 ArbStoff V 11**

(3) Ein Kennzeichnungsschild muß mit seiner ganzen Fläche auf der Verpackung haften. Die Kennzeichnung darf auf einem mit der Verpackung einschließlich Behältnis verbundenen Schild angebracht sein, wenn die geringen Abmessungen oder sonstige Beschaffenheit eine Kennzeichnung nach Absatz 2 nicht zulassen oder wenn durch die Art der Verpackung das Anbringen eines auf seiner ganzen Fläche haftenden Kennzeichnungsschildes nicht möglich ist.

§ 6[1] Kennzeichnung der Zubereitungen. (1) Werden die in Anhang I Nr. 2.1 oder 2.2 dieser Verordnung aufgeführten Zubereitungen oder solche, die Arbeitsstoffe nach Anhang II Nr. 1.1.1 enthalten, in den Verkehr gebracht, so muß auf der Verpackung als Kennzeichnung angebracht sein:

1. die Bezeichnung der Bestandteile der Zubereitung nach Anhang I Nr. 2.1 Ziffer 5 oder Nummer 2.2 Ziffer 4 und Anhang II Nr. 1.1.1 dieser Verordnung,

2. der Name und die Anschrift dessen, der die Zubereitung hergestellt oder eingeführt hat oder die Zubereitung vertreibt,

3. die Gefahrensymbole und die Gefahrenbezeichnungen nach Anhang I Nr. 1.2 entsprechend den Angaben in Anhang I Nr. 2.1 und 2.2 dieser Verordnung,

4. die Hinweise auf die besonderen Gefahren, die nach Anhang I Nr. 1.3 dieser Verordnung auszuwählen sind. Mehr als vier Hinweise brauchen nicht angebracht zu werden. Dabei haben diejenigen, welche die Gesundheit betreffen, Vorrang vor denen, welche die Explosions- oder Feuergefahr betreffen,

5. die Sicherheitsratschläge, die nach Anhang I Nr. 1.4 dieser Verordnung auszuwählen sind. Mehr als vier Sicherheitsratschläge brauchen nicht angebracht zu werden. Bei zum Versprühen oder Verspritzen bestimmten Zubereitungen sind die beim Versprühen oder Verspritzen zu beachtenden Sicherheitsratschläge anzugeben,

6. die besonderen Kennzeichnungen für bestimmte Zubereitungen nach Anhang I Nr. 2.2 Ziffer 3 Buchstabe c dieser Verordnung,

7. Die Aufschrift „Kann Krebs erzeugen" sowie die Bezeichnung der Gruppe, soweit es sich um Zubereitungen handelt, die krebserzeugende Arbeitsstoffe nach Anhang II Nr. 1.1.1 enthalten.

Die Kennzeichnungspflicht für Zubereitungen, die Arbeitsstoffe nach Anhang II Nr. 1.1.1 enthalten, entfällt, wenn der krebserzeugende Arbeitsstoff bei bestimmungsgemäßer Verwendung nicht wirksam werden kann. Ist die Zubereitung mehrfach verpackt, so muß jede Verpackung nach Satz 1 Nr. 1 bis 6 gekennzeichnet sein, ausgenommen eine durchsichtige Verpackung, unter der sich eine Verpackung mit Kennzeichnung befindet. Können die Sicherheitsratschläge auf der Verpackung

---

[1] [Amtl. Anm.]: Nach Artikel 5 Abs. 1 der Zweiten Verordnung zur Änderung der Arbeitsstoffverordnung vom 11. Februar 1982 (BGBl. I S. 140) tritt Absatz 1 Nr. 7 am 1. Januar 1983 in Kraft.

11 ArbStoff V §§ 6a–8

nicht angebracht werden, sind sie der Verpackung beizufügen. Die Hinweise auf die besonderen Gefahren und die Sicherheitsratschläge dürfen bei mindergiftigen, reizenden, brandfördernden, leicht entzündlichen oder entzündlichen Zubereitungen fehlen, wenn die Verpackung Zubereitungen in einer Menge von nicht mehr als 0,125 Liter enthält. Für die Kennzeichnung der Zubereitungen gilt außerdem § 5 Abs. 2 und 3 entsprechend.

(2) Auf den Verpackungen der Zubereitungen nach Anhang I Nr. 2.3 und 2.4 muß eine dauerhafte und deutlich lesbare Aufschrift nach Anhang I Nr. 2.3 oder Anhang I Nr. 2.4.2.1 Abs. 1 angebracht sein.

§ 6a[1] Kennzeichnung von asbesthaltigen Stoffen und Zubereitungen. Asbesthaltige Stoffe und Zubereitungen im Sinne von Anhang II Nr. 1.1.1 sind mit den Worten „asbesthaltig, bei unsachgemäßer Bearbeitung kann gesundheitsgefährdender Feinstaub entstehen" zu kennzeichnen. Soweit sich die Kennzeichnung auf einzelnen Stoffen und Zubereitungen nicht anbringen läßt, genügt die Anbringung auf der kleinsten Verpackungseinheit.

§ 7[2] Beizufügende Mitteilungen. (1) Werden die in Anhang II Nr. 1.1.1 dieser Verordnung aufgeführten krebserzeugenden Stoffe oder Zubereitungen in den Verkehr gebracht, so ist eine Mitteilung beizufügen, die folgendes enthalten muß:

1. die Bezeichnung des Stoffes oder die Bezeichnung der Bestandteile der Zubereitung nach Anhang II Nr. 1.1.1,
2. den Namen und die Anschrift dessen, der den Stoff oder die Zubereitung hergestellt oder eingeführt hat oder der den Stoff oder die Zubereitung vertreibt,
3. die Angabe „Arbeitsstoffverordnung, Abschnitt krebserzeugende Arbeitsstoffe, beachten" und die Bezeichnung der Gruppe, der der Arbeitsstoff nach Anhang II Nr. 1.1.1 zuzuordnen ist.

In der Mitteilung können weitere Erläuterungen gegeben werden.

(2) Die Mitteilungspflicht nach Absatz 1 entfällt bei Gegenständen, bei deren bestimmungsgemäßer Verwendung der in ihnen enthaltene Arbeitsstoff nach Anhang II Nr. 1.1.1 dieser Verordnung nicht wirksam werden kann.

(3) Die Kennzeichnungsvorschriften der §§ 5 und 6 bleiben unberührt.

§ 8 Anforderungen an bestimmte Arbeitsstoffe. Schmälzmittel und geschmälzte Faserstoffe dürfen vorbehaltlich der §§ 4 und 6 nur in den Verkehr gebracht werden, wenn sie den Anforderungen des Anhangs I Nr. 2.4 entsprechen.

---

[1] [Amtl. Anm.]: Nach Artikel 5 Abs. 1 der Zweiten Verordnung zur Änderung der Arbeitsstoffverordnung vom 11. Februar 1982 (BGBl. I S. 140) tritt die Vorschrift am 1. Januar 1983 in Kraft.
[2] [Amtl. Anm.]: Nach Artikel 5 Abs. 1 der Zweiten Verordnung zur Änderung der Arbeitsstoffverordnung vom 11. Februar 1982 (BGBl. I S. 140) tritt die Vorschrift am 1. Januar 1983 außer Kraft.

Arbeitsstoffverordnung **§§ 9–11 ArbStoffV 11**

§ 9 Verkehrsrechtliche Vorschriften über die Beförderung gefährlicher Güter. Die §§ 4 bis 6 gelten für das Versandstück als erfüllt, wenn es nach den verkehrsrechtlichen Vorschriften über die Beförderung gefährlicher Güter verpackt und gekennzeichnet ist. Ist die Verpackung des Versandstücks die einzige Verpackung, so muß sie außerdem nach § 5 Abs. 1 Satz 1 Nr. 1, 2, 4 bis 6 sowie Absatz 2 und 3 oder nach § 6 Abs. 1 Satz 1 Nr. 1, 2, 4 bis 7 sowie Absatz 2 gekennzeichnet sein.

§ 10 Ausnahmen im Einzelfall. Die zuständige Behörde kann im Einzelfall zulassen, daß die Vorschriften der §§ 4 bis 6 auf das Inverkehrbringen von Stoffen oder Zubereitungen ganz oder teilweise nicht angewendet werden, wenn die Verpackung Stoffe oder Zubereitungen in ungefährlicher Menge enthält. Dies gilt nicht für sehr giftige, giftige, explosionsgefährliche, krebserzeugende, fruchtschädigende und erbgutverändernde Stoffe oder Zubereitungen.

Dritter Abschnitt. Umgang mit gefährlichen Arbeitsstoffen

§ 11[1] **Anwendungsbereich.** (1) Der dritte Abschnitt gilt für den Umgang mit

1. gefährlichen Arbeitsstoffen,
2. Arbeitsstoffen, bei denen beim Umgang Stoffe oder Zubereitungen mit den in § 1 Nr. 4 genannten Eigenschaften entstehen,
3. Arbeitsstoffen, die ihrer Art nach erfahrungsgemäß Krankheitserreger übertragen können,

soweit hierbei Arbeitnehmer beschäftigt werden. Dem Umgang mit den in Satz 1 genannten Arbeitsstoffen steht der Umgang mit explosionsfähigen Arbeitsstoffen sowie Tätigkeiten im Gefahrenbereich dieser Arbeitsstoffe gleich; ein Gefahrenbereich ist bei sehr giftigen, giftigen, mindergiftigen, ätzenden, reizenden, krebserzeugenden, fruchtschädigenden, erbgutverändernden oder auf sonstige Weise für den Menschen gefährlichen Arbeitsstoffen insoweit gegeben, als die Arbeitnehmer den Einwirkungen dieser Arbeitsstoffe ausgesetzt sind.

(2) Der dritte Abschnitt gilt nicht für den Umgang mit Arbeitsstoffen in

1. Betrieben, die der Bergaufsicht unterliegen, ausgenommen Tagesanlagen und Tagebaue des Bergwesens,
2. Haushalten.

(3) Der dritte Abschnitt gilt nicht für den Umgang mit Arbeitsstoffen, soweit für diese sprengstoffrechtliche Vorschriften bestehen und diese Vorschriften Maßnahmen zum Schutz gegen die in § 1 Nr. 4 genannten gefährlichen Eigenschaften vorschreiben.

---

[1] [Amtl. Anm.]: Nach Artikel 5 Abs. 1 der Zweiten Verordnung zur Änderung der Arbeitsstoffverordnung vom 11. Februar 1982 (BGBl. I S. 140) tritt die Änderung des Absatzes 2 Nr. 1 hinsichtlich der Ausnahme für Tagesanlagen und Tagebaue des Bergwesens am 1. Januar 1983 in Kraft.

(4) Der dritte Abschnitt gilt ferner nicht für die Verwendung zugelassener Pflanzenbehandlungsmittel, soweit für diese pflanzenschutzrechtliche Vorschriften bestehen.

§ 12 Schutzmaßnahmen. (1) Der Arbeitgeber hat die erforderlichen Maßnahmen nach den besonderen Vorschriften des Anhangs II, den für ihn geltenden Arbeitsschutz- und Unfallverhütungsvorschriften und im übrigen nach den allgemein anerkannten sicherheitstechnischen, arbeitsmedizinischen und hygienischen Regeln sowie den sonstigen gesicherten arbeitswissenschaftlichen Erkenntnissen zu treffen.

(2) Die zuständige Behörde kann auf schriftlichen Antrag des Arbeitgebers Ausnahmen von den in Absatz 1 genannten Vorschriften zulassen, wenn

1. der Arbeitgeber eine andere, ebenso wirksame Maßnahme trifft oder
2. die Durchführung der Vorschrift im Einzelfall zu einer unverhältnismäßigen Härte führen würde und die Abweichung mit dem Schutz der Arbeitnehmer vereinbar ist.

(3) Der Arbeitgeber darf von den in Absatz 1 genannten Regeln und Erkenntnissen abweichen, wenn er ebenso wirksame Maßnahmen trifft. Auf Verlangen der zuständigen Behörde hat der Arbeitgeber im Einzelfall nachzuweisen, daß die andere Maßnahme ebenso wirksam ist.

(4) Der Arbeitgeber hat bei den von ihm nach Absatz 1 zu treffenden Maßnahmen die Hinweise auf die besonderen Gefahren in den Sicherheitsratschläge (§ 5 Abs. 1 Nr. 4 und 5 sowie § 6 Abs. 1 Nr. 4 und 5) sowie die beizufügenden Mitteilungen (§ 7) zu berücksichtigen.

(5) Ist es durch betriebstechnische Maßnahmen nicht ausgeschlossen, daß die Arbeitnehmer den Einwirkungen

1. gefährlicher Arbeitsstoffe,
2. von beim Umgang mit Arbeitsstoffen entstehenden Stoffen oder Zubereitungen, die die Eigenschaften der gefährlichen Arbeitsstoffe aufweisen,
3. von Krankheitserregern

ausgesetzt sind, so hat der Arbeitgeber geeignete persönliche Schutzausrüstungen zur Verfügung zu stellen und diese in ordnungsgemäßem Zustand zu halten. Die Arbeitnehmer haben die zur Verfügung gestellten persönlichen Schutzausrüstungen zu benutzen. Die Vorschriften dieser Verordnung über die ärztlichen Vorsorgeuntersuchungen und über die zeitliche Begrenzung sind unabhängig davon anzuwenden, ob Schutzausrüstungen benutzt werden.

(6) Der Arbeitgeber ist verpflichtet, den Inhalt der im Betrieb anzuwendenden Vorschriften dieser Verordnung in einer Betriebsanweisung darzustellen und sie an geeigneter Stelle im Betrieb auszulegen oder auszuhängen. Die Betriebsanweisung ist in verständlicher Form und in der Sprache der Beschäftigten abzufassen. Die Arbeitnehmer müssen über

Arbeitsstoffverordnung §§ 13, 14 ArbStoffV 11

die beim Umgang mit Arbeitsstoffen nach Absatz 1 auftretenden Gefahren sowie über die Maßnahmen zu ihrer Abwendung vor der Beschäftigung und danach in angemessenen Zeitabständen, mindestens einmal jährlich, mündlich und arbeitsplatzbezogen unterwiesen werden.

§ 13 Verpackung und Kennzeichnung. (1) Werden Arbeitsstoffe im Sinne des § 3 Abs. 1 verwendet, so müssen sie den Vorschriften des zweiten Abschnitts entsprechend verpackt und gekennzeichnet sein. Satz 1 gilt nicht für verdichtete, verflüssigte oder unter Druck gelöste Gase, ausgenommen Aerosole.

(2) Absatz 1 gilt nicht
1. für Behälter, die mit dem Boden fest verbunden sind,
2. für Behälter, in denen sich Ausgangsstoffe oder Zwischenerzeugnisse zum Zweck eines Herstellungsverfahrens befinden,
3. für Rohrleitungen und
4. für Arbeitsstoffe, die sich als Ausgangsstoffe oder Zwischenprodukte im Produktionsgang befinden, sofern den am Produktionsgang beteiligten Arbeitnehmern jederzeit erkennbar ist, um welchen gefährlichen Stoff es sich handelt.

(3) Absatz 1 ist bei Arbeitsstoffen im Sinne des § 3 Abs. 2 insoweit nicht anzuwenden, als die Arbeitsstoffe nach den dort genannten Vorschriften gekennzeichnet und verpackt sind.

(4) Ortsfeste Behälter zur Lagerung von Arbeitsstoffen, die mehr als 1 Volumenprozent Benzol enthalten, müssen deutlich mit der Aufschrift „Benzol" oder „benzolhaltig" sowie mit dem Gefahrensymbol für giftige Arbeitsstoffe nach Anhang I Nr. 1.2 gekennzeichnet sein.

(5) Die zuständige Behörde kann im Einzelfall Ausnahmen von Absatz 1 zulassen, wenn der Schutz der Arbeitnehmer auf andere Weise gewährleistet ist.

§ 14 Beschäftigungsverbote. (1) Der Arbeitgeber darf Jugendliche mit
1. leicht entzündlichen, entzündlichen oder brandfördernden Arbeitsstoffen oder
2. Arbeitsstoffen, bei denen infolge des Umgangs Stoffe entstehen, die leicht entzündlich, entzündlich oder brandfördernd sind,

nur beschäftigen, wenn sie durch einen Fachkundigen beaufsichtigt werden.

(2) Der Arbeitgeber darf Jugendliche nicht beschäftigen
1. mit explosionsgefährlichen oder hochentzündlichen Arbeitsstoffen oder mit Arbeitsstoffen, bei denen infolge des Umgangs Stoffe entstehen, die explosionsgefährlich oder hochentzündlich sind, oder
2. mit mindergiftigen, ätzenden oder reizenden Arbeitsstoffen oder mit Arbeitsstoffen, bei denen infolge des Umgangs Stoffe entstehen, die

mindergiftig, ätzend oder reizend sind, wenn sie den Einwirkungen dieser Stoffe ausgesetzt sind.

Satz 1 gilt nicht, wenn

a) Jugendliche mindestens 16 Jahre alt sind,
b) sie durch einen Fachkundigen beaufsichtigt werden und
c) der Umgang mit diesen Stoffen zur Erreichung des Ausbildungszieles erforderlich ist.

(3) Der Arbeitgeber darf Jugendliche mit

1. sehr giftigen, giftigen, krebserzeugenden, fruchtschädigenden oder erbgutverändernden Arbeitsstoffen oder
2. Arbeitsstoffen, bei denen infolge des Umgangs Stoffe entstehen, die sehr giftig, giftig, krebserzeugend, fruchtschädigend oder erbgutverändernd sind oder
3. Arbeitsstoffen, die ihrer Art nach erfahrungsgemäß Krankheitserreger übertragen können,

nur beschäftigen, wenn

a) sie den Einwirkungen dieser Stoffe bzw. Krankheitserreger nicht ausgesetzt sind,
b) sie durch einen Fachkundigen beaufsichtigt werden,
c) sie mindestens 16 Jahre alt sind,
d) der Umgang mit diesen Stoffen zur Erreichung des Ausbildungszieles erforderlich ist,
e) der Jugendliche von einem Arzt innerhalb der Frist nach § 17 Abs. 2 untersucht worden ist und dem Arbeitgeber eine vom Arzt ausgestellte Bescheinigung darüber vorliegt, daß gesundheitliche Bedenken gegen die Beschäftigung nicht bestehen.

(4) Der Arbeitgeber darf werdende oder stillende Mütter nicht beschäftigen

1. mit sehr giftigen, giftigen, mindergiftigen, krebserzeugenden, fruchtschädigenden oder erbgutverändernden Arbeitsstoffen oder
2. mit Arbeitsstoffen, bei denen infolge des Umgangs Stoffe entstehen, die sehr giftig, giftig, mindergiftig, krebserzeugend, fruchtschädigend oder erbgutverändernd sind oder
3. mit Arbeitsstoffen, die ihrer Art nach erfahrungsgemäß Krankheitserreger übertragen können,

wenn sie den Einwirkungen dieser Stoffe bzw. Krankheitserreger ausgesetzt sind.

§ 15 Behördliche Anordnungen. (1) Die zuständige Behörde kann im Einzelfall die erforderlichen Maßnahmen anordnen, die der Arbeitgeber zur Erfüllung der sich aus den §§ 12 bis 14 ergebenden Pflichten zu treffen hat.

Arbeitsstoffverordnung   §§ 16, 17 ArbStoffV 11

(2) Ist damit zu rechnen, daß ein Arbeitnehmer an seiner Gesundheit geschädigt wird, wenn er mit Arbeitsstoffen umgeht,
- die sehr giftig, giftig, mindergiftig, ätzend, reizend, krebserzeugend, fruchtschädigend, erbgutverändernd oder auf sonstige Weise für den Menschen gefährlich sind oder
- bei denen beim Umgang die vorgenannten Stoffe entstehen, oder
- die ihrer Art nach erfahrungsgemäß Krankheitserreger übertragen können,

so kann die zuständige Behörde anordnen, daß der Arbeitnehmer nur weiterbeschäftigt werden darf, nachdem er von einem Arzt untersucht worden ist. Die Vorschriften des vierten Abschnitts finden Anwendung.

Vierter Abschnitt. Allgemeine Vorschriften über die gesundheitliche Überwachung

§ 16 Ermächtigte Ärzte. (1) Ärzte, die nach dieser Verordnung Vorsorgeuntersuchungen vornehmen, müssen zur Ausübung des ärztlichen Berufes berechtigt sein und wegen der erforderlichen besonderen Fachkunde von der zuständigen Behörde zur Vornahme der Vorsorgeuntersuchung ermächtigt sein.

(2) Ist ein Betriebsarzt nach § 2 des Gesetzes über Betriebsärzte, Sicherheitsingenieure und andere Fachkräfte für Arbeitssicherheit vom 12. Dezember 1973 (BGBl. I S. 1885) bestellt, so ist dieser auf seinen Antrag zu ermächtigen, die Vorsorgeuntersuchungen bei den von ihm arbeitsmedizinisch betreuten Arbeitnehmern vorzunehmen, wenn er über die hierfür erforderliche besondere Fachkunde sowie das erforderliche Hilfspersonal, Räume, Einrichtungen, Geräte und Mittel verfügt.

§ 17 Arbeitsmedizinische Vorsorgeuntersuchungen. (1) Der Arbeitgeber hat die arbeitsmedizinischen Vorsorgeuntersuchungen auf seine Kosten zu veranlassen.

(2) Die arbeitsmedizinische Vorsorgeuntersuchung muß vorgenommen worden sein innerhalb von
- 12 Wochen vor Beginn der Beschäftigung und
- 6 Wochen vor Ablauf der Nachuntersuchungsfristen.

Ist für die Nachuntersuchung keine bestimmte Frist, sondern eine Zeitspanne festgelegt, so hat der Arbeitgeber zu Beginn dieser Zeitspanne den Zeitpunkt der Nachuntersuchung im Einvernehmen mit dem ermächtigten Arzt je nach Arbeitsbedingungen und Gesundheitszustand des Arbeitnehmers zu bestimmen. Abweichend von den für die Nachuntersuchungen bestimmten Fristen ist im Einvernehmen mit dem Arzt dafür zu sorgen, daß sich der Arbeitnehmer vorzeitig einer Nachuntersuchung unterzieht, wenn

11 ArbStoff V § 18 Arbeitsstoffverordnung

1. eine Bescheinigung über eine arbeitsmedizinische Vorsorgeuntersuchung befristet oder unter einer entsprechenden Bedingung erteilt worden ist oder
2. a) eine Erkrankung oder eine körperliche Beeinträchtigung eine vorzeitige Nachuntersuchung angezeigt erscheinen lassen,
   b) der Arbeitnehmer, der einen ursächlichen Zusammenhang zwischen seiner Erkrankung und seiner Tätigkeit am Arbeitsplatz vermutet, eine Untersuchung wünscht.

(3) Ist ein Arbeitnehmer nach dieser Verordnung und zugleich nach anderen Rechtsvorschriften innerhalb eines halben Jahres mehr als einmal einer Nachuntersuchung zu unterziehen, so können diese Nachuntersuchungen an einem Termin vorgenommen werden. Dies gilt nicht, wenn die Nachuntersuchungsfrist weniger als ein Jahr beträgt.

(4) Wird eine arbeitsmedizinische Vorsorgeuntersuchung veranlaßt, so ist dem Arzt aufzugeben,
1. den Untersuchungsbefund schriftlich festzulegen und den Arbeitnehmer auf dessen Verlangen über den Untersuchungsbefund zu unterrichten,
2. im Falle gesundheitlicher Bedenken
   a) dem Arbeitgeber schriftlich zu empfehlen, den Arbeitsplatz zu überprüfen, wenn nach dem Untersuchungsergebnis der Untersuchte infolge der Arbeitsplatzverhältnisse gefährdet ist,
   b) dem Arbeitnehmer schriftlich zu empfehlen, sich medizinischen Maßnahmen zu unterziehen, wenn nach dem Untersuchungsergebnis der Untersuchte gesundheitlich gefährdet ist und dieser Gefährdung durch medizinische Maßnahmen begegnet werden kann.

(5) Der Arzt ist ferner zu verpflichten,
a) dem Arbeitgeber über das Untersuchungsergebnis eine Bescheinigung zu erteilen und dieser Bescheinigung, soweit geboten, Empfehlungen nach Absatz 4 Nr. 2 beizufügen und
b) bei gesundheitlichen Bedenken dem Arbeitnehmer eine Abschrift der Bescheinigung zu erteilen, auf der vermerkt ist, daß der Arbeitnehmer berechtigt ist, eine Entscheidung der zuständigen Behörde herbeizuführen, wenn er die Bescheinigung für unzutreffend hält.

§ 18 Behördliche Entscheidung. (1) Hält der Arbeitgeber oder der Arbeitnehmer die vom Arzt ausgestellte Bescheinigung für unzutreffend, so kann der Arbeitgeber oder der Arbeitnehmer die Entscheidung der zuständigen Behörde herbeiführen.

(2) Die zuständige Behörde kann vor ihrer Entscheidung ein ärztliches Gutachten einholen. Die Kosten des ärztlichen Gutachtens trägt der Arbeitgeber.

(3) Eine in dieser Verordnung vorgesehene ärztliche Bescheinigung wird durch eine Entscheidung der zuständigen Behörde nach Absatz 1 ersetzt.

Arbeitsstoffverordnung §§ 19–21 **ArbStoffV 11**

§ 19 Gesundheitskartei und Aufbewahren der ärztlichen Bescheinigungen. (1) Für die Arbeitnehmer, die nach dieser Verordnung ärztlich untersucht worden sind, ist von ihrem Arbeitgeber eine Gesundheitskartei zu führen.

(2) Die Karteikarte muß folgende Angaben enthalten:
1. Vor- und Familienname, Geburtsdatum des Arbeitnehmers,
2. Wohnanschrift,
3. Tag der Einstellung und Entlassung,
4. zuständiger Krankenversicherungsträger,
5. Art der Gefährdungsmöglichkeiten,
6. Art der Tätigkeit mit Angabe des Zeitpunktes ihres Beginns,
7. Angabe von Zeiten über frühere Tätigkeiten, bei denen eine Gefährdungsmöglichkeit bestand (soweit bekannt),
8. Datum und Ergebnis der ärztlichen Vorsorgeuntersuchungen,
9. Name und Anschrift des untersuchenden Arztes,
10. Name dessen, der die Gesundheitskartei führt.

(3) Der Arbeitgeber hat die Karteikarte und die ärztlichen Bescheinigungen für jeden Arbeitnehmer bis zu dessen Entlassung aufzubewahren. Danach sind die Karteikarte und die ärztlichen Bescheinigungen dem entlassenen Arbeitnehmer auszuhändigen.

§ 20 Behördliche Verkürzung oder Verlängerung der Vorsorgeuntersuchungsfristen. Die zuständige Behörde kann die in dieser Verordnung vorgesehenen Fristen, vor deren Ablauf die Arbeitnehmer ärztlich untersucht werden müssen,
1. für die Arbeitnehmer verkürzen, für die festgestellt worden ist, daß sie den gefährlichen Arbeitsstoffen in besonders starkem Maße ausgesetzt sind oder für die es der Arzt infolge ihres gesundheitlichen Zustandes für notwendig hält,
2. für die Arbeitnehmer verlängern, für die festgestellt worden ist, daß sie den gefährlichen Arbeitsstoffen in besonders geringem Maße ausgesetzt sind.

§ 21 Maßnahmen nach der Vorsorgeuntersuchung. (1) Ist vom Arzt nach § 17 Abs. 5 eine Bescheinigung erteilt worden, nach der gesundheitliche Bedenken bestehen, und ist dieser Bescheinigung eine Empfehlung nach § 17 Abs. 4 Nr. 2 Buchstabe a beigefügt, so darf der Arbeitgeber den Untersuchten auf dem ihm gefährdenden Arbeitsplatz solange nicht beschäftigen oder weiterbeschäftigen, bis die zur Verbesserung der Arbeitsplatzverhältnisse notwendigen Maßnahmen getroffen sind. Auf dem Arbeitsplatz dürfen andere Arbeitnehmer nur beschäftigt werden, nachdem der Arbeitsplatz überprüft worden ist und feststeht, daß die Arbeitnehmer durch Maßnahmen nach § 12 ausreichend geschützt werden können.

(2) Ist vom Arzt nach § 17 Abs. 5 eine Bescheinigung erteilt worden, nach der gesundheitliche Bedenken bestehen, und ist dieser Bescheinigung eine Empfehlung nach § 17 Abs. 4 Nr. 2 Buchstabe b beigefügt, so darf der Arbeitgeber den Untersuchten auf dem ihn gefährdenden Arbeitsplatz solange nicht beschäftigen oder weiterbeschäftigen, bis der gesundheitlichen Gefährdung durch medizinische Maßnahmen begegnet worden ist und der Arzt dies bestätigt hat.

(3) Ist vom Arzt nach § 17 Abs. 5 eine Bescheinigung erteilt worden, nach der gesundheitliche Bedenken bestehen, denen durch Maßnahmen im Sinne des § 17 Abs. 4 Nr. 2 nicht begegnet werden kann, und können diese Bedenken nicht zurückgestellt werden, insbesondere durch Nachuntersuchungen innerhalb verkürzter Fristen oder außerordentliche Untersuchungen, so darf der Arbeitgeber den Untersuchten auf dem ihn gefährdenden Arbeitsplatz nicht beschäftigen.

(4) Ist vom Arzt eine Bescheinigung erteilt worden, nach der gesundheitliche Bedenken – auch bedingt – bestehen, so hat der Arbeitgeber dies dem Betriebsrat mitzuteilen.

(5) Über die Empfehlungen nach § 17 Abs. 4 Nr. 2 Buchstabe a hat der Arbeitgeber die zuständige Behörde unverzüglich zu unterrichten.

Fünfter Abschnitt. Straftaten und Ordnungswidrigkeiten

§ 22 Jugendarbeitsschutzgesetz. (1) Ordnungswidrig im Sinne des § 58 Abs. 1 Nr. 26 Buchstabe a des Jugendarbeitsschutzgesetzes handelt, wer als Arbeitgeber vorsätzlich oder fahrlässig entgegen § 14 Abs. 1 bis 3 dieser Verordnung einen Jugendlichen beschäftigt.

(2) Wer durch eine der in Absatz 1 bezeichneten Handlungen einen Jugendlichen in seiner Gesundheit oder Arbeitskraft gefährdet, ist nach § 58 Abs. 5 oder 6 des Jugendarbeitsschutzgesetzes strafbar.

§ 23 Mutterschutzgesetz. (1) Ordnungswidrig im Sinne des § 21 Abs. 1 Nr. 4 des Mutterschutzgesetzes handelt, wer als Arbeitgeber vorsätzlich oder fahrlässig entgegen § 14 Abs. 4 dieser Verordnung eine werdende oder stillende Mutter beschäftigt.

(2) Wer durch eine der in Absatz 1 bezeichneten Handlungen eine Frau in ihrer Arbeitskraft oder Gesundheit gefährdet, ist nach § 21 Abs. 3, 4 des Mutterschutzgesetzes strafbar.

§ 24 Chemikaliengesetz – Anzeige. Ordnungswidrig im Sinne des § 26 Abs. 1 Nr. 7 des Chemikaliengesetzes handelt, wer vorsätzlich oder fahrlässig entgegen § 12 Abs. 1 in Verbindung mit Anhang II Nr. 1.3 Abs. 1, Nr. 9.2 Abs. 1 und 3 oder Nr. 11.3 Abs. 3 Nr. 1 oder 2, jeweils auch in Verbindung mit Nummer 3, eine Anzeige nicht rechtzeitig oder nicht vollständig erstattet.

Arbeitsstoffverordnung §§ 25, 26 **ArbStoffV 11**

§ 25 Chemikaliengesetz – Umgang. Ordnungswidrig im Sinne des § 26 Abs. 1 Nr. 8 Buchstabe b des Chemikaliengesetzes handelt, wer vorsätzlich oder fahrlässig

1. entgegen § 12 Abs. 5 Satz 1 geeignete persönliche Schutzausrüstungen nicht zur Verfügung stellt oder nicht in ordnungsgemäßem Zustand hält,
2. entgegen § 12 Abs. 6 Satz 3 die Arbeitnehmer nicht mindestens einmal jährlich unterweist,
3. entgegen § 13 Abs. 1 dort bezeichnete, nicht vorschriftsmäßig verpackte oder gekennzeichnete Arbeitsstoffe verwendet,
4. entgegen § 13 Abs. 4 ortsfeste Behälter nicht kennzeichnet,
5. entgegen § 21 Abs. 1, 2 oder 3 einen Arbeitnehmer beschäftigt oder weiterbeschäftigt,
6. entgegen § 12 Abs. 1 in Verbindung mit Anhang II Nr. 1.4.3, Nr. 1.5.1.2, Nr. 1.5.2.2 Satz 1, Nr. 1.5.3.4 Satz 1, Nr. 1.5.4 Satz 1, Nr. 1.5.5 Satz 1, Nr. 1.5.6 Satz 1, Nr. 1.5.7 Satz 1, Nr. 2.3.3 Satz 1, Nr. 3.7 Abs. 1, 2, Nr. 4.4 Abs. 1, 2, Nr. 5.3.3 Satz 1, Nr. 6.2.3, Nr. 7.10, Nr. 8.4.5. Abs. 1, 2 oder Nr. 12.6 Abs. 1 einen Arbeitnehmer, bei dem die Vorsorgeuntersuchung nicht vorgenommen ist, beschäftigt oder weiterbeschäftigt,
7. entgegen § 12 Abs. 1 in Verbindung mit Anhang II Nr. 1.4.5, Nr. 2.3.4, Nr. 3.8, Nr. 4.5, Nr. 5.3.4, Nr. 6.2.4, Nr. 7.11, Nr. 8.4.6 oder Nr. 12.7 einen Arbeitnehmer unter Verletzung der zeitlichen Begrenzungen beschäftigt,
8. entgegen § 12 Abs. 1 in Verbindung mit Anhang II Nr. 2.3.3 Satz 2, 3 oder Nr. 5.3.3 Satz 2, 3 die Nachuntersuchung eines Arbeitnehmers nicht rechtzeitig veranlaßt,
9. entgegen § 12 Abs. 1 in Verbindung mit Anhang II Nr. 5.3.5 eine Arbeitnehmerin mit einer dort bezeichneten Arbeit beschäftigt oder
10. entgegen § 12 Abs. 1 in Verbindung mit Anhang II Nr. 7.2 Abs. 1 einen Arbeitnehmer mit den dort genannten Arbeiten an Innenflächen und Einbauten von Räumen und Behältern beschäftigt.

§ 26 Chemikaliengesetz – Verwendungsverbote. Nach § 27 Abs. 1 Nr. 1, Abs. 2 bis 4 des Chemikaliengesetzes wird bestraft, wer vorsätzlich oder fahrlässig

1. entgegen § 12 Abs. 1 in Verbindung mit Anhang II Nr. 1.5.1.1, Nr. 1.5.2.1, Nr. 2.2 Satz 1, Nr. 3.3 Satz 1 oder Nr. 12.3.1 dort aufgeführte Arbeitsstoffe verwendet,
2. entgegen § 12 Abs. 1 in Verbindung mit Anhang II Nr. 5.2 die dort aufgeführten Anstrichstoffe für Innenanstriche von Räumen verwendet, die zum Aufenthalt von Menschen bestimmt sind oder
3. entgegen § 12 Abs. 1 in Verbindung mit Anhang II Nr. 10.2 Schmälzmittel oder geschmälzte Faserstoffe verwendet.

Sechster Abschnitt. Schlußvorschriften

§ 27 Ausschuß für gefährliche Arbeitsstoffe. (1) Beim Bundesminister für Arbeit und Sozialordnung wird der Ausschuß für gefährliche Arbeitsstoffe gebildet, der sich aus folgenden sachverständigen Mitgliedern zusammensetzt:

7 Vertreter der Gewerkschaften,
1 Vertreter der Bundesvereinigung der Deutschen Arbeitgeberverbände,
1 Vertreter des Bundesverbandes der Deutschen Industrie,
2 Vertreter der Hersteller von gefährlichen Arbeitsstoffen,
1 Vertreter von Betrieben, die gefährliche Arbeitsstoffe in den Verkehr bringen,
2 Vertreter von Betrieben, in denen mit gefährlichen Arbeitsstoffen umgegangen wird,
4 Vertreter der für den Arbeitsschutz zuständigen Behörden der Länder, davon mindestens 2 Gewerbeärzte,
3 Vertreter der Träger der gesetzlichen Unfallversicherung,
1 Vertreter der Kommission zur Prüfung gesundheitsschädlicher Arbeitsstoffe der Deutschen Forschungsgemeinschaft,
1 Vertreter des Bundesgesundheitsamtes,
1 Vertreter der Bundesanstalt für Materialprüfung,
1 Vertreter des Verbandes Deutscher Werks- und Betriebsärzte,
1 Vertreter des Vereins Deutscher Sicherheitsingenieure,
2 Vertreter der Wissenschaft.

(2) Der Ausschuß für gefährliche Arbeitsstoffe hat die Aufgaben,
1. den Bundesminister für Arbeit und Sozialordnung insbesondere in technischen Fragen zu beraten und ihm dem jeweiligen Stand von Wissenschaft, Technik und Medizin entsprechende Vorschriften vorzuschlagen,
2. die zur Erfüllung der Vorschriften des zweiten Abschnittes zu stellenden Anforderungen zu ermitteln,
3. die in § 12 Abs. 1 bezeichneten Regeln und Erkenntnisse über den Umgang mit gefährlichen Arbeitsstoffen zu ermitteln.

(3) Die Mitgliedschaft im Ausschuß für gefährliche Arbeitsstoffe ist ehrenamtlich.

(4) Der Bundesminister für Arbeit und Sozialordnung beruft im Einvernehmen mit dem Bundesminister für Wirtschaft die Mitglieder des Ausschusses und für jedes Mitglied einen Stellvertreter. Der Ausschuß gibt sich eine Geschäftsordnung und wählt den Vorsitzenden aus seiner Mitte. Die Geschäftsordnung und die Wahl des Vorsitzenden bedürfen

der Zustimmung des Bundesministers für Arbeit und Sozialordnung, der seine Entscheidung im Einvernehmen mit dem Bundesminister für Wirtschaft trifft.

(5) Die Bundesminister sowie die für den Arbeitsschutz zuständigen obersten Landesbehörden haben das Recht, zu den Sitzungen des Ausschusses Vertreter zu entsenden. Diesen Vertretern ist auf Verlangen in der Sitzung das Wort zu erteilen.

(6) Die Bundesanstalt für Arbeitsschutz und Unfallforschung führt das Sekretariat des Ausschusses.

§ 28 Übergangsvorschriften (gegenstandslos)

§ 29 Berlin-Klausel.
Diese Verordnung gilt nach § 14 des Dritten Überleitungsgesetzes in Verbindung mit § 30 des Chemikaliengesetzes, § 71 des Jugendarbeitsschutzgesetzes und § 25 des Mutterschutzgesetzes auch im Land Berlin.

§ 30 (Inkrafttreten) *(überholt)*

(Die Anhänge I und II sind als Anlagenband zum Bundesblatt Teil I Nr. 42 vom 2. August 1980 ausgegeben. Die Änderungen der Anhänge I und II sind aus Artikel 2 Nr. 15 bis 21 Zweiten Änderungsverordnung der Arbeitsstoffverordnung in diesem Bundesgesetzblatt zu entnehmen.)

Sachverzeichnis

Die fetten Zahlen bezeichnen die laufende Nummer eines Textes in dieser Ausgabe; die mageren Zahlen bezeichnen die jeweiligen Paragraphen.

Abendverkauf 5 16
Abfälle, Anmeldung **8c** 4; Beförderung **8b**; Begriff **8a** 1; Einfuhr **8c**; Nachweis **8a**; Verpackung und Behältnisse **8** 14; Vorführung **8c** 4
Abfall, Betriebsbeauftragter für A. **8** 11 a ff; grenzüberschreitender Verkehr **8** 13; Verpackungen und Behältnisse als A. **8** 14
Abfallanmeldung 8c 4
Abfall-Beförderungsgenehmigung 8 12
Abfallbeförderungs-Verordnung 8b; Antrag **8b** 1; Formulare **8b** 3; Gebühren **8b** 4; Genehmigung **8b** 2
Abfallbeschaffenheit 8c 1
Abfallbeseitigung, Auskunftspflicht der Behörde **8** 4 a; Einsammlungs- und Beförderungsgenehmigung **8** 12; Führen eines Nachweisbuches **8** 11, **8a**; Grundsatz **8** 2; Verpflichtung zur A. **8** 3
Abfallbeseitigungsanlagen 8 4; Anzeigepflicht **8** 11; bestehende A. **8** 9; Stillegung **8** 10; Überwachung **8** 11; Zulassung **8** 7 ff.
Abfallbeseitigungsgesetz 8; Planfeststellungsverfahren **8** 21 ff.
Abfallbeseitigungspläne 8 6
Abfalleinfuhr-Verordnung 8c; Anmeldung und Vorführung **8c** 4; Antrag **8c** 1; Formulare **8c** 3; Gebühren **8c** 5; Genehmigung **8c** 2
Abfall-Einsammlungsgenehmigung 8 12
Abfallnachweis-Verordnung 8a; Begleitschein **8a** 2; Bestandsblatt **8a** 2; Nachweisbücher **8a** 2
Abfallverkehr über die Grenze **8** 13

Abfallvorführung 8c 4
Abfallzusammensetzung 8c 1
Abfüllanlagen 1 24
Abgabe von gefährlichen Arbeitsstoffen **11** 4
Ablösung alter Rechte **1** 8 f.
Abwasser 8 15
Abwerbung von Gesellen oder Gehilfen **1** 125
Alkoholfreie Getränke 2 6
Alkoholverbot aus besonderem Anlaß **2** 19
Allgemeiner Ladenschluß 5 3
Altreifen 8 5
Anforderungen an Arbeitsstätten **10** 3 ff.; an Arbeitsplätze auf dem Betriebsgelände im Freien **10** 41 f.; an Baustellen **10** 43 ff.; an Räume in Behelfsbauten **10** 40; an Fahrtreppen **10** 18; an Pausenräume **10** 29; an Sanitärräume **10** 34 ff.; an Sanitätsräume **10** 38 f.; an Verkaufsstände im Freien **10** 50; an Verkehrswege **10** 17; an Wasserfahrzeuge **10** 51
Anhörungsverfahren nach AbfallbeseitigungsG **8** 21 ff.; nach BImSchG **7i** 8 ff.
Ankündigung im Reisegewerbe **1** 56 a
Anlagen, genehmigungsbedürftige **7d**; Errichtung und Betrieb **7** 4 bis 31; Katalog für förmliche Genehmigung **7d** 2; Katalog für vereinfachte Genehmigung **7d** 4
Anlagenbeschaffenheit 7 32
Anstand im Gewerbebetrieb **1** 120 b
Anwendungsbereich der GewO **1** 6
Anzeigepflicht 1 24; bei Gewerbebeginn etc. **1** 14; im Reisegewerbe **1** 55 c

Sachverzeichnis

Fette Zahlen = Text-Nummern

Apotheken 1 6
Apothekenarbeiter 1 154
Apotheken-Ladenschluß 5 4
Arbeitnehmerschutz gemäß LadenschlußG **5** 17
Arbeitnehmerunterkünfte, Sorgfaltspflicht des Gewerbeunternehmers **1** 120c
Arbeitspersonal 1 41
Arbeitsräume 1 139h; Anforderungen **10** 5 ff.; Ausstattung **10** 25; Bewegungsfläche **10** 24; Mindestfläche **10** 23
Arbeitsstätten, Verordnung **10**; allgemeine Anforderungen **10** 3; Arbeitsplätze auf dem Betriebsgelände im Freien **10** 2, 41f.; Arbeitsräume **10** 2; Ausbildungsstätten **10** 2; Baustellen **10** 2, 43ff.; Begriff **10** 2; Behelfsbauten **10** 40; Bereitschaftsräume **10** 30; Betrieb **10** 52f.; Erste Hilfe **10** 39; Flucht- und Rettungsplan **10** 55; Instandhaltung **10** 53; Räume für körperliche Ausgleichsübungen **10** 33; Lagerräume **10** 2; Liegeräume für werdende oder stillende Mütter **10** 31; Maschinenräume **10** 2; Nichtraucherschutz **10** 32; Notrufeinrichtungen **10** 27; Pausenräume **10** 2, 29; Prüfung **10** 53; Reinhaltung **10** 54; Sanitärräume **10** 2, 34ff.; Sanitätsräume **10** 2, 38f.; Tragluftbauten **10** 40; Verkaufsstände im Freien **10** 2, 50; Verkehrswege **10** 2, 17; Wasserfahrzeuge **10** 2, 51
Arbeitsstättenverordnung 10; Geltungsbereich **10** 1; Ausnahmen **10** 4
Arbeitsstoffverordnung 11
Arbeitszettel für bestimmte Gewerbe **1** 114a bis 114d
Arzneimittelhandel 1 14
Arzneimittelverkauf 1 6
Aufbereitungsanstalten 1 154a
Aufbewahrung von Geschäftsunterlagen **1b** 10
Auflagen bei Gaststättenerlaubnis **2** 5

Aufsicht im Gewerbe-Arbeitsrecht **1** 139b, 139g; über Handwerksinnung **3** 75; über Handwerkskammern **3** 115
Aufsichtsbehörden 1 139g
Aufzugsanlagen 1 24
Ausbaugewerbe 3 Anl. A Nrn. 1 bis 17, Anl. B Nrn. 1 bis 7
Ausbildungsberechtigung im Handwerk **3** 21 bis 24
Ausbildungsordnung im Handwerk **3** 25 bis 27b
Ausbildungsuntersagung 3 24
Ausbildungszeit im Handwerk **3** 25 bis 27b
Ausflugsorte, Verkaufszeiten **5** 10
Ausfuhrgüter, Ausnahmeregelung **7** 36
Auskunft bei dem Gewerbezentralregister **1** 150, 150a
Auskunftspflicht 1 34c; nach Gaststättenrecht **2** 22
Ausländer im Reisegewerbe **1** 55d
Ausländische juristische Personen als Gewerbetreibende **1** 12, 12a; ohne anerkannte Rechtsfähigkeit **1** 15
Auslandsabfall 8 13
Auslegungsverfahren nach BImSchG **7i** 10ff.
Ausschließlichkeitsgrundsatz in der Handwerksausbildung **3** 27
Ausschuß für gefährliche Arbeitsstoffe 11 28
Ausstellungen 1 64ff.; Begriff **1** 65; Festsetzung **1** 69ff.; Recht auf Teilnahme **1** 70f.; Standgeld **1** 71
Austauscharme Wetterlagen 7 40
Auswanderungsunternehmen und -agenten **1** 6
Auswurfbegrenzung bei Feuerungsanlagen **7a** 3 bis 6; von Holzstaub **7g**
Automatenaufstellung 1 14
Automatengetränke, alkoholfreie **2** 2
Autowracks 8 5
Azetylenanlagen 1 24

Magere Zahlen = Paragraphen   **Sachverzeichnis**

Bahnhofskioske, Ladenschluß **5** 8
Bannrechte 1 7, 8, 10
Bauartzulassung 7 33; bei Spielen **1** 33f.
Bauausführung, und -leitung, Untersagung **1** 53a
Baugewerbe und Ausbaugewerbe 3 Anl. A Nrn. 1 bis 17, Anl. B Nrn. 1 bis 7
Baugewerbe-Vorbildung 1 35a
Bauhöfe 1 154
Bauleitung bei Erforderlichkeit besonderer Qualifikation **1** 53a
Baustellen, Anforderungen nach ArbStättVO **10** 43; Erste Hilfe **10** 49; Sanitätsräume **10** 49; Verkehrswege **10** 44
Bauträgerverordnung 1 a
Bauvorhaben mit anvertrautem Geld **1** 34c
Beförderung von Abfällen **8** b
Beförderungsgenehmigung für Abfälle **8** 12; Antrag **8 b** 1
Begleiter im Reisegewerbe **1** 62
Begleitschein 8 a 2; Handhabung **8 a** 4; Sonderfälle **8 a** 5
Behältnisse siehe Verpackungen
Beherbergungsbetrieb 2 1
Behördliche Anordnung nach ArbeitsstoffV **11** 16
Bekleidungsgewerbe 3 Anl. A Nrn. 65 bis 82, Anl. B Nrn. 19 bis 30
Belästigung der Allgemeinheit **1** 33a
Belastungsgebiete, Luftverunreinigung **7** 44
Bergwerke 1 154a
Bergwesen 1 6
Berufsausbildung Behinderter **3** 42b
Berufsausbildungsverhältnisse, Verzeichnis **3** 28 bis 30
Berufsausübung im Einzelhandel **4**
Berufsbild der einzelnen Handwerke **3** 45
Berufsbildung im Handwerk **3** 21 bis 44b

Berufsbildungsausschuß 3 43 bis 44b
Berufsfortbildung Behinderter **3** 42c; im Handwerk **3** 42
Berufsumschulung im Handwerk **3** 42a
Besatzungsmitglieder auf Seeschiffen **1** 6
Beschäftigte im Gaststättengewerbe **2** 21
Beschäftigungsverbot nach ArbeitsstoffV **11** 15, 22
Beschaffenheit von Anlagen, Stoffen etc. **7** 32 bis 37
Bescheid über Versagung bzw. Entziehung der Reisegewerbekarte **1** 63
Beschränkung des Gewerbebetriebs siehe Gewerbebetriebsbeschränkung
Beseitigung von Abfällen **8**; von Anlagen **1** 25; **7** 20
Beseitigungsordnung, Abfälle **8** 4
Beseitigungspflicht bei Abfällen **8** 3
Bestandsblatt 8 a 2; Handhabung **8 a** 4
Bestimmte Waren, Sonn- und Feiertagsverkauf **5 a**
Bestimmung von Abfällen nach § 2 Abs. 2 AbfG **8 d**
Betreibungspflichten bei nicht genehmigungsbedürftigen Anlagen **7** 22
Betreuung fremder Vermögenswerte **1 b**
Betreuungseinrichtungen 2 25
Betriebsbeauftragter für Abfall **8** 11a ff., **8 e**; für Immissionsschutz **7** 53ff.
Betriebsbeginn, Anzeigepflicht **3** 16
Betriebsfortführung nach Tod eines selbständigen Handwerkers **3** 4
Betriebskantinen 2 2; **2** 25; **2** 18
Betriebsleiter bei Maklern u. Bauträgern, Anzeigepflicht **1 b** 6
Betriebssicherheit 1 120a

389

Sachverzeichnis

Fette Zahlen = Text-Nummern

Betriebsüberwachung im Handwerk **3** 17
Betriebszeiten für Rasenmäher **7h** 3
Bewachungsgewerbe 1 34a
Bezirksschornsteinfegermeister, Überwachung von Feuerungsanlagen **7a** 9
Blumenverkauf 5a 1
Branntweinzwang 1 7
Brauzwang 1 7
Brennbare Flüssigkeiten, Anlagen **1** 24
Brennstoffbeschaffenheit 7 34
Brüche, überirdische **1** 154; unterirdische **1** 154a
Buchführungspflicht 1 34c; **1b** 7
Bundesbahn, Feuerungsanlagen **7a** 10
Bundes-Immissionsschutzgesetz 7; Durchführungsverordnungen **7a–i**; Genehmigungsverfahren **7i**
Bundesinnungsverband 3 85
Bundeszentralregister siehe Gewerbezentralregister
Bußgeldvorschriften 1 143 bis 148

Chemischreinigungsanlagen, Verordnung **7b**; Abluftleitung **7b** 2; Ausrüstung **7b** 2; Begriff nach 2. BImSchV **7b** 1; Emissionswert **7b** 4; Kontrollöffnung **7b** 3; Ordnungswidrigkeiten **7b** 6
Chemischreinigungsgewerbe 3 Anl. A Nrn. 89 ff., Anl. B Nrn. 33 ff.

Dampfkesselanlagen 1 24
Dieselkraftstoff, Schwefelgehalt **7c**
Druckbehälter 1 24

Ehefrau als Gewerbetreibende **1** 11a
Eignung der Ausbildungsstätte **3** 23; zur Lehrlingseinstellung und -ausbildung **3** 21
Einfuhr von Abfällen **8c**
Einsammlungsgenehmigung für Abfälle **8** 12; Antrag **8b** 1
Einsatz-Gewinn-Verhältnis 1 33f.

Einsichtsrecht bei Handwerksrolle **3** 6
Einstellungsberechtigung im Handwerk **3** 21 bis 24
Einstellungsuntersagung 3 24
Eintragung in das Gewerbezentralregister **1** 149, 151
Eintragungsablehnung bei Handwerksrolle **3** 15
Einzelfall-Maßnahmen 1 24a
Einzelhandel 4; Begriff 4 1
Einzelhandelsbetrieb, Fortführung nach dem Tod des Unternehmers **4** 6
Einzelhandelserlaubnis 4 3; bei Zubehör **4** 7
Einzelhandel-Untersagung bei verbotenem Ausschank **2** 17
Eisenbahnunternehmungen 1 6
Elektrische Anlagen 1 24
Emissionen, Ermittlung **7** 26 bis 31
Emissionserklärung 7 27
Emissionskataster 7 46
Emissionswert bei Chemischreinigungsanlagen **7b** 4; von Staub und Spänen **7g** 4
Entbindungsanstalten, private 30
Entfernung von Gewerbezentralregister-Eintragungen **1** 152
Entschädigung für Abwerbung von Gesellen **1** 125; für aufgehobene Berechtigungen **1** 7; für vorzeitige Beendigung des Arbeitsverhältnisses **1** 124b
Entziehung der Reisegewerbekarte **1** 58, 61
Erholungsorte, Verkaufszeiten **5** 10
Erlaubnis im Gaststättengewerbe **2** 3, 4; im Gaststättengewerbe, Versagung **2** 4
Erlaubnisfreie Spiele 1 33g
Erlaubnispflicht 1 24
Erlaubnisrücknahme nach Gaststättenrecht **2** 15
Erlaubnisurkunde nach GaststättenG **2** 3
Erlaubnisverfall wegen Nichtinanspruchnahme (Gaststättenerlaubnis) **2** 8

Magere Zahlen = Paragraphen **Sachverzeichnis**

Erlaubniswiderruf nach Gaststättenrecht 2 15
Erlöschen der Genehmigung einer Anlage 7 18
Erntezeit in ländlichen Gebieten, Verkaufszeiten 5 11
Erörterungstermin nach BImSchG 7 i 14 ff.
Errichtungspflichten bei nicht genehmigungsbedürftigen Anlagen 7 22
Erschütterungen als schädliche Umwelteinwirkungen 7
Erste Hilfe, Mittel und Einrichtungen zur E. H. an Arbeitsstätten 10 39; auf Baustellen 10 49

Fahrtreppen, Anforderungen nach ArbStättV 10 18
Fahrzeugbeschaffenheit 7 38
Fahrzeugbetrieb 7 38
Feierabendverkauf 5 16
Feiertage i. S. des LadenschlußG 5 1
Feiertagsruhe im Reisegewerbe 1 55 e
Feiertagsverkauf siehe Sonntagsverkauf
Fernunterricht 3 25, 42
Festtagsregelung betr. gewerbliche Arbeiter 1 105 a bis 105 j
Feuerungsanlagen, Verordnung 7 a; Auswurfbegrenzung 7 a 3 bis 6; Begriff nach 1. BImSchV 7 a 1; Grenzwert für Rauch 7 a 2; Massenkonzentration 7 a Anl. III; Ordnungswidrigkeiten 7 a 11; Überwachung 7 a 9
Firmenangabe am Geschäftseingang 1 15 a
Firma, Anbringung von Name und F. 1 70 b
Fischabnahmepflicht 1 7
Fischerei 1 6
Flughafen-Verkaufsstellen, Ladenschluß 5 9
Förmliche Genehmigung für Anlagen nach § 4 BImSchG 7 d 2
Fortbildung im Handwerk 3 42
Fortsetzungsverbot bei vorschriftswidriger Handwerksausübung 3 16
Freizügigkeit der Gewerbeausübung 1 42
Friedhofspflanzenverkauf 5 18 a
Frischmilchverkauf 5 a 1
Friseurbetrieb, vorgeschriebene Zeiten 5 18
Frist für Inanspruchnahme einer Genehmigung 1 49; für Lohnzahlungen 1 119 a

Gaststättenangestellte 2 21
Gaststättenerlaubnis 2 3, 4
Gaststättengesetz 2
Gaststättengewerbe 2 1
Gaststätten-Weiterführung nach dem Tod des Erlaubnisinhabers 2 10
Gastwirtschaft 1 15 a
Gebäckabnahmepflicht 1 7
Gebietsschutz 7 49
Gebühren für Gewerbeanlagenprüfung 1 24
Gefährliche Arbeitsstoffe, Verordnung 11
Gefährlichkeit von Anlagen 1 24
Gefahren für das Gemeinwohl 1 51
Gehilfen 1 121 bis 125
Gemeindebestimmungen 1 142
Gemeinsame Reisegewerbekarte 1 60 d
Gemeinschaftsunterkünfte 2 25; siehe Arbeitnehmerunterkünfte
Gemeinwohl 1 51
Genehmigung von Anlagen 7 4 ff.
Genehmigungsbedürftige Anlagen 7 4 bis 21; 7 d; Katalog für förmliche Genehmigung 7 d 2; Katalog für vereinfachte Genehmigung 7 d 4
Genehmigungsverfahren nach BImSchG 7 i
Genesungsheime 1 154
Geräusche als schädliche Umwelteinwirkungen 7
Gesangs-Vorträge 1 33 a
Geschäftsfähigkeit einer gewerbetreibenden Ehefrau 1 11 a

Sachverzeichnis

Fette Zahlen = Text-Nummern

Gesellenausschuß bei der Handwerksinnung **3** 68 ff.
Gesellenmitglieder in der Handwerkskammer **3** 98, 99
Gesellenprüfung im Handwerk **3** 31 ff.
Gesellen und Gehilfen 1 121 bis 125
Gesundheitspflegegewerbe 3 Anl. A Nrn. 89 ff., Anl. B Nrn. 33 ff.
Gesundheitspolizeiliche Anforderungen 1 30
Getränke, Verabreichung auf Märkten **1** 68 a
Getränkeabnahmepflicht 1 8
Getränkeschankanlagen 1 24
Gewerbeaufsicht 1 139 b, 139 g
Gewerbebefugnisse 1 41 bis 53 a
Gewerbebeginn 1 14, 15
Gewerbeberechtigungen, ausschließliche nach altem Recht **1** 7, 10
Gewerbebetriebsabgaben 1 7
Gewerbebetriebsaufgabe 1 14
Gewerbebetriebsbeschränkung 1 1; durch Zoll-, Steuer-, Postgesetze **1** 5
Gewerbebetriebsverlegung 1 14
Gewerbeerweiterung 1 14
Gewerbefreiheit 1 1
Gewerbegegenstand-Wechsel 1 14
Gewerbe-Hilfskassen 1 140
Gewerbeordnung 1
Gewerbetreibende, Ausdehnung des Personenkreises **1** 119
Gewerbeweiterführung nach Gaststättenrecht **2** 10
Gewerbezentralregister 1 149 bis 153 b
Gewerbliche Arbeiter 1 105 bis 139 m
Gewerbliche Hilfskassen 1 140
Gewerbliche Niederlassung 1 42
Gewinnspiele 1 33 d ff.
Gifthandel 1 34
Glasgewerbe 3 Anl. A Nrn. 100 ff.
Glücksspiele i. S. des StGB **1** 33 h

Grenzüberschreitender Verkehr bei Abfallbeförderung **8** 13
Großmarkt, Begriff **1** 66
Gruben, überirdische **1** 154; unterirdische **1** 154 a
Grundsatz Gewerbefreiheit 1 1
Grundstücksvermittlung 1 34 c
Gute Sitten 1 33 a

Haftung der Handwerksinnung **3** 74
Handwerksähnliche Gewerbe 3 18 bis 20; Verzeichnis **3** Anl. B
Handwerksausübung 3 1 bis 20
Handwerksberechtigung 3 1 bis 5
Handwerksgewerbe-Verzeichnis 3 Anl. A
Handwerksinnung 3 52 bis 78; siehe auch Innungs-
Handwerkskammer 1 81 bis 104 n (aufgeh.); **3** 90 bis 115; Regelung der Berufsausbildung **3** 41; Überwachung der Berufsausbildung **3** 41 a
Handwerkskammer-Organe 3 105 bis 110
Handwerkskammer-Wahl 3 95 bis 103; **3** Anl. C
Handwerkskarte 3 10
Handwerksordnung 3
Handwerksorganisation 3 52 bis 115
Handwerksrolle 3 6 bis 17; **1** 104 o bis 104 u (aufgeh.); Eintragung **3** 1
Hausgäste, Bewirtung **2** 2
Hausieren 4 2
Heilanstalten 1 154
Heilkunde-Ausübung 1 6
Heimarbeiter 1 119 b
Heizöl, Schwefelgehalt von leichtem H. **7 c**
Hilfsbetrieb 3 3
Hilfskassen, gewerbliche **1** 140
Hilfspersonal 1 41
Höchsteinsatz und Höchstgewinn 1 33 f.
Höchstgehalt an Schwefel **7 c** 3
Höherbezahlte Angestellte 1 133 c ff.

Magere Zahlen = Paragraphen **Sachverzeichnis**

Holzgewerbe 3 Anl. A Nrn. 52 bis 64, Anl. B Nrn. 12 bis 18
Holzstaub, Verordnung zur Auswurfbegrenzung von H. 7g
Hüttenwerke 1 154

Imbißplatz im Ladengeschäft 2 2
Immissionen, Ermittlung 7 26 bis 31
Immissionsschutzbeauftragter 7 53ff.; Verordnung 7e; Arten 7e 2 bis 5; Befreiung 7e 6; Bestellungspflicht 7e 1
Immissionsschutzgesetz 7
Informationspflicht 1 34c
Innungen 1 81 bis 104n (aufgeh.)
Innungsaufgaben 3 54, 55
Innungsbeiträge 3 73
Innungsbezirke 3 52
Innungsverbände 3 79 bis 85
Investitionsentscheidungen 7 56
Inverkehrbringen von gefährlichen Arbeitsstoffen 11 4
Inseratensammlung 1b 9
Irrenanstalten, private 1 30

Jahrmarkt, Begriff 1 68

Kalziumkarbidlager 1 24
Kameradschaftsheime 2 25
Kantinen siehe Betriebskantinen
Kapitäne auf Seeschiffen 1 6
Kassentrennungspflicht 1 34c
Kennzeichnung von gefährlichen Arbeitsstoffen 11 5
Keramikgewerbe 3 Anl. A Nrn. 100ff.
Kindererziehung, entgeltliche 1 6
Körperpflegewerbe 3 Anl. A Nrn. 89ff., Anl. B Nrn. 33ff.
Konditorwarenverkauf 5a 1
Konsumvereine 1 139m
Kontrollöffnung bei Chemischreinigungsanlagen 7b 3
Konzessionserteilungsrechte, alte 1 7
Konzessionsrücknahme 1 53
Kostproben, entgeltliche, auf Ausstellungen 2 12

Kostproben-Verabreichung 2 2
Kraftfahrzeuge, Bewirtung beförderter Personen 2 2
Krankenanstalten, private 1 30
Kreditierungsverbot 1 115; Folge von Verstößen 1 118
Kreishandwerkerschaften 3 86 bis 89
Kurorte, Verkaufszeiten 5 10

Ladenräume 1 139h
Ladenschlußgesetz 5
Ladenschlußzeiten 5 3 bis 16
Lagerräume 1 139h
Landesinnungsverband 3 79ff.
Landesregierungen, Zuständigkeit 1 38
Landesverteidigung und Umweltschutz 7 59, 60
Ledergewerbe 3 Anl. A Nrn. 65 bis 82, Anl. B Nrn. 19 bis 30
Lehrlingsverhältnisse 1 126 bis 132a (aufgeh.)
Leitende Tätigkeit als Sachkundenachweis 4a 2
Löschung in der Handwerksrolle 3 13
Löschungsantrag, Handwerksrolle 3 14
Lohnauszahlung 1 115
Lohnauszahlungsvorschrift, Folge von Verstößen 1 116, 117
Lohnbelegpflicht 1 134
Lohnberechnung 1 115
Lohnberechnungsvorschrift, Folge von Verstößen 1 116, 117
Lohnbücher für bestimmte Gewerbe 1 114a bis 114d
Lohneinbehaltungen 1 119a
Lohnverwirkungsverbot 1 134
Lohnzahlung in Wirtschaften oder Verkaufsstellen 1 115a
Lohnzahlungen an Minderjährige 1 119a
Lotsengewerbe 1 34
Lotterielosehandel 1 14
Lotterien 1 33h
Lotterielose-Vertrieb 1 6
Luftreinhaltepläne 7 47

Sachverzeichnis

Fette Zahlen = Text-Nummern

Luftverunreinigung 7; Belastungsgebiete **7** 44; Überwachung **7** 44 bis 46
Luftverunreinigungsmessung 7 45
Lustbarkeiten 1 154; Veranstaltung **1** 60a

Märkte 1 64ff.; Festsetzung **1** 69ff.; Recht auf Teilnahme **1** 70f.; Standgeld **1** 71; Verabreichen von Getränken und Speisen **1** 68a
Mahlzwang 1 7
Maklergewerbe 1 34c
Maklerverordnung 1 a
Markscheider 1 34
Markthandel 4 2
Marktverkehr und Ladenschlußzeiten **5** 19
Massenkonzentration 7a Anl. III
Mechanische Gewinnspiele 1 33d ff.
Mehrfachbetrieb von Gewerben **1** 3
Meisterprüfung im Handwerk **3** 45 bis 50
Meisterprüfungsausschuß 3 47, 48
Meistertitel 1 133; im Handwerk **3** 51
Messen 1 64ff.; Begriff **1** 64; an Bord **2** 25; Festsetzung **1** 69ff.; Recht auf Teilnahme **1** 70f.; Standgeld **1** 71; Zulassung von Letztverbrauchern **1** 64
Messung der Luftverunreinigung **7** 45; von Emissionen und Immissionen **7** 26ff.
Metallgewerbe 3 Anl. A Nrn. 18 bis 51, Anl. B Nrn. 1 bis 7
Milchverabreichung 2 2
Milchverkauf 5a 1
Mitgliederwahlen, Handwerkskammer **3** Anl. C
Mülldeponien siehe Abfallbeseitigungsanlagen
Musikaufführungen 1 154

Nachschauduldung 1 34c; nach Gaststättenrecht **2** 22

Nachteile für das Gemeinwohl **1** 51
Nachträgliche Anordnungen bei genehmigten Anlagen **7** 17
Nachweis von Abfällen 8a
Nachweisbücher 8 11, **8a** 2; Aufbewahrung **8a** 6; Führung **8a** 3
Nahrungsmittelgewerbe 3 Anl. A Nrn. 83 bis 88, Anl. B Nrn. 31, 32
Name, Anbringung von Firma und N. **1** 70b
Namensangabe am Geschäftseingang **1** 15a; im rechtsgeschäftlichen Verkehr **1** 15b
Nebenbetrieb 3 3
Nebenleistungen nach Gaststättenrecht **2** 7
Neuerwerb alter Rechte **1** 9
Nicht genehmigungsbedürftige Anlagen 7 22 bis 25
Nichtinanspruchnahme der Gaststättenerlaubnis **2** 8
Nichtgewerbliche Anlagen **1** 24
Nicht ortsfeste Gaststätten 2 1, 13
Nichtraucherschutz an Arbeitsstätten **10** 32
Niederlassungsleiter bei Maklern und Bauträgern, Anzeigepflicht **1b** 6
Notare 1 6
Notrufeinrichtungen an Einzelarbeitsplätzen mit erhöhter Unfallgefahr **10** 27

Öffentliches Interesse bei ausländ. jur. Pers. **1** 12
Offene Betriebsstätten 1 15a
Offene Verkaufsstelle 1 15a
Ordnung des Handwerks 3
Orthopädieschuhmacherhandwerk 1 30b

Papiergewerbe 3 Anl. A Nrn. 100ff.
Pausenräume, Anforderungen **10** 29
Perchloräthylen in Reinigungsmitteln **7b** 1, 4
Personenbahnhöfe, Ladenschluß von Verkaufsstellen **5** 8
Pfandleiher 1 34

Magere Zahlen = Paragraphen

Pfandvermittler 1 34
Physikalisch-Technische Bundesanstalt 1 33 f.
Planfeststellungsverfahren nach AbfallbeseitigungsG **8** 20 ff., nach BImSchG **7 i**
Preisangaben in Gaststätten **6** 4; im Handel **6** 2; bei Leistungen **6** 3; auf Parkplätzen **6** 5; auf Tankstellen **6** 5
Preisangabenverordnung 6
Preisangabepflicht, Ausnahmen **6** 7
Preisauszeichnung siehe Preisangaben
Preisauszeichnungsverordnung siehe Preisangabenverordnung
Preisverzeichnisse in Gaststätten **6** 4
Privat-Krankenanstalten 1 30
Prüfer, Pflichtverletzung **1** 148 a; überwachungsbedürftiger Anlalagen **1** 24 c
Prüfungsanforderungen für Sachkundenachweis **4 a** 4
Prüfungsaufsicht und Überwachungsaufsicht 1 24 d
Prüfungsausschüsse für Sachkundenachweis **4 a** 3
Prüfungsduldung und -unterstützung **1** 24 b
Prüfungsordnung, Handwerksgesellen **3** 38
Prüfungspflicht 1 24
Prüfungswesen im Handwerk **3** 31 bis 40
Prüfungszeugnisse, Handwerksgesellen **3** 40

Rasenmäher, Betriebszeiten **7 h** 3
Rasenmäherlärm, VO über R. **7 h**
Rauch, Grenzwert **7 a** 2
Realgewerbeberechtigung für Gaststättenbetrieb **2** 24; Übertragung **1** 48
Rechnungslegung 1 34 c; **1 b** 5
Rechtsanwälte 1 6
Rechtsbeistände 1 6
Reinigungsgewerbe 3 Anl. A Nrn. 89 ff., Anl. B Nrn. 33 ff.

Sachverzeichnis

Reisegewerbe 1 55 bis 63; Untersagung der Ausübung **1** 59; Zulassung **1** 55 ff.
Reisegewerbe-Gaststätten 2 1, 13
Reisegewerbekarte 1 55 ff.; Eintragung von Begleitern **1** 62; Entziehung **1** 58, 61; Entziehungsbescheid **1** 63; Geltungsdauer und -bereich **1** 60; gemeinsame R. **1** 60 d; Mitführungs- und Vorzeigepflicht **1** 60 c; Unübertragbarkeit **1** 60 d; Versagung **1** 57, 57 a; Versagungsentscheid **1** 63; zuständige Behörde **1** 61
Rekultivierung des Geländes einer stillgelegten Abfallbeseitigungsanlage **8** 10
Rettungswege, Anforderungen **10** 19
Ringelmann-Skala 7 a Anl. I
Rücknahme von Konzessionen, Erlaubnissen etc. **1** 53
Ruhezeit für gewerbliche Arbeiter **1** 105 b
Ruß, Massenkonzentration **7 a** Anl. III
Rußzahl, Bestimmung **7 a** Anl. II

Sachkundenachweis 4 4
SachkundenachweisVO 4 a
Sachverständige 1 24 c
Sachverständigengewerbe 1 36
Salinen 1 154 a
Sanitärräume 10 2; Anforderungen **10** 34 ff.
Sanitätsräume 10 2; Anforderungen **10** 38 ff.; auf Baustellen **10** 49
Schädliche Umwelteinwirkungen 7
Schallschutzmaßnahmen 7 42
Schankwirtschaft 1 15 a; **2** 1
Schaustellungen 1 33 a; **1** 154
Schienenwegebau, Verkehrsgeräuscheinwirkung auf die Umwelt **7** 41
Schornsteinfeger-Bescheinigung 7 a 9
Schornsteinfegerrealrechte 1 39 a

Sachverzeichnis

Fette Zahlen = Text-Nummern

Schutz bestimmter Gebiete vor Luftverunreinigung und Geräuscheinwirkung **7** 49
Schutzmaßnahmen nach Arbeitsstoff **11** 13
Schwefelgehalt von leichtem Heizöl und Dieselkraftstoff **7c**; Begrenzung gem. 3. BImSchV **7c** 3
Seelotswesen 1 6
Selbständigkeit im Handwerk **3** 1
Selbsterzeugnisse, Ausschank **2** 14; Ausschank **2** 26
Sicherheit im Betrieb **1** 120a
Sicherheitsleistung 1 34c; **1b** 2; bei Abfallschadengefahr **8** 8
Singspiele 1 33a
Sitte und Anstand im Gewerbebetrieb **1** 120b
Sonn- und Festtage 1 41b
Sonn- und Festtagsregelung betr. gewerbliche Arbeiter **1** 105a bis 105j
Sonntagsruhe im Reisegewerbe **1** 55e
Sonntagsverkauf am 24. Dezember **5** 15; auf Märkten, Messen etc. **5** 14; bestimmter Waren **5** 12; in Landwirtschaftsgebieten **5** 11; Verordnung betr. bestimmte Waren **5a**
Späne, Verordnung zur Auswurfbegrenzung **7g**
Speisewirtschaft 2 1
Sperrzeit 2 18; Über-die-Straße-Verkauf **2** 7
Spezialmarkt, Begriff **1** 68
Spielbanken 1 33h
Spielhallen 1 33i
Spiel-Mindestdauer 1 33f.
Spieltrieb, Ausnutzung **1** 33i
Spielveranstaltung im Reisegewerbe **1** 60a
Spielverluste, unangemessen hohe S. **1** 33e
Standgeld 1 71
Statutarische Bestimmungen 1 142
Staub, Massenkonzentration **7a** Anl. III; s. a. Holzstaub

Stehender Gewerbebetrieb 1 14 bis 53a
Stellvertretung in der Gewerbeausübung **1** 45ff.
Stellvertretungserlaubnis nach Gaststättenrecht **2** 9
Steuerberater 1 6
Steuerberatungsgesellschaften 1 6
Stillegung von Abfallbeseitigungsanlagen **8** 10; einer Anlage **7** 20; von Anlagen und Betrieben **1** 25
Störfallverordnung 7 m
Strafvorschriften nach der Gewerbeordnung **1** 143 bis 148
Straßenbau, Verkehrsgeräuscheinwirkung auf die Umwelt **7** 41
Straßen- und Markthandel 4 2
Straußwirtschaften 2 14
Streitigkeiten, Aufhebung oder Ablösung alter Rechte **1** 9
Stufenausbildung 3 26

Tabakfabriken 1 154
Tankbelegbücher bei Lagerung von Heizöl oder Dieselkraftstoff **7c** 5
Tankstellen-Ladenschluß 5 6
Tanzlustbarkeiten 1 33c
Taxen 1 72 bis 80 (aufgeh.)
Technische Angestellte, Auflösung des Arbeitsverhältnisses **1** 133c
Teer, Massenkonzentration **7a** Anl. II
Teilgenehmigung von Anlagen **7** 8
Textilgewerbe 3 Anl. A Nrn. 65 bis 82, Anl. B Nrn. 19 bis 30
Theatervorstellungen 1 154
Theatralische Vorstellungen 1 33a
Tilgung von Gewerbezentralregister-Eintragungen **1** 153
Tod des Gewerbetreibenden **1** 46
Tragluftbauten 10 40
Treibstoffbeschaffenheit 7 34
Trennung eigenen und fremden Vermögens **1b** 4
Trichloräthylen in Reinigungsmitteln **7b** 1, 4
Triebwerke 1 154

Überdruckleitungen 1 24

Magere Zahlen = Paragraphen **Sachverzeichnis**

Übermaßdüngung 8 15
Überwachung von Abfallbeseitigungsanlagen 8 11; von Feuerungsanlagen 7a 9; der Luftverunreinigung 7 44 bis 46
Überwachungsbedürftige Anlagen 1 24

Umschulung Behinderter 3 42 c; im Handwerk 3 42 a
Umwelteinwirkungen, schädliche 1 33 a; 7
Umweltschutzvorschriften 7
Unbedenklichkeitsbescheinigung für Spieleveranstaltung 1 33 d ff.
Unbefristetheit von Konzessionen etc. 1 53
Unterhaltungsspiele 1 33 g
Unterrichtswesen 1 6
Untersagung einer Anlage 7 20, 25; des Einzelhandels bei verbotenem Ausschank 2 17; erlaubnisfreier Gaststättenbetriebe 2 16
Untersuchungen nach ArbeitsstoffV 11 18
Unzuverlässigkeit siehe Zuverlässigkeit

Verbote allgemeiner Art nach Gaststättenrecht 2 20
Verbotene Tätigkeiten im Reisegewerbe 1 56
Verbraucherversorgung als Grund für Überschreitung des Schwefelhöchstgehalts 7c 4
Vereinfachte Genehmigung für Anlagen nach § 4 BImSchG 7d 4, 7i 24
Verfallfrist nach Genehmigungserteilung 1 49
Vergnügungsstätten 2 18
Verhinderung der Gewerbebetriebsfortsetzung 1 15
Verkaufsstände im Freien, die im Zusammenhang mit dem Ladengeschäft stehen, Anforderungen 10 50
Verkaufsstellen i. S. des LadenschlußG 5 1

Verkehrsbeschränkungen 7 40
Verkehrswege an Arbeitsstätten, Anforderungen 10 17; auf Baustellen 10 44; Freihalten 10 52
Vermögenstrennung 1b 4
Vermögensverhältnisse, geordnete 1 34 b, 34 c
Vermögensverwaltung, getrennte 1b 4
Verordnung PR Nr. 3/73 6
Verpackung von Abfällen 8 14; von gefährlichen Arbeitsstoffen 11 5; aus schwer vernichtbarem Material 8 14
Versagung der Gaststättenerlaubnis 2 4
Versicherungspflicht 1b 2
Versicherungsunternehmungen 1 6; 1 139 g
Versteigerungsgewerbe 1 34 b
Verwendung fremder Vermögenswerte 1b; 1b 3
Viehzucht 1 6
Volksfest 1 60 b
Vorbescheid über Anlagengenehmigung 7 9
Vorläufige Erlaubnis nach Gaststättenrecht 2 11
Vorrichtungen zur Betriebssicherheit 1 120 a
Vorstrafen 1 34 b
Vorzeitige Beendigung des Arbeitsverhältnisses 1 124 b

Wahlordnung, Mitgliederwahlen zur Handwerkskammer 3 Anl. C
Wallfahrtsorte, Verkaufszeiten 5 10
Wanderlager 1 56 a
Warenautomaten, Benutzbarkeit i. S. des LadenschlußG 5 7
Wasserfahrzeuge, Anforderungen nach ArbStättV 10 51
Werftanlagen 1 154
Werktagabendverkauf 5 16
Wesentliche Änderung genehmigungsbedürftiger Anlagen 7 15
Wettannahmestellen 1 14

397

Sachverzeichnis

Fette Zahlen = Text-Nummern

Wettbewerbsverbot bei technischen Angestellten **1** 133f.
Widerruf einer Anlagengenehmigung **7** 21
Widerrufliche Gestattung eines Gaststättenbetriebs **2** 12
Wirtschaftsprüfer 1 6
Wirtschaftsprüfungsgesellschaften 1 6
Wochenmarkt, Begriff **1** 67
Wohnungsvermittlung 1 34c

Zeitungskioske, Ladenschluß **5** 5
Zeitungsverkauf 5a 1
Zentralregister siehe Gewerbezentralregister
Zeugnis für gewerbliche Arbeiter **1** 113
Ziegeleien 1 154
Zimmerplätze 1 154

Zubehörleistungen nach Gaststättenrecht **2** 7
Zubehörvertrieb 4 7
Zubehörwaren nach Gaststättenrecht **2** 7
Zulassung von Abfallbeseitigungsanlagen **8** 7f; zur Handwerksgesellenprüfung **3** 36, 37; zur Handwerksmeisterprüfung **3** 49
Zulassungsschein und -zeichen **1** 33d
Zuverlässigkeit 1 33d; **1** 35; nach GaststättenG **2** 4
Zwangs- und Bannrechte 1 7, 8, 10
Zweigniederlassungsleiter siehe Niederlassungsleiter
Zwischenprüfung, Handwerksgesellen **3** 39
Zwischenstaatliche Vereinbarungen 1 12

Beck-Rechtsberater im dtv

5041 Schaub: Arbeitsrecht von A–Z   DM 11.80
Von Günter Schaub, Richter am Bundesarbeitsgericht

5042 von Münch: Das neue Ehe- und Familienrecht von A–Z DM 8.80
Von Dr. Eva Marie von Münch

5044 Schmidt-Futterer/Blank: Mietrecht von A–Z   DM 9.80
Von Wolfgang Schmidt-Futterer †, Vors. Richter am LG Mannheim, neubearbeitet von Hubert Blank, Richter am LG Mannheim

5049 Schneidewind/Schiml: Alles über Steuern von A–Z DM 10.80
Von Günther Schneidewind, Rechtsanwalt, Fachanwalt für Steuerrecht und Kurt Schiml, Regierungsdirektor

5050 Händel: Straßenverkehrsrecht   DM 8.80
Von Konrad Händel, Leitender Oberstaatsanwalt a. D.

5082 Weimar/Weimar-Gläser: Grundstücke erwerben, besitzen belasten und verkaufen   DM 9.80
Von Prof. Dr. Wilhelm Weimar, Rechtsanwalt, und Christa Weimar-Gläser Steuerbevollmächtigte

5083 Hartmann: Der Verkehrsunfall   DM 9.80
Von Dr. Dr. Peter Hartmann, Richter am Amtsgericht

5084 Friedrich: Testament und Erbrecht   DM 10.80
Von Walther J. Friedrich, Erster Staatsanwalt, Dozent an der Hochschule für Politik

5088 Weimar: Mein Recht auf der Reise von A–Z   DM 9.80
Von Prof. Dr. Wilhelm Weimar, Rechtsanwalt

5089 Friedrich: Erwachsene und Jugendliche vor Polizei und Gericht   DM 12.80
Von Walther J. Friedrich, Erster Staatsanwalt, Dozent an der Hochschule für Politik

5092 Schmidt-Bleibtreu/Fiedler: Rechtsschutz gegen den Staat DM 12.80
Von Dr. Bruno Schmidt-Bleibtreu, Ministerialdirigent im Bundesinnenministerium und Dr. Jürgen Fiedler, Oberregierungsrat

5095 Werner/Pastor: Rechtsfragen beim Bauen   DM 9.80
Von Dr. Ulrich Werner, Rechtsanwalt, und Dr. Walter Pastor, Richter am Oberlandesgericht

5096 Weimar: Die Eigentumswohnung   DM 8.80
Von Prof. Dr. Wilhelm Weimar, Rechtsanwalt, unter Mitarbeit von Christa Weimar-Gläser, Steuerbevollmächtigte

Deutscher Taschenbuch Verlag

Beck-Rechtsberater im dtv

5099 Schmidt-Futterer/Blank: Miete und Pacht   DM 11.80
Von Wolfgang Schmidt-Futterer †, Vors. Richter am LG Mannheim, unter Mitarbeit von Hubert Blank, Richter am LG Mannheim

5100 Würdinger: Wegweiser durch das Einkommen- und Lohnsteuerrecht   DM 8.80
Von Dr. Rudolf Würdinger, Rechtsanwalt und Steuerberater

5204 Köbl: Die Frau im Arbeitsrecht   DM 9.80
Von Universitätsprofessorin Dr. Ursula Köbl

5205 Schaub: Meine Rechte und Pflichten im Arbeitsgerichtsverfahren   DM 11.80
Von Günter Schaub, Richter am Bundesarbeitsgericht

5206 Friedrich: Rechtskunde für jedermann   DM 12.80
Von Walther J. Friedrich, Erster Staatsanwalt, Dozent an der Hochschule für Politik

5207 Schaub/Schusinski/Ströer: Erfolgreiche Altersvorsorge   DM 10.80
Von Günter Schaub, Richter am Bundesarbeitsgericht, Dr. Ewald Schusinski, und Heinz Ströer, Ministerialdirektor

5209 von Münch: Die Scheidung nach neuem Recht   DM 8.80
Von Dr. Eva Marie von Münch

5211 Friedrich: Vereine und Gesellschaften   DM 11.80
Von Walther J. Friedrich, Erster Staatsanwalt, Dozent an der Hochschule für Politik

5214 Honig: Mein Auto – Kauf, Reparatur, Versicherung   DM 10.8
Von Dr. Gerhart Honig, Stv. Hauptgeschäftsführer der Handwerkskammer Mittelfranken

5215 Oberloskamp: Wie adoptiere ich ein Kind?   DM 11.80
Von Prof. Dr. Helga Oberloskamp

5216 Meinzolt: Meine Rechte und Pflichten als Versicherungsnehmer   DM 8.80
Von Dr. Gerhard Meinzolt, Rechtsanwalt

5217 Jerschke: Mein und Dein in der Ehe   DM 9.80
Von Dr. Hans-Ulrich Jerschke, Notar

5226 Langenfeld: Der Ehevertrag   DM 9.80
Von Dr. Gerrit Langenfeld, Notar

Deutscher Taschenbuch Verlag